스펄전 설교전집 04

룻기 · 사무엘상하

KB192865

독자 여러분들께 알립니다!

'CH북스'는 기존 **'크리스천다이제스트'**의 영문명 앞 2글자와
도서를 의미하는 **'북스'**를 결합한 출판사의 새로운 이름입니다.

스펄전 설교전집 04

룻기·사무엘상하

1판 1쇄 발행 2023년 8월 25일

발행인 박명곤 CEO 박지성 CFO 김영은
기획편집 채대광, 김준원, 박일귀, 이승미, 이은빈, 강민형, 이지은
디자인 구경표, 구혜민, 임지선
마케팅 임우열, 김은지, 이호, 최고은
펴낸곳 CH북스
출판등록 제406-1999-000038호
전화 070-4917-2074 **팩스** 0303-3444-2136
주소 서울시 강서구 마곡중앙6로 40, 장흥빌딩 10층
홈페이지 www.hdjisung.com **이메일** support@hdjisung.com
제작처 영신사

© CH북스 2023

※ 이 책은 저작권법에 따라 보호받는 저작물이므로 무단 전재와 복제를 금합니다.
※ 잘못 만들어진 책은 구입하신 서점에서 교환해드립니다.
※ CH북스는 (주)현대지성의 기독교 출판 브랜드입니다.

'그리스도와 그의 나라를 위하여'
CH북스는 여러분의 의견 하나하나를 소중히 받고 있습니다.
원고 투고, 오탈자 제보, 제휴 제안은 support@hdjisung.com으로 보내 주세요.

스펄전 설교전집 04

The Treasury of the Bible

스펄전 설교전집
룻기·사무엘상하

김원주 옮김

CH북스
크리스천 다이제스트

차례

■ 룻 기

■ 사 무 엘 상

■ 사 무 엘 하

일러두기

제
1
장

룻이 하나님을 위하여 살기로 결심함

"룻이 이르되 내게 어머니를 떠나며 어머니를 따르지 말고 돌아가라 강권하지 마옵소서 어머니께서 가시는 곳에 나도 가고 어머니께서 머무시는 곳에서 나도 머물겠나이다 어머니의 백성이 나의 백성이 되고 어머니의 하나님이 나의 하나님이 되시리니." — 룻 1:16

이것은 매우 용감하고 거리낌 없는 신앙 고백입니다. 이 고백을 한 여인, 곧 젊은 여인, 가난한 여인, 과부인 이방 여인이 하였다는 점에 주목하시기 바랍니다. 이 모든 점을 고려할 때, 주 예수 그리스도께 대한 믿음이 일단 발휘되면, 누구든지 얌전함이나 낮은 신분, 혹은 가난이나 슬픔 때문에 하나님께 대한 충성을 솔직하게 고백하는 일을 그만두는 법은 결코 없다는 생각이 듭니다. 친구 여러분, 여러분이 그런 경험을 하였다면, 어떤 처지에 있든지 간에 어디서든지 기회가 있으면 자신이 주님의 편에 있다는 사실을 밝힐 것입니다. 나는 우리 교인이 되겠다고 신청하신 분들이 모두 교회 집회에서 자신의 믿음을 고백하는 것이 기쁩니다. 이런 엄격한 입교 과정 때문에 많은 사람들이 우리 교회에 가입하지 못한다는 말을 들었습니다.

그런데 내가 보니까, 그런 호된 시련이 없는 곳은 교인들이 몇 명 되지 않는 경우가 많습니다. 하지만 우리는 교인들이 3천 6백 명가량 되고, 누가 그리스도에 대한 믿음을 공적으로 고백해야 한다는 이유 때문에 뒤로 물러가는 것을 좀처럼 보지 못합니다. 남녀노소 누구든지 솔직하게 "나는 주 예수 그리스도를 믿는 신자이고, 그 사실을 부끄러워하지 않습니다"라고 말하는 것이 적어도 한 번은 큰 유익을 줍니다. 그래서 나는 우리가 이런 관행을 중단하지 않을 것이라고 생각합니다. 또한 나는 신자들이 한 번 사람들 앞에서 그리스도를 고백하고 나면 다른 데서 다시 고백하는 것이 훨씬 쉬운 것을 보았습니다. 이렇게 해서 그들은 종교 문제에 있어서 담대함과 거리낌 없는 태도, 그리스도를 따르는 자로서 거룩한 용기를 습득하는데, 이런 것은 그들이 그렇게 고백하는 대가로 치를 수 있는 자기 부인과 떨리는 마음을 벌충하고도 남는 선물들입니다.

나는 나오미가 룻을 밀어붙여서 아주 솔직하게 본문의 말대로 말하지 않을 수 없는 용기를 갖게 만든 것은 참으로 잘한 일이었다고 생각합니다. "내게 어머니를 떠나며 어머니를 따르지 말고 돌아가라 강권하지 마옵소서 어머니께서 가시는 곳에 나도 가고 어머니께서 머무시는 곳에서 나도 머물겠나이다 어머니의 백성이 나의 백성이 되고 어머니의 하나님이 나의 하나님이 되시리라." 우리 가운데 누구든지 자신이 주 예수 그리스도께 속해 있다는 것을 인정하기 부끄러워할 이유가 있습니까? 우리가 예수님을 부끄러워하거나 예수님의 이름을 인정하기 부끄러워하게 만들 수 있는 것이 있습니까?

> "예수님을 부끄럽게 여기라고? 그 소중한 친구,
> 내 하늘의 소망이 달려 있는 분을 부끄러워하라고?
> 그럴 수 없습니다. 부끄러워해야 한다면
> 내가 더 이상 그의 이름을 공경하지 않는다는 것을
> 부끄러워할 것입니다."

우리는 예수님을 부끄러워한 것을 부끄러워해야 합니다. 예수님의 이름을 인정하기를 두려워한 것을 유감스럽게 생각해야 합니다. 우리는 예수님을 인정하기를 벌벌 떨었던 것에 대해서 떨어야 하고, 적절한 기회가 있으면 언제든지 "나는 주 예수 그리스도를 섬깁니다" 하는 말을 하되, 첫째로 친척들에게, 그 다음에는 만나는 모든 사람에게 말하겠다고 결심해야 합니다.

나오미는 룻에게서 이런 고백을 듣고서, 특별히 그 고백의 마지막 부분, "어머니의 백성이 나의 백성이 되고 어머니의 하나님이 나의 하나님이 되시리라"

는 말을 듣고서 매우 기뻐했을 것입니다. 그녀는 틀림없이 아주 기뻐했을 것입니다. 나오미는 세상적으로 큰 손실을 겪었습니다. 남편을 잃고 두 아들을 잃었습니다. 그런데 이제 며느리의 영혼을 얻은 것입니다. 바른 판단의 척도에 따라 생각해 볼 때, 나오미에게는 남편과 두 아들의 죽음으로 인한 슬픔보다 룻의 회심으로 인해서 생긴 기쁨이 더 컸을 것입니다. 우리 주 예수께서는 "죄인 한 사람이 회개하면 하나님의 사자들 앞에 기쁨이 되느니라"(눅 15:10)고 말씀하셨습니다. 이 표현을 두고 생각할 때, 죄인 한 사람이 회개할 때마다 항상 하나님의 마음에 기쁨이 있다는 것을 압니다. 나오미의 남편과 아들들이 신자였다면, 그들이 하나님 앞에서 바르게 행하였다면, 그랬을 것으로 생각하는데, 아무튼 그랬다면, 나오미는 며느리가 구원받은 것에 대한 기쁨에 비할 때 그들에 대해서 슬픔을 느낄 필요가 없었을 것입니다.

친구 여러분, 여러분 가운데는 가정에서 사별을 겪은 분들이 있을 것입니다. 그러나 한 사람의 죽음, 곧 세상적인 죽음이 또 다른 사람에게는 영적 생명을 얻는 수단이 된다면, 거기에 분명한 이익이 있습니다. 거기에는 확실히 이익이 있다고 믿습니다. 여러분이 울면서 무덤에 갔을지라도, 여러분의 눈물 때문에 가족 중 누군가가 또한 회개의 눈물을 흘렸다는 증거가 있다면, 무덤을 슬프게 쳐다보는 것으로 인해 누군가가, 죽고 부활하신 살아계신 주님을 믿음으로 보는 일이 생겼다는 증거가 있다면, 여러분은 확실히 승자이고 나오미처럼 "내가 풍족하게 나갔더니 여호와께서 내게 비어 돌아오게 하셨느니라"(룻 1:21)고 말할 필요가 없습니다. 나오미가 미래를 내다볼 수만 있었다면, 회심한 며느리를 곁에 둔 나오미는 남편과 어린 두 아들을 데리고 이스라엘을 떠났을 때보다 사실 더 행복했을 것입니다. 이때 나오미는 그리스도의 조상의 직접적인 가계에 속할 사람, 곧 정통 왕가의 여인을 곁에 두고 있었기 때문입니다. 나는 그리스도의 이 혈통이 진정한 황제의 가계라고 생각하고, 이 두 여인이 어쨌든 그리스도께서 이 세상에 탄생하시는 일과 관련된 사람들 가운데서 지극히 큰 영예를 얻은 사람들이라고 생각합니다. 룻은 모압 여인이었지만 이 고귀한 특전을 받도록 택함을 받은 사람들 가운데 하나였습니다. 그래서 나는 여러분이 가족 중에 죽은 사람이 생겨서 슬픔에 잠겼을지라도, 하나님께서 은혜로 가족 중의 다른 사람이 예수님을 믿게 하신 일 때문에 더 큰 기쁨으로 슬픔을 잊을 수 있게 해달라고 기도하기 바랍니다.

여기서 또 한 가지 생각이 떠오릅니다. 즉, 이 일이 생긴 것은 나오미가 결코 떠나서는 안 되었던 땅으로 돌아올 때였고, 나오미가 친척과 친구와 아는 사람들이 있었던 우상 숭배하는 모압 사람들에게서 나왔을 때였으며, 나오미가 "내 조국, 내 백성, 내 하나님께로 돌아가겠다"고 말하였을 때입니다. 바로 이때 하나님께서 나오미에게 그처럼 가까이 따르는 젊은 여인의 영혼을 주셨던 것입니다. 스스로 그리스도인이라고 공공연히 밝힌 사람들 가운데 어떤 분들은 지금까지 하나님에게서 멀리 떠나 살았을 수 있습니다. 여러분은 그리스도와 가까이 지내려고 할 뿐 아니라 세상과도 친하게 지내려고 하였습니다. 그리고 여러분의 자녀들은 여러분의 바람과는 다르게 자라고 있습니다. 여러분은 아들들이 잘 자라고 있지 않고, 딸들은 옷치장을 좋아하며 변덕스럽고 세속적이라고 말합니다. 여러분은 일이 그렇게 된 것이 이상합니까? 여러분은 말합니다. "아, 나는 아이들의 기분을 맞추려고 노력했어요. 그렇게 하면 혹시 아이들을 그리스도께로 인도할 수 있지 않을까 해서 말입니다."

아, 여러분이 잘못된 것과 타협해서는 아무도 바른 데로 인도하지 못할 것입니다. 가족에게 가장 큰 영향력을 갖고, 이 세상에서도 가장 큰 영향력을 갖는 것은 그리스도와 그의 진리를 위하여 살겠다는 결심입니다. 군대에서 한 병사가 회심을 하고, "나는 그리스도인이 되겠어요. 하지만 할 수 있는 대로 다른 사람들과 함께 어울릴 겁니다. 때로는 그들과 함께 술집에도 갈 거에요"라는 등등의 말을 한다면, 그는 아무 선행도 하지 못할 것입니다. 그러나 그가 자신의 새로운 대장을 위하여 싸우겠다는 입장을 용감하게 취하고 그리스도인으로 알려지는 순간, 그의 전우들이 그를 조롱하기 시작할 수 있습니다. 그렇지만 그들이 좋은 인상을 받기 시작할 수도 있을 것입니다. 그가 자기 입장을 용감하게 고수하고 결코 양보하지 않으며 자기 주님께 충성을 다 바치면, 그는 다른 전우들 가운데서 회심하는 사람이 나오는 것을 볼 수도 있을 것입니다.

나오미는 자기 나라로 돌아가고 있는 중에, 며느리가 여호와를 따르기로 결심하고 "어머니의 백성이 나의 백성이 되고 어머니의 하나님이 나의 하나님이 되시리라"고 말하는 기쁜 소식을 들었습니다. 이 사실은 나오미에게 큰 기쁨을 주었습니다. 여러분은 자신이 그리스도와 상관없이 사는 것을 보고 다른 사람들이 실족하게 되었다는 것을 알았을 때, 어떻게 느끼겠습니까? 그동안 여러분이 선을 행하는데 무능하였고, 자신이 하나님에게서 아주 멀리 떨어져 살며, 갈수록 모압의 우상들을 섬기는 자가 되고 참되신 한 분 하나님을 따르겠다는 고백을 완전히 포기하는 것은 아닌지 심각하게 물을 정도가 되었기 때문에 다른 사람들을 구주님께 인도할 수 없다는 것을 알게 될 때, 얼마나 큰 양심의 가책에 사로잡히게 되겠습니까!

이것을 서론으로 말씀드리면서, 이제 분명하게 본문의 주제를 다루겠습니다. 여기 여호와를 따르는 자에게 "어머니의 백성이 나의 백성이 되고 어머니의 하나님이 나의 하나님이 되시리라"고 말하는 젊은 여인이 있습니다.

1. 첫 번째로 살펴볼 점은, 사람들이 경건한 사람들에 대한 애정 때문에 경건에 이르게 된다는 것입니다.

이 경우가 그러했습니다. 경건한 시어머니에 대한 애정 때문에 한동안 오르바와 룻이 "우리는 어머니와 함께 어머니의 백성에게로 돌아가겠나이다" 하고 말했습니다. 그 애정 때문에 두 며느리가 모두 가나안으로 가는 길에 얼마만큼 시어머니를 따랐습니다. 그러나 슬프게도, 자연적인 애정은 사람을 하나님을 위하여 살겠다는 결심에 이르게 할 만큼 충분한 능력이 없습니다. 그 애정이 그 목적을 이루는데 도움이 될 수 있습니다. 자연적인 애정이 하나님께서 무한한 자비로 죄인들을 자기에게로 이끌 때 종종 사용하시는 "사람의 줄"과 "사랑의 줄"(호 11:4) 가운데 하나가 될 수도 있습니다. 그러나 그것으로 충분치 않습니다. 단순한 인간적인 애정 이상의 것이 있어야 합니다. 그렇지만 자연적인 애정이 사람들을 그런 결심으로 이끄는데 소용이 되는 것은 틀림없는 일입니다. 경건한 부모를 둔 사람들이 그 사실로 인해 더 나아지기보다는 더 악해지거나, 그리스도인 아내를 둔 남편들이 빛을 거슬러 반항하고 하나님께서 예수의 종교가 주장하는 것들에 관해 애정으로 다정하게 이야기하는 경건한 아내를 주신 것 때문에 더욱더 악해지는 것을 보는 것은 매우 두려운 일입니다. 이것은 끔찍한 일입니다. 경건한 사람들에 대한 애정이 있으면 우리가 그 때문에 경건에 이르는데 도움을 받는 것이 언제나 마땅한 일입니다. 룻의 경우에는, 자연적인 애정이 하나님의 은혜로 룻이 본문의 표현대로 "어머니의 백성이 나의 백성이 되고 어머니의 하나님이 나의 하나님이 되시리라"고 고백할 결심에 이르게 한 수단이 되었습니다.

다른 사람들을 이 결심으로 이끄는 데는 많은 영향력이 동원될 수가 있습니다. 첫째로, 교제의 영향력이 있습니다. 악한 친구는 사람을 나쁘게 만드는 경향이 있다는 것은 의심할 수 없는 사실입니다. 그런가 하면 좋은 친구 관계는 사람들이 선한 일을 하도록 영향을 미치는 경향이 있다는 것도 마찬가지로 확실한 사실입니다. 여러분이 곁에 하나님께 대한 사랑으로 충만한 사람을 두는 것은 행복한 일입니다. 진정한 성도를 어머니로 두고 있거나 하나님을 경외하는 사람을 형제나 자매로 두고 있는 것은 크게 복된 일입니다. 우리와 함께 기도하고 함께 찬송할 수 있는 사람과 평생 지극히 친밀한 관계로 지낼 수 있다는 것은 특별한 혜택입니다. 그리스도인 친구 관계에는 해를 끼치기로 굳게 결심하지 않는 한, 유익한 점이 있는 것이 사실입니다.

그러나 그 이상의 것이 있습니다. 즉, 감탄의 영향력이 있습니다. 룻이 시어머니 나오미를 볼 때는 무엇이든지 애정 어린 공경심과 감탄하는 마음으로 보았을 것이 틀림없습니다. 룻은 나오미에게서 존경과 애정을 불러일으키는 성품을 보았을 것입니다. 우리는 룻기에서 이 경건한 여인에 대해 얼핏 보기만 해도, 그녀가 전혀 사욕이 없고 이기적이지 않은 사람이라는 것을, 즉 자신의 큰 슬픔 때문에 다른 사람들에게 마음의 짐을 지우려 하지 않고, 또 어떻게 해서든지 다른 사람들이 자기를 돕게 하려고 그들을 자기 입장으로 끌어들이려고 하지 않는 사람이었다는 것을 알 수 있습니다. 나오미는 자신보다는 다른 사람들의 이익을 고려하는 사람이었습니다. 이런 사람들은 확실히 모든 이들에게서 감탄과 존경을 얻습니다. 사람들이 자기들에게 없는 것을 그리스도인의 생활에서 볼 때, 그것은 종종 사람들에게 그리스도인의 생활을 하고 싶은 마음이 들게 하는 한 가지 길입니다. 병에 걸린 그리스도인이 인내할 때, 가난한 그리스도인이 즐겁게 생활할 때, 그리스도를 믿는 신자가 인정이 많고 너그러우며 다정하고 동정적이며 정직하고 올바를 때, 그를 지켜본 사람들이 이렇게 말합니다. "눈여겨볼 만한 점이 있네. 이 모든 미덕이 어디에서 온 거지?" 그리고 사람들은 그리스도인들에 대해서 그들이 예수님과 함께 지냈고, 예수님에게서 이런 점들을 배웠으며, 그렇게 해서 예수님의 제자가 되고 싶어 한다는 것을 알게 됩니다.

사람들을 구주님께로 인도하는 것이 감탄이나 친구 관계에 의해서만 이루어지는 것은 아닙니다. 교육의 영향력도 있습니다. 나는 나오미가 며느리에게 유익한 교훈을 많이 가르쳤을 것이라고 믿습니다. 룻은 나오미의 하나님에 관해 알고자 하였고, 나오미는 아주 기쁘게 자기가 알고 있는 모든 것을 며느리에게 이야기하였을 것입니다. 스페인 사람들이 남아메리카에 갔을 때, 그들이 불쌍한 원주민들을 아주 혹독하게 대하여서 인디언들이 스페인 사람의 신에 대해서는 아무것도 알고 싶어 하지 않았습니다. 인디언들은 자기들이 받은 무자비한 학대를 볼 때 그들의 신은 마귀가 틀림없다고 생각했기 때문입니다. 신자라고 하는 이들 가운데는 아주 몰인정한 사람들이 있습니다. 그들에게는 유순함과 너그러움이 일절 없어서 사람들이 그들의 신에 대해서는 아무것도 알고 싶어 하지 않습니다. 그 신자들이 자기 신을 닮았다면, 그 신은 마귀일 것이기 때문입니다.

친구 여러분, 우리는 그래서는 안 됩니다. 우리는 사람들이 우리 종교가 정말로 어떤 것인지 알고 싶어 하도록 만들고, 그 다음에 우리 종교에 대해 언제든지 그들에게 말할 수 있어야 합니다. 나는 나오미의 며느리들이 시어머니를 보기 위해 집에 달려 들어왔을 때가 많았을 것이라고 생각합니다. 그러면 나오미는 홍해에서 구원 받은 일에 대하여, 어떻게 하나님께서 자기 백성을 이끌고 광야를 지나가셨는지, 젖과 꿀이 흐르는 그 멋진 땅이 어떻게 여호수아의 손에 의해 그들의 차지가 되었는지에 대해 며느리들에게 이야기를 시작하였을 것입니다. 다음번에는, 성막과 성막의 예배에 대해 이야기하였을 것이고, 어린 양에 대해, 어린 암소와 수소, 속죄제 등에 대해 말하였을 것입니다. 아마도 이렇게 해서 룻의 마음이 이스라엘의 하나님 여호와께 설복되었을 것입니다. 아마도 그 이유로 인해서, 즉 나오미의 가르침 때문에 룻이 이렇게 말했을 것입니다. "'어머니의 백성이 나의 백성이 되시리라.' 나는 이 백성들에 대해 많이 아는데, 나도 그 백성들 가운데 하나로 여김을 받고 싶어요. '어머니의 하나님이 나의 하나님이 되시리라.' 어머니께서 내게 이 하나님에 대해 말씀하셨어요. 하나님께서 어떻게 기이한 일들을 행하셨는지를 말이에요. 나는 하나님의 날개 그늘 아래 나를 맡기기로 결심했어요." 사랑하는 여러분, 우리도 이같이 되어야 마땅합니다. 우리는 친구 관계의 영향력, 보는 사람들이 감탄할 만한 점이 있는 우리 생활의 영향력, 그리고 은혜로운 가르침이 가득한 대화의 영향력으로 우리의 영향 하에 있는 사람들을 바른 길로 인도하도록 주의해야 합니다.

이 외에도, 어떤 사람들은 자기가 사랑하는 경건한 사람들을 기쁘게 하려는 마음 때문에 선한 일을 하게 된다고 믿습니다. 나는 이 점을 지극히 고귀하고 강력한 동기들 가운데 하나로 제시하지는 않지만, 이 자리에 있는 젊은이들에게 그들의 죄가 사랑하는 부모님에게 큰 슬픔이며, 그들이 마음을 주님께 드린다면 온 집에 거룩한 기쁨이 가득하게 될 것이라고 주저하지 않고 말할 수 있다고 생각합니다. 아들들이 태어났을 때 그것이 내게 큰 기쁨이었습니다. 그러나 아들들이 하나하나 이어서 자기가 하나님을 찾았고 마침내 만났다는 말을 했을 때, 그것은 이루 말할 수 없이 큰 기쁨이었습니다. 아들들과 함께 기도하고, 그들에게 훨씬 더 충분하게 그리스도를 가르치며, 그들의 영적인 근심거리들을 듣고 영적 곤경에서 빠져나오도록 그들을 돕는 일은 내 영혼에 깊은 만족을 주었습니다. 젊은이 여러분, 여러분이 회심하면 여러분을 사랑하는 사람들이 얼마나 크게 기뻐하는지 모릅니다. 특별히 여러분 가운데 마땅히 했어야 하는 대로 살지 않았고, 심지어는 가정을 떠나 여러분의 아버지가 늙어서 슬픔 가운데 무덤으로 가게 만들 수도 있을 길로 행한 사람이 회심한다면 더 말할 나위가 없습니다. 여러분이 진심으로 하나님께 회심하였다는 말을 들을 수만 있다면 여러분의 아버지는 기뻐서 거의 춤을 출 수 있을 것입니다.

내가 아는 한 목사가 있습니다. 그가 낡아서 거의 완전히 해어지다시피 된 오래된 편지 한 장을 주머니에서 꺼냈습니다. 그는 그 편지를 내게 보여주려고 멀리 시골에서 왔습니다. 그 편지가 사실은 오래된 것이 아니었습니다. 그가 하도 자주 꺼내 읽느라 편지가 낡은 것이었습니다. 그 편지는 대강 이런 뜻이었습니다. 그의 아들은 가족에게 말할 수 없이 성가시고 창피스러운 존재였습니다. 그래서 그가 도움을 받아 해외로 떠나기로 하고 배를 타기 위해 런던에 왔습니다. 아버지가 내게 대해 말하는 것을 듣고, 그는 금요일 아침에 출발하기 전에 마지막 목요일 밤을 이 태버너클 예배당에서 내 설교를 들으며 지내기로 생각했습니다. 그런데 여기서 하나님이 그를 만나셨습니다. 그렇게 생각하는 이유는, 내가 성령의 감동을 받아 "자, 잭이 가정을 떠나려고 합니다. 아버지 집을 떠나려고 합니다. 크신 하늘 아버지께서 잭을 자기에게로 데려가시면 좋겠습니다" 하고 말했기 때문입니다. 공교롭게도 그의 이름이 잭이었고, 그래서 그 말이 바로 그에게 해당되었던 것입니다. 하나님께서 그때 그 자리에서 그 말씀이 그에게 복이 되게 하셨습니다. 그는 미국으로 갔습니다. 그는 회심의 진실성을 입증할 시간을 갖기까지 아버지에게 자신의 회심을 알리는 편지를 쓰지 않았습니다. 하지만 세례를 받고 교인이 되어 여섯 달 동안 계속해서 신자로 생활한 후에, 그는 집에 기쁜 소식을 전했습니다. 그 노인이 말했습니다. "저는 아들을 바다에서 잃어버렸을지도 모른다고 생각했습니다. 그런데 하나님께서 목사님의 설교를 통해 아들을 구원하셨습니다. 하나님께서 목사님께 복 주시기를 바랍니다!"

나는 고마워하는 그 아버지로 인해 말할 수 없이 기뻤습니다. 내가 목요일 밤에 전한 것은 그저 평범한 설교였습니다. 그런데 그 설교가 그 아들을 회심하게 하는 수단이 되었고, 그 아버지에게는 큰 기쁨의 원천이 되었습니다. 그는 아들이 주 예수 그리스도를 믿는 참된 신자가 되었기 때문에 아들이 미국에 있는 것이나 무슨 일을 하고 있는 것에 전혀 개의치 않았습니다. 이 설교가 그 설교만큼 복을 받는다면 참으로 감사한 일이겠습니다!

나는 룻에게 큰 영향을 끼친 것이 또 한 가지 있다고 생각하는데, 그것은 다른 아주 많은 사람들에게도 영향을 끼친 것입니다. 즉, 그것은 이별의 두려움이었습니다. 불과 한 주 전에 어떤 사람이 내게 말하였습니다. "아내가 1층으로 내려가 다른 사람들과 교제를 나누고 나는 혼자 집으로 가야 하거나 아니면 2층에서 다른 구경꾼들과 함께 남아 있어야 할 때마다 몹시 곤혹스러웠습니다. 나는 여기서도 아내와 떨어져 있고 싶지 않았습니다. 목사님, 그러다가 슬그머니 이 생각이 떠올랐습니다. '내가 영원히 아내와 헤어져야 한다면 어떻게 하지?'" 이와 비슷한 생각이 하나님의 복을 받으면 아주 많은 사람들에게 틀림없이 유익한 인상을 남길 것이라고 생각합니다. 젊은이 여러분, 여러분이 살다가 회개하지 않고 죽으면 어머니를 더 이상 보지 못할 것입니다. 다만 아주 멀리서밖에 볼 수 없는데, 여기와 여러분 사이에 큰 심연이 있어서 어머니가 여러분에게 건너갈 수 없고 여러분이 어머니에게로 올 수도 없습니다. 한 사람은 데려감을 당하고 다른 한 사람은 남게 되는 날이 올 것입니다. 그리스도의 심판대 앞에서 양과 염소가 구별되고 가라지와 알곡이 구별되는 큰 분리가 발생하기 전에, 제발 여러분이 사랑하는 경건한 사람들의 영향으로 하나님과 그의 그리스도를 위하여 살겠다는 결심을 하기를 간절히 바랍니다.

이 점이 매우 흥미로운 주제이지만 시간이 부족해서 더 이상 상고할 수 없겠습니다. 그래서 이제 두 번째 요점으로 넘어가겠습니다.

2. 두 번째로 살펴볼 점은, 믿겠다는 결심은 시험을 받는다는 것입니다.

룻은 매우 적극적으로 "어머니의 백성이 나의 백성이 되고 어머니의 하나님이 나의 하나님이 되시리라"고 말하였습니다. 이것이 룻의 결심이었는데, 이미 시험을 받았고 또 아주 만족할 만하게 시험을 통과하였습니다.

첫째로, 룻의 결심은 시어머니의 가난과 슬픔으로 시험을 받았습니다. 나오미는 말했습니다. "전능자가 나를 심히 괴롭게 하셨음이니라"(룻 1:20). 그러나 룻은 "어머니의 하나님이 나의 하나님이 되시리라"고 말합니다. 나는 이 젊은 모압 여인의 용감한 결심이 좋습니다. 어떤 사람들은 말합니다. "나는 회심하고 싶어요. 행복해지고 싶으니까요." 좋습니다. 그런데 여러분이 회심 후에도 행복해지지 않으리라는 것을 안다면, 그래도 이 하나님을 여러분의 하나님으로 모시고 싶은 마음이 들겠습니까? 나오미는 남편을 잃었고 두 아들도 잃었으며, 모든 것을 잃었습니다. 그녀는 이제 무일푼으로 베들레헴으로 돌아가려고 합니다. 그런데 이 며느리가 그녀에게 "어머니의 하나님이 나의 하나님이 되시리라"고 말합니다. 친구 여러분, 그리스도인들이 곤경에 처해 있을 때 그들과 운명을 같이 할 수 있다면, 여러분이 하나님과 고난을 같이 취할 수 있다면, 그리스도와 십자가를 함께 받아들일 수 있다면, 그렇다면 그리스도의 제자가 되겠다는 여러분의 결심은 진짜이고 현실적입니다. 그 결심은 하나님의 백성들에게 임하는 고난과 시련을 통해 시험을 받습니다. 여러분은 그 백성의 하나님을 또한 여러분의 하나님으로 모시는 가운데서 그런 고난과 시련을 기꺼이 견디는 것입니다.

다음으로, 룻은 치러야 할 대가를 생각해 보라는 말을 들었을 때 결심이 시험을 받았습니다. 나오미는 룻에게 전체 상황을 설명하였습니다. 며느리에게 자신이 그녀의 남편이 될 수 있는 아들을 낳을 소망이 없으니 자기 나라에 남아서 남편을 찾는 것이 낫겠다고 말했습니다. 며느리에게 상황의 어두운 면을 말했습니다. 아마도 아주 진지하게 말했을 것입니다. 나오미가 속으로 며느리가 정말로 돌아가기를 바랐을 것으로 생각하지는 않지만, 아무튼 며느리를 설득하여 자기 나라로 돌아가게 하고 싶었던 것처럼 보였습니다. 젊은 친구 여러분, 여러분은 어떤 그리스도인에게 "당신의 백성이 나의 백성이 되고 당신의 하나님이 나의 하나님이 되시리라"고 말하기 전에 치러야 할 대가를 계산하십시오. 이 점을 생각하십시오. 즉, 여러분이 악한 직업에 종사하고 있다면 그 직업을 그만두어야 하고, 여러분에게 나쁜 습관이 들었다면 그 습관을 버려야 하며, 나쁜 친구들이 있다면 그들을 떠나야 하리라는 것입니다. 그동안 여러분에게 즐거움을 주었지만 이제는 틀림없이 여러분에게 고통스럽게 되었고 그래서 포기해야 할 큰일들이 많이 있습니다. 여러분은 그리스도를 따라 큰길뿐 아니라 진창과 수렁도 지나가고, 언덕 위뿐 아니라 골짜기도 갈 준비가 되어 있습니까? 후에 그리스도의 면류관을 얻기 위해 여러분이 기대하는 그리스도의 십자가를 지고 갈 준비가 되어 있습니까? 여러분이 시험에 합격할 수 있다면, 즉 그리스도께서 지상에서 자신의 제자가 되고자 했던 사람들 앞에 제시했던 그런 시험에 합격할 수 있다면, 여러분의 결심은 바른 것입니다.

룻은 또한 자기가 신뢰하였고 의지할 권리가 있는 사람의 냉랭해 보이는 태도 때문에 시험을 받았습니다. 왜냐하면 나오미가 룻에게 용기를 북돋우는 일을 전혀 하지 않았고, 사실은 룻을 낙담시키려고 하는 것처럼 보였기 때문입니다. 나는 그 점에 대해 나오미를 비난해야 할지 잘 모르겠고, 많이 칭찬해야 할지도 잘 모르겠습니다. 우리가 사람들을 부당하게 격려하기가 아주 쉽다는 것을 여러분은 압니다. 나는 어떤 사람들이 의심과 두려움 가운데 있는데도 사람들에게 격려를 받은 탓으로 거기에서 결코 빠져나오지 못하는 것을 보았습니다. 그와 동시에 여러분은 하나님을 구하고 찾는 사람들의 마음을 차갑게 식게 하는 일도 아주 쉽게 할 수 있습니다. 나오미가 룻에게 사랑을 표시하긴 했지만, 룻이 여호와를 따르게 하려는 마음이 아주 간절하였던 것 같지는 않습니다. 이것은 많은 젊은이들이 견디기 어려워하는 시험입니다. 그러나 이 젊은 여인은 시어머니에게 이렇게 말했습니다. "내게 어머니를 떠나며 어머니를 따르지 말고 돌아가라 강권하지 마옵소서 어머니께서 가시는 곳에 나도 가고 어머니께서 머무시는 곳에서 나도 머물겠나이다 어머니의 백성이 나의 백성이 되고 어머니의 하나님이 나의 하나님이 되시리라."

룻에게 또 한 가지 시련은 그녀의 동서가 물러선 것이었습니다. 오르바는 나오미에게 입을 맞추고 떠나갔습니다. 여러분은 젊은 사람들이 같은 나이일 때 혹은 이 두 사람처럼 서로 인척관계에 있을 때 한 젊은이가 다른 젊은이에게 미치는 영향을 압니다. 여자 청년인 여러분이 친구와 함께 부흥집회에 갔습니다. 그 친구가 여러분만큼 깊은 감동을 받았습니다. 그런데 그 친구가 세상으로 돌아갔습니다. 그러면 여러분도 그 같이 하고 싶은 시험이 생깁니다. 여러분은 그 시험을 이길 수 있습니까? 남자 청년인 여러분이 친구와 함께 한 설교자에게서 설교를 들었습니다. 두 사람 모두 하나님 말씀의 힘을 느꼈습니다. 그런데 친구가 전에 있던 자리로 돌아갔습니다. 여러분은 지금 그 자리에 계속 버티면서 "함께 갈 친구가 없을지라도 나는 그리스도만을 따르겠습니다" 하고 말할 수 있습니까? 그렇게 말할 수 있다면 잘하는 일입니다.

"여러분은 주님을 굳게 붙잡을 수 있습니까?
많은 사람들이 돌아서는 때에
여러분의 주님을 굳게 붙잡을 수 있습니까?
여러분은 주님께 살아있는 말씀이 있다고,
그 외에는 어디에도 없다고 증언할 수 있습니까?
여러분은 마음이 겸손하고 청결한 자들,
어린 양이 어디로 인도하시든지
그의 발걸음을 결코 떠나지 않는 자들과 함께 견딜 수 있습니까?

여러분은 '할 수 있다'고 대답할 수 있습니까? 그리스도의 사랑의 강권하시는 능력으로 말미암아 '할 수 있다'고 대답할 수 있습니까?
아, 그러나 육신은 약하여
고난의 때에 움츠린다는 것을 기억하십시오.
지금 여러분을 두르고 있는 주님의 사랑에 복종하십시오.
사람의 끈을 치워버리고
여러분에게 자신을 주시고
여러분을 제단에 굳게 묶는 주님의 사랑의 끈에 복종하십시오."

그러나 룻이 겪은 최악의 시련 가운데 하나는 나오미의 침묵이었습니다. 내가 생각할 때 그것은 나오미가 의도적으로 한 일이라고 봅니다. 룻이 여호와를 따르겠다고 진지하게 뜻을 밝히고 났을 때, 이런 글을 보게 되기 때문입니다. "나오미가 룻이 자기와 함께 가기로 굳게 결심함을 보고 그에게 말하기를 그치니라." 나오미는 그 일의 어두운 면을 이야기하기를 그쳤습니다. 그러나 룻에게 밝은 면에 대해서는 이야기한 것 같지는 않습니다. 이 선한 여인은 너무 슬퍼서 말을 할 수가 없었습니다. 애통하는 마음이 너무 커서 대화를 할 수 없었습니다. 하지만 그런 침묵이 룻에게는 틀림없이 매우 견디기 힘든 일이었을 것입니다. 젊은 사람이 이제 막 하나님의 백성들에게 합류했을 때, 매우 슬퍼하는 그리스도인의 얼굴을 마주 대하고 또 격려하는 말 한 마디 듣지 못하는 것은 그에게 호된 시험입니다. 형제자매 여러분, 때로 우리는 쓰디쓴 약 때문에 얼굴을 찌푸림으로 다른 사람들에게 약 먹기 싫은 마음이 생기지 않도록 하기 위해 할 수 있는 대로 빨리 약을 삼키지 않으면 안 됩니다. 슬픈 사람의 경우에 때로는 겨우 이렇게 말하는 것이 최선일 수가 있습니다. "나는 슬퍼해서는 안 돼. 저기 젊은 아무개가 오고 있으니. 이제 기뻐해야 해. 내 슬퍼하는 기색을 보고 낙담할 수 있는 사람이 오고 있으니까."

여러분은 시편 기자가 마음이 몹시 슬픈 상태에 있을 때, 어떻게 말했는지 압니다. "내가 만일 스스로 이르기를 내가 그들처럼 말하리라 하였더라면 나는 주의 아들들의 세대에 대하여 악행을 행하였으리이다 내가 어쩌면 이를 알까 하여 생각한즉 그것이 내게 심한 고통이 되었더니"(시 73:15,16). 우리는 이제 막 구주께 온 사람들을 넘어지게 하거나 불안하게 만드는 일을 하는 것을 매우 고통스럽게 생각해야 합니다. 그보다 우리는 할 수 있는 대로 그들 모두의 기운을 북돋우고 격려하도록 합시다.

그런데 나오미의 침묵이 룻의 용기를 꺾지 못했습니다. 그녀는 젊고 유순하였음에도 불구하고 심지가 굳은 여인이었던 것이 분명합니다. 룻은 하나님과 그의 백성에게 거리낌 없이 자신을 바쳤습니다. 룻은 나이든 신자인 시어머니에게서 많은 도움을 받지 못할 수 있고, 심지어 그녀 때문에 낙담할 수도 있으며 더욱이 동서인 오르바가 떠나감으로 훨씬 더 낙심했을 수도 있는데도, 자신이 택한 길을 계속해서 걸어갔습니다. 자, 마리아, 제인, 토머스, 그대들도 그같이 하십시오. 여러분은 온순 씨(Mr. Pliable: 천로역정에 나오는 인물 - 역주)를 닮아서 멸망의 도성으로 돌아가겠습니까? 아니면 크리스천을 닮아 여러분의 길을 계속 추구하며 굳게 버티고 낙심의 수렁을 지나가겠습니까? 혹은 천성(天城)을 향해 가는 길에 나타난 다른 어떤 존재가 되겠습니까?

3. 셋째로, 하나님을 선택하는 일에는 참된 경건이 있음에 틀림없다는 점을 아주 간단히 살펴봅시다.

바로 그것이 본문 말씀의 핵심입니다. "어머니의 하나님이 나의 하나님이 되시리라."

첫째로, 친구 여러분, 하나님은 신자에게 최고의 소유입니다. 신자가 하나님을 소유하고 있다는 것은 실로 그리스도인의 특징적인 표시입니다. 나오미는 하나님 외에는 많은 것이 없었습니다. 남편이 없었고 아들도, 땅도, 돈도 없었으며 심지어 즐거움도 없었습니다. 다만 그녀에게는 하나님이 있었습니다. 자, 친구 여러분, 지금 여러분은 지금부터 그리고 영원히 하나님을 최고의 소유로 삼겠다고 결심하였습니까? 여러분은 이렇게 말할 수 있습니까? "하나님이 나의 하나님이 되시겠습니다. 제가 이제 믿음으로 하나님을 붙잡고, 계속해서 붙들고 있겠습니다."

다음으로, 이후부터 하나님은 룻에게 그동안 나오미에게 하셨던 것처럼 그녀의 통치자가 되시고 입법자가 되셨습니다. 누구든지 진심으로 "하나님이 나의 하나님이 되시겠습니다" 하고 말할 때, 그 선언에는 실제적인 어떤 의미가 있습니다. 그 말은 이런 뜻입니다. "하나님께서 내게 영향을 미치실 것입니다. 내게 지시하시고 나를 인도하실 것입니다. 나를 다스리실 것입니다. 하나님께서 나의 왕이 되실 것입니다. 나는 모든 일에 하나님께 복종하고 순종할 것입니다. 모든 일을 하나님의 뜻에 따라 행하도록 노력할 것입니다. 하나님이 나의 하나님이 되실 것입니다." 여러분은 하나님을 여러분의 종으로 만든다는 의미에서 하나님의 자리에서 끌어내려 여러분의 조력자가 되게 하기를 바라서는 안 됩니다. 그보다는 여러분의 주(主)가 되어 여러분을 도우시도록 하기를 바라야 합니다. 친구 여러분, 성령께서 여러분을 인도하여 이 복된 선택을 하고 이렇게 선언하도록 하십니까? "지금 이후로 이 하나님이 나의 하나님이 되시고 나의 입법자와 통치자가 되실 것입니다."

그 다음에, 하나님은 또한 여러분의 교사가 되셔야 합니다. 나는 요즘 열 명 가운데 아홉은 성경에서 우리에게 계시된 하나님을 믿지 않는다고 생각합니다. 이 말을 들으면 여러분은 "뭐라고?" 하고 말할 것입니다. 말하기 슬프지만 사실이 그렇습니다. 여러분에게 구약의 하나님은 너무 모질고 엄하고 단호해서 우리 현대 교사들에게는 맞지 않다고 말하며, 구약의 하나님을 예배할 것이 아니라 새로운 신을 세워 예배해야 한다고 주장하는 신문, 잡지, 정기간행물을 수도 없이 제시할 수 있습니다. 그들은 하나님을 믿지 않습니다. 오늘날 아브라함의 하나님은 많은 사람들에게서 쫓겨났습니다. 그들은 하나님의 자리에 모세가 "근래에 들어온 새로운 신들 너희의 조상들이 두려워하지 아니하던 것들"(신 32:17)이라고 말했던 것과 같이, 연체동물과 같은 신을 두고 있습니다. 그들은 청교도들의 하나님이란 말만 들어도 몸서리를 칩니다. 조나단 에드워즈가 죽은 자들 가운데서 일어난다고 할지라도 사람들은 그의 말을 조금도 들으려고 하지 않을 것입니다. 자기들은 에드워즈 시대 이래로 완전히 새로운 신을 두었다고 말할 것입니다. 형제 여러분, 나는 아브라함의 하나님, 이삭의 하나님, 야곱의 하나님을 믿습니다. 이 하나님이 내 하나님이십니다. 바로와 그의 군대를 홍해에 빠트리셨고, 그 일을 보고서 그의 백성들이 "할렐루야" 하고 노래하도록 만드신 하나님이시고, 땅을 열어 고라와 다단과 아비람과 그의 모든 동류들을 삼키도록 하신 하나님이십니다. 내가 경배하는 하나님은 두려우신 하나님입니다. 하나님은 우리 주 예수 그리스도의 아버지 하나님이십니다. 자비와 긍휼과 은혜가 충만하고, 친절하고 온유하시지만 또한 공의로우시고 그 거룩함이 두려우며 그의 거룩한 처소를 떠나서는 무시무시한 하나님이십니다. 이 하나님이 바로 우리가 예배하는 하나님이십니다. 그래서 그리스도 안에서 하나님께 오고 하나님을 신뢰하는 사람은 하나님을 교사로 모시는 것이고, 그래서 그가 알아야 할 필요가 있는 모든 것을 이 하나님에게서 바르게 배울 것입니다. 그러나 자기들에게 복을 주지 못하고 자기들을 구원하지도 못하는 송아지 우상을 고안해낸 오늘날 사람들에게는 화가 있을 것입니다! 룻이 나오미에게 이같이 말합니다. "어머니의 하나님" 곧 또 다른 신, 즉 그모스나 몰록이 아니라 여호와께서 "나의 하나님이 되실 것입니다." 그래서 룻은 여호와 하나님을 자신의 교사로 모셔 들였습니다. 우리도 그와 같이 해야 합니다.

그 다음에, 우리는 하나님을 우리의 모든 소망과 기둥으로 모십시다. 사랑하는 친구 여러분, 인생에서 가장 행복한 일은 하나님을 의지하는 것입니다. 먼저는 주 예수 그리스도로 말미암아 여러분의 영혼을 하나님께 맡기고, 그 다음에는 모든 일을 하나님께 맡기고 모든 일에서 하나님을 신뢰하는 것입니다. 나는 지금 정말로 내가 알고 있는 바를 말씀드리는 것입니다. 감각을 따르는 생활은 죽음이고, 믿음의 생활은 실로 생명입니다. 세상일들에 관해서 하나님을 신뢰하십시오. 아니, 나는 세상적인 일들과 영적인 일들을 구분하지 않습니다. 모든 일에 관해서, 즉 여러분의 매일의 살림에 대해서, 건강에 관해서, 아내에 관해서, 자녀들에 관해서 하나님을 신뢰하십시오. 하나님을 믿는 믿음의 생활을 하십시오. 그러면 여러분은 올바르게 생활할 것이고, 모든 것이 여러분에게 바르게 돌아갈 것입니다. 우리가 종종 아주 비참하게 생활하는 것은 하나님을 얼마간 믿고 또 우리 자신을 얼마간 믿기 때문입니다. 그러나 여러분이 단순한 믿음으로 정말로 하나님을 의지할 때, 지상에서 얻을 수 있는 최고의 기쁨과 복을 얻고, 여러분 앞에 온갖 기이한 일들이 펼쳐집니다. 여러분의 생활은 기적처럼 되거나 기적이 연달아 일어나는 것과 같이 됩니다. 하나님께서 여러분의 기도를 듣고 하늘에서 응답하시며, 고난의 때에 여러분을 구원하시고 모든 필요를 공급하시며, 여러분이 알지 못하는 길, 곧 하나님의 성품이 나타나는 것을 보면서 매순간 더 크게 놀라고 기뻐하게 될 지극히 복된 길을 여러분이 쉬지 않고 전진하도록 인도하실 것입니다. 여러분 각 사람이 이렇게 말하면 좋겠습니다. "이 하나님이 나의 하나님이 되실 것입니다. 나는 하나님의 은혜로 하나님을 믿겠습니다. 지금 믿겠습니다."

4. 마지막으로, 이렇게 결심하면 우리는 하나님과만이 아니라 하나님의 백성들과도 운명을 같이하게 될 것입니다.

이것은 룻이 "어머니의 백성이 나의 백성이 되시리라"고 말하였기 때문입니다.

룻이 이렇게 말할 수도 있었습니다. "어머니의 백성인 유대인들, 이스라엘 사람들은 좋은 소리를 듣지 못합니다. 내가 지금까지 그 속에서 살아왔던 모압 사람들은 어머니의 백성들을 미워합니다." 그러나 사실 룻은 이렇게 말했습니다. "나는 이제 모압 사람이 아닙니다. 나는 이스라엘 백성에게 속할 것이고, 따라서 나도 좋지 못한 소리를 들을 것입니다. 사람들은 모압에서 유다 베들레헴에 관해 온갖 나쁜 말을 다 합니다 하지만 나는 그런 것에 신경 쓰지 않습니다. 나는 이후로 베들레헴 주민이 될 것이고, 베들레헴 사람 가운데 하나로 간주될 것이기 때문입니다. 나는 이제 더 이상 모압에 속하지 않고 모압 사람도 아니기 때문입니다."

친구 여러분, 이렇게 여러분은 하나님의 백성들과 운명을 같이하겠습니까? 하나님의 백성들이 욕을 먹으면 여러분도 같이 욕을 먹겠습니까? 베들레헴 사람들이 룻이 바라는 가장 이상적인 사람들은 아니었을 것입니다. 심지어 나오미도 그런 사람은 아니었습니다. 나오미는 너무 슬퍼하고 비통해 하였습니다. 그렇지만 룻이 시어머니가 자기보다 나은 사람이라고 생각하였을 것으로 믿습니다. 나는 사람들이 우리 교인들의 트집을 잡으며, 자기들은 아주 열등한 사람들이기 때문에 우리 교인들과 어울릴 수 없다고 말한다는 소리를 들었습니다. 세상에는 별별 사람들이 다 있습니다. 어쨌든 나는 이 세상에서 다른 어떤 사람들의 동류로 여김을 받는 것보다 하나님의 백성들 가운데 하나로 여김을 받으면 대만족입니다. 나는 이 하나님의 백성을 하나님의 보이는 교회에서도 봅니다. 하나님의 멸시받는 백성들은 내가 이제까지 만난 사람 중 최고의 사람들입니다. 나는 이 태버너클 예배당에 대해 종종 이렇게 말합니다. 다른 교회 교인들도 자기 교회 예배당에 대해 이렇게 말할 수 있을 것이라고 생각합니다.

> "여기에 내 최고의 친구들이, 내 친척들이 지내고
> 여기에서 내 구주 하나님이 통치하십니다."

어떤 사람은 말합니다. "나는 완벽한 사람을 만날 수 있을 때 교회에 가입하겠습니다." 그렇다면 당신은 어떤 교회에도 가입하지 못할 것입니다. 그러면 여러분은 "아, 그래도 어쩌면 내가 가입할 수도 있을 겁니다" 하고 말합니다. 글쎄요, 그렇다면, 그 교회는 여러분이 가입한 순간 완전한 교회가 되지 못할 것입니다. 그 교회가 여러분을 교인으로 받아들이자마자 더 이상 완전하지 않게 될 것이기 때문입니다. 그리스도께서 사랑하실 수 있는 교회라면, 나도 사랑할 수 있는 교회라고 생각합니다. 그리스도께서 자기 교회로 간주하시는 교회라면, 내가 그 교회 교인이 된 것을 감사하는 것은 당연한 일입니다. 그리스도께서는 "교회를 사랑하시고 그 교회를 위하여 자신을 주셨습니다"(엡 5:25). 그렇다면 내가 교회에 자신을 드릴 수 있도록 허락받는 것을 명예로 생각할 수 있지 않습니까?

이때 룻이 많은 것을 얻을 수 있을 것으로 생각하는 백성에게 합류하고 있었던 것입니까? 자신이 무엇인가 얻을 수 있는 것을 바라고 교회에 가입하는 사람들은 부끄러운 줄 알아야 합니다! 그렇지만 떡 몇 덩이와 물고기 몇 마리가 어떤 사람들에게는 늘 미끼가 됩니다. 하지만 나오미와 함께 베들레헴으로 가는 룻이 있었습니다. 그곳 동네 사람들이 할 일이란 고작해야 둘러서서 두 사람을 빤히 쳐다보며 이렇게 말할 뿐이었습니다. "이 사람이 나오미인가? 나오미와 함께 온 이 젊은 여자는 누구인가? 아이고, 이게 나오미구나. 도무지 몰라보게 변했네. 저 초췌한 얼굴 좀 봐! 정말로 저 노인네가 우리를 떠났던 바로 그 나오미란 말이지." 사람들의 하는 말로 짐작해 볼 때, 두 사람은 별로 동정을 받지 못하였습니다. 그렇지만 룻은 이렇게 말하는 것 같았습니다. "나는 사람들이 나를 어떻게 대하든지 신경 쓰지 않아. 그들에게 잘못과 결점이 아주 많을지라도 그들은 하나님의 백성이야. 그래서 나는 그들과 한 무리가 될 거야."

여러분 가운데 우리에게 "여러분의 하나님은 우리 하나님이시다"고 말할 수 있는 분은 모두 조금도 주저하지 말고 공공연히 분명하고 확실하게 하나님의 백성에게 합류하라고 권합니다. 여러분이 합류함으로써 얻는 것이 아무것도 없을지라도 그렇게 하기를 권합니다. 어쩌면 여러분은 하나님의 백성과 한 무리가 될지라도 거기로부터 아무것도 얻지 못할 것입니다. 그러나 다른 한편으로 여러분은 그 결정을 위해 많은 것을 가져올 것입니다. 그것이 그리스도의 참된 정신이기 때문입니다. "주는 것이 받는 것보다 복이 있습니다"(행 20:35). 어쨌든, 하나님의 백성과 운명을 같이하고, 그들과 평등하게 나누십시오.

끝으로 이 말씀을 드리고 마치겠습니다. 다른 베들레헴 사람들이 어떠하든지 간에, 그들 가운데 주목할 만한 한 사람이 있었습니다. 따라서 그와 연합하기 위해 이 민족에게 합류하는 것은 할 만한 가치가 있는 일이었습니다. 룻은 그 모든 사실을 점차 발견하였습니다. 이 백성들 가운데 가까운 친족이 있었는데, 그의 이름은 보아스였습니다. 룻은 보아스의 들에 이삭을 주우러 갔습니다. 그리고 머지않아 그녀는 보아스와 결혼하였습니다. 아, 바로 그것이 내가 하나님의 백성들과 운명을 함께하는 이유였습니다. 그래서 나는 스스로에게 이렇게 말할 수 있었습니다. "하나님 백성들에게 어떤 잘못이 있든지 간에, 그들 가운데는 지극히 아름답고 사랑스러우셔서 그들의 모든 결점을 벌충하고도 남는 분이 계신다. 내 주 예수 그리스도께서는 그의 백성들 모두를 그의 아름다우심으로 아름답게 만드시고, 시골 헛간에 모이는 그리스도의 교회의 지극히 가난하고 배움이 없는 사람들에게도 그리스도께서 계시므로 그들과 함께 가난하게 되는 것이 말로 다할 수 없는 명예라는 것을 느끼게 만드신다."

우리 주 예수 그리스도께서는 두세 사람이 주님의 이름으로 모이는 곳은 어디든지 항상 그 자리에 계십니다. 주님의 이름이 명부에 있다면, 주님과 함께 이런저런 이름이 수없이 적혀 있을 수 있습니다. 즉, 다른 교파 사람들, 이상한 사람들, 아주 나이 많은 사람들 등의 이름이 적혀 있을 수 있습니다. 그러나 명부에 그리스도의 이름이 있는 한, 나는 다른 사람들이 어떤 사람들이든 간에 거기에 내 이름을 적어 넣을 수 있습니다. 나는 그 명부의 맨 끝에라도 어린 양이신 내 주 예수님의 이름 밑에 내 이름을 적어 넣는 영원한 명예를 얻을 수 있다면 좋겠습니다!

거기에 보아스가 있었으므로, 룻은 충분하였습니다. 그리스도께서 여기 계시므로 나는 아주 충분합니다. 이렇게 해서 내가 여러분의 하나님이 내 하나님이라고 말하는 사람들에게, 와서 우리와 함께 하든지 아니면 그리스도 교회의 다른 부분에 합류하여 그리스도의 백성을 자기 백성으로 삼도록 충분히 설득하였기를 바랍니다. 여러분은 즉시 성경적인 방식으로 교회에 합류하여, 하나님께서 여러분에게 복을 베푸시도록 하지 않겠습니까? 아멘.

제
2
장

룻의 보상 혹은 개종자를 위한 격려

"여호와께서 네가 행한 일에 보답하시기를 원하며 이스라엘의 하나님 여호와께서 그의 날개 아래에 보호를 받으러 온 네게 온전한 상 주시기를 원하노라 하는지라." — 룻 2:12

이것은 베들레헴에서 유명한 자산가인 보아스가 가난한 이방 여인에게 한 말이었습니다. 보아스는 이 이방 여인이 자기 친족과 자기 민족의 우상들을 떠났고, 살아계시고 참되신 하나님을 예배하는 자가 되었다는 말을 들었습니다. 보아스가 룻을 격려하고, 그녀가 이제 나오미와, 그리고 하나님의 택하신 민족과 운명을 함께하고 있으므로 용기를 내라고 말했을 때, 그는 자신의 본분을 훌륭하게 수행한 것입니다. 보아스가 룻에게 애정 어린 격려의 말로 인사한 점을 주의해서 보기 바랍니다. 바로 이것이 내가 여러분 가운데 나이 든 그리스도인들이 룻과 같은 사람들에게 행하기를 바라는 것입니다.

오랫동안 주 예수님의 신자로 지낸 여러분, 경험이 많고, 우리 언약의 하나님의 사랑과 신실하심을 아는 여러분, 주 안에서 강하고 그의 힘의 능력으로 튼튼한 여러분, 나는 여러분이 초신자들을 찾아서 그들이 격려 받고 힘을 얻을 수 있는 좋은 말, 위안이 되는 말을 해 주기 바랍니다. 내가 이제 막 구원을 받은 사람들에 관해서 종종 설교할 때 인용하곤 하는, 매우 짧은 본문이 있습니다. 여러분에게 계속해서 그 본문을 사용해 보라고 권하고 싶습니다. "그를 담대하게 하라"(신 1:38). 거룩함에 이르기를 열망하는 사람에게 찬물을 끼얹으려고 하는 사람들이 아주 많습니다. 그래서 나는 여러분들에게 그런 사람을 진심으로 격려하라고 권합니다. 영적 생명이 약한 경우에는, 애정 어린 관심으로 그 생명을 양육해야 합니다. 우리는 약한 생명을 책망할 것이 아니라 소중히 기르려고 해야 합니다. 어린 양들을 기르려면 양들을 보살펴야 합니다. 집에 있는 어린 아기들이 하나님의 가족의 튼튼한 식구로 자라도록 하기 위해서는 아기들을 돌보고 먹여야 합니다. 룻이 이스라엘 땅에서 행복하게 되려면 보아스가 그녀를 돌보고 그녀에게 진정한 친구가 되어 주어야 합니다. 그녀의 가장 가까운 친족들은 이 의무를 신속히 수행해야 합니다.

격려의 말을 때에 맞게 적절하게 아주 자주 해 주면 사람들에게서 많은 슬픔을 막을 수 있다고 확신합니다. 그러므로 격려의 말을 해주지 않는 것은 죄입니다. 나는 아주 잠깐 동안이라도 형제로부터 격려의 말을 들었다면 덧문을 열고 낮의 햇빛을 받아들였을 수도 있을 때, 불쌍한 많은 영혼들이 자신 안에 갇혀서 어둠 속에 지내오지 않았나 하는 생각이 듭니다. 신자의 길을 좀 더 오래 걸어온 우리들에게는 아무 어려움이 되지 않는 많은 문제들이 어린 신자들에게는 정말로 어려운 일들이 됩니다. 여러분과 나는 10분 동안만 대화를 하면 신앙의 훈련을 받지 못한 우리 친구들을 몇 달 동안 고통스럽게 만들 문제와 의심들을 깨끗이 제거할 수 있을 것입니다. 말 한 마디만 해 주면 우리의 약한 형제들이 기쁘게 길을 가게 할 수 있을 때, 왜 우리는 그토록 말을 아끼는 것입니까? 그러므로 나는 하나님께 크게 복을 받은 여러분 모두가 영적으로 낮은 상태에 있는 사람들을 돌보고, 그들을 위로하고 격려하는 일을 하기를 간절히 바랍니다. 여러분이 그렇게 할 때, 하나님께서 그 보답으로 여러분에게 복을 주실 것입니다. 그러나 만일 여러분이 남을 사랑하는 이 의무를 소홀히 한다면, 여러분 자신이 낙담하게 되고, 친절한 구원자가 필요한 상황에 떨어질 수가 있습니다. 어린 개종자들에게는 마땅히 격려의 말을 해주어야 합니다. 룻과 같은 사람들이 하나님의 백성들과 운명을 같이할 때 그들을 마땅히 위로해 주어야 합니다.

나는 이 자리에 있는 모든 그리스도인에게 이같이 말할 수 있다고 생각합니다. 즉, 우리 가운데 있는 어린 신자들에게 복을 빌어주어야 한다고 말입니다. 우리는 그들이 모든 좋은 것과 영적인 선물을 받기를 바라야 합니다. 우리가 그들에 대해 품은 좋은 소원을 기도로 표현하는 것이 지혜입니다. 소원은 절름발이이지만, 기도는 달릴 수 있는 발이 있고, 심지어 하나님을 향하여 날아갈 수 있는 날개가 있습니다. 소원은 양동이입니다. 그러나 기도는 이 양동이에 떡을 가득 채웁니다. 소원은 구름이지만 기도는 비입니다. 보아스가 어떻게 모압 출신의 이 비천한 여인에게 잘 되기를 바라는 마음으로 이야기를 걸고 그녀를 위해 하나님께 기도하였는지를 보십시오. 나는 본문의 말씀이 축도일 뿐 아니라 또한 기도라고 생각합니다. "여호와께서 네가 행한 일에 보답하시기를 원하며 이스라엘의 하나님 여호와께서 그의 날개 아래에 보호를 받으러 온 네게 온전한 상 주시기를 원하노라." 우리는 마음이 약한 사람들과 어린 사람들을 위해 항상 기도합시다. 우리의 왕께서 여러분에게 알현을 허락하실 때마다 그들을 생각합시다. 목자가 어린 양 새끼를 돌보듯이 친절한 관심을 갖고 그들을 찾고, 그 다음에는 사랑의 품으로 그들을 안아 험한 곳을 지나가도록 합시다.

어린 신자들을 더 잘 양육하고 돌본다면, 필시 우리는 그들이 은혜 안에서 훨씬 더 빠르게 성장하는 것을 볼 것입니다. 우리 가운데는 젊은 날에, 경험 많은 나이 든 그리스도인들에게 덕을 많이 본 사람들이 있습니다. 나도 그랬습니다. 나는 뉴마켓(Newmarket)에서 내가 문지기로 있던 학교에서 만난 겸손한 종에 대한 기억을 영원히 잊지 못할 것입니다. 그 종은 내게 하나님 나라의 일들에 관해 이야기해 주고 하나님의 율법을 좀 더 온전히 가르쳐 준 노부인이었습니다. 그녀는 많은 목사들보다 은혜의 교리를 더 잘 알고 있었습니다. 그녀는 그 교리들에서 생명을 발견한 사람으로서 그 교리들을 아주 굳게 붙들고 있었습니다. 그녀가 나이 들었을 때 그녀를 도울 수 있었던 것은 내게 큰 특전이었습니다. 그러나 얼마 전에 그녀는 하늘로 갔습니다. 내가 오늘 기쁘게 설교하는 많은 것들을 그녀에게서 배웠습니다. 우리는 나이가 많이 들었을 때, 우리 젊은 시절에 어린아이들이었던 사람들이 우리의 도움을 받아 한창 때 유용한 사람 노릇을 하게 되었다는 말을 듣도록 합시다. 아굴라와 브리스길라가 아볼로에게 하였던 것처럼, 혹은 아나니아가 바울에게, 바울이 디모데에게 하였던 것처럼 우리가 그들에게 행한다면 그들은 우리를 잊지 않을 것입니다. 그러면 메뚜기도 우리에게 짐이 될 정도로 우리가 더욱더 쇠약해질 때, 그들이 우리를 위해 기도하고, 하나님께서 그들의 기도에 대한 응답으로 우리에게 복을 주실 것입니다.

이렇게 해서 본문 소개를 마쳤으니, 이 모범적인 격려의 말에서 개종자가 한 일을 보고 그를 격려해야 마땅합니다. 둘째로, 개종자는 참으로 충만한 보상을 받을 것입니다. 셋째로, 본문의 역사적 관계를 철저히 조사해 보고 나서, 끝으로, 이 충만한 보상을 어떤 비유로 표현하는지 보겠습니다. 이 보상은 모압에서 언약 밖에 있는 사람들을 떠나 하나님의 이스라엘과 이스라엘의 하나님에게로 온, 룻과 같은 모든 사람에게 기다리고 있는 보상입니다.

1. 첫째로, 이 젊은 개종자가 한 일은 무엇입니까?

나는 룻의 예를 가지고 이 주제를 설명해 보겠습니다.

초신자들 가운데 많은 이들은 자신의 오랜 친구들을 모두 버리고 떠났기 때문에 격려 받을 만한 자격이 있습니다. 틀림없이 룻은 조국에 많은 친구들이 있었겠지만 나오미와 그녀의 하나님을 따르기 위해 그들을 떠나왔습니다. 아마도 아버지, 어머니와도 헤어졌을 것입니다. 부모님이 살아계셨다면 룻은 틀림없이 이스라엘 사람들의 나라로 가기 위해 그들을 떠났을 것입니다. 형제자매들과도 작별하였을 것이고, 오랜 친구들과 이웃들에게서도 떠났을 것이 분명합니다. 이는 룻이 나오미와 함께 가고 그녀와 운명을 같이하기로 결심하였기 때문입니다. 그래서 룻은 이렇게 말했습니다. "내게 어머니를 떠나며 어머니를 따르지 말고 돌아가라 강권하지 마옵소서 어머니께서 가시는 곳에 나도 가고 어머니께서 머무시는 곳에서 나도 머물겠나이다 어머니의 백성이 나의 백성이 되고 어머니의 하나님이 나의 하나님이 되시리라."

갓 회심한 사람은 세상으로부터 이주한 사람이고, 그리스도를 위하여 외국인이 된 사람입니다. 아마도 그에게는 많은 동무들이 있었을 것입니다. 자기들의 방식대로 그를 즐겁게 하는 친구들, 쉽게 웃게 만들고 함께 있는 시간을 즐겁게 만들 줄 아는 매력적인 사람들이 있었을 것입니다. 그러나 그들에게서는 그리스도의 향기를 찾을 수 없었기 때문에 그는 그들을 버렸습니다. 그리스도를 위하여 그들을 버린 것입니다. 오랜 친구들 사이에서 그는 별종이 되었고, 그래서 친구들이 모두 그를 싫어합니다. 아마도 여러분은 암컷의 다정함을 즐겼던 보금자리에서 날아온 카나리아가 참새들 무리에서 쫓겨나는 것을 보았을 것입니다. 참새들은 마치 카나리아를 갈기갈기 찢을 것처럼 몰아내며 아무데서도 쉬지 못하게 만듭니다. 바로 그와 같이 더 이상 동료들 무리에 속하지 못하는 이 초신자는 동료들에게 박해를 받는 대상입니다. 그는 독한 조롱의 시련을 견딥니다. 이런 시련들이 그의 영혼에는 뜨거운 인두와 같습니다. 그는 이제 옛날 친구들에게 위선자이고 광신자입니다. 그들은 경멸하는 마음으로 그에게 우스꽝스러운 이름을 붙입니다. 속으로 그들은 그에게 어릿광대 모자를 씌우고 바보와 악당이라고 이름을 씁니다. 그들이 그를 존경하지 않을 수 없게 되려면 그는 오랜 세월 동안 거룩한 생활을 보여야 할 것입니다. 이 모든 일이 그가 친구들의 모압을 떠나 이스라엘로 가기 때문에 생기는 것입니다. 왜 그들을 떠나야 합니까? 그가 친구들보다 더 잘 자랐습니까? 그가 성인(聖人)인 체하는 것입니까? 그가 예전처럼 그들과 함께 술을 마실 수 없습니까? 그는 그들의 지나친 행위들을 나무라지만, 사람들은 그런 말에 전혀 신경 쓰지 않습니다. 그는 그들이 부르는 유쾌한 노래를 부를 수 없습니까? 정말이지 그는 성인이 되었습니다. 그러나 친구들은 성인을 위선자나 다름없게 생각합니다. 그는 지나치게 엄밀하고 청교도적이어서 자유로운 사회에서 사람들에게 용납되지 못할 것입니다. 생활의 수준에 따라 그에 대한 반대는 이런저런 형태를 띱니다. 그러나 모압은 이스라엘의 하나님을 예배하기 위해 자기 우상을 버리는 룻과 같은 사람을 결코 칭찬하지 않습니다. 어둠의 권세자가 자기 신민들이 망하는 것을 염려한다거나 세상 사람들이 자기들을 부끄러워하는 사람들을 사랑한다는 것은 자연스러운 일이 아닙니다.

세상과 떨어져 산 지 오래되었고 세상의 조롱에 대해 담대해진 나이 든 그리스도인들이 초신자들을 보호하는 것이 지극히 합당한 일이 아닙니까? 여러분이 이렇게 말해야 하지 않습니까? "함께 갑시다. 우리가 당신을 돕겠습니다. 당신이 버리고 온 사람들보다 더 나은 친구가 되겠습니다. 당신이 떠나온 길보다 더 나은 길에서 당신의 동무가 되겠습니다. 세상 사람들이 알 수 있는 것보다 더 나은 기쁨을 당신에게 찾아주겠습니다."

우리의 크신 왕께서 자기 신부에게 "네 백성과 네 아버지의 집을 잊어버릴지어다"(시 45:10)라고 말씀하실 때, 이 말을 덧붙이십니다. "그리하면 왕이 네 아름다움을 사모하실지라 그는 네 주인이시니라"(45:11). 이렇게 왕은 자기 신부가 포기하는 그 자리를 채울 새로운 친구를 신부에게 주십니다. 우리는 이 사실에서 한 가지 암시를 깨닫고, 세상이 내쫓는 사람들을 친구로 사귑시다. 아마도 이 시간 이 예배당에는 이제 막 멸망의 도성에서 달려 나와서 멸망의 도성 밖에 있는 것만으로도 너무 기쁜 사람이 참석하였을 것입니다. 이 불쌍한 영혼은 어디로 달려가야 할지 알지 못합니다. 다만 그 도성이 멸망할 것을 알기 때문에 예전에 자신이 있던 악한 곳에서 도망쳐야 한다는 것만 압니다.

형제 여러분, 이런 도망자들이 어디로 가야 할지 모르고, 악한 친구들은 그들에게 돌아오라고 하고 있을 때, 그들에게 다가가서 참된 피난처를 알려주십시오. 그들과 함께 만세 반석이신 그리스도께로 달려가십시오. 그들이 실족하여 넘어지면 그들을 일으켜 주고, 길을 잃으면 그들을 인도해 주십시오. 예전에 그들을 시험하던 자들을 막아주십시오. 그들을 지키는 수행원이 되고, 그들이 당면한 위험에서 벗어날 때까지 그들을 호위하십시오. 거짓된 친구들을 잊을 때까지 애정 어린 대화로 그들의 마음을 붙잡으십시오. 룻이 자신의 이전 관계들을 끊었을 때, 보아스가 그녀에게 위로의 말을 건넨 것은 지혜롭고 친절한 일이었습니다. 그 말을 다시 한번 인용하겠습니다. "여호와께서 네가 행한 일에 보답하시기를 원하며 이스라엘의 하나님 여호와께서 그의 날개 아래에 보호를 받으러 온 네게 온전한 상 주시기를 원하노라."

다음으로, 룻은 오랜 친구들을 떠나서 낯선 사람들 가운데로 들어왔습니다. 그녀는 아직 이스라엘 땅에서 편하게 지내지 못했고 스스로도 "이방 여인"이라고 말했습니다. 그녀가 나오미를 알았지만, 베들레헴 온 동네에서 나오미 외에는 아는 사람이 아무도 없었습니다. 추수하는 들판에 나갔을 때 이웃 사람들이 이삭을 줍고 있었지만 그녀의 이웃은 아무도 없었습니다. 그녀는 그들에게서 동정의 눈길 한 번 받지 못했습니다. 어쩌면 그들은 냉담한 호기심으로 그녀를 보았을 것입니다. 그들은 속으로 이렇게 생각했을지도 모릅니다. '도대체 무슨 일로 이 모압 여자가 여기 와서 가난한 이스라엘 백성이 하는 이삭 줍는 일에 끼어든단 말인가?' 타지 사람이 와서 들판에서 이삭을 주울 때, 그런 감정이 시골 사람에게 틀림없이 일어난다는 것을 압니다. 룻은 외국인이었습니다. 물론 그들의 눈에는 침입자로 보였습니다. 룻은 이스라엘의 하나님의 날개 아래 있었지만 자기 혼자라고 느꼈습니다.

보아스는 룻이 이스라엘에서 예의와 친절이 사라졌다고 생각하지 않을 것이라고 느꼈는데, 아주 바르게 생각한 것입니다. 보아스는 신분에 있어서 룻보다 한참이나 높은 위치에 있는 사람이었지만 그녀에게 가서 격려의 말을 해주었습니다. 여러분 가운데 어떤 분들은 바로 이 관행을 따라야 하지 않습니까? 그분들에게 즉시 그렇게 하라고 요청할 수 있지 않습니까? 최근에 자신의 죄를 깨닫게 되었거나 새롭게 주님을 찾아 만난 사람들이 우리 교회에 들어올 것입니다. 그런데 이 사람들이 우리 가운데서 오랫동안 이방인으로 지내는 고통을 겪어야 하겠습니까? 알아보고 교제하며 후한 대접을 하는 일을 그들에게 베풀어 그들이 우리를 편하게 느끼도록 해야 하지 않겠습니까? 오랫동안 이 태버너클 예배당에 나왔는데 지금까지 사람들의 주목을 받지 못한 채 지내고 계시는 분이 있다면, 그런 분들은 정말로 운이 없는 경우라고 진심으로 말씀드릴 수 있습니다. 일반적으로 우리 교회는 손님에게 관심을 갖고 항상 그런 분을 환영하기 때문입니다.

여러분이 그동안 우리 교인들의 주목을 받지 못하고 지냈다면, 틀림없이 여러분은 예배당에서 아주 구석진 곳에 앉아 있었을 것입니다. 교인들 가운데는 새로 온 사람들을 찾아내고 그들과 대화하는 일에 전념하는 분들이 있기 때문입니다. 이런 일 때문에 때때로 새로 오는 사람들이 간섭당한다고 생각하는 일들에 대한 불평을 듣는데, 그런 불평들을 들을 때 나는 매우 기쁩니다. 왜냐하면 그런 불평들이 있다는 것은 우리 가운데 아직도 열심이 살아 있다는 표시이기 때문입니다. 물론 신중하고 온화하며 친절하게 대하십시오. 하나님을 찾고 있고 하나님 백성들에게 합류하기를 바라는 사람이 있는지 잘 살펴보면서 하시기 바랍니다.

나는 이따금 어떤 사람이 이렇게 말하는 소리를 듣습니다. "목사님, 나는 몇 달 동안 예배에 참석해서 목사님의 설교를 들었습니다. 그런데 회중석에서 나와 함께 앉아 있는 사람들이 나에게 눈길조차 주지 않았습니다. 나는 교인들이 봐 주기를 바란 적이 많았습니다. 정말로 누군가의 손에 이끌려 주님께 가고 싶었기 때문입니다." 나는 그런 비난을 듣고 싶지 않습니다. 나는 사람들이 여러분이 한 마디도 하지 않았다고 불평하는 것보다 여러분이 자기들에게 신앙에 대해 너무 말을 많이 한다고 불평하는 소리를 듣는 것이 훨씬 더 낫습니다. 여러분이 간섭하는 것으로 생각하는 그 행동이 여러분에게 크게 명예가 될 수 있지만, 아무 말 없는 무관심한 태도는 여러분에게 불명예가 될 것이 틀림없습니다. 하나님을 찾는 영혼이 있다면 단 한 사람도 버림을 받았다고 느끼지 않도록 모든 사람이 다른 사람들의 일에 관심을 갖도록 마음을 다해 노력합시다. 구도자들이 "내 영혼에 관심이 있는 사람은 아무도 없어" 하고 외치는 괴로움을 겪지 않도록 해야 합니다.

그대가 신자입니까? 그렇다면 그대는 내 형제입니다. 우리는 더 이상 외인도 아니요 나그네도 아니요 오직 성도들과 동일한 시민이요 하나님의 권속입니다(엡 2:19). 우리는 다른 사람들을 예수님께로 인도하고 초신자들이 예수님의 발 앞에서 완전한 평안을 얻도록 돕는 일에 애쓸 것입니다. 우리는 개인적으로 복음을 전하는 기술을 배웁시다. 우리가 너무 부끄러움을 타고 수줍어서 주 예수님의 이름으로 친절하고 애정 어린 말을 할 용기를 내지 못하여 다른 사람들을 슬픔 가운데 지내게 하는 일이 없도록 합시다. 자, 용기를 내어, 룻과 같은 이가 낯선 사람들 가운데 겁먹고 있을 때 그들을 격려하도록 합시다. 그들이 임마누엘의 땅에서 편안히 느끼도록 도웁시다.

갓 회심한 사람은 또 다른 면에서 룻과 같습니다. 즉, 그는 스스로를 매우 비천한 사람으로 본다는 것입니다. 룻은 보아스에게 이렇게 말했습니다. "나는 이방 여인이거늘 당신이 어찌하여 내게 은혜를 베푸시며 나를 돌보시나이까?" 또 이렇게 말하기도 하였습니다. "내 주여 내가 당신께 은혜 입기를 원하나이다 나는 당신의 하녀 중의 하나와도 같지 못하오나 당신이 이 하녀를 위로하시고 마음을 기쁘게 하는 말씀을 하셨나이다." 그녀는 자부심이 거의 없었습니다. 그래서 다른 사람들에게서 존경을 얻었습니다. 그녀는 자신을 작은 어떤 친절도 큰 혜택으로 여기는 매우 하찮은 사람으로 생각하였습니다. 갓 회심한 사람이 정말로 마음이 진실하다면 그렇게 생각할 것입니다.

우리는 어떤 지역에서 유행하는 이 시대의 풍조처럼 다소 건방지고 주제넘게 구는 사람들을 만나기도 합니다. 그렇지만 우리는 그들이 스스로를 생각하는 것만큼 그들을 대단하게 여기지 않습니다. 그러나 진정으로 마음이 새롭게 되고 정말로 끝까지 견디는 참된 초신자들은 언제나 겸손하고, 많은 경우에 매우 떨고 소심하며 자신 없어 합니다. 그들은 자신이 하나님의 자녀들 가운데 있을 만한 자격이 없다고 느끼며, 그래서 주의 성찬상에 올 때 거룩한 경이감에 사로잡힙니다. 내가 그리스도인 청년으로서 처음 하나님의 집에 갔던 때가 생각납니다. 당시 바로 얼마 전에 주님을 알게 되었던 나는 교회의 직원과 교인들 한 사람 한 사람을 볼 때마다 마음에 존경심이 느껴졌습니다. 그들 모두가 천사와 똑같지는 않을지라도 천사에 가까울 만큼 선하다고 생각했습니다. 어쨌든 나는 그들을 비판하려는 마음은 추호도 없었습니다. 내 자신을 참으로 가치 없는 존재로 여겼기 때문입니다.

지금은 그리스도인이라고 하는 사람들을 모두 그때만큼 그렇게 높게 생각하지는 않습니다. 정직하게 볼 때, 그렇게 생각할 수 없지 않나 하는 판단이 들기 때문입니다. 그러나 그런 모든 사실에도 불구하고 나는 많은 사람들이 생각하는 것보다는 그리스도인들을 훨씬 더 높게 생각합니다. 그리스도께 처음 온 초신자들은 자신들의 결점은 뼈저리게 느끼고 다른 사람들의 약점은 거의 알지 못합니다. 그래서 교회 교인들을 아주 존경하는 마음으로 보게 되는데, 이런 점 때문에 교인들과 교회 직원들, 목사에게 큰 책임이 지워진다고 생각합니다. 이렇게 갓 회심한 신자들은 스스로를 낮게 보기 때문에 그들에게 용기를 북돋우는 것은 적절하고 안전한 일입니다. 필요하고 친절한 일입니다. 결코 그들을 비판하지 말고 엄하게 대하지 마십시오. 싹트기 시작한 그들의 미덕을 조심해서 다루십시오. 쌀쌀한 말은 그들의 미덕을 얼려버릴 수가 있고, 다정한 말은 더욱 발전하게 만들 수 있습니다.

우리 주님께서는 여러분에게 어린 양들을 먹이고 그들에게 목자 노릇을 하라고 명하십니다. 어린 양들이 가다가 기진하지 않도록 양들을 혹사시키지 말라고 하십니다. 그리스도인이 보모처럼 자기 반의 여자 아이들을 격려하며 그들의 제멋대로 하는 행동과 어리석음을 참고, 그들 속에 희망적인 것이 있으면 무엇이든지 기르려고 하는 모습을 보는 것은 즐거운 일입니다. 이런 사람들이 존경받아야 할 이스라엘의 어머니들입니다. 나는 나이 든 하나님의 사람이 진심으로 젊은이를 붙들어 주고 사랑하며 그에게 조언을 아끼지 않고, 적절하다고 판단이 될 때 칭찬해 주는 모습을 보는 것이 좋습니다. 신참자들은 비록 걸음걸이가 들쭉날쭉하지만 훈련이 잘된 병사와 보조를 맞추려고 애씁니다. 동료들은 그들에게 미소를 보내며, 그들에게서 미래의 전사를 보도록 합시다. 이들이야말로 우리의 전투가 끝나면 달려와서 우리의 깃발을 넘겨받을 사람들입니다.

또 한 가지는, 갓 회심한 사람은 이스라엘의 하나님 여호와의 날개 아래 의지하러 왔기 때문에 룻과 같습니다. 여기에 아름다운 은유가 들어 있습니다. 여러분도 알겠지만, 강한 새의 날개는 일반 새의 날개에 비해 튼튼합니다. 새의 날개는 일종의 둥근 지붕을 형성합니다. 그래서 밖에서 볼 때 날개에서 건축적인 힘을 느끼게 됩니다. 날개 아래 있으면, 암탉처럼 보잘것없는 피조물의 날개라 할지라도 그 날개 아래에 있으면, 밖에서 볼 때 거기에는 어린 병아리들에게 완벽한 피난처가 있는 것입니다. 그리고 날개 안쪽은 어린 새끼들의 안락함을 위하여 부드러운 깃털이 대어 있습니다. 날개의 강함으로 인해 어리고 약한 새끼들이 조금도 다치지 않도록 꾸며져 있는 것입니다. 나는 암탉의 날개 깃털 아래만큼 포근하고 따스한 자리가 있는지 모르겠습니다. 여러분은 이것을 생각해 본 적이 없습니까? 마치 병아리들이 암탉에게 하듯이 주님께서 고난의 때에 우리를 주님의 전능하신 사랑의 강한 날개 아래 옹기종기 모이도록 하시지 않겠습니까? 여기에 이런 성경 말씀이 있습니다. "그가 너를 그의 깃으로 덮으시리니 네가 그의 날개 아래에 피하리로다 그의 진실함은 방패와 손 방패가 되시리라"(시 91:4). 얼마나 따뜻한 방어 요새입니까! 어린 새끼들이 어미 가슴의 깃털 아래에서 머리를 내민 것을 보았을 때, 그것은 더할 수 없이 완벽한 행복처럼 보였습니다. 새끼들이 짹짹거리며 작은 선율을 노래할 때, 비록 암탉 주위에는 거친 바람이 윙윙거리고 있을지라도 자기들은 참으로 따뜻하고 안전하다고 말하는 것처럼 들렸습니다. 새끼들은 그보다 더 행복할 수가 없었습니다. 새끼들은 조금 달려갔다가도 금방 어미의 날개로 돌아옵니다. 새끼들에게는 어미의 날개가 집이요 가정이기 때문입니다. 어미의 날개가 새끼들에게는 방패요 구원이고, 방어 요새이고 기쁨입니다.

이것이 바로 초신자들이 행한 바입니다. 그들은 자신들을 신뢰하기 위해서가 아니라 예수님을 신뢰하기 위해서 왔습니다. 그리스도 안에서 의를 얻기 위해서 왔습니다. 그렇습니다. 그리스도 안에서 모든 것을 얻기 위해 왔습니다. 이렇게 그들은 하나님의 날개 아래를 의지하고 있는 것입니다. 여러분도 지금 그렇게 하고 있지 않습니까? 충분히 성장한 성도 여러분, 이것이 여러분의 상태가 아닙니까? 그렇다는 것을 나는 압니다. 그렇다면 매우 좋습니다. 어린 신자들에게 여러분이 기쁘게 행할 바를 하십시오. 그들에게 말하십시오. "이만한 곳이 없습니다. 하나님의 날개 아래 즐거이 함께 거합시다."

여러분이 하나님께 근심을 맡기기 때문에 모든 염려를 버리고, 또 하나님께 죄를 범할까봐 갖는 두려움밖에 없기 때문에 모든 두려움을 버리는 것만큼 좋은 안식과 평안, 고요함과 완벽한 평온함은 없습니다. 여러분 위에서 맥박이 뛰는 그 위대한 심장(주님)이 자기에게 피하는 모든 사람에게 충만한 사랑과 다정함을 더 이상 보이지 않는 것보다는 차라리 온 우주가 해체되는 것이 더 쉽다는 것을 아는 것은 말할 수 없이 큰 기쁨입니다. 믿음은, 아무리 작은 믿음이라 할지라도 하나님께서 오른손으로 심으신 귀한 식물입니다. 그러므로 그 식물을 밟아 뭉개지 말고, 관심을 가지고 돌보고 사랑으로 물을 주십시오.

이제 본문을 좀 더 면밀히 살펴보아야 하겠습니다. 지금까지 여러분에게 초신자들이 행한 일들은 격려가 필요한 것임을 설명하였으니, 이제는 이 문제에 대해 두 번째로 답을 해야 하겠습니다.

2. 하나님의 날개 아래 의지하러 온 사람들이 받을 충분한 보상은 무엇입니까?

나는 우리가 예수님 안에서 잘 수 있도록 살과 피를 가진 이 몸을 내려놓고, 한편으로 육신을 벗은 우리 영혼은 몸을 떠나 주님과 함께 거하는 그날에 충분한 보상을 받을 것이라고 대답하겠습니다. 육체를 떠난 상태에서 우리는 영으로서 완전한 행복을 누릴 것입니다. 그러나 좀 더 완전한 보상은 주님께서 두 번째 오실 때, 우리 몸이 무덤에서 일어나 강림하신 왕의 영광스러운 통치에 참여할 때 받을 것입니다. 그때 우리는 완전한 사람의 몸을 입고 주님의 얼굴을 뵈며 주님을 닮을 것입니다. 그때 구속, 곧 몸의 구속이 이루어질 것입니다. 그때 우리는 몸과 영과 혼이 결합되어 성부, 성자, 성령, 삼위일체 하나님과 영원히 함께 거할 것입니다. 말로 다할 수 없는 이 복이 여호와의 날개 아래 의지하는 것에 대한 완전한 보상입니다.

그러나 현세에서 받는 보상이 있습니다. 보아스가 그 보상을 언급하였습니다. 많은 신자들이 의인의 고난을 받는 것이 사실이지만, 경건한 자들이 이 세상에서 받는 보상이 있습니다. 몇 년 전에 동료 목사가 『두 세상을 최대한 이용하는 법』(*How to Make the Best of Both Worlds*)라는 책을 펴냈는데, 많은 지혜가 담긴 책입니다. 그런데 우리 가운데 많은 사람들은 그 제목이 신자의 일을 둘로 나누고, 또 두 세계를 지나치게 같은 수준으로 다루는 것처럼 보인다는 이유로 그 제목에 불만을 표시하였습니다. 신자라면 누구든지 그 책 제목이 암시하는 것과 같은 방식으로 두 세계를 최대한 이용하는 것을 생의 목표로 삼는 것은 확실히 잘못된 일일 것입니다. 이 현 세상은 오는 세상에 종속되어 있음이 틀림없고, 따라서 필요하면 이 현 세상을 기꺼이 희생할 수가 있습니다. 그렇지만 이 점을 결코 잊어서는 안 됩니다. 즉, 경건에는 오는 세상뿐 아니라 현 세상에 대한 약속도 있기 때문에, 누구든지 하나님을 위하여 살려고 하면 두 세상을 최대한 이용하게 될 것이라는 점입니다. 그리스도를 위하여 현재의 생명을 잃는 때에조차도 우리는 이 생명을 구원하고 있는 것이며, 자기 부인과 십자가를 지는 것은 행복의 다른 형태에 지나지 않는 것입니다.

여러분은 "그리스도를 신뢰하면 어떻게 보상을 받을 것인가?" 하고 묻습니다. 첫째로, 나는 하나님께서 여러분에게 주실 양심의 깊은 평안을 보상으로 받을 것이라고 답하겠습니다. 이보다 나은 보상이 있을 수 있겠습니까? 사람이 "내가 죄를 범하였지만 용서를 받았다"고 말할 수 있을 때, 그 사죄 받음은 말로 다할 수 없이 큰 은혜가 아닙니까? 내 죄가 예수님께 지워졌습니다. 예수께서 속죄양으로서 내 죄를 지고 가셨습니다. 그래서 내 죄가 영원히 사라졌고, 나는 용서받았다는 것을 압니다. 이것이 영광스러운 확신이 아닙니까? 세상과 바꿀 만큼 가치 있는 것이 아닙니까? 피 뿌림의 권세 아래 있는 마음에 평온함이 깃듭니다. 마음속의 목소리가 하나님의 평안을 선포하고, 성령께서 친히 그 평안을 증거하고 확인하십니다. 이렇게 해서 모든 것이 안식합니다. 여러분이 이 평안을 사기 위해 모든 것을 내놓을지라도 이 평안을 구입할 수 없을 것입니다. 설사 그것을 값을 주고 살 수 있다고 할지라도, 그 평안은 온 세상의 지참금을 다 합친 것보다 더 비싸기 때문에 구입할 수가 없습니다. 여러분에게 모든 부와 권세와 명예가 있을지라도 평안이라는 이 진주의 값을 치를 수는 없을 것입니다. 왕국의 세입으로도 이 보석을 살 수 없을 뿐만 아니라 언뜻 한 번 볼 수도 없습니다. 죄 범한 양심은 지옥의 죽지 않는 벌레이고, 후회의 고통은 결코 꺼트릴 수 없는 불길입니다. 마음에 물어뜯는 벌레가 있고 가슴속에 타오르는 불길이 있는 사람은 이미 망한 것입니다. 반면에 예수 그리스도로 말미암아 하나님을 신뢰하는 사람은 마음속에 있는 지옥의 고통에서 구원을 받고, 불안의 타오르는 열이 깨끗이 치료됩니다. 이런 그가 기뻐서 노래하는 것은 당연한 일입니다. 이는 천국이 그의 속에서 태어나고, 구유에 누우신 그리스도처럼 그의 마음속에 있기 때문입니다. 영광의 하프여, 속죄 제사로 말미암아 죄가 사라졌다는 아름다운 선율을 울리도록 하라!

하지만 이것은 신자가 받는 보상의 시작에 불과합니다. 와서 하나님을 신뢰한 사람은 "재앙의 두려움이 없이 안전할"(잠 1:33) 것입니다. 그것은 참으로 놀라운 복임에 틀림없습니다! "그는 흉한 소문을 두려워하지 아니함이여 여호와를 의뢰하고 그의 마음을 굳게 정하였도다"(시 112:7). 사람이 이 세상의 기쁨을 누리는 일에 최고의 자리에 있을 때, 그는 어둠의 목소리가 "이 기쁨이 계속 지속될 것인가?" 하고 속삭이는 말을 듣습니다. 그는 내일 어떤 일이 벌어질지 알려고 합니다. 자신의 가는 길에 무엇이 숨어 있는지 알지 못하기 때문입니다. 그러나 사람이 어떤 일이 일어나든지 간에 거기에 사랑하는 하나님 아버지의 정하신 뜻이 있음을 알기 때문에 더 이상 두려워하지 않고 기꺼이 그 일을 맞이할 수 있을 때, 그는 행복한 상태에 있는 것입니다.

어떤 사람이 오늘 밤 집에 갔는데, 욥이 당하였던 것처럼 그의 모든 재산이 불에 탔거나 도적맞았으며 식구들이 모두 갑작스럽게 죽은 것을 알았다고 생각해 봅시다. 만일 그가 자연스러운 고통 가운데서도 "주신 이도 여호와시요 거두신 이도 여호와시오니 여호와의 이름이 찬송을 받으실지니이다!"(욥 1:21) 하고 말할 수 있다면, 그는 참으로 놀라운 상태 가운데 있는 것이 틀림없습니다. 인내 가운데 그런 정신을 소유하는 것은 믿음의 충만한 보상 중의 하나입니다. 그런 정신을 소유하고 있는 사람은 왕이 수여할 수 있는 모든 훈장보다 더 고귀한 훈장을 가슴에 차는 것입니다. 양심의 고통에서 구원을 받고 두려움의 불행에서 자유롭게 되는 것이야말로 하나님만이 주실 수 있는 최고의 은혜입니다.

그 다음에, 하나님을 신뢰하는 사람은 지금 필요하거나 앞으로 언제나 필요할 모든 공급품들을 받을 것이므로 하나님 안에서 안심합니다. 시편 23편의 푸른 풀밭은 참으로 행복한 음악이 흘러나오게 만듭니다! 다음 시의 첫 연을 읽을 때 내 마음이 기쁨으로 뛰놀기 때문에 여러분에게 일어나서 이 시편을 노래하자고 말하고 싶은 심정이 듭니다.

> "여호와는 나의 목자시니
> 부족한 것이 없겠네.
> 여호와께서 나의 것이고 나는 여호와의 것이니
> 내게 필요한 것이 무엇이 더 있으리요?"

보통 사람에게는 부족한 것들이 있기 마련입니다. 따라서 "내게 필요한 것이 무엇이 더 있으리요?" 하고 담대히 말할 수 있는 사람은 풍성한 부의 땅에 이른 것이 틀림없습니다. 우리는 결코 만족할 줄 모릅니다. 잔을 가득 채우기 위해서는 언제나 조금 더 필요한 것이 있습니다. 그런데 "내게 필요한 것이 무엇이 더 있으리요?" 하고 노래할 수 있다고 생각해 보십시오. 이 아름다운 내용이야말로 우리가 신뢰하는 주님에게서 오는 충만한 보상이 아닙니까? 인간 본성은 말거머리를 삼켰습니다. 그래서 그 이후로 인간 본성은 밤낮으로 "다오, 다오,

다오" 하고 부르짖습니다. 하나님 외에 누가 이 갈망을 채울 수 있겠습니까? 불만족이라는 소용돌이는 큰 바다를 빨아들이고도 여전히 채워지지 않을 기세로 위협합니다. 그러나 하나님께서는 믿음에 대해 선한 것들로 그 입을 만족케 하고 이같이 노래하게 하심으로써 보상하십니다.

"하나님께 차고 넘치는 창고가 있는데도
공급하시지 못할 물건이 있겠습니까?
전능한 팔로 하늘로부터 놀라운 자비를
시내처럼 부으실 것입니다!"

나는 현세에서 받을 수 있는 보상 가운데 모든 근심을 잊고 쉴 수 있는 완전한 안식과 결코 실패할 수 없는 섭리에 대한 조용한 확신만큼 큰 것은 없다고 생각합니다.

신자가 얻는 또 한 가지 큰 유익은 모든 일들이 합력하여 자신의 선을 이룬다는 의식에 있습니다. 결국, 아무것도 우리를 해칠 수 없다는 것입니다. 몸의 고통도 마음의 괴로움도, 사업상의 손실이나 죽음이라는 무서운 타격도 우리에게 실제로 해를 끼칠 수 없다는 것입니다. 강도의 도둑질, 비방하는 자들의 비난, 사업의 변화, 사나운 폭풍우들이 모두 우리의 선을 위하도록 지배될 것입니다. 이런 많은 약들과 독극물들은 틀림없는 화학자이신 하나님의 반죽에 혼합되어 우리 영혼을 위한 건강한 약이 될 것입니다. "우리가 알거니와 하나님을 사랑하는 자 곧 그의 뜻대로 부르심을 입은 자들에게는 모든 것이 합력하여 선을 이루느니라"(롬 8:28). 이것을 의심할 바 없는 사실로 알고, 기대감을 가지고 그 사실이 우리에게 이루어지는 것을 지켜보는 일은 큰 기쁨입니다. 이 사실은, 그렇지 않았으면 우리를 괴롭혔을 이 모든 장수말벌들에게서 즉시 독침을 빼고, 말벌들을 꿀벌들로 변화시켜 우리를 위해 꿀을 모으도록 만듭니다. 이것이 사람으로 하여금 죄의 아첨하는 말을 무시하고 지나가게 만들 만한 보상이 아닙니까? 믿음이여, 그대는 그대를 품는 모든 자를 부요하게 하고 고귀하게 만드는도다!

다음에 말씀드릴 것은, 하나님을 신뢰하고 따르는 사람들이 받는 또 다른 충만한 보상이 있는데, 그것은 선행의 복이라는 것입니다. 이것을 능가하는 행복이 있을 수 있겠습니까? 이 기쁨은 최고급 다이아몬드입니다. 여러분이 할 수 있다면, 과부와 고아를 돕는 기쁨에 필적할 수 있는 것을 얘기해 보십시오! 영혼을 죽음에서 구원하고 허다한 죄를 덮는 기쁨에 상응하는 기쁨을 찾아내 보십시오. 우리가 이 땅에서 영원히 산다고 할지라도, 우리의 사는 날이 가난하고 궁핍한 자들에게 선을 행하고 죄를 범하고 타락한 사람들을 구원하는 일로 가득 찰 수 있다면, 하나님을 믿는 것은 온 세상과 바꿀 만한 가치가 있는 일입니다. 여러분이 낙원의 샘에서 언제나 흘러나오는 지극히 순수한 기쁨을 맛보기 원한다면, 망한 영혼을 구원하는 데서 오는 사심 없는 복을 마시십시오. 하나님을 믿는 믿음이 여러분에게 자아를 잊어버리고, 전적으로 하나님을 영화롭게 하고 다른 사람들에게 유익을 끼치기 위해 살라고 가르칠 때, 그 가르침에 따르면 여러분은 천사들의 주님을 뒤따르는 것이고, 그래서 마침내 주님과 함께 통치하는 자리에 이르게 될 것입니다.

젊은 날에 술 취함의 저주 가운데 있다가 거리에서 복음을 듣고 주님을 찾아 만남으로 악한 습관의 멍에에서 도망한 사람이 최근에 강 이편에 있는 우리를 떠나갔습니다. 그는 기독교 금주 운동가가 되었고, 일주일 동안 날마다 그 운동을 장려하는 일에 매달렸습니다. 남는 모두 시간을 그 일에 다 쏟았습니다. 그가 최근에 세상을 떠났지만, 하나님께로부터 보상을 누리지 못하고 떠난 것이 아니었습니다. 나는 쏘닐로 씨(Mr. Thorniloe)의 얼굴을 들여다보곤 하였는데, 그때마다 그가 하나님께 헌신한 것에 대해 충분한 보답을 받았다는 것을 느꼈습니다. 마음의 기쁨이 그의 얼굴에서 빛났고 일에 대한 즐거움 때문에 일이 그에게 오락이 되었기 때문입니다.

술꾼이여! 그대가 그와 같은 사람이 될 수 있다면 완전한 금주가 시련이 아니라 즐거움이 될 것입니다! 게으름뱅이 신자여, 그처럼 부지런히 주님을 섬기려고 하면 생활이 여러분에게 음악과 같이 즐거워질 것입니다. 죄에 빠졌던 사람은 다른 사람들을 자기와 같은 유죄 선고를 받은 데서 돌이키도록 하는 일에서 큰 즐거움을 찾아야 합니다. 그러면 그렇게 하는 가운데서 그는 더없는 행복과 즐거움의 구름에 불을 밝히게 될 것입니다. 목자가 길 잃은 양을 찾았을 때 크게 기뻐하듯이, 주님을 신뢰하는 여러분이 장차 사람들을 영원한 파멸에서 끄집어내는 일에 힘쓰게 된다면 그같이 기뻐할 것입니다.

형제자매 여러분, 개인적인 성장을 겸손히 인식하는 데서 오는 특별하고 은근한 기쁨이 있습니다. 아이들은 자기가 자라서 좀 더 부모님을 닮고 있다는 것을 알고, 얼마 있지 않으면 튼튼한 성인으로 자랄 수 있을 것이라는 생각이 들 때 기뻐합니다. 우리들 대부분이 어른처럼 보이게 할 것이라고 생각하는 옷을 입기 시작했을 때 느꼈던 유치한 즐거움을 기억합니다. 나는 처음으로 장화를 신고 덩치 큰 삼촌과 함께 거리를 지나갔을 때 대단한 사람이라도 된 것처럼 느꼈습니다. 물론 그것은 유치한 자만심이었습니다. 그러나 이 점은 영적인 힘을 모으고, 그래서 더 고귀한 일과 더 깊은 경험을 감당할 수 있게 되는 일과 비슷한 면이 있습니다. 여러분은 자신이 1년 전과 다르게 화가 나더라도 평정을 잃지 않는다는 것을 발견할 때, 감사하게 생각합니다. 악한 욕망을 몰아내서 더 이상 그 욕망 때문에 괴로움을 당하지 않을 때, 여러분은 조용히 즐거워하며 기쁨으로 몸을 떱니다. 예전 같으면 여러분을 뭉개버렸을 시련을 견뎌냈을 때 그 승리는 참으로 달콤합니다. 거룩함에서 진보할 때마다 은밀한 행복감도 그만큼 커집니다. 천국에 들어가기에 조금 더 합당하게 되면 마음속의 천국도 조금 더 커집니다. 우리가 천국의 창고에 거두어들여질 만하게 익음에 따라 좀 더 원숙해진 자신의 달콤함을 의식하게 되는데, 이것 자체가 결코 하찮은 보상이 아닙니다.

이 충만한 보상의 또 한 가지 빛나는 부분을 말씀드리겠습니다. 그것은 기도에서 하나님을 이긴다는 것입니다. 어떤 대단한 분이 인쇄물을 통해서 나를 위선자라고 불렀는데, 하나님께서 내 기도를 들으셨다고 내가 말했기 때문이라는 것입니다. 이것은 분명 그가 악의적으로 한 말이었습니다. 어떤 사람이 하나님께서 자기 기도를 들으셨다고 말했다고 해서 광신적이라는 소리를 들을 수는 있습니다. 그러나 나는 그렇게 말했다는 이유로 사람에게 위선을 뒤집어씌우는 것은 정당한 일로 볼 수 없습니다. 크신 하나님께서 기도에 응답하신다는 진실한 확신을 위선을 통해서 나타낼 수 있다면 나는 살아 있는 동안 더욱더 위선적이 될 마음이 있습니다. 나는 하나님의 이름을, 곧 내 기도를 들으시는 하나님의 이름을 자랑하겠습니다. 나를 위선자라고 한 그 필자가 자기가 기도를 드렸는데 들으심을 얻었다고 주장했다면 그는 위선의 죄를 범했을 가능성이 있습니다. 그 문제에 관해서는 그 자신이 누구보다도 잘 알고 있으므로 그 문제는 그에게 맡기겠습니다. 다만 그는 자기 표준으로 남을 헤아릴 권리가 없음을 알아야 할 것입니다. 물론 나는 그의 표준으로 나를 판단하지 않을 것입니다. 나는 내가 알고 확신하는 바를 이야기할 것입니다. 정말로 나는 주님께서 기도를 들으시며, 또 그렇게 하시는 것이 하나님의 습관이라고 진심으로 증언할 수 있습니다. 하나님의 많은 성도들이 구하기만 하면 받습니다. 옛적에 이스라엘이 얍복 강가에서 천사를 붙잡고 복을 주지 않으면 결코 보내려고 하지 않았을 때처럼, 그런 사람들은 기도로 하나님과 씨름하면, 언제나 이깁니다. 여러분이 이 능력을 충분히 얻는다면 종종 속으로 이렇게 말할 것입니다. "은혜의 보좌 앞에서 능력을 얻기만 한다면 나는 모든 자기 부인에 대해 넉넉한 보상을 얻을 것이다." 우리가 원하는 것을 충족히 은혜로 주님께 받는 명예와 비교할 때, 믿음 없고 무지한 세상의 조롱과 야유가 무엇이겠습니까?

이밖에도 많은 요소들이 충만한 보상을 이룹니다. 그러나 무엇보다 중요한 것은 아마도 하나님과의 교제일 것입니다. 즉, 사람이 친구와 말하듯이 하나님께 말씀드릴 수 있고, 우리 위에 나부끼는 주님의 깃발에 사랑이라는 단어가 적혀 있는 동안 거룩한 신랑의 인도를 받아 잔칫집에 앉는 것입니다. 이 사랑의 궁전 밖에 거하는 자들은 말로 다할 수 없는 우리의 은밀한 희열을 전혀 알지 못합니다. 우리는 영적 기쁨에 대해 그들에게 말할 수가 없습니다. 말하면 그들은 다시 돌아서서 우리를 쥐어뜯으려고 할 뿐이기 때문입니다. 천상의 교제의 기쁨은 지극히 신성해서 일반 사람들에게 보여줄 수가 없습니다. 영혼이 성령의 능력으로 말미암아 주님의 귀한 백성의 수레처럼(아 6:12) 될 때, 이 땅에서 아주 확실하게 미리 맛보는 기쁨이 있습니다.

형제 여러분, 우리가 가난하고 슬프고 낙담해 있을 때라도 우리의 운명은, 지극히 높은 자리에 있지만 주님을 알지 못하는 황제의 운명보다도 무한히 더 기쁘게 선택할 만한 것이라고 믿습니다. 왕들, 제후들, 귀족들, 명문가 사람들일지라도, 그리스도를 알지 못하는 이들은 불쌍하기 짝이 없습니다! 그러나 극빈자들이라도 그리스도를 아는 이는 행복합니다! 죽어갈지라도 그리스도를 기뻐하는 이들은 복된 사람들입니다! 하나님을 자신의 모든 것의 모든 것으로 모시고 있는 사람들은 확실한 즐거움과 지속적인 기쁨이 있습니다. 그러니 와서 하나님의 날개 아래 피하십시오. 그러면 여러분의 집이 복을 받고 식구들이 복을 받을 것이며, 여러분의 광주리가 복을 받고 창고가 복을 받으며, 여러분이 병중에 있을 때 복을 받고 건강할 때도 복을 받으며, 지금과 영원히 복을 받을 것입니다. 이는 의인과 그의 자손들이 하나님께 복을 받기 때문입니다. 갓 회심한 모든 사람을 위한 내 기도는 바로 보아스가 룻에게 한 축도입니다. "네가 행한 일에 보답하시기를 원하며 이스라엘의 하나님 여호와께서 그의 날개 아래에 보호를 받으러 온 네게 온전한 상 주시기를 원하노라." 이 축도가 여러분 각 사람 위에 영원히 있기를 바랍니다.

3. 끝으로, 이 충만한 보상을 어떤 비유로 표현하는지 보겠습니다.

룻이 얻은 충만한 보상은 무엇이었습니까? 나는 보아스가 자기가 한 말의 의미를 완전히 알았다고 생각하지 않습니다. 그는 주님에게 약속된 모든 것을 다 미리 내다볼 수 없었습니다. 나는 룻의 역사의 관점에서 이 선한 사람이 빈 복을 살펴볼 것입니다. 이 불쌍한 이방인인 룻은 이스라엘 하나님을 의지하러 오는 가운데 모든 것을 포기하고 있었습니다. 맞습니다. 그러나 또한 룻은 이때 모든 것을 얻고 있었습니다. 룻이 미래를 가리고 있는 휘장 너머를 볼 수 있었을지라도, 그녀가 이때 한 것보다 더 낫게 자신을 위해 행동할 수는 없었을 것입니다. 그녀는 앞으로 무슨 이득을 볼 전망이 없었습니다. 가난하고 이름도 없이 살 것을 예상하고 나오미를 따랐습니다. 그러나 올바른 일을 하는 가운데 부자가 되는 복을 얻었습니다. 그녀는 모압의 친족들을 잃었지만 이스라엘에서 고귀한 친족을 얻었습니다. 다른 나라에 있는 자기 조상의 고향을 떠났지만 하나님의 택하신 족속들 가운데서 유업을 얻었습니다. 그녀를 사랑하는 사람이 되찾아 준 유업을 얻었습니다. 여러분이 와서 그리스도를 의지할 때, 주 예수 그리스도 안에서 여러분에게 가장 가까운 친족이신 분, 여러분의 유업을 되찾아 주고 여러분을 자신에게 연합시키시는 분을 만납니다. 여러분은 그리스도를 낯선 분으로 생각했고 그분께 가까이 가기를 두려워하였습니다. 그러나 그리스도께서 여러분에게 가까이 가십니다. 그래서 여러분은 자신이 그리스도의 심장에 가까이 있고, 영원히 그분과 하나가 되었음을 발견합니다.

그렇습니다. 이것이 회심한 각 사람이 받을 보상을 보여주는 아름다운 그림입니다. 룻은 구하지 않은 것을 얻었는데, 바로 남편을 얻었습니다. 그것은 바로 그녀에게 위안과 기쁨이 되었습니다. 이는 그녀가 남편의 집에서 안식을 얻고 남편과 결혼의 연합으로 인해 큰 재산을 소유하게 되었기 때문입니다. 불쌍한 죄인이 하나님을 의지할 때, 그렇게 큰 혜택을 기대하지 않습니다. 그런데 놀랍게도 그의 마음이 남편을 만나고 가정을 얻으며, 모든 생각을 뛰어넘는 지극히 값진 유업을 받습니다. 이 모든 것을 우리는 우리 주 그리스도 예수 안에서 얻습니다. 이때 영혼은 비할 데 없는 사랑의 주님과 팔팔하고 지속적이며 해소할 수 없는 애정 어린 연합을 이룹니다. 우리는 예수님과 하나입니다. 이 연합은 참으로 영광스러운 신비입니다!

룻은 여호와의 택하신 백성들 가운데서 유업을 얻었습니다. 그녀는 보아스를 통하지 않고서는 그 유업을 얻을 수 없었을 것입니다. 그가 그녀를 위해서 유업을 되찾아 준 것입니다. 이렇게 해서 그녀가 유업을 확실하게 소유하게 되었습니다. 불쌍한 영혼이 하나님께 갈 때는 자신이 오직 피난처를 얻기 위해 하나님께 달려가고 있다고 생각합니다. 그런데 사실 그는 훨씬 더 많은 것을 얻기 위해 하나님께 가고 있는 것입니다. 더럽혀지지 않고 썩지 않는 유업을 얻기 위해 가고 있는 것입니다. 그는 하나님의 상속자, 곧 예수 그리스도와 함께 하는 공동 상속자가 되는 것입니다.

끝으로, 나는 이생에서 얻는 경건의 유익에 대해 개인적인 증언을 하겠습니다. 천국의 영광을 차치하고라도, 나는 이 현세를 위해서 하나님을 신뢰하고 하나님 안에서 안식하며 살고 싶습니다. 나는 마지막 날에 하나님의 도우심이 필요한 것만큼이나 매일의 생활에서도 하나님의 현재의 도우심이 필요하기 때문입니다. 사람들은 현재의 생활과 관련된 것들에 마음을 쓰는 것을 세속주의라고 말합니다. 나는 가장 순수한 최상의 세속주의는 우리 가까이 둘러싸고 있는 일들에 대해 하나님을 신뢰하는 것이라고 감히 주장합니다. 우리는 세속적인 일들을 하나님께 맡김으로써 그런 일들을 신성하게 만드는 지혜를 발휘해야 할 것입니다. 믿음은 영원을 위해서만 필요한 것이 아니고 이 덧없이 지나가는 시간을 위해서도 필요합니다. 믿음은 가게와 시장에 유익한 것이고, 들판과 가정생활에도 유익한 것입니다. 다른 모든 것뿐 아니라 현재의 염려에 대해서도 우리는 하나님의 날개 아래로 피신합니다. 거기에서 우리는 그리스도로 말미암아 복을 받을 것입니다. 아멘.

제
3
장

들판의 식사 시간

"식사할 때에 보아스가 룻에게 이르되 이리로 와서 떡을 먹으며 네 떡 조각을 초에 찍으라 하므로 룻이 곡식 베는 자 곁에 앉으니 그가 볶은 곡식을 주매 룻이 배불리 먹고 남았더라." — 룻 2:14

우리가 농촌에 산다면, 여러분에게 기쁘게도 추수 때가 다시 찾아왔다는 것을 상기시킬 필요가 없을 것입니다. 지난 주 어느 날엔가 나는 금년에 추수한, 때깔 좋은 밀을 보았습니다. 농부들이 이제 막 내다 판 상당량의 밀의 일부였습니다. 또 나는 들판에서 추수꾼들의 낫질이 지나가는 자리에 밀 짚단이 쌓이는 것을 여러 곳에서 보았습니다. 이 땅에 곡식을 풍성하게 채우신 것을 인해서 큰 소리로 하나님을 찬송합시다. 많은 지역에서 유례없는 수확을 거두었고, 곡식이 부족한 곳은 거의 아무데도 없는 것 같습니다. 불행이 아주 널리 퍼져 있는 이때, 다시 말해 우리나라의 대규모 제조 공업이 여전히 멈추어 있는 이때에, 우리는 하나님께서 유례없는 풍성한 수확으로 가난한 사람들의 고통을 덜어주시기를 기뻐하셨다는 점에 감사드려야 합니다. 그리고 다음 몇 주 동안 하나님께서 적절한 날씨를 주셔서 곡식을 안전하게 창고에 거두어들이고, 그래서 양식이 풍성하여 사람들이 거리에서 불평하는 일이 없게 해주시기를 기도하는 일을 잊지 않아야 하겠습니다.

나는 언제나 꼭 이때쯤 되면 이런 점들을 암시할 필요를 느낍니다. 이는 우리가 하나님의 자연을 보고 그런 점들을 떠올릴 수 있는 환경에 있지 않기 때문입니다. 우리는 종달새가 우리에게 찬양하는 법을 가르치는 것을 듣지 못하고, 푸른 들판과 누런 이삭들이 하나님의 넉넉하심을 설교하는 것을 보지 못합니다. 우리가 거리와 집들이라고 부르는, 작은 방들이 줄지어 늘어선 이 복도 같은 곳에서는 배울 것이 거의 없습니다. 내가 도처에서 보는 것은 지루한 갈색이나 더러운 흰색 벽돌들뿐입니다. 그래서 이 모든 것은 우리가 아무리 하늘의 것들을 갈망할지라도 사람을 세속적으로 만들기에 충분합니다. 우리는 푸른 잎을 보지 못하고 이삭에 충실하게 팬 곡식들도 보지 못합니다. 그래서 우리 모두가 들판의 수고에 의지하여 산다는 것을 잊어버리기가 아주 쉽습니다. 우리는 먼저, 들판을 가축들을 위하여 풀로 덮으시고 이제는 사람의 양식을 위하여 곡식으로 채우시는 섭리의 하나님께 농부들과 함께 감사하고 하나님을 찬송합시다.

오늘 아침 우리는 작년과 같이 밀밭으로 나갈 것입니다. 그러나 이삭을 주우러 나가는 것이라기보다는 이삭 줍는 사람과 추수꾼들이 가지가 넓게 퍼진 상수리나무 밑에서 앉아 쉴 때 우리도 그들과 함께 쉬려고 하는 것입니다. 우리는 이 자리에서 마음이 소심한 이삭 줍는 사람을 만나기를 바랍니다. 이 사람은 우리의 초대를 받아들여 와서 우리와 함께 식사하며 자기 음식을 식초에 찍어 먹을 만큼 우리에 대해 안심하게 될 것입니다. 이런 사람들이 용기를 얻어 자기를 위해서 마음껏 음식을 먹고 집에 있는 굶주린 식구들을 위해 음식을 얼마간 가져갈 수 있기를 바랍니다.

1. 오늘 아침 생각해 볼 첫 번째 요점은, 하나님의 추수꾼들은 식사 시간이 있다는 것입니다.

하나님을 위해 일하는 사람들은 하나님께서 선한 주인이심을 발견할 것입니다. 하나님께서는 소들을 염려하여 이스라엘 백성들에게 "곡식 떠는 소에게 망을 씌우지 말지니라"(신 25:4)고 명령하셨습니다. 하물며 하나님께서 당신을 섬기는 자기 종들에 대해서는 얼마나 더 염려하시겠습니까? "여호와께서 자기를 경외하는 자들에게 양식을 주시며 그의 언약을 영원히 기억하시리로다"(시 111:5). 예수님의 들판에서 추수하는 자들은 마지막 날에 복된 상급을 받을 뿐만 아니라 그 도중에도 풍성한 위로를 받을 것입니다. 하나님께서는 자기 종들에게 배로 갚아주기를 기뻐하십니다. 첫 번째는 노동 자체로 보답을 하시고, 두 번째는 노동의 즐거운 결과로 보답하십니다. 하나님은 자기 종들에게 주님을 섬기는 일에 아주 큰 기쁨과 위안을 주십니다. 주님을 섬기는 것은 매우 즐거운 일이어서 그들은 "나의 하나님이여 내가 주의 뜻 행하기를 즐기나이다"(40:8) 하고 외칩니다. 천국에서 밤낮 하나님을 섬기는 것이 기쁨이듯이, 참된 일꾼들에게는 이 땅에서 끊임없이 하나님을 섬기는 것이 천국을 미리 풍성하게 맛보는 일입니다.

하나님께서는 자기 추수꾼들에게 식사 시간들을 정해 주셨습니다. 그들이 함께 모여서 설교를 통해서 전해지는 하나님 말씀에 귀를 기울일 때를 이 식사 시간 중의 하나로 정해 주셨습니다. 하나님께서 우리 목사들과 함께 하신다면, 목사들은 옛적에 제자들이 한 것과 같은 일을 하는 것입니다. 제자들이 그리스도께서 떼어주시는 보리떡과 물고기를 받아 사람들에게 전해주었기 때문입니다. 우리 스스로는 단 한 영혼도 먹일 수가 없습니다. 하물며 수천 명의 사람들을 어떻게 먹일 수 있겠습니까? 그러나 하나님께서 우리와 함께 하시면, 솔로몬이 고운 가루와 살진 소와 노루와 사슴을 가지고 차린 것과 같은 진미(珍味)를 제공할 수가 있습니다. 하나님께서 하나님의 집의 양식에 복을 베푸시면, 집에 아무리 많은 사람이 있을지라도 가난한 자들이 모두 떡을 배불리 먹을 것입니다.

사랑하는 여러분, 나는 여러분이 아주 기쁘게 하나님의 말씀의 그늘 아래 앉아 맛 좋은 열매를 얻는 것이 무엇인지 알기 바랍니다. 은혜의 교리들이 계시된 다른 진리들과 관련하여 여러분에게 담대하고 분명하게 전하여지는 곳이 있습니다. 십자가에 못 박히신 예수 그리스도를 항상 높이는 곳이 있습니다. 성령님의 활동을 잊지 않는 곳이 있습니다. 아버지 하나님의 영광스러운 뜻을 멸시하지 않는 곳이 있습니다. 그곳에는 하나님의 자녀들을 위한 양식이 확실히 있을 것입니다. 우리는 웅변적인 화려한 말이나 철학적인 세련된 말을 먹고 살도록 배우지 않았습니다. 우리는 이런 멋진 것들, 곧 주현절(主顯節, 1월 6일) 전야 축하 케이크의 장식품 같은 것들은, 그처럼 건강하지 못한 것들을 좋아하는 어린아이들이나 먹도록 넘겨줍시다. 우리는 진리가 없는 웅변의 멋진 장식들보다는 비록 거칠게 이야기하는 것일지라도 진리를 듣기를 더 좋아합니다. 우리는 언약의 떡과 물이 제공되고 약속된 기름과 포도주가 제공되는 한, 식탁을 어떻게 차리는지 혹은 접시를 어떤 제품으로 만들었는지에 대해서는 별 관심이 없습니다.

하나님의 추수꾼들 가운데 불평하는 사람들은 설교 말씀을 먹으려고 하지 않는데, 이는 먹을 마음이 없기 때문입니다. 그들은 흠을 잡으려는 목적으로 하나님의 떡집에 옵니다. 그러므로 그들은 배고픈 채로 떠나갑니다. 내 판단은 "그렇게 하는 것이 그들에게 마땅하다"는 것입니다. 나는 그런 청중을 기쁘게 할 마음이 없습니다. 불평하는 신자들의 필요를 채우려고 하기보다는 차라리 곰과 늑대에게 먹이를 주겠습니다. 설교자에 대해 이러쿵저러쿵 하는 말이 얼마나 많은 해를 끼치는지 모릅니다! 하나님께서 인정하시는 일을 우리가 비난하는 경우가 얼마나 많은지 모릅니다.

나는 교리적으로 따지기 좋아하는 어떤 집사에 대한 말을 들었습니다. 그가 수습 기간 동안 강단을 맡고 있는 젊은 목사에게 이렇게 말했다는 것입니다. "목사님, 마지막에 죄인에게 호소하는 말이 없었다면 목사님의 설교를 아주 즐겁게 들었을 것입니다. 나는 죽은 죄인들에게 예수님을 믿으라고 권해서는 안 된다고 생각합니다." 그 집사가 집에 도착해서 보니, 그의 딸이 눈물을 흘리고 있었습니다. 그의 딸은 회심을 하였고, 결국 그 젊은 목사가 목회를 맡게 된 그 교회에 가입하였다고 합니다. 여러분은 그녀가 어떻게 해서 회심하게 된 것 같습니까? 설교 마지막에 가서 죄인들에게 호소한 말씀을 듣고서 회심하였습니다. 그런데 그의 아버지는 그 말을 싫어하였습니다.

성령께서 영혼들을 구원하는데 사용하시는 설교를 욕하지 않도록 조심하십시오. 설교에는 여러분이나 내게 적합하지 않은 것이 많이 있을 수 있습니다. 그러나 설교는 우리만을 고려해서 전하는 것이 아닙니다. 설교에서는 아주 많은 사람들이 고려됩니다. 그리고 듣는 사람 모두가 설교에서 "때를 따라 먹을 것을"(시 104:27) 얻어야 합니다. 내가 제공되는 음식을 모두 먹을 수 없다고 해서 음식에 대해 트집을 잡는 것은 그리스도인의 정신에 전혀 합당하지 않은 이기적인 태도가 아닙니까? 다 자란 신자를 위한 실속 있는 단단한 고기가 필요할 뿐 아니라 은혜에 있어 어린 아기 같은 사람을 위한 순수한 젖도 있어야 하는 것입니다. 사랑하는 여러분, 불평하는 사람들이 아무리 우리의 만나를 "하찮은 음식"(민 21:5)이라고 말할지라도, 나는 은혜로운 하나님께서 "이 산에서 만민을 위하여 기름진 것과 오래 저장하였던 포도주로 연회를 베푸시리니 곧 골수가 가득한 기름진 것과 오래 저장하였던 맑은 포도주로 하실 것"(사 25:6)임을 압니다.

또 은혜로우신 우리 주님께서는 우리가 개인적으로 하나님의 말씀을 읽고 묵상하는 때를 식사 시간으로 정하여 주시는 일이 많습니다. 여기에 "주의 길에 떨어지는 기름방울"(시 65:11)이 있습니다. 하나님 말씀을 먹고 자주 묵상함으로써 그 말씀을 소화시키는 것만큼 신자의 영혼을 살지게 할 수 있는 것은 없습니다. 신자들이 말씀을 묵상하는 일이 거의 없을 때 그들이 별로 자라지 않는 것은 이상한 일이 아닙니다. 가축은 되새김질을 해야 합니다. 가축을 살지게 하는 것은 가축들이 풀을 이로 자르는 것이 아니라 풀을 씹고 후에는 되새김질로 소화시키는 것입니다. 우리는 진리를 영혼 깊은 곳에서 굴리고 또 굴려야 합니다. 그러면 그 진리로부터 거룩한 자양물을 뽑아낼 것입니다.

형제 여러분, 여러분은 하나님의 뛰어난 약속에서 여러분을 위해 준비된 큰 몫을 자주 발견하지 않았습니까? 명상이 여러분에게는 고센 땅이 아닙니까? 사람들이 일찍이 "애굽에 곡식이 있다"고 말했다면, 최고의 곡식은 은밀한 기도에서 찾을 수 있다고 언제나 말할 수 있지 않겠습니까? 개인 기도시간은 젖과 꿀이 흐르는 땅이고, 온갖 열매를 내놓는 낙원입니다. 최고의 포도주를 맛볼 수 있는 잔칫집입니다. 아하수에로가 큰 잔치를 벌일 수 있지만, 그의 127개 도가 골방이 영적인 심령에게 제공하는 그런 진미를 내놓을 수는 없었습니다. 말씀을 묵상하는 데서 먹는 것처럼 그처럼 달콤한 양식을 우리가 어디에서 먹을 수 있고, 어디서 그처럼 편안한 푸른 풀밭에 누일 수 있습니까? 묵상은 성경에서 그 정수를 추출하며, 벌집에서 흘러나오는 꿀보다 단 것으로 우리 입을 기쁘게 합니다. 여러분이 물러나 조용히 기도하는 시간은 여러분에게 왕의 여흥이 될 것이고, 아니면 적어도 한낮의 추수꾼들처럼 여러분이 보아스와 함께 앉아 주님의 넉넉한 양식을 먹어 새 힘을 얻는 시간이 될 것입니다.

『솔즈베리 평원의 목자』(*The Shepherd of Salisbury Plain*), 이 탁월한 책을 읽은 분들은, 그 목자가 곧잘 이렇게 말했다는 것을 잘 알 것입니다. "나는 외로울 때나 지갑이 비었을 때, 성경이 내게 음식이고 음료였으며, 또한 친구였다." 밖에 부족한 것이 있을 때에도 하나님 말씀에서 충만한 것을 발견한 사람이 그만이 아닙니다. 워털루 전투에서 한 경건한 병사가 치명적인 부상을 입고, 동료 병사에 의해 후방으로 이송되었습니다. 나무에 등을 기대고 앉아서 병사가 친구에게 배낭을 열어 넣고 다니던 성경을 꺼내달라고 부탁하였습니다. 그리고 "내가 죽어 눈을 감기 전에 성경 한 구절을 읽어 달라"고 하였습니다. 동료 병사가 그에게 이 구절을 읽어 주었습니다. "평안을 너희에게 끼치노니 곧 나의 평안을 너희에게 주노라 내가 너희에게 주는 것은 세상이 주는 것과 같지 아니하니라"(요 14:27). 총탄이 날아다니는 소리와 둥둥 울리는 북소리, 전투의 소란스러운 소리 가운데서도 믿는 영혼은 그처럼 거룩한 평온을 누렸고, 예수님의 품에 잠들기 전에 말했습니다. "예, 내게는 그리스도 예수 안에서 마음과 생각을 지키는, 모든 지각에 뛰어난 하나님의 평강이 있습니다"(빌 4:7). 성도들은 홀로 묵상할 때 식사 시간을 갖는 것이 아주 확실합니다.

좀 더 자주 있어야 마땅하지만 한 달에 한 번 있을지라도 우리의 심신을 매우 상쾌하게 하는 특별히 정해 주신 식사 시간이 있다는 것을 우리는 잊지 말아야 합니다. 나는 지금 주의 만찬을 말씀드리는 것입니다. 성찬에서 여러분은 영적으로뿐 아니라 말 그대로 식사 시간을 갖습니다. 식탁이 풍성하게 차려집니다. 식탁에는 고기도 있고 음료도 있습니다. 거기에는 빵과 포도주가 있습니다. 이것들이 상징하는 것을 생각할 때 우리는 왕들이 제공할 수 있는 것보다 더 풍성한 식탁을 만나는 것입니다. 이 식탁에서 우리는 사람이 먹으면 결코 주리지도 목마르지도 않을 우리 주 예수 그리스도의 살과 피를 얻습니다. 이 떡은 사람에게 영생을 줄 것입니다. 우리가 주의 만찬에서 즐거운 시간을 누리면 좋겠습니다. 여러분이 이 성례에서 그리스도를 먹는 즐거움을 정말로 안다면, 교회에 가입하여 이 성례에 참석하지 못했을 경우 자신을 책망할 것입니다. 주님의 계명을 지키는 일에 "큰 상"이 있습니다. 따라서 계명을 소홀히 하면 상을 크게 잃을 것입니다.

그리스도께서 이 성찬 상에 단단히 묶여 있어서 거기에 참석하는 사람들이 언제나 만날 수 있는 것은 아닙니다. 그렇지만 성찬 상에 참석하면 주님께서 우리를 만나실 것이라고 기대할 수 있습니다. "너희가 나를 사랑하면 나의 계명을 지키리라"(요 14:15)는 말씀은 힘이 있는 감동적인 문장입니다. "그의 계명들은 무거운 것이 아니로다"(요일 5:3)는 것이 순종하는 모든 아들들의 고백입니다. 이 식탁에 앉았을 때 우리 영혼은 상징을 넘어서서 실체에 이른 것입니다. 우리는 하나님 나라에서 떡을 먹고 예수님의 품에 머리를 기대고 누운 것입니다. "그가 나를 인도하여 잔칫집에 들어갔으니 그 사랑은 내 위에 깃발이로구나"(아 2:4). 이런 경우에 우리는, 절름발이에다 스스로도 자신을 비천한 존재로 생각하지만 다윗 왕의 식탁에 앉게 된 불쌍한 므비보셋에 자신을 비유할 수 있을 것입니다. 혹은 자신을 주인의 떡을 먹고 주인의 잔에서 마시며 주인의 품에서 잠을 자는, 나단 선지자의 비유에 나오는 암양 새끼에 우리 자신을 비유할 수 있을 것입니다. 전에는 쥐엄 열매를 먹고 살았는데, 이제는 앉아서 자녀의 떡을 먹게 된 돌아온 탕자에 우리를 비유할 수 있을 것입니다. 개와 같은 존재로 평가되기에 합당한 우리가 여기에서는 양자의 위치에 서게 됩니다.

이렇게 규정된 식사 시간 외에도 아마도 우리는 거의 기대하지 못하는 때 하나님께서 주시는 식사가 있습니다. 여러분은 아무 생각이 없이 길거리를 걸어 왔는데, 갑작스럽게 마음이 하나님께로 향하는 거룩한 충동을 느낀 적이 있을 것입니다. 혹은 여러분이 한창 일하고 있는데 갑자기 마음에 사랑이 가득해지고 기쁨으로 껑충껑충 뛰고 싶었던 경험이 있을 것입니다. 마치 겨울의 얼음으로 꽁꽁 얼었던 시내가 갑작스럽게 봄의 기운을 느끼는 것처럼 말입니다. 여러분은 지금까지 세상에 고착되어서 재미없이 신음하며 지내왔습니다. 그런데 거의 생각하지 못했을 때 예수님의 사랑이 여러분을 사로잡았습니다. 그래서 완전히 자유롭게 되고 온통 불이 붙은 여러분은 기뻐서 옛적의 미리암처럼 탬버린과 높은 소리 나는 심벌즈를 울리며 하나님 앞에서 춤을 추었습니다. 나는 설교하면서 때때로 정한 시간을 훌쩍 넘겨서 계속 말씀을 전하고 싶은 경우가 있었습니다. 내 행복한 영혼이 마치 쏟아내야 할 것들로 가득 찬 그릇 같았기 때문입니다.

> "이런 것들이 주님께서 이 땅의 들판과 마을에서
> 우리에게 알게 하시는 기쁨거리들입니다.
> 주님이 우리에게 그의 사랑을 조금 맛보게 하시지만
> 최고의 잔치는 하늘에 간직해 두십니다."

우리의 찬송 받으실 구주께서 아침에 우리에게 오셔서 그처럼 즐거운 생각을 가지고 우리를 깨우시지만, 그런 생각들이 어떻게 왔는지 우리는 모릅니다. 마치 이슬이 꽃들에게 내리고 있을 때, 하늘의 이슬 몇 방울이 우리에게 떨어진 것과 같습니다. 서늘한 저녁 무렵, 우리가 잠자리에 들었을 때에도 주님에 대한 우리의 묵상은 즐거웠습니다. 아니, 우리가 이리저리 뒤척이며 잠을 이룰 수 없었던 교대 야경 시간에, 주님은 기꺼이 밤중에 부르는 우리의 노래가 되셨습니다.

"주님은 내 모든 즐거움의 원천이시고
내 기쁨의 생명이시며
나의 가장 찬란한 날의 영광이시고
내 어두운 밤의 위로이십니다."

하나님의 추수꾼들은 추수하는 것이 힘든 일인 것을 압니다. 그러나 그들은 앉아서 주님의 풍성한 양식을 먹을 때 복된 위안을 얻습니다. 그러고 나면 새로 힘을 얻어서 예리한 낫을 가지고 한낮의 더위 속에서 다시 추수하러 갑니다.

이런 식사 시간들이 오지만, 우리가 그 식사 시간을 기대할 수 있는 어떤 때들이 있는지 정확히 알 수 없다고 말씀드립니다. 동양의 추수꾼들은 일반적으로 한창 더울 동안에는 나무 그늘이나 오두막 밑에 앉아 음식물을 먹습니다. 우리가 근심과 고통과 박해와 사별로 몹시 고통을 받을 때, 하나님께서 우리에게 지극히 달콤한 위로를 건네신다고 믿습니다. 지난 목요일 밤에 말씀드렸듯이, 어떤 약속들은 공감의 잉크로 기록되어 있어서 우리가 불 같은 고난 앞에서 그 약속들을 굳게 붙잡을 때에야 비로소 그 의미를 분명히 알 수가 있습니다. 성경의 어떤 구절들은 그 영광스러운 의미가 우리 눈앞에 분명하게 나타나려면 그 구절들을 그슬릴 때까지 불에 대고 있어야 합니다. 뜨거운 햇빛에 얼굴에서 땀이 흐를 때까지 일해야 합니다. 우리는 주님께서 하나님의 일을 부지런히 하는 사람들을 위해 준비하시는 최상의 식사에 초대받기를 기대할 수 있으려면 그날의 짐과 더위를 견뎌야 합니다. 고난의 날이 지독하게 고통스러울 때는 예수님의 사랑도 더할 수 없이 달콤할 것입니다. 시련의 밤이 칠흑같이 어두울 때는 주님의 등불도 여러분 주위를 더할 수 없이 밝게 비출 것입니다. 머리가 깨어질 듯이 아플 때, 심장이 아주 무섭게 떨 때, 마음과 육신이 쇠약해질 때, 그때 주님이 여러분에게 생명의 힘이 되고, 영원히 여러분의 기업이 되실 것입니다.

다시 한번 말씀드리지만, 이런 식사 시간이 많은 경우에 시련에 앞서 옵니다. 엘리야는 로뎀 나무 밑에서 음식을 대접받아야 했는데, 이는 그가 그 음식의 힘으로 40일 간의 여행을 가야 했기 때문입니다. 여러분이 넘치는 기쁨을 누리고 있을 때는 위험이 가까이 오고 있는 것이 아닌가 의심해 볼 수 있습니다. 어떤 배가 양식을 아주 많이 준비하고 있는 것을 본다면, 여러분은 그 배가 멀리 항해를 떠나는 배라는 것을 알 수 있을 것입니다. 하나님께서 여러분에게 예수님과의 놀라운 교제의 시간을 주실 때는 여러분이 오랫동안 폭풍이 몰아치는 바다를 지나가야 한다는 것을 예상할 수 있을 것입니다. 달콤한 강심제는 치열한 전투를 위해 제공되는 것입니다. 심신을 새롭게 하는 시간은 또한 시련이나 힘든 봉사 뒤에 옵니다. 그리스도께서 마귀에게 시험을 받으셨고, 그 후에 천사들이 와서 주님께 시중들었습니다. 야곱이 하나님과 씨름하였고, 그 후에 마하나임에서 천사들의 무리가 그를 만났습니다. 아브라함이 왕들과 전쟁하여 그들을 완전히 쳐부수고 돌아올 때, 바로 그때 멜기세덱이 떡과 포도주로 그의 심신을 유쾌하게 만듭니다. 싸움 뒤에 만족함이 오고, 전투 뒤에 잔치가 베풀어집니다. 여러분이 지금까지 주님의 시중을 들었다면, 그 다음에는 여러분이 앉고, 주님께서 친히 허리띠를 띠고 여러분의 시중을 드실 것입니다. 좋습니다. 세상 사람들이 종교의 가혹함에 대해서 이야기하고 싶은 대로 하도록 내버려 둡시다. 그러나 우리는 그렇지 않다는 것을 압니다. 추수하는 일이 어린아이의 장난이 아니라는 것을 우리는 정말로 잘 압니다. 그리스도를 위해 수고하는 일에는 고난과 어려움이 따릅니다. 그러나 그렇기 때문에 우리가 먹는 떡은 정말로 달콤하고, 우리가 마시는 포도주는 하늘의 포도송이에서 짜낸 것입니다.

> "내 복된 상태를 바꾸지 않겠네,
> 세상이 아무리 좋다고 하고 위대하다고 하는 것과.
> 내 믿음을 지킬 수 있는 동안에는
> 죄인의 금이 조금도 부럽지 않네."

2. 이제 둘째로, 이 식사 시간에 이삭 줍는 사람이 호의로 초대받은 점을 살펴봅시다.

말하자면, 추수할 힘이 없는, 떨고 있는 가난한 이방 여인이 초대받았습니다. 동정을 받지 않고서는 그 들판에 있을 권리가 없는 사람, 즉 자신의 죄과를 알고 있고 그래서 희망이나 기쁨을 거의 느끼지 못하는, 떨고 있는 불쌍한 죄인이 초대받은 것입니다. 손이 튼튼하고 아주 자신만만한 추수꾼에게 이삭 줍는 사람이 초대받은 것입니다.

본문에서, 이삭 줍는 이 여인이 식사 자리에 오라고 초대를 받았습니다. "식사할 때에, 이리로 와서 먹으라." 나는 하나님의 집에 오는 것을 부끄러워하는 사람들을 보아왔습니다. 그러나 여러분 가운데 아무도 자신의 옷이나 개인적인 성격 혹은 가난 때문에, 아니 심지어 자신의 신체적 약점 때문에라도 이 집에 가까이 오지 못하는 일은 없을 것이라고 믿습니다. "식사할 때에, 이리로 와서 먹으라." 나는, 소리를 전혀 듣지 못하지만 그럼에도 항상 하나님의 집에 나온 농아 여성에 대한 이야기를 들었습니다. 사람들이 왜 오느냐고 물었을 때 친구를 통한 그녀의 답변은 이러하였습니다. "친구가 저에게 설교 본문을 찾아 주었고, 그 다음에는 제가 하나님의 집에 앉아 있는 동안 하나님께서 그 본문에 대한 즐거운 생각들을 저에게 알려주시기를 기뻐하셨어요." 그녀는 이어서 말했습니다. "게다가 신자로서 저는 하나님의 전에 참석함으로써 또 자신이 하나님의 백성과 연합되어 있음을 인정함으로써 마땅히 하나님께 영광을 돌려야 한다고 느꼈어요. 더군다나 저는 최고의 동무들 가운데 있는 것을 언제나 좋아했어요. 하나님께서 거기에 계시고, 거룩한 천사들과 지존하신 하나님의 성도들이 거기 있기 때문에 자신이 들을 수 있든지 없든지 상관없이 하나님의 집에 가려고 했어요."

내가 이 하나님의 집에서 그 얼굴을 보지 못하는 일이 좀처럼 없는 형제가 한 사람 있습니다. 그는 평생 소리를 듣지 못했고 말 한 마디 발음할 수 없는 사람인 것으로 알고 있습니다. 그런데 그는 유쾌한 신자입니다. 그는 하나님의 영광이 거하는 이곳을 사랑합니다. 자, 그런 분들이 기쁘게 하나님의 집에 온다면, 들을 수 있는 우리는 비록 자신이 하찮은 존재라고 느낄지라도, 또 이 자리에 오기에 적합하지 않다는 것을 알지라도, 베데스다 우물가에서 병자들이 물이 동하기를 기다리듯이 우리도 들어가 치료받기 위해 이 하나님의 전에 누워 있기를 바라야 합니다. 떨고 있는 영혼이여, 마귀의 시험 때문에 이 하나님의 집에 오지 않는 일이 없도록 하십시오. "식사할 때에, 이리로 와서 먹으라."

그 다음에, 그녀는 오라는 말뿐만 아니라 먹으라는 말도 들었습니다. 하나님의 말씀에 무엇이든 달콤하고 위안이 되는 것이 있으면, 그것은 받아 먹으라고 초대를 받는, 상하고 통회하는 심령을 위한 것입니다. "그리스도 예수께서 죄인을 구원하시려고 세상에 임하셨다"(딤전 1:15). 죄인, 곧 여러분 같은 죄인들을 구원하러 오셨다는 말씀입니다. "우리가 아직 연약할 때에 기약대로 그리스도께서 경건하지 않은 자를 위하여 죽으셨도다"(롬 5:6). 여러분이 스스로 그렇다고 여기는 것처럼 그런 경건치 않은 자들을 위해서 죽으셨습니다. 여러분은 오늘 아침 그리스도의 것이 되기를 바라고 있습니다. 여러분은 속으로 "자녀의 떡을 먹을 수 있다면 좋겠다!"고 말하고 있습니다. 여러분은 그 떡을 먹을 수 있습니다. 여러분은 "내게 그럴 권리가 없다"고 말합니다. 하지만 주님께서 여러분을 초대하십니다! 다른 아무 권리가 없어도 주님께 초대받은 권리가 있으니, 오십시오. 나는 여러분이 자신이 참으로 무가치한 자라고 말하리라는 것을 압니다.

> "양심 때문에 주저하지 말고
> 또 자신이 적합할 것이라는 생각을 꿈에라도 하지 마십시오."

주님께서 여러분에게 "오라"고 명령하시므로, 주님의 말을 그대로 받아들이십시오. 약속이 있다면 그 약속을 믿으십시오. 풍성한 위안이 있다면 받아들이십시오. 용기를 북돋우는 말씀이 있다면 그 말씀을 받아들이고, 그 말씀의 달콤함을 맛보십시오.

그 다음에, 룻이 떡을 먹으라고 초대를 받았을 뿐만 아니라 떡 조각을 초에 찍어 먹으라는 말도 들었습니다. 우리는 이 초를 시큼한 어떤 액체로 보아서는 안 됩니다. 분명 교회에는 심술궂은 영혼들이 있습니다. 그들은 언제나 자기 떡 조각을 시기 짝이 없는 식초에 찍어 먹으며, 냉혹한 너그러움을 가지고 다른 사람들에게 적지 않은 불행을 함께 지자고 초대합니다. 그러나 본문에 나오는 초는 전혀 다른 물건입니다. 이것은 여러 과일에서 짜낸 단 즙을 혼합한 음료이거나 혹은 지금도 일반적으로 이탈리아의 추수 들판과 지구의 더운 나라들에서 사용하는, 물을 섞은 일종의 약한 포도주와 같은 것이었습니다. 그리 독하지 않지만, 추수꾼들에게 음식 맛을 돋우기에 충분한 아주 시원한 음료였습니다. 뜻을 알게 해줄 딱 한 단어를 사용하자면, 그것은 동양인들이 떡과 함께 먹는 소스였습니다. 우리가 버터를 사용하듯이, 혹은 사람들이 다른 때 기름을 사용하였듯이, 그들은 추수하는 들판에서 시원하게 해주는 특성이 있다고 믿고서, 여기서 초라고 부르는 것을 사용하였습니다.

사랑하는 여러분, 주님의 추수꾼들은 떡을 찍어 먹을 초가 있습니다. 그들에게는 달콤한 위로가 있습니다. 그들에게는 단지 교리만 있는 것이 아니라 교리의 핵심인 거룩한 열정이 있습니다. 그들에게는 단지 진리만 있는 것이 아니라 진리에 수반되는 거룩하고 매혹적인 기쁨이 있습니다. 예로, 떡과 같은 선택의 교리를 생각해 봅시다. 그 떡을 찍어 먹을 소스가 있습니다. 내가 "아버지께서 창세전부터 나를 사랑하셨다"(요 17:24)고 말할 수 있을 때, 개인적인 적용, 곧 내 자신이 이 진리와 관계가 있음을 알고 즐거워하는 것이 내가 떡을 찍어 먹는 소스가 되는 것입니다. 이삭 줍는 불쌍한 그대여, 그대도 떡 조각을 초에 찍어 먹도록 초대를 받았습니다. 나는 사람들이 이렇게 시작하는 토플래디(Toplady)의 찬송가를 부르는 것을 듣곤 하였습니다.

"자비에 빚진 내가
언약의 자비를 노래하네.
주의 의를 입으므로 아무 두려움 없이
내 몸과 헌물을 가져오네."

그리고 이 찬송은 다음과 같이 절정에 이릅니다.

"나는 끝까지 견딜 것이네.
천국에서 영화롭게 된 영들이
행복하게 또 안전하게
보증을 확실히 받을 것이므로."

나는 한때 이 찬송을 부를 수 없을 것이라고 생각하였습니다. 여러분도 알겠지만, 이것이 소스였습니다. 나는 그냥 간편하게 만든 떡을 어떻게 해서든지 먹을 수 있습니다. 그러나 그 떡을 소스에 찍어 먹을 수는 없었습니다. 그것은 너무나 높은 교리였습니다. 지나치게 달고, 지나치게 위로가 되는 교리였습니다. 그러나 그 이후로 나는 떡 조각을 그 소스에 찍어 먹게 되었고, 그래서 이제는 소스 없이는 거의 떡을 먹지 못합니다. 나는 떨고 있는 죄인들이 모두 하나님 말씀의 위안이 되는 부분, 심지어 사람들이 "높다"고 말하는 하나님 말씀 가운데서 위안이 되는 부분들을 기꺼이 받아들이면 좋겠습니다. 형제 여러분, 나는 여러분이 어떤 그리스도인들처럼 떡은 싫어하고 소스만 좋아하는 사람들이 되지 않기를 바랍니다. 꿈만 큰 형제들이 있습니다. 그들은 식초밖에 가진 것이 없고, 그 식초마저도 배속에 들어가면 아주 시어져버리고 맙니다. 나는 여러분이 떡을 좋아할 것이라고 믿습니다. 식초를 조금 좋아하고, 소스도 조금 좋아하며, 풍미는 많이 좋아할 것입니다. 그렇지만 우리는 계속해서 떡도 좋아하도록 합시다. 계시된 모든 진리를 사랑합시다. 여기에 떨며 이삭을 줍고 있는 사람이 있다면, 나는 그 여성을 초대하여 이리 와서 떡을 먹고, 떡 조각을 소스에 찍어 먹으라고 말하겠습니다.

내 눈에 그녀가 보이는 것 같습니다. 그녀가 식사 자리에 올 마음이 절반 정도는 있는 것 같습니다. 그녀는 오늘 아침 아무것도 먹지 못했기 때문에 너무도 배가 고픕니다. 그런데 그녀가 이렇게 말하기 시작합니다. "나는 올 권리가 없어요. 나는 추수하는 자가 아니에요. 그리스도를 위해서 하는 것이 아무것도 없어요. 내가 오늘 아침 여기 온 것도 그에게 영광을 돌리기 위해서가 아니에요. 나는 이삭 줍는 사람으로 온 것이에요. 나를 위해 할 수 있는 것을 얻으려고 이기적인 동기로 밀밭에 나온 것이에요. 내게 있는 신앙이란 내가 구원받을 수 있기를 바란다는 이것뿐이에요. 나는 하나님을 찬송하지 않아요. 다른 사람들에게 선을 행하지도 않아요. 나는 이기적인 이삭 줍는 사람일 뿐이에요. 나는 추수꾼이 아니에요."

그러나 그대는 오라고 초대를 받았습니다. 그 점에 대해서는 조금도 의심하지 마십시오. 보아스가 그대를 초대합니다. 그의 초대를 받아들이고 즉시 오십시오. 그러나 여러분은 이렇게 말합니다. "나는 아주 가난한 이삭 줍는 사람이에요. 이것이 모두 나를 위한 것이라고 할지라도 나는 거기에서 얻는 것이 거의 없어요. 설교를 듣는 동안 두어 가지 생각이 떠오르지만 집에 도착하기 전에 다 잊어버려요."

손에 힘이 없는 불쌍한 부인, 나는 부인이 그렇다는 것을 압니다. 그러나 예수님께서 그대를 초대하십니다. 오십시오! 예수님께서 그대에게 즐거운 약속을 제시하실 때 그 약속을 받아들이십시오. 그대의 수줍음 때문에 굶주린 채로 집에 가지 마십시오. 또 당신은 이렇게 말합니다. "하지만 나는 이방 여인이에요. 목사님은 내 죄를 몰라요. 내가 얼마나 죄가 많고 내 마음이 고집스러운지 모릅니다." 그러나 예수님은 아십니다. 예수님께서 당신을 초대하십니다! 예수께서는 여러분이 이스라엘 나라에 외인인 모압 여인에 불과하다는 것을 아십니다. 그럼에도 예수님께서 그대에게 명하십니다. 그러면 충분하지 않습니까? "떡을 먹으며 네 떡 조각을 초에 찍으라."

또 여러분은 말합니다. "하지만 나는 벌써 예수님께 너무 많은 빚을 지고 있어요. 그분은 참으로 선하셔서 잃어버린 내 생명을 살려주시고, 참으로 친절하셔서 복음이 설교되는 것을 듣게 해 주십니다. 나는 뻔뻔스럽게 침입자가 되어 추수꾼들과 함께 앉아 있을 수 없습니다." 아, 그러나 예수님께서 그대에게 명하십니다. 그대가 말하는 뻔뻔함은 예수님을 믿는 것보다 의심하는 데에 더 많이 있습니다. 그대는 보아스의 초대를 거절하겠습니까? 예수께서 오라고 초대하시는데 가지 않겠다고 말하겠습니까? 오세요. 지금 오세요. 룻이 보아스의 상에서 조금 먹었다고 해서 보아스가 조금도 더 가난해지지 않았다는 점을 기억하시기 바랍니다. 여러분에게 필요한 모든 것에도 불구하고 그리스도는 여전히 영광스러우시고 은혜로 가득하실 것입니다.

뭐라고요! 그대에게 필요한 것이 너무 크다고요? 좋습니다. 하지만 주님의 비축 물자는 더 큽니다. 여러분은 큰 자비가 필요합니까? 예수님은 크신 구주이십니다. 바닷물을 다 써버릴 수 있을지라도 주님의 자비는 결코 고갈되는 법이 없습니다. 빛을 너무 많이 써버려서 태양이 어두워질 수 있을지라도 주님의 자비가 고갈되는 법은 없습니다. 그대여, 오십시오. 그대를 위한 자리는 충분합니다. 그대가 옴으로 인해 보아스가 해 받는 일은 없을 것입니다. 게다가 내가 한 가지 비밀을 말씀드리겠습니다. 예수님은 그대를 사랑하십니다. 그러므로 예수님은 여러분을 자기 식탁에서 먹게 하려고 하십니다. 여러분이 지금 구원받기를 바라지만 자신은 구원받을 자격이 없다고 생각하여, 간절히 바라면서도 떨고 있는 죄인이라면, 죄인이여, 예수님은 그대를 사랑하십니다. 그래서 주님은 여러분이 먹는 자리에서 빠지는 것보다 여러분이 먹는 것을 보시기를 더 기뻐하십니다. 주님께서 여러분에게 품고 계시는 그 즐거운 사랑을 알고서 주님께 가까이 가기를 바랍니다.

한 가지 더 말씀드릴 것이 있습니다. 이것은 큰 비밀입니다. 그래서 여러분의 귀에다 속삭여야 하는 것입니다. 그것은 그리스도께서 여러분과 결혼하시고자 한다는 것입니다. 그래서 여러분이 그와 결혼하면, 추수하는 들판이 여러분의 것이 될 것입니다. 물론 여러분이 배우자가 된다면, 그와 함께 공동 소유자가 됩니다. 그렇지 않습니까? 아내는 남편과 함께 재산을 공유하지 않습니까? "그리스도 안에서 예와 아멘"(고후 1:20)이 되는 모든 약속들이 여러분의 것이 될 것입니다. 아니, 그 모든 약속들이 지금 여러분의 것입니다. 이는 "그 사람이 그대에게 가까운 친족"이므로, 오래지 않아 옷자락으로 그대를 덮고 영원히 자기에게로 받아들여 믿음과 진리와 의로 그대를 아내로 삼을 것이기 때문입니다.

그러니 여러분은 자신의 떡을 먹지 않겠습니까? 그러면 여러분은 또 이렇게 말합니다. "아, 하지만 어떻게 그런 일이 있을 수 있습니까? 나는 외인입니다." 좋습니다. 그대는 외인입니다. 하지만 예수 그리스도께서는 외인을 사랑하십니다. 여러분이 "나는 세리요, 죄인이라"고 말할지 모릅니다. 하지만 예수님은 "세리와 죄인의 친구"(마 11:19)이십니다. 여러분은 자기가 "내쫓긴 자"라고 말할지 모릅니다. 그러나 주님은 "이스라엘의 흩어진 자들을 모으십니다"(시 147:2). 혹은 자신을 "길 잃은 양"이라고 할지 모릅니다. 그러나 목자이신 주님은 "아흔아홉 마리를 들에 두고"(눅 15:4) 길 잃은 양을 찾으시는 분입니다. 혹시는 자신을 "잃어버린 동전"이라고 말할지 모릅니다. 그러나 주님은 "집을 쓸어"(15:8) 그 돈을 찾으시는 분입니다. 자신을 "방탕한 아들"이라고도 할 수 있습니다. 그러나 주님은 여러분이 돌아오리라는 것을 알고서 환영할 준비를 하시는 분이십니다. 룻이여, 오십시오! 떨며 이삭을 줍는 이여, 오십시오! 예수께서 그대를 초대하십니다. 그 초대를 받아들이십시오. "식사할 때에 이리로 와서 떡을 먹으며 네 떡 조각을 초에 찍으라."

3. 셋째로, 보아스가 룻에게 볶은 곡식을 주었다는 매우 기분 좋은 이야기를 만납니다.

"룻이 와서 먹었습니다." 그녀가 어디에 앉았습니까? 여러분이 기사에서 보듯이 그녀는 "곡식 베는 자 곁에 앉았습니다." 룻은 자신이 그들 가운데 한 사람이라고 생각하지 않았습니다. 그런데 그들 "곁에 앉았습니다." 여러분 가운데 어떤 분들은 오늘 밤 이리로 내려와 주의 만찬에 참석하지 않고 2층에 그대로 앉아 있습니다. 여러분은 지금 "곡식 베는 자 곁에" 앉아 있습니다. 여러분은 오늘 아침 마치 자신이 우리 가운데 한 사람이 아닌 것처럼, 즉 하나님 백성들 가운데 있을 권리가 없는 사람인 것처럼 앉아 있습니다. 그렇지만 여러분은 우리 곁에 앉을 것입니다. 가질 수 있는 좋은 것이 있는데, 여러분은 그것을 얻을 수 없을지라도, 여러분은 그것을 얻는 사람들에게 할 수 있는 대로 가까이 있을 것입니다. 여러분은 그 은혜로운 잔치를 보는 것만으로도 위로를 얻는다고 생각합니다. "룻이 곡식 베는 자 곁에 앉았습니다." 그녀가 거기에 앉아 있는 동안에 어떤 일이 일어났습니다. 그녀가 손을 뻗어 직접 음식을 가져다 먹었습니까? 그렇지 않습니다. "그가 볶은 곡식을 주었다"고 기록되어 있습니다. 아, 바로 그렇습니다. 그것입니다.

형제 여러분, 나는 오늘 여러분을 초대합니다. 간절히, 애정을 가지고, 진심으로 초대합니다. 하지만 나는 아주 잘 알고 있습니다. 즉, 내가 초대할지라도, 그리스도께서 친히 가까이 오셔서 오늘 그의 성도들을 대접하시지 않으면 떨리는 마음을 가진 사람들이 아무도 그 초대를 받아들이지 않을 것입니다. 주님께서 볶은 곡식을 건네주셔야 합니다. 주님께서 여러분에게 "향기로운 술 곧 석류즙"(아 8:2)을 마시도록 주셔야 합니다. 주님께서 어떻게 이 일을 하십니까? 무엇보다 먼저 주님의 은혜로우신 영으로 말미암아 여러분에게 믿음을 불어넣으십니다. 여러분은 이런 일이 사실일 리가 없다고 생각하며, 여러분 같은 죄인이 주님의 사랑하시는 자로 받아들여질 수 없다고 생각합니다. 그러나 주님께서 여러분에게 입김을 불어넣으시면, 여러분의 희미한 소망이 기대가 되고, 그 기대가 자라기 시작하여 마침내 주님을 내것으로 삼는 믿음, 곧 "내 사랑하는 자가 내게 속하였도다"(개역개정은 "나는 내 사랑하는 자에게 속하였도다 그가 나를 사모하는구나"), "그가 나를 사모하는구나"(아 7:10)라고 말할 수 있는 믿음이 생겨납니다.

이렇게 행하신 주님께서는 또 한 가지 일을 더 하십니다. 주님은 여러분의 마음에 하나님의 사랑을 널리 뿌리십니다. 그리스도의 사랑은 상자 속에 든 향수와 같습니다. 이 향수를 상자 속에 넣는 사람은 상자의 뚜껑을 열 줄 아는 사람뿐입니다. 그는 능숙한 손으로 상자의 뚜껑을 엽니다. 그러면 향수가 "쏟은 향기름"(아 1:3)처럼 "널리 퍼집니다." 여러분은 향수가 거기 있으면서도 널리 퍼지지 않을 수 있다는 것을 압니다. 여러분이 숲 속을 거닐 때 거기에 산토끼나 메추라기가 있지만 보지 못할 수 있습니다. 그러나 여러분이 산토끼나 메추라기를 놀라게 하여 메추라기가 날아가거나 토끼가 여러분 앞을 달려가면 그때 그 동물을 봅니다. 하나님의 사랑이 여러분 마음속에서 있을 수 있습니다. 활동하지 않고 가만히 있을 수 있습니다. 그러다가 마침내 여러분이 그 사랑을 보는 특권을 누릴 수 있습니다. 여러분의 사랑이 날개를 달고 하늘로 올라가며 여러분의 믿음이 지칠 줄 모르고 달리는 것을 볼 수 있을 것입니다. 그리스도께서 반드시 그 사랑을 널리 퍼트리실 것입니다. 그리스도의 영께서 반드시 여러분의 마덕이 발휘되도록 하실 것입니다.

그러나 그리스도께서는 이 이상의 일을 하십니다. 그리스도는 우리와 친밀한 교제를 나누실 때 볶은 곡식을 손수 건네주십니다. 이것을 꿈이라고 생각하지 마십시오. 분명히 말씀드리지만, 오늘 그리스도와 이야기하는 것과 같은 일이 있습니다. 가장 절친한 친구와 이야기할 수 있고 혹은 사랑하는 아내와 교제하는 데서 위안을 얻을 수 있는 것처럼 확실히 나는 예수님과 정말로 이야기할 수 있고, 임마누엘이신 주님과 교제하는 데서 큰 기쁨을 얻을 수 있습니다. 이것은 허구가 아닙니다. 우리는 멀리 떨어진 주님을 예배하는 것이 아닙니다. 그는 가까이 계시는 하나님이십니다. 우리는 주님을 죽어 하늘로 가버려 가까이 할 수 없는 분으로 숭배하는 것이 아닙니다. 주님은 우리 가까이에 계시는데, 우리 입에 계시고 우리 마음에 계십니다. 오늘 우리는 옛적에 하나님의 택하신 자들이 하였듯이 주님과 동행하고, 이 땅에서 주의 사도들이 그랬듯이 주님과 교제합니다. 세속적으로는 이것이 중요하지 않을 것입니다. 그러나 영적인 사람들은 어떤 세속적인 교제보다 영적인 교제를 더 중요하게 생각합니다.

여기서 한 가지 더 말씀드리겠습니다. 그것은 성령께서 우리 속에 우리가 "하나님께로서 난" 자라는 의심할 수 없는 증거를 주실 때, 주 예수님이 최상의 의미로 볶은 곡식을 우리에게 주기를 기뻐하신다는 것입니다. 사람은 자신이 확실히 그리스도인이라는 것을 알 수 있습니다. 나바라(Navarre)의 앙리 공(公) 시절에 살았던 필립 모네이(Philip de Mornay. 1549. 11. 5 - 1623. 11. 11. 프랑스 프로테스탄트 작가 - 역주)는 곧잘 이렇게 말하곤 하였습니다. 즉, 어떤 문제가 유클리드에게서 명확하게 증명될 수 있듯이, 성령께서는 자신의 구원을 자기에게 분명하게 증명하셨다는 것입니다. 여러분도 알다시피, 유클리드라는 학자는 아주 철저히 수학적인 정밀함으로 어떤 문제를 해결하거나 명제를 증명합니다. 둘 곱하기 둘이 넷인 것이 확실하듯이, 그처럼 아주 정확하게 우리는 "사망에서 옮겨 생명으로 들어간 줄을 알"(요일 3:14) 수 있습니다. 하늘에 있는 태양이 우리 눈에 분명하지만 확신 있는 신자에게 자신의 구원이 분명한 만큼 분명하지는 않습니다. 그런 사람은 자신에게 영생이 있음을 의심하느니 차라리 자신의 존재를 부인하는 것이 쉬울 것입니다.

자, 저기서 떨고 있는 룻은 이 기도를 드리십시오. 주여, 내게 볶은 곡식을 주십시오 하고 말입니다! "나를 인도하십시오 우리가 주를 따라 달려가겠습니다”(아 1:4). 주여, 내 마음에 당신의 사랑을 보내주소서!

> “오소서, 하늘의 비둘기 같은 성령이여,
> 소생시키는 주의 모든 능력을 가지고서
> 오셔서, 구주님의 사랑을 널리 뿌리소서
> 우리의 마음을 불태울 사랑을.”

그리스도께서 우리에게 자신을 계시하시지 않고서는 우리가 그리스도에게 이를 수 있는 길은 없습니다.

4. 마지막으로 살펴볼 점은, 보아스가 볶은 곡식을 준 후에 룻이 배불리 먹고 남았더라는 것입니다.

룻과 같은 모든 사람에게 일이 그렇게 될 것입니다. 회개하는 사람은 모두가 조만간에 신자가 될 것입니다. 깊이 양심의 가책을 받는 시간이 있고, 많이 주저하는 시기가 있을 수 있습니다. 그렇지만 영혼이 주님께 가기로 결심하는 때가 올 것입니다. 죽으면 죽으리라. 지금 내 모습 그대로 예수님께 가겠다고 생각할 것입니다. 나는 일을 미루기 위한 변명으로 더 이상 바보 같은 짓을 하지 않겠습니다. 주님께서 나를 위해 죽으셨다는 것을 믿으라고 명령하시니 내가 그 사실을 믿겠습니다. 내 구원을 위하여 주님의 십자가를 의지하겠습니다. 여러분은 이렇게 할 수 있는 은혜를 받을 때마다 “만족할” 것입니다. “룻이 배불리 먹고 남았더라.” 여러분의 머리가 그리스도께서 계시하시는 귀한 진리들로 만족할 것입니다. 여러분의 마음이 지극히 사랑스러운 애정의 대상으로서 예수님에게 만족할 것입니다. 여러분의 소망이 만족을 얻을 것입니다. 여러분이 천국에서 분명코 그리스도를 얻을 것이기 때문입니다. 여러분의 소원이 만족을 얻을 것입니다. 이는 여러분이 “그리스도를 알고 그 안에서 발견되는 것”보다 더 간절히 바랄 수 있는 것이 없기 때문입니다. 여러분은 예수님께서 여러분의 양심이 완전히 평화롭게 될 때까지 양심을 만족시키시는 것을 발견할 것입니다. 예수님께서는 여러분이 주님의 교훈을 확실히 알 때까지 여러분의 판단력을 만족시키실 것입니다. 주님은 자신이 하신 일에 대한 회상으로 여러분의 기억력을 만족시키실 것이고, 주님께서 앞으로 할 일에 대한 전망으로 여러분의 상상력을 만족시키실 것입니다. 여러분이 "만족할" 것입니다.

그렇지만 여러분은 음식을 다소 남길 것입니다. "룻이 배불리 먹고 남았더라." 우리 가운데 어떤 이들은 심한 배고픔을 느꼈습니다. 그래서 우리가 그리스도의 모든 것을 다 받아들일 수 있을 것이라고 생각했습니다. 그런데 최선을 다했지만, 그들은 상당량을 남기지 않을 수 없었습니다. 우리는 무엇이든지 다 먹어치울 수 있는 식욕을 가지고 주님의 사랑의 식탁에 앉아서 이렇게 말했습니다. "자, 무한자만이 나를 만족시킬 수 있을 겁니다. 나는 너무도 큰 죄인이어서 내 죄를 씻으려면 무한한 공로가 있어야 합니다." 그런데 우리의 죄가 제거되고도 공로가 남는 것을 보았습니다. 우리는 자신의 굶주림을 채우고도, 우리와 비슷한 처지에 있는 다른 사람들에게 줄 수 있는, 남는 것들이 있는 것을 발견하였습니다. 하나님의 말씀에는 여러분과 내가 지금까지 누리지 못했고, 현재로서는 우리가 누릴 수 없는 달콤한 것들이 있습니다. 우리는 잠시 동안 그것들을 남겨두지 않을 수 없습니다. "내가 아직도 너희에게 이를 것이 많으나 지금은 너희가 감당하지 못하리라"(요 16:12). 우리가 아직 얻지 못한 지식이 있습니다. 그리스도께 더 가까이 이르러야 할 교제의 자리가 있습니다. 우리가 아직까지 밟고 올라서지 못한 주님과의 높은 교제가 있습니다. 사람이 아직 밟지 못한 산꼭대기의 처녀 설(雪)이 있습니다. 우리가 아직 도달하지 못한 곳이 있고, 그런 곳이 영원히 있을 것입니다.

그 다음에 여기서 유의할 점이 있습니다. 본문에는 없지만, 한두 구절 뒤로 가면, 룻이 남긴 것을 가지고 어떻게 했는지가 기록되어 있습니다. 나는 대접을 받았을 때, 무엇을 싸가지고 집으로 가져가는 것은 아주 나쁜 습관이라고 생각합니다. 그런데 룻은 그렇게 했습니다. 남긴 것을 가지고 집으로 갔습니다. 룻이 나오미에게 이르러서 앞치마에 담은 밀을 보여주고, 자신이 배불리 먹고 남긴 것을 나오미에게 주었습니다. 그 후에 나오미가 "오늘 어디서 주웠느냐?"고 물었고, 그에 대한 답변을 들었습니다. 자신은 아무것도 가질 권리가 없다고 생각하는, 떨고 있는 불쌍한 영혼이여, 여러분도 이와 같이 될 것입니다. 여러분이 먹고 아주 배부를 것입니다. 더욱이 여러분과 비슷한 처지에 있는 사람들에게 가져갈 떡도 있을 것입니다. 나는 어린 신자가 다른 사람들을 위해 무엇인가를 챙기기 시작하는 것을 보면 언제나 기쁩니다.

설교를 들을 때, 여러분은 이렇게 생각합니다. "자, 불쌍한 어머니가 오늘은

밖에 나가실 수 없으니 내가 설교에 대해 어머니께 조금 말씀드려야겠다. 저 말씀은 어머니에게 꼭 필요할 거야. 다른 것은 잊어버려도 저 말씀은 꼭 가서 말씀드려야겠다. 어머니 곁에 앉아서 말씀드려야지. 예배당에 같이 오려고 하지 않는 윌리엄이 있지. 그가 오면 좋겠는데. 설교에서 감동을 준 말씀이 있었는데, 윌리엄을 만나면 그 점을 얘기해주어야겠어. '오늘 저녁에 같이 가자'고 말하겠어. 내가 관심 깊게 들었던 부분들을 말해주어야지. 아마 윌리엄도 그 말씀에 관심을 보일 거야."

주일학교 반에 여러분의 자녀들이 있습니다. 그러면 여러분은 설교를 들으면서 속으로 이렇게 말합니다. "저 예화는 우리 애들에게 유익하겠어." 때로 여러분이 내가 말하는 은유를 종이 조각에 적는 것을 볼 때 여러분이 그것을 보고 기억해서 다른 누군가에게 이야기하려는 것이라고 생각합니다. 그 은유들이 아주 잘 사용되는 곳에는 더 많이 주고 싶습니다. 여러분과 여러분의 친구들에게 충분할 수 있도록 한 움큼 더 주고 싶습니다. 그런가 하면 신자라고 하는 사람들 가운데 그냥 떡 조각만 먹도록 하려는 혐오스러운 정신이 있습니다. 그들은 꿀을 만납니다. 그것은 요나단의 숲처럼 꿀이 가득한 숲입니다. 그렇지만 그들은 두려워합니다. 사람들이 다 먹어 없애 버릴까봐 두려워합니다. 그래서 꿀을 계속해서 독점하려고 합니다. 나는 교회들 가운데 내 눈에는 영적인 보호무역론자들처럼 보이는 교회들이 있는 것을 압니다. 그들은 천국이 너무 사람들로 가득 찰까봐, 그래서 자기들을 위한 자리가 없을까봐 걱정입니다. 죄인을 초대할 때, 그것을 너무 공공연히 그리고 모든 사람을 향하여 초대하면, 그들은 싫어합니다. 다른 사람들의 회심을 위하여 애를 태우고 눈물을 흘리면, 그런 사람들은 자기들과 맞지 않다고 느낍니다. 그들은 남긴 것을 가져가 다른 사람들에게 주는 것이 무엇인지 모릅니다.

사심 없는 마음을 기르십시오. 여러분이 사랑받은 것처럼 다른 사람들을 사랑하려고 노력하십시오. "율법과 선지자"가 바로 이것에, 곧 "네 마음을 다하며 목숨을 다하여 너의 하나님을 사랑하고 또한 네 이웃을 네 자신 같이 사랑하라"(마 22:40; 눅 10:27)는 것에 있다는 점을 기억하시기 바랍니다. 여러분이 자신의 영혼을 사랑하지 않는다면 어떻게 이웃을 여러분 자신처럼 사랑할 수 있겠습니까? 여러분은 자신의 영혼을 사랑하였습니다. 은혜로 말미암아 예수님을 붙잡게 되었습니다. 여러분 이웃의 영혼을 사랑하고, 그가 여러분 생활의 매력이고 여러분 영혼의 즐거움인 것들을 누리는 것을 보기 전까지는 만족하지 마십시오. 나는 이보다 더 편하게 여러분을 초대할 수 있는 방법이 있는지 모르겠습니다. 우리가 오늘 저녁 앉아서 주의 식탁에서 먹고 있듯이, 주님께서 떨고 있는 죄인에게 볶은 곡식을 한 움큼 주셔서 그가 먹고 배부를 수 있게 해 주시기를 바랍니다.

제
4
장

이삭 줍는 사람들에 대한 설교

"보아스가 자기 소년들에게 명령하여 이르되 그에게 곡식 단 사이에서 줍게 하고 책망하지 말며 또 그를 위하여 곡식 다발에서 조금씩 뽑아 버려서 그에게 줍게 하고 꾸짖지 말라 하니라." — 룻 2:15,16

온 세상이 들판의 수고에 의존하고 있으며, 왕 자신도 보습과 낫의 도움을 받습니다. 시골에 살면서 잎사귀가 모든 위험을 뚫고 나오는 것을 보고, 또 엽초(葉鞘)에서 이삭이 벌어지며 이삭이 햇빛을 받아 노랗게 익어 고개를 숙일 때까지 조심스럽게 지켜보는 사람들, 이 사람들은 끊임없이 흙덩이와 농작물을 만지게 되므로 자신들이 전적으로 "이 생명의 지팡이"에 의존해 있다는 것을 잊을 수가 없습니다. 사람이 농사짓는 곳에 있으면, 종종 간절한 기도를 드리며 섭리의 하나님을 올려다보고, 이내 마음을 들어 감사의 찬송을 드리지 않고 살 수 없을 것입니다. 하지만 우리들 대부분은 이 거대한 벽돌 광야에 살도록 운명지워져 있습니다. 여기서는 좀처럼 푸른 것들이 눈을 즐겁게 하는 일이 없고, 식물을 기르려고 해보아도 기껏 해봐야 병약한 식물밖에 자라지 않고, 아름다움에 혹하는 일도 향기에 취하는 법도 없습니다. 눈이 시원해지는 꽃들이 없으므로, 우리가 이 대지에 대해 조금씩 더 무감각해진다고 해도 별로 이상한 일이 아닙니다. 사람들은 자신이 농촌의 활동과 상관없이 산다고, 또 우리의 장사, 무역, 제품들이 우리를 충분히 지탱한다고 생각하기가 아주 쉽습니다. 그러면서 땅이 그 열매를 내지 않는 한, 저 무수한 배들이 소용이 없다는 것을 잊고 살며, 땅을 갈아 일구고 써레질을 하며 그래서 마침내 땅이 농부에게 보상을 주지 않는 한, 백화점과 증권거래소가 소용이 없으며 장사하는 곳이 소용이 없다는 것을 잊고 지냅니다. 나는 이 도시에 거하는 여러분들에게 여러분이 매일의 양식을 위해 땅의 하나님이신 주님께 얼마나 많이 의존해 있는지를 상기시킬 수 있기를 바랍니다. 여러분의 음식이 만나처럼 하늘에서 떨어집니까? 여러분은 음식을 대장간에서 만들어 냅니까? 아니면 베틀이나 물레바퀴로 형성합니까? 음식물이 땅에서 나오도록 하시고, 땅의 비옥한 자궁에 수확물을 낼 수 있는 힘을 주시는 분이 주님이 아니십니까? 이슬이 하늘에서 내리고, 햇빛이 위에서 비추며, 이런 것들이 들판에서 지내는 사람들뿐 아니라 우리에게도 빵을 가져다주지 않습니까? 우리는 이 추수 때를 잊지 말고, 밀 다발이라는 하사품을 인해서 감사하도록 합시다. 귀한 알곡을 거두기에 적합한 날씨를 주시라고 하나님께 간구하는 일을 잊지 맙시다. 그리고 알곡을 거두어들일 때는 무뚝뚝하게 입을 다물고 있지 말고, 물결치는 누런 농작물을 보며 만족스러워 하는, 고생하는 시골 젊은이들과 함께 소리 높여 수확의 노래를 부르고, 골짜기를 곡식으로 덮고 이 한 해를 선하심으로 마무리지으시는 하나님께 감사하도록 합시다.

나는 오늘 아침 내 설교가 여러분에게 우리나라 중부 지방의 수확기 종소리처럼 들리게 전하고 싶습니다. 나는 시골에서 아침 일찍 종이 울리고 또 저녁 무렵에 울린다는 사실을 알았습니다. 이 종소리는 사람들에게 이삭 주우러 들판에 나가야 할 시간을 알려주고 또 사람들이 들판을 떠나 집으로 돌아가야 할 시간을 알려주기 위해서 내는 것이라는 말을 들었습니다. 내 설교는 종을 울리는 것처럼 단순할 것입니다. 그러나 이 설교로 여러분이 밀 짚단과 수확을 충분히 생각하게 된다면, 우리에게 땅의 열매를 주시는 하나님께 감사하게 되기만 한다면, 나는 만족할 것입니다. 이것이 안식일에 전할 설교 주제로 적합하지 않다는 말을 하지 마시기 바랍니다. 예수님의 제자들이 안식일에 밀밭 사이로 지나갔고, 주님께서 들판을 설교의 주제로 삼지 않으셨습니까? 내가 이 거룩한 날에 "너희 눈을 들어 밭을 보라 희어져 추수하게 되었도다"(요 4:35)고 말한다고 해서 주님께서 비난하실 것이라고 생각하지 않습니다. 밖의 세계는 죄가 많고, 그래서 안식일에 꽃과 들판에는 눈길을 주지 않고 눈을 감고 멍청한 얼굴로 하나님을 예배해야 한다고 여러분은 생각합니까? 푸른 풀밭이나 꽃들, 떠다니는 구름 혹은 물결이 이는 파도나 익어가는 곡식에는 죄의 더러움이 없습니다. 신자는 도처에서 넉넉하신 하나님 아버지의 발걸음 소리를 들을 수 있고, 순환하는 계절에서 하나님의 다양한 속성이 계시되는 것을 볼 수 있습니다. 우리는 바스락거리는 이삭에서 노래를 들을 수 있고, 추수하는 들판에서는 천사들도 몸을 굽혀 들을지 모르는 설교를 들을 수 있습니다. 이것은 신성하지 않은 주제가 아닙니다. 이제 나와 함께 들판으로 갑시다. 주님께서 우리와 함께 가주시기를 바랍니다. 비록 추수가 설교를 전하는데 사용할 은유가 되겠지만, 우선 잠시 동안은 추수 말고 다른 것들에 대해서 이야기하겠습니다.

이삭 줍는 일에 대해 한두 마디 말씀드리겠습니다. 유대 제도에서는 이삭 줍는 것이 백성들의 권리 가운데 한 가지였습니다. 농부가 밭모퉁이에 있는 곡식을 거두는 것이 금지되었고, 만일 그가 잘못하여 밀 짚단을 들판에 놓고 왔다면 다시 가서 그것을 가져와서는 안 됩니다. 고아나 과부, 그 땅에 거하는 가난한 자들을 위해서 그대로 두어야 했습니다. 아니, 이삭을 줍는 권리는 밀과 보리를 넘어서까지 확대되었습니다. 감람나무 열매는 한 번만 떨어야 했고, 남은 것은 가난한 자들을 위해 남겨두어야 했습니다. 포도 수확도 마찬가지입니다. 유대인들은 포도를 거둘 때 포도나무 가지의 열매들을 완전히 깨끗하게 따서는 안 되고, 그 땅의 지극히 가난한 사람들이 맛있는 열매를 맛볼 수 있도록 충분히 남겨두어야 했습니다. 나는 우리 그리스도인 농부들이 모세 율법 아래에 있던 농부들보다 복음 시대 아래에서 마음이 덜 넉넉하지 않기를 바랍니다. 넉넉한 보아스가 룻이 법률적으로 주장할 수 있는 것보다 더 많은 것을 룻에게 주었듯이 땅을 소유한 신자는 누구든지 가난한 자들이 이삭을 주울 수 있도록 법적으로 보장된 권리에 대해 이의를 제기하지 말고, 유대인 농부들이 그랬을 것보다 더 빨리 기회를 주고 때로는 일꾼들에게 가난한 자들을 위해서 몇 움큼씩 이삭을 남겨두라고 지시하도록 합시다.

나는 오늘날 많은 농부들에게서, 들판을 샅샅이 뒤져서 할 수 있는 대로 모든 것을 가져가 마을의 가난한 사람들에게 아무것도 남기지 않는 습관이 자라는 것을 보면 슬픕니다. 이삭 하나라도 더 주울 수 있고, 그만큼 남기는 것을 적게 할 수만 있다면 그루터기를 일곱 번이라도 살펴볼 사람들이 있을 것이라고 생각합니다. 내가 농부라면, 나는 가난한 자들의 부르짖음을 생각하고 밀 한 다발은 창고에 거두어들이지 않을 것입니다. 가난한 사람이 부자의 들판만 보면 저주하는 일이 없도록 하겠으며, 미어터지는 창고에 추가로 집어넣은 하찮은 곡식 한 움큼 때문에 마을의 가난한 사람들이 일 년 내내 불평하며 지내게 하지 않을 것입니다. 특별히 그리스도인 여러분이 듣도록 다시 한번 말씀드립니다. 옛적의 유대인보다 넉넉하지 못한 사람이 되지 않도록 하십시오. 예표와 그림자 아래에서 지냈던 옛적에 그들이 가난한 사람들을 위하여 좋은 이삭들을 남겼다면, 이제 우리는 복음의 실체와 충만함을 받았으니 넉넉한 손으로 이삭을 뿌리도록 합시다. 가난한 자에게서 그의 적은 소유를 빼앗지 말고, 여러분의 들판에서 추수할 때 아주 넉넉히 베풀어 복을 얻도록 하십시오.

이제 나는 여기 말고 다른 들판으로 여러분을 초대하지 않을 수 없습니다. 여러분을 복음 진리의 들판으로 데리고 가겠습니다. 내 주님은 보아스와 같은 분이십니다. 이 귀한 책인 성경에는 진실한 약속들로 가득한 들판, 곧 값지고 원숙한 복들로 가득한 들판이 있습니다. 주님께서 문 앞에 서 계시며 우리를 환영하십니다. 추수꾼들처럼 믿음이 충실한 강한 사람들은 밀 다발들을 거두어들이고 몇 아름씩 모읍니다. 여러분 모두 추수꾼이 되기를 바랍니다. 추수할 것이 정말로 많기 때문입니다. 하지만 여러분이 추수꾼이 되지 않을지라도 보아스의 여종들처럼 될 수는 있습니다. 하나님의 종들 가운데는 자신이 직접 수확하기보다는 다른 사람들이 거둔 것에 참여하는 종들이 있는 것을 봅니다. 나는 우리 교회에 안식일마다 나와서 말씀을 듣는 가운데서 기쁘게 단 것을 먹고 하나님 나라의 기름진 것을 먹고 사는 사람들이 많다는 것을 압니다. 하지만 또한 나는 저쪽 문밖에 떨고 있는 적은 무리가 있는 것도 압니다. 오늘 바로 이 무리들에게 설교하려고 합니다. 그들은 추수꾼들이 아닙니다. 큰 밀 다발들을 가져갈 만큼 충분한 믿음의 힘이 없습니다. 그들은 아직까지 가정의 종답지 못합니다. 그들은 앉아서 먹고, 떡 조각을 초에 찍어 먹고 배부를 만큼 양심이 편하지 않습니다. 그들은 이삭 줍는 사람입니다. 그들은 문 앞에 설 때 이렇게 말할 것입니다. "내가 주님 보시기에 은총을 얻었으면 좋겠어. 이 들판에서 이삭이라도 주울 수 있으면 좋겠어. 여기저기서 복음의 은혜라는 이삭을 주울 수 있으면 만족할 거야." 나는 여러분에게 보냄을 받았습니다. 주님께서 나를 주님의 젊은 일꾼 중의 하나로 보내시며, 여러분에게 이같이 말하라고 시키십니다. "들판에 와서, 여러분이 어디든지 원하는 곳에서 이삭을 주우십시오. 이삭을 줍는 동안 튼튼해져서 추수꾼이 된다면, 여러분이 직접 추수해서 밀 다발을 집으로 가져가십시오."

1. 그렇다면, 첫째로 나는 보아스처럼 “이 소녀는 누구냐?”라는 질문을 하겠습니다.

이렇게 질문하여 그리스도의 들판에 초대받은 이삭 줍는 이 사람들이 누구인지 알아보고, 그들이 일부러 그들을 위해 떨어트려 둔 이삭을 몇 움큼씩 주울 수 있도록 하겠습니다.

“이 소녀는 누구냐?”(개역개정은 “이는 누구의 소녀냐?”). 첫 번째 답변은, 그녀가 모압 사람이고 이방인이라는 것이었습니다. 나는 마음이 약한 그대를 압니다. 여러분은 말합니다. “나는 악한 줄기에서 나온 사람이고 다른 이들과 같이 진노의 자녀입니다. 내 본성은 타락하였고 악합니다. 나 같은 자가 어떻게 주님의 들판에 들어가서 주님의 선한 은혜의 이삭을 줍도록 허락 받기를 기대할 수 있겠습니까? 아, 목사님, 목사님은 내가 무력하기 짝이 없는 망한 내 상태에 대해 어떻게 느끼는지 알지 않습니까? 내가 그토록 오랫동안 하나님 앞에 이방인으로 지냈고, 이스라엘 나라에 외인으로 살았기 때문에 스스로 보기에도 내가 참으로 비천하다는 것을 목사님은 아시지 않습니까? 그러니 목사님이 나에게 들판으로 와서 이삭을 주우라고 초대하는 일은 거의 없을 것이라고 생각합니다.” 자매여, 정말로 나는 바로 자매님 같은 분에게 보내심을 받았습니다. 보아스가 소중하게 생각한 것이 바로 모압 소녀였고, 바로 그녀에게 보아스가 이 메시지를 전하였기 때문입니다. “다른 밭으로 가지 말며 나의 소녀들과 함께 있으라.”

나는 다시 한번 이 소녀가 누구냐고 묻고, 그녀는 이렇게 답변합니다. “나는 본래 이방인일 뿐입니다. 그러나 지금은 불쌍하고 가난한 처지에 있다고 말하지 않을 수 없습니다. 나는 그리스도의 은혜를 얻을 수 없습니다. 그리스도의 사랑을 얻기 위해 할 수 있는 것이 아무것도 없습니다. 전에는 내게 선한 행실이 있다고 생각했는데, 지금은 전혀 없습니다. 내가 전에는 의식(儀式)들을 의지했는데, 이제는 버렸습니다. 의식들에서 위로를 얻지 못하기 때문입니다. 나는 몹시 가난합니다. 너무도 가난해서 장래에는 지금보다 부자가 될 것이라는 생각을 완전히 단념하고 있습니다. 나는 무력하고 희망이 없습니다. 나는 아무것도 아닙니다. 그렇습니다. 아무것도 아닌 것보다도 못한 존재입니다. 나는 가련하기 짝이 없는 거지입니다. 하나님의 자비를 조금이라도 받을 만한 가치가 없는 자입니다.” 여러분이 이렇게 이야기합니까? 여러분이 그런 말을 하는 것을 듣게 되어 기쁩니다. 다시 말하지만, 바로 여러분 같은 사람에게 내가 보냄을 받았기 때문이고, 바로 여러분 같은 분들에게 "들판으로 오고 곡식 단 사이에서 줍게 하라"고 은혜로운 초대를 하도록 명령을 받았기 때문입니다.

내가 지금 묘사하는 이 이삭 줍는 여인은, 그녀 스스로의 경험을 놓고 생각할 때 외인이고 이방인이며, 현재의 처지에서 볼 때는 헐벗고 가난하며 불행한 사람입니다. 그러나 또한 이 모든 사실에도 불구하고 그녀에게는 이스라엘 하나님 여호와를 위하여 살겠다는 결심이 있는 사람입니다. 나는 그녀가 이렇게 말하는 것이 들리는 것 같습니다. "만일 내가 죽는다면, 그리스도의 십자가를 바라보며 죽겠습니다. 내가 가지고 갈 것은 아무것도 없습니다. 그냥 이 모습 그대로 갑니다. 주님은 내가 예수 그리스도의 피와 이루신 의(義) 외에는 다른 아무것도 의지하지 않는다는 것을 아십니다. 나는 한때 의지하였던 모압의 신들을 맹세코 부인합니다. 세상은 이제 내게 아무것도 아닙니다. 세상의 화려함과 헛된 일들은 그 영광을 다 잃었습니다. 나는 깊이 뉘우치며 자신을 혐오합니다. 나는 그리스도의 것이 되고 싶습니다. 그리스도께서 나를 거두려 하시지 않을지라도, 내가 그리스도의 들판에서 이삭을 줍지 못할지라도 나는 다른 곳으로 가지 않겠습니다.

'나는 죽을지라도 기도하며
거기에서 그냥 죽겠습니다.'"

이 마음이 약한 영혼들 가운데 어떤 이들이 그리스도를 붙들 때 보여주는 집요함은 놀랍습니다. 다른 사람과 마찬가지로 그는 물속으로 가라앉는 것을 두려워하면 할수록 그만큼 더 무서울 정도로 맹렬하게 널빤지를 부여잡습니다. 나는 그와 같이 이렇게 두려워하는 사람들 가운데는 죽음도 지옥도 뗄 수 없을 만큼 단단히 예수님을 부여잡는 이들이 있는 것을 보았습니다. 불 같은 시련의 때가 다시 돌아온다면, "내가 알기에는 나의 대속자가 살아 계시다"(욥 19:25)고 좀처럼 말하지 못하는, 주저하는 영혼 가운데 많은 이들이 노래하며 화형대로 갈 것이고, 반면에 담대하게 말하는 사람들 가운데 많은 이들이 그리스도를 위하여 화형대에 오르게 될 때는 비겁하게 행동하고 그리스도에게서 물러날 것입니다. 소심하고 가련한 이삭 줍는 이여, 바로 그대 같은 이에게 내가 보내심을 받았습니다. 갑시다. 들판으로 가서, 우리가 그대를 위하여 이삭을 몇 움큼씩 떨어트릴 수 없는지 봅시다.

그러나 내가 그녀에 대해 지금까지 묘사한 것이 전부가 아닙니다. 이 이삭 줍는 여인은 매우 겸손하고 자신을 비운 사람입니다. 보아스가 그녀를 후대할 때, 그녀가 어떻게 말하는지 봅시다. "내가 누구입니까? 나는 이방 여인이거늘 당신이 어찌하여 내게 은혜를 베푸시며 나를 돌보시나이까?" 내가 오늘 아침 이야기하려고 하는 이 여인은 너무도 자신을 낮게 평가하여서 자신이 조금 신뢰를 받자 "아, 내게는 너무도 과분한 일이다"고 생각합니다. 때로 여러분이 그리스도께서 여러분을 사랑하셨고 여러분을 위하여 자신을 주셨다는 생각이 조금 들 때는, 자신이 무가치하다는 생각이 들어 속으로 이렇게 말합니다. "그렇지 않아. 나같이 하찮고 비열한 존재를 내 주 그리스도께서 사랑스럽게 보신다는 것은 있을 수 없는 일이야." 나는 여러분이 자신을 순수하거나 아름답다고 혹은 사랑스럽다고 생각하지 않는다는 것을 압니다. 여러분은 그리스도께서 자기 신부에 대해 "나의 사랑 너는 어여쁘고 아무 흠이 없구나"(아 4:7)라고 말씀하시는 구절을 읽을 때, 눈물을 흘립니다. 여러분이 이렇게 말할 수밖에 없기 때문입니다. "아, 나는 온통 죄로 더러워져서 지극히 부정하고 악해서, 슬프게도 주님께서 내게 대해서는 그런 말씀을 하시지 않을 거야. 주님께서 세상을 샅샅이 뒤질지라도 나보다 더 무가치한 자를 찾으실 수 없을 거야. 주님께서 쓰레기 더미를 뒤집고 또 뒤집을지라도 나만큼 부족하고 무가치하며 주님의 동정을 받을 만한 대상이 되지 못한 자를 찾으실 수 없을 거야."

아, 하지만 나는 바로 여러분에게 가서 복음을 전하도록 보냄을 받았습니다! 주 예수께서는 여러분에 대해 들으셨고, 여러분과 같은 사람을 사랑하십니다. 여러분이 스스로를 하찮게 볼 때 주님은 여러분을 크게 보시고, 여러분이 이렇게 자신에 대해 부끄럽게 이야기할 때 주님은 여러분이 진실을 말하기 때문에 여러분의 말 듣기를 좋아하십니다. 실로 여러분은 여러분 스스로 말하는 것과 같이 타락하고 부패한 역겨운 존재임에 틀림없습니다. 그렇지만 이 모든 사실에도 불구하고 여러분을 사랑하신 주님께서 여러분의 타락을 제거하실 때까지, 여러분의 역겨움을 깨끗이 씻으실 때까지, 보기 흉한 여러분이 비할 데 없는 아름다움을 갖추고 부정한 여러분이 주님의 온전한 의를 얻기까지 결코 여러분을 떠나시지 않을 것입니다. 분명히 말씀드리지만, 바로 여러분에게 오늘 내가 보내심을 받았습니다.

또 이야기하지만, 이같이 이삭 줍는 이들은 참된 그리스도인들을 매우 높이 평가

합니다. 여러분은 룻이 이렇게 말하는 것을 봅니다. "나는 당신의 하녀 중의 하나와도 같지 못합니다." 그렇지 않습니다. 저쪽에 있는 이삭 줍는 가엾은 자매여, 저 자매는 하나님의 성도들은 참으로 복 받은 백성들이어서 자기는 그들 중 하나와 같지 못하다고 생각합니다. 자신의 어두운 경험을 생각하고서 그녀는 이렇게 말합니다. "내가 하나님의 자녀라면 결코 이렇게 하지 않을 것입니다." 자신의 혐오스러움과 결점을 알기에 이렇게 소리칩니다. "아, 내가 하나님의 택하신 백성들 가운데 한 사람이라면, 지금보다는 훨씬 더 거룩할 텐데. 내가 하나님의 성도들을 사랑하기는 하지만, 내가 그들과 함께 헤아림을 받기를 감히 기대할 수는 없어. 그들과 함께 확실한 교제를 나눌 수 있을 만큼 내 미덕이 높은 데 이를 수는 없어."

나는 여러분 가운데 자신이 천국에 가게 될지라도 문의 벌어진 틈 사이로 기어들어가고, 아무도 자기를 볼 수 없는, 멀리 떨어진 쥐구멍에 숨을 것이라고 생각하는 사람들이 있는 것을 압니다. 그리고 오늘 사실은 여러분이 성도들 가운데 가장 훌륭한 사람들이라고 할지라도 여러분은 자신을 악한 자들 가운데 가장 악한 자라고 생각합니다. 스스로를 몹시 가난하다고 생각하지만 실은 은혜 안에서 매우 부요한 자들이 많고, 반면에 "나는 부자라 부요하여 부족한 것이 없다"(계 3:17)고 말하지만 실상은 벌거벗고 가난하고 가련한 사람이 많습니다. 오랫동안 외인으로 살면서 죄를 많이 지었지만 이제 그리스도를 위하여 살기로 결심하였고, 어쩌면 주님께서 오늘, 바로 오늘 자기를 보실지 모른다는 가망 없는 기대를 품고 있는 불쌍한 모압 여인이여, 주님께서 그대에게 말씀하십니다. 귀를 열고 주님의 말씀을 들으십시오. 그대의 친족과 아버지의 집을 잊어버리십시오. 주님께서 그대를 매우 사모하고, 그대를 바로 지금 데려오셔서 영원히 자기 아내로 삼으실 것이기 때문입니다.

이제는 이삭 줍는 사람들에 대해서 더 이상 길게 설명할 필요가 없을 것입니다. 성령께서 여러분을 찾아내어 그 진리를 여러분 마음에 새겨주시기를 바랍니다.

2. 지금까지 이삭 줍는 사람에게 이야기했으니 이제는 보아스처럼 추수꾼들에게 말하겠습니다.

목사는 추수꾼입니다. 그런데 보아스가 추수꾼들에게 이렇게 말합니다. "그에게 곡식 단 사이에서 줍게 하고 책망하지 말며 또 그를 위하여 곡식 다발에서 조금씩 뽑아 버려서 그에게 줍게 하고 꾸짖지 말라."

그리스도께서 자기 일꾼들에게 주시는 첫 번째 명령은 "꾸짖지 말라"는 것입니다. 아, 목회하는 형제 여러분, 나는 우리가 위로를 했어야 마땅한 경우에 종종 꾸짖었고, 그럴 의도가 없었지만 우리의 어리석은 말이 시온에서 고통 받는 자들에게 몹시 견디기 힘든 타격이 되지 않았을까 두렵습니다. 힘센 가축이 뿔과 어깨로 미는 것은 고약한 일입니다. 우리는 스스로 많은 시련과 고난을 겪지 않으면 영혼의 의사에게 정말로 필요한 부드러운 손길을 잃기가 참으로 쉽습니다. 우리는 늘 사자 같은 마음을 지니고 있습니다. 그러나 괴로워하는 양심을 다루는 일에는 애정 어린 손과 부드러운 손가락을 언제든지 사용할 준비가 되어 있지 않습니다.

나는 마르틴 루터의 학교에 가지 않은 설교자들이 있는 것을 압니다. 그들은 기도와 묵상을 할 수 있지만, 시험으로 훈련받은 적은 없습니다. 우리 자신이 많은 시험을 받지 않았다면, 이 그릇에서 저 그릇으로 비워지는 경험을 하지 않았다면, 우리는 룻과 같은 사람들을 대할 때 상당히 위험한 상태에 있는 것입니다. 그때 우리가 그들을 엄하게 대하고 꾸짖고 비난하지 않기 위해서는 주님께서 이같이 말씀하시는 것을 들어야 합니다. "너희는 위로하라 내 백성을 위로하라 너희는 예루살렘의 마음에 닿도록 말하라"(사 40:1,2).

나는 우리 목회자들이 설교할 때 깃발을 세우면서 이 유약한 사람들에게 반드시 그 깃발에 이르러야 하고 그렇지 않으면 그들이 반드시 망한다고 말할 때 그들을 너무 꾸짖는 경향이 있다는 점을 사실로 인정합니다. 나는 그동안 나이 든 목사님들의 말을 들었습니다. 그리고 엘리후처럼 나는 선배 목사님들이 자신들의 경험이 전체적으로 하나님의 모든 백성들에게 필요한 것으로 가르칠 때는 걸핏하면 그들을 비난하였습니다. 나이 든 성도의 경험을 어린 신자에게 표준으로 제시해서는 안 됩니다. 뼈가 튼튼할 때 우리가 오를 수 있는 산들이 있습니다. 그러나 이 산들이 어린아이들에게는 오르기에 적합하지 않습니다. 우리가 깊은 물속에 잠수하는 기술을 배웠을 때 뛰어들 수 있는 깊은 곳들이 있습니다. 그러나 이런 곳이 무릎 깊이에서 장난치고 가슴 깊이의 물에서 놀아야 할 어린아이들에게는 적합하지 않습니다. 우리가 인생의 어두운 경험을 설명하고 갓 회심한 사람에게 "당신이 이 모든 것을 느꼈어야 하고 그렇지 않으면 당신은 하나님의 자녀가 아니다"고 말한다면, 우리는 마땅히 위로했어야 하는 자리에서 꾸짖고, 마땅히 위안을 주었어야 하는 자리에서 책망하고 있는 것입니다.

나는 은혜의 깃발이 이렇게 세워지는 것을 보았습니다. 어떤 그리스도인들은 은혜가 뛰어납니다. 그들의 믿음은 씩씩하고 그들의 용기는 모든 위험을 하찮게 여깁니다. 그들의 희망은 다이아몬드처럼 밝고 번쩍입니다. 그러나 우리가 설교하면서 어린 신자들에게 그들의 미덕이 교회의 아버지들에게서 볼 수 있는 것만큼 광채가 뛰어나야 한다고 말한다면, 곡식을 몇 움큼씩 떨어트려 룻이 줍도록 해야 하는 때에 그녀를 꾸짖기만 하는 것이 아니겠습니까? 이 점은 교리적 지식에 관해서도 마찬가지입니다. 그동안 나는 이런 문제들에 교육을 잘 받았고 신학을 깊이 공부한 그리스도인들을 보았습니다. 그들은, 자신이 죄인이고 그리스도께서 죄인들을 구원하기 위해 오셨다는 정도밖에 알지 못하는 사람을 만나면 신학자들 회의에나 적합한 어렵고 까다로운 문제들을 그리스도 안의 어린아이와 같은 그에게 물으려고 합니다. 정말이지 어린아이는 이런 어려운 문제를 풀 수 없고, 어린아이가 이런 신학적인 견과류의 딱딱한 껍질을 깰 수 없는데, 그들은 그런 이유로 어린 신자를 내쫓으며 "당신은 근본적인 문제가 해결되지 않았어. 당신은 사망에서 생명으로 옮겨지지 않았어"라고 말합니다.

동료 추수꾼 여러분, 우리는 이렇게 하지 맙시다. 우리는 낫으로 차라리 자신을 벨지언정 룻은 베지 않도록 합시다. 그리스도께서 믿음이 약한 자들을 받으셨으므로 우리도 그들에 대해 인내하고 매우 친절하게 대하며 그들을 받아들이도록 합시다. 주님처럼 우리도 어린 양들을 너무 몰아붙이지 말고 가슴에 안아 데리고 가며 그들이 사랑과 관심을 필요로 할 때는 부드럽게 인도합시다. 추수꾼들이, 음식을 먹도록 초대하고 위로해 주어야 하는 이삭 줍는 사람들을 꾸짖는 또 다른 방식이 있습니다. 즉, 그들의 믿음이 불신앙과 섞여 있다고 해서 그들의 믿음을 부인하는 것입니다. 믿음의 불꽃 하나가 불신앙의 바다 한가운데서 살아 있을 수 있다는 것은 놀랍고 기적적인 일입니다. 여러분은 때때로 자기가 아무것도 믿지 않고 있는 것이 아닌가 하고 두려워하는 사람들을 만날 것입니다. 그들은 이해력이 아주 어두워지고 희미해져서 길을 잃어버렸고 그래서 자기가 어디 있는지 알지 못합니다. 그러나 그런 모든 사실에도 불구하고 그들은 진정한 신자입니다. 우리 중에는 존재 자체가 위협을 받는 위기를, 다시 말해 이름이 무엇이냐고 물어도 자기 이름을 대지 못할 정도로 심각한 위기를 겪은 사람들이 있습니다. 사람들이 명백한 신성모독적 행위나 끊임없는 시험 때문에 완전히 길을 잃고 심한 고통에 사로잡히면, 자신의 왼팔과 오른팔도 좀처럼 구분할 수가 없을 것입니다. 그렇다고 해서 우리가 믿음이 없었던 것입니까? 그렇지 않습니다. 작은 믿음이지만, 여전히 믿음이 있었습니다. 큰 고난을 만나 우리가 비참하게 되었을 때에도 우리 속에는 여전히 영원한 원칙이 있었습니다.

따라서 우리는 이같이 어린 신자들에게 마치 그들의 타락한 행위 때문에 그들에게 성령의 내주하심이 없는 것처럼 말해서는 안 되고, 오히려 그들을 도와야 합니다. 우리는 그들에게 우리가 지금까지 싸워 물리치고 죽인 용과 거인들에 대해 이야기할 수 있습니다. 그러나 그렇게 하는 일에도 분별력을 발휘해야 합니다. 그들이 낙심의 수렁에 있을 때 그들이 목까지 빠지도록 내버려 두어서는 안 됩니다. 우리는『천로역정』에 나오는 도움 씨처럼 가서 손을 내밀어 그들을 붙잡아 끌어내야 합니다. 그들이 비록 수렁에 빠졌을지라도 바른 길에 서 있을 수 있고, 비록 그들의 얼굴이 그 두려운 수렁의 진흙과 오물이 묻어 있을지라도 여전히 시온을 바라보고 있을 수 있기 때문입니다. 우리는 이 소심한 사람들을 꾸짖거나 책망하지 말고 돕고 떠받치도록 합시다.

그러나 여기서 그치지 않고 한 걸음 더 나아가 보아스는 추수꾼들에게 또 한 가지 지시 사항을 내렸습니다. "그를 위하여 곡식 다발에서 조금씩 뽑아 버려라." 우리는 목회할 때, 고난을 받고 있는 마음이 약한 성도들을 위해 항상 구석에 찬장을 마련해 두어야 합니다. 나는 믿음 안의 어린아이들을 위한 배려가 없는 설교를 해서는 안 된다고 생각합니다. 성인들을 위한 질긴 고기가 있어야 하지만, 또한 어린아이들을 위한 젖도 항상 있어야 합니다. 우리는 설교를 준비할 때 언제든지 모든 부류의 사람들을 고려해야 합니다. 우리가 다른 부류의 사람을 잊을지라도 이삭 줍는 이들을 잊어서는 안 됩니다. 형제 여러분, 여러분은 이 이삭 줍는 사람들을 섬길 생각이 있습니까? 여러분은 이 점을 생각하시기 바랍니다. 첫째로 우리의 설교는 알아듣기 쉬워야 합니다. 이 소심한 사람들은 어려운 단어를 먹고 살지 못하기 때문입니다. 맨턴 박사(Dr. Thomas Manton)가 일찍이 성 바울 대성당에서 설교하였는데, 많은 군중이 그의 설교를 들으러 갔습니다. 이 훌륭한 박사의 설교를 들으러 100킬로미터 가까이 걸어서 온 한 불쌍한 사람이 설교가 끝난 뒤에 박사의 소매를 당기며 "오늘 아침에 나를 위한 말씀은 하나도 없었습니다" 하고 말했습니다. 박사는 이 불쌍한 시골 사람이 알아들을 수 없는 그리스어와 라틴어 인용구들로 가득한 매우 학식 있는 설교를 전했던 것입니다. 박사는 그와 같은 사람을 예상하지 않았고, 따라서 그를 위한 말씀이 없었습니다. 우리 설교에는 불쌍한 룻과 같은 사람을 위한 말씀이 항상 있어야 한다고 생각합니다. 설교가 참으로 평이하고 단순하면, 지식인인 체하는 사람들은 멸시하며 "평범하기 짝이 없군!" 하고 말합니다. 그러나 룻이 곡식을 한 움큼 얻는다면 그런 일은 신경 쓰지 마십시오. 마지막 날에 우리 주님은 누가 주님의 심부름을 가장 잘 수행했고 온전한 마음으로 주님을 섬겼는지 아실 것입니다.

설교가 알아듣기 쉽다면, 그 다음에는 설교가 또한 매우 **기초적**이어야 한다는 것을 기억합시다. 우리는 종종 주춧돌을 다시 놓아야 합니다. 그리스도를 믿어야 할 것을 거듭거듭 가르쳐야 합니다. 루터가 말하는 대로, 사람들이 너무 잘 잊어버리기 때문에 안식일마다 믿음으로 의롭다함을 얻는 교리를 가르쳐야 합니다. 정성들여 학식 있는 소론(小論)을 작성하는 멋진 설교자들이여, 일주일 내내 머리를 혼란스럽게 하며 일하다가 주일에는 청중을 혼란스럽게 하는데 시간을 보내는 멋진 설교자들이여, 여러분이 이삭 줍는 이 불쌍한 사람들을 기억하면 좋겠습니다. 이들은 여러분의 멋진 논문이 전혀 필요 없고, 여러분의 영광스러운 비상(飛上)이 전혀 필요 없으며, 여러분의 세련된 수업 시간이 조금도 필요 없습니다. 이들은 여러분이 예수 그리스도께서 죄인을 구원하러 세상에 오셨다고 말해주며, 그들에게 골고다를 가리키고 골고다를 보고 살라고 말해 주면 훨씬 더 만족해할 것입니다. 우리는 약한 자들과 무지한 자들을 위해 곡식 다발을 조금씩 떨어트려 두어야 합니다.

그 다음에, 우리 설교는 **복음적**이어야 합니다. 울고 있는 사람에게는 눈물을 씻어주실 그리스도가 필요합니다. 유약한 마음을 가진 사람에게는 그들을 온전케 하기 위해 예수님의 상처가 필요합니다. 시험을 당하지 않고 사는 사람은 그리스도가 없는 설교를 듣고 좋아할 수 있습니다. 그러나 주중에 시험을 받은 사람이 있다면, 나는 그가 그리스도를 필요로 한다는 것을 압니다. 주중에 돈을 잃었거나 그리스도 때문에 비웃음을 당한 사람이 있을 때, 여러분이 그에게 십자가에 못 박힌 그리스도를 밝히 제시하지 않는 어떤 것을 제공한다면 그에게 돼지가 먹는 쥐엄 열매를 주는 것이나 같습니다. 아, 설교자인 우리 모두는 다시 이 사실을 명심합시다. 우리는 대학교에서 배운 것을 잊어버려야 합니다. 학문적인 책들에서 얻는 것은 버려두고, 룻에게 그녀가 정말로 듣고 싶어하는 것, 즉

보아스가 그녀를 들판으로 맞이하고 손이 가득 찰 때까지 거기에서 이삭을 주우라고 말한다는 사실을 이야기해 주어야 합니다.

형제 여러분, 여러분은 이 추수꾼들이 그녀를 위해 곡식 다발을 조금씩 떨어트려야 했다는 것을 볼 것입니다. 그렇다면, 하나님의 들판의 추수꾼들인 여러분, 여러분은 설교를 매우 개인적으로 하십시오. 나는 운에 맡기고 아무렇게나 화살을 쏘지 않고, 근심하는 마음 하나를 골라 겨냥하며, 마치 이 자리에 한 사람밖에 없는 것처럼 여러분 모두에게 말하기를 좋아하고, 상처 위에 그냥 기름을 붓는 것이 아니라 벌어져 있는 상처 가까이에 대고 기름과 포도주를 붓기 좋아합니다. 불쌍한 이 룻과 같은 사람들은 우리가 그들의 길에 곡식을 놓아 주지 않는 한, 스스로는 곡식을 가져갈 생각을 감히 하지 못합니다. 그들은 너무 소심하고 마음이 약해서, 비록 아무나 가져갈 수 있도록 곡식을 뿌려 놓아도 그 곡식이 자기들을 위한 것일 리 없다고 생각합니다. 그러나 곡식이 그들의 길에 있으면, 그들이 잘못 생각할 수 없도록 곡식을 거기에 떨어트려 놓으면 이렇게 말합니다. "아, 이것은 나를 위한 것이다. 그래, 바로 이것이 그동안 내가 느껴온 것이야. 내가 원하는 것이야." 그러면 의심이 많은 그들일지라도 허리를 굽혀 그들을 위하여 떨어트려 둔 곡식 다발을 줍지 않을 수 없습니다.

그 다음에, 일이 그렇다면 우리의 설교는 언제나 매우 다정해야 합니다. 만일 우리가 찡그린 얼굴로 곡식 다발을 떨어트린다면 우리의 룻은 그 곡식 다발을 줍기보다는 들판 저쪽으로 갈 것이기 때문입니다. 그리스도 안의 형제 여러분, 성령께서 사람들을 회심시키는데 사용하는 강력한 수단은 결국 다른 사람들에 대한 우리의 동정심입니다. 단지 진리를 분명하게 말한다고 해서 거기에 힘이 있는 것이 아닙니다. 하나님께서 그렇게 하실 뜻이 있으셨다면 설교하는 동상(銅像)들을 만드셨을 수도 있습니다. 그리고 그 동상들은 우리가 하는 것만큼 설교할 수 있었을 것이고, 주님께서 그 차가운 입술에서 말을 쏟아내게 하셨다면 우리보다 훨씬 더 훌륭하게 말할 수도 있었을 것입니다. 그러나 하나님께서는 사람들을 설교자로 삼으셨습니다. 이는 사람들이 사람들에 대해서 동정하도록 하고, 우리의 말이 우리 마음에서 나와 빨갛게 타오르며 고통 받는 사람들의 심장에 들어가도록 하기 위함입니다. 그러니 그리스도를 위한 추수꾼들인 우리는 가난한 룻을 아주 다정하게 대합시다. 그리고 종종 강한 자들을 잊고 힘센 사람은 스스로를 돌보도록 맡겨두며, 우리는 문으로 가서 자비를 끌어들이고, 크리스티아나와 그의 어린 자녀들(『천로역정』의 크리스천의 가족)을 불러 앉아 쉬도록 합시다. 나는 오늘 아침 이렇게 설교할 것입니다. 이제는 세 번째 요점을 살펴보겠습니다.

3. 그리스도를 위한 추수꾼인 나는 보아스의 추수꾼들의 모범을 따라 이삭 줍는 자를 위해 곡식 다발을 조금씩 떨어트려 두어야 합니다.

나는 원하는 만큼 많은 곡식 다발을 여러분에게 줄 수 있을지 염려가 됩니다. 그러나 그 곡식 다발이 바로 들판에서 나올 것이니, 괜찮을 것입니다. 마음에 근심이 있는 소심한 여러분, 나는 여러분 앞에 귀한 약속들을 한 움큼 떨어트려 놓겠습니다. “그는 상한 갈대를 꺾지 아니하며 꺼져가는 등불을 끄지 아니하실 것이라”(사 42:3). 이 말씀이 여러분의 경우와 일치하지 않습니까? 무력하고 하찮으며 약한 갈대. 아무 음악도 나올 수 없는 부러진 갈대, 그것은 정말로 약하기 짝이 없는 존재입니다. 갈대, 그것도 상한 갈대입니다! 그런데 하나님께서는 여러분을 부러뜨리려고 하시지 않습니다. 라합을 오른손으로 꺾으신 주님께서 여러분을 꺾으려고 하시지 않습니다. 여러분은 꺼져가는 등불과 같습니다. 여러분에게서는 빛도 온기도 나오지 않습니다. 오히려 여러분은 아주 불쾌한 냄새를 피우는 연기 나는 등불과 같습니다. 하지만 하나님은 여러분을 꺼트리려고 하시지 않습니다. 하나님은 여러분에게 부채질하여 불꽃이 일어날 때까지 기분 좋은 자비의 숨을 불어넣으실 것입니다.

여러분은 또 다른 약속이 필요합니까? “수고하고 무거운 짐 진 자들아 다 내게로 오라 내가 너희를 쉬게 하리라 나는 마음이 온유하고 겸손하니 나의 멍에를 메고 내게 배우라 그리하면 너희 마음이 쉼을 얻으리라”(마 11:28,29). 얼마나 부드러운 말씀입니까! 여러분의 마음은 유약하고, 주님은 그 사실을 아십니다. 그래서 주님은 여러분에게 아주 온유하게 말씀하십니다. 그러니 여러분은 주님의 말을 듣고 순종하지 않겠습니까? 주님에게 바로 지금 오지 않겠습니까? 주님께서 또 이렇게 말씀하시는 것을 들어보십시오. “버러지 같은 너 야곱아, 두려워하지 말라 나 여호와가 말하노니 내가 너를 도울 것이라 네 구속자는 이스라엘의 거룩한 이이니라”(사 41:14). 예수 그리스도께서 여러분에게 또 이같이 말씀하시는 것을 들어보겠습니까? “너희는 마음에 근심하지 말라 하나님을 믿으니 또 나를 믿으라”(요 14:1). 아니면 이 말씀을 들어보겠습니까? “예수는 자기를 힘입어 하나님께 나아가는 자들을 온전히 구원하실 수 있느니라"(히 7:25).

여러분은 이와 같은 구절들이 수도 없이 많다는 것을 알지 않습니까? "네가 물 가운데로 지날 때에 내가 너와 함께 할 것이라 강을 건널 때에 물이 너를 침몰하지 못할 것이며 네가 불 가운데로 지날 때에 타지도 아니할 것이요 불꽃이 너를 사르지도 못하리라"(사 43:2). 또 이 말씀이 있습니다. "여인이 어찌 그 젖 먹는 자식을 잊겠으며 자기 태에서 난 아들을 긍휼히 여기지 않겠느냐 그들은 혹시 잊을지라도 나는 너를 잊지 아니할 것이라"(49:15). 그런가 하면 이 말씀도 있습니다. "내가 네 허물을 빽빽한 구름 같이, 네 죄를 안개 같이 없이하였느니라"(44:22). 혹은 이 말씀을 들어보겠습니까? "너희의 죄가 주홍 같을지라도 눈과 같이 희어질 것이요 진홍 같이 붉을지라도 양털 같이 희게 되리라"(1:18). 또 이 말씀이 있습니다. "성령과 신부가 말씀하시기를 오라 하시는도다 듣는 자도 오라 할 것이요 목마른 자도 올 것이요 또 원하는 자는 값없이 생명수를 받으라 하시더라"(계 22:17). 그런가 하면 이 말씀도 있습니다. "오호라 너희 모든 목마른 자들아 물로 나아오라 돈 없는 자도 오라 너희는 와서 사 먹되 돈 없이, 값없이 와서 포도주와 젖을 사라"(사 55:1). 내 주님의 들판은 아주 풍요롭습니다! 곡식 다발들을 보십시오. 마음이 약한 불쌍한 영혼이여, 자, 그대 앞에 곡식 다발이 있습니다. 그 다발들을 모아 그대의 것으로 가지십시오. 예수께서 그대에게 그 다발들을 가져가라고 명령하시기 때문입니다. 그대는 너무 부끄러워하지 말고 곡식 다발들을 가져가서 먹고, 모든 날 동안 이 음식으로 힘을 얻어 계속 가십시오.

자, 나는 약속들을 한 움큼 떨어트렸습니다. 이제는 교리들을 한 움큼 뿌려놓겠습니다. 그런데 룻이 뒷걸음칩니다. 그녀는 교리의 밀밭에서 이삭 줍는 것이 두렵기 때문입니다. 룻, 그러지 말아요. 여기에 선택의 교리가 있어요. 와서 그 이삭을 주워요. 마음이 약한 불쌍한 영혼이여, 두려워하지 말아요. 이것은 달콤하고 복된 진리입니다. 이 말씀을 들어보세요. "하나님께서 세상의 약한 것들을 택하사 강한 것들을 부끄럽게 하려 하시며 하나님께서 세상의 없는 것들을 택하사 있는 것들을 폐하려 하시나니"(고전 1:27,28). "천지의 주재이신 아버지여 이것을 지혜롭고 슬기 있는 자들에게는 숨기시고 어린아이들에게는 나타내심을 감사하나이다"(마 11:25). 겁이 많은 여러분, 이 말씀이 여러분에게 해당되지 않습니까? 여러분이 어린아이와 같고, 약한 것들과 같고 어리석은 것들과 같지 않습니까? 선택하시는 사랑의 교리에는 여러분을 위한 곡식 다발이 있습니다.

믿음으로 의롭다함을 얻는다는 또 다른 교리를 들어보십시오. 하나님께서는 우리가 지금까지 행한 의로운 행실로는 우리를 구원하시지 않고 오직 예수 그리스도로 말미암아서만 우리를 구원하십니다. 우리는 예수께서 우리를 위하여 행하신 일을 통해서 구원받습니다. "그를 믿는 자는 심판을 받지 아니하고 영생을 얻느니라"(요 3:18; 5:24). 여러분은 뭐라고 말하겠습니까? 이 말씀이 여러분에게 해당되지 않습니까? 여러분에게는 선한 행실이 없습니다. 그러니 여러분은 오직 그리스도와 그의 선한 행실만을 믿을 수 있지 않겠습니까? 이것이 일부러 여러분을 위해 떨어트려 둔 곡식 다발이 아닙니까?

어떤 사람은 말합니다. "맞습니다. 하지만 나는 구원받을지라도 너무 약해서 떨어져 나가지 않을까 걱정입니다." 여러분을 위한 곡식 다발이 또 하나 있습니다. "내가 내 양들에게 영생을 주노니 영원히 멸망하지 아니할 것이요 또 그들을 내 손에서 빼앗을 자가 없느니라"(요 10:28). "내가 확신하노니 사망이나 생명이나 천사들이나 권세자들이나 현재 일이나 장래 일이나 능력이나 높음이나 깊음이나 다른 어떤 피조물이라도 우리를 우리 주 그리스도 예수 안에 있는 하나님의 사랑에서 끊을 수 없으리라"(롬 8:38,39). 이것이 여러분을 위하여 일부러 떨어트려 둔 곡식 다발이 아니겠습니까? "너희가 노년에 이르기까지 내가 그리하겠고 백발이 되기까지 내가 너희를 품을 것이라 내가 지었은즉 내가 업을 것이요 내가 품고 구하여 내리라"(사 46:4).

여러분에게 무슨 말씀이 더 필요하겠습니까? 룻이여, 분명히 말하지만, 성경에 나오는 교리 가운데, 바르게 이해하기만 한다면 일부러 여러분에게 곡식 다발들을 내어주지 않을 교리는 단 하나도 없습니다. 정말로 우리 주님의 복음은 비록 왕이 탈 수 있는 전차이지만 전쟁터에서 갈빗대가 부러진 사람도 편안하게 타고 갈 수 있는 구급차와 같습니다. 그리스도께서 팔로 안아 데리고 가실 때는 참으로 편안하게 갈 수 있습니다. 주님께서는 여러분과 같은 이들에게 그같이 하십니다. 칼이 여러분의 영혼과 양심을 철저히 베어버린 것과 같이 여러분의 마음이 갈기갈기 찢어졌을 때, 그리스도께서 복음을 여러분에게 합당하도록 만드신 것입니다. 일전에 형제 중 한 사람이 폐병에 걸렸을 때, 우리는 그에게 환자용 물 넣은 고무 요를 보내어 쉬도록 하였습니다. 그 고무 요가 그에게 준 편안함은 매우 기분 좋은 것이었습니다. 그러나 예수 그리스도의 품은 그보다 더 부드럽습니다. 여러분이 그처럼 약할지라도, 폭풍우에 부러지고 바람에 날려가는 시든 잎 같을지라도, 우리 주 예수 그리스도의 복음에서 완전한 평안과 안식을 얻을 것입니다. 그것은 일부러 여러분을 위하여 마련한 복음이기 때문입니다.

그 다음에, 우리가 떨어트려 놓을 곡식 다발들이 있는데, 다른 들판에서 모은 것들입니다. 우리는 지금까지 약속의 들판과 교리의 들판을 다녀왔습니다. 이제는 경험의 들판으로 갑시다. 룻이여, 그대는 그대의 경험도 이 규칙에 대해 예외가 아니라는 것을 알지 않습니까? 그대와 같은 사람들은 수도 없이 많습니다. 오늘 아침 그대에게 말하는 나도 그대와 같은 사람입니다. 그래서 그대는 이 문제의 진리를 알 수 있습니다. 오래 전에 나도 그대처럼 떨면서 문에 서 있었습니다. 나는 속으로 말했습니다. "주님의 자비가 깨끗이 영원히 사라져버렸어. 주님이 다시는 그의 언약을 생각하지 않으실 거야." 수년 동안 나는 자비를 베풀어 주시기를 구했지만 얻지 못했습니다. 저주 받은 자들 가운데 내 이름이 있다고 생각했고, 내가 반드시 망할 것이라고 말했습니다. 하나님께서 동정의 문을 닫으셨기 때문입니다. 그러나 하나님은 그의 죄수가 부르짖는 소리를 멸시하시지 않았습니다. 나는 하나님을 쳐다보았고 빛을 보았습니다. 그래서 나는 주님 밖에는 빛이 없다고 고백하기를 부끄러워하지 않습니다. 여러분은 말합니다. "아, 그렇다면 목사님의 경험이 내 경험과 비슷하군요!" 바로 그렇습니다. 그와 같이 일부러 여러분을 위하여 떨어트려 놓은 곡식 다발이 있는 것입니다.

나는 마귀가 여러분에게 여러분이 그리스도의 자비가 결코 미치지 않는 샛길로 빠져버렸다고 말할 줄 압니다. 그것은 잘못된 생각입니다. 여러분은 왕의 대로 가운데 있습니다. 마귀가 여러분에게 여러분이 세상 끝에 이르렀다고 말한다는 것을 압니다. 그러나 내 주님께 이렇게 말씀하십니다. "땅의 모든 끝이여 내게로 돌이켜 구원을 받으라"(45:22). 아, 그런데 여러분은 자신이 맨 꼴찌라고 생각합니다. 그러나 그리스도께서는 나중 된 자를 먼저 되게 하시고 먼저 된 자를 나중 되게 하시는 일을 종종 행하십니다. 그렇습니다. 그렇지만 여러분은 지금까지 자신에 대해서 매우 비판적으로 생각해 왔습니다! 그런 것은 상관없습니다. 참으로 감사하게도 그리스도께서는 여러분에 대해 그렇게 생각하지 않으시고 오히려 여러분에 대해 즐거운 것을 생각하며 이렇게 말씀하셨습니다. "여호와께서 이르시되 너희는 내게로 돌이키라. 내가 너와 화목하였음이니라."

내 주님, 주님께서 여기 계셔서 친히 말씀하시면 좋겠습니다. 내 말은 주님의 말씀에 비할 데 약하기 그지없습니다. 여러분, 내 주님께서 오늘 아침 여러분에게 사랑을 호소하십니다. 주님은 여러분에게 이삭을 줍도록 하시지 않고 그 자신을 여러분에게 주십니다. 여러분은 이삭 줍는 자로 왔습니다. 그런데 주님께서는 여러분을 자기 아내로 삼으실 것입니다. 자, 보아스가 여러분에게 옵니다. 여러분은 그를 맞아들이겠습니까? 반지가 주님의 손에 있습니다. 와서, 여러분의 작은 믿음의 손가락을 내미십시오. 그렇게 하십시오. 그리고 이렇게 말하십시오. "내 비록 무가치한 자이지만, 주님이여, 내가 주님의 것이 되기를 바랍니다. 나는 주님 외에 다른 누구를 섬기고 사랑하며 의지할 수 없습니다. 예수님이시여, 지금 내 모습 그대로 나를 취하시고, 주께서 원하시는 사람으로 만드소서." 일이 다 끝났습니다. 결혼이 재가되었습니다. 머지않아 이 결혼이 영원한 보좌 앞에서 주님의 영원한 복 가운데 완성될 것입니다.

나는 이 룻을 아주 열심히 위로하려고 할 만한 충분한 이유가 있습니다. 비록 룻이 이방 여인이지만, 내 누이이기 때문입니다. 나도 이방인입니다. 우리 모두 같은 나라 출신이며, 다 같이 황량한 광야에서 왔습니다. 룻이 근심 가운데 있고, 나도 근심을 압니다. 룻의 것과 같은 근심을 압니다. 나는 룻을 평안의 항구로 데려가고 싶습니다. 게다가, 룻은 내 주님의 아내가 되게 되어 있습니다. 나는 집의 여주인과 친밀하게 지내고 싶습니다. 추수꾼이 여주인과 원수 사이가 되는 것은 불행한 일입니다. 나는 룻이 머지않아 보아스가 자신의 가까운 친족임을 발견하게 되리라는 것을 알기 때문에 그녀에게 좋은 도움을 주고 싶고, 주님께서 그렇게 할 수 있는 명예를 주신다면 그녀를 주님의 집으로 데려가고 싶습니다.

4. 끝으로, 나는 오늘 아침 겁 많고 근심하는 사람들에게 그들이 곧 은혜를 받으면 하게 될 일들을 하라고 권하겠습니다.

이렇게 근심하는 여러분에게 말씀드립니다. 여러분 앞에 들판이 펼쳐져 있고 우리가 여러분에게 이삭을 주우라고 지시하니, 또 보아스가 친히 우리에게 일부러 여러분을 위하여 곡식 다발을 떨어트려 두라고 명령하시니, 이제 여러분의 의무를 행하고 오늘 담대히 예수님을 믿으십시오. 여러분은 지금까지 그리스도를 믿기를 두려워하였습니다. 지금 그리스도를 믿으십시오. 과감하게 그리스도를 믿어 보십시오. 이것이 참으로 부족한 말이나, 그렇게 해 보십시오. 그 무엇이 여러분에게 그리스도를 믿을 권리가 없다고 말할지라도, 개의치 말고 그리스도를 믿으십시오. 자, 주님 앞에 엎드리십시오. 아무런 확신이 없을지라도 주님께서 행하신 일과 지금도 행하고 계시는 일을 믿고서 엎드리십시오. 지금 이 순간 용기를 내어 그리스도를 믿으십시오. 그러면 여러분이 살 것입니다. 그리고 그리스도를 믿었으면, 이제는 하나님의 말씀이 전해질 때마다 그 설교에서 위로의 이삭을 주우려고 부지런히 힘쓰십시오. 룻은 한 번에 이삭 하나밖에 줍지 못할지라도 허리를 굽혀야 합니다. 여러분이 위로의 이삭 하나만이라도 얻을 수 있다면 그토록 많은 사람들 가운데서 설교 듣는 것을 할 만한 일이라고 생각하십시오. 전혀 받을 자격이 없는 사람에게는 이삭 하나라도 큰 것이기 때문입니다. 그러나 주님의 입에서 나오는 자비의 말씀 한 마디가 주님께 "저주를 받은 자들아 나를 떠나라"(마 25:41)는 말을 들어야 마땅한 사람에게는 루비보다 더 귀한 것임에 틀림없습니다. 그리고 여러분이 곡식을 한 알 줍고 또 한 알 주울 때, 좋은 기억력을 사용하여서 여러분이 이미 주운 것을 손에 꼭 쥐고 있도록 하십시오. 그렇지 않으면 몸을 굽혀 이삭을 하나 주우면서 이미 주운 다른 이삭을 떨어트리는 어리석은 일을 하게 될 것입니다.

여러분이 들은 진리 가운데서 가져갈 수 있는 것은 집으로 가져가십시오. 여러분 마음에 메모를 해두십시오. 여러분이 이삭을 주워 손에 가득 찼을 때는 신중하게 분별하도록 하십시오. 우리는 룻이 주운 곡식을 타작을 하여 밀짚은 버리고 알곡을 집에 가져갔다는 기사를 읽습니다. 여러분도 그와 같이 하십시오. 우리의 모든 설교에는 밀짚이 많이 있습니다. 주님께서는 우리가 불쌍하고 보잘것없는 피조물이며 여러분과 같이 틀리지 않을 수 없는 자들이니, 그리 알고 여러분에게 밀짚을 가져가라고 하시지 않을 것입니다. 여러분은 밀짚은 버리고 알곡을 집에 가져가십시오. 어떤 사람들처럼 알곡은 버려두고 밀짚을 가져가는 일을 하지 마십시오. 이삭을 줍는 사람들 가운데는, 우리의 설교에 잘못 이야기한 말이 한 마디라도 있으면 우리를 부끄럽게 하기 위해 그것을 말하느라고 주님의 말씀은 잊어버리는 어리석은 사람들이 많이 있습니다.

끝으로, 여러분이 무릎을 꿇고 기도하면서 묵상을 통해 설교의 의미를 분명하게 깨달으려고 할 때, 눈을 돌려 주님을 보십시오. 주님께 가서 이렇게 말씀하십시오. "주여, 내가 비록 이삭 하나밖에 줍지 못할지라도 기꺼이 이삭을 줍겠습니다. 하지만, 나는 주님 자신을 갖기 바랍니다! 주께서 내게 주님 자신을 주시기 바랍니다. 내게는 아름다움이 전혀 없습니다. 주께서 나의 아름다움 때문에 나를 사랑하시는 것이 아닙니다. 다만 주께서 내게 입혀 주실 수 있는 주님의 아름다움을 인해서 나를 사랑하십니다. 주여, 나를 보소서. 내가 말씀드릴 수 있는 것은 이것뿐입니다. 주께서 나를 구원하시면 내가 땅에서 주님을 찬송하고 하늘에서도 찬송하겠습니다. 주님 보좌 앞에서 나보다 더 감사할 자는 없을 것입니다. 주님의 거저 주시는 부유하고 자유로우며 주권적인 은혜에 나만큼 많은 빚을 지고 있는 사람은 아무도 없을 것이기 때문입니다."

죄인이여, 그대가 지금 그같이 말하면, 내 주님께서 그대를 영접하실 것입니다. 불쌍한 영혼들이여, 지금 주님을 믿으십시오. 지금 주님을 믿으십시오! 저리 가라! 지옥의 검은 마귀여, 저리 가라, 저리 가라! 무엇 때문에 네가 이 어린 양들을 괴롭히느냐? 겁 많고 괴로워하는 양심들이여, 여러분의 의심과 두려움, 지옥과 마귀가 하는 말을 듣지 말고, 지금 주님께 오십시오! 주님께서 자신의 상처를 보이며 여러분을 초대하십니다. 눈물 어린 눈으로 여러분을 초대하십니다. 벌어진 옆구리를 보이며 여러분에게 오라고 말씀하십니다. 가서 그리스도를 믿으십시오. 여러분이 지금 있는 모습 그대로 그리스도를 믿으면 주께서 여러분을 거절하실 수 없습니다. 하나님께서 여러분이 그렇게 하도록 도우시기를 바랍니다. 여러분은 죄가 용서받고, 여러분의 원수가 여러분 발아래 밟히는 것을 볼 것입니다. 여러분이 직접 결혼식 만찬에서 이 위대하신 보아스를 만날 것입니다. 그에게 영원히 영광이 있을 것입니다. 아멘.

사무엘상

제
1
장

마음이 슬픈 여자

"한나가 대답하여 이르되 내 주여 그렇지 아니하니이다 나는 마음이 슬픈 여자라." — 삼상 **1:15**

한나가 슬픔을 겪게 된 구체적인 원인은 일부다처제에 있었습니다. 이 관습이 고대법에서는 용인되었지만, 실제 생활에서는 언제나 우리에게 온갖 슬픔과 죄를 일으키는 원인으로 보였습니다. 성경에서 이 관습이 단 한 번도 칭찬할 만한 것으로 기록된 적이 없습니다. 대부분의 경우에, 이 제도의 악한 결과들을 보여주는 증거들이 공공연히 드러나 있습니다. 라멕이 그 길에 맨 앞장을 서는데, 그는 살인자 가인의 집 자손입니다. 그는 두발가인, 즉 불카누스(Vulcan: 불과 대장일의 신 - 역주)의 조상이었습니다. 다시 말해 파괴적인 무기를 제작하는 자이었습니다. 이 관습은 결코 평화를 가져오지 못하였고 다툼을 불러왔습니다. 기독교가 들어간 곳에서 이 혐오스러운 관습이 깨끗이 사라진 것에 대해 우리는 감사해야 합니다. 왜냐하면 아브라함, 야곱, 다윗과 솔로몬 같은 남편들에게서도 이 관습이 행복이나 의를 일으키지 못하였기 때문입니다. 일부다처제 하의 남편은 이 제도가 감당하기가 몹시 괴로운 무거운 짐이라는 것을 깨달았습니다. 왜냐하면 그는 한 지혜자가 술탄에게 말한 조언이 맞다는 것을 금세 깨달았을 것이기 때문입니다. "먼저 암 표범 두 마리와 사는 법을 배우십시오. 그러면 두 아내와 행복하게 살 수 있을 것입니다." 거의 모든 경우에 일부다처제 하의 아내는 자신이 독점적으로 받아야 할 사랑을 다른 여자와 나누어야 하는 것이 견딜 수 없는 일임을 틀림없이 느꼈을 것입니다. 동양에서 첩들인 여성이 어떤 비참한 일을 겪었는지 우리로서는 알 수 없지만, 그 고통은 상상할 수도 없을 정도였을 것입니다.

본문의 경우에, 엘가나는 이중으로 쇠사슬에 묶여 몹시 괴로웠습니다. 그러나 가장 무거운 짐은 두 아내 가운데 그가 더 사랑하는 아내인 한나에게 지워졌습니다. 악한 여자일수록 그 여자는 아내가 여러 명인 이 제도에서도 그만큼 더 잘 지낼 수가 있습니다. 그러나 착한 여자, 진실한 여자는 확실히 이 제도 하에서 마음이 상한 채 지낼 수밖에 없습니다. 남편에게 끔찍이 사랑을 받을지라도 다른 아내의 투기 때문에 한나는 사는 것이 비참하였고, "마음이 슬픈 여자"가 되었습니다. 남편의 마음이 다른 아내들 때문에 멀어지고 나뉘는 것을 보고서 울며 소리치는 젊은 아내들의 눈물로 하나님의 제단이 더 이상 적셔지지 않는 것을 인해서 하나님께 감사드립니다. 사람들 마음의 완악함 때문에 이 악이 잠시 용인되었지만, 이 관습에서 나온 많은 악들을 볼 때 인류의 복지를 추구하는 사람들 가운데서는 모두 이 관습이 추방되기에 충분합니다. 처음에 하나님은 남자를 위해서 한 아내를 만드셨습니다. 무엇 때문에 아내를 한 사람만 만드셨습니까? 하나님께서는 영이 넉넉하셔서 원하시면 아내를 많이 만드실 수 있었습니다. 말라기 선지자가 그 질문에 이렇게 답변합니다. "이는 경건한 자손을 얻고자 하심이라"(2:15). 마치 일부다처제의 자녀들은 경건하지 못하고, 한 남자와 한 아내의 가정에서만 경건함이 나오는 것이 아주 분명한 것처럼 이야기합니다. 그런데 이것은 사실이고, 그 점을 주님께서 증거하십니다.

그러나 슬픔의 원인들은 이외에도 충분합니다. 충분한 정도가 아니라 아주 많습니다. 내가 생각할 때 아무리 즐거운 가정이라도 십자가가 하나도 없는 가정은 없습니다. 세상 사람들은 "집집마다 해골이 하나씩 있다"고 말합니다. 나는 집에 어떻게 그런 죽은 것들이 있는지 모르겠으나, 하나님의 자녀마다 반드시 이런저런 십자가를 지고 다닌다는 것은 사실입니다. 참된 하늘의 상속자들은 반드시 언약의 징계를 받습니다. 아버지가 징계하지 않는 자식이 어디 있습니까? 혹독한 시련을 받는다는 것은 그가 하늘의 가족에 속했다는 표시입니다. 이런 표시가 없다면 사람은 자신이 도대체 하나님과 언약의 관계 하에 있는지 물어보는 것이 좋습니다. 어쩌면 지금 내 앞에 한나 같은 사람이 하나님의 징계하시는 손 아래서 상심해 있을 수 있습니다. 그것은 빛의 자녀가 어둠 가운데를 걷고 있고, 아브라함의 딸이 사탄에게 굴복당하는 것일 수 있습니다. 그런 여인에게 그가 이런 시련을 당하는 처음 사람이 아니라 오래 전에 그녀와 비슷한 한 사람이 하나님의 전(殿) 문에 서서 "내 주여 그렇지 아니하니이다 나는 마음이 슬픈 여자라"고 말했다는 것을 알려주는 것이 적합하지 않은 일은 아닐 것입니다. 항상 찬송 받으실 위로자, 곧 주로 마음이 슬픈 자들을 돌보는 일을 하시는 위로자이신 주님께서 이 시간에 우리의 묵상을 위안으로 가득 채우시기를 빕니다.

1. 이 "마음이 슬픈 여자"에 대해 이야기하면서 나는 먼저 이 점, 곧 귀한 것들 가운데 많은 것이 슬픈 마음과 연관될 수가 있다는 점을 이야기하겠습니다.

슬픈 마음 자체는 바람직한 것이 될 수 없습니다. 우리에게는 빛나는 눈, 쾌활한 웃음, 활달한 태도, 친절한 목소리가 필요합니다. 우리가 웃음과 즐거움을 바라지 않을지라도, 적어도 차분한 평화, 곧 조용한 평온, 즉 가정을 즐겁게 만드는 편안한 행복은 필요로 합니다. 아내와 어머니와 딸들 가운데 이렇게 즐거운 미덕을 좀 더 잘 나타내 보여야 하는데, 오히려 화를 잘 내고 불친절하며 성미가 급한 사람들이 있습니다. 그런가 하면 아주 즐겁게 지내려고 무던 애를 쓰지만, 한나처럼 마음이 슬프고, 마음을 짓누르고 있는 고통을 떨쳐버릴 수가 없기 때문에 즐겁게 지내지 못하는 사람들이 있는 것이 또한 분명합니다. 밤을 보고 낮처럼 밝아야 한다고 말하거나 겨울더러 여름 꽃들을 피워내라고 명령하는 것은 쓸데없는 일입니다. 상한 심령을 꾸짖는 것도 마찬가지로 헛된 일입니다. 밤의 새는 천국 문에서 노래할 수 없고, 짓밟힌 벌레는 수사슴처럼 산들을 뛰어넘을 수 없습니다. 강가에서 가지를 늘어뜨리고 있는 버드나무에게 종려나무처럼 가지 끝을 들어 올리라고 말하거나 히말라야 삼목처럼 가지를 넓게 펴라고 권고하는 것은 아무 소용이 없습니다. 모든 것은 그 본성을 따라 움직이기 마련입니다. 각 본성에는 그 고유한 방식들이 있고, 각 본성은 그 본성을 따라 형성되는 속박을 벗어날 수가 없습니다. 사람은 아주 우수한데 마음을 유쾌하게 갖지 못하게 만드는 체질과 교육, 환경이라는 요소들이 있습니다. 그들은 "마음이 슬픈 여자"라는 이름으로 알려지게 되어 있는 사람들입니다.

마음이 슬픈 한나의 경우에 꼭 맞는 몇 가지 귀한 사실들을 살펴보는 것이 좋을 것입니다. 이 경우에 첫째로 보게 되는 것은 참된 경건입니다. 한나는 경건한 여자였습니다. 이 장(章)을 읽어보면, 우리는 한나가 하나님께 대해 바른 마음을 가진 사람이었다는 것을 확실히 알게 됩니다. 우리는 한나의 기도의 진실성이나 그 기도의 유력함에 대해 조금도 의문을 제기할 수 없습니다. 우리는 한나의 거룩한 기쁨의 진실성, 그녀의 믿음의 확신, 헌신의 확고함에 대해서 전혀 의문을 품지 않습니다. 한나는 무엇보다 하나님을 경외하는, 매우 품위 있는 사람이었지만 "마음이 슬픈 여자"였습니다. 여러분이 슬픔에 대해서 생각할 때 슬픔은 하나님께 사랑받지 못하는 주제라고 생각하지 않도록 합시다. 오히려 그 반대로 생각하는 것이 더 안전할 수 있습니다. 물론 그렇게 생각하는 것이 언제나 안전한 것은 아닙니다. 아무튼 외적 상황이라는 것은 사람의 영적 상태를 보여주는 좋은 시금석이 아닙니다. 자줏빛 세마포 옷을 입은 부자는 하나님의 사랑을 받지 못하였지만, 개들이 그 헌데를 핥은 나사로는 하늘의 은총을 받은 사람이었던 것이 확실합니다. 그렇다고 해서 부자는 언제든지 버림을 받거나 거지는 모두가 천사들에게 들림을 받아 천국에 이르는 것은 아닙니다. 외적인 조건을 보고 우리가 이렇다 저렇다 하고 판단을 내릴 수는 없습니다. 외적인 모습보다는 마음을 판단해야 하고 품행과 행위를 재보아야 합니다. 그렇지 않으면 평결이 달라집니다.

매우 행복하게 느끼는 사람들이 많이 있습니다. 그러나 그렇기 때문에 하나님께서 그들을 사랑하신다고 결론을 내려서는 안 됩니다. 그런가 하면 마음이 매우 우울한 사람들이 있는데, 하나님께서 그들에게 매우 화를 내고 계시다고 말하는 것은 아주 잔인한 일일 것입니다. 성경에 "하나님께서 사랑하시는 자를 부요케 하신다"는 말은 없지만 "주께서 그 사랑하시는 자를 징계하신다"(히 12:6)는 말은 있습니다. 고통과 고난이 하나님의 아들임을 보여주는 증거는 아닙니다. 왜냐하면 "악인에게는 많은 슬픔이 있기"(시 32:10) 때문입니다. 그렇지만 큰 시련이 있는 곳에, 하나님의 은총이 크게 나타나는 경우가 종종 있습니다. 세상에는 죽음을 가져오는 슬픔이 있습니다. 그것은 완고함에서 나오는 슬픔인데, 반역에 길들여진 것이고, 하나님의 뜻에 맞서는 것이고, 따라서 악한 것입니다. 암처럼 사람을 먹어 들어가면서도 더 큰 슬픔을 낳는 슬픔이 있습니다. 그래서 그렇게 슬퍼하는 자들은 슬픔이 가장 강력하게 지배하고 희망이 결코 들어오지 못할 곳으로 슬픈 마음을 가지고 내려갑니다. 이 점을 생각하십시오.

그러나 슬픈 마음이 하나님의 사랑과 전혀 모순되지 않고 참된 경건을 소유하는 것과도 결코 모순되지 않는다는 것을 아십시오. 경건이 있다면 슬퍼하는 많은 사람들이 지금보다 더 기뻐해야 마땅하다는 것을 나는 기꺼이 인정합니다. 또한 그리스도인들의 경험 가운데 많은 부분이 기독교적인 것이 아니고, 슬프게도 참된 신자들이 마땅히 알고 느껴야 하는 것에서 벗어난 경험들이라는 것도 인정합니다. 그리스도인들이 경험하는 것 가운데는 그들이 경험해서는 안 되는 것들이 아주 많습니다. 생활의 곤경들 가운데 절반은 스스로 자초한 것으로 전혀 쓸데없는 것들입니다. 아마도 우리는 하나님께서 우리를 괴롭게 하시는 것보다 열 배나 더 우리 자신이 스스로를 괴롭힐 것입니다. 우리는 하나님의 채찍에다 가죽 끈을 더 많이 매답니다. 우리는 한 번만 맞을 채찍을 아홉 번으로 늘리는 일이 많습니다. 하나님은 섭리로 구름을 하나 보내면, 우리는 불신앙으로 구름을 스무 개나 더 만들어 냅니다. 그러나 그 모든 것을 치워버리고, 그 모든 것을 아주 줄여버리면, 복음은 우리에게 언제나 주 안에서 기뻐하라고 명령합니다. 기뻐하라고 말할 만한 충분한 이유와 근거들이 없다면, 성경이 우리에게 기뻐하라고 명령하지 않을 것입니다.

그럼에도 불구하고, 진정으로 하나님을 깊이 경외하는 사람이 슬픈 마음에 사로잡힐 수가 있습니다. 여러분은 슬퍼 보인다고 생각하는 사람을 하나님의 진노 아래 있다고 함부로 판단하지 마십시오. 그렇게 경솔하게 판단함으로써 그 사람에게 아주 크고 무자비한 잘못을 범할 수가 있기 때문입니다. 어리석은 자들은 고통 받는 사람들을 멸시하나 지혜로운 사람들은 그들을 소중히 여깁니다. 은혜의 정원에서 피어나는 아름다운 꽃들 가운데 많은 것이 그늘 속에서 자라고, 똑똑 떨어지는 물속에서 무성하게 자랍니다. 사실 열대의 태양 아래서 자라는 꽃들이 있습니다. 이들은 황금빛 홍수로 목욕을 해야만 비로소 그 아름다움과 향기를 피워낼 수 있을 것입니다. 이들은 어떤 면에서 사람들 눈에 가장 먼저 띄는 꽃들입니다. 그러나 아름다운 꽃들 가운데는 가려지지 않은 햇빛을 그대로 받으면 죽는 것들도 있습니다. 이 꽃들은 그늘진 둑이나 숲의 골짜기를 더 좋아합니다. 빽빽한 나뭇가지들로 이루어진 그늘 아래에서 부드럽고 순한 빛을 받을 때 온전하게 자라기 때문입니다. "백합화 가운데에서 먹는"(아 2:16) 사람은 기쁨의 찬란한 태양 아래에서보다 슬픔의 축축한 습기 속에서 더 잘 자라는, 아름답고 향기롭기 그지없는 예쁜 꽃들을 피워내지 못한다고 저는 확신합니다.

나는 지금까지 상한 심령의 회개와 진지함, 신중하고 조심함, 그들의 친절하고 겸손함을 통해서 우리 모두에게 생생한 교훈을 준 사람들을 알고 지냈습니다. 이들은 그리스도조차도 기쁘시게 하는 풍성한 아름다움을 지닌 골짜기의 백합들입니다. 확신이 약하고 소심한 것은 애석한 일이지만, 그럼에도 불구하고 그들은 낙담한 가운데서도 훌륭하게 대처해 왔고 거룩한 열망을 품고 있었습니다. 이들은 평안이라는 은은한 빛을 띠는 진주가 아니고, 열정이라는 붉은 빛을 내는 루비가 아니며, 기쁨이라는 파란 빛을 띠는 사파이어가 아닙니다. 이들은 슬픔이 방울방울 모여 이루어진 맑고 투명한 다이아몬드입니다. 곧, 구속주의 왕관에 장식될 지극히 빛나는 보석들 가운데 들어갈 다이아몬드입니다. 한나는 슬픔이 있었지만 경건을 소유한 여자였습니다.

슬픈 마음이 있었지만 한나는 사랑스러운 여자였습니다. 한나의 남편은 그녀를 매우 기뻐하였습니다. 그녀가 아이를 낳지 못하였음에도 불구하고 그는 결코 그녀를 낮춰 보지 않았습니다. 그는 "내가 그대에게 열 아들보다 낫지 아니하뇨"라고 말했습니다. 그는 한나의 우울한 마음을 제거하기 위해서 할 수 있는 일은 무엇이든지 하겠다고 생각한 것이 분명합니다. 그러나 이 사실은 아무 가치가 없습니다. 왜냐하면 많은 경우에 슬퍼하는 사람들은 전혀 사랑스러운 사람이 아니기 때문입니다. 흔히 슬픔 때문에 그들은 성격이 까다롭게 되어버렸습니다. 당하는 고통 때문에 그들 마음속에 쓴 맛이 생겨났고, 그래서 그들은 모든 일에 신랄한 태도를 보입니다. 그들의 기질에는 형제애보다는 아주 신랄한 태도가 더 깊이 배어 있습니다. 이제까지 자기들 말고 고난 받은 사람은 없다고 생각합니다. 그래서 그들은 고통의 문제에서 자기들만큼 고통 받은 사람이 있다는 것을 참지 못합니다. 그래서 그들은 자기들만이 그리스도의 고난 받는 신부이고 다른 사람들은 침입자들인 것처럼 고난 받는 동료 그리스도인들에 대해 일종의 질투심을 보이며, 그들을 괴롭힙니다. 다른 모든 사람의 슬픔은 자기들의 슬픔에 비할 때 공상에 지나지 않거나 거짓이라고 생각합니다. 그래서 그들은 혼자 앉아서 일절 말을 하지 않습니다. 혹은 말을 할 때는, 차라리 말을 하지 않는 것이 나았을 것이라는 생각이 들게 합니다. 이렇게 되는 것이 유감스러운 일이지만, 마음이 슬픈 사람들이 사랑이 없고 사랑스럽지도 않는 경우가 흔히 있습니다. 그러므로 나는 진정한 그리스도인들에게서 보는 미덕에 감탄하지 않을 수 없습니다. 그 미덕은 그들을 유쾌하게 만들고, 그들이 고통을 받으면 받을수록 그들을 그만큼 더 온유하고 인내심 있게 만들어 고통을 잘 견디게 하고, 그들이 불쌍한 처지에서 겪는 고난이 무엇이든지 간에 그만큼 더 기꺼이 그 고난을 견딜 수 있게 만듭니다.

사랑하는 여러분, 여러분이 많은 시련을 겪고 괴로운 처지에 있다면, 마음이 많이 침울해 있다면, 여러분이 다른 사람들의 흥을 깨는 사람이 되지 않도록 주님께 기도하십시오. "너는 금식할 때에 머리에 기름을 바르고 얼굴을 씻으라 이는 금식하는 자로 사람에게 보이지 않게 하려 함이라"(마 6:17,18)는 주님의 원칙을 기억하십시오. 나는 우리 주님께서 제가 지금 말하고 있는 바로 그 의미로 그 말씀을 하셨다고 얘기하는 것은 아닙니다. 그러나 그와 비슷한 의미로 말씀하신 것은 분명합니다. 여러분의 마음이 슬플 때에도 유쾌한 태도를 가지십시오. 내가 장례식 모자를 쓰고 있다고 해서 온 세상에 상복을 입힐 필요는 없는 것입니다. 내가 짐을 지고 있다고 해서 모든 사람이 마음을 무겁게 가져야 할 필요는 없습니다. 그렇게 하는 것이 나에게나 다른 누구에게 무슨 유익이 있겠습니까? 나로서는 교회 탑의 종소리가 슬퍼하는 모든 사람의 귀에 죽음의 선율처럼 파고드는 것을 들을 때, 병들고 슬픈 사람들에 대해서 미안한 생각이 듭니다. 왜냐하면 어쩌면 그때 죽은 사람이 영광의 상속자라면 그는 하나님과 어린 양의 보좌에 올라갔을 것이기 때문입니다. 장엄한 소리를 내는 종이 무심한 사람들에게 무언가를 얘기해 주는 것은 확실합니다. 여기까지는 좋습니다. 그러나 종이 아주 우울한 소리를 내게 된다면, 그것은 죽음은 모두가 슬픈 것임을 나타내고, 침상에 있는 병자들을 필요 이상으로 슬프게 만든다는 점에서 기독교 신앙에 어긋나는 것입니다.

좋은 소식을 널리 전하십시오. 여러분이 원하는 만큼 큰 소리로 기쁨의 종소리를 울리십시오. 여러분의 슬픔 때문에 모든 사람을 끝없이 괴롭힐 필요는 없습니다. 그렇게 하지 마십시오. 비록 우리가 슬플지라도 마음을 밝게 가져서 사랑스러운 사람들이 되도록 노력합시다. 자기 신세와 개인적인 비애를 평생 읊조리거나 얘기하면서 살아서는 안 됩니다. 다른 사람들을 생각하고, 그들의 기쁨에 공감하여 같이 기뻐하도록 해야 합니다. 스스로는 인내심을 발휘하여 뒤로 물러서고, 형제들을 앞세우는 사랑을 발휘해야 합니다. 우리에게는 섬겨야 할 하나님이 계시고, 감사해야 할 노인이 있으며, 가르쳐야 할 가족이 있고, 이롭게 해야 할 친구들이 있습니다. 이런 일들을 하면서 그들 가운데 누구도 무시해서는 안 됩니다. 우리가 이렇게 불평하기 전에 의무를 이행하고 동정을 구하기 전에 선을 행한다면, 우리는 많은 사랑을 받을 것입니다. 그리고 마음이 슬픈 사람을 소중히 여기고 사귀고 싶어 하는 사람은 아무도 없을 것입니다.

한나의 경우에, 마음이 슬픈 이 여자는 또한 매우 온순한 사람이었습니다. 브닌나가 사납고 불손하며 오만한 말로 그녀를 심하게 괴롭혀 상심하게 만들었지만 우리는 한나가 거기에 맞대응했다는 기록을 보지 못합니다. 매년 있는 잔치에서 브닌나가 한나를 몹시 화나게 만들었을 때 한나는 혼자 몰래 성전에 가서 울었습니다. 그녀는 마음이 매우 여리고 온순한 사람이었기 때문입니다. 엘리가 "네가 언제까지 취하여 있겠느냐 포도주를 끊으라"고 말하였을 때 그녀는 충분히 그렇게 했을 법한데 발끈하여 대꾸하지 않았습니다. 나이 든 제사장에 대한 그녀의 답변은 온순하기 그지없었습니다. 그녀는 자기 입장을 아주 효과적으로 해명하고 귀에 거슬리는 비방을 분명하게 논박하였지만 말대꾸를 하거나 부당하다고 비난하지 않았습니다. 그녀는 엘리가 그처럼 무정하게 생각하는 것을 보니 그가 도량이 좁은 사람이라고 말하지 않았고, 그녀의 슬픔에는 분노가 들어 있지도 않았습니다. 그녀는 엘리의 잘못을 너그러이 봐주었습니다. 엘리는 노인이었습니다. 예배가 단정하게 드려지도록 감독하는 것이 그의 의무였습니다. 그래서 만약 그녀가 올바르지 못한 상태에 있었다면, 그런 말을 하는 것이 그의 입장에서 의무를 충실히 이행하는 것일 뿐이었습니다. 그래서 한나는 엘리가 그 말을 할 때 품었을 것이라고 생각한 정신으로 그 말을 받아들였습니다. 아무튼 한나는 그 말을 들었을 때 화를 내거나 툴툴거리지 않았습니다.

자, 슬픈 사람들 가운데는 말이 매우 사납고 날카로우며 모진 사람들이 있습니다. 그래서 여러분이 조금이라도 그들을 잘못 판단해서 말을 하면 그들은 여러분의 잘못에 대해 신랄하기 그지없는 말로 통렬히 비난합니다. 여러분이 그들을 조금 완전하지 못하다고 생각하면 여러분은 몰인정하기 짝이 없는 사람이 되고 맙니다. 그들은 자기는 아무 잘못이 없는데 상처를 입었다며 길길이 뛰며 자신들을 변호할 것입니다! 여러분이 넌지시 그들에게 무슨 잘못이 있는 것처럼 말하려고 했다면 여러분은 신성모독보다 더 악한 잘못을 범한 것이 됩니다. 나는 지금 그들을 비난하려고 하는 것이 아닙니다. 우리가 마음이 슬픈 데서 생기는 그런 신랄함에 대해 너무 혹독하게 비판한다면 우리도 그들처럼 너그럽지 못한 사람이 될 수 있습니다. 그러나 고통 받는 사람들이 마음이 아주 친절하고 밝을 때, 무화과열매처럼 바람에 부딪혀 익을 때 그것은 매우 아름다운 일입니다. 그들이 스스로 피 흘리는 상처를 겪음으로써 다른 사람들이 상처 받는 것에 대해 동정을 보이고, 그들 자신이 고통을 겪음으로써 다른 사람들의 잘못을 통해서 올 수도 있는 고통을 좀 더 잘 견디게 될 때, 그러면 우리는 "역경의 용도는 달콤하다"는 속담의 멋진 증거를 보게 되는 셈입니다.

친구 여러분, 여러분이 마음이 슬픈 사람이라면, 여러분의 약점이 자칫 성마른 사람이 되기가 쉽고 성격이 아주 날카로워지게 되는 것이라고 생각하십니까? 그러므로 이런 점들을 주의하고, 하나님께 특별히 유순한 마음과 조용한 입을 주시기를 구하십시오. 여러분의 주님을 보십시오. 우리 모두가 주님을 보았으면 좋겠습니다. 주님은 욕을 들으셨을 때 맞서서 욕하지 않으셨고, 조롱을 받으셨을 때 비난하는 말을 하지 않으셨으며, 오히려 "아버지, 저들을 사하여 주옵소서 자기들이 하는 것을 알지 못함이니이다"(눅 23:34) 하고 기도로 대응하신 분입니다. 슬픈 마음에서도 이처럼 귀한 것이 나올 수 있다는 것을 이 경우만큼 잘 보여주는 예는 없을 것입니다.

그러나 한나에게는 내가 지금까지 설명한 이상의 것이 있었습니다. 한나는 사려 깊은 여자였기 때문입니다. 그녀는 슬픔 때문에 먼저 자신의 내면을 깊이 생각하였고, 그 다음에는 하나님과 많은 교제를 나누었기 때문입니다. 그녀가 생각이 매우 깊은 사람이었다는 사실이 그녀의 모든 말에서 나타납니다. 한나는 생각나는 대로 말을 쏟아내지 않습니다. 그녀의 마음에서 나온 것은 오직 경작된 토양에서만 나올 수 있는 것이 분명합니다. 그녀의 노래에 대해서는 참된 시의 장엄함과 충만함이 한껏 드러난 점에서 이 노래가 이스라엘의 감미로운 시인인 다윗의 펜에서 나온 시와 대등한 것이라는 말만 하고 마치도록 하겠습니다. 동정녀 마리아는 서정시의 대가인 이 위대한 여류 시인의 본을 따른 것이 분명합니다.

한나가 마음이 슬픈 여자였음에도 불구하고 복 받은 여인이었다는 점도 기억하도록 하십시오. 한나에 대해 "은혜를 받은 자여 평안할지어다 주께서 너와 함께 하시도다 여자 중에 네가 복이 있도다"(눅 1:28,42)고 말하는 것이 적절할 것입니다. 벨리알의 딸들은 웃고 조롱하며 그녀를 자기 발밑의 먼지처럼 생각할 수 있겠지만, 마음이 슬픈 그녀는 여호와께서 보실 때 은총을 받은 여자였습니다. 여기 브닌나는 화살통에 자녀들이 가득하였고, 애를 낳지 못해 슬퍼하는 자에게 한껏 의기양양해 하였습니다. 그러나 브닌나는 복을 받지 못했고, 몹시 슬퍼하는 한나는 여호와께 사랑을 받았습니다. 한나는 또 다른 시대의 한 인물과 다소 비슷해 보입니다. 성경의 사가(史家)는 그에 대해, 야베스는 그의 형제보다 귀중한 자라 그의 어머니가 이는 내가 슬픔 가운데(개역 개정은 '수고로이') 낳았다 함이었더라(대상 4:9)고 말합니다. 하나님께서 슬픔을 신성하게 하시면, 슬픔이 풍성한 복을 가져다줍니다. 사람이 즐거운 사람들과 자리를 같이 하든지 아니면 슬퍼하는 사람들과 자리를 같이 해야 하는 경우라면, 그는 "초상집에 가는 것이 잔칫집에 가는 것보다 나으니라"(전 7:2)고 말한 솔로몬의 조언을 받아들이는 것이 좋을 것입니다. 세상의 환락에서 순간의 섬광을 보지만, 참된 빛은 그리스도인들의 슬픔에서 훨씬 더 많이 볼 수 있습니다. 여러분이 어떻게 주님께서 그의 백성들을 그들의 고통을 통해서 양육하며 성결하게 하시는지를 알게 되면, 어둠이 변하여 대낮처럼 밝아질 것입니다.

귀한 많은 것이 슬픈 마음과 함께 갈 수 있다는 것이 이제는 분명해졌습니다. 여러분 가운데 아무도 풀이 죽은 사람들을 멸시하지 말고, 마음이 슬픈 사람들에 대해 가혹하게 생각하지 마십시오. 우리 자신이 슬픔에 잠겨 있으면 자신에 대해 신랄한 말을 하지 말고 모든 낙담거리 속에서도 하나님을 의지합시다. 우리는 우리 얼굴을 빛나게 하시는 하나님을 찬송해야 할 것이기 때문입니다.

2. 이제 귀한 많은 것들이 슬픈 마음에서 나올 수 있다는 두 번째 요점을 생각해 봅시다.

귀한 많은 것이 슬픈 마음과 함께 갈 수 있을 뿐만 아니라 슬픈 마음에서 나오기도 합니다. 첫째로, 한나가 슬픈 심정으로부터 기도하는 법을 배웠다는 점을 살펴봅시다. 나는 한나가 이 큰 슬픔을 겪기 전에는 무슨 기도를 드렸는지 알 수 없습니다. 다만 내가 알고 있는 것은 한나가 그녀의 적인 브닌나가 그처럼 교만하게 말하는 소리를 듣고 철저히 무시를 당했을 때 그 전보다 훨씬 더 강렬하게 기도했다는 것입니다. 오, 형제자매 여러분, 여러분에게 은밀한 슬픔이 있으면, 그 슬픔을 어디로 가져가야 하는지를 배우고, 그리로 가져가는 것을 지체하지 마십시오. 한나는 하나님께 호소하였습니다. 한나는 자신의 속 깊은 얘기를 죽을 인생들에게 말하지 않았고, 하나님의 전에서 하나님께서 정하신 방식을 따라 하나님 앞에 자신의 슬픔을 아뢰었습니다. 그녀는 심한 괴로움 가운데서 하나님께 기도하였습니다. 영혼의 괴로움은 언제나 이런 방식으로 누그러트려야 합니다. 괴로움 가운데 있으면서도 기도하지 않는 사람들이 많이 있습니다. 그러므로 고뇌의 쓰디쓴 맛이 그대로 있습니다. 아, 그들이 지혜로워서 자신의 슬픔을 기도하라는 하나님의 부르심으로, 탄원의 소나기를 불러오는 구름으로 보았으면 좋겠습니다! 우리는 고난을 주님께 타고 가는 말로 여겨야 합니다. 우리의 배를 기도의 항구로 급히 몰아가는 강한 바람으로 여겨야 합니다. 마음이 기쁠 때 우리는 시편을 노래할 수 있습니다. 그러나 괴로워하는 사람들에 대해서는 "저는 기도할지니라"고 쓰여 있습니다. 마음의 괴로움은 우리에게 기도의 필요를 알려주는 지표가 될 수 있고, 그 거룩한 운동을 하라고 부추기는 동기가 될 수 있습니다. 제단에서 꺼낸 핀 숯이 우리 입술에 닿을 때 우리는 설교해야 합니다. 그러나 쓸개즙이 입술에 떨어질 때는 기도해야 합니다. 형제 여러분, 나는 우리의 최상의 기도가 슬픔의 집에서 나올까 염려가 됩니다. 안락함과 건강을 누리면 기도가 식어지는 경우가 너무도 많습니다. 그래서 시련이라는 강한 쇠막대기로 불을 휘젓는 일이 필요합니다. 거친 바람이 이리저리 흔들어 향기를 터트리기 전까지는 많은 꽃들이 향기를 속에 간직하고 있습니다. 일반적으로 사람은 고난을 겪으면 기도하기 마련입니다. 우리는 밤에 천사와 씨름하고 나서야 비로소 천사를 붙잡고 "당신을 가게 하지 아니하겠나이다"(창 32:26) 하고 소리치는 법을 배웁니다.

슬픔의 딸이여, 그대가 어두운 방에서 사랑하는 주님을 이기는 기술을 배운다면, 볼에 한 번도 눈물이 떨어진 적이 없는 또렷한 눈을 가진 저 처녀들이 그대를 부러워할 것입니다. 기도의 기술과 신비에 능숙해지는 것은 하나님이 함께 하시는 군주처럼 되는 것이기 때문입니다. 우리에게 슬픈 마음이 있다면, 하나님께서 그만큼 우리에게 기도의 영도 있게 하시기를 바랍니다. 그러면 우리가 그 상황이 바뀌기를 거의 바라지 않게 될 것입니다.

다음으로, 한나는 극기(克己)를 배웠습니다. 한나가 자신의 큰 고통에서 벗어나기 위해 드린 기도 자체가 자기를 극복하는 기도였음이 분명합니다. 그녀는 치욕을 씻기 위해 아들을 낳기 바랐습니다. 그러나 자신의 눈이 아들을 보는 복을 받는다면, 그녀는 그 아들이 살아 있는 한, 사랑하는 아들을 기꺼이 주님의 것으로 드리려고 하였습니다. 어머니들은 아들들을 계속 자기 곁에 두고 싶어 합니다. 그러나 한나는 사내아이를 간절히 원하여 남자 아이 하나를 구하되, 하나님의 특별한 선물로서 아이를 구하지만 그녀 자신을 위해서 구하는 것이 아니라 그녀의 하나님을 위해서 구합니다. 한나는 그 점을 마음에 품고 있어서 아이가 젖을 떼자마자 바로 아이를 하나님의 전으로 데려가 하나님께 완전히 바쳐서 절기 때나 겨우 가서 볼 수 있는 아이로 거기에 남겨 두려고 합니다. 한나의 말을 직접 들어봅시다. "만군의 여호와여 만일 주의 여종의 고통을 돌보시고 나를 기억하사 주의 여종을 잊지 아니하시고 주의 여종에게 아들을 주시면 내가 그의 평생에 그를 여호와께 드리고 삭도를 그의 머리에 대지 아니하겠나이다." 그녀는 아이를 집에 두고 아버지가 매일 자랑하고 그녀 자신이 매시간 위로를 얻기를 바라지 않습니다. 그보다는 아이가 하나님의 집에서 레위인으로 봉사하는 것을 보기 원합니다. 이와 같이 한나는 극기하는 법을 배웠음을 보여주었습니다.

형제자매 여러분, 이것은 우리가 참으로 배우기 힘든 교훈입니다. 우리가 지극히 소중히 여기는 것을 하나님의 명령을 듣고 포기하되 아주 기쁘게 포기하기를 배우는 것은 참으로 어려운 일입니다. 한나가 그랬듯이 우리 자신이 제안을 하고 기꺼운 마음으로 제사를 드릴 때, 그것이 진정한 자기 부인입니다. 복을 바라되, 그래야 할 기회가 생기면 기꺼이 그 복을 내어놓을 수 있는 것, 이것이 자기를 이기는 것입니다. 우리는 이 위치에 이르렀습니까? 아, 마음이 슬픈 여러분, 만일 여러분이 육신을 십자가에 못 박기를 배웠다면, 몸을 억제하기를 배웠다면, 여러분이 모든 소원과 뜻을 주님 발 앞에 내려놓기를 배웠다면, 여러분은 그동안 겪었던 모든 손실과 고난에 대해 몇천 배의 보상을 얻은 셈입니다. 개인적으로 나는 때로 슬픈 마음을 좀 더 많이 다룰 수 있었다고 생각되어 기쁘게 하나님을 찬송합니다. 그러나 내가 내 전 인생을 찬찬히 살펴볼 때 땅을 깊이 파고 거름을 주는 수고롭고 힘든 농사의 결과로 이루어진 것 외에는 은혜에서 실질적인 성장을 이룬 것이 거의 없지 않나 생각합니다. 소나기가 잦을 때, 내 잎은 가장 푸릅니다. 내 열매는 겨울 밤에 서리를 맞았을 때 가장 달콤합니다. 슬프게도 나는 자신의 어리석음에 대해 아주 겸손하게 고백하지 않을 수 없습니다. 진실을 말하자면, 나는 부끄러워해야 할 사람들 가운데 서지 않을 수 없습니다. 나는 여러분 가운데 많은 사람들이 나보다 훨씬 더 친절하고 훨씬 더 자비를 많이 베풀었을 것으로 생각합니다. 그러나 내 형제들 가운데는 좀 더 평온한 때보다 격랑이 이는 바다 가운데서 영적 항해에 더 많은 진보를 이룬 사람들이 많다고 생각합니다. 강한 바람이 우리 가운데 어떤 이들에게는 위험보다 도움을 훨씬 더 많이 가져다주고, 심지어 폭풍우조차 그것이 주는 복이 없지 않습니다. 비록 그 과정이 아무리 값비싸다 할지라도 우리가 속으로 자기 부인을 실행한다면, 그 결과 우리에게 풍성한 보답을 줍니다.

또 한 가지 귀한 것이 이 여인에게 왔는데, 그것은 그녀가 믿음을 배웠다는 것입니다. 한나는 약속을 믿는 일에 능숙해졌습니다. 어떻게 그녀가 한때 비통한 가운데 있었다가 엘리가 “평안히 가라 이스라엘의 하나님이 네가 기도하여 구한 것을 허락하시기를 원하노라”고 말하기가 무섭게 “가서 먹고 얼굴에 다시는 근심 빛이 없게” 되었는지를 보는 것은 매우 즐거운 일입니다. 한나는 자기가 구한 복을 아직 얻지 못했습니다. 그러나 그녀는 그 약속을 확신하고 붙잡았습니다. 우리 주님께서 “무엇이든지 기도하고 구하는 것은 받은 줄로 믿으라 그리하면 너희에게 그대로 되리라”(막 11:24)고 말씀하셨을 때 가르치신 주님의 방식을 따라, 한나는 눈물을 닦고 이마의 주름을 폈습니다. 자기가 하나님의 약속을 들었다는 것을 알았기 때문입니다. 한나는 믿음으로 남자아이를 낳았고 그 아이를 하나님께 드렸습니다. 이것은 얻기 쉬운 미덕이 아닙니다. 슬픈 마음이 하나님을 믿고 마음의 짐을 하나님께 부리며, 용감하게 하나님에게 구조와 도움을 기대하는 법을 배웠다면, 마음의 상실을 통해서 최상의 이득을 얻고, 마음의 고통을 통해서 지극히 풍성한 기쁨을 표현하는 법을 배운 것입니다. 한나는 믿음으로 “약속을 받은” 존귀한 무리들 가운데 속한 사람입니다. 그러므로 마음이 슬픈 여러분, 여러분이 한나가 그랬듯이 믿는 마음을 갖지 못할 이유는 전혀 없습니다.

하물며 마음이 슬픈 이 여인이 슬픔 때문에 발견한 귀한 것을 우리가 얻지 못할 이유가 없습니다. 끝으로 매우 귀중한 한 항목, 곧 확실히 한나가 하나님께 대해 많은 것을 배웠다는 점에 대해서 살펴보도록 하겠습니다. 한나가 일반 가정의 기쁨에서 쫓겨났지만 그로 인해 하나님께 가까이 가게 되었고, 천상의 교제를 누리는 가운데 그녀는 겸손히 주님을 기다리며 바라보는 자가 되었습니다. 한나의 노래를 통해서 알 수 있듯이, 주님 가까이 지내는 신성한 시간을 통해 한나는 하나님의 이름과 본성에 관한 천상적인 사실들을 많이 발견하였습니다.

첫째로, 한나는 가장 참된 기쁨은 자녀들에게 있는 것이 아니고 심지어 기도의 응답으로 받은 하나님의 자비에도 있지 않다는 것을 이제 알았습니다. 한나가 노래를 시작할 때 “내 마음이 여호와로 말미암아 즐거워하며”라고 말한 것을 보면 그것을 알 수 있습니다. 한나는 “사무엘”을 인하여 즐거워하지 않았고, 가장 큰 기쁨을 여호와에게서 발견하였던 것입니다. “내 뿔이” “내가 아주 기쁘게 성소로 데려온 이 작은 아이로 말미암아" 높아진 것이 아니라 "여호와로 말미암아 높아졌나이다"(삼상 2:1). 한나가 첫 절에 "내가 주의 구원으로 말미암아 기뻐함이니이다"라고 말하는데, 진정으로 그러했습니다. 하나님이 그녀의 큰 즐거움이었고, 하나님의 구원이 그녀의 기쁨이었습니다. 세상 것들을 제 자리에 두는 법을 배우는 것은 중요한 일입니다. 그래서 여러분이 세상 것들을 보고 기뻐할 때에도 여전히 "내 기쁨은 하나님께 있도다. 곡식과 포도주와 기름에 있는 것이 아니라 내 하나님께 있도다. 내 모든 새로운 원천이 하나님께 있도다"라고 생각하는 것은 대단히 중요한 일입니다.

다음으로 "여호와와 같이 거룩하신 이가 없으시니이다"라고 노래한 것을 보면, 한나가 여호와의 영광스러운 거룩하심도 발견했음을 알 수 있습니다. 한나는 하나님의 완전한 성품의 온전하심에 매력을 느끼고 깊은 인상을 받았습니다. 그래서 그녀는 하나님께서 선하심에서 다른 모든 존재들보다 뛰어나심을 노래하였습니다.

그녀는 하나님의 충족하심을 깨달았고, 하나님께서 모든 것의 모든 것이 되심을 알았습니다. 그래서 그녀는 "주 밖에 다른 이가 없고 우리 하나님 같은 반석도 없으심이니이다"라고 노래하였습니다.

한나는 하나님의 섭리의 방법을 깨달았습니다. 한나가 아주 즐거이 "용사의 활은 꺾이고 넘어진 자는 힘으로 띠를 띠도다"고 노래하는 것을 보면 그렇습니다. 그녀는, 스스로 강한 자는 엎어트리고 약한 자는 일으켜 세우는 것이 언제나 하나님의 방식이라는 것을 알았습니다. 키가 크고 푸르른 나무들은 베어 시들게 하고 시든 나무는 번성하게 하시는 것이 하나님의 방식입니다. 강한 자들을 약한 것으로 치고 약한 자들에게 힘을 주시는 것이 하나님의 방식입니다. 한나의 정신을 훌륭하게 이어받은 마리아가 노래하였듯이 "하나님은 권세 있는 자를 그 위에서 내리치셨으며 비천한 자를 높이셨고 주리는 자를 좋은 것으로 배불리셨으며 부자는 빈손으로 보내셨습니다"(눅 1:52,53). 그것이 하나님의 고유한 방식이고, 하나님은 지금도 그 방식을 사용하십니다. 하나님은 가득 차 있는 자들을 비우시고, 빈 자들을 채우십니다. 살 수 있는 힘이 있다고 자랑하는 자들을 하나님은 죽이시고, 하나님 앞에서 죽은 자처럼 약해지는 자들을 살게 하십니다. 친구 여러분, 여러분은 이 사실을 조금이라도 아십니까? 이것은 성도들이 개인적인 경험을 통해서 아는 비밀입니다.

한나는 하나님의 섭리뿐 아니라 하나님의 은혜의 길과 방법도 배웠습니다. 이는 한나가 "여호와는 가난한 자를 진토에서 일으키시며 빈궁한 자를 거름더미에서 올리사 귀족들과 함께 앉게 하시며 영광의 자리를 차지하게 하시는도다"고 노래한 것을 보면, 그녀만큼 하나님의 은혜의 기사들을 잘 알고 있는 사람은 없었던 것 같습니다. 이것 또한 하나님의 백성들만 아는 하나님의 방법들 가운데 한 가지입니다. 하나님의 백성들 외에는 아무도 은혜의 이 비범한 주권을 노래하려고 하지 않습니다. 세상 사람들은 이 교리를 끔찍이 싫어합니다.

한나는 또한 자기 백성들에 대한 하나님의 신실하심을 보았습니다. 오늘날 복음 시대에도 그리스도인들 가운데 성도의 궁극적 견인(堅忍)이라는 이 교리를 믿지 않는 사람들이 있습니다. 그러나 한나는 믿었습니다. 그녀는 "그가 그의 거룩한 자들의 발을 지키실 것이요"라고 노래하였습니다. 사랑하는 여러분, 하나님께서 그같이 지키실 것입니다. 그렇지 않으면 성도들 가운데 아무도 서 있지 못할 것입니다.

"그리스도의 양들이 떨어져 나가는 일이
일어날 수 있다면
슬픈 일이지만, 변덕스럽고 약한 내 영혼은
하루에 천 번도 더 떨어져 나갈 것이다."

그러나 "그가 그의 거룩한 자들의 발을 지키실 것이요"라는 이 말씀에 여러분과 나의 위로가 있습니다.

한나는 하나님의 나라와 그 영광도 얼마간 미리 보았습니다. 그녀는 거룩한 슬픔으로 인해 더 밝고 뚜렷해진 예언적인 눈을 통해 미래를 내다볼 수 있었고, 즐거운 마음으로 "여호와께서 자기 왕에게 힘을 주시며 자기의 기름 부음을 받은 자의 뿔을 높이시리로다"라고 노래할 수 있었습니다.

이만큼 했으면, 귀한 많은 것들이 슬픈 마음에서 나온다는 사실을 충분히 설명했다고 생각합니다.

3. 이제 끝으로, 진정으로 하나님께 속한 사람들은 비록 마음이 슬플지라도 귀한 많은 것을 받게 되리라는 점을 살펴봅시다.

왜냐하면 첫째로, 한나는 기도의 응답을 받았기 때문입니다. 아, 한나는 엘리가 그녀를 술 취했다고 책망하였을 때만 해도 얼마 있지 않아 자기가 그곳에 다시 가고, 자기를 책망한 그 제사장이 주님께서 그녀에게 은총을 베푸신 것을 알고 깊은 존경과 기쁨의 눈으로 자기를 바라볼 것이라고는 거의 생각할 수 없었습니다. 마음이 슬픈 사랑하는 친구 여러분, 여러분을 위해 준비되어 있는 것이 무엇인지 안다면 여러분은 오늘 밤 그렇게 많이 슬퍼하지 않을 것입니다. 아주 빨리 모든 것이 변화할 것을 짐작한다면 여러분은 결코 울지 않고, 사라처럼 아주 기뻐하며 웃을 것입니다. 여러분은 매우 가난합니다. 오늘 밤 어디에서 자야할 지조차 잘 모릅니다. 그러나 아주 잠시 잠깐 후에 여러분이 천사들 가운데 지내게 될 것을 안다면, 몹시 곤궁하다고 해서 그렇게 많이 괴로워하지 않을 것입니다. 여러분은 지금 병들어 있고 수척해져서 얼마 있지 않으면 오랫동안 기다리던 여러분의 본향에 갈 것입니다. 여러분의 머리가 별처럼 빛나는 관을 써서 아주 밝게 빛나게 될 것을 생각한다면, 여러분의 마음이 그렇게 많이 우울하지 않을 것입니다. 여러분처럼 슬픔의 쓰디쓴 물을 맛본 사람들 외에는 아무도 부를 수 없는 천상의 노래를 여러분이 아주 즐거이 부르게 될 것입니다. 전보다 더 낫다! 전보다 더 낫다! 하고 소리칠 것입니다. 얼마 가지 않으면 길이 끝나거나 고쳐질 것입니다. 오늘 항해는 몹시 거칩니다. 그러나 해가 기울기 전에, 혹은 적어도 해가 기울 때쯤에는 모든 것이 조용해지고, 여러분의 배는 이물에서 고물까지 요동하지 않고 잠잠할 것입니다. 홍해가 여러분 앞에서 불안하게 굽이치며, 큰 물결이 험악하게 일렁이지만, 주의 백성이 지나갈 때는 모든 것이 돌처럼 조용할 것입니다. 혹은 무슨 소리가 들린다면, 파도 너머로 하프를 켜는 사람들의 연주하는 소리만 들릴 것입니다. 여러분이 영원히 하나님과 함께 거할 것이기 때문에 여러분의 고통과 두려움을 금방 잊어버릴 것입니다. 여러분의 마음이 슬플지라도 이런 사실들을 생각하고 힘을 내십시오. 하나님께서 여러분에게 약속하신 것들이 이루어질 것입니다. 하나님께서 여러분을 위해 쌓아두신 것은 눈으로 보지 못했고 귀로 듣지 못한 것들입니다. 그러나 성령께서 이 시간에 그것들을 여러분에게 계시해 주십니다. 담대하십시오. 그리고 생사의 문제들은 확정되었으며, 하나님이 영원한 사랑으로 그 문제들을 정하셨음을 믿으십시오.

한나에게 슬픔 뒤에 기도의 응답이 왔을 뿐만 아니라 그 응답된 기도를 사용할 은혜가 또한 왔습니다. 만일 한나가 무엇보다 먼저 마음이 슬픈 사람이었다면 사무엘에게 적합한 어머니가 되지 못했을 것이라고 생각합니다. 젊은 선지자를 교육하는 것은 아무나 맡을 수 있는 일이 아닙니다. 어리석은 많은 여자들이 자기 자녀를 바보로 만들었습니다. 자식을 너무 애지중지 하는 바람에 자식이 얼간이가 되고 만 것입니다. 지혜로운 아들을 기르기 위해서는 지혜로운 여인이 필요합니다. 그러므로 나는 사무엘의 탁월한 성품과 생애는 대체로 그의 어머니의 슬픔의 열매이고, 그녀의 슬픔의 보상이라고 생각합니다. 한나는 생각이 깊은 어머니였습니다. 이것이 특이한 점이었습니다. 깊은 생각 때문에 그녀는 부지런히 일하였습니다. 그녀는 아들을 교육할 시간이 얼마 없었습니다. 사무엘이 일찍 그녀를 떠나 작은 예복을 입고 하나님을 섬겼기 때문입니다. 그러나 그 얼마 되지 않은 시간에 그녀는 교육을 효과적으로 마쳤습니다. 왜냐하면 아이 사무엘이 한나가 그를 성전에 데려간 바로 그날부터 하나님을 섬겼기 때문입니다. 많은 가정들에 기도하는 아이의 그림이 있는데, 나는 바로 이 어린 사무엘의 모습이 그러했을 것이라고 생각합니다. 나는 사무엘이 작은 예복, 곧 세마포 에봇을 입고서 하나님의 어린 종으로서 엄숙한 태도로 나와서 성전의 봉사를 돕는 모습을 생각하기 좋아합니다. 나는 이 어린 사람이 어깨까지 내려올 만큼 머리가 긴 것이 보이는 것 같습니다. 왜냐하면 그의 어머니의 맹세로 인해 사무엘은 머리에 삭도를 댈 수 없었을 것이기 때문입니다. 여러분도 사무엘을 보십시오. 그의 모습이 로마 교회 수도사들의 까까머리를 어떻게 꾸짖는지 보십시오. 사무엘은 오늘날의 사제들과 같지 않았습니다. 오늘날 사제들은 머리를 바싹 깎음으로써 머리에 열이 있거나 정신이 이상해졌음을 암시하거나 그들의 머리가 하나님께 속해 있음을 부인하고 있습니다. 로마 교회 사제들이 계속해서 머리를 짧게 깎으면 그대로 두어 스스로 참된 성전에서 끊어지게 합시다. 머리카락의 문제에서도 그의 어머니가 아들을 그런 방식으로 교육하였고, 그래서 아들이 결코 그 길을 떠나지 않은 것을 보면 기분이 좋습니다. 이것이 큰 선물이었고, 이 선물을 마음이 슬픈 여자에게 내려주신 것입니다.

한나가 또 다른 복을 얻었는데, 그것은 하나님을 찬미하는 능력이었습니다. 한나의 듣기 좋은 노래들, 특별히 우리가 지금까지 읽어온 귀한 그 노래, 그 노래를 한나는 어디에서 얻은 것입니까? 말씀드리겠습니다. 여러분은 바닷가에서 조가비를 주워서 귀에 대면 조가비에서 파도 소리가 나는 것을 들은 적이 있지 않습니까? 조가비가 그 음악을 어디에서 배웠습니까? 깊은 바다 속에서 배운 것입니다. 그 조가비는 바다 속 동굴만이 전해줄 수 있는 신비한 일들의 의미를 깊고 부드럽게 말하는 법을 배울 때까지 거친 바다 속에서 이리저리 흔들렸습니다. 한나의 시는 그녀의 슬픔에서 태어난 것입니다. 이 자리에 슬픈 마음을 가진 모든 분이 한나가 자신의 하프에 맞춰 아름답게 노래하였듯이 자신의 하프에 맞춰 노래하는 법을 배울 수 있다면, 그 사람은 한나가 그랬듯이 자신의 슬픔을 견디며 지낸 것에 대해 마땅히 기뻐할 수 있을 것입니다. 우리는 비록 보잘것없지만 나름대로 시인이 될 수 있습니다. 시련이 우리에게 선율과 박자를 가르쳐 줄 것입니다. 그래서 포도즙 틀에서 포도주가 나오듯이 시가 흘러나올 것이고, 역경의 밭고랑에서 시가 자랄 것입니다. 혹은 그렇게 되지 않을지라도 주님을 찬양하도록 합시다. 우리말로 표현할 수 있는 최상의 언어로 하나님의 사랑을 칭송하도록 합시다. 이것은 고난의 세상에서 할 만한 가치가 있는 일입니다.

그뿐 아니라 한나는 슬픔으로 인해 더 많은 복을 받을 수 있게 되었습니다. 사무엘이 태어난 후에 한나는 세 아들과 두 딸을 낳았습니다. 이렇게 하나님께서는 그녀가 하나님께 바친 한 자녀에 대해 다섯 자녀로 갚아주셨습니다. 이것은 그녀가 하나님께 꾸어 드린 것에 대해 높은 이율로, 즉 500퍼센트로 갚아주신 것입니다. 사무엘과 헤어지는 것은 다른 자녀들을 받기 위해 필요한 시작이었습니다. 하나님께서 우리 가운데 어떤 이들에게 복을 주시려면, 무엇보다 먼저 그들에게 시련을 주셔야 했습니다. 우리 가운데 많은 이들은 먼저 불 같은 시험을 통과하기 전에는 큰 복을 받기에 적합하지 않습니다. 인기 때문에 인생을 망친 사람들 가운데 절반 정도는 사전에 수욕과 부끄러움을 받는 예비 과정을 겪지 않았기 때문에 망가지고 말았습니다. 부(富) 때문에 망하는 사람들 가운데 절반 정도는 힘들여서 돈을 벌어 본 적이 없고 운 좋게 돈을 벌어 순식간에 부자가 되었기 때문에 망합니다. 불을 통과하는 것은 후에 전투에 사용될 무기를 단련시킵니다.

한나는 큰 슬픔을 겪음으로 인해 크게 은총을 받는 은혜를 얻었습니다. 한나는 크게 슬퍼하였기 때문에 그 이름이 크게 은총을 받은 여자들 가운데 들어가게 됩니다. 그녀는 믿음이 있는 사람들 가운데서 밝은 별로 빛을 비춥니다. 그녀가 먼저 마음이 슬픈 여자로 지낸 적이 없었다면 이런 일은 없었습니다. 사랑하는 여러분, 여러분의 짐을 짊어지십시오. 슬퍼하는 자가 되지 않을 뿐 아니라 불평하는 사람도 되지 마십시오. 여러분의 십자가를 지십시오. 그 십자가가 사실은 금 십자가이기 때문입니다. 외적인 짐뿐 아니라 내적인 짐도 지십시오. 지금은 한동안 여러분이 많은 시험을 겪음으로 슬픔 가운데 있을 "필요"가 있지만, 후에는 위로의 열매가 오기 때문입니다. 아름다운 결과를 기대하고, 그러는 동안 하나님께서 여러분에게 정해주시는 것을 불평 없이 감당하도록 하십시오.

한나가 그처럼 용감하게 하나님을 위한 증인이 되고, "여호와와 같이 거룩하신 이가 없고 우리 하나님 같은 반석도 없으심이니이다"고 아주 즐거이 노래할 수 있었던 것은 인내로 고난을 견뎠기 때문입니다. 우리는 약속을 시험하지 않는 한, 약속에 대해 증거할 수가 없습니다. 그러므로 하나님께서 시험하여 세상에 하나님이 참되시다고 증거할 만하게 만들어 주시는 사람은 복이 있습니다. 그 점이 틀림없다고 내 개인적으로 보증을 할 수 있습니다. 여류 시인 하버갈(Frances Ridley Havergal. 1836-1879, 영국 시인이며 찬송가 작사가 - 역주)이 영원한 안식에 들어가기 전에 많은 시로 증거하였듯이, 나도 인생 말년에 보잘것없는 운문으로라도 그같이 증거할 수 있으면 좋겠습니다. 여기 하버갈이 마지막에 쓴 시를 소개하면서 설교를 끝내겠습니다.

"주여, 주께서 참되시다는 것을 보증하나이다.
주님의 선한 약속 가운데 한 가지도 실패한 적이 없나이다.
나는 주님의 이름을 아는 모든 사람들에게
그 사실을 말하라고
주께서 기록된 모든 말씀을 신실하게 지키심을 말하라고
모든 날들을 마무리짓는 인자를 전하라고
나와 함께 이같이 말하고 노래하자고
큰 소리로 외치고 싶습니다.
'여호와는 선하시니 그의 인자하심이 영원하고
그의 진실하심은 내 평생의 각 페이지에 기록되어 있네.
물론, 시련이 있지만 주님의 능력은 시련을
기쁨으로 섞을 수 있네.
가시들이 있지만
주께서 그동안 우리를 좁은 길에서 보호하셨고
왕의 거룩하고 평화로운 대로가 있었네.

징계가 있지만 아버지의 사랑이 그 징계를 통해 흐르고
신뢰하는 마음이 징계보다 앞서 가고, 사랑보다 앞서 가고
모든 걸음이 '더욱더' 힘 있게 순례자의 길로 나아가며
주의 순례자들이 지나가면서 자기들을 계속해서 인도하시는 주님을
여기서도 영광에서 영광에 이르도록 찬송했으면 좋겠네!"

제
2
장

하나님의 평가

"심히 교만한 말을 다시 하지 말 것이며 오만한 말을 너희의 입에서 내지 말지어다 여호와는 지식의 하나님이시라 행동을 달아 보시느니라 ." — 삼상 2:3

구약의 성도들이 하나님에게서 위로를 찾는 일에 아주 익숙해 있었다는 것을 보는 것은 매우 즐거운 일입니다. 그들은 극심한 곤경에 처했을 때, 근심거리가 늘어나고 사람들이 돕지 못할 때, 세상의 위안거리들이 사라져버렸을 때, 주님을 바라보는데, 오직 주님만 바라보는데 익숙하였습니다. 한나는 하나님을 그와 같이 생각하고 하나님의 이름에서 위로를 얻습니다. 구약의 성도들은 이렇게 해서 기뻐하였고 강해졌습니다. 즉, 그들은 한숨을 쉬기보다는 노래하고, 무거운 짐 밑에서 기운을 잃기보다는 놀라운 일들을 행하기 시작하였습니다. 여기 영감 받은 여류 시인이 "내 마음이 여호와로 말미암아 즐거워하며 내 뿔이 여호와로 말미암아 높아졌나이다"(삼상 2:1) 하고 노래하듯이 말입니다. 그들에게 하나님은 실재이셨습니다. 현존하는 실재이셨습니다. 그래서 그들은 하나님을 피할 반석이요 돕는 이시요, 요새이시며 고난 중의 도움으로 알고 바라보았습니다. 우리가 처음부터 그들의 모범에서 소중한 교훈을 배울 수 없습니까? 우리도 그들처럼 하나님을 바라봅시다. 몸과 마음이 약해질 때 우리 하나님을 의지하고 굳게 붙듭시다. 바울 사도가 "주 안에서 항상 기뻐하라 내가 다시 말하노니 기뻐하라"(빌 4:4)고 말하지 않습니까? 감사해야 할 이유는 항상 있습니다. 하나님께서 살아계시고, 하나님이 그와 같은 분이시기 때문입니다. 즉, "우리 하나님 같은 반석이 없기"(삼상 2:2) 때문입니다. 하나님께서는 자기를 섬기는 자들을 위해서 지금도 언제든지 힘센 팔을 뻗으실 준비가 되어 있으시기 때문입니다.

오, 신자여, 여러분의 기쁨의 샘은 결코 마르지 않습니다! 요나의 경우처럼, 여러분이 아끼는 조롱박 넝쿨이 시들지라도 여러분의 하나님은 살아계십니다. 욥처럼 여러분의 재물이 약탈을 당했을지라도, 여러분의 최고선은 그대로 여러분에게 있습니다. 강들이 마릅니까? 그러나 이 대양은 물이 가득합니다. 별들이 숨었습니까? 그러나 천상의 태양은 하나님의 영원한 영광 가운데서 계속해서 빛을 비춥니다. 여러분에게는 결코 사라지지 않는 소유물, 곧 틀림없는 약속, 즉 변치 않으시는 보호자가 있습니다. 여러분은 믿음 없는 세상에 거하지만 또한 신실하신 하나님 안에 거합니다. 현재 여러분 앞에 시련들이 있습니다. 그런데 여러분을 돕는 분도 함께 계십니다. 그분이 "내가 결코 너희를 버리지 아니하고 너희를 떠나지 아니하리라"(히 13:5)고 말씀하셨습니다. 새가 숲으로 날아가듯이, 토끼가 바위굴로 피하듯이, 여러분도 주님께로 도망하여 피하십시오. "곧장 하나님께로 달려가는 것이 가장 잘하는 일입니다." 에둘러 말하지 말고, 친구들에게 가서 "나를 불쌍히 봐주라, 나를 불쌍히 봐주라" 하고 소리치지도 마십시오. "여러분, 소망의 포로들이여, 돌이켜 요새이신 하나님께로 가십시오." 그 생명이 코의 호흡에 있는 사람에 대해서 생각할 때, 그를 셈할 가치가 어디 있겠습니까? 사람들은 곤경의 때에 무익합니다. 모두가 다 보잘것없는 위로자에 불과합니다. "무릇 사람을 믿으며 육신으로 그의 힘을 삼는 그 사람은 저주를 받을 것이라"(렘 17:5). 즉, 이슬도 비도 내리지 않는 사막의 열기가 이 영적 우상숭배자에게 적합한 이미지입니다. "여호와를 의지하며 여호와를 의뢰하는 그 사람은 복을 받을 것이라 그는 물가에 심어진 나무가 그 뿌리를 강변에 뻗치고 더위가 올지라도 두려워하지 아니하리라"(렘 17:7,8). 오, 여호와만 의지하여 사는 법을 배우십시오!

한나는 한때 마음이 슬픈 여자였는데, 이렇게 하나님을 기뻐하는 법을 배워서 하나님의 성품의 다른 점들을 경배하는 심정으로 즐거이 생각할 수 있었습니다. 하나님께 배운 다른 사람들처럼 한나는 하나님의 거룩하심을 생각하고 매우 기뻐하였습니다. 두 번째 구절에 주의하십시오. "여호와와 같이 거룩하신 이가 없으시니이다"(삼상 2:2). 나는 그동안 많은 사람들이 그 선하심을 인하여 하나님을 찬송하는 소리를 들어왔습니다. 사람이 그 거룩하심을 인하여 하나님을 찬송할 수 있을 때, 그것은 훨씬 더 고귀하고 확실한 은혜의 표지입니다. 행복의 거처, 곧 주로 하나님의 임재에서 행복이 나오는 천국에서 복 받은 자들의 경배는 주로 이 점, 곧 하나님의 거룩하심을 공경하는 심정으로 찬양하는 데 마음을 씁니다. 우리는 스랍들에 대해서 다음과 같은 글을 읽습니다. "스랍들이 서로 불러 이르되 거룩하다 거룩하다 거룩하다 만군의 여호와여 그의 영광이 온 땅에 충만하도다 하더라"(사 6:3). 또 우리는 요한계시록에서 생물들에 관해 이런 글을 읽게 됩니다. "그들이 밤낮 쉬지 않고 이르기를 거룩하다 거룩하다 거룩하다 주 하나님 곧 전능하신 이여 전에도 계셨고 이제도 계시고 장차 오실 이시라 하더라"(계 4:8). 여러분은 자신이 거룩하지 않다는 것을 알고 있습니까? 그렇다면, 오, 신자여, 하나님께서 거룩하심을 기뻐하십시오. 여러분 주위에 있는 사람들이 거룩하지 않습니까? 여러분의 영혼이 곤경에 처해 있습니까? 지옥의 불이 붙은 사람들 가운데 거하고 있습니까? 그럴지라도 주 예수께서 친히 말씀하셨듯이 "이스라엘의 찬송 중에 계시는 주여, 주는 거룩하시니이다"(시 22:3)라고 말하십시오. 마치 부정함이 홍수처럼 쏟아져 나와 만물을 덮고 땅을 시커멓고 더러운 물로 침수시킨 것처럼 보입니까? 그럴지라도 여호와께서 그의 거룩한 보좌에 앉아계시며 악인들의 줄을 토막토막 끊어버리십니다. 그러니 밤처럼 어두운 때 우리는 "여호와와 같이 거룩하신 이가 없으시니이다"라는 이 노래를 부릅시다.

또한 한나는 마음을 모아 여호와의 권능을 찬양하며 "우리 하나님 같은 반석도 없으심이니이다"(삼상 2:2) 하고 말하였습니다. 반석이라는 은유에 들어 있는 주요한 개념들 가운데 하나는 힘, 영구적인 지구력, 흔들리지 않는 안정성, 정복할 수 없는 능력입니다. 우리도 전능하신 하나님 여호와를 기뻐하고, 야곱의 능하신 하나님, 곧 강하고 능하신 여호와, 전쟁에 능하신 여호와를 기뻐합시다. 여호와의 손가락이 애굽인들에게 재앙을 가져왔습니다. 여호와의 손이 그들을 완전히 뒤집어엎었습니다. 여호와는 우리의 힘이요 노래이시며, 또한 우리의 구원이 되셨기 때문입니다. 틀림없이 하나님께서는 자기를 의뢰하는 모든 자들을 위하여 자신이 강한 자이심을 나타내 보이실 것입니다. 그러니 겁 많은 영혼이여, 여호와의 날개 그늘 아래로 도망하십시오! 전능자의 그늘 아래 거하십시오. 그러면 여러분이 하나님의 거룩한 능력을 인하여 안전하게 누울 것입니다. 아,

잘 조율된 하프여, 여호와의 이 두 속성을 찬양하라! 이 두 속성이 불경건한 자들에게는 두렵기 짝이 없고, 은혜로 구원받은 자들에게는 기쁘기 그지없는 것들입니다.

한나는 말할 수 없이 기뻐하는 찬미 가운데서 여호와의 지혜에 대해 이같이 말합니다. "여호와는 지식의 하나님이시라." 혹은 "여호와는 지식들의 하나님이시라." 여호와께는 모든 지식이 있기 때문입니다. 우리는 불경건한 자들처럼 "하나님이 어찌 알랴 지존자에게 지식이 있으랴"(시 73:11) 하고 말하지 않습니다. 우리는 과거, 현재, 미래에 속한 어떤 것도 영원하신 하나님의 눈에 숨겨진 것은 없다고 확신합니다. 하나님의 지식에는 오류가 없고 한계도 없습니다. 하나님은 자기 소유의 사람들을 알고, 그들이 취하는 길도 아십니다. 하나님은 자기 백성을 구원하는 방법을 알고, 언제 그들을 용광로에서 꺼내야 할지도 아십니다. 우리는 공손히 하나님을 예배하며 이렇게 말합시다. "여호와여 주께서 나를 살펴보셨으므로 나를 아시나이다 주께서 내가 앉고 일어섬을 아시고 멀리서도 나의 생각을 밝히 아시오며 나의 모든 길과 내가 눕는 것을 살펴보셨으므로 나의 모든 행위를 익히 아시오니 여호와여 내 혀의 말을 알지 못하시는 것이 하나도 없으시니이다 주께서 나의 앞뒤를 둘러싸시고 내게 안수하셨나이다 이 지식이 내게 너무 기이하니 높아서 내가 능히 미치지 못하나이다"(시 139:1-6). 우리 하나님께서 의식이 없지 않고 모르시지도 않는다는 사실을 기뻐합시다. 우리가 무지 때문에 슬퍼할 때, 주님께서 우리를 가르쳐 주실 것이고, 우리가 지금 모르는 것을 내세에 가서는 알게 될 것이므로 기뻐합시다.

한나는 하나님께서 지극히 공정하시다는 사실에서도 위로를 얻었습니다. 왜냐하면 한나가 "여호와는 행동을 달아 보시느니라"고 기쁘게 말하기 때문입니다. 나는 여러분이 이 점에 주목하였으면 좋겠습니다. 성령께서 우리의 묵상을 인도해 주시기를 바랍니다. 용서받지 못한 자들에게는 공의가 두렵기 짝이 없는 속성입니다. 하나님의 친 백성들에게조차 공의는 때로 마음을 살살이 살피는 눈초리를 보냅니다.

1. 이 설교의 주 내용은 지금도 계속되고 있는 하나님의 심판의 과정에 대한 숙고로 이루어질 것입니다.

"여호와는 지식의 하나님이시라 행동을 달아 보시느니라." 달아 본다는 비유적 표현은 철저한 시험과, 생각하고 있는 문제들에 대한 정확한 평가를 생각나게 합니다. 솔로몬은 이렇게 말합니다. "사람의 행위가 자기 보기에는 모두 깨끗하여도 여호와는 심령을 감찰하시느니라"(잠 16:2). 하나님께서는 사람들의 행동을 보시고 주목하며 숙고하고 신중하게 평가하십니다. "대저 사람의 길은 여호와의 눈 앞에 있나니 그가 그 사람의 모든 길을 헤아리시느니라"(잠 5:21).

여기서 우리가 첫 번째로 주목하는 사실은 이렇게 말할 수 있을 것입니다. 이것은 사람이 꿈에도 생각하지 않는 것이라는 것입니다. 많은 사람들이 하나님께서 사람들 사이에서 행해지는 일을 눈여겨보지 않는다고 생각합니다. 사실 그들은 하나님을 전혀 인격적이고 지적인 존재로 생각하지 않습니다. 혹은 하나님을 지적인 존재로 생각할지라도, 하나님은 너무 크신 분이어서 사람들의 하찮은 일들에 주목하시지 않는다고 그들은 말합니다. 말하자면 그들은 하나님을 크신 분으로 만들기 위해 아무것도 보지 못하는 분으로 생각하려는 것입니다. 그들이 생각하는 하나님의 크심에 대한 개념에는 고고함, 감정이 없음, 다소 무지함이 들어 있는 것으로 보입니다. 우리가 생각하는 하나님의 크심에 대한 개념은 그와 반대입니다. 우리는 모든 것을 알고, 지극히 작은 일도 눈여겨보시는 크신 하나님을 믿습니다. 우리 하나님은 부주의한 분이 아니고 무관심한 분도 아닙니다. "여호와는 스스로 낮추사 천지를 살피시나이다"(시 113:6). 하나님은 위로 하늘에서, 아래로 땅에서, 그리고 모든 깊은 곳들에서 행해지는 모든 일들을 예리하게 살펴보십니다. 바다 밑바닥에서 움직이는 지극히 작은 벌레의 움직임 하나하나도 하나님은 주목하시고, 물고기의 움직임과 새들의 날아다니는 것과 시든 낙엽이 떨어지는 것들도 눈여겨보십니다. 하나님께서 눈치 채시지 못할 만큼 작은 세력이 없고, 하나님께서 미처 보시지 못할 만큼 빠른 움직임도 없습니다. 그래서 시편 기자는 이렇게 말합니다. "주에게서는 흑암이 숨기지 못하며 밤이 낮과 같이 비추이나니 주에게는 흑암과 빛이 같음이니이다"(139:12). 무신론자는 "하나님이 없다" 하고 소리칩니다. 그런데 하나님께서 우주적인 지식을 갖고 계심을 부인하는 사람은 무신론자와 같은 사람입니다. 아무것도 모르는 하나님은 없는 것이나 마찬가지입니다. "여호와는 지식의 하나님이시라 행동을 달아 보시느니라."

본문 말씀은, 하나님은 너무 자비로우셔서 우리같이 보잘것없는 피조물들이 행하는 것을 별로 고려하시지 않는다고 말하는 자들을 책망하고 있음이 분명합니다. 그들은 하나님이 사람들의 행위 같은 하잘것없는 것들에 대해서는 못 본 체하실 것이 확실하다고 생각합니다. 그러나 분명히 말하지만 그렇지 않습니다. "여호와는 지식의 하나님이시라 행동을 달아 보시느니라"고 기록되어 있기 때문입니다. 주 우리 하나님은 자비로우십니다. 그러나 이 자비는 지극히 엄격한 공의와 양립합니다. 하나님께서 죄를 용서하시지만 죄를 처벌하시지 않고 그냥 두시는 법은 결코 없습니다. 이 말이 이상하게 보일 수 있지만, 하나님께서는 심지어 허물을 그냥 지나치실 때에도 의로우신 재판장이기를 포기하시는 법이 없습니다. 크고 영광스러운 하나님은 죄를 알지 못하시고 죄에 대한 기억도 없으시기 때문에 죄를 용서하시지 않습니다. 자기 백성들의 죄가 얼마나 더러운지를 완전히 알고 계시면서도 그들의 죄를 깨끗이 지우시는 것이 하나님의 놀라운 자비입니다. 주님께서는 죄의 무게를 달아보시고 죄의 동기를 보시며 그 의미를 알고 그 결과를 고려하셨음에도 불구하고, 예수님을 인하여 그 죄를 용서하십니다. 이 점에 대해 조금이라도 잘못 생각하거나 하나님께서 사람의 죄를 하찮게 생각하시므로 죄를 쉽게 용서하신다고 생각하지 마십시오. 그렇지 않습니다. "여호와는 지식의 하나님이시라 행동을 달아 보시느니라."

다음으로, 이 절차의 형태가 사람이 생각하는 것과 같지 않다는 점을 생각해 봅시다. 사람들은 행동을 경박하게 판단하지만 "하나님은 행동을 달아 보십니다." 행동을 계산에 포함시키는 것은 사람들이 더 많이 하는 일입니다. 이런 사람이 이 일을 했고, 저 일을 했으며, 저 일도 했고, 저 일도 했으니, 그는 참 놀라운 사람이라고 말합니다! 예, 사람은 그렇게 합니다. 그러나 하나님은 인간의 행위들을 큰 통으로 재기보다는 저울눈으로 재십니다. 사람의 인생은 무수한 거품으로 이루어져 있어서 무지개처럼 빛날 수가 있습니다. 그러나 주님께서 저울을 가지고 오셔서 사람들이 몸으로 행한 행위들을 재실 때는 모든 거품이 완전히 꺼지고 말 것입니다! 사람들은 행동들을 겉으로 보이는 크기로 재는 경우가 많아서, 어떤 지위에 있는 사람들은 대중들의 생각에 매우 크게 보일 수 있습니다. 사람들의 행동이 그 자체로는 무의미함에도 불구하고 그에 대한 기사들이 신문을 가득 채웁니다. 여러분은 신문에서 저명한 사람에 대해 보도되는 것 외에는 그날의 중요한 문제를 좀처럼 보지 못합니다. 그것도 그가 놀랄 정도로 선하거나 지혜로운 혹은 자비로운 수단을 동원해서 그 일을 했다는 것보다, 단지 그가 그 일을 했으며, 따라서 그 일이 극구 칭송되어야 한다는 것입니다. 사람들에게는 잡담거리가 있어야 합니다. 그래서 어떤 사람들이 관찰의 대상으로 선택되고, 그들의 삶이 중요한 것으로 과장되게 포장됩니다. 그런 사람은 착각하지 말아야 합니다. 하나님의 공의의 법정에서는 왕과 농부들의 행동이, 주인과 노동자의 행동들이 동등하게 재판을 받고 동일한 저울로 조사받을 것입니다. 외형적인 위대함은 하나님의 저울 앞에서는 움츠러들 것입니다. 구름을 부피로 잰다면, 그것은 엄청나게 큽니다. 그러나 구름을 압축해 보십시오. 그러면 그 물의 무게는 정말로 얼마 안 됩니다! 우리 인생에서 허세를 다 제거하고 단단한 알맹이로 판단하면, 우리 중에서 참으로 하잘것없는 존재로 나타날 사람들이 있을 것입니다!

항상 사람들은 행동을 외적인 광채로 판단합니다. 아, 그것이 멋진 행동이었으면, 아주 씩씩하고 쉽게 찾아볼 수 없는 탁월한 행동이었으면 하고 우리는 바랍니다! 그런데 그 행동이 올바르고 순수하며 거룩한 것이었습니까? 그렇지 않다면, 천재의 재능을 발휘한 것이라 할지라도 그 행동은 비난받지 않을 수 없을 것입니다. 1만 파운드를 기금으로 낸 사람은 빛나는 자선 행위를 한 것입니다. 그러나 그가 물려받은 유산에 비할 때 가난한 과부의 생활비 전부였던 1파딩에 해당하는 푼돈만큼도 되지 않았을 수도 있습니다. 조용히 하나님을 찬미하는 사람이 많은 회중 앞에서 매력적인 목소리로 찬송을 인도한 사람보다 하나님께 더 가치 있는 찬양을 드렸을 수가 있습니다. 몸져누워 지내는 가난한 여인의 경건한 생활이 대 설교자의 열렬하고 능숙한 설교보다 주님께 더 높이 평가받을 수 있습니다. 아, 우리는 겉모습에 얼마나 쉽게 속습니까! 그러나 주님은 속지 않으십니다. "여호와는 행동을 달아 보시기" 때문입니다.

사람들은 행동을 그 결과로 평가하는 경향이 아주 높습니다. 행동을 그 고유의 성격에 의해서가 아니라 결과로써 판단하는 것은 참으로 그릇된 일입니다. 어떤 사람이 철로에서 전철기(轉轍機: 철도 선로의 분기점에 붙여 차량을 딴 선로로 옮기는 장치 - 역주)를 돌리지 않고 지나갔는데, 다른 사람이 관심을 갖고 조처를 취해서 아무런 사고가 일어나지 않았습니다. 그러면 그 사람을 너그러이 봐주어야 합니까? 또 한 사람이 똑같이 그 일을 태만히 하였고, 그 일을 대신해 줄 다른 사람이 더 이상 없었습니다. 그의 경우에는 필연적인 결과가 따랐습니다. 기차가 충돌하여 많은 사람들이 생명을 잃었습니다. 이 뒷사람이 비난을 받은 것은 아주 당연한 일이었습니다. 그러나 앞 사람도 똑같은 잘못을 범했습니다. 우리가 잘못을 했는데 그 일로 아무런 해가 발생하지 않을지라도, 그것 때문에 우리의 행동이 정당화되지는 않습니다. 그렇습니다. 우리가 악한 일을 했는데 그 일에서 선한 결과가 나왔을지라도, 악한 일은 그냥 악한 일일 뿐입니다. 하나님께서 달아보시는 것은 행동의 결과가 아니라 행동 자체입니다. 속여 빼앗아서 성공하는 사람은 도둑질 때문에 감옥에 들어간 사람과 똑같이 악한 사람입니다. 강직하게 행동하고 그 때문에 손해를 보는 사람은 정직하게 일해서 부를 이룬 것처럼 하나님 앞에 똑같이 명예를 얻습니다. 우리가 선을 행하려고 노력을 하다가 실패한다면, 우리는 실패한 것 때문에 비난을 받지 않고 시도한 것을 인해서 환영을 받을 것입니다.

여러분은 그레이스 달링(Grace Darling: 영국 등대지기 딸로 난파선에서 생존자를 구출하는 일에 참여한 것으로 유명해졌음 - 역주)이 난파선에서 선원들을 구조하는데서 보여준 용감한 행동 때문에 모두 그녀를 극구 칭찬하였습니다. 그런데 그녀가 선원을 단 한 사람도 구하지 못하고 그녀 자신이 물에 빠져 죽었다면, 그녀는 그와 같은 영웅이 되지 못하였겠습니까? 물론 그녀는 영웅이 되었을 것입니다. 그녀의 성공은 그녀의 의도와 아무 상관이 없었습니다. 그녀의 행동이 도덕적으로 중요한 것은 그녀가 바람이 사납게 울부짖는 어두운 밤에 전혀 알지 못하는 사람들을 구조하다가 사나운 파도에 목숨을 잃을 수도 있는 상황에서 자기희생적인 용기를 보인 데 있었습니다. 그녀가 거친 바다에 삼켜졌을지라도, 그녀의 행동이 하나님의 보좌 앞에서는 그녀가 사람들을 구하여 등대에 올려놓았을 때만큼이나 귀중한 것으로 평가되었을 것입니다.

어떤 사람이 이교도를 회심시키기 위해 목숨을 내놓았는데도 그 일에 성공하지 못할지라도, 그는 한 민족을 개종시켜 믿음을 갖게 만드는 사람만큼이나 하나님께 보상을 받을 것입니다. 두 선교사가 같은 현장에서 일을 하였습니다. 첫 번째 사람은 충성스럽게 복음을 전하였지만 결과가 시원치 않았습니다. 그의 뒤를 이어 두 번째 사람이 가보니 힘든 일은 다 끝이 나서 현장에서 풍성한 곡식을 거두었습니다. 생각이 없는 사람들은 두 번째 사람이 첫 번째 사람보다 매우 뛰어나다고 생각하는 경향이 있지만, 사실은 그렇지 않습니다. 한 사람은 뿌리고 다른 사람은 거둡니다. 하나님께서 오셔서 사람들의 행동을 판단하실 때 거두는 사람보다 심는 사람에게 더 큰 칭찬의 말씀을 하실 수 있습니다.

우리는 다른 사람들에 대해서 이상하게 평가하는 방식들이 있습니다. 내가 이상하다고 말하는 것은 우리 자신을 평가하는 방식과 비교할 때 그렇다는 것입니다. 보통 우리들에게는 두 가지 추가 있습니다. 하나는 우리 자신을 위한 것이고, 다른 하나는 다른 사람들을 위한 것입니다. 우리는 자신을 잴 때에는 저울에서 좀 더 무거운 추를 사용합니다. 우리 무게는 저울의 추만큼 충분히 무거울 뿐 아니라 그보다 조금 더 무게가 나갑니다. 다른 사람들을 잴 때는 저울이 전혀 다릅니다. 사실 다른 사람들이 우리보다 더 무게가 나갈 수 있습니다. 그러나 우리는 저울이 그들에게 아주 불리하게 작용하도록 기계를 조작합니다. 나는 "대저울"이라고 불리는 기계를 별로 좋아하지 않습니다. 그 저울은 여러분이 마음먹은 대로 조작하기가 너무 쉽기 때문입니다. 다른 사람들에 대한 우리의 평가는 선입견에 쉽게 영향을 받는 것은 확실합니다. 그러나 하나님은 제대로, 정직하게, 의롭게 "행동을 달아 보십니다." 따라서 그 결과는 사람들의 판단과 전혀 다릅니다.

이제 나는 여러분에게 이렇게 사람의 행동을 달아 보는 것이 매우 엄중한 일이라는 사실에 주목하라고 말씀드리고 싶습니다. "여호와는 행동을 달아 보시느니라." 한 사람이 귀금속 가게에 들어가서 이렇게 말합니다. "오래된 금을 팔려고 왔습니다. 보세요, 금이 아주 많습니다." 그러자 귀금속 가게 주인이 말합니다. "그렇군요. 금을 한번 달아보겠습니다." "금을 단다구요? 아니, 양을 보세요. 바구니에 가득 들어 있지 않습니까?" 가게 주인은 지금 무슨 일을 하고 있는 것입니까? 그가 저울추와 금속을 시험할 때 사용하는 산(酸)을 찾고 있습니다. 그는 산을 사용하고 나서 저울추에 자질구레한 장신구들을 올려놓습니다. "당신은 무게를 달아서 금을 살 생각이 아닙니까?" 가게 주인이 말합니다. "나는 이 방식으로만 금을 삽니다." "하지만 양이 저렇게 많지 않습니까?" "많아 보일 수 있지만, 나는 무게를 재서 삽니다." 우리의 모든 행동들에 대해서 하나님은 언제나 그런 식으로 평가하십니다. 하나님은 행동의 실제 무게를 답니다. 우리는 얼마 되지 않는 금을 두드려 펴서 멋지게 보이게 할 수 있지만 하나님은 조롱당하거나 속지 않으십니다. 하나님과 우리 사이의 모든 일은 정확한 저울과 표준적인 저울추에 의해서 다루어질 것입니다.

그러면 하나님은 어떤 방식으로 우리의 행동을 달아보려고 하십니까? 그 저울추는 이런 것입니다. 저울의 표준은 하나님의 공정하고 거룩한 율법입니다. 이 율법에 미치지 못하는 것은 모두 죄입니다. 하나님의 율법에 조금이라도 일치하지 않는 것은 무엇이든지 죄이고, 우리의 행동은 그만큼 부족한 것으로 나타납니다. 자기 행위를 변명하려고 하는 여러분은 이 점을 기억해야 합니다.

하나님은 또한 행동에 얼마나 성실성이 들어있는지도 조사하십니다. 여러분이 성실하게 행동하였다면, 그 점에서 여러분은 정당하였습니다. 그런데 여러분은 그 일을 거짓으로 혹은 강압에 의해서 행하였습니까? 아니면 성실하고 진실 되게 행하였습니까? 여러분은 예배 때 진정으로 하나님을 경배하였습니까? 구제하는 일을 즐거움으로 하였습니까? 여러분의 목소리와 손에 진심이 담겨 있었습니까? 여러분은 오랫동안 기도했습니다. 그런데 진정 마음으로 기도하였습니까? 여러분이 예배에 아주 많이 참석하였는데, 진정으로 예배에 참석했습니까? 아니면 마음은 집에 두고 껍데기만 와 있었습니까? 맞습니다. 여러분은 진리를 설교하였습니다. 하지만 여러분은 그 진리를 진심으로 믿었습니까? 여러분이 큰돈을 기부하였습니다. 그 행동에 선을 행하고자 하는 동기가 들어 있었습니까? 아니면 여러분의 이름을 기부자 명단에 올리기 위해서였습니까? 아니면 여러분의 이름이 명단에 없으면 보기 안 좋기 때문이었습니까? 진심으로 행하지 않은 것은 아무런 무게가 나가지 않습니다. 그 행동은 저울에 달면 부족한 것으로 드러납니다.

주님은 또한 행동을 그 동기에 따라서 평가하십니다. 주님은 여러분이 무슨 일을 행했는지 물으실 뿐만 아니라 왜 그 일을 했는지도 물으십니다. 이 설교자는 오늘 아침 자신의 설교를 달아보며, 자신이 하나님의 영광만을 구하는지 양심에 물어봅니다. 형제 여러분, 여러분은 이 세상에서 지금 하고 있는 일을 달아보시지 않겠습니까? 여러분은 무슨 목적을 위해서 살고 있습니까? 여러분은 어떤 동기에서 생활하고 있습니까? 여러분은 지금까지 겉으로 범죄한 일이 없이 지내왔습니다. 여러분의 생활은 지금까지 사람들 보기에 도덕적이고 순수하였습니다. 그러나 하나님의 영광을 위하여 살아왔습니까? 여러분은 지금까지 하나님께 순종하고 하나님을 기쁘시게 하려고 노력하였습니까? 하나님과 사람에 대한 사랑에 마음이 움직여서 행동하였습니까? 여러분은 진심으로 하나님의 종으로 살아왔습니까? 그렇지 않다면, 다른 동기에 의해서 움직여 왔다면, 여러분은 여러분이 복종해 온 자의 종입니다. 샘에 있는 동기가 행동의 모든 물줄기에 영향을 끼칩니다. 우리를 외적인 행동에 따라서 판단하시지 않고 마음속으로 품은 의도에 따라서 판단하시는 하나님께서는 인간의 미덕을 보여주는 무수한 일들을 금방 알아차리실 것입니다. 여러분이 하루의 생활 중 겉으로 한 행동에서 잘못을 찾을 수 없을지라도 여러분이 행동을 한 이유 때문에 하루 종일 잘못한 것이 될 수가 있습니다. 여러분이 밤에 자신의 행동들을 평가할 때, 교만한 마음이 슬며시 고개를 들고 "너, 오늘 잘 했어!" 하고 속삭일 수 있습니다. 그런 때에는 양심이 깨어나서 이렇게 묻는 것이 좋을 것입니다. "하지만 이 일을 순전히 하나님의 영광을 위해서, 또 하나님의 은혜를 의지해서 하였는가?" 악한 동기는 모든 것을 망칠 것입니다.

또 한 가지 판단 방식은 우리의 정신과 기질로 판단하는 것입니다. 교만한 태도로 살면, 우리의 행동은 무게가 나가지 않습니다. 시기심과 악의로 행동하면 우리는 표준에 미치지 못합니다. 우리가 경박하고 생각이 없으며, 기도를 하지 않는다면 모든 것을 망칩니다. 행동의 평판은 중요한 것입니다. 행동이 은혜에 젖어 있지 않다면 하나님께 용납되지 않습니다. 1인치의 은혜가 1마일의 본성보다 더 무겁습니다. 여호와를 경외하는 것이 견실한 생활입니다. 다른 모든 것은 거품입니다.

때로 행동을 그 주변 환경에 의해 평가할 수 있습니다. 사람들이 주변 환경 때문에 자기가 하고 싶은 대로 하지 못한다면 그 사람을 훌륭하게 평가해서는 안 됩니다. "대저 그 마음의 생각이 어떠하면 그 위인도 그러한즉"(잠 23:7). 저쪽에 있는 저 사람은 그동안 정말로 진실하게 살았습니다. 그렇습니다. 그러나 그는 그동안 거짓말을 해서 푼돈이라도 벌어야 하는 경험을 해보지 못했을 수 있습니다. 어쩌면 그런 일을 당했다면 아주 심하게 거짓말을 했을지도 모릅니다. 그런가 하면 또 한 사람은 속임수가 판을 치는 장사판에서도 확고히 서서 큰 위험을 무릅쓰며 아주 강직한 태도를 결코 포기하려고 하지 않습니다. 자, 이 두 번째 사람은 달면 무게가 나갈 것이지만 첫 번째 사람은 그렇지 않을 것입니다. 어린아이들 가운데 어려서부터 운좋게 아주 정성스럽게 양육되어서 그들이 생활에 뛰어들어가 시험을 받을 때까지 그 성품이 드러나지 않는 아이들이 있지 않습니까? 그렇게 시험을 받으면 진실했던 남자 아이가 어린 위선자이고, 사려 깊은 여자 아이가 경솔한 군중들처럼 하찮은 아이였다는 것이 나타나지 않습니까? 이렇게 애정 어린 환경에서 자랐다고 해서 언제나 사람이 마땅히 갖추어야 하는 도덕심을 갖추는 것이 아니고, 또 겉으로 보이는 모습이 실제 그대로 일 수 없다는 것도 우리는 알아야 합니다. 우리 모두가 화를 내기 전까지는 참으로 호감 가는 사람이라는 것은 놀라운 사실입니다. 넌더리를 낼 일이 없을 때 우리는 참으로 놀라운 인내심을 보입니다! 나는 고통이 증가되고 그 다음에는 자본이 바닥이 나기 전까지는 충분하고 여유가 있었습니다. 우리들 대부분이 오직 좋은 환경 때문에 생겨난 거짓된 미덕을 많이 지니고 있지 않나 염려가 됩니다. 하나님께서는 이 점을 고려하여 판단하십니다. 하나님께서 어떤 사람들은 특별한 곤경에 처하게 하시고, 또 어떤 이들은 특별히 유리한 위치에 두시기 때문입니다. 하나님께서 그들의 행동을 달아보실 때 이 점을 고려하십니다. 어떤 사람들은 절름발이로 활동을 잘할 수 없기 때문에 구부러진 길에서는 달릴 수 없습니다. 그런 사람들은 스스로를 속여 자신이 미덕에서 뛰어날 수 있다고 생각하지 않도록 해야 합니다. 많은 사람들이 자신을 요셉으로 생각하는데, 그렇게 생각하는 이유는 보디발의 아내가 자신을 시험하지 않았다는 것뿐입니다. 금이나 질 좋은 바벨론 옷이 자기 수중에 들어온 적이 없기 때문에 자신이 그동안 아간처럼 살지 않았다고 생각하는 사람들이 많습니다. 유령 회사를 차려서 큰 벌이를 할 기회가 없었기 때문에 자신을 정직하다고 생각하는 사람들이 많습니다. 이런 식으로 돈 버는 것이 오늘날의 절도 방법입니다. 동물원의 사자가 아주 착한 것은 철장 안에 있기 때문입니다. 사람이 미덕을 발휘하는 것이 그 자신의 마음과 동기에서 나오기보다는 그의 환경이라는 철장 때문인 경우가 많습니다.

저울에 다는 또 다른 추는 이것입니다. 여러분의 생활에 경건함이 있었습니까? 지금 이 엑서터 홀(Exeter Hall)에서 내 설교를 듣고 있는 사람들 가운데는 스스로 모범적이라고 생각할 만큼 전반적인 모습이 훌륭하지만 통탄할 만한 결함 때문에 생활이 완전히 망쳐지고 있는 사람들이 있는지도 모릅니다. 우리는 이 점을 조사해보아야 합니다. 여러분을 하나님께서 달아 보실 것입니다. 여러분은 살면서 하나님을 인정해 왔습니까? 이것이 중요한 문제가 될 것입니다. 오, 여러분, 나는 많은 사람들이 다윗이 적절히 묘사한 대로 "그의 모든 사상에 하나님이 없다"(시 10:4)고 하는 경우에 해당하지 않는가 생각합니다. 그들은 어린아이에서 성인이 되고, 성인이 되어서 늙기까지 살았지만 그들의 행동 어디에서도 하나님을 고려한 적이 없었습니다. 그들은 이 나라의 사회와 법을 존중하였습니다. 그러나 그들의 마음에 하나님이 없었다면, 다시 산다고 해도 그들은 지금까지 해왔던 것과 다르지 않게 행동하였을 것입니다. 즉, 그들에게 행동할 마음을 일으킨 영향력에서 하나님이 적극적인 동인으로 작용한 적이 없었다는 것입니다. 하나님을 자기를 인도하는 별로 모시고 있지 않는 인생은 참된 목적을 잃은 것입니다. 여러분이 지금까지 하나님을 위하여 살지 않았다면 누구를 위하여 살아왔습니까? 여러분은 하나님의 피조물입니다. 그런데 여러분의 창조주를 섬기지 않았단 말입니까? 여러분은 그리스도께서 여러분의 구속주라고 말합니다. 그런데 여러분이 그리스도께서 값 주고 산 사람으로 살지 않고 여러분 자신을 위해서 산다면 어떻게 그리스도께서 여러분을 구속하셨다고 말할 수 있겠습니까? 우리 모두를 시험하는 질문은 이것입니다. 하나님이 우리 인생의 주목적입니까? 우리는 하나님의 복되신 이름을 영화롭게 하는 일을 힘써서 추구합니까? 그렇게 하고 있지 않다면, 성소의 저울로 달면 우리가 몹시 부족하다는 것이 금방 드러날 것입니다.

또 한 가지를 생각하자면, 우리는 지금까지 믿음으로 살아왔습니까? 믿음이 없이는 하나님을 기쁘시게 할 수 없습니다. 우리 삶에 믿음이 없다면, 우리는 아무 가치가 없는 존재입니다. 여러분, 내 말을 듣고, 이 질문들에 답을 해 보십시오. 여러분이 하나님을 믿었고, 하나님을 믿는 것 때문에 무슨 일인가를 해보았습니까? 예수 그리스도를 여러분의 구주로 신뢰하였고, 이 믿음 때문에 여러분의 행동이 새롭게 되고 여러분의 생각이 정결하게 되었습니까? 여러분은 하나님의 약속들과 언약을 믿었고, 이 믿음을 따라 생활의 우선순위를 정하였습니까? 그렇지 않았다면, 여러분은 저울에 달리면 퇴짜를 맞을 것입니다. 하나님께서 보내신 분을 믿는 믿음이 없으면 여러분은 하나님께 용납될 수 없습니다.

자, 이와 같이 하나님께서는 다른 방식으로 사람의 인생을 깊이 조사하십니다. 허식이 크면 클수록, 저울에 달아 부족한 것이 드러날 때 그 사람이 겪을 낙담은 그만큼 더 끔찍할 것입니다.

이렇게 우리의 인생을 달아보는 것은 틀림없이 아주 정확합니다. 하나님께서 친히 그 일을 하시기 때문입니다. 본문의 말씀을 봅시다. "여호와는 지식의 하나님이시라 하나님은(개역개정에는 생략되어 있음) 행동을 달아 보시느니라." 만약 본문에 가브리엘이 행동을 달아 본다고 되어 있었다면, 사람들은 본문 말씀에 신경을 쓰지 않을 수 있습니다. 왜냐하면 그가 틀릴 수 있기 때문입니다. 천사는 실수할 수가 있습니다. 보고도 못 본 체하고, 편파적인 판단을 할 수도 있습니다. 그러나 하나님께서 친히 행동을 달아보신다고 기록되었을 때는, 오, 사람이여, 여러분의 인생을 조사하는 이 크신 분을 매수할 수 있는 가능성은 없습니다! 하나님께서 의로운 판단을 하실 것입니다. 하나님은 지식의 하나님이십니다. 그러므로 하나님은 여러분의 외적인 행동을 아실 뿐만 아니라 여러분의 숨은 의도와 소원도 아십니다. 게다가 하나님은 의의 표준을 아십니다. 하나님께 추와 저울이 있습니다. 우리의 행동이 어떤 것이고, 우리의 행동이 어떠해야 하는 것을 알고 계시므로 하나님은 우리의 불일치와 잘못들을 금방 아십니다. 우리가 하나님의 틀림없는 판결을 피할 길은 없습니다. 나는 사람들이 언제든지 현재 자신의 모습을 속이려고 하지 않는가 생각합니다. 아주 많은 사람들이 다른 그리스도인들과 자기 목회자들을 얼마 동안 속이는 것을 가치 있는 일로 생각하는 것 같습니다. 속이는 인생을 살려는 것은 형편없는 야망입니다. 여러분의 모습이라고 생각되는 대로, 여러분의 본 모습이라고 생각되는 대로 사십시오. 그러나 우리가 일생 내내 우리 자신을 속이고 우리를 지켜보는 사람들을 속일 수 있다고 할지라도, 하나님은 한 번도 속일 수 없을 것입니다. "하나님은 행동을 달아보시는데," 아주 정확하게 달아보시고, 결코 실수하시지 않기 때문입니다. 아, 그런데 나는 자칭 그리스도인이라고 하는 많은 사람들이 아주 거짓된 생활을 하면서 거짓으로 자신을 위로하고 있지 않나 생각합니다.

나는 일전에 나이든 한 은행가의 이야기를 들었습니다(그 이야기가 사실인지는 모르겠습니다). 그 은행가가 사업을 물려준 아들에게 이렇게 말했다고 합니다. "이것이 이 큰 철제 금고의 열쇠다. 금고를 아주 잘 간수해라. 은행의 흥망이 이 금고에 달려 있다. 사람들에게 네가 이처럼 큰 금고를 가지고 있다는 것을 보여주어라. 그러나 은행이 아주 큰 곤경에 처하지 않는 한, 금고를 절대로 열지 말아라." 이 철제 금고가 굳게 닫혀 있는 한, 은행은 아주 잘 운영되었습니다. 그런데 마침내 은행에 지불청구가 쇄도하는 날이 왔습니다. 최대의 위기에 처해서 그 젊은이가 금고를 열었는데, 금고 속에는 아무것도 없었습니다. 그것이 그 은행의 자본이었습니다. 가난을 교묘하게 감추고, 부자인 것처럼 생각하도록 만들어 신뢰를 얻고, 그 결과로 산 것입니다.

일생 동안 내내 이와 같이 영적으로 은행 업무를 하면서 결국은 아무것도 아닌 것으로 판명날 것으로부터 명성이라는 상당한 이익을 벌어들이고 있는 사람들이 많지 않습니까? 허위 자본으로 영원을 사려는 장사를 하지 않도록 조심하십시오. 그렇게 하면 실패할 것이 틀림없기 때문입니다. 시간은 대부분의 것들을 시험하지만 영원은 모든 것을 시험합니다. 우리 가운데 자본 없이 사업을 하려고 하는 사람이 있습니까? 항해할 수 있는 것처럼 보이도록 색을 칠한, 썩은 배를 타고 바다에 나갈 사람이 있습니까? 우리가 속지 않도록 하나님께 조사해 주시기를 요청하는 것은 매우 현명한 일입니다! 자칭 그리스도인이라고 하는 사람들 가운데 너무나 많은 이들이 자신의 철제 금고를 결코 열려고 하지 않는다는 것은 매우 두려운 일입니다! 그들은 하나님과 자신들 사이에 모든 것이 올바른 상태에 있는지 알고 싶어 하지 않습니다. 그들은 그냥 계속해서 "평안하다, 평안하다"고 말하고 싶어 합니다. 그들은 "괜찮아, 괜찮아"라고 하는 자장가를 좋아합니다. 기분 좋게 위로하는 설교를 해 보십시오. 그러면 그들은 아주 만족할 것입니다. "여호와는 행동을 달아 보시느니라"는 하나님의 말씀이 기록되어 있지 않다면, 그들이 만족하는 것이 지혜로운 일일지 모릅니다. 하나님은 스스로를 인정하는 우리 노래에 속아 넘어가시지 않습니다. 하나님은 우리와 우리의 행동들을 달아 보고, 백일하에 우리의 본 모습을 드러내실 것입니다.

그 다음에, 나는 달아 보는 이 일이 현재 시행된다는 사실에 여러분이 주목하기를 바랍니다. "여호와는 행동을 달아 보시느니라." 우리의 행동을 마지막 큰 날에 달아 보실 뿐만 아니라 또한 매 순간 달아보고 계십니다. 위선자가 자신이 한 번도 하나님을 속이지 못했다는 것을 안다면, 자신에 대해 참으로 부끄럽게 느낄 것입니다! 그는 기도하느라 무릎을 꿇었지만 기도하지는 않았습니다. 하나님은 그가 기도하지 않았다는 것을 아셨고, 그의 무례한 짓을 눈치 채셨습니다. 예배 시간에 그가 회중과 함께 찬송을 불렀지만 그의 마음이 하나님과 연결되지 않았고, 하나님께서는 그것을 아셨습니다. 그는 하늘에 대해 평판을 쌓지 않았습니다. 그의 행위는 항상 읽혔고, 그는 언제나 불성실한 사람으로 낙인 찍혔습니다. 한 사람이 그리스도의 교회에 가입하였습니다. 그는 형제들 가운데서 직분을 맡게 되기까지 좋은 평판을 받았습니다. 그러나 그동안 그는 회심한 적이 없었고 그의 영혼이 은혜를 받은 적이 없었습니다. 그 사람은 자기가 하나님을 속였다고 생각합니까? 그는 스스로 속지 않도록 해야 합니다. 하나님께서는 그가 행동을 할 때마다 그의 모든 행동을 달아보셨고, 그 행동들이 무게가 부족한 것을 알고 한쪽으로 치워버리셨습니다. 은행에서 모든 돈을 집어넣어 가벼운 동전을 걸러내는 과정을 거치게 하듯이, 항상 우리의 삶도 무게를 달아보는 하나님의 공의의 대(大) 계량기(計量機)를 거치게 됩니다. 하나님은 귀한 것과 무게가 부족한 것을 분리하시는데, 심판 날만큼 틀림없이 지금도 이 일을 행하십니다.

"여호와는 행동을 달아 보시느니라." 사랑하는 회중 여러분, 이 사실이 우리 모두에게 적용된다는 점을 기억하십시오. 공공연한 죄인들에게만 해당하는 것이 아니라 성자로 여김을 받는 사람들에게도 적용된다는 사실을 기억하십시오. 친구 여러분, 여러분이 늙어가고 있는 것이 눈에 보입니다. 하지만 여러분이 너무 늙어서 여러분의 행동을 달아 볼 필요가 없는 법이란 없습니다. 나이가 들었다는 것은 존경할 만한 일입니다. 그렇지만 나이가 들었다고 해서 이 조사를 면할 수는 없습니다. 언젠가 한 노인이 이렇게 말했습니다. "내 말을 믿어도 좋습니다. 나는 이제 시험받는 일은 없습니다." 나이가 들었다고 해서 그런 터무니없는 말을 해서는 안 됩니다. 여러분은 여전히 시험받을 수 있습니다. 여러분이 경솔하다고 꾸짖는 어리석은 소년의 행동들 뿐 아니라 여러분의 행동도 여전히 하나님께서는 달아 보십니다. 40년 동안 신학교 교수로 지낸 분이든지, 기도하러 일어설 때 하나님의 동산의 백향목처럼 당당하게 서는 분이든지 간에 여러분의 행동은 여전히 조사를 받습니다. 여러분의 마음이 썩어 있다면, 여러분이 외견상으로 파릇파릇한 은혜로 아주 젊음이 넘치는 것처럼 보이는 것은 아무 소용이 없습니다. 이 자리에 서 있는 이 설교자를 하나님은 매일 달아 보십니다. 그는 그 사실을 압니다. 이 교회의 모든 교인들도 그와 같이 매일 달아 보십니다. 우리의 외적인 생활이 아무리 뛰어나 보일지라도, 우리는 여전히 하나님의 시험을 통과해야 합니다. 우리 가운데 한 사람도 지존하신 하나님의 공의로운 판단을 면할 수 없을 것입니다.

그리고 어느 날 이 점을 종결짓기 위해 그리스도께서 달아 보신 결과가 공표될 것입니다. 사람들과 천사들이 그것을 읽도록 걸어두실 것입니다. 여러분은 마음속의 모든 비밀이 우주의 시장에 공표되는 것을 견딜 수 있겠습니까? 그토록 칭송을 받는 것으로 보였던 행동들이 그 숨은 동기가 드러나고, 온통 이기심으로 얼룩진 것이 나타날 것입니다. 여러분의 숨은 죄들이 폭로되는 것을 견딜 수 있겠습니까? 여러분의 숨은 의도와 속생각, 악한 목적들이 백일하에 훤히 드러나는 것을 견딜 수 있겠습니까? 여러분이 시샘을 부리고, 질투하며, 음모를 꾸미고, 거짓말한 것들이 많은 사람들이 볼 수 있게 내걸리는 것을 참을 수 있겠습니까? 악인들이 그들의 모든 숨은 일들이 크게 낭독되어 우주의 거리들에서 공표될 때 그들이 얼마나 부끄러워하며 얼굴을 가리겠습니까! 그들에게 끊임없이 경멸이 퍼부어지고 있는 동안 그들은 부끄러워하고 어찌할 줄 모르게 될 것입니다. 그 중에서도 하나님의 교회에 들어와서 그리스도의 옷을 입고 지내면서 내내 사탄의 종노릇을 했던 사람들이 특별히 부끄러워할 것입니다. 그리고 이들 가운데서 특별히 강단에 올라와서 그리스도를 설교한다고 하면서 내내 구원의 복음 대신에 자신들의 헛된 사상을 선포한 목회자들이 특별히 부끄러워할 것입니다. 사람들이 가면을 벗은 사람들을 어떤 눈으로 보겠습니까! 가면이 벗겨지고 그들의 모든 거짓된 꾸밈이 끝이 날 때, 사람들이 그 위선자들을 얼마나 멸시하겠습니까! 그들은 왕처럼 보였습니다. 그러나 보십시오. 저 꼭두각시들은 거지들일 뿐이었습니다! 그들은 순수하고 거룩한 사람들로 보였습니다. 그러나 진리의 태양으로부터 빛이 비치자 그들의 부패한 내적 생활이 드러났습니다. 그리스도께서 행동을 달아보신 기록을 사람들과 천사들이 읽게 되는 그날에 얼마나 놀라운 사실들이 발견되겠습니까!

2. 이제 사람의 마음을 겸손하게 만드는 이 점의 성격에 대해서 살펴봅시다.

“심히 교만한 말을 다시 하지 말 것이며 오만한 말을 너희의 입에서 내지 말지어다 여호와는 지식의 하나님이시라 행동을 달아 보시느니라.”

하나님께서 우리 자신도 판단하신다는 사실을 생각할 때 영원히 우리는 다른 사람들에게 뽐내지 못하게 될 것입니다. 여러분은 누군가가 잘못한 것이 드러났을 때, 마치 여러분이 그의 형 집행자인 것처럼 행동하지 마십시오. 여러분이 신용을 잃은 사람 곁을 지나갈 때 허리를 꼿꼿이 펴고서 마치 그가 거리의 시궁창이라도 되는 듯이 경멸하는 눈초리로 보지 마십시오. 그보다 뛰어난 사람인양 행동하지 마십시오. “여호와는 행동을 달아 보시느니라.” 여러분의 행동도 결코 훌륭하지 않습니다. 모든 것이 알려지면 여러분과, 여러분이 비난하는 사람들 사이에 아마 별 차이가 없을 것입니다. 여러분과 죄 많은 사람들이 여러분의 외적인 포장과 분류에 있어서는 결코 같지 않습니다. 여러분은 “성도”로 분류되고 그 여자는 “타락한 여자”로 분류되기 때문입니다. 그러나 모든 것이 알려지고, 하나님께서 모든 것을 아신다면, 감히 먼저 돌을 던질, 죄 없는 사람은 여러분이 아닐 것입니다. 아, 우리 자신도 판단 받게 되어 있다는 사실을 생각할 때, 우리가 다른 사람들을 판단하고 싶은 경우에 얼마나 조심스럽게 말하게 되는지 모릅니다! 우리는 더 이상 서로를 판단하지 않도록 합시다. 재판장이 곧 오실 것이고, "여호와는 행동을 달아 보시기" 때문입니다. 판단하는 일은 재판장이신 하나님께 맡깁시다. 모든 사람은 자신을 살피고, 아무도 이웃을 멸시하지 않도록 합시다.

다음으로, 우리는 하나님 앞에서 교만하게 말할 생각을 일체 버려야 한다고 생각합니다. 우리의 선한 행실들이라고 하는 것도 달아 볼 때는 어떻게 되겠습니까? 우리가 그 행실들을 늘어놓으면 매우 아름답게 보입니다. 그러나 하나님께서 저울에 달면, 그 행실들이 전혀 다르게 보입니다. 상당히 무게가 나간다고 생각했는데, 저울에 달아보니 우리가 깃털처럼 가벼운 것으로 보입니다. 우리의 선한 행실들이 공중에 높이 올라가는데, 우리가 행한 모든 일에도 불구하고 율법이 올라가지 않는 것을 보고 우리는 실망합니다. 죽어가면서 이렇게 말한 선한 사람이 생각납니다. 그 사람은 한때 자신의 선한 행실과 악한 행실을 분리하기 시작하였지만, 영원의 빛에서 살펴보니 선한 행실이나 악한 행실이나 모두가 아주 비슷한 것을 발견하고서 분리하는 일을 그치고 모두 던져버리며 그리스도의 십자가를 의지하여 하늘로 올라가기로 결심했다고 말했습니다. 그렇게 한 것은 지혜로운 처사입니다. 왜냐하면 우리가 최상의 것으로 여기는 것들도 온통 죄로 얼룩져 있고, 우리의 거룩한 생활이라는 것도 공로로서는 아무런 가치가 없기 때문입니다. 그래서 이 문제에서 가장 손쉬운 방법은 그냥 "하나님이여 불쌍히 여기소서 나는 죄인이로소이다"(눅 18:13) 하고 외치고, 오직 예수 그리스도만을 의지하는 것입니다.

사랑하는 친구 여러분, 여러분이 한 번이라도 마음속으로 자신을 달아보는 일을 해 보았다면, 여러분 자신의 공로나 힘으로 구원 받을 모든 소망을 포기해 버렸을 것이라고 생각합니다. 양심이 깨어났다면, 율법이 여러분에 대해 그 직무를 이행하였다면, 여러분은 자신의 의로 하나님 앞에 나타날 생각을 아예 포기해버렸을 것입니다. 육의 몸을 입고 있는 사람으로서 자신이 완벽하다고 자랑하는 사람은 자신을 전혀 달 줄 모르거나 아니면 조사자의 방문을 받을 필요가 크게 있는 사람입니다. 왜냐하면 그의 저울과 추가 전혀 손질이 되어 있지 않기 때문입니다. 여러분의 측정 기준이 불완전하면, 사람이 완전한 모습으로 나타나는 것은 쉬운 일입니다. 그러나 하나님께서 친히 율법으로 우리를 달아 보실 때는 우리는 "자기 허물을 능히 깨달을 자 누구리요"(시 19:12) 하고 외치게 됩니다. 우리는 하나님 앞에서 자랑할 것이 아무것도 없습니다. 우리 주 예수 그리스도의 완전한 인격 앞에서 우리는 입을 닫고 자기를 축하하는 일을 일체 그치고, 깊은 부끄러움을 느끼며 주님 발 앞에 엎드리지 않을 수 없습니다. 여러분이 오직 주님만을 자랑하고, 모든 거짓되고 우쭐거리는 것을 버리게 될 때까지 하나님께서 여러분의 양심에서 동기를 달아보시는 일을 계속 행하시기를 바랍니다.

3. 끝으로 이 모든 것으로 인해 우리가 처하게 되는 위치에 대해서 간단하게 생각해 봅시다.

하나님께서 우리의 행동을 달아 보시고 우리가 부족한 것이 드러나서 하나님 보시기에 "죄 있다"고 밖에 소리칠 수 없을 때, 그러면 어떻게 되는 것입니까? 그때 우리는 하나님의 손 안에 있습니다. 나는 내 설교를 듣는 모든 사람이 그처럼 자신이 하나님의 손 안에 있다고 느끼기를 바랍니다.

하나님은 어떤 분이십니까? 첫째로, 한나의 말에 따를 때, 그는 구원의 하나님이십니다. "내가 주의 구원으로 말미암아 기뻐함이니이다." 이것은 죄인들을 위한 구원, 곧 죄를 느끼고 있는 사람들을 위한 구원, 다시 말해서 저울에 달아서 부족한 것이 드러난 사람들을 위한 구원입니다. 바로 지극히 악하고 비열하기 짝이 없는 사람들에게 주시는 값없는 용서, 완전한 사면, 은혜로운 용납입니다. 이것이 복되신 하나님의 복음입니다. 구원하실 수 있고, 구원하기를 기뻐하시며 구원하는 일을 영광으로 삼으시는 하나님의 손 안에 있다는 것은 참으로 즐거운 일입니다.

다음으로, 한나의 노래에 따를 때, 하나님은 사물의 질서를 뒤집어엎기를 기뻐하시는 하나님이십니다. 하나님은 높은 데 있는 자들을 넘어뜨리시고, 낮은 데 있는 자들을 일으켜 세우십니다. "주리는 자를 좋은 것으로 배불리셨으며 부자는 빈 손으로 보내셨도다"(눅 1:53). 이 말씀은 여러분이 빈 손이고, 주리며, 가난하고 궁핍하다는 것을 넌지시 비추는 것이 아닙니까? 하나님께서 사람들을 거름더미에서 이끌어내어 군주들, 곧 백성의 군주들 가운데 두려고 하신다면, 군주의 자리에 오르는 가장 확실한 길은 의식적으로 거름더미에 자리를 차지하는 것입니다. 용사의 방패가 깨어지나 약한 자는 힘으로 띠를 띤다면, 하나님 앞에서 약한 자가 되는 것이 현명한 일입니다. 교만이여, 내려가라! 내려가라! 내려가라! 하나님의 능하신 손 앞에서 겸손해라. 그러면 하나님께서 때가 되면 여러분을 높이실 것입니다.

또 한 가지 말할 것은, 이 하나님은 자기 백성들의 마음속에서 기이한 일을 행하시기를 기뻐하시는 분이십니다. "여호와는 죽이기도 하시고 살리기도 하시며 스올에 내리게도 하시고 거기에서 올리기도 하시는도다." 보십시오! 이것이 사람들을 살리는 하나님의 방식입니다. 하나님은 사람들을 죽이십니다. 이것이 하나님께서 사람들을 부활시키시는 방식입니다. 하나님께서는 사람들을 무덤으로 데려가십니다. 사람들을 부유하게 만드시는 하나님의 방식은 이것입니다. 즉, 하나님은 먼저 그들을 가난하게 만드십니다. 하나님께서 사람들을 높이시는 방식은 이것입니다. 즉, 먼저 그들을 내려앉히십니다. 여러분이 오늘 아침 내려앉았습니까? 용기를 내십시오. 이것이 그리스도 예수 안에서 위로하는 왕도입니다. 성령께서 여러분에게 죄를 깨닫게 만드십니까? 여러분이 죄사함을 알도록 하기 위해 그렇게 하십니다. 여러분이 유죄선고를 받았다고 느낍니까? 여러분이 세상과 함께 죄 정함을 받지 않도록 하기 위해 지금 여러분을 정죄하시는 것입니다. 여러분이 스스로 보기에 검고 더럽고 비천합니까? 여러분은 주 예수님을 통해서 씻을 수 있고, 눈보다 더 희어질 수 있습니다. 아, 나는 진짜 죄인을 만나면 아주 기쁩니다! 가짜 죄인들은 짜증나게 만들지만, 실제로 정말 죄인인 사람들은 우리가 볼 때 귀합니다. 우리는 진실한 여행자에 대해서 듣습니다. 내게 진실한 죄인을 보내주십시오.

"죄인은 신성한 존재네.
성령께서 그를 그같이 만드셨네."

자기가 정말로 망했다는 것을 느끼는 사람은 거의 구원받은 것입니다. 그리스도께서 그런 자들을 위해 죽으셨습니다. "미쁘다 모든 사람이 받을 만한 이 말이여 그리스도 예수께서 죄인을 구원하시려고 세상에 임하셨다 하였도다"(딤전 1:15). 자신을 진정으로 죄인으로 여기는 사람들이여, 이 말씀을 붙잡으십시오!

하나님께서 여러분이 지금 예수님으로 말미암아 구원을 얻을 수 있게 해주시기를 구합니다. 아멘.

제
3
장

아이 사무엘의 기도

"여호와여 말씀하옵소서 주의 종이 듣겠나이다." — 삼상 3:9

엘리 시대에 여호와의 말씀이 희귀하였고, 이상이 나타나지 않았습니다. 하나님 말씀이 왔을 때, 선택받은 개인이 그 말씀을 들을 귀가 있고 그 말씀을 이행할 마음이 있다는 것은 바람직한 일이었습니다. 엘리는 아들들을 자원하는 종이 되도록, 그리고 하나님의 말씀을 주의 깊게 듣도록 가르치지 못하였습니다. 엘리가 이 일에 능력이 없다고 핑계할 수 없었습니다. 그가 아이 사무엘을 하나님의 뜻에 공손한 마음으로 주의하도록 잘 훈련하였기 때문입니다. 다른 사람들의 영혼에 열심을 내는 사람들이 자기 가족들을 잘 돌아보았으면 좋겠습니다. 슬프게도, 오늘날 많은 사람들처럼 불쌍한 엘리여, 사람들이 그대를 포도원 지기로 삼았는데, 그대는 그대의 포도원을 지키지 못하였도다. 엘리는 이 은혜로운 아이 사무엘을 볼 때마다 틀림없이 마음이 아팠을 것입니다. 엘리는 자신이 아들들을 방치하고 징계하지 않았다는 것과, 그들이 온 이스라엘 앞에서 심히 악해졌다는 것을 생각하였을 때, 사무엘은 어린아이들을 하나님을 경외하도록 훈련하였을 때 얼마나 놀라운 은혜가 작용할 수 있는지 보여주는 생생한 증거였습니다. 반면에 홉니와 비느하스는 부모의 방임이 훌륭한 사람들에게서 어떤 자녀가 나올 수 있는지를 보여주는 슬픈 표본이었습니다. 아, 엘리여, 그대가 한나의 자식에게 하듯이 그대의 자녀들에게 주의를 기울였더라면, 그대의 자식들이 그처럼 벨리알의 사람들이 되지 않았을 것이고, 이스라엘이 이 불량한 제사장들이 성막 문 앞에서 범하는 간음 때문에 여호와께 제사 드리는 것을 멸시하지 않았을 것입니다. 우리의 어린 자녀들을 하나님을 위하도록 길러서 하나님께서 그들에게 말씀하시기를 기뻐하실 때 그들이 주님의 음성을 들을 수 있게 하는 은혜를 주셨으면 좋겠습니다.

그러면 곧바로 짧지만 시사하는 바가 매우 많은 본문을 네 가지 면에서 생각해 보도록 합시다. 성령님께서 본문을 통해 우리에게 말씀하실 수 있기를 기도합니다. 우리는 먼저 어린아이의 기도로서 이 성경 말씀을 생각해 보고, 둘째로는 갈망하는 영혼의 외침으로서, 셋째는 성실한 신자의 기도로서, 그리고 넷째로 죽어가는 성도의 영으로서 이 말씀을 묵상할 것입니다.

1. 첫째로, 우리는 본문 말씀을 어린아이의 기도로 보아야 합니다.

사무엘은 인정 많은 아버지를 두는 복을 받았습니다. 그런데 그보다 훨씬 더 중요한 점은 사무엘이 매우 경건한 어머니의 자식이었다는 것입니다. 한나는 기억할 만한 그녀의 노래를 보면 알 수 있듯이, 시적 재능이 뛰어난 여인이었습니다. "내 마음이 여호와로 말미암아 즐거워하며 내 뿔이 여호와로 말미암아 높아졌으며 내 입이 내 원수들을 향하여 크게 열렸으니 이는 내가 주의 구원으로 말미암아 기뻐함이니이다." 시의 모든 행(行)에 생기가 살아 있습니다. 용감하지만 징계 받고 있는 영이 모든 문장에서 숨을 쉽니다. 여인들 가운데 가장 복 받은 자인 동정녀 마리아조차도 이와 비슷한 의미의 표현들을 사용할 수밖에 없었습니다. 그보다 더 중요한 점은 한나가 위대한 기도를 드리는 여인이었다는 것입니다. 그녀는 마음이 슬픈 여자였지만 그녀의 기도가 마침내 복으로 돌아와서 주께서 주신 아들을 얻었습니다. 그 아들은 그의 어머니의 마음에 지극히 사랑스러운 자였습니다. 그러므로 그녀는 하나님께 감사를 드리며, 괴로움 가운데 여호와께 맹세했던 서약을 이행하여 자기에게 있는 가장 귀한 것을 드리려 하였고, 그래서 실로에 계시는 여호와 앞에 자기 아들을 드렸습니다. 이것은 경건한 모든 부모에게 자기 자녀를 하나님께 바치도록 가르치는 교훈입니다. 우리의 자녀들이 이삭처럼 약속의 자녀들이 된다면 우리는 참으로 고귀한 은총을 받은 사람들이 될 것입니다! 우리의 자녀들이 모두 일어서서 구속주를 복 되시다고 부르는 것을 본다면 우리는 참으로 복 받은 부모가 될 것입니다. 여러분 가운데 어떤 분들은 모든 자녀들이 하나님 백성과 함께 헤아림을 받는 것을 보았습니다.

여러분의 모든 보석들이 이제 여호와의 보석 상자에 들어 있습니다. 자녀들이 아주 어릴 때 여러분은 그들을 하나님께 드렸고, 진심 어린 기도로 그들을 하나님께 바쳤습니다. 그리고 이제 주님께서 여러분이 주께 간구하였던 바를 여러분에게 주셨습니다. 나는 우리 친구들이 가족이 생기면 자기 집에서 가정 예배를 드리면 좋겠습니다. 사람들이 자녀가 약속의 상속자가 되기를, 자녀가 일찍부터 큰 은혜로 부름을 받아 하나님의 가족으로 받아들여지기를 구하는 기도를 드리는 것은 선하고 유익한 일입니다.

사랑하는 친구 여러분, 사무엘이 엘리의 돌봄과 교육을 받고 있을 때, 엘리는 다소 신앙적인 정신으로 그를 가르쳤지만, 하나님의 선지자들에게 임하였던 하나님의 특별하고 구체적인 나타나심의 독특한 형태와 성격을 사무엘에게 설명해주지 않았다는 것을 여러분도 알 것입니다. 엘리는 사무엘이 하나님의 나타나심을 볼 사람이 되리라고 꿈에도 생각지 않았을 것입니다. 그 기억할 만한 밤, 곧 아침이 다가오면서 하나님의 등불이 이제 막 꺼지려던 때 하나님께서 "사무엘아, 사무엘아" 하고 부르셨습니다. 이 어린아이는 그것이 사람의 목소리가 아니고 하나님의 목소리라는 것을 분별할 능력이 없었습니다. 배운 적이 없었기 때문입니다 사무엘이 참된 신앙의 정신을 배웠다는 것은 그가 즉각적으로 순종하는 데서 알 수 있습니다. 순종하는 습관이 당혹스러운 이 중대한 시간에 그에게 중요한 지침이 되었습니다. 사무엘이 엘리에게 달려가서 "당신이 나를 부르셨기로 내가 여기 있나이다" 하고 말합니다. 이런 일이 세 번이나 반복되었지만, 사무엘은 따뜻한 잠자리를 떠나 양부에게로 달려가는 일을 전혀 싫어하지 않은 것처럼 보입니다. 양부에게로 가서 양부가 나이가 들었기 때문에 밤중에라도 어떤 도움이라도 드릴 수 있는가를 살피거나 양부가 시키는 일을 하려고 한 것입니다. 이것은 이 아이가 선지자의 부름의 신비를 이해하지 못할지라도 순종한다는 건강한 원칙을 습득하였음을 보여주는 확실한 표지입니다. 아무리 귀중한 지식이라 할지라도 어린아이의 머리를 지식으로 채우기보다는 어린 마음을 훈련하여 멍에를 지도록 하는 것이 훨씬 더 나은 일입니다. 1온스의 순종이 1톤의 학식보다 낫습니다.

엘리가 하나님께서 이 아이를 부르신다는 것을 알아차렸을 때, 그는 아이에게 처음으로 간단한 기도를 가르쳐 주었습니다. 그 기도는 매우 짧지만 아주 충분한 것입니다. "여호와여 말씀하옵소서. 주의 종이 듣겠나이다." 어린아이들에게 어떤 형태의 기도를 가르쳐야 하는지에 대해 그동안 많은 문제가 제기되었습니다. 내 판단으로는, 가르쳐서는 안 된다고 생각합니다. 나는 기도의 형태들을 허용할 수 있고 또 하나님께서 그것들을 받으실 수도 있지만, 그 형태들이 그런 기도를 사용하는 사람들에게 크게 유익하다고 보지 않기 때문입니다. 어떤 형태들의 기도는 지체 장애자들의 죽마(竹馬)와 같은 것입니다. 사람이 처음부터 죽마를 사용하기 시작하면, 그 사람은 죽마 없이는 결코 걷지 못할 가능성이 매우 높습니다. 그 기도문들은 어떤 목사들의 많은 내용의 주해와 설교 원고를 닮아 있습니다. 이 목사들은 처음부터 원고들을 가지고 시작하였고 그래서 지금은 원고 없이 전혀 설교할 수가 없습니다. 기도문을 배운 어린아이들이 어쩌면 하나님의 은혜로 아주 진심으로 그 기도문을 사용할 수 있을 것입니다. 그럴 수 있을 것이라고 생각합니다.

그러나 나는 아이들에게 어떤 기도의 형태를 가르치기보다 기도의 의미와 가치를 설명해 준다면, 아이들이 훨씬 더 하나님의 일들을 잘 이해할 수 있을 것이라고 생각합니다. 그리스도인 부모는 자녀에게 기도가 무엇인지를 설명해주도록 합시다. 자녀에게 하나님께서 기도에 응답하신다고 말해주고, 아이가 주님께 가서 자기 말로 소원을 말씀드리도록 권하십시오. 아침에 일어날 때든지 밤에 잘 때든지 그렇게 하도록 가르치십시오. 어린 자녀들을 불러 모으고 아이들의 말에 귀를 기울이며, 아이들에게 그들의 필요를 알려주며 하나님의 은혜로운 약속들을 상기시키도록 하십시오. 그러면 여러분은 놀라게 될 것입니다. 그리고 때로는 재미있다는 말도 덧붙일 수 있겠습니다. 그러나 아이들이 사용하는 표현과 아이들의 고백과 아이들이 말하는 소원을 듣고 놀랄 때가 많을 것입니다. 그리스도인이라면 누구든지 아이의 소리를 들을 수 있는 곳에 서서 어린 자녀가 자기에게 필요하다고 생각하는 것을 위해 하나님께 간절히 구하는 단순한 기도를 들으면 그 후에는 아이에게 기도문을 가르칠 생각을 하지 않고, 오히려 마음을 교육하는 문제로서 즉흥적으로 기도하는 것이 최상의 기도문보다 말할 수 없이 더 낫고, 기도문은 영원히 버려야 한다고 말하게 될 것이라고 나는 확신합니다. 그러나 무조건 그렇게 해야 한다고 말하지는 않겠습니다. 여러분이 자녀에게 어떤 형태의 기도문을 가르쳐야 한다면, 적어도 여러분은 아이에게 사실이 아닌 것을 말하도록 가르치지 않게 조심해야 합니다. 여러분이 자녀들에게 교리문답을 가르친다면 그것이 철저하게 성경적인지에 대해 신경 써야 합니다. 그렇지 않으면 여러분은 자녀들에게 거짓을 말하도록 훈련할 수가 있습니다. 여러분은 아이를 불러서 "세례를 받음으로써 나는 그리스도의 지체, 곧 하나님의 자녀가 되었고 천국의 상속자가 되었습니다" 하고 말하도록 시키지 마십시오. 하나님의 자녀를 교수대(絞首臺)로 가도록 교육하고 싶다면, 그에게 거룩한 것들에 관해 거짓을 말하도록 가르치십시오. 여러분이 자녀를 상습적인 사기꾼으로 만들고 싶다면, 자녀가 전혀 신앙을 고백하지 않고 하나님의 선택을 받았다는 아무 증거가 없는 때에 자녀에게 교리문답을 가르치고 "성령 하나님, 그분은 나를 거룩하게 하시고 또 하나님의 모든 택한 백성을 거룩하게 하십니다"라고 말하도록 시키십시오. 여러분이 정직한 아들을 얻고 싶다면, 아이가 자신이 전혀 구원받지 못했다는 것을 알고 여러분도 그 사실을 알고 있으면서도 아이에게 자기의 하늘 아버지께서 "자기를 이 구원의 상태에 이르게 하셔서" 감사하다고 말하도록 가르치지 마십시오.

아이가 배울 수 있는 한, 예수 그리스도 안에 있는 진리 외에는 아무것도 아이에게 가르치지 말고, 성령께서 아이의 마음에 그 진리를 써 주시기를 기도하십시오. 어린 여행자를 거짓된 이정표로 다른 길로 인도하기보다는 그에게 아무런 이정표를 제공하지 않는 것이 낫습니다. 난파선 약탈자의 횃불은 어둠보다 더 나쁩니다. 우리의 어린 자녀들에게 종교적인 문제들에서 거짓된 진술들을 가르치는 것은 무신론이 자녀들의 마음을 타락시키는 것보다 더 큰 해를 끼칠 수가 있습니다. 형식적인 종교는 생기 넘치는 경건에 치명적인 적입니다. 여러분이 어린 자녀들에게 교리문답을 가르치거나 기도문을 가르친다면, 그 모든 것을 다 바르게 가르치십시오. 할 수 있는 한, 아이가 진심으로 마음으로부터 할 수 없는 말을 아이의 입에 넣어주지 마십시오. 사랑하는 친구 여러분, 우리는 진실하고 바른 말을 하는 일에 더욱 주의해야 합니다. 아이가 창문을 통해서 거리에서 진행되고 있는 어떤 일을 본 다음, 여러분에게 자기가 문에서 그 일을 보았다고 말한다면, 여러분은 모든 면에서 진실 되게 말할 필요를 인상 깊게 아이에게 가르치기 위해 그 이야기를 다시 해 보라고 시켜야 합니다. 특별히 신앙과 관련된 일들에서, 아이가 어떤 형태를 택할 권한을 갖기 전까지는 아이가 어떤 형태에 접촉하지 않도록 조심해야 합니다. 아이의 마음속에 은혜의 역사가 있다는 것을 여러분이 진정으로 믿지 않는 한, 아이에게 주의 성찬상에 나가라고 권하지 말아야 합니다. 여러분이 아이에게 자기 죄를 먹고 마시도록 인도할 필요가 어디 있겠습니까? 신앙은 엄숙한 사실이므로 흉내를 내거나 거짓으로 믿는 체해서는 안 된다는 점을 온 마음으로 강조하고, 자녀에게 하나님 앞에서 위선만큼 혐오스러운 악이 없다는 점을 알도록 하십시오. 여러분의 어린 사무엘을 어린 위선자로 만들지 말고, 사랑하는 자를 하나님 앞에서 지극히 엄숙하고 양심상 진실한 말을 하도록 가르치십시오. 아이에게 교리문답의 질문에 대한 답으로든지 혹은 기도문으로서 아이가 참되다고 인정하지 않는 어떤 것을 말하도록 시키지 마십시오. 여러분이 꼭 어떤 기도문을 가르쳐야 한다면 어린아이가 품지도 않은 소원을 말하도록 시키지 말고, 어린아이의 역량에 맞게 기도문의 내용을 조절하도록 하십시오. 동시에 나는 또 이렇게 말하고 싶습니다. 기도의 정신에 대해서는 아이에게 열심히 거듭 가르치고, 사용하는 말에 대해서는 아이에게 전적으로 맡기는 것이 말할 수 없이 낫다는 것입니다.

사랑하는 여러분, 우리가 엘리처럼 우리의 젊은이들에게서 미점을 조금이라도 볼 때는 그들을 믿음으로 가르치는 일에 더욱 열심을 내야 합니다. 아이가 웨스트민스터 교리문답에 있는 것을 다 이해하지 못할지라도 아이에게 교리문답을 가르치도록 하십시오. 아이가 예수님에 관한 사실들을 이해할 수 있게 되자마자 바로 성령의 능력을 의지하여 아이가 구주의 그 큰 제사를 단순한 마음으로 의지하도록 가르치기를 힘쓰십시오. 존 에인절 제임스(John Angell James, 1785~1859. 영국 목사 - 역주) 목사님에 대해 사람들은 이렇게 말합니다. "그동안 그리스도 교회에서 유명하고 명예로웠던 대부분의 사람들처럼 그에게는 경건한 어머니가 있었습니다. 그의 어머니는 늘상 자녀들을 자기 방으로 데려가 아이 하나하나와 함께 아이의 구원을 위해 기도하였습니다. 자기의 책임을 이행하는 그녀의 이 생활이 자녀들의 인격을 형성하고 있었습니다. 그리고 아이들 전부는 아니라도 아이들 대부분이 일어서서 어머니를 복되다고 칭송하였습니다. 그런 방법이 실패한 적이 있습니까?"

주일학교 교사 여러분, 나는 여러분이 이 문제에 참으로 열심이라는 것을 알고 있기 때문에 이렇게 말할 필요가 거의 없을지 모르겠지만, 여러분에게 권합니다. 여러분이 주일학교 아이들에게서 그런 조짐이 보이면 곧바로 아이들의 그런 소원을 잘 격려하도록 하십시오. 아이들이 어린 시절에 회심할 수 있다는 것을 믿으십시오. 주님께서 아이들을 은혜로 부르실 수 있고, 아이들의 마음을 새롭게 하실 수 있으며, 아이들이 인생의 한창 때에 이르기 오래 전에 하나님의 백성들 가운데 속하는 복을 주실 수 있다는 것을 믿으십시오. 우리가 지나간 시절에 사무엘 같은 사람들을 보았듯이 지금도 이 교회에 사무엘 같은 이들을 많이 더해 주시는 것을 볼 수 있게 해주시기를 구합니다. 어린이 여러분, 하나님께서 여러분에게 말씀하실 때 여러분은 하나님께 "여호와여 말씀하옵소서 주의 종이 듣겠나이다" 하고 말하세요. 교실에서 혹은 이 태버너클 교회에서 하나님의 말씀이 죄인들에게 설교될 때, 그 설교가 다 큰 어른들뿐만 아니라 바로 여러분에게도 설교된다는 것을 기억하세요. 그리고 목사님들이 설교하는 동안에 하나님께서 여러분에게 말씀하시기를 바라고 여러분의 어린 마음을 들어 하나님께 드리세요. 사랑하는 어린이 여러분, 하나님께서 여러분을 만나 주실 것을 바라세요. 그동안 많은 남녀 어린아이들이 구원을 받았어요.

> "사랑하는 어린아이들이 여기에 많이 모여 있습니다.
> 하나님의 나라가 그런 자들의 것이기 때문입니다."

나는 여러분 또래의 사람들, 그러니까 12세, 13세, 14세 나이의 많은 사람들에게 세례를 주었습니다. 그 사람들은 아주 분명하게 신앙을 고백했어요. 나는 여러분과 같은 소년소녀들이 앞으로 나와서 "하나님께서 우리를 부르셨고, 우리가 예수님을 의지하도록 인도하셨습니다. 그래서 여기 나왔습니다" 하고 말하는 것을 보면 정말로 기쁩니다. 어린 사무엘 같은 여러분을 하나님이 부르십니다. 여러분은 곧 그렇게 부름을 받을 특전이 있는 사람들이에요. 어린 시절에 받은 은혜가 결정적인 역할을 하는 경우가 종종 있습니다. 어려서부터 하나님과 함께 시작하는 사람들이 하나님의 전 뜰에서 중요한 봉사를 맡기 위해서 이 세상에서 보존되는 경우가 많이 있습니다. 여러분과 내가 그와 같이 되기를 바랍니다!

이 점에 대해서는 지금까지 충분히 말한 것 같습니다.

2. 이제 갈망하는 영혼의 외침으로서 이 말을 생각해 봅시다.

불멸의 영혼들이 이처럼 거대하게 모여 있는 것은 참으로 압도적인 광경입니다! 여러분이 모두 구주님을 찾기를 갈망한다고 생각할 수 있다면 참으로 기쁠 것입니다. 이 예배당에 항상 모이고 진지한 모습을 보이고 있다고 생각되는 여러분들 가운데 아직 구원받지 않은 사람들이 많이 있습니다. 오늘 밤 예배당에 왔을 때, "아, 하나님께서 오늘 밤 내 영혼을 만나 주시면 좋겠다"는 것이 여러분에게 가장 중요한 생각이었을 수 있습니다. 여러분, 어린 소녀들 가운데 몇 사람은 오늘 오후에 내 여동생의 반, 즉 바틀렛트 부인의 반에 있었습니다. 그 반에 오래 있으면서 진지한 인상을 받지 않고 지내기란 매우 어려운 일입니다. 하나님께서 아주 최근까지 여러분의 반을 방문하셨습니다. 하나님께서 사랑하는 경건한 한 자매를 데려가셨습니다. 하나님께서는 그녀를 더 나은 윗 세계로 높이 데려가셨습니다. 그녀는 구주님을 기뻐하고 노래하면서 죽을 수 있었습니다. 그녀의 평상시 마음 태도를 표현하자면 이렇게 말할 수 있기 때문입니다. "여호와여 말씀하옵소서 주의 종이 듣겠나이다."

사랑하는 친구 여러분, 이 사별에 따른 섭리를 통해 하나님은 여러분 반에 큰 소리로 말씀하셨습니다. 하나님께서 그 일로 여러분 마음에 중요한 인상을 일으키셨습니다. 그래서 여러분은 이 태버너클 교회에 들어오면서 "하나님이여, 오늘 밤 내 영혼을 구원하여 주소서" 하고 기도하였습니다. 나는 여러분에게 지금 회중석에 앉아 있는 동안 "여호와여 말씀하옵소서 주의 종이 듣겠나이다"라는 이 간단한 기도를 사용하기를 추천합니다. 먼저 "주여, 말씀하옵소서" 하고 기도하십시오. "주여, 말씀하옵소서!" 목사님이 이야기하고 있는 동안, 주여 당신께서 말씀하옵소서. 나는 그동안 목사님의 말씀을 들어왔고, 때때로 그 말씀에 정신을 차립니다. 그러나 나는 구원받지 못했고, 목사님 혼자서만 말씀한다면 나는 결코 구원받지 못할 것입니다. 주여, 말씀하옵소서! 내 어머니께서 나와 이야기하셨습니다. 열심 있는 나의 선생님이 어떻게 해서든 나를 구주님께로 인도하려고 하셨습니다. 그러나 이 고마운 사람들의 말만 온다면, 그 말이 실패할 것을 나는 압니다. 주여, 말씀하옵소서! 주께서 말씀하시기를 "빛이 있으라" 하시니 빛이 있었습니다. "주여, 말씀하옵소서! 어두운 내 마음에 빛을 비추소서! 나사로가 죽은 채로 4일이 지났지만 주님의 목소리는 나사로를 무덤에서 불러냈습니다. 주여, 말씀하옵소서! 나를 살리시옵소서. 오늘 밤, 내 영혼 속에 실제적인 은혜의 역사가 일어나게 하옵소서! 하나님의 능력이 와서 나를 움직이게 하소서."

사랑하는 친구 여러분, 여러분은 나를 따라 이와 같은 간구를 드릴 수 없습니까? 여러분은 지금 내가 여러분을 대신하여 올라와서 하나님께 "주여, 말씀하옵소서!" 하고 외치고 있다는 것을 압니다. 그리고 여기에 여러분이 알고 있고 사랑하는 사람들, 지금도 자비의 천사와 함께 열심히 씨름하고 있는 다른 사람들이 있습니다. 그들이 "주여, 말씀하옵소서!" 하고 외치고 있습니다. 아, 여러분의 아버지가 하나님께서 여러분의 영혼에 말씀하신 것을 듣는다면, 그가 어떻게 하겠습니까? 여러분의 어머니가 하나님께서 구원하시는 은혜로 여러분을 대하시려고 오셨다는 것을 알기만 한다면 얼마나 기뻐하겠습니까? "주여, 말씀하옵소서!" 이 말이 여러분의 기도가 되게 하십시오. 그 다음에는 이렇게 물으십시오. 주여, 내게 말씀하시는 것입니까? 왜냐하면 주님께서 설교에서 말씀하고 계시다면, 그것은 다른 사람에게 이야기하는 것이 될 수도 있기 때문입니다. 내가 지극히 귀중한 은혜를 거절당한다는 것은 슬픈 일입니다. 나는 지금 베데스다 연못가에 누워 있을 수 있습니다. 그런데 다른 사람이 나보다 먼저 들어갈 수 있고, 그래서 내가 자비를 놓칠 수가 있습니다. 주여, 내게, 바로 내게 말씀하옵소서. 내 마음에 전하는 것이 틀림없는 메시지가 있기를 바랍니다. 주님께서는 내가 알고 있는 한 사람을 데려가셨습니다. 그때 주님께서 나를 데려가시지 않은 것은 기이한 일입니다. 내가 그처럼 악한 반역자였는데, 나를 살려두신 것은 놀라운 일입니다. 주님께서 나를 던져 산산이 부숴서 지옥에 던지지 않으셨으니, 주님의 인내는 참으로 크십니다! 주님, 주께서는 나를 은혜롭게 대하여 내 목숨을 살리셨습니다. 주여, 내게 말씀하옵소서. 나와 같은 경우를 당한 사람들이 있다면, 주여 그들을 은혜롭게 대하여 주옵소서. 그러나 주로 내게 대하여 그렇게 하여 주옵소서. 왜냐하면 다른 사람보다 더 주님을 필요로 하는 마음이 있다면 내가 바로 그 사람이기 때문입니다. 주여, 내게 말씀하옵소서! 사랑하는 젊은이 여러분, 여러분은 그 기도를 드리기 위해 집에 갈 필요가 없습니다. 여러분이 그 자리에 앉아 있는 동안에, 성령님께서 여러분을 인도하여 조용히 이 기도를 드리게 해주시기를 바랍니다. "주여, 내게 말씀하옵소서." 개인적으로 그리스도 예수의 관심을 사는 것은 눈물을 흘리며 큰 소리로 구해야 할 복입니다. 하늘의 하나님께서 여러분에게 그 복을 주시기까지 잠잠히 있지 마십시오.

내가 여러분에게 권한 기도에 또 한 가지를 덧붙이도록 하겠습니다. 그것은 때에 대한 말씀입니다. "주여, 내게 지금 말씀하옵소서"라고 기도하라는 것입니다. 여러분은 몇 살입니까? 아마 젊은 나이일 것입니다. 아, 구주께서 우리 존재의 싹을 가지시도록 하는 것은, 다시 말해 주님께 인생의 이른 아침을 드리는 것은 참으로 잘하는 일입니다! 인생의 날이 밝게 비치며 시작되고 구름 없이 아침이 시작된다면 복된 일입니다. "주님, 저는 어립니다. 그러나 너무 어려서 죽지 않는 법이란 없습니다. 내게 지금 말씀하옵소서." 그런데 여러분 가운데 이제 스물한 살이 지나서 죄의 길로 뛰어들기 시작하고 있는 사람은 없습니까? 여러분이 발을 잘못 디뎌 그렇게 되었을 수 있습니다. 여러분은 방황하다가 악한 길에 빠져본 적이 있습니까? 여러분은 지금 외적으로 악한 어떤 습관에 빠져 생활하고 있습니까? 여러분은 자신이 바른 길을 떠났다는 것을 알고, 그래서 바로 지금 여러분은 양심의 고통을 느끼고 있습니다. 기도하십시오. "주여, 제가 죄를 그만 짓게 해 주십시오. 제가 이제 죄들을 다 버리게 하여 줍소서. 단번에 나와 사탄을 묶은 끈을 끊어버리고, 오늘 밤 나를 당신의 제단에 굳게 묶어주소서!" 어쩌면 여러분은 인생의 한창 때를 지나버렸을지 모릅니다. 여러분의 머리칼이 이제 희끗희끗해지고 있는지도 모릅니다. 늙어서도 죄를 짓는 사람은 어리석은 사람입니다. 60세나 70세가 되어서도 그리스도 밖에 있는 사람은 지혜가 없는 사람입니다. 젊은이들이 죽을 수도 있지만 노인들은 반드시 죽습니다. 젊을 때 부주의하게 지내는 것은 적의 포위 속에서 자는 것입니다. 그러나 노년이 되어 세속적으로 사는 것은 공격을 받고 있으면서, 말하자면 이미 공성(攻城) 사다리가 성벽에 놓여 있는 때에 자는 것입니다. 머리가 희어진 여러분, 조심하십시오. 흰 머리칼이 여러분에게 영광의 면류관이 아니라면, 어릿광대의 모자라는 것이 드러날 것입니다. 이미 70년의 세월을 보내고 나서도 아직도 하나님의 원수로 있는 여러분들에게는 화가 있을 것입니다! 하나님께서 오셔서 여러분에게 헛되이 보낸 세월을 내놓으라고 요구하실 때 어떻게 하겠습니까? 하나님께서 육신을 따라 행한 여러분에게 그 부패한 것을 나누어 주실 때 어떻게 하겠습니까? 하늘이 불에 타오르고 나팔소리가 울리며 죽은 자들이 일어나고 여러분이 심판을 받을 때 어떻게 하겠습니까? 나는 오늘 밤 아주 엄숙하게 여러분에게 이 질문을 묻습니다. 여러분이 이 예배당을 떠나기 전에 이렇게 외치기를 기도합니다. "주여, 내게 말씀하옵소서. 지금 내게 말씀하옵소서!"

그런데 여러분은 사무엘처럼 "주의 종이 듣겠나이다" 하고 말할 수 있습니까? 사실 여러분 가운데 많은 사람들이 그렇게 말하지 못하지 않을까 생각합니다. 여러분이 마음으로 하나님의 말씀을 듣지 않기 때문입니다. 여러분 가운데 해마다 내 목소리에 귀를 기울이면서도 아직도 듣지 못하는 분들을 생각할 때 내 눈은 슬픔으로 가라앉습니다. 여러분은 내 목소리를 듣지만 내 주님의 목소리는 듣지 못합니다. 내가 지금까지 여러분에게 쏜 화살들 가운데 몇 개나 하나님의 활에서 날아간 것들이었습니까? 그 화살들이 다 낭비되어 버렸습니까? 그 화살들이 여러분의 갑옷에 우르르 하고 떨어졌지만 여러분의 심장을 꿰뚫지는 못했습니다. 나는 그동안 헛되이 달렸고, 여러분을 위하여 헛되이 수고하였습니다. 여러분에 관한 한, 나는 그동안 허공을 친 셈입니다. 여러분은 들으려고 하지 않았습니다. 나는 이 강단에 서서 모든 힘을 다하여 여러분의 영혼과 씨름하였고, 여러분을 그리스도께로 인도하기만 할 수 있다면 지상에서 붙들고 있는 모든 것을 즐거이 내놓을 수 있겠다고 느낀 적이 때때로 있었다는 것을 엄숙히 말씀드릴 수 있습니다. 항상 이 자리에 앉는 회중 여러분, 여러분이 영생을 얻을 수만 있다면 나는 주님께서 내게 원하시는 것이 무엇이든지 하시도록 맡겨드릴 것입니다. 수치와 모욕과 비방, 이런 것들이 하나님과 여러분 영혼에 대한 우리의 충성에 주어지는 기쁨과 면류관이 될 것입니다. 내가 여러분을 구원한 것이 틀림없다면 좋겠습니다. 내가 여러분으로 하여금 영생을 붙들도록 만든 것이 틀림없다면 좋겠습니다. 나는 여러분이 예수님을 바라보는 것을 보아야 합니다. 내 기도하는 바는 여러분이 오늘 밤 십자가에 못 박힌 구주님을 보도록 하는 것입니다.

여러분은 "주의 종이 듣겠나이다" 하고 말할 수 있습니까? 어떤 사람은 이렇게 말합니다. "예, 그렇게 말할 수 있습니다. 지금 주님께서 자비로 내게 한 말씀을 해주실 것이라면 즐거이 그 말씀을 들을 것입니다." 불쌍한 사람이여, 그렇다면 주님께서 그대에게 머지않아 말씀을 하실 것입니다. 여러분이 주님의 말씀을 들으려고 하면 주님께서 말씀하실 것입니다. 왜냐하면 주님께서 말씀을 하실 의도가 없으셨다면 아무에게도 들을 귀를 주시지 않으셨을 것이기 때문입니다. 나는 여러분이 얼마나 주님께서 말씀해주시기를 바라는지 압니다. 여러분에게는 주님께서 멸시하시지 않을 상하고 통회하는 마음이 필요합니다. 자, 그러니 그 마음을 구하며 이렇게 말씀하십시오. "주여, 확실한 목소리로 말씀하옵소서. 제가 들을 준비가 되어 있습니다." 그런데 여러분은 주님께서 여러분의 마음을 변화시키는 목소리로 말씀해주시기를 바랍니다. 여러분은 악한 길에서 돌이켜 주님을 따르기를 바랍니다. 그러면 주님께 이렇게 부르짖으십시오. "주님, 사람들을 돌이키게 하는 목소리로 말씀하시고, 나를 어둠에서 돌이켜 빛으로 향하게 하소서." 혹은 여러분은 위로하는 목소리를 원할 수 있습니다. 그렇다면 그것을 위해서 기도하십시오. "주여, 위로하는 목소리로 말씀하옵소서. 나의 피 흘리는 상처를 싸매주시고, 내 영혼이 주님을 기뻐하게 하소서." 그렇지만 사실 나는 주님께서 이것 말고 다른 어떤 것을 여러분에게 말씀하려고 하실지 모르겠습니다. "그리스도를 보고 살라." 주님께서는 능력 있게 말씀하실 것이지만, 주님 말씀의 골자는 그것입니다. 예수님은 자비의 메시지의 절정이십니다. 그리스도는 하나님의 말씀이십니다. 하나님의 말씀에서 계시된 것 말고 하나님의 입에서 다른 어떤 복음을 듣기를 기대하지 마십시오. 하나님 말씀의 복음은 "믿고 살라"는 것입니다. 십자가에 못 박히신 분을 보는데 생명이 있습니다. 바로 이 시간에 여러분을 위한 생명이 있습니다. 여러분이 주님께서 "그리스도를 믿으라"고 말씀하실 때 하나님의 음성을 들으려고 하지 않는다면, 주님께서 여러분을 위한 다른 복음은 가지고 있지 않다는 것을 기억하십시오. 효력 있는 부르심이 바로 이 사실을 좀 더 효과적으로 이야기합니다. 성령께서는 이 외에 다른 어떤 복음도 계시하시지 않습니다. "여러분의 영혼을 그리스도께 맡기십시오. 그러면 여러분은 죄를 용서받고 구원을 받습니다." 이 말씀 외에 천국에 가는 길은 없습니다.

나는 이 요점을 계속 다루고 싶습니다. 여러분 가운데 이 기도를 드린 사람들이 있다는 것을 내가 확실히 느끼도록 만들어 줄 수 있는 어떤 내적 감정을 알고 싶은 갈망이 있기 때문입니다. 이 일을 철저하게 하실 수 있는 유일한 분이신 선하신 주님께서 이 복음 망치를 지금 사용하시면 좋겠습니다! 나는 인생의 덧없음과 죽음의 확실함, 천국의 영광, 지옥의 공포를 인해 여러분에게 탄원합니다. 주님을 찾으십시오. 그리고 이제 이렇게 말하십시오. "주여, 말씀하옵소서. 내게 말씀하옵소서. 지금 말씀하옵소서. 주의 종이 듣겠습니다."

3. 이제 본문을 열심 있는 신자의 기도로 보는 관점을 생각해 봅시다.

나는 방금 우리 교회에서 데려감을 당한 한 사람의 편지에서 이 구절을 발견하게 되어 이 본문을 택하였습니다. 작고한 그 여자 교우는 이제 막 인생에서 자신의 위치를 조금 바꾸려고 하였고, 주님의 인도를 구하는 기도를 늘 드리는 사람이었습니다. 그래서 그녀는 "주여, 말씀하옵소서. 주의 종이 듣겠나이다" 하고 기도드렸습니다. 그녀는 하나님께서 이제 곧 자신을 위해 무슨 일인가를 하실 것 같은데, 그것이 무엇인지 모르겠다고 했습니다. 그녀는 자기가 하나님의 나라와 영광에 그처럼 가까이 있는 줄은 꿈에도 생각지 못했습니다. 그래서 그녀는 "주여, 말씀하옵소서. 주의 종이 듣겠나이다" 하고 기도했습니다. 이것은 그리스도인이 섭리에 의한 곤경에 처해 있을 때 드리기에 아주 적합한 기도입니다. 여러분은 내일 무엇을 해야 하는지 모를 수 있습니다. 여러분 앞에 두 가지 길이 열려 있는데, 각각의 길에는 나름대로 이점이 있을 수 있고, 어떤 친구들은 이 길을 권하고 다른 친구들은 저 길을 권했습니다. 자, 여러분이 최상의 판단력을 사용하고 하나님의 말씀에 따라 걸음을 정하려고 노력하였다면, 기도에 대한 응답으로 하나님으로부터 분명한 인도를 기대할 수 있습니다. 때때로 사람의 입으로부터 그 인도를 듣는 때가 있기도 하지만, 어쩌면 사람에게서 그 인도를 받지 못할 수도 있습니다. 왜냐하면 바로 이 강단으로부터도 사람들이 들어보지 못한 경우들이 해명되었고, 이 설교자가 전혀 익숙하게 알지 못하는 궁지들이 설교자의 그런 무지에도 불구하고 지나가는 말처럼 보이는 한 마디에 의해 해결되기도 하였기 때문입니다. 그렇지만 하나님께서는 그 말씀을 손가락으로 삼아 자기 자녀들에게 이렇게 지적하셨습니다. "이것이 그 길이니, 그리로 걸어가라." 여러분의 문제를 지혜의 하나님께 가져가시기 바랍니다. 그 문제를 하나님 앞에 펼쳐놓고, 그 문제에서 자신의 뜻은 집어치우고, 여러분의 소원이 아니라 하나님의 뜻을 알기를 간절히 바라십시오. 그러면 여러분은 이런저런 수단을 통해 지존하신 하나님으로부터 응답받을 것을 기대할 수 있습니다. 하나님께는 자기 뜻을 알려주시는 다른 길들이 많이 있습니다. 여러분은 이렇게 기도하십시오. "주여, 말씀하옵소서. 주의 종이 듣겠나이다."

우리는 일상생활의 모든 면에서 하나님을 좀 더 충분히 인정해야 합니다. 나는 이 시대에 사람들이 하나님을 잊어버리는 큰 위험에 처해 있지 않나 걱정이 됩니다. 우리는 일상의 흔한 일들에서 하나님을 인정해야 합니다. 그렇게 하지 않으면 이스라엘 사람들이 기브온 사람들에게 하였듯이, 우리도 지극히 간단한 일에서 속아 항구적인 손해를 볼 수 있습니다. 여러분의 문제들을 아브라함의 하나님 앞에 가져가십시오. 여전히 우림과 둠밈이 여러분에게 말할 것입니다. "주여 우리를 인도하소서"라는 말은 런던 시뿐만 아니라 하늘의 시민들에게도 좋은 표어입니다. 교리적인 관점에서 겸손하게 말한 이 소원이 우리에게 많은 빛을 가져다줄 수 있습니다. 하나님의 말씀이 모두 다 똑같이 분명하게 이해되는 것은 아닙니다. 때로 여러분이 상반되는 견해들을 들을 때, 곧 이 설교자가 열심히 한 교리를 주장하는데 다른 설교자는 그 교리를 부인하는 경우에 여러분은 다소 당혹스러울 수 있습니다. 그런 경우에 여러분에게 드리는 조언은 여러분의 문제를 기도로 하나님께 가져가서 이렇게 말씀드리라는 것입니다. "주여, 말씀하옵소서, 주의 종이 듣겠나이다." 하나님께 여러분의 견해가 옳음을 증명해달라고 구하지 말고 여러분의 견해가 하나님의 진리와 일치하게 만들어달라고 구하십시오. 여러분의 교의를 지지할 본문들을 찾기 위해 하나님 말씀에 가서는 안 되지만, 본문과 교의들을 살펴보기 위해서는 역시 성경으로 가야 합니다. 진실한 그리스도인에게는 "여호와께서 가라사대"라는 말씀과 함께 오는 교리가 아니라면 어떤 교리도 그의 양심에 아무 영향력을 미칠 수 없다는 점을 기억하십시오. 여러분이 보듯이 단순한 하나님의 말씀을 따르십시오. 그리고 여러분이 성경의 페이지 위로 흐르는 성령의 빛을 볼 것을 확신하십시오. 성경을 읽을 때 여러분은 주께서 "이것이 내 말이다" 하고 말씀하시는 것을 들을 것입니다. 하나님께서는 그 말씀이 여러분 영혼에 강력하게 다가오게 만드실 것입니다. 그래서 여러분의 마음이 "주여, 말씀하옵소서, 주의 종이 듣겠나이다" 하고 외친다면, 여러분은 틀림없이 그에 대해 하나님의 뜻을 듣게 될 것입니다.

바로 이 방침을 모든 그리스도인이 습관의 문제에 적용하는 것이 좋을 것입니다. 그리스도인들 가운데 귀를 틀어막고 있어서 하나님 말씀의 어떤 부분들의 교훈을 듣지 못하는 사람들이 많지 않나 생각합니다. 그들로서는 받아들일 수 없는 성경 말씀들이 있습니다. 나는 가정 예배에서 로마서 8장이나 9장의 말씀을 읽으려고 하지 않았다는 사람에 대한 이야기를 들었습니다. 그런가 하면 사도행전에서 에티오피아 내시에 관한 장(章)을 아주 어색한 이야기로 여기고 항상 빼고 읽었다고 하는 사람에 대한 이야기도 들었습니다. 신자의 세례를 받아들이지 않은 사람이 그렇게 읽었다는 것입니다. 여러분은 오늘날 스스로 그리스도인이라고 하는 사람들 가운데 어떤 문제들을 다루기 좋아하지 않는 사람들이 많은데, 이는 그들이 조금만 조사해 보면 자신들의 생각이 틀렸다는 것이 드러날 것을 아주 두려워하기 때문입니다. 그들은 우리가 기도서나 그들의 신조, 혹은 그들의 교회를 지적하는 것을 견딜 수 없어 합니다. 이는 자신들이 면밀한 조사를 감당할 수 없음을 알기 때문입니다. 그들은 이렇게 말할 것입니다. "글쎄, 결점은 어디에나 있다. 그러니 긁어 부스럼 만들지 마라." 그런데 사실 그들은 진리가 무엇인지에 관심이 없습니다. 그들이 편하게 지내며 이 시대의 풍조와 함께 갈 수 있는 한 말입니다. 우리가 진실한 그리스도인이라고 생각하고 싶은 어떤 사람들은 진리를 중요하게 생각하지 않고, "이것이 그러한가 하여 성경을 상고할"(행 17:11) 준비가 되어 있지 않습니다.

형제 여러분, 만일 내가 믿는 교리를 성경과 건전한 논증에 의해 시험할 수 없다면 나는 자신의 교리에 대해 염려하지 않을 수 없습니다. 만일 내 기초가 심한 진동에 견딜 수 없다면, 나는 그 기초가 아주 단단한 재료로 만들어지지 않았는지 염려해야 합니다. 어떤 사람들은 우리가 그들의 교회에 관해 한 마디라도 하면 소리 높여 항의합니다. 그것은 그들의 교회가 순수한 충돌을 견딜 수 있을 만큼 그리 강하지 않다는 표시입니다. 두꺼운 판지(板紙)와 번쩍이는 금박과 같은 사람들은 언제나 평화와 동정을 바라지만, 단단한 금속과 같은 사람은 전쟁의 날을 두려워하지 않습니다. 우리는 햇빛을 구합시다. 무엇보다 주 우리 하나님께서 우리의 빛이 되어 주시기를 구합시다. 하나님의 빛 안에서 우리가 빛을 볼 것이기 때문입니다. 예수님의 발 앞에 앉는 것을 우리 자리로 여깁시다! 주님의 말씀을 받아들이는 것을 즐거운 일로 삼읍시다! 녹은 밀랍이 도장의 날인을 받아들이기에 적합하듯이, 우리도 언제든지 주님의 교훈을 받을 수 있게 준비되어 있도록 합시다. 지극히 약한 하나님의 말씀이라도 쇠줄처럼 우리를 단단히 묶도록 합시다. 지극히 사소한 하나님의 교훈이라도 오빌의 금처럼 귀하게 여깁시다. "순종이 제사보다 낫고 듣는 것이 숫양의 기름보다 나으니라"(삼상 15:22). 주님께 가르침을 받고 주님의 진리를 지키는 것을 우리의 특전으로 여깁시다. 여기 이 기도의 집에서 우리는 "주여, 말씀하옵소서, 주의 종이 듣겠나이다"라는 기도를 드리도록 합시다.

다시 한번 의무의 문제에 관해서 말하자면, 여러분은 언제든지 주님을 따르되, 오직 주님만을 따를 준비를 하고 있어야 합니다. 루터도 칼빈도, 웨슬리도, 휫필드도 여러분의 선생이 되어서는 안 됩니다. 예수님만이 하나님 나라에서 선생이십니다. 주님께서 여러분에게 무엇을 말씀하시든지, 그대로 행하십시오. 그러나 주님의 보증이 없는 곳에서는 여러분이 어떤 전통이나 옛적의 습관에 의해서 단 1센티미터도 움직이지 않도록 하십시오.

4. 이제 끝으로, 본문의 말씀이 이제 세상을 떠나는 그리스도인의 정신을 바

크게 표현해 주는 것으로 보이는 점을 생각해 봅시다.

이제 임종을 앞둔 신자가 침대에 누워 있습니다. 그의 맥박이 점점 더 약해집니다. 죽음의 많은 고통이 그를 괴롭힙니다. 그의 눈은 흐려지기 시작합니다. 그러나 지상의 빛보다 더 밝은 빛이 그에게 나타나기 시작했습니다. 겉사람은 부패해지기 시작하지만 속사람은 젊음을 되찾기 시작합니다. 나는 그의 고통이 최악의 상태였을 때 그를 보는 것 같습니다. 그는 세상을 떠나고 싶어 하지만 그의 주님께서 원하시는 한, 기꺼이 머물러 있으려고 합니다. 그는 때로 "나는 시간이 지연되는 것을 거의 참을 수가 없어"라고 말하지만, 그 다음 순간에는 마음을 추스르고 "내 원대로 마시옵고 아버지의 원대로 되기를 원하나이다"(눅 22:42) 하고 말합니다. 그는 주님께서 그가 발을 적시지 않고 건너갈 길을 열어주시기를 기대하며 강가에서 참을성 있게 기다립니다. 그는 이렇게 기도하고 있습니다. "주여, 말씀하옵소서, 주께서 빨리 말씀하시면 하실수록 그만큼 저는 더 기쁠 것입니다." 제게 "이리로 오라"고 말씀하옵소서. "주여, 말씀하옵소서, 주의 종이 듣겠나이다." 그는 이제 과거 어느 때보다 더 잘, 그리고 더 분명하게 주님의 말씀을 듣기 때문입니다. 그는 이제 주님께 더 가까이 있습니다. 그의 귀는 세상의 시끄러운 소리와 큰 소동에 대해서는 거의 닫혀 있지만, 마음의 깊은 침묵 가운데서 그 귀는 주님의 아주 세미한 음성을 기다리고 있습니다. 주여, 말씀하옵소서. "강에 뛰어들라"고 말씀하옵소서. 주께서 오셔서 나를 만나 주시기만 한다면 즐거이 뛰어들겠나이다. "주여, 말씀하옵소서, 주의 종이 듣겠나이다." 나는 하나님의 그 신비한 음성이 들리는 것 같습니다. 사실 이 음성은 자기 생애의 영광이 나타나기 시작하고 있는 사람들 외에는 들을 수 없는 것입니다. 하나님의 사자(使者)가 와서 죽어가는 성도의 귀에 속삭였습니다. 나는 여러분이 그의 기쁨을 주목해 보기를 바랍니다. 그의 얼굴에서 기쁨을 볼 수 있을 것입니다. 그 빛이 그의 얼굴을 환하게 만듭니다. 눈은 초자연적인 영광으로 번쩍입니다. 이 하나님의 사람은 "자, 내 여행은 끝났다. 나는 거의 집에 도착했어"라고 말합니다. 이제 막 숨을 거두려는 자매가 말합니다. "자, 승리로다, 영광이로다, 기쁨이로다! 흰말이 문 앞에 있다. 내 주님께서 내게 말에 올라타고서 당당히 내 주 예수님과 그의 모든 제자들을 뒤따르라고 명령하신다. 주님께서 구원의 옷을 입고 오셔서 나를 부르신다."

의사는 죽음의 변화를 볼 수 있다고 말하고, 간호사도 같은 말을 합니다. 그러나 잘 교육을 받은 신자는 그것을 생명의 변화라고 부르며, 그 신비한 변화의 참된 의미를 이해합니다. 그는 장차 올 영광의 전조인 어떤 것을 봅니다. 그는 빛나는 눈을 주목하고, 그것이 천상의 미소라는 것을 압니다. 이제 그의 입에서 이상한 말이 나옵니다. 때로는 사람이 그 의미의 높고 두려운 영광 때문에 정당하게 말할 수 없는 것처럼 보이는 말도 나옵니다. 자, 이제 무덤의 도전의 표시인 죽음에 대해 승리의 함성을 지르십시오. 그 영혼이 모든 근심과 모든 의심, 모든 두려움을 남겨두고 떠났습니다. 그의 발이 만세 반석을 딛고 서 있을 뿐만 아니라 요단 강 저편에 있는 반석에도 발을 딛고 있습니다. 그는 환희에 차서 소리칩니다. "나는 주님과 함께 있어요. 조금 있으면 나는 주님 품에 있을 거에요! 주님이 보여요. 천사의 병거들이 나를 기다리고 있어요. 나는 그 병거들에 올라탑니다. 병거를 타고 하나님 나라에 갑니다. '승리로다, 승리로다, 어린 양의 피로 말미암은 승리로다!'"

이번 주에 본향으로 간 우리의 사랑하는 친구가 세상을 떠난 장면이 이와 같은 것이었습니다. 그리고 여러분과 나의 떠나는 장면도 이와 같을 것이라고 믿습니다. 그러나 우리가 그리스도를 의지하고 있지 않으면 세상을 떠나는 장면이 우리에게 그와 같지 않을 것이고, 그와 같이 될 수 없습니다.

"오직 예수, 오직 예수님만
어찌할 줄 모르는 죄인에게 도움을 줄 수 있네."

자, 나는 지난 15년 동안 예수님의 이름을 설교하였고, 그의 이름 외에는 아무것도 전하지 않았습니다. 예수님의 이름은 과거 어느 때보다 더 달콤한 향기를 지니고 있습니다. 내가 한 마디 더 말씀드릴 것이 있다면, 이것이라고 생각합니다. 오직 예수, 오직 예수뿐입니다! 아, 여러분이 복된 죽음과 영광스러운 부활을 얻고 싶다면 예수님께 달려가십시오. 여러분의 기분과 감정을 떠나서 여러분 자신을 바라보십시오. 의식과 사제와 모든 사람들에게서 눈길을 돌리고, 오직 내 주님의 피 흘리시는 상처만을 보십시오. 십자가에서 죽으신 예수님을 신뢰하십시오. 오직 예수님만을 의지하십시오. 그러면 여러분이 예수님 안에서 영원한 행복을 발견할 것입니다. 주님께서 지극히 풍성한 복으로 여러분에게 복을 주시기를 예수의 이름으로 빕니다. 아멘.

제
4
장

신이 진영에 있는가?

"블레셋 사람이 두려워하여 이르되 신이 진영에 이르렀도다 하고 또 이르되 우리에게 화로다 전날에는 이런 일이 없었도다."
— 삼상 4:7

이스라엘은 하나님과의 관계가 원활하지 못하였습니다. 백성들이 지존하신 하나님을 잊어버렸고 바알 숭배에 빠졌습니다. 그들이 하나님의 일들을 소홀히 하였고, 그래서 적의 손에 넘겨졌습니다. 여호와께서 그들을 애굽에서 불러내셨을 때, 하나님께서 그들을 데리고 들어가실 땅에서 어떻게 살아야 할지를 가르치셨고, 그들이 하나님을 버리면 그들을 징계하겠다고 경고하셨습니다. 여호와의 말씀은 분명하였습니다. "너희가 이같이 될지라도 내게 청종하지 아니하고 내게 대항할진대 내가 진노로 너희에게 대항하되 너희의 죄로 말미암아 칠 배나 더 징벌하리니." 이 위협을 이행함에 있어서 블레셋 사람들은 우상 숭배 하는 이스라엘 백성을 크게 파멸시키고 그들을 잔인한 노예 상태로 붙잡아 두는 일에 하나님의 허락을 받았습니다.

이스라엘 백성이 그들의 곤경에서 벗어나는 유일한 길은 하나님께 돌아가는 것밖에 없었습니다. 하나님께서는 그들을 판단하고서 "너희는 매가 예비되었나니 그것을 정하신 이가 누구인지 들을지니라"(미 6:9)고 말씀하시는 것처럼 보였습니다. 그들의 상처를 치료할 수 있는 길은 회개하며 돌이키고, 믿음을 새롭게 하고 하나님과의 언약을 새롭게 하는 것밖에 없었습니다. 그러면 모든 것이 바르게 되었을 것입니다. 그러나 사람들은 도무지 그렇게 하지 않습니다. 본래 사람의 마음은 영적인 것들을 좋아하지 않습니다. 사람들이 외적인 의무나 외적인 의식(儀式)에는 주의를 기울입니다. 그러나 하나님의 뜻에 복종하는 것, 지극히 높으신 하나님께 마음을 숙이는 것, 마음과 뜻을 다하여 주 우리 하나님을 섬기는 것을 자연적인 사람은 싫어합니다. 그러나 이렇게 하지 않고는 결코 우리의 노예 상태를 바꿀 수 없을 것입니다.

이스라엘 백성은 하나님과 바른 관계를 맺으려고 하기보다 적들에 대해 승리를 확보할 수 있는 미신적인 수단을 궁리하려고 합니다. 이 점에서 우리들 대부분이 그들을 닮았습니다. 우리는 수천 가지 꾀를 궁리하면서 꼭 필요한 한 가지는 소홀히 합니다. 지금 내 설교를 듣고 있는 분들 가운데 이 시간 혹독한 시련을 겪고 있고, 그래서 믿음이 없으면 결코 하나님을 기쁘시게 할 수 없는데, 믿음이 없는 한 자신들이 외적인 종교적 의무를 이행하는 것이 별로 중요하지 않다는 것을 생각하지 못하고, 자기들이 신앙의 외적인 문제들에서 작은 어떤 일을 잊어버렸다고 생각하는 사람들이 있을 수 있습니다. 그들은 중요한 문제를 잊고 있습니다. 생활에서 하나님을 왕위에 앉으시도록 하고, 그리스도 예수를 믿는 믿음으로 하나님의 뜻을 행하고자 하는 중요한 문제를 잊고 있는 것입니다. 하나님과 바른 관계에 있도록 하십시오. 여러분의 죄를 고백하십시오. 하나님께서 세우신 구주이신 예수 그리스도를 믿으십시오. 하나님의 아들의 죽으심을 의지하여 하나님과 화목하십시오. 그러면 여러분과 하늘에 계신 아버지 사이에 모든 것이 잘 될 것입니다. 우리가 성령을 떠나서는 그렇게 할 수 없습니다.

이 설교에서 나는 사람들이 얼마나 자주, 그리고 얼마나 많은 방식으로 자기 문제를 하나님께 가져가는 유일한 이 방법 말고 다른 방법들을 찾는지 보여 드리도록 하겠습니다. 사람들은 자신들의 상처를 가볍게 처리합니다. 그들은 평화가 없는 곳에서 "평화로다! 평화로다!" 하고 외치며, 죄로 병든 영혼들을 치료하는 위대한 의사가 주시는 유일한 치료약을 받기보다 수천 가지 교활한 꾀들을 채용합니다. 이스라엘 백성들은 하나님과의 관계를 바르게 하려고 하기보다 여호와의 임재를 상징하였던 언약궤를 가지고 실로의 장막에서 그들 진영으로 올 수 있다면 승리를 확신할 수 있을 것이라고 생각하였습니다. 그래서 그들은 사람을 보내어 언약궤를 가져왔습니다. 그리고 언약궤가 진영으로 들어왔을 때, 마치 그들의 깃발이 이미 승리한 군대 위로 펄럭이는 것처럼 열렬하게 환호하였습니다. 그들이 어찌나 목소리를 높였던지 땅이 그들의 함성소리로 진동하였습니다. 반면에 블레셋 사람들은 크게 기뻐서 지르는 그들의 함성 소리를 듣고 그 이유를 알고 나서는 몹시 두려워하였습니다. 마음은 두려움에 차고 입술은 떨면서 벌써 모든 것이 망했다고 생각하고서 그들은 서로를 바라보며 "신이 진영에 이르렀도다 하고 또 이르되 우리에게 화로다 전날에는 이런 일이 없었도다" 하고 말했습니다.

이 주제를 생각하면서 우리는 이스라엘이나 블레셋이나 다 같이 저지른 큰 실수에 대해서 먼저 생각해 보겠습니다. 둘째로, 그들의 우스꽝스러운 모습이 나타내는 중요한 진리를 생각해 보겠습니다. 하나님의 백성들이 하나님의 이름으로 싸우러 나갈 때 하나님께서는 정녕 진영에 들어오십니다. 그리고 정말로 하나님께서 진영에 들어오실 때는 전투의 형세가 바뀝니다. 이 두 가지 사실을 말하고 나서, 하나님께서 도우시면 이 모든 일이 우리에게 가르쳐 줄 중요한 교훈들, 곧 이 이야기 표면에 있는 교훈들을 이야기하고 끝마치도록 하겠습니다.

1. 첫째로, 이스라엘 백성과 블레셋 사람들이 다 같이 범한 큰 실수를 생각해 봅시다.

이스라엘 백성들은 하나님께 직접 구하기보다는 실로에 가서 언약궤를 가져왔습니다. 언약궤는 하나님의 백성들이 진정으로 하나님을 섬기던 시절에 하나님께서 자신을 계시하시던 곳이었습니다. 그러나 언약궤는 그룹 사이에 거하시는 하나님의 임재가 없으면 능력이 없었습니다. 이스라엘 백성들이 잘못을 범한 것은 그들이 "곤경에서 벗어나기도" 한참 전에 함성을 지른 것입니다. 그들이 승리를 조금이라도 얻기 전에 언약궤가 보이자 그들은 자랑하고 자신하였습니다. 그런가 하면 블레셋 사람들은 그와는 다른 잘못에 빠졌습니다. 왜냐하면 그들은 그럴 만한 진짜 이유도 없이 두려움에 사로잡혔기 때문입니다. 그들은 "신이 진영에 이르렀도다" 하고 말했습니다. 사실 하나님은 전혀 진영에 이르지 않았는데도 말입니다. 진영에 들어온 것은 위에 그룹이 덮여 있는 언약궤뿐이었습니다. 하나님은 거기 계시지 않았습니다.

이스라엘 백성이 저지른 잘못은 바로 이것이었습니다. 즉, 그들은 보이는 것과 보이지 않는 것을 혼동하였습니다. 우리가 거룩한 믿음을 가지고 있을지라도 하나님께서는 우리에게 외적인 상징들, 곧 물과 떡과 포도주를 주시기를 기뻐하셨습니다. 그런 것들은 매우 단순하여서, 언뜻 보아서는 사람들이 그것들을 예배의 대상으로 삼거나 마술의 수단으로 이용할 수 있을 것 같지 않습니다. 사람들은 이 상징들을 주님을 볼 수 있고 또 주님께 가까이 갈 수 있을 마노(瑪瑙)의 창문과 홍옥(紅玉)의 문과 같은 것에 불과하다고 생각하였을 것입니다. 그런가 하면 어떤 사람들은 그 창문을 통해서 보지 않고 그 문으로 들어가지도 않으며, 그것들 뒤에 계시는 하나님에게서만 발견할 수 있는 것이 마치 그 문과 창문에라도 있는 것처럼 생각하였습니다. 실로 그때가 상징이 구주의 자리를 대신하는 때라고 말할 수 있습니다! 사람은 천성이 무신론자이고 우상 숭배자입니다. 이런 것이 한 가지 사실이 안고 있는 두 가지 어두운 면입니다. 사람들은 자기들이 정말로 예배한다면 볼 수 있는 어떤 것을 원합니다. 그러나 볼 수 있는 신은 신이 아닙니다. 그래서 우상 숭배자는 무신론자의 친사촌입니다. 우상 숭배자는 신을 두고 있지만, 그 신은 신이 아닙니다. 신을 사람이 감각적으로 이해할 수 있다면 그것은 신이 될 수 없기 때문입니다. 금박(金箔)으로 입혔고, 뚜껑에 천사의 모양이 새겨져 있는 나무 상자에 불과한 이 언약궤는 하나님의 백성들에게 하나님의 임재를 나타내는 표시에 불과하였습니다. 그런데 이스라엘 사람들이 이것을 아주 공손히 대하고 예배해야 할 신성한 물건으로 바꾸어버렸습니다. 그래서 언약궤를 의지해야 할 것으로 여겼습니다. 장로들이 "여호와의 언약궤를 실로에서 우리에게로 가져다가 우리 중에 있게 하여 그것으로 우리를 우리 원수들의 손에서 구원하게 하자" 하고 말했습니다. 이들은 하나님만이 친히 하실 수 있는 일을 언약궤가 할 수 있는 것으로 생각하였습니다.

이것이 우리 모두의 생각하는 경향입니다. 우리는 볼 수 있는 어떤 것을 갈망합니다. 그러므로 우리는 육신의 팔을 의지하고, 사람을 신뢰합니다. "무릇 사람을 믿으며 육신으로 그의 힘을 삼고 마음이 여호와에게서 떠난 그 사람은 저주를 받을 것이라"(렘 17:5)고 분명히 기록되어 있는데도 말입니다. 그런데도 여전히 우리는 어떤 상징, 어떤 표지, 눈앞에 보이는 어떤 것을 원합니다. 그리고 그것이 예술적인 것이면 훨씬 더 좋습니다. 눈을 현혹시키고 감각적인 느낌을 일으키는 아름다운 것을 붙들게 되면, 우리는 일시적인 감정을 영적인 예배와 진정한 공경으로 잘못 생각합니다. 이것이 많은 사람들이 지금도 범하고 있는 큰 실수입니다. 그들은 외적인 어떤 종교 예식이나 의례가 행해졌기 때문에 혹은 신성한 사당이 자기들 가운데 세워졌기 때문에 하나님께서 진영으로 들어오셨다고 생각합니다.

이 이스라엘 백성들이 또 한 가지 실수를 범했는데, 이것은 오늘날도 종종 일어나는 일입니다. 그들은 인물보다 직분을 택하였습니다. 곤경 가운데 처해서 하나님께 부르짖기보다 그들은 홉니와 비느하스를 불러오기 위해 사람을 보냈습니다. 왜 이스라엘 백성들의 마음이 그들에게로 향하였습니까? 그것은 단지 그들이 제사장들이었기 때문입니다. 백성들은 미신적인 태도로 그 거룩한 직분을 높이게 되었고, 그것이 전부라고 생각하였습니다. 그러나 이 젊은이들은 하나님 앞에 큰 죄인들이었습니다. 그들은 도덕적이지 못했고, 영적인 사람들은 더더군다나 아니었습니다. 그들은 하나님의 집이 멸시를 받게 하였고 온 이스라엘 앞에서 하나님의 이름을 더럽혔습니다. 그렇지만 두 젊은이가 제사장 직분을 맡게 되었기 때문에 그들이 하나님의 자리를 차지한 것입니다. 사랑하는 친구 여러분, 이것이 많은 사람이 빠지는 감정입니다. 그들은 자기들이 레위 사람을 제사장으로 두고 있으면 구원받을 것이라고 생각합니다. 예배를 인도하는 사람이 사도권을 계승하고 있고 정당하게 임직되었기 때문에 하나님의 예배가 틀림없이 바르게 드려진다고 생각합니다. 여러분은 어떤 사람이 거룩한 생활에서, 사리사욕이 없는 성품에서, 기도의 능력에 대한 설교의 진실성에서, 죄인들을 회개시키는 그의 사역에 내리는 복에서 뛰어난 사람을 볼 수 있습니다. 그러나 미혹된 사람들이 아주 필요하다고 생각하는 미신적인 조건이 그에게 없다는 이유 때문에 그를 아무것도 아닌 사람으로 간주합니다.

이스라엘 온 땅에 아주 큰 죄인인 홉니와 비느하스가 있습니다. 그런데 여러분도 알다시피 이들은 아론의 가문에 속해 있습니다. 그래서 그들은 신뢰를 받으며 정말로 하나님의 자리를 차지하게 됩니다. 자, 사람들이 아론의 집에 거스르는 말을 하거나, 하나님께서 정말로 불러 하나님의 일을 시키셨고, 여호와의 이름으로 말하는 사람을 거스르는 말을 하는 것을 하나님이 금하셨습니다. 그러나 사랑하는 여러분, 이 일은 단순히 혈통의 문제가 아닙니다. 이것은 하나님께서 사람에게, 그리고 사람 안에 지속적으로 거하는 임재의 문제입니다. 여러분에게 설교하는 목회자에게 하나님께서 함께 하시지 않는 한, 여러분은 무엇 때문에 그들의 말을 듣는 것입니까? 교회의 지도자가 하나님과 동행하는 사람이 아니라면 그가 여러분을 어디로 인도하겠습니까? "만일 맹인이 맹인을 인도하면 둘이 다 구덩이에 빠지리라"(마 15:14). 맹인이 자격 있는 안내원임을 보여주는 완장을 팔에 두르고 있을 수 있습니다. 그러나 단지 그 사람이 안내원 집단에 속해 있고, 자격증이 있다는 이유 때문에 여러분이 구덩이에 빠지지 않겠습니까? 그런 헛된 생각 때문에 잘못된 길로 가지 않도록 하십시오. 하지만 이것이 교회의 모든 시대에 많은 사람들이 빠지는 잘못된 생각입니다.

그러나 블레셋 사람들을 마주한 이 백성들은 또 한 가지 점을 잘못 생각하였습니다. 그들은 열광과 믿음을 혼동하였습니다. 그들이 언약궤를 보았을 때 어찌나 소리를 크게 질렀던지 땅이 울렸습니다. 어떤 사람은 "이들은 내가 좋아하는 사람들입니다. 곧 크게 소리칠 수 있는 사람들입니다" 하고 말합니다. 그것이 여러분이 원하는 전부라면, 왜 여러분은 바산의 황소들 가운데로 가서 거기에 거처를 정하지 않습니까? 바산의 황소들은 죽을 어떤 인생보다도 더 시끄러운 소리를 낼 수 있습니다. 이 이스라엘 백성들이 큰 소리를 질렀지만, 그들의 소리에는 아무것도 없었습니다. 오늘날 그들을 모방하는 사람들에게서도 그 이상의 것을 찾아볼 수 없습니다. 그날 이스라엘 진영을 지나온 사람은 누구든지 그들이 "밝고 유쾌하며 행복한 예배를" 드렸다고, "여러분이 아는 대로 사람들이 꼭 좋아할 예배, 지루한 것이 전혀 없는 예배"를 드렸다고 말했을 것입니다. 들어보십시오! 그 기뻐하는 소리가 얼마나 높이 올라가는지! 그 소리를 들어보니 이 사람들이 큰 믿음을 가졌음이 확실합니다! 그렇지 않습니다. 그들은 실제 알맹이는 전혀 갖고 있지 않았습니다. 그들은 그간 줄곧 잘못 생각하고 있었습니다. 그들이 함성을 지를 수는 있었을지 몰라도, 함성을 지를 만한 것이 그들에게는 거의 없었습니다. 얼마 있지 않아 그들의 시체가 평원을 온통 덮었기 때문입니다. 블레셋 사람들이 그들이 함성 지르는 것을 그치게 만들었습니다.

자, 사랑하는 여러분, 여러분이 하나님을 예배하고 있을 때, 여러분이 거룩한 기쁨으로 충만하다면 큰 소리를 지르십시오. 마음으로부터 소리가 터져 나온다면, 나는 여러분에게 그 소리를 자제하라고 말하고 싶지 않습니다. 우리는 사람의 예배를 판단해서는 안 됩니다! 큰 소리를 내는 것을 보니 믿음이 있는 것이 틀림없다고 생각하는 어리석은 일을 범하지 마십시오. 믿음은 잔잔한 물입니다. 깊게 흐르는 잔잔한 물입니다. 하나님께 대한 참된 믿음이 껑충껑충 뛰고 소리를 지르는 것으로 표현될 수 있습니다. 믿음으로 그렇게 할 때 그것은 행복한 일입니다. 그러나 믿음은 하나님 앞에서 조용히 앉아 있는 것일 수도 있습니다. 그렇지만 아마도 그것이 더 행복한 일일 것입니다. 입으로 소리를 내지 않고도 찬양을 드릴 수 있고, 그 찬양을 하늘에서는 들을 수 있습니다. 너무 깊어서 말로 표현할 수 없는 마음의 열정이 있습니다. 말로 표현할 수 없는 느낌이 있습니다. 마음이 말의 무게에 눌려 비틀거리고 흔들립니다. 영혼은 따뜻한 기운이 감도는데 입은 얼음처럼 닫히는 경우가 종종 있습니다. 마음의 깊은 샘들이 터지고 있을 때, 입이 그 급류를 쏟아낼 만큼 크지 못해서 오히려 잠잠히 있게 되는 경우가 때때로 발생합니다. 그러므로 예배의 외적인 면들을 판단할 때 열광과 믿음을 잘못 생각하지 않도록 하시기 바랍니다. 그렇지 않으면 큰 실수를 끊임없이 범할 수 있습니다. 사람이 땅이 울릴 정도로 큰 소리를 내며 하나님을 예배할 수 있습니다. 그러나 지극히 높으신 하나님 앞에서 잠잠히 앉아서 한 마디도 하지 않는 사람도 마찬가지로 진실되게 하나님을 예배할 수 있습니다. 하나님께서 받아들이실 수 있는 것은 영적 예배이지, 외적인 어떤 형태나 모양이 아닙니다. 하나님과 교제를 나누는 것은 마음입니다. 마음은 그 자신을 표현하는 방식을 별로 필요로 하지 않습니다. 하나님께서도 마음을 표현하는 것을 이 방식이나 저 방식에 매어두신 적이 없습니다. 마음이 진정으로 "성령의 감동하심을 받는"(벧후 1:21) 한, 자기 나름대로 표현하는 방법을 찾을 수가 있습니다.

이 백성들이 그 날에 범한 또 한 가지 잘못은 이것이었습니다. 즉, **그들은 새로운 것을 성경적 질서보다 높게 평가하였습니다.** "블레셋 사람이 두려워하여 이르되 신이 진영에 이르렀도다 하고 또 이르되 우리에게 화로다 전날에는 이런 일이 없었도다." 이스라엘 사람들은 블레셋 사람들과 싸우는 이 새로운 방식이 자기들에게 승리를 가져다줄 것으로 생각하고 거기에 희망을 거는 같은 실수를 범했습니다. 우리 모두가 일에 착수하는 새로운 계획이 그동안 친숙히 알았던 방법보다 훨씬 더 효과적일 것이라고 생각하는 경향이 있습니다. 그러나 실상은 그렇지 않습니다. 그것은 일반적으로 오래된 등을 새 등으로 바꾸는 실수입니다. "전날에는 이런 일이 없었도다." 우리를 현혹시키는 새로운 것에는 매력적인 점이 있습니다. 그래서 우리는 자칫하면 새로운 것일수록 그만큼 더 참되다고 생각할 수가 있습니다. 지금까지 그런 일이 없었다면 바로 그 이유 때문에 그 점을 따를 사람들이 있을 것입니다. 그래서 새로운 것을 제안 받은 사람은 "아, 그것은 바로 나를 위한 것이네"라고 말합니다. 그러나 아마도 그것이 성실하고 분별력이 있는 그리스도인을 위한 것은 아닐 것입니다. 왜냐하면 "전날에는 이런 일이 없었다"면 그것은 설명하기 어려울 것이기 때문입니다. 그리고 그것이 좋은 것이라면, 오순절 이후로 하나님의 백성들과 함께 하셨고, 우리를 모든 진리 가운데로 인도하기 위해 오신 성령께서 전에 하나님의 교회에 이것을 알게 하셨을 것이기 때문입니다. 여러분이 하나님의 마음을 새롭게 발견하였다면, 이 모든 세기 동안 성령은 어디에 가 계셨던 것입니까? 나는 오류 없는 하나님의 말씀과 내주하시는 성령님을 믿기 때문에 여러분이 새롭다고 하는 것을 오히려 의심합니다. 적어도 내가 그 새롭다고 하는 것을 하나님의 말씀으로 시험해 보기 전까지는 승인한다고 말할 수 없습니다. "아, 우리에게 그런 모임이 있기라도 했으면 좋았겠다! 그런 것은 지금까지 없었다"고 여러분은 말합니다. 아마도 여러분은 그와 같은 것이 다시는 없기를 기도해야 할 것입니다. 왜냐하면 마음이 하나님 앞에서 상하게 되는 모임들, 사람들이 주 예수 그리스도, 곧 그들의 조상들을 구원하시고 영광에 들어가신 그 구주님을 믿게 되는 모임들은 결국 새로운 것이 아니기 때문입니다.

사람들이 와서 하나님께 항복하는 그런 모임들, 곧 "중대한 일들이" 행해지고, 사람들이 하나님의 것이 되고 하나님께서 그들의 것이 되는 그런 모임들은 아주 오래된 것들입니다. 그런 모임들이 지금까지 있었습니다. "하나님이여 주께서 우리 조상들의 날 곧 옛날에 행하신 일을 그들이 우리에게 일러 주매 우리가 우리 귀로 들었나이다"(시 44:1). 우리가 그와 같은 것들을 볼 수만 있었다면 우리는 "전날에는 이런 일이 없었도다"고 말할 수 있기를 구하지 않을 것입니다. 블레셋 사람들은 전에 없었던 것을 좋아할 수 있습니다. 그러나 우리는 오순절 날 이후로 있었던 것, 곧 "어제나 오늘이나 영원토록 동일하신"(히 13:8) 분에게서 오는 것들을 좋아합니다. 변치 않으시는 분, 즉 "변함도 없으시고 회전하는 그림자도 없으신"(약 1:17) 하나님의 일들을 좋아합니다. 하나님께서 그의 거룩한 뜻을 행하셔야 합니다. 하나님께서 세상에 새로운 것을 보내기로 작정하시면 우리는 하나님의 이름을 찬송할 것입니다. 그러나 세상에 새로운 것들이 있기 때문에 사람들은 그것들이 하나님에게서 나온 것으로 생각하려고 하지 않습니다. 그런 것들이 전혀 다른 출처에서 나올 수 있기 때문입니다. "보라 그리스도가 여기 있다 혹은 저기 있다"(마 24:23) 하는 소리가 있었는데, 우리 주님께서 제자들에게 그 소리에 조심하라고 경고하신 사실을 우리는 기억합니다. 그런 소리에 대해서 주님께서는 "믿지 말라"고 하셨습니다. 사랑하는 친구 여러분, 여러분에게 말씀드리겠습니다. 여러분의 크신 지도자, 변치 않으시는 찬송 받으실 그리스도로 말미암아, 그리고 단번에 여러분을 성도로 구원한 믿음으로 말미암아 굳게 서십시오. 그렇지 않으면 여러분은 머지않아 큰 실수들을 무수히 저지르게 될 것입니다.

사람들이 전쟁터에서 저지른 이 잘못은 오늘날 사람들이 자주 본받는 실수입니다. 이 잘못은 많은 형태를 취합니다. 우리가 의식(儀式)과 영성을 혼동할 때 그들의 잘못을 범합니다. 사실, 종교마다 그 나름의 의식을 갖고 있습니다. 앉아서 한 마디도 하지 않는 퀘이커교도도 그것만큼 의식을 갖고 있는 것입니다. 온갖 의식과 의례를 가지고 있는 사람은 그만큼 많은 의식이 있는 것입니다. 그러나 만일 내가 우리 교회 예배의 전체적인 과정을 다 마치고 그래서 하나님께서 받으실 만한 것을 행했다고 생각할지라도 내 마음이 겸손한 회개와 믿음, 사랑, 기쁨, 헌신으로 하나님과 교제를 나누지 못했다면 나는 큰 실수를 하는 것입니다. 여러분이 70년 이상 종교적 활동을 계속 수행할 수 있습니다. 여러분이 우리 스코틀랜드 친구들이 "예배 규정식"이라고 부르는 것을 한 번도 놓치지 않을 수 있습니다. 전체 의식에서 단 한 규정도 소홀히 하지 않을 수 있습니다. 그러나 영혼으로 하나님과 교제하지 않는 한, 이 모든 것은 아무것도 아닙니다. 경건은 영적인 것입니다. "하나님은 영이시니 예배하는 자가 영과 진리로 예배해야 하기"(요 4:24) 때문입니다. 예배의 형태가 우리를 이 영적 교제로 나가도록 돕는 한, 그 형태는 좋은 것입니다. 그러나 그 이상은 아닙니다.

어떤 사람은 "아, 글쎄! 나는 대예배당에서는 예배드리지 않아. 나는 헛간에서 몇몇 친구들과 만나는 것에 대만족이야"라고 말합니다. 친구 여러분, 여러분 예배의 부속물들이 별것 없기 때문에 틀림없이 참된 예배를 드렸다고 생각하지 마십시오. 여러분이 헛간에서 하나님을 만났다면, 잘된 일입니다. 그런데 여러분의 형제가 대예배당에서 하나님을 만났다면, 그것도 잘된 일입니다. 헛간에서 예배드리는 사람이든 대예배당에서 예배드리는 사람이든, 진정 바른 정신을 가지고 하나님께 오지 않았다면, 여러분이 헛간에서 예배드리든지 대예배당에서 예배드리든지 그것은 별로 중요하지 않습니다. 여러분이 드리는 헌금이 예수 그리스도로 말미암아 드리는, 하나님께서 받으실 만한 산 제사가 아니라면, 여러분이 그 헌금을 어떻게 장식했느냐 하는 것이 무슨 대수로운 일이 되겠습니까? 죽은 것을 하나님의 제단에 가져오면 안 됩니다. 유대인의 율법에서 사람들이 물고기는 절대로 제단에 드리지 않았는데, 그것은 물고기를 산 채로 제단에 가져올 수 없었기 때문이라는 점을 기억하시기 바랍니다. 제물로 하나님께 가져오는 것은 무엇이든지 살아있어야 합니다. 제물의 피가 따뜻할 때 제단 밑에 쏟아야 합니다. 아, 여러분과 내가 영혼이 하나님께로 올라가고 마음이 북돋워지는 것을 느낄 수만 있다면 좋겠습니다! 그런 것은 오직 참된 영적 예배만이 우리에게 가져다줄 수 있습니다. 우리의 의식(儀式)이 많든지 거의 없든지 간에 그 의식이 우리를 하나님께로 인도하는 안내자가 되고, 우리와 하나님 사이를 막는데 필요한 일이 되지 않게 하여 주시기를 바랍니다!

우리가 정통교회적인 관행을 구원으로 생각한다면 이스라엘 사람과 블레셋 사람들이 범한 똑같은 잘못을 저지르는 것입니다. 우리가 하나님께서 계시하신 진리, 곧 "하나님의 은혜의 복음"을 지적으로 분명히 쥐었을 때 우리는 지킬 가치가 있는 것을 많이 확보한 것입니다. 그러나 그때조차도 우리가 모든 것을 획득한 것은 아닙니다. 여러분, 여러분이 그리스도 교훈의 모든 말씀을 믿을 수 있을지라도, 다른 모든 것을 거절하고 사도들의 교훈을 오직 지적인 믿음으로만 붙잡되, 그 교훈을 아주 정확하게 붙잡고 있어서 여러분이 어떤 작은 실수도 범하지 않을 수 있을지라도, 그것이 여러분에게 아무 유익을 주지 못할 것입니다. "사람이 거듭나지 아니하면 하나님의 나라를 볼 수 없기"(요 3:3) 때문입니다. 그 사람이 신학자가 될 만큼 이런 사실들을 잘 알 수 있습니다. 그러나 그가 성자가 될 만큼 그 사실들을 성령님에 의해 깊숙이 받아들이지 않으면 그 사실들을 조금도 제대로 이해하지 못한 것입니다. 이런 것들이 여러분에게 고기와 음료가 되지 않는 한, 아무 쓸모가 없습니다. 여러분이 이런 것들에서 그리스도를 발견하지 못한다면, 거기에서 여러분의 파멸을 발견할 것이고, 이런 것들이 여러분에게 "사망에 이르는 냄새"(고후 2:16)가 될 것입니다. 죽은 그리스도를 눕혔던 것이 아름다운 무덤이었다는 것을 기억하십시오. 그러나 그리스도께서 그 무덤을 떠나셨고, 그가 떠나신 후에는 수의(壽衣) 밖에 없었습니다. 마찬가지로 가장 잘 조직된 신학체계도 그 안에 그리스도께서 계시지 않는다면, 그리고 그 신학체계를 붙들고 있는 사람 자신이 영적으로 살아 있지 않다면, 그 신학도 마찬가지로 죽은 자들을 위한 장식들이 들어 있는 무덤보다 나은 것이 아무것도 없습니다. 그것은 하나님의 임재가 없는 금박을 입힌 언약궤보다 나은 것이 없습니다. 여러분이 함성을 지르며 "하나님이 진영에 이르렀도다" 하고 소리칠 수 있지만, 그렇게 되지 않을 것입니다.

우리가 일련의 과정을 안전보장으로 간주하고, 어떤 일을 자주 행했는데 그 일로 인해 벌을 받지 않았기 때문에 그 일이 언제나 우리에게 괜찮을 것이라고 생각한다면, 같은 잘못을 저지르는 것입니다. 우리는 모두가 그처럼 습관에 종속되는 존재여서 결국에는 우리의 반복된 행동들이 자연스럽고 옳은 것처럼 보입니다. 사람들의 악한 행실에 대한 선고가 속히 시행되지 않기 때문에 사람들의 마음이 악을 행하기에 담대해집니다. 폼페이가 베수비오 산 밑에서 오랫동안 걸잠을 잘 수 있지만, 마침내는 폼페이는 땅에 묻히고 맙니다. 우리 각 사람은 자신의 방법들을 시험하고 특별히 우리에게 거의 제2의 천성처럼 되어버린 것들에 의문을 제기하는 것이 옳은 일입니다. 바로 이것이 베드로가 경고하는, 마지막 날에 대해 조롱하는 자들의 잘못입니다. 그들은 그리스도의 재림이라는 복된 진리에 관하여 이렇게 말합니다. "주께서 강림하신다는 약속이 어디 있느냐 조상들이 잔 후로부터 만물이 처음 창조될 때와 같이 그냥 있다"(벧후 3:4). 사도는 그런 자들에 대해서 "그들이 일부러 잊으려 함이로다"고 말합니다. 그러므로 그들은 그들의 재판장이 오실 때 그들을 기다리고 있는 불변의 끔찍한 파멸을 의도적으로 무시하는 것입니다.

이와 같이 이스라엘 사람들처럼 우리도 죄 때문에 하나님께서 우리에게서 멀리 떠나셨는데도 불구하고 언약궤를 볼 때 함성을 지를 수가 있습니다. 아니면 블레셋 사람들처럼 우리도 "하나님이 진영에 이르렀도다" 하고 말할 수 있습니다. 그렇지만 하나님께서 블레셋 사람들이 말했던 의미로는 거기에 전혀 계시지 않을 수 있습니다. 이렇게 예를 들어 본문을 계속 설명할 수 있겠지만 시간이 부족합니다. 그리고 말씀 드려야 할 요점이 아직도 두 가지가 있습니다.

2. 이 사람들이 범한 큰 실수를 생각해 보았으니, 이제는 둘째로 그들의 우스꽝스러운 잘못을 통해서 나타난 중요한 진리를 생각해 봅시다.

블레셋 사람들이 말한 것과 이스라엘 백성이 생각한 것이 이 경우에는 틀렸지만, 그것이 사실인 경우가 종종 있습니다. 하나님께서는 진정 하나님 백성의 진영에 오십니다. 그리고 하나님의 임재는 하나님의 교회의 큰 능력입니다. 형제 여러분, 그런 때에 우리에게 얼마나 큰 기쁨이 오는지요! 하나님께서 진영에 이르실 때 일어나는 장면을 간단히 그려보겠습니다.

그때는 복음의 진리에 생기가 넘치게 됩니다. 그때는 은혜의 교리들이 사람들에게 은혜를 끼칩니다. 그때는 그리스도께서 우리에게 진리이실 뿐만 아니라 또한 길과 생명이 되십니다. 그때는 복음이 양날 가진 검이 되어 놀라운 위력을 발휘합니다. 그때는 하나님의 말씀이 망치와 불로서 작용하여 사람들을 치고 녹임으로 그 능력을 나타냅니다. 하나님께서 진영에 들어오셨을 때는 복음을 전하는 자는 누구든지 능력 있게 말합니다. 그가 설교를 유창하게 하지 못하고 학식이 부족할 수도 있습니다. 그러나 하나님께서 그와 함께 하시면, 그의 마음이 거룩한 사랑으로 뜨겁게 불타오르고 있으면 그는 능력 있게 말할 것입니다. 그래서 사람들이 "확실히 하나님께서 이곳에 계셔. 우리가 알겠어"라고 말할 것입니다.

하나님께서 진영에 이르실 때는 새 생명이 기도로 표현됩니다. 거룩한 표현들을 희미한 목소리로 냉랭하고 생기 없게 반복하기보다는 마치 물이 샘에서 솟아나오듯이 하나님 앞에서 영혼을 쏟아냅니다. 그러면 사람들이 하나님께 맹렬히 부르짖고, 제단 뿔을 붙잡습니다. 그리고 양손에 하늘의 복을 가득 들고서 떠납니다. 왜냐하면 그들이 맹렬하게 씨름하여 하나님을 이겼기 때문입니다.

하나님께서 진영에 임하시면, 예배에 새로운 에너지가 주입됩니다. 사람들이 깊이 잠들어 있는 동안에도 적절한 일을 행하여 주님을 섬기는 방식이 있습니다. 나는 우리가 예배드릴 때 많은 경우에 흐리멍덩한 상태로 하나님을 예배하지 않는가 걱정이 되며, 그래서 우리의 영적 기능들이 다 정신을 바짝 차린 상태에서, 내 전인격이 완전히 깨어서 예배드리기보다는 일종의 천상적인 잠에 취해서 예배드리는 것이 아닌가 걱정이 됩니다. 그러나 하나님께서 진영에 이르시면, 하나님은 사람들을 흔들어 일으키고 잠자는 자들을 꿈에서 깨우십니다! 하나님의 임재가 사람들에게 얼마나 생기를 주고 활기차게 만드는지 모릅니다! 나는 유럽 대륙에서 부활을 기이하게 묘사하는 그림을 본 것이 생각납니다. 죽은 자들 가운데 일어나고 있는 모습으로 그려진 사람들 가운데 더러는 뼈의 일부가 붙어 있고, 또 다른 사람들의 경우는 머리에 살이 붙어 있지만, 몸의 나머지 부분은 해골 모양으로 있습니다. 정신 나간 예술가의 이상하고 거친 이 생각에는 완전한 것이 아무것도 없는 것처럼 보입니다. 그러나 그리스도인들 가운데는 이처럼 영적으로 불완전한 단계에 있는 것처럼 보이는 사람들이 있습니다. 그런 사람들을 보면 그럴 것이라고 추측이 되는 사람들이었습니다. 그들이 죽은 자들 가운데서 살아날 것이지만 아직 하나님에 대해서는 완전히 살아 있지 않다고 나는 생각합니다. 그들 가운데 어떤 이들은 여전히 머리가 죽어 있습니다. 그들의 지성은 아직 거룩해지지 않았습니다. 그런가 하면 또 어떤 이들은 손이 죽어 있습니다. 그들은 손을 주머니에 넣을 수 없습니다. 혹은 그들이 어떻게 해서든지 겨우 손을 주머니에 넣었을지라도 호주머니에서 다시 손을 뺄 수가 없습니다. 그런가 하면 어떤 이들은 마음이 죽어 있습니다. 그들은 머리로는 사물을 아주 잘 아는데, 영혼으로 느끼지 못합니다. 그러나 주님께서 능력 있게 우리에게 오시면, 우리를 완전히 살아 있게 만드십니다. 사람의 모든 부분이 거룩한 에너지로 살아납니다. 그때는 사람들이 전정으로 예수님을 위해 일하고, 또한 성공적으로 일합니다.

하나님께서 진영에 이르시면 하나님의 임재가 불신자들을 깨닫게 만듭니다. 종종 우리의 연약한 믿음으로 생각할 때 아주 놀랄 정도로 기이한 방식으로 죄인들이 여기저기에서 주님께로 돌이킵니다. 우리가 회심할 것으로 전혀 기대하지 않았던 사람들이 예배에 참석하고, 거기에서 그리스도를 발견합니다. 수년 동안 설교를 들어왔지만 마음이 아래 맷돌짝 만큼이나 단단한 것으로 보였던 많은 사람들이 밀랍처럼 부드러워져 하나님의 말씀을 듣습니다. 하나님께서 진영에 이르시면, 성령님께서 사람들에게 "죄에 대하여, 의에 대하여, 심판에 대하여" 깨닫게 하십니다. 양심의 가책이라는 화살들이 빨리 그리고 멀리 날아가 그리스도의 적들의 심장을 꿰뚫습니다. 그래서 주님에게 죽은 자들이 많습니다.

또한 하나님의 임재는 슬퍼하는 자들을 위로합니다. 하나님께서 진영에 이르시면, 고난과 시련을 받는 사람들이 슬픔의 눈물을 닦고, 지고 있는 짐을 견딜 만한 힘을 얻는 것을 느끼기 시작합니다. 혹은 그보다 훨씬 더 낫게, 그들이 그처럼 분명하게 가까이 계시는 주님께 자기의 염려를 던져 버립니다. 근심하는 죄인들이 눈을 돌려 그리스도의 십자가를 바라보는 것을 볼 때 우리도 격려를 받습니다. 그때는 예수께서 그들에게 자신의 사랑을 나타내시고, 사람들은 그 사랑을 알아차립니다. 그들은 주님의 품으로 달려가고, 거기에서 구원을 발견합니다. 최근에 우리가, 그리스도께 항복하고 그리스도를 자기들의 모든 구원과 소원으로 삼은 사람들과 대화를 나누었을 때 그 시간이 얼마나 즐거웠는지 모릅니다! 우리의 대열 안에 들어오는 모든 죄인과 또한 밖에 있는 많은 사람들이 예수께 와서 구원받을 때까지 하나님께서 이 진영에 우리와 함께 머무시기를 빕니다!

하나님께서 진영에 계실 때는 하나님의 임재가 믿음에 담대함을 불어넣어 줍니다. 연약한 사람들이 강건해지기 시작하며, 젊은이들이 꿈을 꾸고 늙은이들은 이상을 봅니다. 많은 사람이 예수님을 위해 가치 있는 어떤 일을 도모하고 계획하기 시작합니다. 그들이 소심하게 지내던 시절에는 시도해 볼 생각조차 할 수 없었을 일을 말입니다. 그런가 하면 어떤 사람들은 거의 무분별한 행동이라고 할 만큼의 고귀한 헌신을 보입니다. 향유 옥합을 깨트리고, 값비싼 향유를 예수님의 머리에 붓습니다. 유다가 돈 주머니를 흔들며 "무슨 의도로 이것을 허비하느냐"(마 26:8)고 소리칠지라도 말입니다. 하나님을 위하여 모험가들이 일어납니다. 후에 희망봉으로 불렸던 폭풍의 곶(the Cape of Storms)을 지난 그 포르투갈의 항해사, 콜럼버스와 같은 사람들이 일어납니다. 사람들이 빈민굴과 하숙집, 어두운 거리에서 선교하기 시작하고, 그러면 얼마 있지 않아 그런 곳이 다른 그리스도인 사역자들을 위한 즐거운 사냥터가 됩니다. 하나님께서 진영에 계시기 때문에 많은 사람이 처음에는 정말로 용기 있는 신자들만 감히 시도했던 일에 손을 댑니다.

하나님께서 진영에 계신다는 사실은 숨길 수 없습니다. 왜냐하면 그 사실이 매우 즐거운 방식으로 예배에 기쁨을 불어넣기 때문입니다. 하나님께서 진영에 계실 때는 사람들이 설교를 지루하다고 생각하지 않습니다. 그때는 기도회를 "바보 같은 일"이라고 부르지 않습니다. 성도들은 서로 즐거이 교제합니다. 그리스도인들이 만날 때, 그리고 하나님께서 진영에 계실 때, 그들은 주님에 관해 즐거운 말들을 많이 나눕니다. 그동안 우리는 그런 시기를 많이 누렸습니다. 그것은 선지자 말라기가 언급한 사람들에게 그러했듯이 우리에게도 그러했습니다. "그때에 여호와를 경외하는 자들이 피차에 말하매 여호와께서 그것을 분명히 들으시고 여호와를 경외하는 자와 그 이름을 존중히 여기는 자를 위하여 여호와 앞에 있는 기념책에 기록하셨느니라"(말 3:16). 사람들이 어찌나 거룩한 이야기를 하였던지 하나님께서 친히 그들의 말에 귀를 기울이셨습니다. 하나님께서는 그 말을 매우 좋아하셔서 적어두도록 하셨습니다. 하나님께서는 그 말을 아주 중요시해서 그것을 보존하겠다고 말씀하신 것입니다. 기념책은 여호와를 경외하고 하나님의 이름을 생각하는 자들을 위해서 만들어진 것입니다. 우리 때에 그런 기념책들이 아주 많이 있으면 좋겠습니다!

하나님께서 진영에 계실 때 영적 이스라엘의 진영에 얼마나 많은 복이 임하는지 이루 다 말할 수 없습니다. 지금도 우리는 이 점을 어느 정도 알 것이라고 생각합니다. 그리고 그 사실을 훨씬 더 알고 싶어 한다고 확신합니다. 하나님께서 진영에 계시지 않을 때는 설교하는 것이 힘든 일입니다. 하나님이 진영에 계시지 않으면 주일학교에서 가르치는 일이 고역이 될 것이 틀림없습니다. 여러분 가운데 영혼을 구하려고 애쓰고 있는 사람은 하나님이 멀리 계실 때 그것이 틀림없이 무거운 짐으로 느껴질 것입니다. 우리는 주일 아침에, 사실 매일 그리고 일을 시작하기 전에 "주께서 친히 가지 아니하시려거든 우리를 이 곳에서 올려 보내지 마옵소서"(출 35:15) 하고 기도하는 것이 옳을 것입니다. 그러나 주님이 진영에 계시면 더 이상 바퀴가 무겁게 굴러가지 않고, 아미나답의 수레처럼 우리는 바람을 등에 지고 날아갑니다. "하나님이 진영에 이르실 때"는 모든 일을 기쁘고, 즐겁게, 감사하게 그리고 믿는 마음으로 행합니다. 하나님께서 우리 가운데 계시고, 우리 눈이 열려서 하나님을 볼 수 있게 되기를 바랍니다!

"하나님이 전혀 보이지 않을 때
하나님께서 싸움터에 계시다고
말할 수 있는 직관을 부여받은 사람은
지극히 복된 사람입니다."

이제 이 구절에 대한 묵상을 끝맺기 전에 한 가지 점을 생각해 보겠습니다.

3. 우리는 이 사건이 우리에게 가르치는 중요한 교훈들을 배우도록 합시다.

첫 번째 교훈은 내가 그동안 내내 강조해왔던 바입니다. 즉, 그것은 하나님 임재의 필요성입니다. 사랑하는 친구 여러분, 여러분은 이 점을 인정합니다. 우리 가운데 어떤 일이든지 완수하려면 성령이 필요하다는 것을 모르는 사람은 하나도 없습니다. 그런데 나는 우리가 아주 잘 알고 있는 어떤 사실이 있는데, 그것을 선반에 올려놓고 전혀 눈길을 주지 않는 것이 아닌가 하고 생각합니다. 형제 여러분, 여러분이 그렇게 해서는 안 되고, 나도 그렇게 해서는 안 됩니다. 우리는 성령으로 기도해야 합니다. 그렇지 않으면 우리는 전혀 기도하지 못할 것입니다. 우리는 성령의 감화를 받아 설교해야 합니다. 그렇지 않으면 우리는 아침에 창턱에 앉아 있는 참새처럼 뜻 없이 재잘거리게 될 것이고, 그런 재잘거림에서는 아무것도 나오지 않을 것입니다. 오직 성령님만이 우리가 행하는 무엇이든지 효과적으로 만드실 수 있습니다. 그러므로 무슨 일이든지 성령님 없이 시작하려고 하지 마십시오. 여러분이 어떤 자극을 받았다고 해서 그것을 의지해서 계속 나아가려고 하지 말고 다시 성령님의 인도를 구하십시오. 설교를 마무리지으면서 "아멘" 하고 말하는 것도 설교를 시작하는 첫 마디와 똑같이, 그리고 설교의 시작과 끝 사이의 모든 말과 똑같이 성령의 능력으로 말할 필요가 있습니다. 하나님을 위한 여러분의 모든 봉사를 성령으로 행하십시오. 그렇지 않으면 그 봉사가 아무 쓸모가 없습니다.

다음으로, 하나님께서 우리 진영에 계시도록 하기 위해서 우리는 할 수 있는 모든 일을 해야 한다는 것을 배우도록 합시다. 우리가 하나님께서 진영에 오시도록 준비할 수 있는 일들이 있다면, 즉시 그 일들을 시작하도록 합시다. 그리스도 밖에 있는 여러분은 그리스도를 영접하기 전에 여러분이 할 무슨 일이 있다고 생각하지 마십시오. 모든 일이 이미 다 행해졌습니다.

"예수께서 그 모든 일을 다 행하셨네.
오래, 오래 전에."

나는 지금 하나님의 백성들에게 말씀을 전하고 있습니다. 만일 우리가 하나님을 아주 가까이에 오시도록 하고 싶다면, 주님께서 오실 길을 준비해야 하고, 사막에서 하나님을 위한 대로를 평탄케 해야 합니다. 우리 가운데 하나님께서 임재하시도록 하기 위해 무슨 일을 할 수 있습니까? 시간이 이미 많이 지나갔으므로, 우리가 그 목적을 이루기 원한다면 해야 할 일에 관해 한두 가지 힌트만 말씀드릴 수 있을 것 같습니다.

하나님이 없으면 우리가 어찌할 길이 없음을 고백해야 합니다. 정직하게 진심으로 그 사실을 고백해야 합니다. 우리가 해야 할 첫 번째 일은 그 사실을 슬퍼하는 것입니다. 즉, 우리 주님께서 제자들에게 "나를 떠나서는 너희가 아무 것도 할 수 없음이라"(요 15:5)고 하셨듯이 우리 스스로 아무것도 할 수 없다는 사실을 슬퍼해야 합니다. 우리가 이 진리를 빨리 알면 알수록 그만큼 더 좋습니다. 우리가 일을 절반만 행하는 것은 일을 그르치는 것입니다. 그러나 우리가 자아에 대해서 그치면 하나님께로 나아가는 길을 얻게 됩니다.

다음으로, 우리는 하나님께서 우리와 함께 하시는 하나님의 임재를 누구나 바라야 합니다. 내 말뜻은 그리스도인이라면 누구나 하나님께서 진영에 오시기를 하나님께 간절히 구해야 한다는 말입니다. 우리 가운데 소수 몇 사람만이 그것을 바라서는 안 되고, 우리 모두가 하나님께 "주여, 오시옵소서. 지체하지 마소서" 하고 부르짖어야 합니다.

우리는 또한 생활에서 매우 조심해야 합니다. 하나님께서 거룩하지 않은 교회에는 오시지 않을 것입니다. 거룩한 비둘기이신 성령께서 더러운 둥우리에는 오시지 않을 것입니다. 치우고 깨끗이 씻는 일이 있어야 합니다. 그렇지 않으면 하나님께서 오시지 않을 것입니다.

또한 하나님의 말씀에 성실하게 복종하는 일이 있어야 합니다. 즉, 하나님의 진리, 하나님의 교리, 하나님의 교훈들, 곧 그리스도의 모든 규례와 법도들을 철저히 지키는 일이 필요합니다. 그리스도께서는 우리가 그리스도께서 밟으신 모든 걸음을 주의하여 일일이 따르지 않으면 우리를 형통케 하시지 않을 것입니다. 하나님께서 우리가 이처럼 성실하게 주의를 기울이도록 도와주시기를 바랍니다. 이런 일은 "너희는 그들 중에서 나와서 따로 있고 부정한 것을 만지지 말라 내가 너희를 영접하여 너희에게 아버지가 되고 너희는 내게 자녀가 되리라 전능하신 주의 말씀이니라 하셨느니라"(고후 6:17,18)는 하나님의 말씀에 따를 때, 그처럼 주의하지 않는 사람들을 떠나는 데서 나옵니다.

우리가 이처럼 하나님의 임재를 특별히 느끼기 바란다면, 하나님과 항상 연합되어 있어야 합니다. 하나님의 성령께서는 다투는 일을 기뻐하시지 않습니다. 성령님은 비둘기와 같이 온유하십니다. 그래서 끊임없이 다툼이 있는 곳에는 오려고 하시지 않습니다. 우리는 서로에 대해서 한 몸인 것 같이 사랑해야 합니다. 오순절 날에 성령을 부어주신 것은 제자들이 "다같이 한 곳에"(행 2:1) 있었을 때였습니다. 이 점은 우리의 모든 오순절 기간에도 해당되는 말입니다. 우리의 최고의 복들이 솟아나는 우물 입구에 돌이 막혀 있는 것 같은 때가 종종 있습니다. 그리고 "양 떼가 다 모이기"(창 29:8) 전까지는 그 돌을 굴려 치울 수 없습니다.

결국에 가서는, 진심으로 하나님을 의지하고 어린아이처럼 하나님을 신뢰하는 일이 있어야 합니다. 나는 여러분에게 철저히 하나님을 믿든지, 아니면 전혀 믿지 말라고 권하고 싶습니다. 이 하나님의 책을, 곧 이 책의 모든 글자를 믿든지 아니면 이 성경책을 무시하십시오. 이 둘 사이에 중간 지대는 없습니다. 하나님 계시의 깊은 바다에서 헤엄치는 믿음에만 만족하십시오. 물 가장자리에서 철벅이는 믿음은 기껏해야 보잘것없는 믿음입니다. 그것은 마른 땅을 걷는 것이나 다름없는 믿음이고 많은 사람에게 별로 유익하지 못한 믿음입니다. 아, 나는 여러분이 하나님을 믿고 그의 전능하심을 믿기를 구합니다!

이런 것이 하나님의 지속적인 임재를 얻는 조건들입니다. 이런 사실들이 우리에게 충분히 있다면, 우리는 그 문제에서 조금도 실수하지 않고 "하나님이 진영에 이르셨도다" 하고 소리칠 수 있을 것입니다.

하나님께서 우리에게 오실 때 우리는 어떻게 해서든지 하나님이 계속 우리와 함께 하시도록 노력해야 합니다. 어떻게 하면 이런 은혜를 얻을 수 있습니까?

첫째로, 겸손히 하나님과 동행함으로써 얻을 수 있습니다. 그리스도께서 함께 하심으로 우리가 영광을 얻기 때문에 교만해져서 결국 하나님의 마음을 움직여 우리에게 그 얼굴을 비추게 할 만한 점이 틀림없이 우리에게 있다고 생각하기 시작한다면, 우리는 주님께서 오래도록 우리 가운데 계시게 할 수 없을 것입니다. 그렇다면, 그리스도의 임재 앞에서 겸손히 행하도록 조심하십시오.

다음으로, 충성스러운 마음으로 하나님께 감사의 찬송을 많이 드립시다. 하나님께서 지금 죄인들을 구원하고 계시다면, 그로 인하여 하나님께 영광을 돌립시다. 하나님께서 우리 가운데 일하고 계시다면 우리가 지금까지 무슨 일을 해왔다고 말하지 않도록 합시다. 그보다는 사람들과 천사들에게 하나님께서 지금까지 어떤 일을 해 오셨는지를 이야기하도록 합시다. 하나님의 보석을 마치 우리 것인 양 다루지 않도록 합시다.

그 다음에, 우리는 항상 주의해야 합니다. 하나님께서 우리와 함께 하신다면, 우리에게 큰 승리를 주실 수 있습니다. 그러나 내일은 아간이 바벨론의 좋은 외투와 금을 숨겨두었기 때문에 패배할 수가 있습니다. 우리가 정신이 온전하고 깨어있지 않는 한, 주님께서 임재를 거두신 것을 두고 몹시 슬퍼해야 할 수 있습니다. 주님의 보좌 둘레에는 맹렬한 빛이 비칩니다. "우리 중에 누가 삼키는 불과 함께 거하겠으며 우리 중에 누가 영영히 타는 것과 함께 거하리요?"(사 33:14) 성경의 답변은 "공의롭게 행하는 자, 정직히 말하는 자"가 그렇게 할 수 있다는 것입니다. 하나님께서 우리를 그 열을 견딜 수 있을 만한 인물로 만들어 주시기를 바랍니다!

끝으로, 우리 각 사람이 개인적으로 하나님과 교제를 나누어야 합니다. 교회 전체가 매일 그리고 종일 하나님과 동행한다는 것은 어려운 일입니다. 그러나 각 교인이 개인적인 생활을 올바로 하려고 한다면, 교회 전체가 아무것도 두려워할 필요가 없습니다. 각 사람이 자신의 생활을 살펴보고 모든 것이 올바른 상태에 있는지 확인하도록 합시다. 그러면 교회의 생활이 곧 최고조에 이를 것이고, 우리가 전투에 나갈 때 블레셋 사람들이 "하나님이 진영에 이르셨다"는 진리를 알게 될 것입니다. 하나님께서 우리 모두를 이처럼 개인적으로 헌신하는 위치에 속히 이르게 해주시기를 바랍니다!

사랑하는 친구 여러분, 우리 가운데 구원받는 죄인들이 있습니다. 그들을 위해서 기도합시다. 어떤 사람들은 빛을 보고서 앞으로 나오려고 애쓰고 있습니다. 여러분이 그런 사람들을 만나면, 그들을 사랑하고 아버지가 자식을 소중히 여기듯이 그들을 소중히 여기십시오. 나는 더 이상 할 이야기가 없습니다. 여러분이 무슨 일을 해야 할지 여러분의 마음이 압니다. 가서 주님을 섬기십시오. 주님께서 영원히 능력 있게 우리와 함께 계시옵소서! 아멘.

제
5
장

에벤에셀

"사무엘이 돌을 취하여 미스바와 센 사이에 세워 이르되 여호와께서 여기까지 우리를 도우셨다 하고 그 이름을 에벤에셀이라 하니라." — 삼상 7:12

고대 성도들의 생활에 나타난 하나님의 손을 주목해 보는 것은 매우 즐거운 일임에 틀림없습니다. 하나님께서 사자의 입과 곰의 발에서 다윗을 구원하신 데서 나타난 하나님의 선하심을 보는 것은 매우 유익한 일입니다. 므낫세의 허물과 불의와 죄를 지나치시는 데서 나타난 하나님의 자비, 아브라함과 맺으신 언약을 지키는 데서 나타난 하나님의 신실하심, 혹은 죽어가는 히스기야를 위한 하나님의 개입을 보는 것은 참으로 유익한 일입니다. 그러나 사랑하는 형제 여러분, 우리 자신의 생활에서 나타난 하나님의 손을 주목하는 것이 훨씬 더 흥미롭고 유익한 일이 아니겠습니까? 우리 자신을 돌아볼 때 적어도 이전에 살았던 어떤 성도의 생활이 하나님의 신실하심과 진실하심을 증거하는 것만큼 또한 우리 인생이 하나님으로 충만하고 하나님의 선하심과 진리로 가득한 것을 보아야 하지 않겠습니까? 하나님께서 옛날에는 모든 기이한 일들을 행하시고 옛날 사람들을 위해서 자신이 강함을 나타내 보이셨으나 지금 이 땅에 있는 성도들을 위해서는 기이한 일을 행하시지도 않고 팔을 뻗지도 않으신다고 생각한다면 여러분이 하나님을 오해하는 것입니다. 나는 우리의 일기장들을 조사해 보자고 말하겠습니다. 확실히 최근의 페이지들에서 우리는 마음을 상쾌하게 하고 하나님께 영광을 돌리는 즐거운 사건들을 발견할 수 있습니다. 여러분은 지금까지 하나님께 구원 받은 일이 전혀 없습니까? 여러분은 하나님의 임재로 말미암아 기운을 얻어 강을 건넌 적이 없습니까? 불 가운데를 걸어가면서도 전혀 해를 받지 않은 적이 없습니까? 여러분은 여섯 가지 환난(욥 5:19)에서 구원받은 경험이 없습니까? 일곱 가지 환난에서 하나님이 여러분을 돕지 않으셨습니까? 여러분은 지금까지 하나님의 나타나심을 한 번도 경험한 적이 없습니까? 마므레에서 아브라함에게 말씀하신 하나님이 여러분에게 말씀하신 적이 없습니까? 브니엘에서 야곱과 씨름한 천사가 여러분과 씨름한 적이 없습니까? 맹렬히 타오르는 풀무불 속에서 거룩한 세 아이들과 함께 서 계셨던 분, 그분께서 여러분 곁에서 불타는 숯을 밟으신 적이 없습니까?

사랑하는 여러분, 하나님께서 세상에는 자신을 나타내시지 않지만 우리에게는 자신을 나타내셨습니다. 이같이 하나님께서 나타나신 일들을 잊지 마십시오. 이런 일들을 마땅히 기뻐하도록 하십시오. 여러분은 더없이 귀한 은총을 받은 적이 없습니까? 솔로몬에게 마음의 소원을 주신 하나님, 그 하나님께서 여러분의 요구에 귀를 기울이시고 답변해 주시지 않았습니까? 아낌없이 베푸시는 하나님, 다윗이 "좋은 것으로 네 소원을 만족하게 하사 네 청춘을 독수리 같이 새롭게 하시는도다"(시 103:5)고 노래한 하나님, 그분께서 여러분을 기름진 것으로 만족케 하시지 않았습니까? 여러분은 푸른 초장에 눕게 된 적이 없습니까? 잔잔한 물가로 인도받지 않았습니까? 사랑하는 여러분, 옛적에 보이셨던 하나님의 선하심이 우리에게도 나타났던 것이 확실합니다. 고인이 된 사람들에게 하나님께서 보이셨던 은혜들을 우리에게 다시 나타내셨고, 그들이 경험한 구원하시는 자비를 우리, 곧 세상의 종말을 맞이한 우리들에게도 알리셨습니다.

그러므로 사랑하는 친구 여러분, 여러분에게 부탁합니다. 오늘 아침 잠시 동안, 여러분 자신과 관련해서 생각을 하나님께 고정하시기 바랍니다. 사무엘이 돌들을 쌓고 "여호와께서 여기까지 우리를 도우셨다"고 말한 것에 대해 생각하면서 우리는 마지막 말을 강조하여 "여호와께서 여기까지 우리를 도우셨다"고 말합시다. 그리고 만일 여러분이 그 말을 단수로 표현하여 "여호와께서 여기까지 나를 도우셨다"고 말할 수 있다면, 훨씬 더 나을 것입니다.

다시 한번 말하지만, 고마워하는 성도들이 그들의 감사함을 기록한 다양한 방식들을 기억하는 것은 아주 즐거운 일입니다. 노아가 대홍수로부터 구원을 받은 뒤에 세운 제단을 기쁘게 보지 않을 사람이 누가 있겠습니까? 아브라함이 제단을 세우고서 그것을 "여호와 이레, 곧 여호와의 산에서 준비되리라"(창 22:14)고 부른 사실을 생각할 때 종종 우리 눈에 생기가 살아나지 않았습니까? 야곱이 베개를 하였던 돌을 세워 거기에 기름을 붓고 여호와의 이름을 부르며, 처음에는 그 이름이 루스였던 그곳을 벧엘이라고 이름 지은 것을 읽을 때 여러분은 깊은 만족을 느끼지 않았습니까? 미리암이 소고를 치며 연주한 군대 음악과 홍해에서 부른 모세의 노래의 영광스러운 선율을 듣고 누가 기뻐하지 않았겠습니까? 요단강이 뒤로 물러갔고 그래서 이스라엘 군대가 발을 적시지 않고 건널 수 있었을 때 나이 많은 선한 여호수아가 요단강 가운데 세운 열두 개의 돌을 잠시 멈추고서 본 적이 없습니까? 형제 여러분, 확실히 우리는 사무엘이 세우고 에벤에셀이라고 부른 이 돌을 기뻐하였습니까?

그리고 하나님의 성도들이 하나님이 옛적에 베푸신 인자를 기록한 모든 다양한 방식들을 볼 때 우리는 한 세대가 또 다른 세대에게 하나님의 모든 기사들을 전하므로 하나님의 영광이 영속하는 것을 보는 데서 만족을 느꼈습니다. 우리가 하나님의 기사들을 본 대로 기록하는 것이 훨씬 더 즐겁고 유익하지 않겠습니까? 우리가 제단을 세워 하나님께 드려야 하고 하나님의 자비를 노래로 엮어 찬송해야 하지 않겠습니까? 감사의 순금과 찬양의 보석으로 또 다른 관을 만들어 예수님의 머리에 씌워 드려야 하지 않겠습니까? 우리 영혼이 다윗의 하프에서 나온 것처럼 달콤하고 상쾌한 음악을 내야 하지 않겠습니까? 미리암이 이스라엘의 딸들을 인도하였을 때 그녀의 발처럼 우리가 감사의 발을 경쾌하게 움직여야 하지 않겠습니까? 우리에게 하나님을 찬양할 수단들이 있지 않았습니까? 우리가 마음속에서 느끼는 감사를 표현할 수 있는 방법들이 없습니까? 나는 우리가 하나님께 제물을 드릴 수 있다고 생각합니다. 향이 좋은 암갈색 포도주와 극상품 꿀로 우리의 사랑하는 주님을 대접할 수 있습니다. 오늘 우리가 하나님의 기이한 행사들을 기록할 수 있고, 오는 세대들에게 하나님의 신실하심과 진리에 대한 우리의 증언을 전할 수 있는 방법을 스스로 말할 수 있기를 바랍니다.

그렇다면 앞에서 살펴본 두 가지 사실의 정신에서 우리 생애에 나타난 하나님의 손을 보고 감사한 마음으로 기록하며 그것을 인정할 때, 여러분의 목사인 나는 하나님의 은혜로 매주 인쇄물을 통하여 설교해 오는 중, 오늘 아침 500

번째 설교를 전하게 됨으로써 하나님께 나의 에벤에셀의 돌을 세우게 되었습니다. 하나님께 감사드립니다. 겸손한 마음으로 하나님께 감사드립니다. 그러나 무엇보다 하나님 말씀을 연구하고 이 큰 회중들에게 목소리로 전하고 후에는 인쇄물을 통해 아주 많은 나라들에게 전하는 데서 받은 모든 도움에 대해 아주 기쁜 마음으로 감사를 드립니다. 나는 이처럼 설교라는 형태로 내 기둥을 세웠습니다. 오늘 나의 표어는 사무엘이 말한 것과 같이 "여호와께서 여기까지 우리를 도우셨다"라는 말씀이 될 것입니다. 나의 찬양의 돌은 너무 무거워서 나 혼자 똑바로 세울 수가 없으므로, 나는 전쟁의 날에 나의 동지들, 그리스도의 포도원의 함께 일꾼 된 이들에게 이 기념석을 세우며 "여호와께서 여기까지 우리를 도우셨다"고 말하면서 함께 감사를 표하자고 말씀드립니다.

오늘 아침 말씀드리고 싶은 것이 세 가지 있습니다. 세 가지라고 하였지만 사실은 한 가지뿐입니다. 이 도움의 돌은 그것이 세워진 장소에 대해서, 그것을 세운 이유에 대해서, 그 돌에 새겨진 비문에 대해서 시사하는 바가 많았습니다.

1. 첫째로, 매우 귀중한 교훈, 곧 마음이 아주 고조되어 경건한 감사를 표하게 되었다는 점을 이 에벤에셀의 돌을 세운 장소에서 발견할 수 있습니다.

20년 전에 이 전쟁터에서 이스라엘은 참패하였습니다. 20년 전에 여호와의 제사장들인 홉니와 비느하스가 그 땅에서 죽임을 당하였고, 하나님의 언약궤는 빼앗겼으며 블레셋 사람들이 승리하였습니다. 그들이 과거 이스라엘 백성이 겪었던 패배를 기억하고, 승리의 기쁨을 누리는 가운데서 이스라엘 백성이 여호와께서 그들 편에 계시지 않았을 때 전쟁에서 패배하였다는 것을 회상하는 것은 잘한 일이었습니다. 형제 여러분, 우리의 패배를 기억합시다. 우리가 자신의 힘을 믿고 나가서 우리의 부패한 행위들을 정복하려고 결심하였지만 자신이 물처럼 약하다는 것을 발견한 때를 잊어버렸습니까? 여러분은 자신이 여호와의 언약궤에 희망을 걸었던 때, 여러분의 구원의 반석을 의지하지 않고 의식과 의례들을 의지하였던 때를 잊어버렸습니까? 여러분이 죄 앞에서 얼마나 심하게 좌절하였고 적들 앞에서 아무런 피난처도 발견하지 못한 것을 잊어버렸습니까? 우리가 하나님께서 힘 주시기를 바라고 기다리지 않았을 때 설교에서 얼마나 형편없이 실패하였는지를 잊어버렸습니까? 여호와의 팔이 나타나지 않았기 때문에 아무도 우리의 전하는 바를 믿지 않았던 고통스러운 때가 얼마나 많았습니까! 나는 이 기쁨의 언덕에 서 있으면서 내 모든 실패들을 기억합니다. 나는 에벤에셀 들판에 싸우다가 죽은 사람들의 무덤이 수없이 많았다는 것을 의심하지 않습니다. 과거 우리의 교만한 생각들의 무덤, 자기 과신의 무덤, 피조물로서 우리의 힘과 자랑의 무덤들을 볼 때 우리는 여기까지 우리를 도우신 하나님을 찬송하도록 합시다. 어쩌면 그 장소에 이스라엘을 모욕한 블레셋 사람들이 세운 전승 기념비가 있었을지도 모릅니다. 블레셋 사람이 "아하! 아하!" 하고 말하던 적의 자랑을 기억합시다. 우리가 이스라엘의 하나님을 찬송하는 동안 그들이 부르짖던 소리를 기억하고 더 즐거이 승리의 함성을 지르도록 합시다. 여러분이 하나님을 위하여 무엇이라도 한 적이 있습니까? 하나님이 도우시지 않았더라면 여러분은 아무것도 하지 못하였을 것입니다. 과거에 여러분이 맛보았던 패배들을 보십시오. 여러분이 승리를 거두고 돌아갑니까? 하나님께서 여러분 편에 계시지 않았다면 여러분은 옷을 진창 바닥으로 끌고 가며 방패는 축 늘어트린 채로 돌아갔을 것입니다. 어쩌면 심각한 실패로 말미암아, 혹은 어떤 슬픈 실망으로 인해 자신의 약함을 보게 된 여러분, 여러분이 패배한 그 자리를 기억함으로써 오늘날까지 적을 이기도록 도우신 주님을 그만큼 더 찬송할 수 있도록 하십시오.

미스바와 센 사이의 들판을 보면 그들은 자신들의 죄를 다시 기억하게 될 것입니다. 그들을 정복한 것이 바로 죄였기 때문입니다. 그들의 마음이 죄에 사로잡혔었고, 그들의 땅이 블레셋에게 점령당하지 않았습니까? 그들이 하나님께 등을 돌리지 않았다면 전쟁의 날에 등을 돌리고 도망하지 않았을 것입니다. 형제 여러분, 우리의 죄를 기억합시다. 우리의 죄들은 하나님의 자비가 더욱더 밝게 빛나도록 만드는 거울 뒷면의 박(箔)처럼 작용할 것입니다. 애굽의 비옥함은 가까이에 리비아 사막이 있기 때문에 그만큼 더 놀라운 것입니다. 나일 강이 없었다면 리비아 사막이 애굽 전체를 덮어 버렸을 것입니다. 하나님께서 그처럼 선하시다는 것은 기이한 일입니다. 그러나 하나님께서 여러분과 내게 그처럼 선하시다는 것은 기적 중의 기적입니다. 나는 우리 영혼이 우리에 대한 하나님의 선하심을 보고 마땅히 느껴야 하는 놀라움과 감탄을 표현할 수 있는 말을 알지 못합니다. 우리 마음은 창기와 같이 더럽고, 우리의 생활은 완전함에서 거리가 멉니다. 우리의 믿음은 거의 사라지다시피 되었습니다. 불신앙이 우리를 이길 때가 많습니다. 우리의 교만은 저주받은 머리를 꼿꼿이 듭니다. 우리의 인내심은 하룻밤의 서리에도 거의 상하고 마는 병약한 식물에 불과합니다. 우리의 용기는 비겁보다 나을 것이 없습니다. 우리의 사랑은 미적지근하고 우리의 열정은 얼음처럼 차갑습니다. 형제 여러분, 우리 가운데 누구든지 우리가 얼마나 큰 죄 덩어리인지 생각하기만 한다면, 결국은 우리 선조들 가운데 한 사람이 말하듯이 "걸어 다니는 거름더미"인 것을 생각하기만 한다면, 우리는 하나님의 은혜의 해가 그처럼 끊임없이 우리에게 비치고, 하늘의 자비가 우리에게 풍성히 계시된다는 것을 보고 참으로 놀랄 것입니다. 오, 주님, 우리가 그동안 어떠한 사람이었을지, 실로 어떠한 사람이었는지를 돌이켜 볼 때, 우리는 이렇게 말할 수 있습니다. "우리를 여기까지 도우신 은혜롭고 자비로우신 하나님께 영광을 돌리세."

그 다음에, 그 장소는 이스라엘 백성들에게 그들의 슬픔을 상기시켰을 것입니다. 이스라엘 역사에서 슬픔을 자아내는 시기는 그들이 블레셋 사람들에게 패배한 이후입니다. 나이 많은 엘리가 뒤로 넘어져 목이 부러진 것을 여러분은 기억합니다. 그의 며느리는 산고의 고통을 겪으면서 아이에 관하여 이렇게 말하였습니다. "영광이 이스라엘에서 떠났다 하고 아이 이름을 이가봇이라 하였으니 하나님의 궤가 빼앗겼기 때문이라"(삼상 4:21). 그들의 수확물을 강도들이 강탈해 갔습니다. 그들의 포도 수확은 외국인들이 그들을 대신해서 가져가버렸습니다. 이스라엘은 20년 동안 깊고 고통스러운 슬픔을 겪었습니다. 그들은 다윗처럼 이렇게 말했을지도 모릅니다. "우리가 불과 물을 통과하였고 사람들이 우리 머리를 짓밟고 갔나이다"(시 66:12, 개역개정은 "사람들이 우리 머리를 타고 가게 하셨나이다 우리가 불과 물을 통과하였더니"). 자, 친구 여러분, 에벤에셀의 돌을 세우는 동안 또한 우리가 우리의 슬픈 일들을 기억함으로써 하나님께 더 깊은 감사의 마음을 품도록 합시다.

우리는 교회로서 슬픈 일들을 겪어왔습니다. 여러분에게 우리가 지내온 어둡고 암울한 날을 떠올리게 해 볼까요? 우리는 고통과 시련의 시간을 기억에서 결코 지울 수 없을 것입니다. 죽음이 우리 창문으로 들어왔고, 낙담이 우리 마음에 들어왔습니다. 모든 사람이 우리를 나쁘게 말하지 않았습니까? 누가 우리에게 말을 좋게 하려고 했습니까? 하나님께서 친히 우리를 괴롭게 하셨고 진노의 날에 우리를 부수셨습니다. 그때는 상황이 그렇게 보였습니다. 아, 하나님, 그 끔찍한 재난으로부터 나온 결과들이 얼마나 놀라운 것이었는지, 천국에서도 그런 일이 없었을 것을 주님은 아십니다. 그 착잡했던 밤과, 비방과 공격이 끊이지 않았던 긴 시간을 회상하면서 우리는 하나님 앞에서 큰 돌을 굴리며, 돌에다 "여호와께서 여기까지 우리를 도우셨다"고 기록합시다. 나는 마귀가 그 대단한 솜씨에도 불구하고 얻는 것이 별로 없을 것이라고 생각하였습니다. 마귀가 그 악한 행위로 얻은 승리는 보잘것없었습니다. 이전보다 더 많은 무리가 하나님 말씀을 듣기 위해 몰려왔습니다. 여기 계신 분들 가운데 그런 일이 없었더라면 복음 설교를 듣는 자리에 참석하지 않았을 사람들이 하나님의 구원하시는 능력을 보여주는 살아 있는 기념물로 여전히 이 자리에 있습니다. 전화위복이 된 모든 악한 일들 가운데서 우리는 그 사건이 가져온 슬픔에도 불구하고, 우리 이웃들에게 닥친 아주 큰 유익들 가운데 하나로 언제나 서리 홀(the Surrey Hall) 참사를 들 수 있습니다. 이 한 가지 사실은 다른 사실들의 견본에 불과합니다. 악에서 선을 끌어내고, 그래서 자신의 지혜를 입증하고 자신의 은혜를 찬미하도록 하는 것이 주님의 원칙이기 때문입니다. 괴로움의 침상에서 일어난 여러분, 의심과 두려움으로 기가 꺾인 여러분, 가난에 시달리거나 비방을 당하거나 혹은 하나님께 버림을 받은 것처럼 느끼는 여러분, 오늘 하나님의 은혜의 영광이 여러분 위에 있다면, 돌을 세우고 그 기둥에 기름을 붓고 거기에 "에벤에셀, 여호와께서 여기까지 우리를 도우셨다"고 쓰십시오.

장소의 특성을 깊이 생각하면서 우리는 그곳이 그들의 패배, 곧 그들의 죄, 슬픔의 장소이었듯이 이제는 승리의 장소이기 이전에 그들의 회개의 장소이었음을 주목해야 합니다. 사랑하는 여러분, 여러분은 이스라엘 백성들이 함께 와서 회개하고 죄를 고백하며, 거짓 신들을 치우며 자기 집과 마음에서 아스다롯을 버린 것을 압니다. 그들이 하나님의 손을 보고 "여호와께서 여기까지 우리를 도우셨다"고 말하게 된 것이 바로 거기였습니다. 여러분과 내가 아주 정신없이 죄를 좇고 있을 때, 하나님께서 우리 적들을 쫓아내는데 아주 열심을 보이실 것입니다. 여러분은 마음속에서 일어나는 활동을 보고 죄를 이깁니다. 그러면 하나님께서는 밖의 활동을 보시고 여러분을 대신해서 여러분의 고난과 시련을 정복하십니다. 사랑하는 여러분, 하나님께서 어떻게 우리를 도우셨는지 생각하면서 돌을 쌓아올릴 때 우리가 그동안 얼마나 은혜를 모르는 사람이었는지를 생각하며 슬픔의 눈물을 흘립시다. 세상에서는 회개와 찬양이 언제나 함께 노래하게 되어 있습니다. 우리의 몇몇 찬송곡에 성부(聲部)가 둘 혹은 셋이 있듯이, 찬양에서 믿음이 감사라는 거룩한 음계(音階)에서 매우 높은 음표에 오를 수 있지만, 우리가 이 세상에 있는 동안에는 베이스 음을 내기 위해서는 언제나 회개가 필요할 것입니다. 그렇습니다. 우리는 사죄 받음을 인해서 기뻐하지만 우리가 주님을 찔렀다는 사실에 대해서는 슬퍼합니다. 기운을 북돋우는 은혜와 성숙하게 하는 경험을 인해서 기뻐하지만 배은망덕과 불신앙에 대해서 슬퍼해야 합니다. 여기까지 하나님께서 여러분을 도우셨지만, 여러분은 한때 "주께서 나를 잊으셨다"(사 49:14)고 하였습니다. 여기까지 하나님께서 여러분을 도우셨지만 여러분은 하나님께 투덜대고 불평하였습니다. 여기까지 하나님께서 여러분을 도우셨지만 일찍이 여러분은 베드로처럼 주님을 부인하였습니다. 여기까지 하나님께서 여러분을 도우셨지만 여러분의 눈은 길을 잃고 허영을 좇아갔으며, 여러분의 손은 죄를 만졌고, 여러분의 마음은 방탕한 데로 흘렀습니다. 형제 여러분, 회개합시다. 우리가 "여호와께서 여기까지 우리를 도우셨다"는 감사의 말을 가장 잘 깨닫는 것은 눈물을 흘림으로써 되기 때문입니다.

여러분은 또한 에벤에셀이 주님을 찾아 슬퍼하는 자리였다는 것을 기억해야 합니다. 이스라엘 백성들이 함께 와서 하나님께 자기들에게로 돌아오시라고 기도하였습니다. 우리가 하나님을 간절히 찾을 때 확실히 하나님을 볼 것입니다. 신앙의 부흥을 간절히 바라는 교회가 하나님께서 자기들 가운데 오시도록 부르짖고 탄원하는 것을 보는 것은 참으로 기쁜 일입니다. 형제 여러분, 여러분이 하나님이 계시지 않으면 여러분의 의식(儀式)이 아무것도 아니라는 것을 알 때, 여러분이 무의미한 죽은 문자로 만족할 수 없고 정말로 하나님의 능력과 임재를 얻기를 원할 때, 머지않아 여러분은 그것을 얻게 될 것입니다. 이와 같이 여러분과 내가 과거의 일에 감사를 표할 때, 새로운 은혜를 주시기를 하나님께 기도합시다. 여러분이 개인적으로 하나님의 얼굴빛을 잃었다면, 오늘 아침 이렇게 기도하십시오.

> "돌아오십시오, 거룩한 비둘기 같은 성령이시여!
> 달콤한 안식의 사자(使者)이신 성령이여, 돌아오십시오!
> 주님을 슬프시게 만들었고
> 주님을 내 품에서 쫓아낸 죄를 제가 미워하나이다."

이것이 교회 전체에 대한 이야기이고, 우리의 사랑이 식어졌고, 우리를 회개시키고 성결케 하는 영이 떠났다면, 우리는 또한 이 기도를 드리도록 합시다.

"구주님이여, 당신의 농장을 찾아오소서,
주님, 우리에게 은혜로운 비를 내려주소서!
모든 것이 황폐해지고 말 것입니다.
주님께서 다시 돌아오시지 않으면.
주님, 우리를 소생시키소서,
우리의 모든 도움은 오직 주님으로부터만 옵니다!"

감사하는 자리가 신앙이 부흥하는 자리가 될 것이 틀림없습니다.

그 날에 또한 미스바는 언약을 갱신하는 자리였습니다. 미스바라는 이름은 망대라는 의미입니다. 이 사람들은 하나님과 맺은 그들의 언약을 새롭게 하고, 망대에 서 있는 것처럼 하나님을 기다리기 위해 함께 모였습니다. 하나님의 백성들이 과거를 돌아볼 때마다 하나님과 맺은 언약을 새롭게 해야 합니다. 지극히 높으신 하나님의 성도여, 그대는 다시 그리스도의 손을 붙잡고 그리스도께 자신을 다시 드리십시오. 망대에 올라가 여러분의 주님께서 오시는가 보십시오. 여러분 안에 죄가 있는지, 밖에 시험이 있는지, 다시 말해 여러분이 의무를 소홀히 하고 있는지, 아니면 여러분에게 슬그머니 무감각한 상태가 찾아오고 있는지 살펴보십시오. 미스바, 곧 망대로 오십시오. 언약 갱신의 자리인 미스바로 오십시오. 와서 돌을 세우고 "여호와께서 여기까지 우리를 도우셨다" 하고 말하십시오.

내 생각에는 사무엘이 "에벤에셀"이라고 말했던 그 지점은 오늘 우리가 차지하고 있는 이곳과 많은 면에서 매우 비슷하였습니다. 나는 이스라엘 백성들이 우리보다 더 기쁘게 "에벤에셀"이라고 말할 수 있었을 것이라고 생각하지 않습니다. 우리는 그동안 많은 죄를 지었고 슬픔을 겪었으며 우리 자신의 어리석음 때문에 여러 번 패배를 맛보았습니다. 나는 우리가 하나님 앞에서 겸손해졌으리라고 생각하며, 주님을 애타게 찾고 주님을 보며 주님 아주 가까이에 거하기를 바랍니다. 그리고 우리가 오늘 언약을 다시 갱신하는 동안, 그리고 망대에 와서 주 하나님께서 우리에게 말씀하실 것을 듣기를 기다리는 동안, 우리 영혼이 진정으로 하나님의 이름을 찬미하기를 바랍니다. 그렇다면, 주님께서 은혜로 우리를 위해 지어주신 이 큰 집에 와서 함께 "여호와께서 여기까지 우리를 도우셨다" 하고 노래합시다.

2. 이제 우리는 이 기념물을 세운 이유에 대해서 살펴봅시다.

이스라엘 지파들이 예배를 드리기 위해 무장하지 않고 모였습니다. 블레셋 사람들은 이스라엘 백성들이 모였다는 소식을 듣고서 그들이 반란을 일으키려는 것이 아닌가 의심하였습니다. 이스라엘 백성들의 마음속에 어떻게 해서든지 블레셋으로부터 구원받기를 바라는 희망이 숨어 있었던 것은 분명하지만 그때 반란을 계획하지는 않았습니다. 블레셋 사람들은 이스라엘 백성들과 비교할 때 수에 있어서 훨씬 소수인 민족이었기 때문에, 이스라엘 백성들은 약한 압제자들을 본성적으로 미심쩍게 생각하였습니다. 우리에게 전제군주가 있어야 한다면, 강한 사람을 세우도록 합시다. 왜냐하면 그가 항상 반역을 두려워하는 힘이 없는 독재자처럼 질투심이 많거나 잔혹한 사람이 되어서는 안 되기 때문입니다. 이스라엘 백성들이 한데 모였다는 소식을 듣고서 블레셋 사람들이 그들을 공격하기로 결정하였습니다. 예배를 위해 함께 모인, 무장하지 않은 무리를 공격하기로 하였다는 것을 여러분은 주의해야 합니다. 백성들이 겁을 먹었습니다. 그것은 자연스러운 일일 것입니다.

그러나 하나님의 선지자 사무엘은 그런 일을 충분히 감당할 수 있었습니다. 선지자는 백성들에게 명하여 양을 가져오게 하였습니다. 어린 양을 레위기 의식을 따라 드렸는지 모르겠습니다. 그러나 모든 시대에 선지자들은 일반적인 법에 구애받지 않고 행할 권한이 있었습니다. 이것은 율법의 제도가 영구한 것이 아님을 보여주는 사실이었습니다. 즉, 아론의 제사장직보다 더 높은 것이 있고, 그래서 사무엘과 엘리야, 그리고 하나님을 안에 모시고 있는 것이 분명한 사람들은 성소의 일반적인 제사장들보다 더 위대함을 보여주었습니다. 사무엘이 어린 양을 잡아 제단에 올려 드립니다. 어린 양의 연기가 하늘에 올라갈 때 사무엘이 기도를 드립니다. 사람의 목소리에 하나님께서 소리를 내어 대답하십니다. 천둥소리가 블레셋 사람들을 당황하게 만들고, 그들이 패주합니다.

나는 우리가 그동안 그와 비슷한 상황 가운데 있었다고 생각합니다. 비슷한 점을 말씀드릴 테니, 들어 보십시오. 이스라엘 백성이 얻은 승리는 어린 양으로 말미암았습니다. 어린 양을 잡고 그 연기가 하늘에 올라가자마자 복이 이스라엘 백성에게 내리고, 화가 적들에게 내리기 시작하였습니다. "이스라엘 백성이 그들을 쳤습니다." 여기에 사용되는 말에 주의하십시오. "블레셋 사람들을 벧갈 아래에 이르기까지 쳤더라." 벧갈을 해석하면 "어린 양의 집"이라는 뜻입니다.

어린 양을 드리고서 이스라엘 백성이 블레셋 사람들과 싸우기 시작하였고, 그들을 어린 양의 집에 이르기까지 죽였습니다. 형제 여러분, 우리가 그리스도를 위해서 무엇인가 행한 것이 있다면, 우리가 무슨 승리를 거두었다면, 이 예배당에서 어떤 사람들이 회심을 하였다면, 어떤 사람의 마음이 성결케 되고, 힘없는 영혼이 위로를 받았다면, 그것이 순전히 어린 양이신 그리스도로 말미암아 되었음을 증거하도록 하십시오. 사람들이 죽으신 그리스도를 그렸을 때, 그리스도께서 십자가에서 견디신 고통을 묘사하였을 때, 그리스도의 대속의 희생이라는 위대한 교리를 비록 나약하지만 온전히 전하려고 애썼을 때, 그리스도를 죄를 위한 화목 제물로 설명하였을 때, 그때 승리가 시작된 것입니다. 그리고 그리스도께서 사로잡힌 자를 사로잡아 위로 올라가셨을 때, 또 우리가 그리스도께서 항상 살아계셔서 우리를 위해 기도하신다는 사실을 자랑하였을 때, 그리스도께서 산 자와 죽은 자를 심판하러 오시리라는 사실을 자랑하였을 때, 만일 무슨 선한 일을 행한 것이 있다면, 그것은 어린 양, 곧 죽임당하신 어린 양 혹은 높이 되신 어린 양으로 말미암아 이루어진 것입니다.

사랑하는 친구 여러분, 오늘 아침 우리가 우리의 에벤에셀을 세울 때, 그렇게 함으로써 하나님을 명예롭게 한다는 사실에 주의하시기 바랍니다. "죽임당하신 어린 양께 영원히 영광을 돌리세." 여러분이 적들을 이겼고, 여러분의 죄를 죽였으며, 여러분의 곤경을 극복하였습니다. 어떻게 그런 일이 일어났습니까? 피 흘리는 어린 양의 제단으로부터 시작해서 영원히 통치하시는 그리스도의 보좌 앞에 이르기까지 모든 길이 여러분 적들의 붉은 피로 얼룩졌습니다. 여러분이 어린 양의 피로 이겼습니다. 흰 말을 타시는 분이 여러분 앞에 가십니다. 그의 이름은 어린 양입니다. 모든 성도들이 흰 말을 타고 나가서 이기고 또 이기시는 분의 뒤를 따를 것입니다. "에벤에셀, 여호와께서 여기까지 우리를 도우셨다." 그러나 그 도움은 언제나 어린 양, 곧 피 흘리시는 어린 양, 살아계신 어린 양, 통치하시는 어린 양으로 말미암아 왔습니다.

이 경우에 제사가 높여졌듯이 또한 기도의 능력이 인정되었습니다. 블레셋 사람들을 패주시킨 것은 오직 기도로 말미암아 된 일이었습니다. 사무엘이 하나님께 기도하였습니다. 백성들이 "당신은 우리를 위하여 우리 하나님 여호와께 쉬지 말고 부르짖으라"고 하였습니다. 형제 여러분, 오늘 아침 우리는 이 교회에서 무엇이든 선한 것이 성취된 적이 있었다면 그것은 기도의 결과였다는 것을 증언합시다. 종종 나는 뉴 파크 스트리트(New Park Street)에 있는 이전 예배당에서 드렸던 기도들을 회상할 때 마음에 위로를 얻곤 하였습니다. 거기에서 얼마나 간절한 기도들을 들었던지요! 얼마나 힘들게 씨름하며 기도하는 소리를 들었던지요! 여러분이 하나님께 드리는 기도 때문에 목사가 마음이 녹아서 무엇이라고 한 마디도 할 수 없었던 때들이 있었습니다. 성령께서 아주 충만히 임재하셔서 그때는 사람에게 말할 시간이 아니고 오직 하나님께만 말씀드릴 시간이어서 목사가 말하기를 멈추고 그냥 축도를 하고 교인들을 보내고 싶은 마음이 간절했던 때들이 있었습니다. 나는 우리가 이곳에서 언제나 동일하게 기도의 영을 받는다고 생각하지는 않습니다. 하지만 이곳에서 나는 기뻐하지 않을 수 없고 또 기뻐할 것입니다. 기도의 영이 여기 말고 달리 어디서 더 잘 발휘될 곳을 찾을 수 있는지 모르겠습니다. 나는 산 위에 있는 아론과 훌처럼 여러분이 내 팔을 떠받쳤다는 것을 압니다. 나는 여러분이 이 지역 이웃들의 회심을 위하여 그리고 이 큰 도시의 복음화를 위하여 하나님께 기도한다는 것을 압니다. 젊은이든지 나이 든 분들이든지 여러분은 하나님의 나라가 임하고 하나님의 뜻이 이루어지도록 하기 위해 함께 애쓰고 있습니다.

그러나 우리가 이 큰 교회를 볼 때, 하나님을 경외하여 행하는 교인들이 2천 명이 넘는 이 교회를 볼 때, 잊어서는 안 되는 것이 있습니다. 이렇게 교인 수가 늘어나는 것이 기도의 결과로 왔다는 것과, 우리의 힘이 여전히 기도에 있다는 것을 잊어서는 안 됩니다. 나는 지극히 높으신 하나님 앞에서 결코 나의 목회를 의지하지 말라고 말씀드립니다. 내가 어떤 존재입니까? 내 안에 무엇이 있습니까? 말씀드리겠습니다. 하나님께서 나를 통해 말씀하실 때 나는 성령이 그 안에 거하시지 않는 사람들은 알지 못하는 능력으로 설교합니다. 그러나 성령께서 나를 떠나시면 나는 다른 사람들과 똑같이 연약할 뿐입니다. 오히려 나는 다른 사람들보다 못합니다. 나는 오랜 세월에서 오는 지혜가 없고, 인간적인 학식도 없으며, 대학의 학위도 전혀 없고, 학자적인 직함도 없기 때문입니다. 하나님께서 나로 말미암아 말씀하신다면 하나님께 모든 영광을 드려야 합니다. 하나님께서 이처럼 약한 존재를 통해서 영혼들을 구원하신다면, 마땅히 하나님께 모든 영광을 돌려야 합니다. 하나님께 영광과 힘을 드립시다. 모든 영광을 주님 발 앞에 드립시다. 그러나 계속해서 기도하십시오. 여전히 하나님의 능력이 나타나도록, 하나님께서 지금도 힘 있게 하나님의 일을 하시도록 나를 위해 하나님께 기도해 주십시오. 우리가 에벤에셀을 세우며 "여호와께서 여기까지 우리를 도우셨다"고 외칠 때 하나님께서 명예롭게 해 주신 기도를 기억함이 마땅합니다.

그 다음에, 제사와 기도가 있었듯이, 여러분은 어린 양의 향기로운 냄새와 사무엘의 기도의 향기에 응답하여 여호와께서 오셔서 하나님의 적들을 패주시키신 사실을 기억해야 합니다. 나는 이스라엘이 공격의 함성을 질렀다는 글을 읽지 못합니다. 들을 수 없습니다. 큰 우렛소리에 묻혀서 그들의 함성 소리가 들리지 않았을 것입니다. 글을 보면 이스라엘 백성들이 전쟁에 돌진했다는 것을 알 수 있습니다. 승리를 가져다준 것은 그들의 활도, 창도, 칼도 아니었습니다. 형제 여러분, 들어보십시오! 하나님의 목소리가 들립니다! 우르르! 우르르! 너희 아낙 자손들이여, 너희는 지금 어디 있는가! 하늘이 흔들리고 땅이 진동하며, 영원한 산들이 허리를 굽힙니다. 공중의 새들이 숨기 위해 숲의 은신처로 날아가고 산에서 겁 많은 염소들이 바위틈을 찾습니다. 산이 놀라서 아주 큰 소리로 화답하기까지 우렛소리가 계속해서 우르르 하고 울립니다. 생생한 번개가 바위 산 여기저기에 내리꽂힙니다. 블레셋 사람들이 번개에 완전히 눈이 멀다시피 되어 기겁을 하고 놀라다가 그 다음에는 미친 듯이 달려 도망갑니다. 블레셋 사람들이여, 너희가 히브리 사람들의 종이 되지 않으려면 사나이답게 굴어라. 사나이답게 굴어라. 그러나 너희가 신들이 아니면 지금 마땅히 떨지어다. 너희 방패와 그 방패의 주인들이 어디에 있는가? 너희의 창과 창의 번쩍이는 광채가 어디에 있는가? 이제 너희 칼을 번쩍하고 칼집에서 뽑아보라. 너희 거인들과 그 시종들을 보내 보라! 이제 너희 골리앗들에게 만군의 주를 무시하게 해 보라! 아하, 아하! 너희가 계집애처럼 되어 떠는구나! 너희가 기절하는구나! 자, 보라! 저들이 노예로밖에 생각지 않았던 이스라엘 백성들 앞에서 등을 돌려 급히 달려간다. 그들이 도망한다. 전사가 도망하고, 굳센 마음이 겁을 낸다. 용사가 겁먹은 비둘기처럼 은신처로 달려간다. "이스라엘의 하나님 여호와께 영광을 돌리어라. 그가 그의 오른손으로 승리를 거두셨도다."

사랑하는 여러분, 우리가 무슨 선한 일을 행한 것이 있다면, 혹은 여러분과 내가 죄를 격퇴시켰다면, 그 일이 어떻게 이루어졌습니까? 우리의 힘으로 된 것이 아니고 우리의 능력으로 된 것이 아니라 하나님의 영광스러운 목소리로 된 것입니다. 복음을 충실하게 전파할 때, 그것은 하나님께서 우렛소리를 내시는 것입니다. 우리가 십자가에 못 박힌 예수님에 대해서 이야기할 때 그것이 어린

아이 목소리처럼 약하게 들릴 수 있습니다. 그러나 그것은 하나님이 우렛소리를 발하고 계시는 것입니다. 여러분에게 말씀드립니다. 하나님의 우렛소리가 블레셋 사람들의 마음을 쳤지만 그리스도의 복음이 복음을 알아들은 죄인들의 마음을 치는 것만큼 강하게 치지는 못했습니다. 우리가 설교하고 하나님께서 그 설교에 복을 베푸실 때, 그것은 하나님의 번개입니다. 그것은 하나님께서 거룩한 불길을 확하고 일으키시는 것이고, 하나님의 창이 번쩍이는 것입니다. 블레셋 사람들이 번갯불이 번쩍할 때 아주 놀랐지만 하나님의 율법과 복음이 죄인들의 어두운 눈에서 번쩍하고 빛났을 때 죄인들이 놀라는 만큼은 아니었습니다. 하나님께 영광을 돌립시다! 하나님께, 하나님께, 오직 하나님께만 영광을 돌립시다! 사람에게는 한 마디도, 사람의 아들에게는 단 한 마디도 영광을 돌리지 않도록 합시다. "우리를 사랑하사 그의 피로 우리 죄에서 우리를 해방하신 그에게 영광이 있기를 원하노라"(계 1:5,6). 이것이 위에 있는 온전한 성도들의 노래입니다. 이것이 아래에 있는 불완전한 성도들의 노래가 되어야 하지 않겠습니까? 스랍들이 날개로 얼굴을 가리고 자기들의 면류관을 여호와의 발 앞에 던지며 "영광을 우리에게 돌리지 마옵소서 우리에게 돌리지 마옵소서"(시 115:1) 하고 외칩니다. 우리도 하나님의 능력을 크게 기뻐하며 우리 구원의 하나님을 찬미하는 동안 "영광을 우리에게 돌리지 마옵소서 우리에게 돌리지 마옵소서" 하고 말해야 합니다.

이것이 그 이유였습니다. 나는 더 이상 지체하지 않고 바로 다음 주제로 넘어가겠습니다.

3. 그 기념물에 적힌 비문을 살펴봅시다.

"에벤에셀, 여호와께서 여기까지 우리를 도우셨다." 우리는 이 비문을 다음 세 가지 방식으로 해석할 수 있습니다.

여러분은 무엇보다 그 비문의 가운데 있는 단어(여호와)를 읽어야 합니다. 모든 의미가 그 말에 달려 있고, 이 비문의 충만한 뜻이 그 말에 집중됩니다. "여호와께서 여기까지 우리를 도우셨다." 사랑하는 여러분, 그들이 가만히 서서 무기를 사용하기를 거부한 것이 아닙니다. 하나님께서 우렛소리를 내실 때 그들은 싸우고 있었고, 번개가 적들의 눈에서 번쩍이고 있는 동안에, 그들은 칼의 힘을 느끼고 있었습니다. 그래서 우리가 하나님을 찬미하는 동안 우리는 인간의 행위를 부인하거나 버려서는 안 됩니다. 하나님께서 우리를 위해 싸우시기 때문에 우리가 싸워야 합니다. 우리가 공격해야 합니다. 그러나 공격의 힘과 공격의 결과는 모두 반드시 하나님에게서 나옵니다. 이스라엘 사람들이 "여기까지 우리 칼이 우리를 도왔다. 여기까지 사무엘이 우리에게 용기를 북돋았다"고 말하지 않은 것을 여러분은 압니다. 그렇지 않습니다. 절대 그렇지 않습니다. "여호와께서 여기까지 우리를 도우셨다." 이제 여러분은 진정으로 위대한 모든 것은 하나님께 속한 것이 틀림없다는 사실을 인정해야 합니다. 죄인들의 회심, 교회의 부흥 같은 큰 일이 결코 사람의 활동일 수 있다고 생각할 수 없습니다. 여러분은 물이 빠지고 있을 때 템스 강을 보십시오. 더럽고 악취 나는 진흙 바닥이 아주 길게 드러납니다. 그러나 조류가 다시 들어옵니다. 가엾은 불신자여, 그대는 강의 조수가 빠지되 강이 완전히 마르고 배들이 땅바닥에 남아있게 되기까지 강물이 빠질 것으로 생각하였습니다. 그러나 보세요. 밀물이 다시 들어오고, 강물이 다시 즐겁게 차오릅니다. 그러나 여러분은 템스 강처럼 큰 강이 바다의 조수에 의하지 않고서는 넘치지 않는다는 것을 확실히 알지 못합니다. 이렇게 여러분은 큰 결과들을 보고 그것들이 사람에게서 나왔다고 말할 수 없습니다. 어떤 작은 일을 했을 경우에 사람들은 종종 그것을 자기 공로로 삼지만, 큰 일이 이루어지는 경우에는 감히 자기 공로로 내세우지 못합니다. 시몬 베드로가 배 옆에서 낚시질을 하여 좋은 물고기를 잡았다면 "잘했어, 어부!" 하고 말했을지 모릅니다. 그러나 배가 잡은 고기로 가득차서 가라앉을 만큼 되었을 때는 그가 자신을 생각할 수 없었습니다. 그는 무릎을 꿇고 "주여 나를 떠나소서 나는 죄인이로소이다"(눅 5:8) 하고 말할 수밖에 없었습니다. 우리의 일이 큰 결과를 낼 때 우리는 그 일이 틀림없이 하나님에게서 나왔다고, 오직 하나님에게서만 나왔다고 고백하지 않을 수 없습니다.

사랑하는 친구 여러분, 우리가 시작했을 때 얼마나 미약했는지를 생각한다면 반드시 그렇게 생각하지 않을 수 없습니다. 야곱은 요단을 건널 때 이렇게 말했습니다. "내가 내 지팡이만 가지고 이 요단을 건넜더니 지금은 두 떼나 이루었나이다"(창 32:10). 야곱이 두 떼를 이룬 것은 확실히 하나님에게서 나온 일임에 틀림없습니다. 그가 떠날 때는 지팡이밖에 가진 것이 아무것도 없었기 때문입니다. 이 자리에 계신 몇몇 분들은 우리가 지팡이만 가지고 이 요단을 건너던 어느 날 아침을 기억하지 않습니까? 내가 처음으로 여러분에게 설교했을 때 우리의 수가 백 명이었습니까? 회중석에 빈 자리가 참으로 많았고, 정말로 청중이 한 줌밖에 되지 않았습니다. 우리는 지팡이만 가지고 이 요단을 건넜습니다. 그러나 하나님께서 사람들을 불려주셨고 기쁨도 배가시켜 주셨습니다. 그래서 마침내 우리가 두 떼뿐만 아니라 여러 떼를 이루게 되었습니다. 오늘 많은 사람이 우리에게서 나왔고, 이 나라 전역에 걸쳐 많은 도시와 촌락에서 생명의 말씀을 섬기도록 보낸 이 교회의 아들들이 전하는 복음을 듣기 위해 모이고 있습니다. 하나님께 영광을 돌립시다. 이것은 사람이 해낼 수 있는 일이 아닙니다. 사람이 도움 없이 자력으로 이룬 어떤 노력도 하나님이 성취하신 이 일에 필적할 수 없을 것입니다. 그러므로 이 기념 돌기둥에 여호와의 이름을 새기도록 합시다. 나는 이 문제에 관해 언제나 아주 마음을 많이 씁니다. 우리가 한 교회와 회중으로서 언제나 하나님께 영광을 드리지 않는다면, 우리가 개인으로서 언제나 하나님께 영광을 드리지 않는다면 하나님께서 우리를 통해서 일하시는 일은 결코 있을 수 없을 것입니다. 나는 그동안 놀라운 일들을 많이 보았습니다. 그러나 하나님의 영이 그 위에 머문 사람 가운데 자기 일의 명예를 억지로 자신에게 돌리는 사람을 아직 보지 못하였습니다.

느부갓네살은 "내가 세운 이 위대한 바벨론을 보라"고 말하였습니다. 그런데 머리카락이 독수리 깃털처럼 자라고 손톱이 새 발톱처럼 자란 저 불쌍한 미치광이를 보십시오. 그가 느부갓네살입니다. 우리가 언제나 모든 영광을 기꺼이 하나님께 드리지 않는 한 여러분은 틀림없이 그와 같이 되고, 나도 틀림없이 그와 같이 될 것입니다. 각 사람이 자기 방식을 따라 그와 같이 될 것입니다. 형제 여러분, 우리가 어떤 영광이든지 우리 자신의 것으로 돌린다면 틀림없이 우리는 썩은 고기처럼 지극히 높으신 하나님의 코에 악취, 곧 불쾌한 것이 될 것입니다. 하나님께서 그의 성도들을 보내시는 것은 무엇을 위해서입니까? 그들을 숭배받는 인물이 되도록 하기 위해서입니까? 하나님께서 사람들이 스스로 높아져서 하나님의 보좌에 오르도록 하기 위해 사람들을 지으신 것입니까? 아니, 만왕의 왕이신 하나님께서 여러분이 감히 주제넘게 하나님에 대해 군림하도록 하기 위해 여러분에게 자비의 면류관을 씌우시는 것이겠습니까? 아니, 하나님께서 여러분이 하나님의 왕적 대권을 찬탈하도록 하기 위해 여러분을 존귀하게 하시는 것이겠습니까? 그렇지 않습니다. 여러분은 하나님께서 여러분에게 주신 모든 은총과 명예를 가지고 엎드려 주님의 보좌 앞에 와서 이렇게 말해야 합니다. "제가 무엇이며 제 아비의 집이 무엇이기에 주께서 나를 기억하셨나이까?" "여호와께서 여기까지 우리를 도우셨다."

우리가 본문을 세 가지 방식으로 읽을 수 있다고 말씀드렸습니다. 우리는 본문을 일단 가운데 있는 단어에 강세를 두어 읽었습니다. 이제는 본문을 뒤돌아서 읽어야 합니다. "여기까지"라는 단어는 마치 그 방향을 가리키는 손처럼 보입니다. 뒤돌아보라, 뒤돌아보라는 말입니다. 20년, 30년, 40년, 50년, 60년, 70년, 80년을 돌아보라는 것입니다. "여기까지"라는 말은 여러분 각 사람에게 그것을, 곧 지금까지의 시간을 말합니다. 가난할 때든지, 부할 때든지, 병들었을 때든지, 건강할 때든지, 국내에 있었든지, 해외에 있었든지, 육지에 있었든지 바다에 있었든지, 명예를 얻었을 때든지, 불명예 가운데 있었든지, 당혹스러운 일을 겪든지, 기뻐할 때든지, 시련을 겪었든지, 의기양양할 때든지, 기도할 때든지, 시험을 받았을 때든지 간에 여기까지 돌아보라는 것입니다. 전체를 합해 보십시오. 때때로 나는 나무가 줄지어 선 긴 거리를 보기 좋아합니다. 긴 가로수 길을 이쪽 끝에서 저쪽 끝까지 찬찬히 바라보는 것은 대단히 즐거운 일입니다. 그 길은 가지가 달린 기둥들과 잎들이 무성하여 아치를 이룬 우거진 성전과 같습니다. 여러분은 여러분 인생의 긴 통로를 볼 수 없습니까? 여러분 머리 위에 늘어진 자비의 푸른 가지들과 여러분의 기쁨을 지탱하고 있는 인자와 신실하심의 튼튼한 기둥들을 볼 수 없습니까? 저기 나뭇가지들에 앉아서 노래하는 새들이 있지 않겠습니까? 틀림없이 많은 새들이 있을 것입니다. 그리고 밝은 햇빛과 푸른 하늘이 저기에 있습니다. 여러분이 훨씬 더 먼 거리에서 돌아보면 천국의 찬란함과 황금 보좌를 볼 수 있을 것입니다. "여기까지, 여기까지!"

그 다음에 본문은 세 번째 방식으로 읽을 수 있습니다. 즉, 앞을 보는 것으로 읽을 수 있습니다. 이는 어떤 사람이 경계선에 이르러 "여기까지"라고 쓸 때, 그는 지나간 많은 것을 돌아보는 것이지만, "여기까지"는 끝이 아니고, 지나가야 할 먼 길이 아직 있다는 뜻이기 때문입니다. 시련과 기쁨이 아직 더 있고, 시험과 승리가 아직 더 있으며, 기도와 응답, 노고와 힘이 아직 더 남아 있으며, 싸움과 승리, 비방과 위로, 싸워야 할 곰과 사자가 아직 더 있으며, 하나님의 다윗들이 사자를 찢어야 할 일이 아직 더 있고, 깊은 물과 높은 산들, 마귀의 군대들과 천사들의 군대가 아직 더 있다는 뜻입니다. 그 다음에는 아픔과 노년, 질병, 죽음이 옵니다. 그러면 이제 끝난 것입니까? 아닙니다. 그렇지 않습니다! 우리는 그

강에 들어갈 때 돌을 하나 더 쌓고 거기에서 에벤에셀이라고 소리칠 것입니다. “여호와께서 여기까지 우리를 도우셨다.” 앞으로 올 것이 더 있기 때문입니다. 하나님의 형상으로 깨어남, 별들이 총총한 영역들에 올라감, 하프, 노래, 시, 흰 옷, 예수님의 얼굴, 성도들의 사회, 하나님의 영광, 영원한 충만, 무한한 지복(至福)이 아직 앞에 있습니다. 그렇습니다. 하나님께서 오늘까지 도우신 것처럼 확실히 마지막까지 우리를 도우실 것입니다. “내가 결코 너희를 버리지 아니하고 너희를 떠나지 아니할 것이다(히 13:5). 내가 지금까지 너희와 함께 있었고 끝까지 너희와 함께 있을 것이다.” 그렇다면 형제 여러분, 용기를 내십시오. 우리가 돌을 쌓으면서 “여호와께서 여기까지 우리를 도우셨다”고 말할 때, 우리는 그저 마음의 허리띠를 매고 정신을 차리며, 그 은혜가 끝까지 우리에게 나타날 것을 기대합시다. 왜냐하면 지금까지 그래왔듯이 은혜는 영원히 지속될 것이기 때문입니다.

나는 이 기둥에 부을 기름이 필요합니다. 기름이 필요합니다. 야곱은 그 기둥에 기름을 붓고 여호와의 이름을 불렀습니다. 내가 부을 기름은 어디서 얻습니까? 감사하는 마음이 있는 여러분, 여러분은 기름이 있습니까? 기도를 잘하는 여러분, 여러분은 기름이 있습니까? 예수님의 친구인 여러분, 여러분은 기름이 있습니까? 밤낮으로 하나님과 교제를 나누는 여러분, 여러분은 기름이 있습니까? 있다면, 그 기름을 부으십시오. 마리아와 같은 여러분, 여러분의 향유 옥합을 깨트리십시오. 오늘 아침 나와 함께 여러분의 기도를 쏟아 부으십시오. 내가 감사할 때 여러분도 함께 감사를 표하십시오. 여러분 각 사람은 와서 오늘 이 에벤에셀 위에 이 기름을 부읍시다. 나는 기름이 필요합니다. 저기 있는 마음에서 기름을 얻을 수 있을지 모르겠습니다. 아, 어떤 사람은 자기 마음이 단단한 바위와 같다고 말합니다. 나는 성경에서 하나님이 단단한 바위에서 기름을 가져왔다는 기사를 읽습니다.

아, 오늘 아침 하나님의 인도로 그리스도를 믿는 영혼이 있다면, 오늘 어떤 마음이 그리스도께 항복하려고 한다면 얼마나 좋을지 모르겠습니다! 그렇게 되지 않아야 할 이유가 있습니까? 성령께서는 단단한 바위를 녹이고 산을 옮기실 수도 있습니다. 젊은이 여러분, 내가 얼마나 오랫동안 여러분에게 설교해야 하고, 얼마나 오랫동안 여러분을 초대해야 하며, 얼마나 오랫동안 여러분을 근심시켜야 하고, 얼마나 오랫동안 여러분에게 간청하고 애원해야 하겠습니까? 오늘이 여러분이 항복할 바로 그 날이 아니겠습니까? 여러분은 "내가 아무것도 아니라"고 말합니까? 그렇다면 그리스도께서 모든 것이십니다. 그리스도를 붙잡으십시오. 그리스도를 신뢰하십시오. 나는 사람들이 오늘 그리스도 사랑의 결혼반지를 받고 영원히 하나님의 아들과 약혼하는 것만큼 이 에벤에셀의 날을 축하하고 감사하는 좋은 방법은 없다고 생각합니다. 하나님께서 오늘이 그와 같은 날이 되게 하여 주시기를 바랍니다. 오, 진실한 마음들이여, 여러분이 그렇게 되기를 바란다면, 오늘이 그와 같은 날이 될 것입니다.

하나님께 영원히 영광을 돌립시다. 아멘.

제
6
장

추수 때

"오늘은 밀 베는 때가 아니냐?" — 삼상 12:17

나는 앞뒤 관계를 고려하지 않고 단지 이 말을 표어로 받아들일 것입니다. 그래서 내 설교는 추수 들판을 근거로 구성될 것입니다. 나는 여기에서 발견하는 어떤 구절보다 추수를 본문으로 삼을 것입니다. "오늘은 밀 베는 때가 아니냐?" 도시에 사는 사람들은 농촌에 사는 사람들보다 때와 절기에 대해 덜 생각할 것입니다. 옥수수 밭, 추수, 씨뿌리기, 작물 수확이 이루어지는 가운데서 태어나고 자라고 훈련받은 사람들은 언제나 상업에 종사하는 여러분보다, 이런 일들을 덜 생각하는 여러분보다 그런 일들에 더 주의를 기울일 가능성이 많습니다. 그러나 여러분이 시골사람들보다 추수를 좀 덜 생각하는 것이 거의 필연적인 일이라고 할지라도, 그런 일에 지나치게 무심해서는 안 됩니다. 우리는 때와 절기를 잘 잊어버리지 않도록 합시다. 때와 절기에 대해서는 배워야 할 것이 많습니다. 추수 들판이라는 말을 들으면 여러분은 옛 기억을 새롭게 떠올릴 것입니다.

이 세상은 참으로 놀라운 성전입니다. 사실 세상은 사람들이 하나님을 예배해야 하는 하나님이 지으신 성전입니다. 영적으로 계몽된 마음으로 볼 때 세상은 참으로 놀라운 성전입니다. 영적으로 빛을 받은 마음은 지식과 성령님의 조명을 받을 수 있습니다. 세상에 있는 꽃치고 우리에게 교훈을 가르쳐 주지 않는 꽃은 단 하나도 없습니다. 우리 사람의 아들들에게 아무런 교훈을 주지 않는 파도나 우렛소리도 없습니다. 이 세상은 커다란 성전입니다. 여러분이 이집트의 신전 안을 걸어본다면 신전에 있는 모든 표시와 모양에 의미가 있듯이, 여러분이 이 세상을 걸을 때 주변에 있는 모든 것에 의미가 있다는 것을 믿어야 합니다. "돌에서 설교를 들을 수 있다"는 것은 꾸며낸 생각이 아닙니다. 실제로 돌이 우리에게 주는 설교가 있기 때문입니다. 이 세상은 우리 눈에 보이는 모든 것을 통해서 우리에게 무엇인가를 가르칩니다. 자연으로부터 이런 교훈들을 얻을 지성과 영이 있는 사람은 행복합니다. 꽃들, 이것은 무엇입니까? 꽃들은 하나님의 생각들이 응고된 것에 불과합니다. 하나님의 아름다운 생각들이 형상화한 것이란 말입니다. 폭풍우, 이것은 무엇입니까? 폭풍우는 우리가 읽을 수 있도록 분명하게 쓴 하나님의 두려운 생각들입니다. 천둥, 이것은 무엇입니까? 천둥소리는 사람들이 들을 수 있도록 그냥 펼쳐 보여주시는 하나님의 강한 정서들입니다. 세상은 하나님의 생각들에 형체를 부여한 것에 지나지 않습니다. 왜냐하면 세상이 하나님의 눈에는 생각이기 때문입니다. 하나님께서는 처음에 자신의 위대한 지성으로부터 나온 생각을 가지고 세상을 만드셨습니다. 그래서 하나님께서 지으신 이 장엄한 성전에 있는 모든 것에는 의미가 있습니다.

이 성전에는 네 명의 복음서 기자가 있습니다. 성경에 위대한 네 명의 복음서 기자가 있듯이 자연에도 네 명의 복음서 기자가 있습니다. 이들은 계절, 곧 봄, 여름, 가을, 겨울이라는 네 복음서 기자입니다.

먼저 봄이 옵니다. 봄이 무엇이라고 말합니까? 우리는 봅니다. 봄의 마법과 같은 솜씨로 인해 죽은 것처럼 보였던 곤충들이 깨어나기 시작하고, 땅속에 묻혔던 씨앗들이 빛나는 형태를 들어올리기 시작하는 것을 우리는 봅니다. 봄이 무엇을 말합니까? 봄은 목소리를 발하여 이렇게 말합니다. "그대가 잠들지라도 다시 일어날 것이다. 그대가 좀 더 영광스러운 상태로 지낼 세계가 있다. 그대는 지금 씨앗에 불과하다. 그대가 땅속에 묻힐 것이지만 잠시 있으면 일어날 것이다." 봄은 계절의 복음에서 그 부분을 말합니다. 그 다음에 여름이 옵니다. 여름은 사람에게 이렇게 말합니다. "자비로운 창조주의 선하심을 보라. '하나님은 해를 만드시어 악한 자와 선한 자 모두에게 빛을 비추느니라.' 하나님은 땅에 꽃을 뿌려놓으신다. 창조의 보석들로 땅을 꾸미시고, 땅이 에덴동산처럼 꽃피우게 하시고 여호와의 동산처럼 열매 맺게 하신다." 여름이 그 사실을 말합니다. 그 다음에 가을이 옵니다. 우리는 가을의 메시지를 들을 것입니다. 가을이 지나가고 그 다음에 겨울이 얼음 관을 쓰고 옵니다. 겨울은 사람에게 고난의 시절이 있다고 말해줍니다. 겨울은 가을에 저장해 둔 열매들을 가리키며 이렇게 말합니다. "이봐요, 당신은 당신이 자신을 위해 무언가를 저장하였다는 것에 주의하세요. 진노의 날에 대비한 어떤 것을 말입니다. 당신이 겨울에 먹고 살 수 있도록 자신을 위해서 가을의 열매들을 저장하도록 하세요." 노년의 세월이 끝날 때, 죽음의 조짐이 사람은 반드시 죽는다는 것을 이야기해 줍니다. 세월이 복음전도의 사명을 마치고 나면, 같은 교훈을 다시 한번 전해주는 또 다른 복음 전도자가 옵니다.

우리는 이제 곧 가을이 복음을 전하는 것을 들어야 합니다. 이 네 복음전도자들 가운데 하나가 와서 이렇게 이야기합니다. "오늘은 밀 베는 때가 아니냐?" 우리는 이 말씀에서 어떤 것을 배우기 위해 이제 수확하는 것을 생각해 보아야 하겠습니다. 지극히 복되신 성령님께서 연약한 흙먼지와 재에 불과한 자들을 도우셔서 영혼들의 유익을 위하여 헤아릴 수 없는 하나님의 부요를 전할 수 있게 하여 주시기를 구합니다!

즐거운 세 가지 수확과 슬픈 세 가지 수확에 대해서 이야기하도록 하겠습니다.

1. 첫째로, 장차 있을 즐거운 세 가지 수확에 대해서 이야기하겠습니다.

내가 언급할 첫 번째 즐거운 수확은 사무엘이 "오늘은 밀 베는 때가 아니냐"고 말했을 때 암시한 들판의 수확입니다. 우리는 들판의 수확을 잊을 수 없습니다. 이런 일들을 잊는다는 것은 합당한 일이 아닙니다. 우리가 들판이 옥수수로 뒤덮인 것을 보고 들판의 보물들을 창고에 쌓으면서도 내내 하나님의 자비를 잊고 지내서는 안 됩니다. 악 중의 가장 나쁜 악인 배은망덕은 사람들의 마음에 둥우리를 만드는 독사들 가운데 하나입니다. 이 독사라는 피조물은 하나님의 은혜가 와서 십자가의 피를 사람의 마음에 뿌리지 않으면 결코 죽일 수 없습니다. 그리스도의 피가 사람들의 마음에 뿌려질 때 그런 독사들이 죽습니다. 내가 잠시 여러분을 추수하는 들판으로 모셔가겠습니다. 여러분은 지극히 풍성한 수확을 보게 될 것입니다. 무거운 이삭들이 고개를 숙이고 있는데 마치 "나는 땅에서 나왔고, 순전히 땅의 덕분으로 살고 있어. 그래서 머리를 땅에 조아리는 거야"라고 말하는 것처럼 거의 땅에 닿을 만큼 고개를 숙이고 있습니다. 훌륭한 그리스도인이 세월을 다 살았을 때 말하듯이 말입니다. 훌륭한 그리스도인은 열매를 많이 맺을수록 고개를 숙입니다. 여러분은 꽃대가 고개를 숙이고 있는 것을 보는데, 그것은 열매가 익었기 때문입니다. 이런 점들을 보는 것은 귀하고 멋진 일입니다.

이제는 그 반대의 경우를 생각해 봅시다. 금년에 이삭들이 마르고 시들었다면, 바로가 꿈에서 본 두 번째 이삭처럼 아주 마르고 빈약했다면, 우리는 어떻게 해야 되었을까요? 편안하게 우리는 그 부족분을 메우기 위해 러시아에서 들여온 많은 식량에 의존하였을지도 모릅니다. 이제 아무것도 올 수 없는 전쟁의 때(1853년 10월부터 1856년 2월까지 지속된 러시아 제국과 연합국 사이에 벌어진 크림전쟁을 가리킴 - 역자주)에 우리는 어떻게 해야 하겠습니까? 우리가 추측해볼 수 있고 상상해 볼 수는 있으나, 우리가 그 진리에 이를 수 있을지 모르겠습니다. 우리는 이렇게 말할 수 있을 뿐입니다. "하나님을 찬미합시다. 현재로서는 우리가 그동안에 있을 수 있었던 수단을 의지할 필요는 없습니다. 그러나 한쪽 문이 닫히면 하나님께서 또 다른 문을 여셨습니다." 우리가 러시아 남부의 비옥한 들판에서 나는 식량을 확보할 수 없음을 알았을 때, 하나님께서 우리나라에서 또 다른 문을 열어주셨습니다. 하나님께서는 이렇게 말씀하십니다. "너희는 나의 은총을 받은 섬이다. 너희 잉글랜드를 내가 사랑하되 특별한 사랑으로 사랑하였으니 너희는 나의 은총을 받은 자이다. 원수가 너희를 이기지 못할 것이다. 식량이 끊겼다고 해서 너희가 굶어죽도록 하지 않기 위해 내가 고향에 있는 네 곡간을 가득 채우고 네 들판을 곡물로 덮어서 네가 네 대적을 비웃고 '네가 우리를 굶겨서 멸망시킬 수 있으리라고 생각하였지만 까마귀를 먹이시는 하나님께서 자기 백성을 먹이시고 그의 은총을 베푸신 땅을 버리시지 않으셨다'고 말하도록 할 것이다."

이 문제에 관심이 없는 사람은 한 명도 없습니다. 가난한 사람들은 빵이 넉넉히 있는 것을 감사해야 한다고 말하는 사람들이 있습니다. 그런데 부자들도 그와 같이 감사해야 합니다. 사회의 한 구성원에게 일어나는 일치고 아무에게도 영향을 미치지 않는 일이란 없습니다. 사회의 여러 계층의 사람들은 서로를 의지하는 것입니다. 사회의 좀 더 낮은 계층들에게서 식량이 부족하게 되면, 그 일은 다음 계층에게 영향을 주고 또 그 다음 계층에게도 영향을 줍니다. 그래서 하나님께서 그 일을 보내기를 기뻐하실 때는 왕위에 앉아 있는 여왕마저도 어느 정도 식량 부족을 느끼게 되는 것입니다. 그 일은 모든 사람에게 영향을 미칩니다. 그러니 아무도 "곡물 값이 얼마가 되든지 나는 살 수 있다"고 말해서는 안 됩니다. 여러분은 넉넉히 주신 하나님을 찬미해야 합니다. 여러분은 마땅히 "우리에게 일용할 양식을 주옵소서" 하고 기도해야 합니다. 여러분은 이 점을 기억하십시오. 여러분이 아무리 많은 부를 가지고 있을지라도 하루 벌어 사는 사람인 것처럼 매일 누리는 자비가 하나님에게서 오는 것으로 돌려야 합니다. 하나님께서 그의 자녀들에게 양식을 한 번에 무더기로 보내는 대신에 광주리 하나만큼만 주실 때, 때로는 그것이 복된 방식이 됩니다. 하나님께서 풍성한 수확을 거두게 하신 것을 인해서 하나님을 찬미합시다! 두려워하는 자여, 기운을 내십시오! 불평하는 그대여, 부끄러운 줄 아십시오. 더 이상 불평하지 말기 바랍니다! 한때 유대인들은 추수 때가 오면 장막절을 지키곤 하였습니다. 시골에서는 유대인들이 언제나 "수확제"를 즐깁니다. 우리도 그렇게 해야 하지 않겠습니까? 나는 여러분 모두가 수확제를 갖기 바랍니다. 기뻐하라! 기뻐하라! 추수 때가 왔음이라. "오늘은 밀 베는 때가 아니냐?" 풀이 죽은 불쌍한 영혼이여, 너의 모든 의심과 두려움을 버리라. "너의 양식이 공급되고 너의 물이 끊어지지 아니하리라"(사 33:16). 그것이 즐거운 추수입니다.

자, 두 번째 즐거운 수확은 모든 그리스도인의 추수입니다. 어떤 의미에서 그리스도인은 씨앗입니다. 그런가 하면 다른 의미에서 그리스도인은 씨 뿌리는 자입니다. 어떤 면에서 그리스도인은 하나님께서 심으신 씨앗입니다. 큰 추수 때까지 자라고 익으며 커지게 되어 있는 씨앗입니다. 또 다른 의미에서 그리스도인은 모두가 선한 씨앗을 심도록 세상에 보냄을 받은 씨 뿌리는 자입니다. 나는 그리스도인들이 좋은 씨앗만 뿌린다고 말하지 않습니다. 때때로 방심하는 순간에 그리스도인들이 밀을 손에 쥐는 것이 아니라 마늘을 쥐는 경우가 있습니다. 그래서 알곡 대신에 가라지를 뿌릴 수가 있습니다. 그리스도인들이 실수하는 때가 있고, 하나님께서는 때때로 자기 백성들이 넘어지도록 두시므로 그들이 죄를 뿌리게 됩니다. 그러나 그리스도인이 자기 죄를 거두어들이지는 않습니다. 그리스도께서 그를 대신하여 그의 죄를 거두어들이시기 때문입니다. 그리스도인이 죄의 쓴 잎으로 물을 달이지 않을 수 없는 경우가 종종 있지만, 그 결과를 거두어들이지는 않습니다. 그리스도께서 그 형벌을 담당하신 것입니다. 여러분과 내가 하나님께 죄를 지으면, 하나님께서 우리 죄에서 우리 입맛에 쓴 요소를 제거하시리라는 것을 명심하시기 바랍니다. 비록 하나님께서 우리가 죄의 열매들을 먹게 만드시지는 않을지라도, 죄에 대해서 슬퍼하고 회개하도록 만드실 것입니다. 그러나 앞에서 말하였듯이, 그리스도인은 선한 씨앗을 뿌리는 일을 해야 합니다. 그리고 선한 씨앗을 뿌리면, 영광스러운 수확을 거둘 것입니다.

이런저런 의미에서 그리스도인이 씨앗을 뿌리고 있는 것은 틀림없는 사실입니다. 하나님께서 한 그리스도인을 목회로 부르시면, 그는 씨 뿌리는 자입니다. 하나님께서 그를 주일학교 선생으로 부르신다면, 그는 씨 뿌리는 자입니다. 그의 직분이 무엇이든, 그는 씨 뿌리는 자입니다. 나는 이 광대한 온 들판에 두루두루 씨를 뿌립니다. 나는 내 씨가 어디로 가는지 알 수 없습니다. 어떤 사람들은 메마른 땅과 같습니다. 그들은 내가 뿌리는 씨를 받아들이지 않습니다. 사람이 그렇게 한다면 나는 어쩔 수가 없습니다. 나는 하나님의 종으로서 하나님께 대해서만 책임을 집니다. 그런가 하면 또 다른 사람들이 있습니다. 내 씨가 그들에게 떨어져 조금 열매를 내놓습니다. 그러나 얼마 있지 않아 해가 떠오르면, 핍박 때문에 그들은 시들고 죽습니다. 그러나 하나님께서 준비하신 좋은 땅과 같은 사람들이 많이 있다고 나는 생각합니다. 내가 씨를 넓게 뿌리면, 씨가 좋은 땅에 떨어져 풍성한 수확의 열매를 내놓습니다. 아, 목사는 이 세상에서도 영혼들이 회심하는 것을 볼 때 즐거운 수확을 거두게 됩니다. 내가 양 떼를 인도하여 세례의 씻음을 받게 하였을 때, 하나님의 백성들이 이 세상 무리들에서 나와 주님께서 자기 영혼을 위해 행하신 바를 이야기하였을 때 나는 수확기를 누린 것입니다. 하나님의 자녀들이 교훈을 받고 개조될 때, 한 영혼을 구원하는 수단이 되는 것은 그것을 위해서 살 만한 가치가 있고, 그것을 위해서 천 번도 죽을 만한 가치가 있는 일입니다. 하나님께서 우리에게 열 명씩, 백 명씩 회심한 영혼들을 주실 때, 그와 같이 구원받을 자들을 교회에 풍성하게 더해 주실 때, 그것은 참으로 즐거운 추수입니다!

이제 나는 한 해의 이 절기를 맞은 농부와 같습니다. 나는 많은 밀을 수확하여 광에 넣어두려고 합니다. 비가 와서 수확물이 망치게 될까 염려하기 때문입니다. 내가 많은 사람들을 수확했다고 믿습니다. 그런데 그들이 들판에 그대로 있으려고 고집합니다. 나는 그들을 광에 들여놓고 싶습니다. 그들은 좋은 사람들입니다. 그러나 그들은 신앙을 고백하고 교회에 가입하는 것을 좋아하지 않습니다. 나는 그들을 주님의 곡물창고에 들여놓고 싶고, 그리스도인들이 교회에 가입하는 것을 보기를 원합니다. 나는 어떤 사람들이 고개를 숙이며 "저 사람은 우리를 들여보내려고 해"라고 말하는 것을 봅니다. 그렇습니다. 나는 그렇게 하려고 합니다. 여러분은 이 일이 있기 전에 그리스도의 교회에 가입했어야 합니다. 여러분이 이 땅에서 그리스도의 작은 곡물 창고에 거두어들여지는데 적합하지 않는 한, 하늘에 있는 큰 곡물 창고에 거두어들여지기를 기대할 권한이 전혀 없습니다.

그리스도인마다 나름대로 수확을 거둡니다. 주일학교 선생님은 그 나름대로 수확을 거둡니다. 주일학교 선생님은 가서 수고하며 종종 돌이 많은 땅을 갑니다. 그러나 그는 수확을 거둘 것입니다. 아, 애쓰는 주일학교 선생님이여, 그대는 아직 열매를 보지 못하였습니까? 여러분은 "우리가 전한 것을 누가 믿었느냐 여호와의 팔이 누구에게 나타났느냐"(사 53:1)고 말합니까? 기운을 내십시오. 여러분이 선한 목적을 위해서 애쓰고 있으니, 틀림없이 여러분의 수고를 명예롭게 할 사람들이 있을 것입니다. 여러분의 수고로 회심한 어린이가 아무도 없었습니까? 두려워하지 마십시오.

"비록 씨앗이 땅 속에 오래 묻혀 있을지라도
그 씨앗이 여러분의 희망을 배반하지 않을 것이라
그 귀한 알곡이 결코 그냥 사라지지 않을 것이라
하나님께서 수확을 보증하시기 때문이라."

지금도 계속해서 씨를 뿌리십시오. 그러면 여러분은 아이들이 회심하는 것을 볼 때 수확을 거두게 될 것입니다. 내가 알고 있는 주일학교 선생님들 가운데는 아이들이 차례로 와서 주 예수 그리스도를 알고 교회에 가입한 아이들을 십여 명, 스무 명, 삼십 명이나 둔 사람들이 있습니다. 살면서 땅에서 그 수확을 보지 못한다면, 여러분은 자신의 노동에 대해 책임이 있을 뿐 성공에 대한 책임은 없다는 점을 기억하시기 바랍니다. 지금도 씨를 뿌리고, 계속해서 수고하도록 하십시오! "너는 네 떡을 물 위에 던져라 여러 날 후에 도로 찾으리라"(전 11:1). 하나님께서는 그분의 말씀이 낭비되는 것을 허용하려고 하시지 않습니다. 하나님의 말씀은 헛되이 하나님께로 돌아오지 않고 하나님께서 기뻐하시는 일을 성취할 것입니다. 종종 슬퍼했던 불쌍한 한 어머니가 있을 수 있습니다. 그녀에게 아들 하나와 딸 하나가 있는데, 그녀는 하나님께서 두 영혼을 회심시켜 주시기를 항상 기도하였습니다. 어머니여, 그대의 아들은 여전히 다루기 힘든 소년입니다. 그가 그대의 마음을 슬프게 하고, 지금도 그 아들 때문에 뜨거운 눈물이 그대의 뺨을 적십니다. 아버지여, 그대는 그 아들을 여러 번 훈계하였습니다. 그는 고집 센 아들입니다. 그는 지금도 내리막길을 달려가고 있습니다. 그럴지라도 기도하기를 그치지 마십시오! 어버이인 형제자매 여러분, 여러분이 수확을 거둘 날이 있을 것입니다!

일찍이 한 소년이 있었습니다. 부모의 지도를 듣지 않는 죄 많은 아이였습니다. 그러나 그의 어머니는 그를 위해 기도하였고, 이제 그는 매주 이 강단에 서서 이 회중에게 설교합니다. 그 어머니는 그녀의 장남이 복음을 전하는 것을 생각할 때, 영광스러운 추수를 거두고 있는 것입니다. 이 추수로 인해 그녀는 기쁜 여인이 됩니다. 자, 아버지 어머니들이여, 여러분도 그와 같은 경우가 될 수 있습니다. 현재 여러분의 자녀들이 아무리 나쁘게 행동할지라도, 계속해서 은혜의 보좌 앞에 나아가십시오. 그러면 여러분은 추수를 거두게 될 것입니다. 어머니여, 여러분은 그대의 아들이 복음 사역자가 되고, 여러분의 딸이 복음을 가르치고 하나님의 대의를 위해서 봉사하는 것을 볼 때 기뻐하지 않으시겠습니까? 하나님께서는 여러분에게 기도하도록 하시면서 여러분의 기도를 듣지 않는 일은 하시지 않으실 것입니다.

젊은이여, 그대의 어머니는 오랜 동안 그대를 위해 씨름해 오고 있습니다. 그런데 그대의 어머니는 아직 그대의 영혼을 얻지 못했습니다. 여러분은 어떻게 생각합니까? 그대는 어머니에게서 추수를 빼앗고 있는 것입니다. 여러분은 어머니가 오두막집 옆에 단단한 땅 한 뼘을 가지고 있어서 거기에 밀을 조금 뿌렸다면, 여러분은 가서 그 밀을 불살라 버리겠습니까? 그대의 어머니가 정원에 아주 아름다운 꽃 한 송이를 길렀다면, 여러분은 가서 그 꽃을 발로 밟아버리겠습니까? 그런데 여러분은 불량한 자의 길을 계속 걸어감으로써 부모에게서 추수를 빼앗고 있습니다. 마음이 완고해서 회심하지 않고 있는 아들과 딸들 때문에 울고 있는 부모들이 있을 것입니다. 오, 하나님이시여, 그들의 마음을 돌이켜 주소서! 어머니가 눈물로 닦은 길을 넘고, 아버지의 책망에 걸려 넘어지며, 아버지와 어머니의 탄식하는 기도 소리를 듣고서 하나님께서 길에 놓으신 것들을 밟고서 지옥으로 가는 그 사람의 파멸은 끔찍하기 때문입니다. 감히 그런 일을 하려고 하는 사람을 하나님께서 도와주소서! 하나님께서 그런 자를 도우신다면, 그것은 놀라운 은혜입니다.

여러분은 지금 무엇을 하고 있든지, 그대로 거둘 것입니다. 나는 여러분 모두가 무슨 일인가 행하고 있다고 생각합니다. 여러분이 특별히 무슨 일을 하고 있는지 알 수 없을지라도, 나는 여러분 모두가 어떤 방식으로 하나님을 섬기고 있다고 믿습니다. 여러분은 지금 무엇을 뿌리고 있든지 틀림없이 그것을 거둘 것입니다. 그러나 최악의 경우를 생각해 보십시오. 만일 여러분이 이 세상에 살면서 그 추수를 보지 못한다면, 천국에 이를 때 거두게 될 것입니다. 여러분이 이 세상에서 살다가 낙망한 채로 죽을지라도 다음 세상에서는 낙망하지 않을 것입니다. 나는 하나님 백성들 가운데 어떤 이들이 천국에 이를 때 얼마나 놀라게 될까를 생각합니다. 그들은 자기 주님을 뵐 것이고, 주께서 그들에게 면류관을 주실 것입니다. "주여, 무엇 때문에 이 면류관을 주시나이까?" "그 면류관은 네가 내 제자들 중 한 명에게 냉수 한 그릇을 주었기 때문에 주는 것이다." "뭐라고요! 냉수 한 그릇 때문에 면류관을 주신다고요?" 그러면 주님께서는 이렇게 말씀하십니다. "그렇다. 그것이 내가 내 종들에게 지불하는 방식이다. 먼저 나는 내 종들에게 냉수 한 그릇을 주는 은혜를 준다. 그 다음에 그들에게 은혜를 베풀고 나서는, 그들에게 면류관을 준다."

"하나님께는 기이한 은혜가 있습니다." 후하게 뿌리는 자는 후하게 거둘 것입니다. 인색하게 뿌리는 자는 조금밖에 거두지 못할 것입니다. 천국에도 슬픔이 있을 수 있다면, 그리스도인들 가운데 아주 조금밖에 뿌리지 않은 사람들의 슬픔이 있을 것이라고 생각합니다. 어쨌든, 우리 대부분은 아주 조금밖에 뿌리지 않습니다! 나는 내가 할 수 있는 것에 비해 아주 조금밖에 뿌리지 않은 것을 압니다. 여러분 가운데 어떤 이들도 아주 조금밖에 뿌리지 않습니다! 여러분이 금년에 하나님께 얼마나 많이 드렸는지 합해 보십시오. 그것이 아주 조금밖에 되지 않을까 걱정입니다. 여러분이 심는 대로 거둔다는 사실을 기억하시기 바랍니다. 친구 여러분, 여러분 가운데 여러분이 알갱이 하나 심은 것에 대해 하나님께서 갚으실 때 참으로 놀라게 될 사람들이 있을 것입니다. 천국의 토양은 비옥하기 짝이 없습니다. 농부가 천국에 있는 것과 같은 땅을 가졌다면, 그는 "아주 넓디넓은 땅이라도 틀림없이 씨를 뿌릴 것이다"고 말할 것입니다. 그와 같이 우리는 노력합시다. 우리가 많이 심으면 심을수록 천국에서 그 만큼 더 많이 거둘 것이기 때문입니다. 그러나 그것이 모두 은혜에서 나오는 것이지 빚이 아니라는 점을 기억하시기 바랍니다.

사랑하는 여러분, 이제 나는 세 번째 즐거운 추수에 대해서는 아주 서둘러서 말해야 하겠습니다. 우리는 그동안 들판의 추수를 다루었고, 그리스도인의 추수에 대해 이야기했습니다. 이제 우리는 또 다른 추수를 대하게 되는데, 그것은 그리스도의 추수입니다.

그리스도께는 씨를 뿌리는 때가 있었습니다. 그것은 참으로 힘들게 뿌린 때였습니다! 그리스도는 좋은 씨앗을 가지고 나간 사람이셨습니다. 아, 나는 그리스도께서 세상에 씨를 뿌리는 모습을 그려봅니다! 주님께서는 눈물로 씨를 뿌리셨습니다. 피를 흘리며 씨를 뿌리셨습니다. 주님은 한숨과 함께 뿌리셨고, 마음의 고통과 함께 씨를 뿌리셨습니다. 마침내 주님께서는 영광스러운 수확의 씨앗이 되고자 자신을 땅에 뿌리셨습니다. 주님께서 씨를 뿌리신 일은 참으로 놀라운 것이었습니다! 그는 눈물로 씨를 뿌리셨고, 가난 가운데서 뿌리셨고, 동정으로 뿌리셨으며, 슬픔과 고뇌와 고통 가운데서 뿌리셨으며, 죽음 가운데서 뿌리셨습니다. 그는 또한 추수도 거둘 것입니다. 주님의 이름을 찬미합시다. 여호와께서 그것을 보증하십니다. 전능자의 영원한 예정을 따라 그리스도께서 추수를 거둘 것이 정해졌습니다. 그리스도께서 씨를 뿌리셨으니 거둘 것입니다. 주께서 흩으셨으니 또한 모으실 것입니다. "그가 씨를 보게 되며 그의 날은 길 것이요 또 그의 손으로 여호와께서 기뻐하시는 뜻을 성취하리로다"(사 53:10).

친구 여러분, 그리스도께서 추수를 거두기 시작하셨습니다. 그렇습니다. 회심한 영혼은 모두가 그리스도의 상급의 한 부분입니다. 주님께 가는 사람은 누구나 그의 상급의 한 부분입니다. 더러운 진흙 구덩이에서 나와 왕의 대로를 걷는 사람은 누구나 그리스도의 수확물의 일부분입니다. 그러나 그리스도께서는 아직 더 추수할 것이 있습니다. 마지막 날에 또 한 번 추수가 있을 것입니다. 그 때 주께서 한 번에 큰 추수를 거둘 것이고, 곡식단들을 그리스도의 곡물 창고에 모아들일 것입니다. 지금은 사람들이 하나씩, 둘씩, 셋씩 그리스도에게로 옵니다. 그러나 그때는 사람들이 떼로 몰려올 것이고, 그래서 교회가 "비둘기들이 그 보금자리로 날아가는 것 같이 날아오는 자들이 누구냐"(사 60:8)고 말할 것입니다.

시간이 더 이상 지속되지 않을 때 더 큰 추수가 있을 것입니다. 요한계시록 14:13을 봅시다. "또 내가 들으니 하늘에서 음성이 나서 이르되 기록하라 지금 이후로 주 안에서 죽는 자들은 복이 있도다 하시매 성령이 이르시되 그러하다 그들이 수고를 그치고 쉬리니 이는 그들의 행한 일이 따름이라 하시더라." "또 내가 보니 흰 구름이 있고 구름 위에 인자와 같은 이가 앉으셨는데 그 머리에는 금 면류관이 있고 그 손에는 예리한 낫을 가졌더라 또 다른 천사가 성전으로부터 나와 구름 위에 앉은 이를 향하여 큰 음성으로 외쳐 이르되 당신의 낫을 휘둘러 거두소서 땅의 곡식이 다 익어 거둘 때가 이르렀음이니이다 하니 구름 위에 앉으신 이가 낫을 땅에 휘두르매 땅의 곡식이 거두어지니라"(14:14-16). 그것은 그리스도의 추수였습니다. 한 가지 특별한 점만을 봅시다. 그리스도께서 들판의 작물을 거두러 오실 때, 면류관을 가지고 오십니다. 면류관을 쓰신 그 추수꾼 앞에 열방들이 함께 모입니다.

> "그들이 왔도다, 그들이 왔도다. 포로로 잡혀간 그들이,
> 그들이 어디서 쉬든지 혹 어디서 방랑하든지
> 먼 땅에서 주님의 목소리를 듣고
> 서둘러 자기 집으로 왔도다."

하나님 앞에 큰 군대가 서 있습니다. 그 다음에 면류관을 쓴 추수꾼이 하나님의 보좌에서 내려오십니다. 그 추수꾼께서 날카로운 낫을 들고 곡식을 한 단 한 단 거두어 하늘의 창고로 가져가십니다. 우리 자신에게 이것을 물어봅시다. 우리는 주님의 밀로서 이 단들 가운데 있을 것인가를 말입니다.

다시 한번 말씀드리지만, 첫 번째 추수가 있었습니다. 그 다음에 포도 수확기가 있습니다. 그 추수는 의로운 추수입니다. 악인들을 거두어들일 때 천사가 그들을 거둡니다. 그러나 그리스도께서 천사에게 의인들을 거두어들이는 일을 맡기시지 않습니다. "구름 위에 앉으신 이가 낫을 땅에 휘두르매"(계 14:16). 내 영혼아, 네가 죽게 될 때 그리스도께서 친히 너를 찾으러 오실 것이다. 네가 베어질 때 보좌에 앉으신 이가 할 수 있는 대로 아주 쉽게 벨 수 있도록 매우 날카로운 낫으로 너를 베실 것이다. 그리스도께서 친히 추수하시는 자가 될 것입니다. 성도들의 왕이신 그리스도 외에 어떤 자도 그리스도의 성도들을 거두어들이도록 허락받지 못할 것입니다. 선택 받은 모든 인류가, 그들 가운데 한 사람 한 사람이 거두어들여질 때, 즐거운 추수가 되지 않겠습니까? 거기에는 그동안 밭

두렁 어딘가에서 자란, 작고 메마른 알곡이 하나 있습니다. 천국에 그런 알곡이 있을 것입니다. 그런가 하면 무거운 알곡이 잔뜩 달려 고개를 숙이고 있는 것들도 아주 많이 있습니다. 천국에는 그런 이들도 있을 것입니다. 이들 모두가 거두어들여질 것입니다.

> "주님의 명예는 그의 양들 가운데 지극히 천한 자라도
> 구원하시는 일에 있네.
> 주님의 천부께서 모든 자를
> 굳게 붙드셨네."

2. 이제 우리는 천국에서 보는 슬픈 추수를 살펴보아야 하겠습니다.

슬프게도, 세상은 한때 바람의 신 에올루스의 하프와 같았습니다. 바람이 그 하프에 불 때마다 음악이 흘러나왔습니다. 이제는 그 줄이 전혀 조율되어 있지 않습니다. 줄들은 온통 불협화음을 냅니다. 그래서 우리에게 즐거운 선율이 있어도 그 하프에서는 낮고 슬픈 음을 들을 수밖에 없습니다.

첫 번째로 슬픈 추수는 죽음의 추수입니다. 우리 모두가 살고 있는데, 무엇을 위해서 살고 있습니까? 무덤에 가기 위해서 살고 있는 것입니다. 나는 때때로 앉아서 이런 공상을 하였습니다. 나는 생각했습니다. 사람, 그는 어떤 존재인가? 사람은 한창 때에 이르기까지 자라고 또 자랍니다. 사람이 마흔다섯 살이 되면, 하나님께서 그때까지 살려두신다면, 그는 아마도 그때 인생의 절정에 이르렀을 것입니다. 그 다음에 그는 무엇을 합니까? 그는 그 위치에 잠시 있다가 다음에는 언덕을 내려옵니다. 그가 계속해서 산다면, 무엇을 위해서 삽니까? 죽기 위해서 삽니다. 세상에서 그렇듯이 70세까지 살지 못할 가능성이 많이 있습니다. 그가 아주 일찍 죽을 수도 있습니다. 우리 모두는 죽기 위해서 사는 것이 아닙니까? 그러나 사람들이 익기 전에는 아무도 죽지 않을 것입니다. 사망은 그의 작물이 익기도 전에 거두지 않습니다. 그의 작물이 익을 때까지는 베지 않습니다. 악한 자들이 죽는데, 그들이 죽을 때는 언제나 지옥에 들어가기에 알맞게 익은 상태입니다. 의인들이 죽는데, 그들이 죽을 때는 언제나 천국에 들어가기에 알맞게 익은 상태입니다. 천국에는 저 불쌍한 강도가 있습니다. 그는 아마도 죽기 한 시간 전까지 예수님을 믿지 않았을 것입니다. 그러나 죽을 때 그는 70세 먹은

성도만큼 익어 있었습니다. 사망, 곧 추수꾼이 올 때는 언제든지 성도는 영광에 들어갈 준비가 되어 있습니다. 악인들은 하나님께서 그들을 부르러 천사를 보내실 때는 언제든지 지옥에 들어가기에 알맞게 익어 있습니다.

오, 위대한 추수꾼이시여, 그는 세상을 쓸어버리시고, 수백 명, 수천 명을 베어버리십니다. 그 일이 아주 조용히 이루어집니다. 사망은 움직일 때 전혀 소리를 내지 않습니다. 사망은 벨벳으로 발을 감싸고 이 땅을 밟고 갑니다. 사망은 쉬지 않고 베는 자입니다. 아무도 그에게 저항할 수 없습니다. 그는 저항할 수 없는 존재입니다. 그는 베고 또 베며 사람들을 자릅니다. 때로 그는 멈추고서 낫을 갑니다. 그는 낫을 피에 담그고, 그 다음에는 사람들을 전쟁으로 베어 넘깁니다. 그 다음에는 콜레라라는 숫돌에 낫을 간 다음에 어느 때보다도 많은 사람들을 베어 버립니다. 여전히 그는 소리칩니다. "더 베자! 더! 더!" 그 일은 끊임없이 계속됩니다! 놀라운 추수꾼이여! 놀랍게 베는 자여! 아, 그가 나를 거두러 올 때 나는 그에게 저항할 수 없습니다. 나도 다른 사람들처럼 베여 넘어질 수밖에 없기 때문입니다. 그가 올 때 나는 그에게 할 말이 아무것도 없기 때문입니다. 옥수수 잎처럼 나는 까딱도 하지 않고 서 있어야 합니다. 그는 틀림없이 나를 베어 넘어뜨릴 것입니다. 아, 내가 당신의 낫을 받아들일 수 있도록 준비되기를 바랍니다! 주님께서 내 곁에 서서 나를 위로하고 격려해 주시기를 바랍니다. 내가 사망이 생명의 천사임을 발견하고, 사망이 천국의 문이며, 영광의 입구라는 것을 발견하기를 바랍니다!

두 번째 슬픈 추수가 있는데, 그것은 악한 자가 거두어들여야 하는 추수입니다. 성령의 목소리는 이렇게 말합니다. "사람이 무엇으로 심든지 그대로 거두리라"(갈 6:7). 자, 악한 자가 이 세상에서 거두지 않을 수 없는 추수가 있습니다. 사람은 누구든지 자기 몸에 대해 죄를 지으면서 거기에 대한 추수를 반드시 거두게 됩니다. 한 젊은이가 말합니다. "나는 죄를 지었지만 벌을 받지 않았습니다." 잠깐, 젊은이여! 병원에 가서 환자들이 고통 가운데 몸부림치는 것을 보기 바랍니다. 비틀거리면서도 뽐내는 저 가엾은 사람을 보십시오. 그대에게 말합니다. 당신의 행동을 그치십시오! 당신이 저 사람처럼 되면 안 되니까 말입니다. 지혜가 그대에게 멈추라고 명령합니다. 멈추지 않으면 그대의 발걸음이 결국 지옥으로 내려가기 때문입니다. 여러분이 창기의 집에 들어가면 그에 대한 추수를 거둘 것입니다. 사람이 자기 동료들에게 죄를 지으면 거두는 추수가 있습니다. 자기 동료 피조물에게 죄를 짓는 자는 그에 대한 추수를 거둘 것입니다. 어떤 사람들은 뒤꿈치에 박차를 단 것처럼 성급하게 세상을 지나가는 사람들이 있습니다. 그들은 자기들이 원하는 사람들을 짓밟을 수 있다고 생각합니다. 그러나 그들은 그 생각이 틀렸다는 것을 발견할 것입니다. 다른 사람들에게 죄를 짓는 사람은 자기 자신에게 죄를 짓는 것입니다. 그것이 자연입니다. 사람이 자기 동료에게 상처를 주면 반드시 자신에게 상처를 주게 되어 있는 것이 자연의 법칙입니다. 자, 다른 사람 마음에 슬픔을 일으키는 여러분, 여러분은 그 슬픔이 거기에서 끝이 날 것이라고 생각하지 마십시오. 여러분은 거기에서도 추수를 거두게 될 것입니다.

다시 말하지만, 사람이 자기 재산에 대해 죄를 범하면 반드시 거기에 대한 결과를 거두게 될 것입니다. 금을 쌓아두는 인색한 사람은 자신의 금에 대해 죄를 짓는 것입니다. 그 금이 부식되고, 그러면 그런 금화로부터 여러분은 추수를 거두지 않을 수 없을 것입니다. 그렇습니다. 밤에 앉아서 피곤한 눈을 부릅뜨고 금화를 세고 있는 인색한 사람, 그는 자기 추수를 거둡니다. 주색으로 재산을 탕진하는 젊은이도 그렇습니다. 그는 자신의 모든 재산이 바닥이 났을 때 추수를 거두게 될 것입니다. 방탕한 그 아들에 대해 "그에게 주는 자가 없는지라"(눅 15:16)고 하였습니다. 그가 한때 대접했던 사람들 가운데 그에게 무엇인가 주는 사람은 아무도 없었습니다. 그와 같이 방탕한 사람은 그런 사실을 발견하게 될 것입니다. 그에게 무엇이라도 줄 사람이 아무도 없을 것입니다.

아, 그러나 최악의 추수는 그리스도의 교회에 대해 죄를 짓는 사람들이 거두는 추수일 것입니다. 나는 사람이 자기 몸에 대해 죄를 짓지 않으면 좋겠습니다. 사람이 자기 재산에 대해 죄를 짓지 않으면 좋겠습니다. 사람이 자기 동료들에 대해 죄를 짓지 않으면 좋겠습니다. 그러나 무엇보다 나는 사람이 그리스도의 교회를 건드리지 않으면 좋겠습니다. 하나님 백성 가운데 한 사람을 건드리는 사람은 하나님의 눈동자를 건드리는 것입니다. 나는 어떤 사람들이 하나님의 종들에게서 과실을 찾았다는 글을 읽었을 때, '나는 그렇게 하지 않을 것이다' 하고 속으로 생각했습니다. 어떤 사람의 자녀들을 나쁘게 말하는 것이야말로 사람에게 주는 최대의 모욕입니다. 여러분이 하나님의 자녀들을 나쁘게 말하면, 그에 대해 영원한 형벌로 보응받을 것입니다. 하나님의 가족 가운데 하나님께서 사랑하시지 않는 사람은 한 사람도 없습니다. 여러분이 하나님의 가족들 가운데 한 사람을 건드리면 하나님께서 여러분에게 보복하실 것입니다. 그 사람의 자녀를 건드리는 것만큼 사람을 화나게 만드는 것은 없습니다. 여러분이 하나님의 교회를 건드리면 모든 것 가운데 가장 무서운 보복을 당할 것입니다. 지옥의 가장 뜨거운 불길은 하나님의 자녀들을 건드리는 자들을 위한 것입니다. 죄인이여, 원한다면 계속해서 신앙을 비웃으십시오. 그러나 그것이 모든 죄악의 목록에서 가장 사악한 죄임을 알기 바랍니다. 하나님께서는 그 어떤 죄도 그보다는 빨리 용서하실 것입니다. 그것이 용서할 수 없는 죄는 아니지만, 그 죄에 대해 회개하지 않으면 지극히 두려운 형벌을 받을 것입니다. 하나님께서는 자기의 택하신 자들을 누가 건드리는 것을 참으시지 못합니다. 여러분이 건드린다면, 여러분은 가장 큰 죄악을 범하는 것입니다.

세 번째 슬픈 추수는 전능하신 하나님의 진노의 추수입니다. 그때는 마침내 악인들이 거두어들여집니다. 요한계시록 14장에서 여러분은 땅의 포도나무가 하나님의 진노의 포도즙 틀에 던져진 것을 볼 것입니다. 그 후에 성 밖에서 포도즙 틀이 밟히니, 피가 나와서 말의 굴레까지 차올랐습니다. 이는 하나님의 진노를 표현하는 놀라운 비유입니다! 그렇다면, 우리 몸이 포도처럼 던져지는 큰 포도즙 틀을 생각해 보십시오. 그리고 어떤 거인이 와서 우리 모두를 발로 밟습니다. 그것이 이 비유의 요점입니다. 악인들이 던져져 발에 밟힐 것인데, 그 피가 흘러나와 말의 굴레에 이르기까지 밟히리라는 것입니다. 지극히 큰 자비의 하나님께서 여러분과 내가 이 두려운 추수를 당하도록 거두어들여지지 않게 하여 주시기를 구합니다. 그보다는 우리가 하나님의 성도들 가운데 있는 것으로 기록되도록 하여 주시기를 구합니다!

여러분이 낙심하지 않는다면 때가 되어 추수를 하게 될 것입니다. 형제여, 계속해서 씨를 뿌리십시오. 자매여, 계속해서 씨를 뿌리십시오. 머지않아 여러분은 풍성한 추수를 거둘 것입니다. 여러분이 오랫동안 뿌린 씨가 싹이 트지 않았다면, 한 가지 사실을 말씀드리겠습니다. 나는 한때 이런 이야기를 들었습니다. “여러분이 정원에 씨를 뿌릴 때 씨를 하룻밤 동안 적은 물에 담가두십시오. 그러면 씨들이 훨씬 더 잘 자랄 것이다.” 그와 같이 여러분이 여러분의 씨를 눈물에 담가서 뿌려왔다면, 그로 인해 여러분의 씨가 더 잘 싹이 틀 것입니다. “눈물을 흘리며 씨를 뿌리는 자는 기쁨으로 거두리로다”(시 126:5). 여러분의 씨를 눈물에 담그십시오. 그 다음에 씨를 땅에 심으면, 여러분은 기쁨으로 거둘 것입니다. 어떤 새도 그 씨를 삼킬 수 없고, 그 씨를 입에 물고 있을 수 없습니다. 어떤 벌레도 그 씨를 먹을 수 없습니다. 벌레들은 눈물로 뿌린 씨를 먹지 않기 때문입니다. 자, 출발하십시오. 여러분이 많이 울 때, 그때가 씨를 뿌리기 가장 좋은 때입니다. 지극히 낙심하고 있을 때, 여러분은 최선을 다하고 있는 것입니다. 여러분이 기도회에 와서 할 말이 하나도 없을지라도, 계속해서 기도하십시오. 기도하기를 포기하지 마십시오. 여러분이 기도를 가장 잘 못한다고 생각할 그때에 가장 잘 기도하는 경우가 종종 있기 때문입니다. 계속해서 씨를 뿌리십시오. 여러분이 낙심하지 않으면 머지않아 하나님의 크신 은혜로 거둘 것이기 때문입니다.

제
7
장
—

사무엘: 중보 기도의 모범

—

"나는 너희를 위하여 기도하기를 쉬는 죄를 여호와 앞에 결단코 범하지 아니하고 선하고 의로운 길을 너희에게 가르칠 것이라." — 삼상 12:23

우리 동료 인간들을 위해 기도하도록 허락받는 것은 대단히 큰 특전입니다. 각 사람의 경우에 기도는 필연적으로 개인적인 청원으로부터 시작할 수밖에 없습니다. 그 자신이 하나님께 받아들여지기 전에는 다른 사람들을 위한 중보자로 활동할 수 없기 때문입니다. 그리고 이 점에 중보 기도의 미점이 얼마간 있습니다. 왜냐하면 중보 기도는 그 기도를 바르게 드리는 사람이 내적 은혜를 받았다는 표지이고, 주님에게서 오는 미덕을 보여주는 표시이기 때문입니다. 여러분의 왕께서 여러분이 친구를 위하여 주님께 한 마디라도 할 수 있도록 허락하실 때 그 왕께서 여러분을 사랑하신다는 것을 확신할 수 있을 것입니다. 마음이 넓어져서 다른 사람들을 위한 탄원을 믿게 되면, 하나님께서 자기 개인을 받아들이셨다는 것에 대한 모든 의심이 그칠 수 있습니다. 우리에게 사랑하라고 격려하시는 주님께서 우리에게 그 사랑을 주신 것이 확실합니다. 그러니 우리가 하나님의 은혜에 대해 그 이상의 어떤 증거를 바라겠습니까? 우리가 자신에 대한 편협한 불안에서 나와 형제의 영혼을 위한 염려라는 넓은 영역에 들어갔을 때, 그것은 우리 자신의 구원에 대한 염려에 주어지는 선금(先金)과 같은 것입니다. 자신의 중보 기도에 대한 응답으로 다른 사람들이 복을 받고 구원받는 것을 본 사람은 그 사실을 하나님의 사랑의 보증으로 여기고 하나님의 은혜에 기뻐할 수 있습니다. 그러한 기도는 우리 자신을 위한 어떤 청원보다 높이 올라갑니다. 왜냐하면 주님께 은혜를 많이 받은 사람만이 감히 다른 사람들을 위해서 기도할 수 있기 때문입니다.

또한 중보 기도는 그 사람의 마음이 넓어졌음과 사랑의 정신에 참여했음과 그리스도를 더욱 닮아간다는 것을 보여줍니다. 주변에 있는 사람들의 유익을 간절히 열망한다는 것은 우리가 동료 인간들에 대해 바른 입장을 취하기 시작하고 있으며, 더 이상 우리 자신이 인생의 유일한 목적이고 목표인 것처럼 살지 않고 있음을 보여주는 것입니다. 중보 기도는 그리스도와 교제를 나누는 행위입니다. 왜냐하면 예수님께서 사람의 아들들을 위해 탄원하시기 때문입니다. 그리스도께서 자기 백성을 위해 기도하시는 것은 그의 제사장적 직무의 하나입니다. 그리스도께서는 이 목적을 위해 하늘에 오르셨고, 휘장 안에서 계속해서 이 직무를 수행하십니다. 우리가 동료 죄인들을 위해서 기도할 때 우리는 범죄자들을 위하여 기도하신 우리의 거룩한 주님과 같은 심정을 품는 것입니다. 내가 지난 주일 아침에 설교한 놀라운 본문인 "내게 구하라 내가 이방 나라를 네 유업으로 주리라"(시 2:8)는 말씀을 기억하는 것이 좋습니다. 우리가 사람들의 회심을 위해 기도하고 있을 때 우리는 그리스도께 구하고 있고, 그리스도와 함께 구하고 있는 것입니다. 그리고 이 점에서 우리는 그리스도와 사귐을 갖는 것입니다.

중보 기도를 받는 사람들에게는 그런 중보 기도가 종종 말로 다할 수 없이 가치가 있습니다. 우리 가운데서 회심의 뿌리를 캐보면 어떤 경건한 사람들의 기도 덕분인 것을 발견하는 사람들이 많이 있습니다. 아주 많은 경우에 부모의 기도는 젊은이들을 그리스도께로 데려오는데 효력이 있었습니다. 그리고 그보다 더 많은 경우에 기도하는 교사들, 기도하는 친구들, 기도하는 목사들을 인해서 하나님을 찬미하지 않을 수 없을 것입니다. 침대에만 누워 있을 수밖에 없는 무명의 사람들이 하나님께 대한 끊임없는 탄원으로 말미암아 수백 명의 사람들을 구원하는 수단이 되는 경우가 종종 있습니다. 이 기념책이 펼쳐지면, 이 숨은 사람들, 곧 그리스도인들 대중은 거의 생각하지도 않았던 이들의 가치가 드러날 것입니다. 몸이 근육과 얽혀 있는 신경들, 정맥들로 짜여 있듯이, 그리스도의 전체 몸도 상호간의 기도로 말미암아 살아있는 통일체로 변화됩니다. 전에는 다른 사람들이 우리를 위해 기도했는데, 이제는 우리가 다른 사람들을 위해 기도합니다. 죄인들의 회심뿐만 아니라 성도들의 복지와 보존, 성장, 위로와 유용성이 형제들의 기도에 의해 풍성해집니다. 그래서 사도와 같은 사람들이 "형제들아 우리를 위하여 기도하라"(살전 5:25)고 외쳤습니다. 사랑을 체현했다고 할 수 있는 사도는 "병이 낫기를 위하여 서로 기도하라"(약 5:16)고 하였습니다. 우리의 크신 주님이시요 머리이신 그리스도께서는 아버지 하나님께서 자기에게 주신 자들을 위한 비길 데 없는 기도를 드리시는 것으로 지상 사역을 마감하셨습니다.

중보 기도는 중보 기도를 드리는 사람에게 유익이 되고, 다른 어떤 은혜의 수단보다도 위로를 더 잘 전달하는 통로가 되는 경우가 많습니다. 하나님은 욥이 친구들을 위해 기도하였을 때 그의 속박을 풀어주셨습니다. 중보 기도가 그 기도의 대상에게 효력을 발휘하지 못하는 경우에도 그 기도는 나름의 결과를 거둡니다. 다윗은 자신이 적들을 위해 기도하였다고 말합니다. 그는 시편 35:13에서 "나는 그들이 병들었을 때에 굵은 베 옷을 입으며 금식하여 내 영혼을 괴롭게 하였다"고 말하며, "내 기도가 내 품으로 돌아왔도다"고 덧붙입니다. 그는 노아의 비둘기처럼 중보 기도를 드렸습니다. 비둘기가 앉을 곳을 찾지 못하자 자기를 보낸 자에게로 돌아왔는데, 감람나무 잎을 가지고 돌아왔습니다. 그 감람나무 잎은 그의 영혼에 평안이 깃들었다는 의미입니다. 우리를 악의적으로 대하고 핍박하는 사람들을 위해 기도하는 것만큼 우리 마음에 평안을 주는 것은 없기 때문입니다. 다른 사람들을 위해 기도하는 것은 하나님을 기쁘시게 하며, 우리에게는 유익한 일입니다. 그런 기도는 호흡을 낭비하는 것이 결코 아니며, 신실하신 구주께서 그에 대해 약속하시고 보장하시는 결과가 있습니다.

그리스도 안에 있는 형제자매 여러분, 그러므로 나는 여러분에게 중보 기도라는 풍성한 자원을 사용하라고 권합니다. 그 자원을 아낌없이 사용하십시오. 친구 여러분, 여러분은 자신을 위하여 구할 것이 아무것도 없습니까? 그렇다면 여러분은 참으로 부요한 자입니다. 여러분이 그처럼 높은 행복의 고지에 이르렀다면, 이제는 당신의 기도의 능력을 교회와 세상을 위해 사용하십시오. 여러분은 엘리야처럼 밀가루 한 통과 기름 한 주전자, 곧 하나님께서 여러분을 부양하시기 위해 아주 놀랍게 불어나게 하시는 그 식량에 완전히 만족하십니까? 그렇다면 기근으로 죽어가고 있는 수많은 사람들을 위해 많은 빗소리를 보내주시기를 하나님께 기도하십시오. 여러분이 아브라함처럼 안전하다면 어떻게 해야 하겠습니까? 그럴지라도 곧 파멸되고 말 평지에 있는 도시들을 위해서 기도하십시오. 여러분이 에스더처럼 왕궁에 거한다면, 이런 때를 위해 여러분이 왕궁에 온 것이 아닙니까? 그러므로 왕의 알현을 청하고, 위험에 처해 있는 당신의 민족을 위해 기도하십시오. 느헤미야처럼 여러분이 궁정에서 높은 지위에 있다면, 추방된 사람들을 위해 변명하는 일에 지위를 활용하도록 하십시오. 다음에 여러분이 왕을 시중들 때 여러분 형제들을 위해 왕에게 탄원을 드리도록 하십시오. 내가 이 본문을 택한 것은 여러분에게 열심히 중보 기도를 드리도록 권하기 위함입니다. 나는 사무엘의 모범을 들어서 여러분에게 부지런히 기도하도록 권하고 싶습니다. 사무엘은 중보 기도하는 사람들의 선두에 설 만한 사람입니다.

1. 첫째로, 중보 기도의 습관에 대해서 생각해 봅시다.

그 습관은 사무엘에게서 아주 분명하게 나타났습니다. 우리는 이 사실을 본문에서 추측하게 됩니다. "나는 너희를 위하여 기도하기를 쉬는 죄를 여호와 앞에 결단코 범하지 아니하리라." 이 말씀을 볼 때, 사무엘이 이스라엘을 위하여 지속적으로 기도하는 습관이 있었던 것이 분명합니다. 그가 지금까지 기도를 계속해 오지 않았다면 기도하기를 쉬는 것에 대해 말할 수 없었을 것입니다. 사무엘은 백성들을 위해 기도하는 습관이 아주 깊이 뿌리박고 있었기 때문에 자신의 중보 기도를 끝낸다는 바로 그 생각에서부터 시작하는 것처럼 보입니다. 백성들은 자신들의 기준으로 이 선지자를 판단할 때, 그가 자신들에 대해 염증을 내지 않을까, 그래서 자기들을 위해 기도하지 않지 않을까 하고 조금 의심하였습니다. 그러므로 19절에서 우리는 "모든 백성이 사무엘에게 이르되 당신의 종들을 위하여 당신의 하나님 여호와께 기도하여 우리가 죽지 않게 하소서"라는 백성들의 말을 읽게 됩니다. 백성들은 사무엘의 기도를 귀중하게 생각하였고, 그의 기도가 그들 민족의 생명인 것처럼 느꼈습니다. 어쩌면 그들 개인의 생명이 사무엘의 기도에 달려 있다고 생각했을 것입니다. 그래서 백성들이 자신들의 생명을 위해 탄원하는 사람들로서 사무엘이 자기들을 위해 기도하기를 그치지 말아달라고 구했고, 사무엘은 "나는 너희를 위하여 기도하기를 쉬는 죄를 여호와 앞에 결단코 범하지 아니하겠다"고 답변하였습니다. 사무엘이 기도하기를 그칠 것을 생각해 본 적이 있는 것 같지 않습니다. 내 생각에, 이 말씀은 그가 그런 생각에 깜짝 놀라고, 그 제안에 반감을 느끼고 거의 분개한 것 같은 심정을 표현하는 것이라고 봅니다. "뭐라고, 나 사무엘이, 어렸을 때부터, 곧 내가 작은 에봇을 입고 여호와의 집에서 당신들을 기다린 그 날부터 당신들의 종으로 지낸 내가, 지금까지 당신들을 위하여 살았고 당신들을 사랑했으며 당신들을 섬기다가 죽기까지라도 하려고 한 내가, 당신들을 위해 기도하기를 그칠 것이란 말입니까?" 사무엘은 "결단코 범하지 아니할 것이라"고 말합니다. 이것은 사람이 생각할 수 있는 것 가운데 가장 강력한 표현입니다. 그래서 사무엘이 분명히 놀란 것과 더불어 이 말은 이 선지자의 중보 기도 습관이 뿌리 깊고 변치 않고 고정되었으며, 지속적이고 그 자신의 한 부분처럼 되었음을 보여줍니다.

여러분이 사무엘의 생애를 읽으면 이 말이 참으로 사실이었다는 것을 알게 될 것입니다. 사무엘은 기도로 태어난 사람이었습니다. 마음이 슬픈 여인이 하나님으로부터 그를 받고서, "이 아이를 위하여 내가 기도하였다"(삼상 1:27) 하고 기뻐서 소리쳤습니다. 그의 이름은 기도 중에 지어졌습니다. 사무엘이라는 그의 이름은 "하나님께 구하였다"는 뜻이기 때문입니다. 그는 자기 이름의 뜻을 잘 성취하였고, 그 이름이 예언적으로 정확하였음을 입증하였습니다. 그 자신이 하나님께 구하여서 얻은 바 됨으로 생을 시작한 후로 계속해서 하나님께 구하였고, 그의 모든 지식과 지혜, 공의, 통치하는 능력이 "하나님께 구하였기" 때문에 그에게 왔습니다. 사무엘이 처음에는 기도하는 여자에게서 양육을 받았습니다. 그리고 그 여인을 떠난 것은 그의 생애 모든 날 동안 기도하는 집에 거하기 위함이었습니다. 그의 어린 시절은 하나님의 방문을 받는 영예를 얻었습니다. 그는 그때조차도 기도의 핵심인, 기다리며 주의를 기울이는 태도를 보였습니다. "말씀하옵소서 주의 종이 듣겠나이다"(삼상 3:10)는 말은 하나님께서 항상 받으실 만한 단순하고 진실한 마음입니다. 우리 모두는 사무엘을 생각할 때 흔히 그림이든지 조각이든지 귀여운 아이가 기도하는 모습을 보이는 작은 아이를 떠올립니다. 우리 모두는 기도하는 아이, 어린 사무엘을 알고 있는 것 같습니다. 우리의 어린아이들은 사무엘을 잘 아는 친구로 여기는데, 손을 모으고 무릎을 꿇고 있는 모습으로 알고 있습니다. 사무엘은 기도로 태어났고, 기도로 이름이 지어졌으며 기도로 양육되었고 기도하는 집에 거하였으며 기도로 훈련을 받았습니다. 그래서 사무엘은 탄원의 길에서 떠나지 않았습니다. 그의 경우에 "어린 아기와 젖먹이들의 입에서 나오는 찬미를 온전하게 하셨나이다"(마 21:16)라는 본문 말씀이 성취된 것입니다. 그가 그처럼 줄곧 기도를 하였기 때문에 노년에 열매를 맺었고, 그를 따르는 사람들에게 하나님의 능력을 증명해 보였습니다. 사무엘은 중보기도자로서 그처럼 유명하게 되었습니다. 그래서 여러분이 시편 99:6을 읽으면 그에 대한 짧지만 매우 향기로운 찬사를 보게 될 것입니다. "그의 제사장들 중에는 모세와 아론이 있고 그의 이름을 부르는 자들 중에는 사무엘이 있도다." 모세와 아론이 성별된 사람들로, 즉 예배와 제사에서 하나님의 이스라엘의 지도자들로 선택되었다면, 사무엘은 기도하는 사람, 곧 하나님의 이름을 부르는 자로 선택되었습니다. 모든 이스라엘 사람은 아론을 제사장으로 알았을 뿐 아니라 사무엘을 중보 기도하는 자로 알았습니다.

어쩌면 여러분은 예레미야 15:1에서 그에 대한 영감된 평가를 훨씬 더 현저하게 볼 수 있을 것입니다. "여호와께서 내게 이르시되 모세와 사무엘이 내 앞에 섰다 할지라도 내 마음은 이 백성을 향할 수 없나니 그들을 내 앞에서 쫓아 내보내라." 이 말씀은 모세가 마음의 고통 가운데서 "그렇지 아니하시오면 원하건대 주께서 기록하신 책에서 내 이름을 지워 버려 주옵소서"(출 32:32) 하고 부르짖었던 때의 그의 유력한 기도를 암시하고 있음이 분명합니다. 이것은 고귀한 형태의 탄원이었습니다. 그런데 중보기도자인 사무엘에 대한 하나님의 평가가 얼마나 높은지 하나님께서 그를 모세와 나란히 놓으시고, 범죄한 이스라엘을 겁주는 방식으로 모세와 사무엘이 하나님 앞에 설지라도 그들의 말을 듣지 않겠다고 말씀하십니다. 어린 시절에 기도의 기술을 배우는 것은 잘하는 일입니다. 그러면 우리가 자라면서 기도에 능숙하게 될 것이기 때문입니다. 어릴 때의 기도가 능력 있는 기도로 자랄 것입니다. 젊은이 여러분, 이 말을 들으십시오. 주님께서 이제 여러분을 사무엘 같은 사람들로 만드시기를 바랍니다. 다른 사람들을 위하여 중보 기도하고, 우리 민족에 은혜를 베푸는 사람이 되며, 혹은 우리 가족들에게 복을 전달하는 통로가 되도록 부름을 받는 시간은 참으로 복된 시간입니다. 친구 여러분, 중보 기도 하기를 갈망하십시오. 어쩌면 여러분이 결코 설교하지 않을지 몰라도 기도할 수는 있습니다. 여러분이 강단에 설 수 없을지라도 시은좌 앞에서 허리를 굽힐 수 있고, 그렇게 함으로써 사람들에게 아주 큰 복이 될 수 있습니다.

사무엘의 기도의 성공에 대해서는 그의 생애를 읽어보면 여러분은 그가 이스라엘 백성을 크게 구원하였음을 알게 될 것입니다. 이 책 7장을 보면 이런 점을 알게 됩니다. 즉, 블레셋 사람들이 이스라엘을 심하게 억압하였는데, 사무엘이 이스라엘 백성들의 형편을 생각하고 그들을 불러 모으고, 그들에게 우상 숭배를 버리며 참되신 유일한 하나님만을 예배하도록 명령하며, 백성들이 아주 귀중하게 생각하는 그의 기도를 마치 백성들에게 혜택을 베푸는 것처럼 그같이 약속한 것입니다. 사무엘이 한 말이 이것입니다. "모든 이스라엘 백성은 미스바에 모이라. 내가 당신들을 위해 하나님께 기도하겠다." 그 다음에 그가 양을 잡아 하나님께 번제로 온전히 드렸고, "사무엘이 이스라엘을 위하여 여호와께 부르짖으매 여호와께서 응답하셨더라"(삼상 7:9). 여러분은 하나님의 군대가 행진하면서 치는 북소리를 듣고, 하나님의 창이 번쩍이는 것을 볼 수 있을 것입니다. 전쟁의 역사가 이와 같이 기록되었기 때문입니다. "사무엘이 번제를 드릴 때에 블레셋 사람이 이스라엘과 싸우려고 가까이 오매 그 날에 여호와께서 블레셋 사람에게 큰 우레를 발하여 그들을 어지럽게 하시니 그들이 이스라엘 앞에 패한지라 이스라엘 사람들이 미스바에서 나가서 블레셋 사람들을 추격하여 쳤더라." 이야기 전체의 결론은 "이에 블레셋 사람들이 굴복하였더라"(7:13)는 것입니다. 말하자면 사무엘의 기도가 정복하는 무기였고, 블레셋 사람들이 그 무기의 능력에 굴복한 것입니다. 기도의 능력을 아는 여러분, 여러분의 깃발에 이 말을 써넣으십시오. "이에 블레셋 사람들이 굴복하였더라."

사무엘의 기도가 어찌나 효력이 있던지 자연의 세력들도 그의 지배를 받았습니다. 참으로 놀라운 기도의 능력입니다! 그동안 기도가 조롱을 받아왔습니다. 기도가 비과학적이고 비현실적인 것으로 설명되었습니다. 그러나 매일 기도하는 우리는, 기도의 능력은 과장해서 말할 수 있는 것이 아니고, 기도의 능력에 관해서 조금도 의심해서는 안 된다는 것을 압니다. 기도에는 "세상을 움직이는 팔을 움직이는" 능력이 있습니다. 우리는 기도하는 법을 알아야 합니다. 우레가 우리의 부르짖음에 응답하여 목소리를 높일 것이고, 여호와의 화살들이 그의 적들을 쓰러트리기 위해 여기저기에 쏟아질 것입니다. 전혀 구하지 않거나 믿음으로 결코 구하지 않는 사람들이 어떻게 기도를 판단할 수 있겠습니까? 기도를 익숙하게 하는 사람들, 하나님의 응답을 늘상 받는 사람들이 증인이 되어야 합니다. 자녀의 궁핍만큼 아버지의 마음을 강력하게 움직이는 능력은 없습니다. 하늘에 계신 우리 아버지의 경우에는 그 점이 특별히 더 해당됩니다. 하나님은 틀림없이 기도를 들으십니다. 하나님께서는 자기 이름을 더럽히실 수 없거나 자기 자녀를 잊으실 수 없기 때문입니다.

사무엘이 노년에 이르러 백성들이 그를 거역하며 그의 부끄러운 아들들에 대해 불만을 표시하기 시작하였을 때, 어떻게 사무엘이 즉시 기도에 의지하였는지 보는 것은 아름다운 일입니다. 8:5을 봅시다. 백성들이 "그에게 이르되 보소서 당신은 늙고 당신의 아들들은 당신의 행위를 따르지 아니하니 우리에게 왕을 세워 우리를 다스리게 하소서" 하고 말하였습니다. 이 노인은 몹시 슬퍼하였습니다. 그가 그렇게 슬퍼하는 것은 당연한 일이었습니다. 그러나 다음의 말을 보십시오. 사무엘이 백성들을 꾸짖었습니까? 그가 불끈하여 백성들을 집으로 돌려보냈습니까? "사무엘이 여호와께 기도하였다"고 기록되었습니다. 그는 자기의 주님께 백성들에 관해 말씀드렸고, 그의 주께서 그에게 이같이 말씀하셨습니다. "백성이 네게 한 말을 다 들으라 이는 그들이 너를 버림이 아니요." 마치 그것이 네 개인에 대한 모욕인 것처럼 이 말을 마음에 두지 말라고 하시는 것입니다. 그보다는 "나를 버려 자기들의 왕이 되지 못하게 함이니라"고 하셨습니다. 이렇게 하나님의 종을 무시하는 것은 바로 하나님을 거부하는 것이었습니다. 하나님께서는 사무엘이 그에 대한 이런 배은망덕을 마음에 두지 않도록 하고, 그들의 하나님 여호와께 대한 그들의 악한 행실을 생각하게 하려고 하셨습니다.

여러분도 알다시피 이와 같이 사무엘은 기도를 많이 하는 사람이었습니다. 21절에서 우리는 다음과 같은 모습을 읽게 됩니다. 사무엘이 백성들에게 이의를 제기하며 그들이 왕을 세움으로부터 받아야 하는 모든 것들, 곧 어떻게 왕이 그들에게 세금을 부과하고 억압하며, 그들의 아들들을 데려다가 군사로 쓰고 딸들을 데려다가 그의 궁정에서 부리며, 그들의 밭과 포도원을 취할 것인지를 백성들에게 말한 후에도 여전히 백성들이 고집스럽게 "아니로소이다 우리도 우리 왕이 있어야 하리이다" 하고 말하였지만, 사무엘은 화를 내지 않고 하나님께로 돌아가 조용히 말씀드렸습니다. "사무엘이 백성의 말을 다 듣고 여호와께 아뢰매." 우리가 그와 같이 행할 만큼 지혜로웠으면 좋겠습니다! 사람들이 우리에 관해 이야기한 무례한 점들을 돌아다니며 이 사람 저 사람에게 이야기하기보다는, 곧바로 골방으로 가서 하나님께 그대로 아뢰는 것이 좋을 것입니다. 여러분도 알다시피 사무엘은 그의 공적 사역 기간 동안 내내 그와 같이 기도에 능한 사람이었습니다. 사람들이 그를 떠나 백성들이 새로 세운 왕을 따랐을 때에도 본문에서 보듯이 그는 백성들을 위해 중보 기도하기를 그치지 않았습니다. 그는 말하였습니다. "나는 너희를 위하여 기도하기를 쉬는 죄를 여호와 앞에 결단코 범하지 아니하리라."

이것이 전부가 아니었습니다. 사울이 빗나가서 그의 거룩하신 하나님을 반역하게 되었을 때 사무엘은 그를 위하여 중보 기도를 드렸습니다. 하룻밤을 꼬박 새우며 간절히 기도드렸습니다. 그러나 그 모든 것이 헛되었습니다. 여러 번 그는 하나님께 버림받은 이 왕을 위해 한탄하였습니다. 이 노인은 젊었을 때부터 내내 중보 기도를 드렸고, 죽음으로 그의 입술이 닫히기 전까지 이 거룩한 일을 쉬지 않았습니다. 자, 사랑하는 여러분, 여러분은 이 땅의 사사들이 아닙니다. 그렇지 않으면 내가 여러분에게 다스리는 사람들을 위해 많이 기도하라고 말하였을 것입니다. 여러분이 모두 목사와 교사는 아닙니다. 그렇지 않으면 우리가 많이 기도하지 않으면 사람들의 피가 우리 옷에 튈 것이라고 말하였을 것입니다. 그러나 여러분 가운데 어떤 이들은 젊은이들을 가르치는 교사들입니다. 여러분이 반의 아이들을 위해서 기도하기 전까지는 여러분이 그들을 위해 조금이라도 무슨 일을 했다고 생각하지 마십시오. 일주일에 한두 시간 가르치는 것으로 만족하지 마십시오. 자주 사랑으로 아이들을 위해 기도하십시오. 여러분 가운데 많은 분들이 부모입니다. 여러분이 기도할 때 마음에 자녀들의 이름을 품는 것 외에 어떻게 자녀들에 대한 여러분의 의무를 이행할 수 있겠습니까? 이런 관계에 있지 않는 사람들이라도 이웃 사람들에게 유익을 줄 수 있는 능력과 영향력이 어느 정도 있고, 그런 지위에 어느 정도 있는 것입니다. 이런 일들에서 여러분은 하나님을 의지해야 합니다. 여러분이 모든 계층과 신분의 사람들을 위해 종종 기도하지 않는 한 여러분은 친척으로서, 시민으로서, 이웃 사람으로서, 아니 그리스도인으로서 여러분의 책임을 이행할 수 없습니다. 다른 사람들을 위해 기도하는 것이 여러분에게 습관이 되어야 하는데, 다른 사람들이 여러분을 극도로 화나게 만드는 경우에라도 쉬지 않는 그런 습관이 되어야 합니다.

첫 번째 제목, 곧 중보 기도의 습관에 대해서는 이 만큼 생각하겠습니다.

2. 둘째로, 사무엘이 중보기도를 그치게 만들도록 화나게 만든 일을 살펴보도록 합시다.

그는 화나는 일을 당했지만 그것을 끈기 있게 참았습니다. 그를 화나게 만든 첫 번째 일은 사람들이 사무엘에게 준 모욕이었습니다. 일년 내내 이곳저곳을 순회하며 일을 공정하게 처리한 이 위대한 노인은 결코 뇌물을 받지 않았습니다. 그는 수고료나 보상이 없이 백성들을 위해 모든 일을 행하였습니다. 그는 연금을 받을 권리가 있었지만 결코 취하지 않았습니다. 사무엘은 훗날에, "나보다 먼저 있었던 총독들은 백성에게서, 양식과 포도주와 또 은 사십 세겔을 그들에게서 빼앗았고 또한 그들의 종자들도 백성을 압제하였으나 나는 하나님을 경외하므로 이같이 행하지 아니하리라"(느 5:15)고 말한 느헤미야처럼 너그러운 정신으로 모든 일을 삯을 받지 않고 행하였습니다. 사무엘은 그의 긴 생애 동안 내내 그 땅을 평화롭게 지켰고, 그의 지도 덕분으로 헤아릴 수 없는 많은 복이 이스라엘에게 임했습니다. 그가 아직은 전혀 지치지 않았지만 이제 늙어가고 있고 다소 허약해지고 있었습니다. 백성들은 이것을 구실로 왕을 세워달라고 요구하였습니다. 이 노인은 아직도 자기에게 목숨이 붙어 있고, 할 일이 있다고 생각하였습니다. 그러나 그들은 극성스럽게 왕을 요구하였습니다. 그래서 그들의 나이 든 이 후원자는 자신의 직무를 그만 두고 높은 자리에서 내려와야만 했습니다. 사무엘은 처음에 백성들의 요구를 들을 때 불쾌하였지만, 잠시 기도의 시간을 보낸 뒤 자신의 직책을 아주 즐거이 사임합니다. 이제 그가 염려할 것은 왕위에 앉을 적합한 사람을 찾는 것뿐입니다. 그 사람을 찾았을 때 그는 이 여호와의 기름 부음 받은 자가 이 나라에서 올바르게 인도받을 것인지에 대해 염려가 가득합니다. 그리고 그의 전도가 아주 유망한 것을 보았을 때 그는 자신에 대해서는 생각하지 않고 기뻐합니다. 그의 면직은 힘든 일이었습니다. 그것은 몰인정하고 비열한 일이었음을 여러분은 알 것입니다. 그러나 사무엘은 그것 때문에 백성들을 위해 기도하는 일을 털끝만치도 덜 하지 않았습니다. 아마도 그는 훨씬 더 많이 기도하였을 것입니다. 그의 어머니가 마음의 슬픔이 가장 컸을 때 가장 많이 기도하였듯이 그도 그렇게 했을 것입니다. 여러분은 많은 면에서 그들이 모전자전이라는 것을 알 수 있습니다. 그가 마음이 가장 슬플 때 가장 많이 기도한다는 이 점에서 모자가 닮았다는 것을 알 수 있습니다. 백단향 나무가 자기를 찍는 도끼에 향기를 풍기듯이, 그의 피 흘리는 마음이 자기를 슬프게 하는 사람들을 위해 기도를 쏟아 부었습니다.

자신에 대한 백성들의 모욕 때문에 화가 일어나는 것 외에도, 그는 자신의 엄숙한 이의를 백성들이 완전히 거절한 사실에 상처를 받았습니다. 그는 백성들 앞에 서서 아주 분명한 태도로 그들을 설득하였습니다. 그는 마치 이런 식으로 말하는 것 같았습니다. "너희가 무엇 때문에 왕을 원하느냐? 이것이 너희를 다스릴 왕의 방식이다. 그가 너희 아들들을 데려다가 자신을 위하여, 자기 병거를 위하여 일을 시키고, 자신의 말을 키우는 사람으로 쓸 것이다. 너희 딸들을 데려다가 과자를 굽고 요리를 하며 빵 굽는 일을 시킬 것이다. 또 그가 너희 밭과 포도원과 감람원을 취하되, 심지어 그 가운데서 가장 좋은 것들을 취하고, 그것들을 그의 종들에게 줄 것이다. 그가 너희 씨앗과 포도원의 십분의 일을 취하여 자기 관리들과 종들에게 줄 것이다. 또 그가 너희 남종과 여종들을 취하고, 너희의 아주 잘 생긴 젊은이들과 너희 나귀를 취하여 자기 일을 시킬 것이다. 그는 너희 양들의 십분의 일을 취하고, 너희는 그의 종들이 될 것이다. 그 날에 너희가 뽑은 왕 때문에 울부짖을 것이다. 그리고 여호와께서는 그 날에 너희를 듣지 않으실 것이다." 이 모든 말에는 건전한 상식이 들어 있었고, 모든 말이 머지않아 사실임이 판명되었습니다. 그럼에도 불구하고 백성들은 그의 말을 들으려고 하지 않았습니다. 그들은 말했습니다. "아니로소이다 우리도 우리 왕이 있어야 하리니 우리도 다른 나라들 같이 되어 우리의 왕이 우리를 다스리며 우리 앞에 나가서 우리의 싸움을 싸워야 할 것이니이다."

백성들이 자신의 경고를 거부하였음에도 불구하고 이 존경할 만한 사람은 성을 내지 않았습니다. 연륜이 깊은 지혜로운 사람들이 분명한 사실을 말하되, 아주 순수한 마음으로 열심히 그 사실을 말했고, 또 그 사실이 둘 더하기 둘은 넷이라는 것만큼 아주 분명해 보이는 경우에, 그런데도 듣는 사람들이 자신들의 경고를 일부러 계속해서 무시하고 있다면, 그들이 점점 더 성내게 되는 것이 그런 지혜자들의 약점입니다. 혹은 어쩌면 그들이 정당한 분노를 보인다고 말하는 것이 좀 더 공정할 것입니다. 어떤 노인들 같으면 이렇게 말했을 것입니다. "자, 그러면 나는 더 이상 너희와 상관하지 않겠다. 나는 다른 데로 가겠다. 라마를 떠나, 혹시 사람들이 하나님의 말씀을 들을 수 있는 다른 나라로 찾아 가겠다." 그러나 사무엘은 그렇게 하지 않았습니다. 그는 언제나 희망을 품고 있습니다. 백성들이 최선책을 행하려고 하지 않으면 그는 백성들을 차선책으로 인도하려고 합니다. 백성들이 자기들의 왕이신 하나님의 직접적인 통치를 받으려고 하지 않을지라도 그는 백성들이 하나님의 부왕(副王) 노릇을 할 인간 왕 밑에서 잘할 것이라고 기대합니다. 그래서 그는 계속해서 희망을 품고 그들을 위해 기도하며, 그들에게 최선이 될 수 있는 안을 내놓습니다.

결국 일은 이렇게 되었습니다. 이 민족에게 왕이 있어야 하고, 그들의 왕을 세워야 한다는 것입니다. 그들은 왕국을 세우기 위해 길갈로 가야 했습니다. 그 다음에 사무엘이 일어나서 내가 여러분에게 방금 읽어드렸듯이, 자신이 어떻게 백성들을 대했는지, 자신이 어떻게 백성들을 속여 빼앗거나 학대하는 일을 하지 않았는지를 말하였고, 그들에게서 아무것도 취하지 않았음을 공언했습니다. 그리고 사무엘은 그들이 왕을 택한 것은 어느 정도 하나님을 거부한 처사이며, 최선의 통치와 가장 훌륭한 통치 형태를 제쳐놓고 다른 열방의 수준으로 내려가는 것이라고 말했습니다. 그럼에도 그들은 사무엘의 마지막 호소도 거부하였습니다. 사무엘이 마지막으로 연설을 하고 하늘을 향해 지극히 엄숙한 기도를 드리고 나서 그가 조용히 하나님께 여쭈는 모습을 보는 것은 아름다운 일입니다. 백성들이 자신들의 변덕스러운 생각을 고집스럽게 주장하였음에도 불구하고 사무엘은 백성들을 위하여 기도하기를 그치지 않았습니다. 그는 "나는 너희를 위하여 기도하기를 쉬는 죄를 여호와 앞에 결단코 범하지 아니하리라"고 말했습니다.

이 사건의 실제적인 교훈은 여러분이 어떤 사람들을 위해 기도하기를 그치고 싶은 마음이 들 때 결코 그 유혹에 져서는 안 된다는 것입니다. 그들이 지금까지 여러분의 기도를 비웃어왔습니다. 자기들은 여러분의 기도가 필요 없다고 말합니다. 심지어 그들을 위하는 여러분의 경건한 소원을 비웃고 조롱하기까지 하였습니다. 신경 쓰지 마십시오. 훨씬 더 큰 사랑으로 대응하십시오. 그들을 위하여 하나님과 씨름하기를 그치지 마십시오. 여러분이 그들에게 많이 실망했을 수 있습니다. 여러분은 그들이 어떻게 곁길로 갔는지를 알면 마음이 아픕니다. 그럴지라도 깊은 염려를 가지고 시은좌로 가서 다시금 그들을 위해 울부짖으십시오. 여러분이 그들을 내버려 두면 그들이 어떻게 되겠습니까? 사랑하는 친구 여러분, 여러분이 온갖 일로 화가 나서 기도를 그치고 싶은 생각이 들지라도 결코 중보 기도 하기를 그치지 마십시오.

이 외에도, 여러분이 온 마음을 기울여 그들 앞에 사실을 분명하게 말한 후에도 그들이 옳은 것을 거부하고 악을 택하는 것을 봅니다. 그럴지라도 그 때문에 뒤로 물러나지 마십시오. 죄인이 여러분을 이기지 못하도록 하십시오. 그가 죄를 지음으로써 여러분이 기도를 소홀히 하도록 만들 수 있다면, 그는 그렇게 했을 것입니다.

여러분이 얼마간은 불신앙에서 또 얼마간은 두려운 근심 때문에 생각하기를, 정말로 그들의 파멸이 결정되었고, 그래서 그들은 계속해서 파멸을 향해 나아갈 것이라고 생각할 수도 있습니다. 이런 생각이 들어도 기도의 강도가 전혀 떨어지지 않도록 하고 오히려 기도의 강도를 더욱더 높이도록 하십시오. 죄인들이 지옥에 떨어지기 전까지 그들을 위해 하나님께 부르짖으십시오. 그들과 여러분에게 호흡이 있는 한, 여러분의 탄원이 하나님께 들리도록 목소리를 높이십시오. 일단 영혼이 영의 세계로 들어가면 기도는 효력이 없습니다. 그러나 마지막 순간까지는 기도가 효력을 발할 수가 있습니다. 때로는 여러분이 죽은 자들을 위해 기도할 수 있기를 바라는 심정을 품을 수가 있습니다. 그런 헛된 소원에 자극을 받아서 여러분이 살아 있는 자들을 위해 열심히 기도하도록 하십시오. 여러분의 탄원을 주께서 들으실 수 있는 동안 힘써 기도하십시오. 여러분의 희망을 꺾는 어떤 일이 발생할지라도 여러분에게 기도하기를 그치는 것이 좋겠다는 생각이 들면 그것이 사탄의 시험이라고 생각하고서 하나님께 힘껏 부르짖으십시오. 선한 부인이여, 당신의 남편이 갈수록 고주망태가 되어가고 불경스러운 언사를 더욱더 쓰게 된다면 어찌하겠습니까? 여전히 남편을 위해 기도하십시오. 갈고리로 리워야단을 끌어내실 수 있는 하나님께서 지금도 그 큰 죄인을 당신의 성도로 만드실 수 있기 때문입니다. 여러분의 아들이 이전보다 더 방탕해지는 것처럼 보인다면 어떻게 하겠습니까? 그를 위하여 많이 기도하고 하나님 앞에서 그를 위하여 우십시오. 자녀를 사랑하는 어머니와 인자한 아버지여, 함께 시은좌 앞에서 밤낮으로 뜨겁게 부르짖으십시오. 그러면 여러분은 머지않아 여러분의 원하는 바를 얻을 것입니다. 어떤 것에도 제단 위의 불이 꺼지지 않게 하고 여러분 마음속에 희망이 꺼지지 않도록 하십시오.

앞에서 말하였듯이, 사무엘은 자신에게 임한 근심거리 때문에 한결 더 기도하였습니다. 여러분도 그와 같이 해야 합니다. 사무엘은 자신과 백성을 분리할 수 없었습니다. 그는 자신이 백성들과 함께한다는 관계를 끊으려고 하지 않고, 백성들의 상황을 마음에 두었습니다. 그는 실로 몸 전체로 결합된 이스라엘의 심장이었습니다. 따라서 그를 그의 사랑하는 백성에게서 떼어낼 수 없었습니다. 바로 이 점에 강력한 중보기도의 비밀이 있습니다. 다른 사람들의 유익을 여러분의 관심사로 삼도록 노력하시기 바랍니다. 여러분이 구원받았다는 것으로 충분하다고 생각하지 마십시오. 앉아서 손으로 깍지를 끼고 머리를 기댄 채 게으르게 하나님의 주권을 생각하는 일을 하지 마십시오. 그래서는 안 됩니다. 여러분은 가족 중의 한 사람입니다. 가족을 위하는 일을 하려고 노력하십시오. 여러분도 사람이니 사람들을 위해 기도하십시오. 일찍이 한 이교도 철학자가 이렇게 말했습니다. "나는 사람이다. 그래서 사람에 관한 모든 것이 내게 흥미를 일으킨다." 하물며 그리스도인은 마음이 너그럽고 자기를 희생하는 사람의 표준이신 자기 주님을 닮아야 하기 때문에 훨씬 더 이렇게 말해야 할 것입니다. 인자라는 호칭은 우리 주님께서 즐겨 쓰신 호칭 가운데 하나로 주께서 자신의 생명을 우리 사람과 연결시키셨음을 나타냈습니다. 여러분도 진정으로 사람의 아들들, 곧 모든 인류의 형제들이 되도록 하십시오. 여러분이 자신을 위해 기도하는 법을 안다면 다른 사람들을 위한 중보 기도의 신성한 특권을 사용하도록 하십시오. 소돔을 위하여 탄원한 아브라함을 본받도록 하십시오. 이스라엘 족속을 위하여 그들의 파멸을 몸으로 막은 모세처럼 되십시오. 이스라엘을 위하여 유력한 기도를 드린 엘리야처럼 되십시오. 여러분이 기도하는 법을 배웠다면 하나님께 대해 큰 능력을 발휘하기까지 이 거룩한 기술을 연습하십시오. 그렇게 하면 자칫 저주를 받아 멸망할 사람들에게 여러분이 복을 가져다줄 것이기 때문입니다. 이와 같이 사무엘은 화가 날 일들을 많이 참았고, 그런 일을 여전히 겪고 있으면서도 자신의 거룩한 소명에 충실하였습니다.

3. 세 번째로, 사무엘이 끈기 있게 중보 기도를 드리는 것을 간단히 살펴봅시다.

이와 같이 백성들이 화나게 만들었지만 사무엘은 그들을 위해 기도하기를 그치지 않았습니다. 첫째로 즉시 그가 그들을 위해 새롭게 간구를 드렸고, 그 부르짖음을 하나님께서 들으셨기 때문입니다. 사울은 처음에 아주 많은 은총을 받았습니다. 사울이 아주 멀리 빗나갔을 때도 사무엘은 그를 위해서 기도하기를 그치지 않았습니다. 우리는 성경에서 이 구절을 봅니다. "여호와의 말씀이 사무엘에게 임하니라 이르시되 내가 사울을 왕으로 세운 것을 후회하노니 그가 돌이켜서 나를 따르지 아니하며 내 명령을 행하지 아니하였음이니라 하신지라 사무엘이 근심하여 온 밤을 여호와께 부르짖으니라"(삼상 15:11,12). "온 밤"을 새워 기도하였다는 것입니다. 나는 이 노인이 그가 사랑한 사울을 위하여 고뇌하는 모습이 보이는 것 같습니다. 노인들은 잠이 필요합니다. 그런데 이 선지자는 잠도 포기하고 한밤중에 여호와께 영혼을 쏟아 부어 기도하였습니다. 기운을 돋우는 답변을 받지 못했지만 그는 계속해서 부르짖었습니다. 조금 더 읽어 가면 주님께서 그에게 이렇게 말씀하신 것을 보기 때문입니다. "네가 그를 위하여 언제까지 슬퍼하겠느냐?" 사무엘은 이 문제를 그가 할 수 있는 한 끝까지 밀고 나아갔고, 그래서 마침내 하나님께서 그래봐야 소용이 없다는 경고를 하시기까지 되었습니다. 비록 사울이 죽음에 이르는 죄를 범했을 수 있고, 그의 운명이 이미 정해졌다는 두려움이 있었음에도 불구하고 절망적인 가운데서도 기도하였다는 점에서 사무엘에게 탄복하게 됩니다.

사도 요한은 이 문제에 대해 이렇게 말합니다. "누구든지 형제가 사망에 이르지 아니하는 죄 범하는 것을 보거든 구하라 그리하면 사망에 이르지 아니하는 범죄자들을 위하여 그에게 생명을 주시리라 사망에 이르는 죄가 있으니 이에 관하여 나는 구하라 하지 않노라"(요일 5:16). 사도는 그런 경우에 우리에게 기도를 금하지 않고 권하지도 않습니다. 그러나 나는 사도가 계속 기도하는 것을 허용할 것으로 생각합니다. 우리는 범죄한 사람들 대부분이 정말로 자비의 경계선을 벗어났는지 확실히 알지 못합니다. 그러므로 우리는 희망을 가지고 중보 기도를 드릴 수 있습니다. 죄를 범하는 우리 인척들이 어쩌면 절망적인 상태에 이르렀을지 모른다는 끔찍한 공포가 임할지라도, 기도하지 말라는 명령을 받지 않았다면, 우리는 기도하는 것을 확실히 금지 받은 것이 아닙니다.

따라서 어떻게 해도 잘못하는 것이 된다면 안전한 쪽에서 잘못하는 것이 언제나 최선입니다. 우리는 거의 가능성이 없는 희망을 품고서라도 여전히 하나님께 가서 극도의 고통 가운데서 하나님께 부르짖을 수 있습니다. 우리는 주님께서 우리에게 "네가 사울을 위하여 언제까지 슬퍼하겠느냐"고 하시는 말씀을 들을 것 같지는 않습니다. 우리는 하나님께서 이렇게 말씀하시는 것을 들을 것 같지는 않습니다. "네가 네 아들을 위하여 언제까지 기도하겠느냐? 네가 네 남편을 위하여 언제까지 슬퍼하겠느냐? 나는 그들을 구원할 뜻이 없다." 우리는 사람의 마음을 완전히 낙담시키는 그런 계시를 받지 않았습니다. 우리에게 그런 계시가 없다는 것에 감사해야 합니다. 왜냐하면 이제 우리가 우리를 방해하는 모든 사람을 위하여 희망을 가지고 계속해서 기도할 수 있기 때문입니다. 우리는 사무엘이 그랬던 것처럼 우리가 살아 있는 한 계속해서 힘써 기도할 수 있고 또 기도해야 합니다.

이 선지자는 사울이 절망적으로 하나님께 거절당했다는 것을 알았을 때 민족을 위해서 기도하기를 그치지 않았습니다. 그는 베들레헴으로 내려가서 다윗에게 기름을 부었고, 다윗이 사울의 적의에 쫓기고 있을 때 우리는 사무엘이 라마에서 다윗에게 은신처를 제공하고, 그 자신의 집과 거룩한 곳에서 기도의 능력을 보이는 것을 봅니다. 사울이 이 선지자의 집에서라도 다윗을 붙잡을 것으로 생각하고 내려왔을 때, 그곳에서 기도회가 열리고 있었는데, 사울이 거기에서 큰 감명을 받아 그 자신이 예언을 하며 온 밤을 그들 가운데서 옷을 벗고 마음이 겸손해져서 누워 있었습니다. 그래서 사람들이 외쳤습니다. "사울도 선지자 중에 있느냐?"(삼상 19:24). 악의를 품은 왕이라도 감히 사무엘을 건드리지는 못하였습니다. 선지자 사무엘은 너그럽고 온유하며 애정이 있는 사람이었습니다. 그렇지만 음흉한 사울은 언제나 사무엘을 두려워하였고, 그래서 보호를 받기 위해 그의 옷자락을 붙잡았으며, 이 선지자가 죽은 후에는 사무엘이라고 생각되는 영에게 악한 마음으로 인도를 받으려고 하였습니다.

이 하나님의 사람은 하나님께 버림받은 이 키 큰 사람에게 그의 거룩한 성품을 무겁게 각인시킨 것이 분명합니다. 하나님께서 그와 함께 하셨고, 그가 한 말은 하나도 땅에 떨어지지 않았다고 기록되었습니다. 이것은 그가 기도하는 사람이었기 때문이었습니다. 사람을 위하여 하나님을 이길 수 있는 사람은 언제나 하나님을 위하여 사람을 이길 수 있습니다. 여러분이 기도로 하늘을 이길 수 있다면 설교로 땅을 이길 수 있습니다. 여러분이 영원자에게 말하는 기술을 안다면, 죽을 인생들에게 말하는 것은 작은 일일 것입니다. 사람들의 유익을 위하여 사람들을 이기는 모든 참된 능력의 핵심은 은밀히 하나님과 동행하는 능력에 있다는 점을 확신하기 바랍니다. 우리가 그동안 하나님을 모시고 이겼다면 우리의 일은 거의 끝이 난 것입니다.

그러므로 친구 여러분, 여전히 계속해서 기도하시기 바라며, 여러분이 지금까지 위해서 기도해 온 사람들을 위해 기도하기를 그치는 것은 죄가 될 것이라는 것을 알고 힘을 얻어 계속해서 기도하기를 바랍니다. 사무엘은 자기가 중보기도 드리는 것을 중단하는 것은 죄 짓는 일이 될 것이라고 고백합니다. 어떻게 해서 죄 짓는 것이 됩니까? 그가 백성들을 위해서 기도하기를 그친다면 어떻습니까? 그것은 자기 직무를 소홀히 하는 것이 될 것입니다. 왜냐하면 하나님께서 그를 이스라엘 민족의 선지자로 삼으셨고, 따라서 그는 그 백성들을 위해 중보기도를 드려야 하고, 그렇게 하지 않는 것은 자기 의무를 등한히 하는 것이 되기 때문입니다. 사무엘이 하나님의 택한 백성들을 위해 기도하지 않는다면 그들에 대한 사랑이 부족함을 보여주는 표시가 될 것입니다. 만일 사무엘이 그들을 위해 하나님께 부르짖을 만큼 그들에 대해 충분한 애정을 가지고 있지 않다면 어떻게 그가 그들을 다스릴 것을 기대할 수 있겠습니까? 사무엘의 경우에 그것은 또한 화내는 죄가 될 것입니다. 그것은 마치 그가 자기가 원하는 대로 다 할 수 없기 때문에 하나님과 그의 백성들에게 뚱해 있는 것처럼 보일 것입니다. 그는 "내가 가슴 속에 심한 분노를 품어서 너희를 위하여 기도하기를 그치는 죄를 결단코 범하지 않겠다"고 말하였습니다. 그렇게 했다면 그것은 하나님의 영광을 무시하는 처사가 되었을 것입니다. 하나님 백성이 어떤 처지에 있든지 간에 하나님의 이름은 그 백성들에 의해 감싸여 있었고, 그래서 그 백성이 형통하지 않으면 하나님께서 이방인들 눈에 영광스럽게 보이지 않을 것이기 때문입니다. 사무엘은 이스라엘 백성들을 위해 기도하기를 포기할 수 없었을 것입니다. 그들의 대의가 곧 하나님의 대의였기 때문입니다. 그처럼 기도의 능력이 있는 사람이 기도하기를 금하였다면 그것이 사람들에게는 잔인한 일이 되었을 것입니다. 자, 형제자매 여러분, 여러분이 시은좌 앞에 나아가기를 소홀히 한다면 그것은 여러분이 죄 짓는 일이 될 것입니다. 성령을 슬프시게 하고, 그리스도에게서 그의 영광을 빼앗는 일이 되며, 죄로 죽은 영혼들을 잔인하게 대하는 일이 되고, 은혜의 성령과 여러분의 신성한 소명에 불성실하고 배반하는 일이 될 것입니다. 여러분은 하나님께 대해 왕과 제사장들입니다. 여러분이 하나님 앞에 사람의 자녀들을 위해 기도와 탄원을 드리지 않는다면 제사장으로서 무엇을 드리겠습니까? 그러므로 주님께서 여러분에 대해 슬퍼하시지 않도록 중보 기도를 그치지 마십시오.

4. 마지막 요점은, 사무엘이 그에 상응하는 조처를 취함으로써 그의 중보 기도가 진실함을 보여주었다는 것입니다.

그가 본문에서 하는 말에서 그 점을 볼 수 있습니다. "나는 너희를 위하여 기도하기를 쉬는 죄를 여호와 앞에 결단코 범하지 아니하고 선하고 의로운 길을 너희에게 가르칠 것이라." 그들을 위하여 기도하기를 그치기는커녕 그들을 가르치는 일에 배나 열심을 낼 것입니다. 그리고 그렇게 했습니다. 사무엘은 백성들에게 하나님께서 자기 백성을 결코 버리지 않으시겠다고 하신 하나님의 약속들을 상기시킴으로써 가르쳤습니다. 즉 "너희의 마음을 다하여 진실히 섬기라"고 하여 그들에게 어떻게 행해야 할지를 지도함으로써 가르쳤습니다. "여호와께서 너희를 위하여 행하신 그 큰 일을 생각하라"고 하여 그들에게 동기를 설득함으로써 가르쳤습니다. 그리고 "만일 너희가 여전히 악을 행하면 너희와 너희 왕이 다 멸망하리라"는 경고를 덧붙임으로써 가르쳤습니다.

여러분의 친구들을 위하여 기도한 후에, 하나님께서 일반적으로 은총으로 주시는 수단들을 사용함으로써 할 수 있는 대로 여러분 자신의 기도에 응답하려고 노력하십시오. 어떤 사람들은 게으르게 기도만 할 뿐입니다. 그들은 자신들이 구하는 바를 얻기 위해 아무런 노력을 기울이지 않기 때문입니다. 농부가 추수하기를 구한다면 그는 또한 쟁기질을 하고 씨를 뿌립니다. 그렇게 하지 않으면 그의 기도는 위선적이 될 것입니다. 우리 이웃들이 회심하는 것을 보기 원한다면, 우리는 모든 방면에서 그 일을 위해 애써야 할 것입니다. 복음이 충실하게 전파되는 곳에 함께 가자고 그들을 초대하거나 아니면 영원한 사실들에 관해 그들과 개인적으로 이야기할 것입니다. 내가 금을 캐낼 곳을 알고 있고, 이웃 사람이 부자 되기를 원한다면, 나는 그에게 그 귀한 곳을 일러주고 함께 가서 그 보물을 얻자고 할 것입니다.

그러나 안식일을 범하는 친구나 이웃에게 함께 하나님의 집에 가자고 초대할 것을 생각하지 않는 사람들이 많습니다. 그리고 런던에는 초대해 주기만을 바라는 사람들이 많이 있고, 그들은 어쨌든 한 번은 틀림없이 올 것입니다. 그리고 그 한 번으로 그들이 회심에 이르게 될 지 누가 알겠습니까? 내가 누군가 구원받기를 바란다면 힘 닿는 데까지 그의 상태가 어떤 것이고, 구원의 길이 무엇이며, 어떻게 그가 안식을 찾을 수 있는지를 말해 주어야 합니다. 우리는 어떤 때 혹은 어떤 방식으로 모든 사람에게 다가갈 수 있습니다. 여러분이 사람을 보자마자 생각이나 분별없이 그에게 달려가는 것은 매우 경솔한 일입니다. 그렇게 할 경우에 여러분이 전도하고 싶은 사람을 넌더리나게 만들 수가 있기 때문입니다. 다른 사람들을 위해 열심히 기도하고 그들을 얻기 위해 노력하는 사람들은 대체로 하나님께 가르침을 받습니다. 그래서 그들은 시간과 방법, 주제에 대해 지혜롭게 생각하게 됩니다.

새를 쏘아 떨어트리고 싶어 하는 사람은 잠시 후에 그 방면에 전문가가 될 것입니다. 그 사람이 거기에 온통 마음을 쏟을 것이기 때문입니다. 어느 정도 연습을 하고 나면 유명한 사수(射手)가 되고, 총과 개에 대해 훤히 알게 될 것이기 때문입니다. 연어를 잡고 싶어 하는 사람은 낚시질에 온통 마음을 쏟고 그 일에 몰두하게 됩니다. 그는 금방 낚싯대를 사용하는 방법과 물고기를 다루는 방법을 배웁니다. 그와 같이 영혼을 구원하기를 바라고 그 일에 마음을 쏟는 사람은 수단들을 사용하여 그 일의 요령을 찾아내고, 주님께서는 그에게 성공을 주십니다. 내가 여러분에게 그 요령을 가르칠 수 없습니다. 여러분은 그것을 알아내기 위해 실습을 해야 합니다.

여러분에게 이 점을 말씀드리겠습니다. 사람이 단지 자기 이웃의 피에 대해 깨끗하게 되기를 기도했다고 해서 그 피에 대해 깨끗하게 되는 것은 아니라는 말입니다. 이 뉴잉턴(Newington) 교구 주위에 굶어 죽어가고 있는 사람들이 많고, 우리가 하나님께서 그들의 곤궁을 해결해 주시기를 구하는 기도회를 가지려고 한다고 생각해 봅시다. 만일 우리가 이들을 위해서 기도한 후에 모두 집으로 돌아가서 저녁 식사를 먹으면서 그들에게 빵 한 조각도 주지 않는다면 그 기도회가 조롱받고 비난 받아야 할 위선이 되지 않겠습니까? 정말로 인정이 많은 사람은 지갑을 만지면서 이렇게 말합니다. “내 기도가 응답되도록 하기 위해 무슨 일을 할 수 있을까?” 어떤 사람에 대해 들은 이야기가 있습니다. 한 사람이 자기가 방문했던 가난하기 짝이 없는 많은 가족들을 위해서 뉴욕에서 기도하며 그들이 먹고 입을 수 있도록 주께 기도하였다는 것입니다. 그러자 그의 어린 아들이 말했습니다. “아버지, 내가 하나님이라면 나는 아버지한테 기도한 대로 행하라고 말할 거야. 아버지는 돈이 많잖아.”

우리가 중보 기도를 드리고 있는 동안에 주님께서 우리에게 그같이 말씀하실지 모릅니다. “가서 네 친구들에게 내 아들에 관해 말해서 네 기도에 응답하도록 하라.” 여러분이 “너, 위대한 복음이여 널리 날아라” 하고 노래합니까? 그렇다면 복음에 은으로 덮인 날개를 달아주도록 하십시오. 여러분이 “날려 보내라, 너희 바람이여, 그리스도의 이야기를 날려 보내라” 하고 노래합니까? 그렇다면 그리스도의 이야기에 숨을 불어내십시오. 여러분의 은사에는 능력이 있습니다. 여러분의 말에는 능력이 있습니다. 이런 능력들을 사용하십시오. 여러분 자신이 많은 일을 할 수 없을지라도 다른 사람이 그리스도를 전파하는 일을 도움으로써 큰일을 할 수 있습니다. 그러나 무엇보다 중요한 것은 여러분이 얼마쯤은 여러분의 손과 마음과 입으로 일을 해야 한다는 것입니다. 가서 선하고 옳은 길을 가르치십시오. 그러면 여러분의 기도가 응답될 것입니다.

끝으로, 내가 중요하게 생각하는 요점을 말할 때가 되었습니다. 나는 오늘 밤 처음으로 와서 내 말을 듣는 분들에게 그와 같이 말해서 많은 사람들이 주님께로 돌이키게 할 수 있으면 좋겠습니다. 이들 가운데 많은 분들은 복음을 듣고 싶어서 오는 것이 아니라 내가 이상한 사람이라는 말을 들었고, 궁금증이 생겨서 그처럼 괴짜인 사람을 보고 싶고, 그의 설교를 듣고 싶어서 오려고 할 것입니다. 아무래도 좋습니다. 그들은 진리를 들을 것입니다. 내가 아주 열심히 십자가에 못 박히신 그리스도, 오직 그 그리스도만을 전파하려고 힘쓸 것이기 때문입니다. 여러분 모두가 하나님께서 복 주시기를 기도해 주시기 부탁드립니다. 여러분에게 말씀드립니다. 내 자신에게 친절한 모든 것을 인해서, 여러분 이웃들에게는 선행이 되는 모든 것을 인해서, 하나님께는 감사하는 모든 것을 인해서, 제가 전할 말씀에 복이 임할 수 있기를 기도해 주십시오. 그 말씀으로 인해서 아주 많은 사람들이 그리스도의 발 앞으로 오게 될지 누가 알겠습니까? 그들은 여러분 가운데서 복음을 듣고 마음이 완고해진 어떤 사람들과 같지는 않을 것입니다. 그들 가운데 많은 사람이 모든 것을 처음으로 받아들이는 새로운 사람들이 될 것입니다. 우리가 하나님에게서 그물을 던지는 법을 배우기만 한다면 그처럼 넓은 여울목에서 고기를 잡는 기막힌 기회를 얻게 될 것입니다.

오늘 오후에 하나님께서 복 주시기를 기도합시다. 사람들을 데리고 이리로 오시고, 하나님께서 우리를 찾아오시도록 기도하시기 바랍니다. 너무 바빠서 집회에 참석할 수 없는 여러분, 그럴지라도 여러분이 어쨌든 우리가 복을 받을 수 있도록 사적인 기도를 위해서 십여 분의 시간은 낼 수 있을 것입니다. 주일학교에서도 하나님께 복 주시기를 기도하시기 바랍니다. 하나님께서는 어린아이들의 기도를 들으시고, 지금까지 달리는 듣지 않으셨던 응답을 보내십니다. 모든 일터에서 일하는 분들도 하나님께서 오늘 밤 영혼들을 구원하시고 영광을 얻으시도록 하나님께 부르짖으시기를 바랍니다. 그렇게 하신다면 여러분에게 깊이 감사드릴 것이고, 내 주님께서 여러분에게 복 주실 것입니다. 그러니 꼭 그렇게 기도해 주시기 바랍니다. 아멘.

제
8
장

누가 택하심을 받았는가?

"여호와께서 이르시되 이가 그니 일어나 기름을 부으라 하시는 지라." — 삼상 16:22

사무엘이 하나님의 택하신 자를 찾기 위해 베들레헴으로 보냄을 받았습니다. 사무엘을 보내신 하나님께서 그와 함께 하시고, 하나님의 택하신 자가 그의 앞에 섰을 때 즉시 그의 마음속에 영감된 확실한 목소리로 말씀해 주시지 않았다면, 그를 찾는 것은 매우 어려운 일이었을 것입니다. 형제 여러분, 표지와 증거들도 없이 누가 하나님의 택하신 자인지 추측하는 것은 여러분의 일도 아니고 내 일도 아닙니다. 세상이 창조되기 전에 영원의 회의에서 어떤 일이 행해졌는지는 하나님의 마음에 감추어 있습니다. 따라서 우리가 문이 닫힌 곳에서 호기심 때문에 지혜라는 손으로 밀고 들어가려고 해서는 안 됩니다. 그렇지만 하나님의 말씀을 전파하는 가운데서 하나님의 은밀한 선택을 발견하게 되는 점이 있습니다. 우리는 하늘 아래 모든 족속에게 복음을 전합니다. 우리는 모든 죄인에게 하나님의 위협과 약속을 전하며 "땅의 모든 끝이여, 예수를 보고 구원을 받으라"고 외칩니다. 복음은 하나님의 택하신 자들이 복음의 소생시키는 능력을 느끼고 영적으로 죽은 자들 가운데서 일어날 때 성령으로 말미암아 그런 자들을 알 수 있게 하는 식별기가 됩니다. 복음은 키입니다. 이 키가 겨는 날려 보내고 알곡은 바닥에 남겨 놓습니다. 복음은 제련하는 사람의 불과 같고, 세탁업자의 비누 같아서 외적이고 가치 없는 것은 모두 없애고 귀하고 순전한 것이 드러나게 합니다. 목회자들로서 우리는 예수 그리스도 안의 진리를 충실하게 전하고 그 결과를 지켜보는 것 밖에는, 하나님의 성도들을 분별하고 무가치한 것들과 귀한 것들을 갈라내는 다른 방법이 없습니다. 우리 자신에 대해서 말하자면 우리는 자신의 소명과 선택을 알고 확신할 수 있습니다. 바울은 데살로니가 교회 교인들에게 하나님께서 그들을 택하셨음을 자신이 안다고 했습니다. 우리는 다른 사람들의 행실과 대화를 보고서 그들의 선택을 상당히 알 수 있습니다. 그리고 우리가 하나님께로부터 났다는 것을 우리 속에 계신 성령님의 증거에 의해 우리 자신의 선택에 대해서 거의 절대적으로 확실히 알 수가 있습니다. 우리 마음이 성령으로 새롭게 되었다면, 우리가 그리스도 안에서 새로운 피조물이 되었다면, 하나님과 화목하고 죽은 행실에서 구속받았다면, 우리의 이름이 창세전부터 어린 양의 생명책에 기록되었다는 것을 알 수 있습니다.

오늘 아침 나는 우리가 다윗의 경우를 어느 정도 지침으로 삼아서 선택받은 사람들을 분별할 수 있는 방법에 대해 이야기하려고 합니다.

1. 나는 여러분이 모든 사람에게 뜻밖이었던 사실에 처음부터 주목하기를 바랍니다.

사람들이 그 집안에서 가장 작은 자인 다윗이 하나님의 택하신 자, 곧 이스라엘을 다스릴 왕이었다는 것을 알았을 때 모두가 놀랐습니다.

그의 형들은 다윗이 선택되리라고 전혀 생각하지 않았다는 점을 잘 보시기 바랍니다. 그들은 그런 것을 생각조차 해 본 적이 없습니다. 다윗의 형들에게 "너희 가운데 대체 누가 왕위에 오를 것인가?"라는 질문을 하였다면, 그들은 다른 일곱 형들 가운데 어느 한 사람을 택하였을 것이고, 그들의 동생 다윗은 틀림없이 지나갔을 것입니다. 다윗은 그의 형들에게 철저히 무시당한 것으로 보입니다. 다윗의 형 엘리압은 다윗이 엘라 골짜기로 찾아가자 그에게 경멸하는 어조로 "나는 네 교만과 네 마음의 완악함을 아노니 네가 전쟁을 구경하러 왔도다"(삼상 17:28) 하고 말합니다. 이 말투는 그가 보통 때 다윗에게 사용하는 방식이었던 것이 분명합니다. 내가 볼 때 다윗은 외톨이로 지냈던 것 같습니다. 일곱 형들의 운동에 다윗은 참가할 수 없었던 일이 많았을 것입니다. 형들은 다윗을 전혀 상대하지 않았습니다. 형들이 언제든지 부당하거나 불의한 행위를 저지르면, 필시 한창 때의 젊은이들 일곱이 하였을 것처럼 그들이 죄악적인 쾌락을 담대히 추구하였다면, 다윗은 요셉의 모범을 따라 형제들 가운데 비난하는 일을 하였을 것이고, 따라서 멸시를 당하였을 것입니다. 형들이 술잔을 들고 흥얼거리고 있을 때 다윗은 산지에 있는 그의 양 떼 곁에 있었습니다. 다윗에게는 책과 수금이 위안거리였고, 명상은 그의 큰 기쁨이었으며 그의 하나님이 그에게는 최고의 동무이셨습니다. 반면에 그의 형들은 거룩한 것들을 전혀 즐거워하지 않았습니다. 그는 우리 주님처럼 "내가 주를 위하여 비방을 받았사오니 수치가 나의 얼굴에 덮였나이다 내가 나의 형제에게는 객이 되고 나의 어머니의 자녀에게는 낯선 사람이 되었나이다"(시 69:7,8)라고 말할 수 있었습니다. 요셉처럼 그는 나머지 식구들이 생각할 때 "꿈꾸는 자"였습니다. 다윗이 하늘들을 생각하였을 때 나머지 식구들은 그가 감상적인 공상에 빠졌다고 생각했고, 그가 밤낮으로 하나님의 율법을 묵상할 때는 그를 미쳤다고 말했습니다.

이 설교를 듣는 사랑하는 친구 여러분, 여러분은 하나님께서 창세전부터 사랑의 눈길로 보신 사람들 가운데 한 사람일 수 있습니다. 그럼에도 여러분의 식구들에게서는 무시당하고 잊힌 사람일 수 있습니다. 여러분의 형제들은 여러분의 능력을 과소평가하였고, 여러분 성품의 특이함을 완전히 멸시하였습니다. 여러분은 식구들 가운데 돌연변이 취급을 받습니다. 여러분은 다른 식구들이 재미있어 하는 것을 좋아할 수 없습니다. 여러분의 사랑과 열망은 그들과 다른 방향으로 흘러갑니다. 그들의 멸시를 마음 아프게 생각하지 마십시오. 일찍이 다윗이 여러분과 같은 처지에 있었던 것을 기억하십시오. 그리고 그보다 앞서서, 형들과 따로 놀았지만 그 머리의 면류관에 영원한 산들의 복이 내린 또 다른 사람(요셉)이 있었습니다. 그와 같이 머지않아 하늘의 넉넉한 미소가 여러분에게 임할 수 있습니다. 하나님은 사람이 보는 것과 다르게 보시기 때문입니다. 사람들에게 버림을 받는 사람들이 하나님의 사랑을 받는 자들인 경우가 많이 있습니다.

다윗의 아버지가 다윗의 뛰어남을 전혀 알지 못했다는 점을 지적하는 것은 더 괴로운 일입니다. 형이 동생을 사랑하는 것보다 아버지가 자식을 더 사랑하는 것이 자연스러운 일이고, 막내 아이를 가장 사랑하는 경우는 흔한 일입니다. 그런데 다윗은 아버지에게 사랑스러운 자식이 아니었던 것으로 보입니다. 이새는 다윗을 막내라고 부릅니다. 원문에서 그가 사용하는 단어의 의미를 이해한다면, 거기에는 다윗이 제일 나이가 어리다는 것 이상의 어떤 뜻이 함축되어 있습니다. 다윗은 판단력이 부족한 아버지의 평가에서는 가장 작은 자였습니다. 나머지 식구들을 잔치에 불렀으면서도 다윗을 빠트렸다는 것은 이상한 일입니다. 그 잔치는 특별한 예배와 같은 것이었는데, 자기 아들을 부르지 않은 것에 대해서 이새는 잘못을 면할 수 없다고 생각합니다. 제사에는 식구 모든 사람이 참석해야 합니다. 선지자가 올 때는 아무도 밖에 있어서는 안 됩니다. 그런데도 다윗을 부르는 것을 생각조차 하지 않았습니다. 그런 경우에는 종이 양 떼를 지켰을 것입니다. 이와 같이 그처럼 신성한 잔치에는 온 가족이 모였을 것입니다. 그런데 들판에 다윗 외에는 다른 아들이 아무도 없었습니다. 다른 사람들은 다 모였습니다. 가족 중의 한 사람을 그의 부모마저도 무시하는 경우가 있는데, 그의 희망과 기도를 무시하는 경우가 때때로 발생합니다(참으로 잘못된 일이지만!). 그런 아버지들은 이렇게 생각하는 것 같습니다. "하나님께서 윌리엄을 회심시키기를 기뻐하실 거야. 메리를 부르실 수도 있어. 나는 하나님의 섭리를 믿어. 우리는 존이 자라서 우리의 명예가 되는 것을 볼 거야. 하지만 리처드나 사라, 그 애들은 도대체 뭐가 될지 모르겠어." 부모들이 자신들이 잘못 판단했다고, 자기들이 제쳐놓은 자식이 결국 그들 인생의 기쁨과 위로가 되었고, 다른 모든 자식이 합해서 준 것보다 더 많은 만족을 주었다고 고백하지 않을 수 없는 경우가 참으로 많습니다. 젊은이여, 그대가 그런 사람입니까? 그대는 자신이 부모에게서 별로 관심을 받고 있지 않다고 알고 괴로워합니까? 그 점을 두고 기가 죽거나 괴로워하거나 상심하지 마십시오. 그대는 그대보다 앞서 다윗이 받았던 대우를 받고 있는 것입니다. 하나님의 사랑하시는 종이며, 하나님의 마음에 합한 사람인 다윗이 자신의 처지를 참을 수 있었다면, 여러분은 자존심을 앞세워 그런 처지를 견딜 수 없다고 생각하지 않도록 하십시오. 그대의 아버지, 어머니가 그대를 버릴지라도 주님께서 그대를 거두어들이신다면, 주님께서 그대에게 최상의 부모보다 더 나으실 것이기 때문입니다.

하나님의 종 사무엘이 처음에는 다윗이 택함받을 줄 전혀 몰랐다는 사실 또한 분명합니다. 형제들이 한 사람씩 앞으로 나왔고, 사무엘은 인간적인 판단력을 사용해서 다윗보다는 다른 형들 가운데 한 사람을 택하려고 하였습니다. 하나님의 종은 그가 진정으로 부름을 받고 보냄을 받았다면 하나님의 택하신 자들을 그들의 숨겨진 상태에서 불러내겠다는 열망을 가지고 있습니다. 그의 눈은 새로워진 영혼에 나타나는 은혜의 첫 번째 표지들을 민첩하게 분별해냅니다. 그러나 그리스도의 사역자가 속는 경우가 때때로 있습니다. 그는 혈과 육의 의견을 듣고 멋진 사람인 엘리압을 선택합니다. 그의 멋진 용모가 그에게 보통 수준 이상의 어떤 것이 있다고 알려주고, 그의 전체 골격은 잘 균형이 잡혀서 보기 좋은 그런 사람입니다. 하나님께서 사람의 다리를 기뻐하시지 않는다는 것은 참으로 맞는 말씀입니다. 개인적인 외모의 선물이 복보다는 올가미가 되는 경우가 많습니다. "고운 것도 거짓되고 아름다운 것도 헛되느니라"(잠 31:29). 하나님께서는 엘리압을 택하지 않으셨습니다. 높은 지위의 사람이 목회자 앞에 오는 경우가 있습니다. 목회자가 높은 신분의 사람이 복음을 즐거이 듣는 것을 보면 그는 "하나님께서 확실히 이 사람을 선택하셨다"고 생각하기가 아주 쉽습니다. 그러나 아주 많은 경우에 이런 사람들은 성소에 둥우리를 지을 만큼 오래 머물지 않고 지나가는 철새에 불과합니다. 그들은 순전히 호기심 때문에 오고, 새로운 호기심이 생기면 다른 데로 갑니다. 하나님께서 아비나답(이새의 둘째 아들) 같은 자들을 택하신 경우가 많지 않은 것이 확실합니다. 또 어떤 사람들은 충분한 교육을 받은 사람들입니다. 그래서 하나님의 말씀이 전파될 때 그들은 설교하는 방식을 평가하고, 그들이 설교에 관해 평하는 점들은 매우 양식이 있고 명민합니다. 그래서 설교자가 "하나님께서 이 사람들을 선택하신 것이 확실하다!"고 말하기 쉽습니다. 그렇지만 교육받은 사람들은 매우 교만해서 그리스도의 단순한 사실들을 믿지 못하고, 지식인들은 복음이 별로 세련되지 못해서 그들의 입맛에 맞지 않기 때문에 돌아섭니다. 때때로 우리는 옳은 사람을 만났다고 확신하기도 하는데, 이는 우리가 그 사람의 천성적인 온후한 성향에 매료되고, 종교적인 감명들에 대해 그의 지성이 부드럽고 민감하게 반응하는 것에 기운을 얻기 때문입니다. 그렇지만 우리는 실망하고 맙니다. 아름다운 꽃들 가운데 열매를 맺지 않는 꽃들이 많이 있습니다. 그리고 잘 자랄 것 같은 묘목들 가운데는 여호와의 우편에 심은 나무가 아니어서 뽑히는 묘목들이 있습니다. 또 우리가 신앙에 관해 아주 탄복할 만한 대화를 듣고서 "자, 우리가 하나님의 택하신 자를 찾았다"고 결론을 내리지 않을 수 없는 때들도 있습니다. 우리는 사람들 가운데 앉아서 젊은이들이 성경의 지식이 보통이 아니라는 것을 보여주는 신앙적 표현을 사용하는 것을 들었습니다. 우리는 그런 사람들이 기도하는 소리를 들었고, 그들의 뛰어난 기도의 은사에 감탄하였습니다. 그들은 종교 집회들에서 연설하였고 아주 유창하게 말하였기 때문에 우리는 "하나님께서 이 사람들을 택하신 것이 확실하다!"

고 말하였습니다. 그렇지만 목회하는 내 형제들은 말할 것입니다. 그들 앞에 지나갔던 전도가 유망한 사람들 가운데서 많은 사람들은 결국 무정하게 떠나가 버렸고, 하나님께 대한 그들의 회심에서 참으로 만족스러운 증거를 보인 사람은 거의 없었다고 말입니다. 그 사이에 우리가 무시했던 사람, 회중 가운데서 가장 작은 자가 하나님의 복이 임한 다윗이 되었습니다. 아, 여러분 가운데 최근 10년 이상 하나님의 말씀을 들어온 분들이 있습니다. 여러분은 거듭거듭 감명을 받았지만 아직까지 회심하지 않았습니다. 우리는 여러분의 눈물과 분명한 감정을 보았을 때 여러분은 틀림없이 하나님의 택하신 사람들이라고 종종 생각했습니다. 그러나 지금까지 여러분은 하나님의 택하심에 대한 어떤 증거도 보여주고 있지 않습니다. 그런가 하면 술주정뱅이가 이 예배당에 우연히 들렀고, 창기가 어쩌다가 이 예배당 통로에 앉았습니다. 하나님의 놀라운 은혜가 그들을 변화시켰고, 그들은 이제 자신들의 죄를 완전히 사함받고 기뻐하고 있습니다. 반면에 여러분은 아직까지 "악독이 가득하며 불의에 매인 바 되어"(행 8:23) 있습니다. "세리들과 창녀들이 너희보다 먼저 하나님의 나라에 들어가리라"(마 21:31)는 말씀이 참으로 옳습니다. 하나님의 주권은 참으로 비길 데가 없습니다! "그의 길은 찾지 못할 것이로다"(롬 11:33).

지극히 가난한 자들, 무식하기 짝이 없는 자들, 전혀 이름이 없는 천한 자들, 어리석은 자들과 어린 아기들, 멸시받는 것들, 그렇습니다, "없는 것들"을 하나님은 택하셔서 있는 것들을 헛되게 만들어 아무 육체도 하나님 앞에서 자랑하지 못하게 만드십니다. 다윗이 기름 부음을 받았을 때 그의 형들이나 그의 아버지 혹은 그 선지자보다 더 놀란 한 사람이 있었다고 생각합니다. 그것은 바로 다윗 자신이었습니다. 다윗은 많은 사람에게 놀라운 일이었는데, 특별히 그 자신에게 놀라운 일이었습니다. 그동안 그는 가지가 넓게 퍼진 나무들 아래에서 홀로 하나님과 교제를 나누어왔습니다. 양 떼를 인도하던 광야에서 여호와를 찬양하는 노래를 불렀고, 물가에서는 수금을 타서 그의 감사하는 마음이 빚어내는 아름다운 음악이 바위틈 사이에서 메아리치게 만들었습니다. 하지만 자기가 왕이 될 것이라고는 꿈에도 생각하지 않았습니다. 어떤 선지자가 그에게 이렇게 말했다고 합시다. "여호와께서 너를 양의 뒤를 따라가는 데서 데려다가 이스라엘 백성을 다스리도록 하실 것이다. 여호와께서 네가 어디로 가든지 너와 함께 하시고, 네 앞에서 네 모든 대적을 쓰러트리고 네 이름을 지상에 있는 위대한 사람들의 이름처럼 만드실 것이다." 그랬다면 그는 이렇게 외쳤을 것입니다. "여호와 하나님이여 나는 무엇이오며 내 집이 무엇이기에 나를 여기에 이르게 하셨습니까? 주 하나님이시여, 이것이 사람의 방식입니까?"

그렇습니다. 사랑하는 친구 여러분, 여러분이 진실로 하나님의 자녀일 수 있습니다. 그렇지만 하나님께서 여러분에게 주신 높고 고귀한 소명을 아직까지 분명하게 알지 못할 수가 있습니다. 여러분은 떨리는 믿음으로 예수님의 머리에 손을 댔습니다. 그리고 여러분은 자신이 용서받았다고 믿습니다. 그러나 아직까지 여러분은 하늘의 모든 상속자가 믿음으로 이르게 되는 위엄과 존귀를 알지 못합니다. 이제 나는 여러분의 현재의 위대한 상태와 머지않아 여러분 안에 나타나게 되어 있는 영광에 관해 한 마디 조용히 말씀드리겠습니다. "사랑하는 자들아 우리가 지금은 하나님의 자녀라 장래에 어떻게 될지는 아직 나타나지 아니하였으나 그가 나타나시면 우리가 그와 같을 줄을 아는 것은 그의 참모습 그대로 볼 것이기 때문이니"(요일 3:2). 여러분은 믿음으로 의롭다 함을 받았습니다. 그리고 이제 하나님과 화목합니다. 여러분은 "하나님이 의롭다 하신 그들을 또한 영화롭게 하신다"(롬 8:30)는 것을 알지 못합니까? 여러분은 반드시 영화롭게 될 것입니다. 그 이유를 아십니까? 그것은 여러분이 "하나님 아버지의 미리 아심을 따라 성령이 거룩하게 하심과 진리를 믿음으로 택한 자"이기(벧전 1:2; 살후 2:13) 때문입니다.

그렇습니다. 두려워 떠는 불쌍한 사람이여, 별들이 짙은 어둠 속으로 빛을 비추기 전에 하나님께서 여러분에 대해 생각하셨습니다. 여호와이신 예수께서 하늘이 넓게 펼쳐지기 전에 그대의 이름을 그의 마음에 쓰셨고 그의 손바닥에 새기셨습니다. 용기를 내십시오. 그대를 위하여 하나님 나라가 예비되어 있습니다! 다윗이 받은 확실한 자비들을 볼 때 하나님께서 여러분이 이기고, 예수님의 보좌에 앉도록 정하신 것입니다. 그것은 예수께서 이기셨고 아버지와 함께 그의 보좌에 앉아 계시는 것과 같습니다. 그러므로 기뻐하십시오. 그대에게 하나님 나라를 주시는 것이 하나님 아버지의 큰 기쁨이기 때문입니다. 여러분이 아주 깜짝 놀라며 이렇게 말하는 것이 보이는 것 같습니다. "어찌 그런 일이 있을 수 있습니까? 내가! 하나님의 택하심을 받았다니! 나의 많은 죄들, 나의 큰 연약, 의심, 하나님의 봉사에 아무 쓸모없음, 내 마음의 냉랭함, 이 모든 것을 생각할 때 나는 슬퍼하지 않을 수 없습니다. 그럼에도 불구하고 하나님께서 나에게 하나님 나라를 주기로 작정하셨단 말입니까?" 바로 그렇습니다. 믿음으로 이 진리를 붙잡으십시오. 그리고 기뻐하며 가십시오.

사랑하는 여러분, 여러분의 직업이 무엇이든 간에 여러분이 하나님 나라의 특전을 가질 수 있다는 것을 기억하십시오. 다윗은 양치기에 지나지 않았지만 보좌에 올랐습니다. 신자 각 사람도 그렇게 될 것입니다. 여러분은 전혀 이름이 알려지지 않은 사람이고, 여러분의 아버지 집에서 가장 작은 자일 수 있습니다. 그렇지만 여러분이 하나님의 마음에서 자식으로 대우받을 수 있습니다. 여러분이 자기편도 없고 지위도 없이 전체 인구조사에서 단지 하나의 단위인 사람으로밖에 언급되지 않는 사람들 가운데 하나일 수 있습니다. 여러분은 자신이 한 달란트도 가지지 못했다고 생각할 수 있습니다. 여러분 자신을 사람이 아니고 벌레로 생각하여 다윗처럼 이렇게 말할 수도 있습니다. "내가 주 앞에 짐승이니이다"(시 73:22). 하지만 이 점을 생각해야 합니다. 하나님께서는 놀라운 택하심으로 말미암아 지극히 높은 영광의 보좌에서 허리를 굽혀 거지를 거름더미에서 들어 군주들 가운데 앉게 하실 수 있다는 사실을 말입니다.

2. 이제 우리는 선택의 표지, 곧 하나님께서 때가 되면 택하신 자들에게 심어놓으시는 은밀한 표지를 살펴볼 것입니다.

하나님께 택함받은 모든 사람은 때가 되면 은혜의 보증 표시를 받습니다. 그 표시는 새로운 마음과 올바른 영입니다. 신자라면 누구나 새로운 마음이 하나님의 내밀한 인(印), 곧 만왕의 왕의 확실한 표지라는 것을 알아야 합니다. 사람들은 겉모습을 은총의 표시로 보지만 하나님께서는 선택의 표지로 그 마음을 보십니다. 우리는 다윗이 그의 마음이 천성적으로 선하기 때문에 그가 구원받도록 선택되었다고 생각해서는 안 됩니다. 왜냐하면 다윗이 자기가 "죄악 중에서 출생하였고 죄 중에서 잉태되었다"(시 51:5)고 스스로 말하기 때문입니다. 하나님께서 주권적인 은혜의 결과로 그의 마음을 새롭게 하셨을 때 은혜가 영광을 얻기에 합당한 요소인 것만큼 마음의 선함이 하나님 나라에 합당한 자질을 형성하였음을 보여준다는 것을 우리가 기꺼이 인정하지만, 마음의 의는 그 자체가 주권적인 은혜의 선물이었지 다윗에게 정해진 최초의 영원한 선택의 원인이 아니었습니다. 나는 여기서 하나님의 선택의 이유를 논의할 생각이 없습니다. 그 점을 잘못 생각하지 않도록 해야 합니다. 우리는 그 점에 대해서는 아무것도 알지 못합니다. 우리는 하나님께서 지혜롭게 선택하시지만 사람들이 알지 못하는 이유로, 아마도 우리가 이해할 수 없을 이유로 선택하신다고 믿습니다. 우리가 아는 것은 "옳소이다 이렇게 된 것이 아버지의 뜻이니이다"(마 11:26)라는 것입니다. 나는 지금 하나님께서 자신의 택하심을 보증하시고, 하나님의 은혜가 그의 택하신 자들에게 작용한 후에 그의 택하신 자들을 구별하는 방식에 대해 이야기하고 있는 것입니다. 하나님의 택하신 자들은 다른 사람들과 다른 마음을 가진 것으로써 구별됩니다. 이와 같이 우리가 그들 가운데 있는지 없는지를 깨달을 수 있게 되기를 바랍니다!

다윗은 어떤 마음을 가졌었습니까? 우리는 그의 시를 통해서 그 사실을 알아볼 수 있습니다. 그의 시들 가운데는 언제 쓰였는지 알 수 없는 것들이 있습니다. 그러나 그 시들 가운데 다윗의 젊은 날에 쓰인 것이 있다면 시편 23편인 것이 틀림없습니다. 아름다운 목가적인 이 시는 다윗의 마음을 들여다볼 수 있도록 창문을 열어줍니다. 그 창문을 통해서 그의 마음을 들여다보면, 그가 믿는 마음을 가졌다는 것을 즉시 알 수 있을 것입니다. "여호와는 나의 목자시니 내게 부족함이 없으리로다." 참으로 듣기 즐거운 문장입니다. 다윗은 참으로 행복한 사람이었습니다! 그는 여기서 모든 부족과 염려를 요약해서 말한 것입니다. 그는 자신이 죄 사함이 필요하고, 자신을 악으로부터 보존할 은혜와 젊은 날의 위험한 길에서 인도할 지혜, 자기 앞에 있는 싸움에서 도와줄 힘이 필요하다는 것을 알았습니다. 다윗은 자신이나 친구들을 보지 않고 창조된 모든 것으로부터 돌이켜 하나님을 바라보며 믿음으로 "여호와는 나의 목자시니 내게 부족함이 없으리로다"라고 말합니다. 바로 여기에 하나님의 택하심의 중요한 표지가 있습니다. 사랑하는 친구 여러분, 여러분은 모든 것에 대해 하나님을 의지하십니까? 여러분은 마음으로 자신에 대한 모든 신뢰를 버렸습니까? "자기의 마음을 믿는 자는 미련한 자요"(잠 28:26). 여러분은 동료를 신뢰하는 일을 일체 버렸습니까? "무릇 사람을 믿으며 육신으로 그의 힘을 삼는 그 사람은 저주를 받을 것이기"(렘 17:5) 때문입니다. 여러분은 자신의 행위들, 의지, 존재, 소원이 헛되다는 것을 알고, 하나님께서 성경에서 자신을 계시하시는 대로 하나님을 받아들이셨습니까? 성부, 성자, 성령 하나님을 여러분의 모든 것으로 모셨습니까? 여러분이 그렇게 믿는다면 여러분의 선택에 대해 두려워할 필요가 없습니다. 하나님께서 여러분의 마음을 들여다보실 때, 그의 주권적인 은혜의 상징과 표지를 여러분의 믿음에서 보시기 때문입니다. 하나님께서 친히 일하시지 않고, 하나님의 마음이 영생을 정해두시지 않은 곳에서는 하나님께 대한 단순한 믿음이 없었기 때문입니다.

우리가 이 시편을 읽을 때 다윗이 묵상하기를 좋아하는 마음을 가졌다는 것을 또한 주목하게 됩니다. "그가 나를 푸른 풀밭에 누이시며 쉴 만한 물 가로 인도하시는도다." 다윗이 다른 시편에서는 이렇게 씁니다. "나의 묵상을 기쁘게 여기시기를 바라나이다"(시 104:34, 개역개정은 "나의 기도를 기쁘게 여기시기를 바라나이다"). 다윗의 생활이 시어로 기록된 시편 전체를 보면 그가 거룩한 주제들에 대해 많이 묵상했다는 것을 알 수 있습니다. 산지에 있든지, 졸졸 흐르는 시냇가에 앉았든지, 양 떼를 인도해야 하는 곳은 어디에서든지 그는 자기 하나님께 단을 세우고 자기 혼자 설교를 했습니다. 다윗과 그의 하나님 사이에서 즐거운 교제가 풍성하게 이루어졌었습니다. 엘리압은 이것을 전혀 알지 못했고, 아비나답도 이를 전혀 경험하지 못했습니다. 시편 119편을 읽어보십시오. 그러면 다윗이 성령의 감동을 받아 시편 1편에서 노래했던 모든 복을 스스로 얻었다는 것을 알게 될 것입니다. 그는 하나님의 율법을 밤낮으로 묵상하였습니다. 사랑하는 친구 여러분, 여러분은 그렇게 하십니까? 여러분의 생각이 자유로워졌을 때 비둘기가 자기 집으로 날아가듯이 곧바로 하나님께로 향합니까? 여러분은 다윗이 말하였듯이 하나님의 말씀이 여러분 입맛에 달게 느껴집니까? 하나님의 이름 자체가 여러분에게 사랑스럽습니까? 여러분은 정말로 하나님을 기뻐하십니까? 예수 그리스도라는 분에 대해 많이 생각하십니까? 여러분의 생각을 보면 여러분의 상태가 어떤지 판단할 수 있다는 것을 기억하십시오. 여러분의 마음이 하나님의 법을 묵상하지 않는다면 여러분은 하나님의 택하심의 표지들 가운데 하나를 잃고 있음이 분명합니다. 택함받은 영혼들은 곧 하나님의 길과 말씀에서 기쁨을 찾으려 하는 것을 보이기 때문입니다.

이 시편을 계속 살펴봅시다. 여러분은 다윗이 겸손한 마음을 가졌다는 인상을 받을 것이라고 생각합니다. 다윗이 시편 전체를 통해서 한 번도 자신을 칭찬하지 않기 때문입니다. "그가 나를 쉴 만한 물 가로 인도하시는도다 그가 내 영혼을 소생시키시는도다." 자, 그는 자기 영광을 전혀 구하지 않고 왕관은 그의 목자이신 전능한 하나님께만 돌립니다. 그의 정신은 "영광을 우리에게 돌리지 마옵소서 우리에게 돌리지 마옵소서 오직 주의 이름에만 영광을 돌리소서"(시

115:1)라고 쓴 데서 잘 나타났습니다. 다윗은 모든 사람의 이목이 자기에게 집중되지 않으면 만족할 줄 모르는 뽐내는 사람이 아니었습니다. 그는 아무도 듣지 않고 아무도 바라보고 있지 않는 어두운 때 작은 새가 노래하듯이 하나님을 찬양하는 노래를 불렀습니다. 그는 사람들이 보지 않는 데서 꽃을 피우는 것으로 만족하였고, 새로워진 마음의 유쾌함은 황무지에서도 위축되지 않는다는 것을 압니다. 그는 하나님 홀로 그의 방청자인 것에 만족하였고 사람의 칭찬을 탐내지 않았습니다. 그는 하나님 앞에서 참으로 높이 올라갔지만 그럼에도 불구하고 참으로 낮게 허리를 굽혔습니다. 그는 자신이 자기에게 모든 것을 주신 하나님께 은혜를 입고 있다는 것을 아주 깊이 생각하였고, 그래서 자신의 구원과 영광과 힘이 처음부터 끝까지 자기를 도우셨던 하나님에게서 나왔음을 열렬히 인정하였습니다. 다윗은 자신의 낮은 지위를 암시하는 아삽의 시를 좋아하였을 것입니다. "또 그의 종 다윗을 택하시되 양의 우리에서 취하시며 젖양을 지키는 중에서 그를 이끌어 내사 그의 백성인 야곱, 그의 소유인 이스라엘을 기르게 하셨도다"(시 78:70,71). 아, 우리가 모든 교만을 떨쳐버린 마음을 가졌으면 좋겠습니다.

우리가 그 밖의 자질들을 빼먹는다면 결코 다윗을 제대로 설명하지 못할 것입니다. 그는 거룩한 마음을 가졌습니다. 바로 그 시에서 "그가 나를 자기 이름을 위하여 의의 길로 인도하시는도다"라고 말하는 점을 살펴봅시다. 다윗은 불의를 기뻐하지 않았습니다. 그는 벨리알의 사람들을 멀리하였습니다. 그는 "거짓말하는 자는 내 목전에 서지 못하리로다"(101:7)고 하였습니다. 그는 하나님의 백성들을 사랑하였습니다. 그래서 그들을 "나의 모든 즐거움인 땅의 존귀한 자들"(16:3)이라고 부릅니다. 하나님의 집에 어울리는 거룩함이 다윗의 영혼에게는 매우 즐거운 것이었습니다. 다윗은 하나님의 계명들이 거룩하기 때문에 그 계명들을 사랑하였습니다. "주의 말씀이 심히 순수하므로 주의 종이 이를 사랑하나이다"(119:140). 나는 다윗이 한때 심각한 죄에 빠졌다는 것을 인정합니다. 그러나 그것은 자비로운 규칙에 예외적인 경우였습니다. 하나님의 규례는 거룩함이었습니다. 최고의 사람들이라고 할지라도 기껏해야 사람일 뿐입니다. 그러므로 사람들은 미끄러져 넘어질 수 있습니다. 아, 다윗이 자기가 빠져들었던 그 악을 죽는 날까지 얼마나 통렬히 슬퍼하였습니까. "그는 하나님의 마음에 맞는 사람이었고 그의 길은 거룩함을 따라 행한 것이었습니다."

다윗의 가슴속에서는 참으로 용감한 마음이 고동치고 있습니다. 여러분은 다윗보다 용감한 사람을 찾을 수 있겠습니까? "주의 종이 사자와 곰도 쳤은즉 이 할례 받지 않은 블레셋 사람이 그 짐승의 하나와 같이 되리이다"(삼상 17:36). 이스라엘의 비굴한 군대들이 전투를 피하고 있는 동안에 이 뽐내는 블레셋 사람과의 싸움에 뛰어들어 이스라엘을 구원하는 사람이 바로 이 다윗입니다. 이 소년의 용맹한 목소리를 들어보십시오. "너는 칼과 창과 단창으로 내게 나아 오거니와 나는 만군의 여호와의 이름 곧 네가 모욕하는 이스라엘 군대의 하나님의 이름으로 네게 나아가노라"(삼상 17:45). 대부분의 경우에 다윗은 참으로 대담하였습니다! 다윗이 에브라임의 자손들처럼 전쟁의 날에 도망한 때들이 있었습니다. 예를 들면, 그가 아기스 앞에서 미친 사람의 흉내를 내던 때가 있었습니다. 그러나 그 밖의 경우들에서 그는 하나님의 적들에 맞섰고, 군대가 자기에 대하여 진을 쳤을지라도 두려워하지 않았습니다. 그에게 전쟁이 벌어졌을지라도 그는 전쟁에 대해 자신이 있었습니다. 이는 그가 불굴의 용기를 흉패로 착용하였기 때문입니다. 이 시편이 바로 그 점을 훌륭하게 묘사합니다. "내가 사망의 음침한 골짜기로 다닐지라도 해를 두려워하지 않을 것은 주께서 나와 함께 하심이라 주의 지팡이와 막대기가 나를 안위하시나이다"(시 23:4).

다윗이 매우 만족하며 감사하는 마음을 지녔다는 점을 여러분이 기억하시기 바랍니다. 나는 존 번연이 굴욕의 골짜기(『천로역정』)에서 노래하고 있었던 목자에 대해서 묘사하는 것만큼 젊은 시절의 다윗을 잘 보여주는 것은 없다고 생각합니다.

"바닥에 있는 자는 떨어질 것을 두려워할 필요가 없고
낮은 데 있는 자는 우쭐할 것이 없도다.
겸손한 자는 항상
하나님을 자기의 안내자로 모실 것이라.

나는 내게 있는 것에 만족하니
그것이 많든지 적든지 간에
여호와여, 내가 지금도 만족을 구하오니
주께서 그런 자를 구원하심이니이다."

바로 이 같은 정서를 다윗은 이렇게 표현합니다. "주께서 내 원수의 목전에서 내게 상을 차려 주시고 기름을 내 머리에 부으셨으니 내 잔이 넘치나이다"(시 23:5). 그는 마음에 원하는 모든 것을 얻었습니다. 사랑하는 친구 여러분, 우리 가운데는 겸손하게 자기가 그런 마음을 가졌다고 주장할 수 있는 분들이 있다고 믿습니다. 그리고 아, 내 입도 거짓 없이 이렇게 말할 수 있으면 좋겠습니다. "그렇습니다. 주여, 내 영혼이 주께서 무엇을 명하시든지 그것으로 만족합니다. 주의 뜻이 무엇이든지 간에 그것이 내 뜻이 될 것입니다."

그 다음에 여러분은 다윗의 변치 않는 마음을 보아야 합니다. 그는 "내 평생에 선하심과 인자하심이 반드시 나를 따르리니 내가 여호와의 집에 영원히 살리로다"라고 말합니다. 그는 출발하고 나서 처음으로 진창길을 만나면 바로 돌아서는 유약한 사람이 아니었습니다. 그는 이 악한 세상을 그리스도께로 돌이키겠다는 자신의 고백을 언제든지 버릴 수 있는 데마 같은 사람이 아니었습니다. 평생에 그는 여호와의 도에 가까이 붙어 있었고, 하나님의 집에 종으로 남아 있었습니다.

그런 표시들을 보고서 우리는 자신의 택함 받음을 알 수 있습니다. 나는 하나님께서 자신의 택하심을 그처럼 확신하는 사람들이 마음을 낮추어 때때로 성경의 표지와 증거들로써 자신을 시험해 보게 해 주시기를 바랍니다. 어떤 신학자들이 우리가 구원의 보장을 결코 의심해서는 안 된다고 하는 말을 듣습니다. 사랑하는 여러분, 우리는 하나님을 의심해서는 안 됩니다. 나는 자신을 거룩한 마음으로 신중히 살피고, 마지막 날에 하나님께서 받아주시기를 간절히 바라는 사람은 그리스도 안에서 자신의 기업을 언제든지 전혀 의심하지 않는 것은 아니라고 생각합니다.

"내가 간절히 알고 싶은 점이 그것이니
그 점 때문에 종종 내게 근심이 일어나네."

나는 이 시가 다소간에 모든 하나님의 자녀의 경험이고, 그것이 사람이 노래할 수 있는 최선의 시가 되는 때가 있다고 생각합니다. 나는 내가 그리스도 예수 안에 있다는 것을 의심하는 일은 좀처럼 없습니다. 그러나 "이 확신이 바른 근거 위에 서 있는가?" 하고 자문하는 경우는 아주 많습니다. 내 자신에 관해 의

문을 제기하기를 두려워한다면, 기초로 다시 돌아가서 내 자신을 철저히 살펴보는 일을 두려워한다면, 내가 언제나 맹목적으로 계속 앞으로 나아가며 내가 믿음으로 행하는 것인지 자신을 결코 조사하지 않는다면, 내가 볼 때 그것은 내가 거짓을 믿는 강한 미망에 사로잡혀 있다는 조짐이 될 것입니다. 나는 그동안 여러분 앞에서 굳세게 믿음의 특전들을 추켜 세우려고 애를 썼습니다. 여러분에게 믿음의 충만한 확신을 얻으려고 노력하라고 권해 왔습니다. 그러나 내가 추측과 확신을 분명하게 구별하는, 자신을 신중하게 살피는 일을 하지 말라는 말은 한 마디도 하지 않았습니다. 훈계가 없이 언제나 특전만 가르치면 하나님 백성들에게서 식상함과 무감각이 자랄 것이 틀림없습니다. 어떤 때 우리에게 필요한 것은 약속이 아니라 자기반성이라는 아주 강력한 말입니다. 이 말은 우리가 싫어할 수 있지만 달콤한 위로의 말이 우리에게 가져다줄 것보다 더 지속적으로 우리 영혼에 영적 유익을 일으킬 것입니다.

그렇다면 사랑하는 친구 여러분, 여러분은 바로 이 점으로 여러분 자신을 조사해 보십시오. 나는 여러분에게 여러분의 마음이 완전한지 묻지 않습니다. 여러분의 마음은 완전하지 않습니다. 그렇다고 여러분의 마음이 한 번도 곁길로 가지 않는지를 묻지 않습니다. 여러분의 마음은 방황하는 경향이 있기 때문입니다. 내가 여러분에게 묻는 것은 이것입니다. 여러분의 마음은 예수 그리스도를 의지하고 있습니까? 여러분의 마음은 믿고 있습니까? 여러분의 마음은 거룩한 사실들을 묵상합니까? 여러분의 마음이 그런 사실들에서 가장 큰 위안을 얻습니까? 여러분의 마음은 겸손합니까? 여러분은 이 모든 것이 주권적인 은혜에서 나왔다고 인정하기가 거북스럽습니까? 여러분의 마음은 거룩합니까? 여러분은 거룩함을 바랍니까? 거룩함을 기뻐합니까? 여러분의 마음은 하나님께 대해 담대합니까? 하나님께 찬양을 돌립니까? 여러분의 마음은 감사합니까? 마음을 하나님께 대해 확정하고 결코 다른 길로 가기를 원치 않습니까?

그렇다면, 여러분은 하나님의 택하심의 표지를 가지고 있는 것입니다. 이런 표지들을 찾아 여러분 자신을 살피는 이 기도에 더하십시오. "하나님이여 나를 살피사 내 마음을 아시며 나를 시험하사 내 뜻을 아옵소서 내게 무슨 악한 행위가 있나 보시고 나를 영원한 길로 인도하소서"(시 139:23,24). 여러분이 위안으로 삼는 것들이 거짓된 것이라면 하나님께서 여러분의 위안거리들을 산산이 부숴주시기를 기도하시기 바랍니다. 나는 종종 하나님께 무릎을 꿇고 내가 최악의 상태에 있다면 알게 해주시라고 기도하였습니다. 내가 속고 있거나 속이고 있다면, 나는 정말로 하나님께 내 눈에서 안대를 치워 버리고 길르앗의 향유 외에는 나의 상한 마음에서 다른 모든 향유를 제거하며 그리스도 예수께 기초를 두고 뿌리를 두기 전에는, 거기 외에 다른 어디에서도 안식하지 않게 해주시기를 기도합니다. 이런 경우에는 일을 확실히 하도록 하십시오. 여러분이 자신에 대해 "그러나" "만약에" "어쩌면"이라는 말을 하지 않을 수 없다면, 여러분의 상태와 특성에 대해서는 그런 말을 할지라도 여러분 영혼에 대해서는 그런 말을 하지 않도록 하십시오. 성령께서 여러분이 종종 호된 시련을 활용하여 여러분의 신앙 고백이 순전한 것인지 아닌지를 알도록 도와주시기를 바랍니다.

세 번째 요점은 매우 흥미로운 것입니다.

3. 그것은 하나님의 택하심이 우리 자신과 다른 사람들에게 분명하게 나타나는 표시나 방식입니다.

우리는 다른 사람들의 마음을 볼 수 없습니다. 그러므로 마음이 행동과 말을 통해서 나타나지 않는 한, 마음은 하나님의 택하신 자들을 구별할 수 있는 방법이 되지 못합니다. 이 택하심을 다윗 자신과 아마도 그에 대해 별로 많이 알지 못하였을 소수의 사람들이 보고 알게 되었던 첫 번째 표시는 그가 기름 부음 받은 사실을 통해서였습니다. 사무엘이 기름 뿔을 취하여 다윗에게 부었습니다. 이새가 그 의미를 충분히 알았다고 생각하지 않습니다. 일곱 형들은 틀림없이 그 의미를 몰랐을 것입니다. 그들이 알았다면 그들 중 누군가가 그 사실을 사울에게 말하였을 것이기 때문입니다. 주석가 트랩 목사(Master Trapp)는 일곱 형들이 비밀을 지킬 수 있는 것은 그들 가운데 여섯 명이 그 비밀에 관해 아무것도 모를 때에야 비로소 가능하다고 말합니다. 다윗이 기름 부음을 받는 것을 보았지만 그들은 다윗처럼 무시당하던 사람이 정말로 왕이 되기 위해 기름 부음을 받았다고 도무지 생각할 수 없었다고 생각하고 싶습니다. 그들이 그 상징을 보기는 했지만, 필시 그 내적 은혜는 알지 못했을 것입니다. 그러나 다윗은 알았습니다. 그는 자신이 왕이 되게 되어 있다는 것을 알았습니다. 비록 그가 스스로 왕이 되기 위해서 손을 뻗거나 손가락 하나 까딱하지 않았을지라도, 그가 사울을 죽이면 즉시 왕위에 오를 수도 있었을 때 종종 자기의 적인 사울의 목숨을 살려주었을지라도, 그는 자기가 언젠가 이스라엘을 다스릴 것을 알았습니다. 사랑하는 여러분, 하나님께서 자기 백성들에게 기름을 부으시는 때가 있습니다. 하나님 백성들은 믿었습니다. 그러나 그들이 믿는 것과 기름 부음을 아는 것 사이에 조금 시간이 경과할 수가 있습니다. 그러나 갑작스럽게 하나님께서 그들의 마음을 비추어 하나님의 일들을 분명하게 알게 되었을 때, 하나님의 성령께서 그들에게 오셔서 보증하는 능력을 베푸시고, 그날 이후로 자기들에게 성령께서 내주하시고, 자신들이 하나님을 위하여 구별되었다는 것을 알고 기뻐합니다. 여러분 가운데 최근에 회심한 분들이 이날 이후로 보증을 받을 수 있기를 기도합니다. 여러분이 그 보증을 받는다면, 지금까지와는 다른 사람이 될 것입니다. 이미 은혜로 구원을 받았다면 여러분은 그 힘과 능력과 활기를 느끼기 시작할 것입니다. 이런 것들이 믿음의 사람으로 세상을 이기도록 만듭니다. 여러분이 기름 부음을 받았다면, 여러분은 자기 정맥 속에서 왕의 피가 흐르는 것을 느낄 것입니다. 아직 여러분이 왕의 신분임을 모를지라도, 성령께서 여러분에게 충만하게 임하시면, 자신의 위엄을 알게 되고, 왕처럼 행동하여 여러분의 내적 죄들을 다스릴 것이고, 그 죄들이 여러분 속에 있는 만큼 주님께서 여러분에게 수여하신 왕 같은 제사장 직분을 발휘하려고 노력할 것입니다. 성도들이 이 내적 보증을 인식할 수도 있습니다. 소수의 사람들이 여러분에게서 그 보증을 볼 수 있습니다. 그러나 많은 사람이 알 것이라고 기대하지 마십시오. 왜냐하면 여러분이 하나님의 택하심을 받았다는 확실한 증거는 여러분 자신에게만 보이기 때문입니다.

그러나 그 보증이 나타남은 다른 방식으로 계속되었습니다. 기름 부음을 받은 후에, 다윗이 그의 용맹한 행동들로 인해 유명한 사람이 된 것으로 보입니다. 사울의 종이 다윗을 천거하면서 다윗에 대해 "용기와 무용이 있는 자"(삼상 16:18)라고 말합니다. 여러분의 택함받음은 이런 사실에 의해 알 수 있을 것입니다. 다른 사람들이 할 수 없는 일을 여러분이 행할 것입니다. 성령이 하나님의 택하신 자의 영혼에 있을 때, 그는 "너희가 남보다 더하는 것이 무엇이냐"(마 5:47)는 질문에 대답할 수 있습니다. 교만하지 않고 아주 침착하게 "다른 사람들은 하지 않고 할 수 없지만 나에게 힘주시는 그리스도를 통해서 쉽게 할 수 있는 일들이 많이 있다"고 말할 수 있습니다. 사랑하는 친구 여러분, 여러분이 이제는 관습과의 싸움을 헤치고 나갈 수 있고, 세속적인 정신이라는 사자와 씨름하고, 고통 가운데서 인내를 보이며, 가장 악한 원수라도 어렵지 않게 용서할 수 있으며, 믿음의 행위로 하나님을 섬기고, 여러분이 그리스도를 높일 수 있다면 여러분의 명성이 시궁창에 짓밟히는 것도 기꺼이 감당할 수가 있습니다. 요컨대, 성령으로 말미암아 여러분은 다른 사람들이 게으른 겁쟁이처럼 있는 곳에서 감히 나서서 일을 할 것입니다. 하나님께서 여러분과 함께 하시기 때문에 승리를 기대하고 전장으로 뛰어나갈 것입니다. 혹은 주님께서 여러분이 주님을 위하여 모든 일을 감당할 힘을 주셨기 때문에 기꺼이 고난을 감수하게 될 것입니다. 하나님께서 여러분을 택하셨음이 여러분의 용맹한 행위들을 통해서 다른 사람들에게 가장 잘 알려질 것입니다.

다윗이 매우 신중한 사람이었다는 것이 또한 나타납니다. 다윗을 아는 사람은 그가 "매사에 신중한 사람"(개역개정은 "구변이 있는 자")이라고 하였습니다. 지혜의 성령께서 하나님의 택하신 자로서 여러분에게 임하시면 여러분이 그런 사람이 될 것입니다. 여러분은 얻는 것이 아무것도 없을지라도 서두르게 되지 않을 것입니다. 여러분은 놀라지 않을 것입니다. 여러분은 잃는 것이 아무것도 없습니다. 여러분에게는 하나님이 계십니다. 그러므로 여러분은 모든 것을 가지고 있는 것입니다. 여러분은 하나님을 잃어버릴 수 없습니다. 그러므로 여러분은 아무것도 잃을 수 없습니다. 서두르지 마십시오. 문제를 판단하고 평가할 시간이 있을 것입니다. "믿는 이는 다급하게 되지 아니하리로다"(사 28:16). 여러분의 인생이 뒤죽박죽 되지 않을 것입니다. 여러분은 문제가 있으면 하나님 앞에 가져가 기도할 것이기 때문에 어떤 잘못을 무심코 누설해서 또 다른 잘못을 범하는 일을 하지 않을 것입니다. 여러분은 하나님의 뜻을 구할 것이고, 그래서 여러분의 마음이 하나님의 인도를 받을 것입니다. 여러분이 하나님 가까이 산다면, 여러분은 곤경에 처할 때 어느 길로 돌이켜야 하는지 알 것입니다. "이것이 바른 길이니 너희는 이리로 가라"(사 30:21)고 말하는 목소리를 들을 것입니다. 인간의 지혜가 아무 쓸모없는 곤경에 처하게 될 때 여러분은 어떻게 강한 팔이 나타나 여러분을 구원하기까지 납작 엎드려 기다려야 하는지를 알 것입니다. 여러분이 하나님의 일들에서 배워 또한 다른 사람들을 담대히 가르치게 될 것이고, 그래서 매일 여러분의 택함받음이 다른 사람들에게 나타나게 될 것입니다.

여러분에 대한 하나님의 택하심이 하나님의 모든 백성들에게 아주 분명하게 나타날 방법들 가운데 하나가 이것이라는 점에 잘 주목하시기 바랍니다. 다윗이 여러분보다 앞서 그랬던 것처럼 여러분이 왕으로 기름 부음을 받았다면, 여러분은 사울과 싸우게 될 것입니다. 하나님의 택하신 자들이 지옥의 상속자들과 영원히 평화롭게 지내는 것은 있을 수 없는 일입니다. 여인의 후손과 뱀의 후손 사이에 반목을 일으키신 분은 이 오래된 불화가 결코 사라지지 않도록 조심하십니다. 여인의 후손으로 태어난 처음 두 사람(가인과 아벨)은 바로 이 이유 때문에 서로 원수처럼 지냈습니다. 그리스도께서 오실 때까지 그 적의는 지속될 것입니다. 여러분이 악기를 잘 연주하여 사울의 우울한 기분을 쫓아낼 수 있다면 잠시 동안 사울이 여러분을 좋아할 수 있습니다. 그러나 사울이 여러분의 참 모습을 알고 여러분이 기름 부음 받은 왕이라는 것을 발견하게 되면, 그는 여러분에게 창을 던질 것입니다. 세상이 어떤 목회자들과 어떤 그리스도인들에 대해서 아주 만족스러워하는데, 이는 그들이 자기들과 아주 흡사하기 때문입니다. 그러나 세상이 "이 사람은 우리와 다른 사람, 곧 본성이 다르고 나라가 다른 사람이라"는 것을 알게 되자마자 세상은 그를 미워할 수밖에 없습니다. 틀림없이 그렇게 되고 맙니다. 여러분은 세상으로부터 좋은 말을 듣기를 바랍니까? 그러면 가서 세상에 빌붙고 머리를 숙이며 굽실거리고 그 종이 되어 보십시오. 그러면 여러분은 그 보상으로 영원한 멸시를 받을 것입니다. 그러나 여러분이 예수와 함께 영문 밖으로 나가고, 그리스도께서 여러분을 택하여 이 세상에서 나오게 하셨기 때문에 여러분이 이 세상에 속하지 않은 사람으로 인정받기를 바란다면, 악한 대우를 받고 오해를 받으며 곡해를 받고 멸시 받기를 기대해야 합니다. 여러분은 그리스도께서 오실 때 그 보상을 받고, 그 보상은 여러분이 이 세상에서 견디는 모든 것보다 클 것입니다.

내가 생각할 때, 다윗은 무엇보다 그가 법의 보호를 박탈당한 자로 지낼 때만큼 하나님의 택하신 자임이 분명하게 나타난 때는 없었다고 봅니다. 다윗은 엔게디의 야생 염소들이 다니는 길에서 지낼 때만큼 당당한 적이 없으며, 사울이 그를 쫓고 있을 때 광야를 지나가거나 한밤중에 자기 원수가 잠자는 것을 보고 서서 "내가 그를 건드리지 않겠다. 그는 여호와의 기름 부음을 받은 자가 됨이니라"(삼상 24:6)고 말할 때만큼 위대하게 보인 적은 없습니다. 우리는 그때 다윗에게서 많은 실패와 과실과 잘못을 보지 못합니다. 법의 보호를 박탈당한 다윗이 하나님의 택하신 자라는 사실이 모든 이스라엘 백성에게 아주 분명하게 나타납니다. 그것은 사람의 택함을 받은 자들은 결코 그와 맞설 수 없기 때문입니다. 하나님 백성들에게 있어서 가장 행복한 최상의 시절은 그들이 사람들에게서 철저히 매장당할 때이고, 회당에서 내쫓길 때이며, 그들을 죽이는 자가 자기가 하나님을 섬기고 있다고 생각할 때라고 저는 믿습니다. 그리스도인의 경건이 가장 밝게 드러나는 시절은 순교와 박해의 때입니다. 스코틀랜드에는 많은 성인들이 있습니다. 그러나 혹독한 시련의 때를 살았던 사람들만큼 훌륭한 성인들은 없습니다. 잉글랜드는 하나님 말씀을 가르쳐 온 훌륭한 신학자들이 많이 있었습니다. 그러나 잉글랜드 기독교 문학의 황금기는 청교도 시대였습니다. 틀림없이 여러분도 자신의 인생을 들여다보면 지상에서 천국을 맛본 시절이 많이 있을 수 있습니다. 그러나 박해와 배척의 장소야말로 예수 그리스도께서 여러분에게 자신을 가장 분명하게 나타내 보이시는 곳일 것입니다. 여러분은 이 세상을 따르지 않기로 굳게 결심했습니까? 여러분은 그리스도와 함께 전투의 전면에 나서고, 살아있는 물고기처럼 물살을 거슬러 헤엄칠 뜻이 있습니까? 느부갓네살 시절에 거룩한 세 소년처럼 끝까지 저항할 생각이 있고, 대제사장들 앞에 선 사도들처럼 "하나님을 섬기는 것이 옳은가 사람을 섬기는 것이 옳은가 판단하라"고 말할 뜻이 있습니까? 여러분은 사람에 대한 두려움을 버렸습니까? 여러분은 십자가를 여러분에게 가장 중요한 최상의 장식이자 보물로 받아들였습니까? 그렇다면 여러분은 세상에 속해 있지 않기 때문에 세상으로부터 택함받아 나왔다는 최상의 증거를 보여주고 있는 것입니다.

결론적으로 말해서, 모든 싸움이 끝난 후에 다윗이 왕위에 올랐다는 사실을 기억하시기 바랍니다. 이스라엘과 유다 모든 사람들이 사람을 보내어 다윗을 데려왔고, 그를 왕으로 삼았습니다. 뿔 나팔을 불고, 경의를 표하며, 백성들이 노래하고 기뻐하는 가운데, 다윗이 하나님의 택하신 자로 공공연하게 인정을 받았습니다. 왕관이 그에게 씌워졌고, 왕의 외투가 그를 아름답게 꾸미고, 그가 영을 내렸으며, 그의 말은 단부터 브엘세바까지 법이 되었습니다. 하나님의 택하신 자들 가운데 지극히 천하고 멸시받는 자들에게 이와 같은 일이 현실이 될 날이 옵니다. 사도는 "장래에 어떻게 될지는 아직 나타나지 아니하였다"(요일 3:2)고 바르게 말하였습니다. 우리는 그 현실을 볼 수 없습니다. 다만 믿음으로 그 사실을 인식할 수 있습니다. 그러나 그날이 올 것입니다. 그날이 옵니다. 그리스도의 나타나실 날이 가까이 왔습니다. 언젠가 우리가 면류관을 쓸 것입니다. 우리가 그리스도 예수와 함께 세상을 다스릴 것이기 때문입니다. 우리를 멸시했던 이 세상도 우리가 그리스도와 함께 통치할 때 우리를 왕으로 알아볼 것이라고 생각합니다. 머지않아 우리가 왕의 외투를 입을 것입니다. 강에서부터 땅 끝에 이르기까지 성도들이 나라를 차지할 것입니다. 예수께서 오셔서 사람들을 심판하실 때, 우리가 그리스도와 함께 앉아 천사를 판단할 것이며, 평결을 내리고 그리스도의 모든 선고에 "아멘"이라고 화답할 것입니다. 아니, 바로 천국에서는 천사들이 우리의 머슴이 될 것입니다. 그들은 구원의 상속자들을 섬기는 영이 될 것이고, 우리는 보좌에 앉을 것입니다. 아, 그리스도인이여, 그대는 머지않아 그대를 둘러쌀 화려한 행렬을 모를 것입니다! 여러분은 그동안 구주님의 영광과 그 위엄을 희미하게 생각하였습니다. 그러나 이 모든 것이 여러분의 영광과 위엄이라는 것을 잊지 않았습니까? 우리가 그의 참모습 그대로 볼 때는 우리가 그와 같이 될 것이기 때문입니다. "아버지여 내게 주신 자도 나 있는 곳에 나와 함께 있게 하시기를 원하나이다"(요 17:24). 구주께서 계시는 곳에 여러분도 있게 될 것이고, 여러분이 그의 영광을 보고, 그 영광을 함께 누릴 것입니다.

그렇다면 여러분이 두려워할 이유가 무엇이겠습니까? 여러분이 가는 길에 시련을 겪는다고 해서 풀이 죽고 낙담해야 할 이유가 있겠습니까? 자, 용기를 내십시오. 하나님과 함께 한 시간을 지내면 충분히 용기를 낼 수 있을 것입니다. 주님을 힐끗 한 번 보십시오. 그러면 박해가 아무렇지도 않게 보일 것입니다. 여러분은 그동안 추한 이름들로 불렸고, 나쁜 말들을 들어왔습니다. 그러나 여러분이 하나님께서 "내 아버지께 복 받을 자들이여 나아와 창세로부터 너희를 위하여 예비된 나라를 상속받으라"(마 25:34)라고 말씀하시는 것을 들을 때 어떻게 되겠습니까? 자, 세상의 우렛소리는 더욱 영광스러운 천사들의 환호성 가운데 속삭이는 소리처럼 지나갑니다. 적의에서 내뱉는 쉿 하는 소리는 구주께서 그의 모든 신실한 자들에게 보내시는 사랑의 입맞춤 가운데 깨끗이 잊힙니다. 이 보상을 생각하고 힘을 얻어 앞으로 나아가기 바랍니다! 그리스도를 위하여 모든 것을 버릴 수 있는 여러분은 애굽의 모든 보화보다 더 큰 부를 얻을 것입니다! "네가 죽도록 충성하라 그리하면 내가 생명의 관을 네게 주리라"(계 2:10). 하나님이여, 우리 모두가 은혜의 선택 가운데 들 수 있게 하여 주시고, 우리 가운데 어느 누구도 버림받지 않게 하여 주옵소서. 하나님께 영원히 찬양을 드립시다. 아멘.

제
9
장
—

사자를 잡은 자, 곧 거인을 죽인 자

—

"주의 종이 사자와 곰도 쳤은즉 살아 계시는 하나님의 군대를 모욕한 이 할례 받지 않은 블레셋 사람이리이까 그가 그 짐승의 하나와 같이 되리이다 또 다윗이 이르되 여호와께서 나를 사자의 발톱과 곰의 발톱에서 건져내셨은즉 나를 이 블레셋 사람의 손에서도 건져내시리이다." — 삼상 17:36,37

우리는 모두 다윗이 거인 골리앗을 맞선 일에서 나타난 그의 용기에 대해 많이 생각하였습니다. 그러나 그 이전의 싸움에서 그가 보인 행동에 대해서는 별로 생각하지 않았을 것입니다. 우리는 이 블레셋 거인과 만나기 전에 그가 훨씬 더 많은 생각과 신중함, 인내가 요구되었던 싸움을 싸웠다는 사실에 충분한 주의를 기울이지 않았습니다. 그가 형들과 또 사울 왕과 벌여야 했던 말싸움이 여호와의 힘을 의지하고 나가 할례 받지 못한 이 허풍쟁이를 치는 것보다 그에게 훨씬 더 힘든 시련이었을 것입니다. 많은 사람이 적으로부터 곤란을 겪기보다는 친구들로부터 고난을 받는 경우가 많습니다. 그는 신중한 친구들의 낙심케 하는 영향력을 극복하는 법을 배운 뒤에 공인된 적들의 반대를 쉽게 해치웁니다.

다윗이 먼저 자기 형들과 다투지 않으면 안 되었던 점을 살펴봅시다. 나는 엘리압이 사람들이 생각하듯이 그렇게 시샘 때문에 흔들렸다고 생각하지 않습니다. 내가 생각할 때 엘리압은 어린 동생을 너무도 멸시하였기 때문에 시샘할

거리가 없었습니다. 그는 음악과 신앙과 유순한 일에 온통 마음을 빼앗긴 젊은이가 거인에게 맞설 것을 생각한다는 것을 어리석은 일로 생각하였습니다. 그는 자신의 어린 동생이 그런 일에 스스로 적합하다고 여기는 생각을 조롱하였고, 한순간의 어리석은 열정 때문에 그가 무모한 일에 목숨을 잃어버리게 될 것을 염려했을 뿐입니다. 그러므로 엘리압은 다소 거드름 피우는 태도로, 그러나 스스로를 집안의 어린 동생들의 보호자로 여기는 형이라면 자연히 가졌을 그런 생각으로 다윗을 꾸짖었고, 그가 순전히 교만과 호기심 때문에 전장에 왔고, 광야에서 양 떼와 있는 것이 나았다고 말하였습니다. 그런 젊은이는 전사들 틈보다는 어린 양들 가운데 있는 것이 더 적합하고, 전투 가운데 있기보다는 목자의 피리를 들고 나무 아래 있는 것이 더 제격이라고 생각하였습니다. 다윗은 엘리압의 명령을 아주 지혜롭게 처리하였습니다. 그는 형의 말에 유순하게 몇 마디 대꾸하고 그 자리를 떠났습니다. 그는 계속해서 말싸움을 하지 않았습니다. 그런 싸움에서 말을 자꾸 더하는 것은 나쁜 감정만 쌓이게 하고, 먼저 말을 그치는 사람이 이기는 사람이기 때문입니다. 이 젊은이는 몹시 화가 났지만 대범하게 자제를 하였습니다. 이 점에서 그는 화를 참는 사람의 명예를 얻었고, 따라서 그는 성을 빼앗는 용사보다 큰 자입니다. 나는 다윗이 시냇가에서 매끄러운 조약돌 다섯 개를 고를 때 그에게 감탄하지만, 다른 사람들 같으면 화를 내었을 자리에서 그가 그처럼 유순하게 대답하고, 당사자들 어느 쪽에도 유익을 주지 못했을 논쟁을 그처럼 지혜롭게 피할 때 그에 못지않게 그에 대해 감탄하게 됩니다.

다음으로, 다윗이 사울 앞으로 불려갔습니다. 그리고 다윗이 공경심을 느꼈던 왕과 말싸움을 시작하고, 젊은 시절부터 용사였으며 많은 무용으로 이름을 떨쳤지만 다윗이 전혀 존경을 표하지 않은 전사와 싸움을 시작합니다. 사울 왕이 다윗에게 "네가 가서 저 블레셋 사람과 싸울 수 없으리니 너는 소년이요 그는 어려서부터 용사임이니라"고 말하였을 때, 이 젊은 영웅이 설득력 있는 그 판단을 물리친다는 것은 틀림없이 어려운 일이었을 것입니다. 그러나 그는 유순하고 설득력 있게, 모든 면에서 잘 대답하여 왕의 판단을 이겼습니다. 여러분은 다윗이 사울에게 "왕은 낙심하지 말 것이라"고 말하지 않고 "그로 말미암아 사람이 낙담하지 말 것이라"고 말한 것을 눈여겨보았습니까? 다윗은 그 점에서 아주 훌륭한 신하였습니다. 그는 아주 섬세한 마음을 가지고 있어서 왕의 마음이 두려워할 수 있다는 것을 넌지시 비추려고 하지 않았습니다. 그가 왕을 계속 설득하려고 할 때 아주 예의바르고 공손한 태도로 하였습니다. 다윗은 "주의 종이 아버지의 양을 지키었나이다" 하고 말을 시작합니다. 그는 자신을 왕의 종이라고 부르며, 자신은 제 양 떼가 없고 아버지 밑에서 일할 뿐인 목자에 불과하다는 것을 서슴없이 인정합니다. 주제 넘는 태도 같은 것은 전혀 없고 오히려 그 정반대입니다. 그렇지만 다윗은 말은 부드럽게 하였지만, 자신의 주장은 강하게 밀어붙였습니다. 그는 사실들을 언급하였는데, 사실들이야말로 육체적인 이론에 맞설 수 있는 가장 좋은 무기입니다. 사울이 "네가 가서 저 블레셋 사람과 싸울 수 없다"고 말하였고 다윗은 이렇게 대꾸하였습니다. "주의 종이 사자와 곰을 쳤나이다." 그는 단순한 의견에 사실들로써 맞섰고, 싸움에 이겼습니다. 다윗은 왕에게 성경을 인용하여 말하지 않았는데, 이는 사울이 그 점에 대해 잘 알았지만, 그에게 성경의 약속과 사례에 영향을 받을 만큼 은혜를 받고 있지 못하다고 느꼈기 때문이라고 나는 생각합니다. 그래서 다윗은 자기 속에 있는 소망에 관한 이유를 온유함과 두려움으로 대답할 줄을 잘 알기 때문에 왕 앞에 사실들을 내놓았습니다.

다윗의 주장이 많은 사람의 열의를 꺾었을 사울의 반대를 확실히 이겼습니다. 그래서 사울은 다윗에게 "가라 여호와께서 너와 함께 계시기를 원하노라"고 말하며, 가서 저 블레셋 사람과 싸울 임무를 주었을 뿐만 아니라 그의 갑옷을 실제로 그에게 입혀 주었습니다. 그 갑옷은 적지 않은 값어치가 있었고, 다윗이 이 블레셋 용사 앞에서 쓰러졌다면 그 갑옷으로 인해 블레셋 용사의 명예가 더 높아졌을 것입니다. 다윗에 대한 작은 믿음이 사울의 마음속에 타올랐고, 그래서 자신의 갑옷을 다윗의 손에 맡기려고 하였습니다. 이와 같이 다윗이 후에 그 거인과 결투를 치렀듯이 사울과도 감탄할 만한 싸움을 하였다는 것이 분명합니다. 그리고 이 점에 있어서 그는 적지 않은 명예를 받을 만합니다. 아니, 그보다는 하나님께 명예를 돌려드려야 합니다. 하나님은 자기 종의 손을 가르쳐 전쟁에 이기게 하시고, 그의 손가락을 가르쳐 싸우게 하시는 동안 또한 종의 혀를 가르쳐 바른 말을 하게 하셨습니다. 그리고 그의 종을 부끄럽게 하였을 자들을 그 바른 말을 통해서 잠잠하게 만드셨습니다.

다윗의 주장의 요점은 무엇이었습니까? 다윗이 육체적인 이론의 정수리를 맞힌 매끄러운 조약돌 다섯 개는 무엇이었습니까? 바로 그것이 오늘 아침 설교의 주제가 될 것입니다. 우리는 다윗이 모든 의심과 두려움을 물리쳤고, 성령께서 지극히 높으신 하나님의 이름으로 의심과 두려움에 맞서는 신성한 행위를 일으키시도록 만든 방식을 살펴볼 것입니다. 왜냐하면 설득력 있는 이 주장이 또한 우리에게 도움이 될 수 있기 때문입니다.

본문에 세 가지 사실이 제시됩니다. 회상, 추론, 결과가 그것입니다.

1. 첫째로, 회상에 대해서 살펴봅시다.

"주의 종이 아버지의 양을 지킬 때에 사자나 곰이 와서 양 떼에서 새끼를 물어가면 내가 따라가서 그것을 치고 그 입에서 새끼를 건져내었고 그것이 일어나 나를 해하고자 하면 내가 그 수염을 잡고 그것을 쳐죽였나이다 주의 종이 사자와 곰도 쳤나이다." 이것은 다윗이 기억 속에 저장해 놓은 주목할 만한 사실들이었는데, 이제 그것을 언급합니다. 이 사실들이 다윗의 목적에 정확히 일치하였기 때문입니다. 우리는 주 우리 하나님께서 우리를 인도하시는 방식에 대해 무관심해서는 안 됩니다. 그 방식에 부주의하면 많은 것을 잃게 될 것이기 때문입니다. 성도들 가운데는 기억력이 아주 떨어지는 분들이 있습니다. 사람들이 자기가 받은 이익은 티끌에다 쓰고 받은 손해는 대리석에 새긴다는 말이 있는데, 잘 말한 것입니다. 우리는 대체로 우리가 받은 고통들은 놋쇠에 새기는 반면에 하나님의 구원하신 일들은 물에다 쓴다는 말도 맞는 이야기입니다. 그렇게 해서는 안 됩니다. 우리가 하나님께서 우리를 찾아오신 자비로운 일들을 좀 더 확실하게 기억하였다면 많은 경우에 우리의 믿음이 시련의 때에 힘을 얻었을 것입니다. 자, 다윗은 무엇을 회상하였습니까? 여러분도 같은 사실을 기억하기 바랍니다.

그는 첫째로, 그의 현재 시련이 무엇이든지 간에 자신이 전에 시련을 겪었다는 사실을 기억하였습니다. 그가 아직 청년이었을 때, 양 떼를 지키는 일을 조용히 맡고 있을 때 시련을 겪었음을 기억한 것입니다. 사자가 먹잇감에 달려들었기 때문에 그는 자기 양을 지키지 않으면 안 되었습니다. 강하고 사납고, 아마도 굶주려서 몹시 탐욕스러워진 야수와 맞서야 한다는 것이 젊은이로서는 감당하기 쉽지 않은 시련이었습니다. 그러나 그 호된 시련이 그의 목숨을 앗아가지 못했습니다. 그래서 그는 그와 같은 시련을 또 만난다고 할지라도 자신이 목숨을 잃지 않을 것을 확실히 알았습니다. 그는 자기 의무를 이행하는 과정에서 위험을 만났습니다. 그때 그는 제 위치에 있었고 하나님이 주신 정당한 직업에 종사하고 있었습니다. 그는 그 일을 통해서 의무를 이행하는 길에 곤경과 위험이 없지 않다는 것을 배웠습니다. 그는 마땅히 해야 하는 대로 자기 양 떼를 지키고 있었지만 사자가 그를 공격하였습니다. 그와 같이 여러분과 나는 그동안 죄 때문에 생긴 것이 아닌 시련들을 만났습니다. 오히려 옳은 일을 양심적으로 행하였고, 시험에 굴복하려고 하지 않았기 때문에 생긴 시련들을 만난 것입니다. 우리는 어려운 일들을 만난다고 해서 우리가 바른 길에서 벗어나 있다고 생각해서는 안 됩니다. 하나님 나라를 물려받기 위해서는 많은 고난을 겪어야 하기 때문입니다. 거룩한 길을 가기 때문에 일어나는 혹독한 고통들은 우리에게 새로운 일이 아닙니다. 그러니 이제 우리가 옛적에 겪었던 일들을 기억하도록 합시다.

다윗은 또한 자기가 자주 시련을 겪었다는 사실을 기억하였습니다. 그는 사자에게 공격을 당했을 뿐만 아니라 곰에게도 공격을 받았습니다. 그는 다른 방식들로 혹독한 어려움을 겪었습니다. 사자와 곰이 똑같은 방식으로 싸우는 것이 아니고, 이들을 같은 전술로 상대할 수 있는 것도 아닙니다. 다윗은 자신이 겪은 시련들이 같지 않았고, 각각의 경우에 싸움이 다 힘들었다는 것을 기억하였습니다. 사자와 맞붙어 싸우는 것은 작은 문제가 아니었고, 맨손으로 곰에게 달려드는 것은 어린아이 장난이 결코 아니었습니다. 우리도 과거를 돌아보면 당시에 우리에게 끔찍한 전투였던 많은 적들과의 험난한 만남들이 생각납니다. 형제 여러분, 지난 수년 동안 하나님의 길에서 행했던 우리들 가운데 적과의 격심한 싸움에 대해 말할 수 있는 분들이 있습니다. 우리는 오늘날까지 흉터가 남아있는 부상과 보기 흉한 상처들에 대해 이야기할 수 있습니다. 우리의 적들이 많았고, 그들이 사나왔지만, 우리는 지금까지 우리 구원의 대장이신 예수님으로 말미암아 굳게 버텨 왔습니다. 그렇다면 우리가 현재의 혹독한 시련을 마치 이상한 일을 만난 것처럼 두려워해야 하겠습니까? 그 시련이 오늘날 블레셋 사람입니까? 그것은 예전에 만났던 사자였고, 또 다른 경우에 만난 곰이었습니다. 그것은 항상 겪는 우리 믿음의 시련이 약간 변형된 것에 불과합니다. 그러니 이 싸움을 피하지 맙시다.

그 다음, 다윗은 자기가 의무를 이행하는 중에 모든 위험을 무릅썼다는 것을 기억하였습니다. 그는 양과 어린 양들을 돌보는 일을 해야 했고, 실제로 그렇게 했습니다. 사자가 감히 양 우리로 뛰어들어 양을 움켜쥐면 이 젊은 목자는 어린 양과 자신의 의무 외에는 어떤 것도 생각하지 않고 젊음의 모든 열정으로 이 괴물에게 덤벼들어 목자 지팡이로 사자를 쳐서 먹이를 떨어트리지 않을 수 없게 만들었습니다. 그는 무방비 상태에 있는 가엾은 어린 양을 구하기 위해 목숨을 무릅썼습니다. 그리스도인 형제 여러분, 여러분은 그리스도를 따른다면 무엇을 잃게 될 것인지에 대해 전혀 생각하지 않았고, 그리스도를 따르는 것이 여러분에게 생명을 요구하는 일일지라도 신경 쓰지 않았던 때를 기억할 수 있습니까? 여러분이 마땅히 해야 할 일을 배우기를 정말로 원하였고, 그 대가를 염두에 두지 않고 그 일을 배웠습니다. 여러분은 자신의 양심을 깨끗이 할 수 있고 하나님께 영예를 돌려드릴 수만 있다면 비난이나 중상, 거짓 진술, 몰인정함을 개의치 않았습니다. 그런 것을 개의치 않는 것은 참으로 복된 태도입니다! 여러분이 과거에 그리스도를 위해서라면 즐거이 감옥에도 가고 죽기까지라도 할 수 있었을 때를 기억하십니까? 성경의 교리와 규례를 위해서라면 기꺼이 순교라도 각오했을 것입니다. 여러분 가운데는 어떤 이들이 만군의 하나님 여호와를 위해서는 사탄의 무시무시한 능력과 사람들의 극도의 증오를 개의치 않았던 것처럼 정직을 위해서, 주 예수 그리스도의 명예를 위해서 정말로 모든 것을 무릅쓴 적이 여러 번 있었던 분들도 있을 것입니다. 여러분은 진리를 부인하느니 차라리 죽는 게 낫고, 주님께서 여러분에게 맡기신 것을 포기하느니 차라리 지면에서 사라지는 게 낫겠다고 생각했습니다. 형제 여러분, 여러분의 용감했던 시절을 돌아보십시오. 이는 여러분이 행한 일을 자랑하도록 하기 위해서가 아니라 여러분이 그와 같은 일을 지금 다시 하기를 두려워한다면 그것을 부끄럽게 생각하도록 하기 위해서입니다. 여러분이 어린 시절에 할 수 있었던 일이 좀 더 원숙해진 지금에 와서는 여러분에게 너무 어려운 일로 여겨진다면 부끄러워하시기 바랍니다. 이런 기억들은 귀중한 쓸모가 있습니다. 과거의 그런 사실들을 기억하면 우리는 하나님을 찬미하고 하나님 앞에서 겸손해질 것입니다.

그 다음에, 다윗은 자신이 그때 홀로 싸움에 나섰다는 것을 기억하였습니다. 그 적수는 사자였습니다. 장정 열두 명이라도 그 싸움에 자신들의 숫자가 부족하다고 생각했을지 모릅니다. 그러나 다윗은 그 싸움에서 완전히 자기 혼자뿐이었던 것을 기억하였습니다. 그는 어린 양을 구출하기 위해 모여든 목자들 틈에 끼어든 것이 아니었습니다. 그는 목자용 지팡이만을 들고서 사자를 호되게 쳤습니다. 사자가 먹이를 내려놓고 이 젊은 목자를 공격하는 것이 편하겠다고 생각할 때까지 쳤습니다. 다윗은 사자와 싸울 준비를 하였고, 사자의 수염을 붙잡고서 사자의 머리를 바위에 패대기를 쳤으며, 짐승의 왕이 자기 발 앞에 죽어 눕기까지 붙잡은 손을 놓지 않았습니다. 그것은 홀로 우뚝 선 대단한 사건이었습니다. 그런데 곰이 그에 못지않은 기억할 만한 전승(戰勝)을 더 올려주었습니다. 우리 가운데서 과거 생활을 회상할 때, 우리가 완전히 혼자였고, 나가서 주님을 섬기려고 할 때 사람들이 우리의 하는 일을 유토피아를 꿈꾸는 일이라고 하고, 틀림없이 실패할 것이라고 말하던 시기가 생각나는 분들이 있을 것입니다. 훌륭한 많은 사람들이 그리스도를 위해서 일하면서 단지 혼자뿐이었다는 어려움만을 겪은 것이 아닙니다. 분명히 도움을 줄 수 있었을 사람들이 있는 힘을 다해 비판하고 큰 실패를 예고하였기 때문입니다. 그러나 하나님께서 명예롭게 하기로 정하시는 사람들은 그런 비평에 전혀 귀를 기울이지 않고 성공할 때까지 일을 밀고 나갔습니다. 그러면 그때는 사람마다 "우리는 그렇게 될 줄 알았어"라고 말했고, 그동안 내내 그들의 행동에 감탄했다고까지 주장한 사람들도 적지 않았습니다. 형제 여러분, 사람마다 여러분이 무모하고 오만하다고 말하며, 여러분의 가는 길이 터무니없고 틀림없이 중간에 끝날 것이라고 말한 것들이 생각나십니까? 6개월만 지나면 여러분의 달려가는 길이 끝날 것이라고, 그것이 거품에 불과하므로 금방 스러질 것이라고 했습니까? 아, 그때는 하나님께서 여러분과 함께 계셨고, 사람의 의견은 가볍게 여겨지던 용감한 시절이었습니다. 진리 때문에 여러분의 친족들이 여러분에게 등을 돌렸을 수 있고, 아무도 여러분에게 좋은 말을 하려고 하지 않았을 수 있습니다. 하지만 만군의 하나님 여호와의 이름으로 여러분은 옳은 일을 하였고, 모든 결과들을 무릅쓰며 그에 대해 조금도 후회할 까닭이 없고, 오히려 하나님께서 여러분에게 힘을 주시어 여러분이 "감히 다니엘처럼 되어 홀로 설 수 있게" 해 주신 것에 대해 하나님을 찬미할 이유가 넘쳤습니다. 그 용감했던 시절을 돌아보십시오. 이제 여러분 주위에 훌륭한 친구들이 많이 둘러 있으니, 여러분이 그때 보였던 것처럼 지금도 단순하게 하나님을 신뢰하고 있는지 생각해 보십시오. 여러분이 지금도 그렇게 신뢰하고 있다고 판단한다면, 여러분이 지금도 육신의 힘을 의지하는 데서 벗어나 기꺼이 어려움을 감수할 수 있다는 것을 행동으로 입증하시기 바랍니다. 여러분이 고난을 겪는 가운데 버림받음의 훈련을 놓치지 않았어야 합니다. 여러분은 혼자 가지 않을 수 없게 된 것을 인해서 훨씬 더 강해져야 하는 것입니다. 여러분이 지금 예전과는 다르게 단독으로 싸움을 벌일 수 없다면, 친구들의 우정이 여러분에게 유익이 된 것이 아니라 손해가 된 것입니다. 여러분이 지금은 육신의 힘을 맹목적으로 의지하고 있습니까? 그렇다면 좀 더 용감했던 시절을 기억하고서 자신을 꾸짖도록 해야 합니다.

또한 다윗은 자신이 사자와 곰을 친 그때, 보이는 것들을 전혀 의지하지 않았고 오직 하나님만을 신뢰하였음을 기억하였습니다. 그는 그때 그 야수를 쳐 죽일 날카로운 쇠 무기 하나 없었고, 무기는 염두에 두지 않고 오직 자기 하나님만을 생각하며 적에게 달려들었습니다. 그는 아직 어린 사람이었고 그의 근육은 단련되지도 강하지도 않았으며, 그런 위태로운 행동을 감행하기에 적합해 보이지도 않았습니다. 그러나 그의 하나님은 전능하신 분이었습니다. 그래서 그는 하나님의 전능하심을 의지하였고, 자신의 어림은 전혀 생각지 않고 그 싸움에 몸을 던졌습니다. 하나님께서 그와 함께 계셨으니 그에게 어떤 도움이 더 필요하였겠습니까? 형제 여러분, 우리 가운데 어떤 분들은 일을 시작할 때 보이지 않는 하나님만을 의지하면서 시작했던 때들이 있었습니다. 우리는 하나님의 보이지 않는 능력을 힘입었고, 그 능력을 힘입지 못할지라도 우리는 가야 합니다. 우리의 시도들은 세상적인 이론으로는 정당화할 수 없는 것이었고, 오직 하나님의 개입으로만 성취될 수 있는 것이었습니다. 우리의 시도들은 하나님의 능력을 기대할 수 있다면 충분히 옳은 것이었지만, 하나님의 능력을 떠나서라면 그것은 거의 미친 짓이나 다름없었습니다. 하나님께 영광을 돌립시다. 하나님은 그의 말씀대로 그 백성들에게 선을 베푸셨고, 우리의 믿음은 그 결과들로 옳음이 입증되었고, 불신앙은 잠잠하게 되었습니다. 하나님은 우리가 어렸을 때부터 하나님을 신뢰하고 그의 기사들을 선포하도록 가르치셨습니다. 그리고 우리는 하나님의 신실하심을 시험하여 입증하였으므로 이 사실들을 다음 세대에 숨기지 않습니다. 우리는 자랑한다고 책망을 받을지라도 그 사실들을 증언해야 합니다. "내 영혼이 여호와를 자랑하리로다"(시 34:2). 그런데 우리가 예전에는 하나님만을 바라보았는데 이제는 냉정하게 수단을 계산하고 방법과 계획을 의지하기 시작했다는 것이 있을 수 있는 일입니까? 이제 우리는 이 친구와 저 친구를 의지하고 친구들이 거의 없다면 하나님을 불신합니까? 그렇게 한다면 우리는 부끄러워해야 합니다. 그렇게 하는 것은 승리의 길을 버리고 패배의 길로 접어드는 것이며, 영웅적인 길에서 육체적인 이론이라는 평범한 길로 내려가는 것이고, 따라서 염려와 초조와 약함과 불명예에 이르는 길에 들어가는 것입니다. 흔들리지 않는 믿음으로 주님만을 신뢰하는 사람은 복이 있습니다. 그는 힘을 얻고 또 얻어 갈 것이나 보이는 것을 따라서 행하는 자는 철저히 무너질 것입니다.

다윗은 또한 자신이 그때 채용했던 방법들이 자연스럽고 소박하며 박력 있는 것이었음을 기억하였습니다. 그가 한 일은 막대기 혹은 손에 잡히는 것이 무엇이었든지 그것을 바로 들고 그 상황에서 자연스럽게 싸운 것뿐이었습니다. 그는 마음속에서 용기가 솟구치는 대로 행했습니다. 사자나 곰을 잡는 전문가들의 의견을 들으러 기다리지 않았습니다. 그가 사용한 기술은 믿음이 전부였습니다. 이것이 그의 과학이고 기술이었습니다. 그는 혈과 육과 상의하지 않았고, 선례를 따르지 않았으며 유명한 사냥꾼을 흉내 내지 않았고, 어떤 규칙에도 얽매이지 않았습니다. 하나님을 믿는 믿음이 시키는 대로 최선을 다하였습니다. 그는 온 영혼을 던져 싸움에 뛰어들었고 원기 왕성하게 싸웠습니다. 믿음이 있다고 해서 가만히 앉아 있지 않았고 사자가 갑작스럽게 죽거나 곰이 그냥 쓰러지기를 바라지 않았습니다. 그는 스스로에게 이렇게 말한 것처럼 보입니다. "자, 다윗, 무슨 일이라도 하려면 너는 여기 있어야 한다. 네게 있는 모든 근육을 팽팽하게 당겨야 한다. 네게는 싸워야 할 사자가 있으니 힘을 내라. 오직 하나님만을 의지하고, 오늘 아버지의 양 떼를 위하여 남자답게 싸워라." 용기가 생기자 침착해졌고, 확신에서 오는 힘으로 그날 승리를 거두었습니다. 형제 여러분, 여러분이 살면서 언제 그 같이 했는지 기억이 납니까? 여러분은 하나님을 의지하였지만 한가하게 지내지 않았고, 마치 모든 것이 여러분에게 달린 것처럼 온 마음과 힘을 쏟아 주님을 섬겼습니다. 그렇지만 여러분은 전적으로 주님을 의지하였고, 성공을 거두었습니다! 이제는 그 일이 여러분에게 어떻습니까? 이제는 일들을 쉽게 처리합니까? 여러분이 성공하지 못하는 것이 이상하게 생각됩니까? 여러분이 점점 냉랭해지고 무관심해집니까? 여러분이 점점 더 활기가 없고 둔감해지고 있다면 자신의 마음을 책망하고, 여러분의 과거 기억을 자신을 매질하여 힘을 내게 하는 채찍으로 사용하도록 하십시오. 한때 분발하여 사자와 싸웠던 사람이 이제는 블레셋 사람 앞에서 잠들었다는 말을 결코 듣지 않도록 하십시오.

다윗은 자신이 하나님을 확신함으로써 얻은 힘으로 싸워 승리를 거두었음을 기억하였습니다. 사자를 죽였고, 곰도 죽였습니다. 형제 여러분, 하나님께서 여러분에게 어떤 승리를 주셨는지 기억할 수 없습니까? 여러분이 이스라엘 가운데 어린아이고 멸시받는 자였을 때 하나님의 손이 여러분 위에 있었고, 여러분에게 성공을 기원하는 사람이 거의 없었을 때 만군의 여호와께서 여러분에게 용기를 일으켜 주셨으며, 여러분이 유약한 소년에 불과하였을 때 주 예수 그리스도께서 여러분이 자신의 방식대로 주님을 위하여 큰 공을 세우도록 도우셨습니다. 이 사실을 기억하십시오. 그리고 오늘 아침 지금 여러분 앞에 놓여 있는 싸움에서 용기를 내십시오. 다윗은 자신의 이전 행위들을 다소 마지못해 이야기하였습니다. 나는 그가 그 일들을 예전에 이야기했는지 모르겠습니다. 그는 이때 순전히 하나님을 영화롭게 하려는 동기에서 이야기했습니다. 그리고 그런 동기에서라면 다음에 그 이야기를 다시 할 수도 있을 것입니다. 다윗은 그 블레셋 전사와 맞서서 하나님께 훨씬 더 큰 영광을 돌릴 수 있도록 사울에게서 허락받기를 원했습니다. 형제 여러분, 하나님께서 여러분에게 힘을 주어 하게 하신 일에 관해 이야기할 때마다 여러분 자신이 행한 일에 초점을 맞추지 않고 하나님께서 여러분에게 능력을 주신 일을 강조하도록 마음을 쓰십시오. 여러분이 젊은 시절의 이야기를 되풀이할 때는 그것을 봉사에서 마땅히 면제되어야 하는 이유로, 명예를 얻고 물러나 쉬도록 허락받는 이유로 이야기하지 않도록 하십시오. 그보다는 지금 여러분이 이 전투에서 가장 치열하고 위험한 자리에 있도록 허락받아야 할 근거로 이야기하도록 하십시오. 더 높은 어떤 것으로 올라가는 디딤돌로, 고귀한 사업을 시작하도록 만드는 동기로 과거를 활용하도록 하십시오. 십자가의 용사들이여, 계속해서 하나님의 이름으로 여러분의 옛 자아를 잊어버리도록 하십시오. 여러분이 하나님의 은혜로 사자에 이어 곰도 쳐 죽였듯이, 이제 그 두 짐승의 시체 위에 이 블레셋 사람의 시체를 쌓아 올리고 그 머리를 맨 꼭대기에 둠으로써 이스라엘의 하나님께 명예와 영광을 돌릴 것을 결심하시기 바랍니다. 과거를 회상하는 것은 이만큼 하기로 하겠습니다. 그렇게 회상할 거리가 전혀 없는 사람은 불쌍합니다. 그러나 회상할 거리가 있지만 지금은 자기 주님을 위해 모든 것을 무릅쓰기를 두려워하는 사람은 훨씬 더 불쌍합니다.

2. 이제는 추론에 대해서 살펴봅시다.

다윗은 전혀 흠을 찾을 수 없는 논증을 사용하였습니다. 그는 이렇게 말했습니다. "이 블레셋 사람의 경우는 그 사자의 경우와 비슷합니다. 내가 사자에게 하였듯이 이 거인에 대해 하나님께 대한 믿음을 가지고 같은 방식으로 행동한다면, 하나님은 동일한 분이시니까 그 결과가 같을 것입니다." 내가 볼 때 그것은 매우 분명한 추론입니다. 여러분도 그 점을 받아들여야 할 것입니다. 내가 지난 날 겪은 곤경이 이러이러한 것이었는데, 지금 겪고 있는 곤경도 같은 것입니다. 과거 그 시련에서 내가 하나님을 의지하여 바르게 행하였고, 하나님께서 나를 구원하셨습니다. 그러므로 내가 지금도 하나님을 의지하여 전과 같이 행한다면, 하나님께서는 언제나 동일하신 분이므로 나는 다시 한번 승리할 것입니다.

우리가 이 경우를 살펴보면 그것이 정말로 비슷한 경우였다는 것을 알게 될 것입니다. 전에는 무방비 상태의 양 떼가 있었고, 여기에는 하나님의 양 떼인 이스라엘이 역시 무방비 상태로 있었고, 그들을 돌볼 사람이 아무도 없었습니다. 이스라엘 진영 전체에서 이 적의 도전에 감히 응하려고 하는 사람이 단 한 명도 없었습니다. 다윗은 목자였고, 그러므로 목자로서 자기 양 떼를 보호해야 했습니다. 지금의 이 경우에 그는 사무엘이 자기에게 기름을 부어 이스라엘의 왕으로 세웠다는 것을 틀림없이 기억했을 것이라고 생각합니다. 기름 부음 받은 것에 대해 어떤 책임의식이 바로 그때 그에게 생겼을 것이며, 다른 아무도 목자의 역할을 하려고 하지 않으면, 이새의 기름 부음 받은 아들이 그 일을 해야 한다고 느꼈고, 그에게는 그것이 비슷한 경우로 보였을 것이라고, 즉 이스라엘은 양 떼이고 자신은 그 양 떼를 보호해야 하는 목자로 생각되었을 것이 틀림없습니다.

그는 사자를 쳐 죽였을 때 혼자였습니다. 그렇듯이 그가 이 거대한 적과 맞서야 하는 이날에도 혼자였습니다. 물론 이스라엘의 용사가 혼자 나가야 하는 것이 결투의 조건 중의 하나였습니다. 또 그런 용건을 띠고 가는 그를 따라갈 사람도 이스라엘 진영 전체에서 아무도 없었습니다. 그래서 이제 그는 완전히 혼자였고, 그 경우는 정말로 비슷한 상황이었습니다.

그 블레셋 사람을 보고서 다윗은 자기에게 과거에 그와 같은 적이 있었다는 것을 생각했습니다. 그 적이 전에는 야수와 같은 힘이었고, 이제도 그 적은 야만적인 힘이었습니다. 그 적은 사자나 곰 혹은 블레셋 사람의 모습을 띨 수가 있지만, 다윗은 그것은 한낱 살과 뼈와 근육에 지나지 않고, 허풍이나 고함소리, 혹은 이빨이나 창에 지나지 않는다고 생각하였습니다. 그는 이 블레셋 사람을 또 다른 모양의 짐승에 불과하다고 생각하였습니다. 이는 그가 하나님의 언약에 있지도 않으면서 감히 지극히 높으신 하나님께 맞서려고 하였기 때문입니다. 형제 여러분, 하나님을 친구로 모시고 있는 사람은 천사보다 고귀합니다. 그러나 하나님의 적으로 있는 사람은 짐승보다 나을 것이 없습니다. 적을 그런 자로 간주하십시오. 그러면 그에 대한 두려움이 사라질 것입니다. 골리앗은 강하였습니다. 그러나 사자도 그같이 강하였습니다. 그는 검술에 능했습니다. 그러나 곰도 싸움에 능했습니다. 이 경우는 이전의 싸움이 되풀이되는 것에 지나지 않았습니다. 하나님께서 사자와 함께 하시지 않았고 곰과 함께 하시지 않았듯이, 다윗은 하나님께서 골리앗과 함께 하시지 않는다고 생각했습니다. 그런 일이 있을 수 없었습니다. 골리앗은 하나님의 이스라엘의 원수였기 때문입니다. 이 야수들과 싸울 때 하나님께서 다윗과 함께 하셨듯이, 하나님께서 이제도 그와 함께 하신다는 것을 알았습니다. 그는 광야에 혼자 있었을 때 이 모든 일을 이미 두 번이나 연습했다고 생각했기 때문에, 이제는 그 일을 훨씬 더 쉽게 처리할 수 있다고 느꼈습니다. 어쩌면 삼손이 포도원에 혼자 있을 때 사자를 찢음으로써 블레셋 사람들을 죽이는 법을 배웠던 경우가 그의 마음에 번쩍하고 스쳤을지도 모릅니다. 그래서 다윗은 이렇게 생각했을 것입니다. "나는 삼손처럼 사자를 죽였다. 그리고 지금 삼손처럼 나는 필요하다면 만군의 여호와의 이름으로 이 블레셋 사람과 혹은 그를 따른 천 명과 싸우러 나간다."

전체의 논지는 이것입니다. 한 번 우리가 하나님을 의지하고 그런 방법들을 써서 성공을 거두었습니다. 그러므로 비슷한 경우에 우리가 똑같이 하기만 하면 같은 승리를 거둘 것이라는 말입니다. 형제자매 여러분, 우리 대부분이 범하는 잘못이 한 가지 있습니다. 과거에 구원받은 일들을 돌아볼 때 우리는 이와 비슷한 경우를 끌어내지 않고, 오히려 현재의 시련이 우리에게 처음 오는 것이 분명하다고 생각하려는 시험을 당한다는 것입니다. 예를 들면, 다윗이 이렇게 말했을 수도 있을 것입니다. "내가 그 사자를 죽였을 때 나는 지금보다 어렸어. 그때는 내가 용기도 더 있었고 더 활달했었어. 그러나 빽빽한 숲 때문에 내가 좀 힘들었어. 나는 좀 더 신중하게 행동해야 해." 바로 그와 같이 여러분과 나는 때때로 이렇게 말합니다. "아, 내가 젊었을 때 한 일을 지금은 할 수 없어. 내가 하나님의 은혜로 그처럼 끈기 있게 견딘 고난은 옛날 일이었어. 이번 고통은 내가 견딜 힘이 그때보다 부족한 때에 닥쳤어. 전에 가졌던 쾌활함이 지금은 없고 이전에 지녔던 활력이 지금은 없어." 몹시 힘이 드는 일을 피하고 싶을 때 우리는 예전과는 다른 책임을 떠맡고 있다는 것을 어떻게 해서든지 보임으로써 피하려고 합니다. 우리가 어렸을 때 큰 일들을 행했다면, 나이가 더 들고, 지혜도 더 생기며 전쟁에 경험도 더 쌓고 훈련도 더 받은 지금은 더 큰 일들을 하는 것이 당연하다는 것을 우리의 양심은 알고 있습니다. 그러나 우리는 양심을 설복시켜 잠잠케 만들려고 애씁니다. 주님께서 우리가 인내로 견디거나 열의를 갖고 일하도록 도우셨다면, 우리가 그 모든 것을 경험한 후에는 이전보다 인내와 열의를 보이기 더 쉬운 것이 틀림없습니다. 그런데 슬프게도 우리는 그런 식으로 생각하지 않고, 부끄럽게도 변명을 하고 창피스럽게 생활합니다.

나는 오늘 이렇게 말하는 사람을 압니다. "그렇습니다. 우리가 지난 수년 동안 행한 것은 영웅적인 나이 때 한 것입니다. 그런데 우리는 지금 그런 열정이 없습니다." 왜 그렇게 생각합니까? 우리는 과거의 자신을 과장하는 경향이 아주 강해서 우리의 젊은 시절 행동들을 아주 놀라워서 지금은 시도할 수 없는 것으로 생각합니다. 우리가 얼마나 어리석은 사람들입니까! 그 일들은 양심에 비추어 볼 때 별로 대단치 않아서 얼마든지 그 이상의 것을 할 수 있는 것들이었습니다. 아, 사랑하는 형제 여러분, 이렇게 노를 접고 쉬는 것은 도움이 되지 않습니다. 그러면 우리는 물결과 함께 떠내려 갈 것입니다. 다윗은 이렇게 말하지 않았습니다. "나는 사자를 죽였고 곰도 죽였다. 그런 시합에서 내 몫을 다 했으니, 이제는 다른 누군가가 가서 저 블레셋 사람과 싸워야 한다." 그런데 우리는 지금까지 사람들이 이렇게 말하는 것을 들어왔습니다. "나는 젊었을 때 주일학교에서 가르쳤어. 한때 동네에 나가서 복음도 전했어." 오, 형제 여러분, 그런데 왜 지금은 그렇게 안 하십니까? 여러분은 그때보다 일을 적게 할 것이 아니라 더 많이 해야 마땅하다고 생각합니다. 하나님께서 여러분에게 지식과 경험과 은혜를 더 주시므로 하나님을 위한 여러분의 노력은 이전보다 더 풍성해져야 마땅합니다. 그런데 슬프게도 여러분은 그것을 비슷한 경우로 보지 않고, 자신에 대해 변명하기만 합니다.

아주 많은 경우에 영적인 활동에서 우리는 비슷한 점들보다는 다른 점들에 마음을 씁니다. 예를 들면, 다윗이 이렇게 말했을 수도 있습니다. "사자가 또 한 마리 온다고 해도 신경 쓰지 않아. 나는 사자를 다룰 수 있어. 곰이 대여섯 마리 더 온다고 해도 무섭지 않아. 나는 곰을 다루는 데 익숙해. 하지만 이 블레셋 사람은 처음 보는 괴물이야." 다윗은 그렇게 말하지 않았습니다. 다윗은 그것을 결국 같은 것으로 보았습니다. 모양은 조금 다르지만 야만적인 힘은 같았습니다. 그래서 그는 용기를 내어 블레셋 사람에게 덤벼들었습니다. 그러나 우리는 이렇게 말합니다. "아, 큰 차이가 있구나. 현재의 이 시련들은 유달리 지독하다." 그 과부는 이렇게 부르짖었습니다. "나는 전에 남편을 잃어버렸고 하나님께서 나를 도우셨습니다. 그동안 아들이 내게 버팀목이었는데, 그마저도 가버렸고, 남은 아들이 없습니다. 의지할 사람이 아무도 없습니다." 당하고 있는 고난은 사실상 똑같은데도 그녀는 다른 점을 지적합니다. 그녀가 전에 그랬듯이 같은 약속을 들어 호소하고 하나님을 믿었다면 훨씬 더 낫지 않았겠습니까? 어떤 사람은 이렇게 말할 것입니다. "아, 그렇습니다. 그때는 내가 하나님을 위해 모든 것을 무릅썼습니다. 그러나 당신도 알다시피 지금은 다릅니다." 사랑하는 여러분, 약간의 차이점이 있다는 것을 압니다. 여러분이 그 점만을 바라본다면 여러분은 스스로에게 불신앙을 심어 주게 될 것입니다. 차이가 있든 없든 간에, 의무를 이행해야 하거나 위험이 따르는 경우에 거기에 대응하기에 부족한 것은 없습니다. 여러분이 일찍이 죽을 인생이 겪지 못한 고통을 견뎌야 하게 될지라도 하나님의 팔이 짧아서 자기 종들을 구원하실 수 없는 일은 없다는 것을 기억하십시오. 그러면 일곱 겹의 역경 가운데서라도 여러분은 일곱 번이라도 이기고 나올 것입니다.

우리는 과거를 돌아보고 이렇게 말하기가 매우 쉽습니다. "하나님께서 나를 위해 행하신 놀라운 일들이 있다는 것을 안다. 주님을 위한 나의 모험적인 일은 결국 잘 끝이 났다. 그렇지만 바로 때마침 다행스러운 상황이 벌어져 나를 돕지 않았다면 내가 어떻게 했어야 할지 모른다." 우리가 구원받은 것을 아주 "다행스러운 사건" 탓으로 돌리는 경향이 있습니다. 그렇게 하는 것은 비열한 일입니다. 처음부터 끝까지 우리를 도우신 것은 바로 하나님이셨기 때문입니다. 다행스러운 사건은 단지 제2원인에 불과한 것이었습니다. 그렇다면 이 현재의 곤경에서 하나님이 또 한 번 "다행스러운 사건"을 우리에게 일으키실 수 없겠습니까? 그런데도 슬프게도 사람들은 불신앙 때문에 이렇게 말합니다. "그 경우에는 정말로 곤경을 뒤바꾸는 상황이 벌어졌어. 하지만 그와 같은 일이 지금도 벌어질 것이라고 생각할 수 없어." 아, 그것이 얼마나 잘못된 생각입니까! 우리에게 용기를 줄 수도 있었을 비슷한 경우들에서 이끌어낼 수 있는 복된 추론의 힘을 우리는 얼마나 잃어버리고 말았는지요! 하나님께서 우리가 이 올가미에서 벗어날 수 있게 해주시기를 바랍니다.

어쩌면 겁 많은 우리 마음은 속으로 이렇게 말할지 모릅니다. "어쨌든 이런 용기 있는 행동은 내가 해야 할 일이 아닐 수가 있어. 그 일을 시도하지 않는 게 좋겠어." 다윗은 이렇게 말했을 수도 있습니다. "나는 목자야. 사자하고는 싸울 수 있어. 하지만 전쟁을 위한 훈련은 전혀 받지 않았어. 그러니 이 블레셋 사람을 그냥 내버려 두는 게 좋겠어." 그는 또한 자신이 민족의 투사가 되는 것보다 양을 지키는 일에 더 적합한 사람이라는 것을 깨달았을 수도 있습니다. 우리는 그럴 듯한 이 핑계를 사용하지 않도록 조심해야 합니다. 그것은 핑계이기 때문입니다. 형제 여러분, 우리가 하나님의 능력으로 성공을 이루었다면, 적합한 방법이라고 생각되는 것을 덮어놓고 소중히 여기지 않도록 합시다. 그보다는 주님께서 원하시면 다른 어떤 방식으로든 우리를 사용하시도록 항상 준비하고 있도록 합시다. 적합하다는 것은 결과가 그것을 증명하기까지는 알 수 없는 것입니다. 우리 주님께서는 우리보다 그 점에 대해 훨씬 더 낫게 판단하십니다. 여러분이 하나님을 영화롭게 하고 교회를 복되게 할 수 있는 일이 여러분 앞에 있는 것을 본다면, 주저하지 말고 하나님을 의지하고 그 일을 시작하십시오. 자격에 대해서 이러쿵저러쿵 이야기하지 마십시오. 여러분의 손으로 할 일이 있으면, 여러분을 자기 피로 값 주고 사신 주 예수님의 이름으로 그 일을 하십시오. 골리앗의 머리를 가져옴으로써 여러분의 자격을 입증하도록 하십시오. 아무도 혹은 여러분 자신도 더 이상 의문을 제기하지 않을 것입니다.

또한 우리는 다른 사람들의 의견을 변명거리로 삼습니다. 우리는 다른 사람들이 말하는 것을 신중하게 고려해야 한다고 생각하는 경향이 있습니다. 우리의 훌륭한 형제 엘리압은 성격이 다소 꽤 까다로울 수 있지만, 그는 매우 신중하고 경험이 많은 사람입니다. 그는 우리에게 조용히 하고 일을 그냥 내버려 두라고 말합니다. 어쩌면 우리가 그렇게 하는 것이 나을지 모릅니다. 그리고 사울이 있습니다. 그는 그런 문제에 아주 능숙한 사람입니다. 그는 우리가 그 일을 피하는 것이 낫다고 판단합니다. 대체로 우리가 용맹의 더 나은 부분인 신중함을 보이고, 필시 위험스럽고 분명히 망할 일에 달려가지 않는 것이 낫다고 생각합니다. 이같이 조언을 구하면 소심한 권고가 뒤따르는 것은 너무도 흔히 볼 수 있는 일입니다. 우리는 정력적인 노력을 발휘해야 할 필요가 있고, 또 그렇게 할 힘이 우리에게 있다는 것을 압니다. 그러나 우리는 편하기를 바라므로 다른 사람들을 우리를 위한 변명거리로 끌어들입니다. 우리는 더 이상 어떤 일을 하고 싶지 않다고 분명히 말하는 것이 더 솔직한 일일 것입니다. 우리 마음에 예수님에 대한 사랑이 더욱 충만하였다면 이 무가치한 지혜를 우리는 비웃을 것이고, 겁 많은 그 조언을 남자답게 비웃을 것입니다. 다른 사람들이 우리의 책임을 질 수 없습니다. 우리 각 사람은 하나님께 책임을 져야 합니다. 그렇다면 왜 사람들의 판단에 따라야 합니까? 오, 형제 여러분, 이 어리석은 생각을 바람에 날려 보내십시오. 성령의 지시에 복종하십시오. 불신앙에서 나온 조언을 듣지 마십시오.

하나님께 헌신한 사람들이여, 주님께서 여러분에게 무슨 일을 하도록 시키신다면, 나에게 묻지 말고, 교회의 다른 직분자들에게도 묻지 말고 가서 그 일을 하십시오. 하나님께서 과거에 여러분을 도우셨다면 그와 비슷한 경우를 생각해 보고, 그 사실로부터 하나님께서 이 현재의 경우에도 여러분을 도우실 것이라고 주장하십시오. 가십시오. 하나님께서 여러분과 함께 가십니다. 여러분의 힘을 앗아갈 불신앙에 희생당하지 않도록 하십시오.

3. 끝으로, 결과들에 대해서 살펴봅시다.

첫째로, 그 결과는 다윗이 전에 그랬던 것처럼 오직 하나님만을 의지해야 하겠다고 생각했다는 것입니다. 형제자매 여러분, 여러분도 같은 결론에 이르시기를 바랍니다. 하나님만이 능력의 원천이십니다. 하나님만이 실질적인 도움을 주실 수 있습니다. 그러므로 다른 어떤 도움이 보이지 않을지라도 하나님을 신뢰하도록 합시다. 하나님만 계시면 충분하지 않습니까? 비록 여러분이 볼 수 없지만 하나님의 팔은 결코 마비되지 않을 것이고, 그 팔의 근육은 결코 약해지지 않을 것입니다. 그러나 여러분이 그렇게 의지하기 좋아하는 죽을 인생의 팔은 머지않아 반드시 무덤 속의 먼지로 변하고 말 것입니다. 인생의 팔은 살아 있는 동안에도 약할 뿐입니다. 영원히 하나님을 신뢰하십시오. 주 여호와께 영원한 힘이 있기 때문입니다. 다윗이 "나의 영혼아 하나님만 바라라 무릇 나의 소망이 그로부터 나오는도다"(시 62:5)고 말한 것을 보면 그는 지혜를 발견한 것입니다.

또한 다윗은 예전에 그랬던 것처럼 다시 한번 모든 위험을 무릅써야겠다고 결심하였습니다. 다윗은 일찍이 위험을 무릅쓰고 사자와 싸웠듯이 목숨을 내놓고 이 블레셋 사람과 싸우려고 하였습니다. 부상과 상처가 생기든, 찌르는 창이나 베는 칼이 오든, 그의 거대한 적의 조롱과 웃음 가운데서 죽음이 오든 간에, 그는 여전히 이스라엘과 하나님을 위하여 모든 위험을 무릅쓰려고 하였습니다. 십자가의 군사들이여, 여러분이 그렇게 할 수 있다고 느낀다면, 그 일을 실천하기를 더디게 하지 마십시오. 하나님을 섬기는 일에 몸을 던지고, 여러분 자신을 바치십시오. 그리스도를 영화롭게 하고 잘못에 대항하여 싸우며 영혼들을 파멸에서 건지는 이 위대한 목적을 위해 모든 것을 바치십시오.

다윗의 다음 단계는 예전의 경우에서처럼 자기에게 방해되는 모든 것을 벗어버림으로써 과거와 동일한 조건을 만드는 것이었습니다. 그는 일찍이 자연의 무기를 가지고 사자와 싸웠는데, 이제도 그와 같은 방식으로 이 블레셋 사람에 맞서려고 하였습니다. 틀림없이 그 무게 때문에 머리가 아팠을, 번쩍거리는 왕의 투구를 벗어버렸습니다. 입고서는 움직이기가 매우 힘들다는 것을 안, 부담스러운 갑옷을 벗어버렸습니다. 그런 금속성 감옥에 갇혀 있어서는 자신이 예전처럼 자유롭게 활동할 수 없다는 것을 느꼈고, 그래서 모든 것을 치워버리고 오직 목자의 옷만을 걸쳤습니다. 그가 옆구리에 가죽 끈으로 묶은 근사한 칼은 쓸모 있기보다는 장식품에 가깝다고 느꼈습니다. 그래서 거추장스러운 다른 것들과 함께 칼을 옆에 놓고 자신의 가죽 주머니를 찼습니다. 그리고 물매와 돌 외에는 아무것도 가지고 가지 않았습니다. 그것은 옛날 방식이었고, 그 방식을 고집한 것은 잘한 일이었습니다. 하나님께서는 칼과 창으로 구원하시지 않기 때문입니다. 우리는 모두 좋은 장비를 갖추고 규칙과 방법들로 자신을 묶는 경향이 강합니다. 모든 방해물을 제거하는 기술은 고귀한 것입니다. 그러나 그것을 습득한 사람은 거의 없습니다. 우리 교회를 보십시오. 대부분의 교회들을 보십시오. 국민을 질식시키는 관료적 형식주의가 너무도 많지 않습니까? 우리에게는 그 무게 때문에 배를 가라앉히고도 남을 위원회들이 너무나 많지 않습니까? 후원자, 회장, 부회장, 서기들에 대해서 말하자면, 기독교가 하나님에게서 나온 것이 아니었다면, 기독교의 중심에 앉아 있는 이 사람들의 무게 때문에 살아남을 수 없었을 것입니다. 완곡한 방법들은 이 세상에서 똑바른 행위를 끌어내려고 애쓰고 있습니다. 우리를 꽉 끼는 조끼에 맞도록 조직합니다. 교회라는 배에는 도대체 그것을 어떻게 조종할 수 있는지 모를 필요 없는 방해물이 끔찍이도 많습니다. 폭풍우가 닥치게 되면, 배는 그런 모든 것을 거의 다 버리지 않으면 안 될 것입니다. 우리는 언제 그 일에 착수할 것입니까? 형제들이 단순히 주님만을 믿고서 나가서 복음을 전하는 날이 온다면, 적어도 나 자신은 위대한 결과들을 볼 것으로 기대합니다. 그런데 현재 사울의 갑옷은 도처에 있습니다. 우리가 설교에서 형식에 구애되는 태도를 버린다면, 놀라운 결과들을 볼 것입니다. 그러나 교회들은 사람들이 갑옷이라고 부르는 쇠뭉치에 갇혀 있습니다. 우리가 특별 예배를 드리려고 한다면, 어떤 형제는 무디 방식으로 예배를 드려야 한다고 생각하고, 또 다른 형제는 생키의 찬송만 불러야 한다고 생각합니다. 우리가 다른 사람들을 따라가야 한다면, 우리는 누구입니까? 우리에게 혁신이나 그 같은 것을 이야기하지 마십시오. 그런 쓰레기 같은 것들은 치워버리십시오! 우리는 온 마음으로 하나님을 섬기고, 온 영혼을 다해 죄인들에게 예수 그리스도를 전파합시다. 그 방식은 중요하지 않습니다. 사제제도와 오류를 깎아내리되 지극히 단순한 방법으로, 곧 그리스도를 높임으로써 그렇게 하는 것이 지혜로운 방법입니다. 우리는 신학 박사들의 방법을 따라서 설교해서는 안 되고, 옛적에 배움이 없고 무식했던 사람들, 곧 예수님과 함께 있었고 예수님에게서 배운 그들의 방법을 따라 설교해야 합니다. 형제 여러분, 여러분 가운데는 갑옷을 너무 많이 껴입은 사람들이 있습니다. 그 갑옷을 벗어버리십시오. 살아계신 하나님을 믿고서 단순하고 자연스럽게 있는 그대로 솔직하게 말하십시오. 그러면 성공을 거둘 것입니다. 숙련공의 모조품은 별로 필요가 없고, 하늘의 기름 부음을 받은 사람이 더욱 필요합니다. 거룩한 자연스러움이 더 필요하고 일부러 꾸민 인위적인 태도는 더 이상 필요치 않습니다. 주여, 우리에게 이것을 보내 주소서. 그리스도의 이름으로 기도합니다. 아멘.

최종적인 결과는 이 젊은 용사가 골리앗의 머리를 가지고 돌아온 것이었습니다. 여러분이 주님을 의지하고 단순하고 열성적으로 행한다면, 여러분 모두에게 확실한 승리가 기다리고 있습니다. 자매 여러분, 여러분이 그리스도를 의지하고 그리스도를 위하여 나가서 주의 일을 하려고 한다면, 여러분의 수고로 사람들이 회심하는 것을 보게 될 것입니다. 형제 여러분, 여러분이 그리스도의 영광을 위하여 모든 위험을 무릅쓰려고 하고 그리스도만을 의지한다면, 사람들이 광신적인 행위라고 부르는 것을 하나님께서는 거룩한 헌신으로 생각하실 것이고, 하나님께서는 하나님에 대한 철저하고 단순하며 비이기적인 온전한 믿음에 항상 주시는 보상을 여러분에게 주실 것입니다.

오늘 이 설교의 결과로 대여섯 사람의 일꾼들이 마음이 움직여 하나님을 위해 대담한 열심을 품게 된다면, 나는 크게 기뻐할 것입니다. 하나님께서 나와 함께 하시므로 내가 런던에서 목회를 시작하였을 때, 하나님께서 내게 선한 사람 여섯 명만 주신다면 일을 끝낼 것이지만, 졸고 있는 사람은 6천 명이 있어도 아무것도 성취하지 못할 것이라고 말했던 것이 생각납니다. 이제 나는 우리가 둔감한 상태에 떨어지지 않을까 항시 노심초사합니다. 우리 교회 교인들의 수는 거의 5천명에 이릅니다. 그러나 여러분 5천 명이 그저 겁쟁이에 불과하다면, 전쟁을 통해서 하나님께 아무 영광도 드리지 못할 것입니다. 우리 가운데 다윗 같은 사람이 단 한 명만 있어도 그 한 영웅이 기사를 행할 것입니다. 그러나 모든 군사가 다윗 같은 사람들이라면 그 군대는 얼마나 놀라운 힘을 발휘하겠습니까. 그렇다면 그것은 블레셋 사람들에게는 불행한 일이 될 것입니다. 아, 우리가 모두 다윗 같은 사람들이 된다면, 우리 가운데 가장 약한 사람도 다윗과 같고, 다윗 자신은 본래 모습보다 더 강하고 여호와의 천사와 같이 되었으면 좋겠습니다! 하나님의 성령께서는 이 일을 행하시기에 능하십니다. 그러니 성령께서 그 일을 하지 않아야 할 이유가 있겠습니까? 성령께 도움을 구합시다. 그러면 도움이 올 것입니다.

이 자리에 계신 분들 가운데 오늘 설교에는 자기들을 위한 것이 아무것도 없다고 한탄하는 분들을 위해 이 말을 하지 않을 수 없습니다. 회심하지 않은 사람들이여, 여러분은 자신의 과거 경험으로부터 아무런 주장도 끌어낼 수가 없습니다. 여러분에게는 올바른 경험이 전혀 없기 때문입니다. 그러나 여러분이 위로는 끌어낼 수 있을 것입니다. 여러분이 이 이야기를 또 다른 관점에서 봄으로써 그렇게 하기를 바랍니다. 참된 다윗이신 예수 그리스도께서는 우리들 가운데 어떤 사람들, 곧 어린 양 같은 사람들을 마귀의 입에서 건져내셨습니다. 우리 가운데 많은 사람들이 죄에 사로잡혀 지냈습니다. 죄가 우리를 단단히 에워싸고 있어서 우리는 도망칠 수 없었고, 오직 우리의 크신 하나님께서 우리를 구출하셨습니다. 죄인이여, 그렇다면 하나님께서 지금 여러분을 구원하실 수 없겠습니까? 여러분은 그 지옥의 사자와 싸울 수 없을지라도 하나님은 싸우실 수 있습니다. 여러분이 당신은 어떻게 할 것이냐고 내게 묻습니까? 자, 할 수 있는 대로 큰 소리로 하나님의 도움을 구하십시오. 여러분이 어린 양과 같다면 하나님께 매에 하고 우십시오. 어린 양의 매에 하고 우는 소리는 목자의 관심을 끌 것입니다. 구원해 주시라고 하나님께 힘껏 소리치십시오. 그리고 오직 주 예수님만을 의지하십시오. 예수께서 여러분을 구원하실 것입니다. 여러분이 지옥의 입구에 있을지라도, 여러분이 주님을 믿는다면, 주께서 반드시 여러분을 파멸에서 건지실 것입니다. 하나님께서 여러분이 그같이 하도록 은혜 베푸시기를 빕니다. 아멘.

제
10
장

다윗의 첫 번째 승리

"다윗이 이같이 물매와 돌로 블레셋 사람을 이기고 그를 쳐죽였으나 자기 손에는 칼이 없었더라." — 삼상 17:50

여러분이 이 장 전체를 꼼꼼히 읽으면 그 수고에 충분한 보답을 받을 것입니다. 나는 편의상 한 구절만 본문으로 삼았지만 사실 이야기 전체를 본문으로 택하고 싶은 마음이 있습니다. 여러분이 이 이야기를 아주 잘 알고 있다면 서론을 이야기할 필요가 없을 것입니다. 그래서 나는 곧바로 다윗에 대해 생각해 볼 것인데, 그가 골리앗과 싸워 이긴 사실을 우리 주 예수 그리스도에 대한 예표로 살펴보고, 둘째로는 우리를 위한 본보기로 살펴보려고 합니다. 머리를 표상하는 것은 언제나 그 지체와 관계를 갖고, 또 그리스도의 신비한 몸의 지체들은 현재 그리스도를 닮았고 장차는 훨씬 더 충만하게 닮을 것이기 때문에, 결국 우리가 본문의 사실을 묵상하는 가운데 철저히 규명할 것은 한 가지 생각뿐입니다.

1. 다윗은 이 문제에서 우리 주 예수 그리스도에 대한 예표였다는 사실부터 살펴봅시다.

교회의 초기 교부들은 예표적인 유추를 설명하는 일에 아주 뛰어났습니다. 정말로 그들은 설명하는 일에 아주 열중하였고 세부적인 묘사에 아주 치밀하였는데, 그러다 보니 너무 멀리 나가서 하찮은 일에까지 열중하는 데에 떨어지고 말았습니다. 예를 들면, 오리겐은 문자적인 기록에 영적인 의미를 부여하는 데서 지혜로운 해석으로 간주할 수 있는 한계를 훌쩍 뛰어넘어버렸습니다. 그리고 그 신비의 대가보다 훨씬 더 멀리 가려고 했던 그 밖의 사람들은 이내 귀중한 진리들의 평판을 떨어트림으로써 하나님의 교회에 큰 손해를 입혔습니다. 구약의 예표(모형)들에 대한 연구는 이 친절한 사람들이 무분별한 열심으로 그 연구를 곡해한 이래로 기독교 교회에서 좀처럼 제 위치를 되찾지 못했습니다. 그러나 우리는 좋은 것이 어떤 때 사용되지 않게 되었기 때문에 좋은 것이 더 이상 좋은 것이 아니라고 생각할 수 없습니다. 나는 그것이 여전히 적절히 사용되면 유익을 줄 수 있다고 생각합니다. 그렇다면 어떤 한계 안에서, 내가 생각할 때 이 기계적이고 삭막한 시대에서는 한계를 넘을 위험이 거의 없다고 보는데, 아무튼 한계 안에서 성경의 예표와 풍유(諷喩)들을 교훈의 안내서로, 곧 건전한 교리의 핸드북으로 사용할 수 있을 것입니다.

복음주의 그리스도인들은 일반적으로 다윗을 주 예수 그리스도의 탁월한 예표로 보는데 의견을 같이합니다. 이 문제에 관해서 생각할 때, 다윗이 골리앗과 싸우기 전에 하나님께 기름 부음을 받은 사람이라는 사실을 처음부터 주의합시다. 사무엘이 베들레헴으로 내려가 기름 뿔병을 취하여 다윗의 머리에 기름을 부었습니다. 이와 비슷한 일이 얼마든지 여러분에게 일어날 것입니다. 이렇게 하나님께서는 자신을 위하여 백성들 가운데서 뽑으신 사람을 찾아내셨습니다. 그리고 거룩한 성령의 기름을 그에게 부으셨습니다. 사울의 머리에는 작은 병으로 기름을 부었지만 다윗의 머리에는 뿔병에 기름을 가득 채워 부었습니다. 이것은 사울의 통치의 짧음과 부족한 명성을 다윗의 통치의 기간과 능력과 탁월함에 대비시키려는 의도일 수도 있을 것입니다. 혹은 그것을 영적으로 해석한다면, 사울이 예표하는 율법, 곧 구약의 유대교는 그 복이 제한되어 있지만 반면에 다윗이 나타내는 복음은 그 복의 풍성함이 특징으로 나타난다는 사실을 가리킬 수도 있습니다. 다윗의 원형(原型)이신 예수님은 그의 동료들보다 뛰어나게 기쁨의 기름으로 부음을 받으셨습니다. 은혜와 진리가 예수 그리스도로 말미암아 왔습니다. 성령이 한량없이 예수님께 주어졌습니다. 다윗은 여러 차례 기름 부음을 받았습니다. 여러분이 본문 앞의 장에서 읽었듯이 그가 "그의 형제 중에서" 기름 부음을 받았습니다. 그리고 사무엘하 2:4에서 보듯이 그의 형제들, 곧 유다 사람들에게 기름 부음을 받았습니다. 그리고 앞으로 사무엘하 5:3에서 보게 되겠는데, 다윗이 이스라엘 모든 장로들에게 또 한 번 기름 부음을 받습니다.

나는 이 점을 지금 다루지 않겠지만, 그와 같이 우리 주님께서 하나님께 기름 부음을 받으셨고, 그의 성도들에게 기름 부음을 받으시며, 장차 온 교회에게 기름 부음을 받으시리라는 것을 아는 것으로 충분할 것입니다. 하나님의 성령이 예수님 위에 계셨고, 예수께서 아버지 하나님께 기름 부음을 받고, 나가서 그리스도 교회의 큰 싸움을 싸우신 것은 바로 그 성령의 능력을 힘입어서였습니다. 예수께서 세례를 받고 요단강에서 나오시자 성령께서 비둘기처럼 하늘에서 그 위에 임하셨을 때 성령으로 기름 부음을 받으셨습니다. 그리고 예수께서 곧 성령에게 이끌리시어 광야로 들어가셨고, 영혼들의 큰 적인 마귀와 40일간 치열한 싸움을 벌이셨습니다. 주님의 싸움은 성령 안에서 그리고 지극히 높으신 자의 능력으로 치른 것이었습니다. 영원하신 성령의 권능과 위엄이 예수님께 있었기 때문입니다.

그에 해당하는 점이 어떻게 진행되는지 살펴봅시다. 우리 주님은 아버지 하나님의 보내심을 받아 그의 형제들에게로 오셨습니다. 다윗이 이새의 보냄을 받아 적절한 선물과 위로의 말을 가지고 형제들에게 가서 그들과 교제하였듯이, 때가 찼을 때 우리 주님께서 그의 형제들을 방문하도록 보내심을 받았습니다. 그리스도께서는 아버지라고 하는 사람의 집에서 한동안 조용히 지내셨습니다. 그러나 후에 그 집에서 나오셨고, 주께서 자신의 형제라 부르기를 부끄러워하지 아니하신 사람들에 대해 하나님께서 보이시는 사랑과 자비의 임무를 띤, 하나님의 보내신 자로 분명하게 인정받으셨습니다. 우리는 다윗이 어떤 취급을 받았는지를 방금 읽었습니다. 그의 형들은 애정을 가지고 받아들이지 않았습니다. 형들은 그의 진심 어린 친절에 대해 까닭 없이 거칠게 굴었습니다. 그들은 괴로운 일들을 그의 탓으로 돌렸습니다. 이것은 다윗의 후손이신 우리 주님께서 능욕 당하신 방법과 아주 일치합니다. 주께서 자기 땅에 오셨지만 자기 백성들이 주님을 영접하지 않았습니다. 주께서 애정 어린 말을 가지고 그들에게 오셨지만 그들은 주님께 조롱의 말로 대꾸하였습니다. 주님의 복에 대해 그들은 악담을 퍼부었습니다. 하늘의 떡을 받고 그들은 주님께 돌을 주었으며, 하늘의 축복을 받고는 주님께 세상의 악의와 지옥의 저주로 갚았습니다! 나머지 식구들로부터 그처럼 학대 받은 형제는 없었습니다. 그리스도는 "많은 형제 중에서 맏아들"(롬 8:29)이셨습니다. 악한 농부의 비유가 주님에게서 성취된 것이 확실하였습니다. 포도원 주인이 "그들이 내 아들은 존대하리라"(마 21:37)고 말하였다고 기록되어 있는 것을 우리는 압니다. 그런데 악한 농부들은 반대로 "이는 상속자니 자 죽이고 그의 유산을 차지하자"라고 하였습니다. 예수께서는 와서 복을 주려고 하셨던 자기 형제들에게 거친 대우를 받았습니다. 다윗이 형들에게 아주 유순하게 대답하였다는 것을 여러분은 기억할 것입니다. 그는 욕을 욕으로 맞받아치지 않았고, 형들의 거친 태도를 아주 온순하게 참았습니다. 이 점에서 그는 희미하게나마 우리에게 욕을 당하시되 대신 욕하시지 않은 주님의 모습을 보여주었습니다. "죄인들이 이같이 자기에게 거역한 일을 참으신 이를 생각하라"(히 12:3). 심지어 주님을 죽음에 처하게 만든 타격에 대해서조차 주님의 반응은 "아버지 저들을 사하여 주옵소서 자기들이 하는 것을 알지 못함이니이다"(눅 23:34)라는 것뿐이었습니다. "그는 사람들이 그에게서 얼굴을 가리는 것 같이 멸시를 당하였고 우리도 그를 귀히 여기지 아니하였도다"(사 53:3). 그럼에도 불구하고 이 모든 일에 대해서 그의 입에서 분노의 말이 한 마디도 흘러나오지 않았습니다. 주님께서 이렇게 말했을 수도 있습니다. "이유가 없으리이까?"(삼상 17:29). 그러나 주님은 자기를 변호하는 말을 거의 하시지 않았습니다. 그보다 주님은 주님을 본 사람은 누구나 인정하였을 만큼 열심히 자신의 필생의 사업에 전념하셨습니다. 이렇게 자기 형들에게 배척을 받은 다윗은 그리스도를 예표하는 인물이었습니다.

그 다음에는 다윗이 자기 백성에 대한 강렬한 사랑 때문에 마음이 움직였다는 점을 살펴봅시다. 그는 자기 백성이 그 블레셋 사람에게 무시당하고 있는 것을 보았습니다. 다윗은 그의 백성들이 무서운 적들 앞에서 마음이 완전히 위축된 것을 보았을 때 뜨거운 분노가 그의 영혼을 흔들었습니다. 그 블레셋 사람의 도전하는 말을 들었을 때, 그는 이 싸움에서 바로 이스라엘의 하나님의 명예가 손상된다고 느꼈습니다. 여호와의 이름이 굴욕을 당하였습니다! 군대 앞에서 활보하며 허풍을 떠는 저 거인이 살아계시는 하나님의 군대를 모욕하였습니다! 용감한 이 젊은 목자의 따뜻하고 경건한 마음이 강하게 요동친 것은 이상한 일이 아니었습니다. 할례 받지 않은 그 블레셋 사람의 모독적인 소리를 듣고서 그의 가슴 속에서 전사의 열정이 불타올랐습니다. 이 블레셋 사람은 천지의 하나님 여호와의 명예를 우습게 여겼습니다! 다윗에게 애국적인 열심을 부추긴 데는 그 외에 또 한 가지 동기가 있었습니다. 다윗은 저 블레셋 사람을 이기고 쳐 죽이는 사람은 왕의 딸과 혼인하게 된다는 말을 들었을 때 어찌 그의 가슴 속에서 강한 열망이 타오르지 않을 수 있었겠습니까? 그런 상금이 그에게 열정을 불러일으킨 것은 당연한 일입니다. 그의 마음에 이런 동기들이 작용하였을 때 그는 저 블레셋의 용사와 싸우겠다는 결심을 즉시 확고하게 굳혔습니다. 이 모든 점에서 그는 우리 주 예수 그리스도를 예시한 것이 분명합니다. 우리 주님은 자기 백성을 사랑하셨습니다. 그래서 언제든지 자기 양들을 위하여 목숨을 내어놓을 준비가 되어 계셨습니다. 주님은 아버지 하나님을 사랑하셨습니다. 주님은 일찍이 "내가 내 아버지 집에 있어야 될 줄을 알지 못하셨나이까" 하고 말씀하신 적이 있습니다. "주의 집을 위하는 열성이 나를 삼켰나이다"(시 69:9). 주님 앞에는 교회를 자신의 신부로 맞이할 것이라는 기쁨이 있었습니다. 다윗은 자신의 생명을 대가로 치른다고까지는 말하지 못한다 하더라도 위험을 무릅쓰면 왕의 딸을 얻을 것이었습니다. 예수께서는 자기 영혼의 수고한 것을 교회에서 보고 만족할 것입니다. 그리스도의 신부인 교회는 왕족으로 높여져서 그리스도와 함께 왕관을 받고 통치에 참여할 것입니다. 예수님은 우리 모두의 어머니인 새 예루살렘을 그 보상으로 하나님께 선물을 받게 되어 있었습니다. 이 사실에 마음이 고무되어 주님께서 우리를 위하여 나가서 싸우셨습니다. 주님께서 항상 자기 백성들을 사랑하셨고, 성도들을 보호하셨으니, 잠시 멈추어 주님의 이름을 찬미합시다. 하나님의 전을 위한 열심이 주님을 삼킨 것을 인해서, 주님께서 그 위대한 일을 위해 그토록 온전히 자신을 드리신 것을 인해서 주님을 찬미합시다. 무엇보다 주님께서 우리를 사랑하여 우리에게 자신을 주셨으니 겸손히 감사한 마음으로 주님을 찬미합시다. 주님께서 영원히 약혼한 그의 교회의 일원으로서 우리는 주님께서 행하신 모든 것에 참여합니다. 예수님께서 그 싸움을 싸우신 것은 바로 우리를 위해서였고, 승리를 얻으신 것도 우리를 위해서였으며, 영광에 들어가신 것도 바로 우리를 위해서였습니다. 그리고 주님은 우리에게 그 영광을 보게 하시고 그가 계시는 곳에서 우리도 함께 있도록 하기 위해 장차 오실 것입니다. 다윗에게서 그 예표를 보는 동안 우리는 바로 예수님을 찬미하는 일을 잊지 않도록 주의합시다. 다윗은 우리 구원을 성취하는 일에서 우리 마음에 주님을 비쳐주는 인물입니다.

나는 다윗이 이 외에도 주님의 예표가 된 많은 예들을 자세히 설명할 수 있을 것입니다. 세부적인 내용들이 가득한 이 전체 이야기는 우리에게 유추할 중요한 점들을 풍부하게 제공합니다. 하지만 내가 여러분에게 특별히 주목하라고 말씀드리고 싶은 것이 한 가지 있습니다.

골리앗이 히브리어 원문에서는 우리가 영어 번역 성경에서 읽는 것처럼 "용사"로 불리지 않고 매개자, 곧 중보자로 불립니다. 여러분이 이 전체의 경우를 마음으로 정당하게 생각해 보면, 사용된 그 단어가 적합하다는 것을 즉시 알게 될 것입니다. 한쪽 편에는 블레셋 군대가 있고, 다른 쪽 편에는 이스라엘 군대가 있습니다. 두 군대 사이에 골짜기가 있습니다. 골리앗이 말합니다. "나는 블레셋 사람을 대표할 것이다. 나는 매개자로 서 있다. 모든 신분의 사람과 군인이 개인적으로 나와 싸우는 대신에 내가 내 민족의 대표로, 곧 중보자로 나온다. 너희는 나와서 나와 싸울 중보자를 택하라. 각각의 군대를 이루고 있는 개인들이 싸우는 대신에 대표 두 사람이 무서운 결투에서 해당 문제의 승부를 결정짓도록 하자." 주 예수께서 자기 백성을 위한 싸움을 싸우신 것이 바로 그 근거에서 하신 것입니다. 우리는 우리를 대표하는 첫 사람 아담 안에서 타락하였습니다. 그리고 이제 우리의 구원은 또 한 사람의 대표인 둘째 아담에 의해서 이루어집니다. 예수님은 매개자, 곧 "하나님과 사람 사이의 한 분 중보자"(딤전 2:5)이십니다. 우리는 예수님께서 선의 진영과 악의 진영, 곧 하나님의 진영과 마귀의 진영으로 나뉘어 있는 전투장에 우리에 대한 사랑과 하나님의 영광을 위한 열심으로 나가시는 것을 볼 수 있습니다. 그리고 우리가 정말로 하나님의 백성이라면 예수께서 도전하는 적에 맞서서 우리로서는 결코 해결할 수 없었던 그 싸움을 우리를 위해 결정짓기 위해서 우리의 이름으로 우리를 위해서 싸우기 위해 서십니다. 개인적으로 싸웠다면 우리는 틀림없이 패주하고 말았을 것입니다. 그러나 우리를 위해서 승리를 거두기 위해, 그리고 천국과 지옥 사이의 싸움을 영원히 끝내기 위해서는 주님께서 한쪽 팔만 드시는 것으로 충분합니다.

이 젊은 용사가 싸우러 나가는 모습을 주의해서 보십시오. 이새의 아들은 사울이 그에게 무장시키기 위해 주려고 한 무기들을 거절하였습니다. 사울이 그에게 머리에 쓸 투구와 몸에 걸칠 갑옷을 주고, 그의 허리에 칼을 차게 하려고 하였지만, 다윗은 "익숙하지 못하니 이것을 입고 가지 못하겠나이다" 하고 말했습니다. 마찬가지로 다윗의 후손께서는 세상의 모든 갑옷을 버리셨습니다. 사람들은 예수님을 억지로 붙잡아 왕으로 삼으려고 하였습니다. 그러나 주님은 "내 나라는 이 세상에 속한 것이 아니니라"(요 18:36)고 말씀하셨습니다. 예수님의 명령 한 마디면 충분한 칼들이 칼집에서 쏜살같이 튀어나왔을 것입니다. 그것은 성급히 검을 휘둘러 말고의 귀를 벤 베드로 혼자만이 아니었습니다. 예전에 그랬듯이 나사렛 예수라는 스타를 아주 기꺼이 따랐을 열심당원들이 많이 있었습니다. 이후에 유대인들이 자신이 그들을 구원할 사명을 지극히 높으신 하나님께 받았다고 공언하는 사기꾼들을 좇은 일이 더욱 빈번하게 일어났습니다. 그러나 예수께서는 이렇게 말씀하셨습니다. "네 칼을 도로 칼집에 꽂으라 칼을 가지는 자는 다 칼로 망하느니라"(마 26:52). 주님께서 광야에서 겪으신 시험들 가운데 하나는 주님이 세상 나라들을 얻는다는 것뿐만 아니라 그 나라들을 사탄이 제시하는 그런 수단들을 사용해서 얻어야 한다는 것이었습니다. 예수께서 엎드려 마귀에게 절해야 한다는 것이었습니다. 예수께서 세상적인 무기를 사용해야 한다는 것인데, 그것은 마귀에게 절하는 것과 같은 일이 될 것입니다. 예수께서는 그 무기를 취하려고 하시지 않았습니다. 오늘날까지 예수 그리스도께서 어둠의 권세들과 치르는 큰 싸움은 칼과 투구를 사용하는 전쟁이 아니라 냇가의 매끄러운 조약돌을 가지고 치르는 싸움입니다. 우리 가운데서 교회의 머리이신 목자장의 지팡이를 가지고 복음을 단순하게 설교하는 것, 바로 이것이 지금 골리앗을 쓰러트리고, 마지막 날까지 골리앗을 쓰러트릴 무기입니다. 교회가 부나 사회적 신분으로 혹은 시민의 권력으로 승리를 거둘 것으로 생각한다면, 그것은 헛된 일입니다. 어떤 정부도 교회를 돕지 않을 것입니다. 교회는 오직 하나님의 능력만을 바라보아야 합니다. "만군의 여호와께서 말씀하시되 이는 힘으로 되지 아니하며 능력으로 되지 아니하고 오직 나의 영으로 되느니라"(슥 4:6). 교회가 이 교훈을 배우게 되면 기쁘게 될 것입니다. 십자가를 설교하는 것이 "멸망하는 자들에게는 미련한 것"이지만 그리스도를 믿는 우리에게는 "하나님의 능력이요 하나님의 지혜"(고전 1:18,24)입니다.

자, 우리의 영광스러운 용사가 자신이 택한 무기들을 가지고 싸움에 나가는 것을 보십시오. 그 무기들은 그런 싸움에 적합하게 보이지 않기 때문에 지혜롭다고 하는 인간들이 무시하는 것입니다. 그럼에도 불구하고 그는 큰 힘과 능력을 가지고 나갔습니다. 이는 그가 하나님의 이름으로 갔기 때문입니다. 다윗은 말했습니다. "너는 칼과 창과 단창으로 내게 나아 오거니와 나는 만군의 여호와의 이름으로 네게 나아가노라." 복음을 전능한 능력이 있도록 만드는 탁월한 그 영향력이 또한 그러합니다. 그리스도는 하나님의 화목제물이십니다. 하나님께서 "예수를 죄를 위한 화목제물로 세우셨습니다"(롬 3:25). 그리스도는 하나님께 임명을 받으셨고 하나님께 기름 부음을 받으셨으며 하나님의 보내심을 받았습니다. 복음은 하나님의 성령이 따르는 하나님의 메시지입니다. 그렇지 않다면 복음은 물처럼 약해서 반드시 실패하고 맙니다. 그러나 하나님께서 그 메시지를 보내셨고 그 메시지에 복을 베푸시기로 약속하셨으므로 우리는 그 메시지가 이루게 되어 있는 목적들을 성취할 것이라고 확신할 수 있습니다. "나는 만군의 여호와의 이름으로 네게 나아가노라." 이 말은 그리스도의 보냄을 받는 모든 사람들의 표어로 쓰일 수 있고, 귀한 영혼들을 얻기 위한 치열한 전투에서 그리스도를 나타낼 수 있을 것입니다. 이것은 그리스도께서 우리를 위하여 그리고 우리를 대신하여 죄와 씨름하고 하나님의 진노를 담당하며 사망과 지옥을 이기기 위해 오셨을 때, 그리스도의 표어였습니다! 그리스도는 하나님의 이름으로 오셨습니다.

다윗이 골리앗을 치되 효과적으로 쳤음을 잘 주의할 필요가 있습니다. 그가 골리앗의 허리를 치지 않았고 손이나 발을 치지 않고 가장 중요한 부분을 쳐서 그를 쓰러트렸습니다. 다윗은 그의 뻔뻔스러운 얼굴을, 그의 오만한 이마를 쳤습니다. 내가 생각할 때 골리앗은 말할 거리도 안 되는 자신의 적을 보기 위해 투구의 면갑을 올렸을 것입니다. 그때 돌이 이마에 박혔고, 그의 허풍떠는 정신을 영원히 끝내버렸습니다. 그와 같이 우리 주님께서 죄와 싸우기 위해 서셨을 때 그는 자신의 속죄 제사를 죄와 죄의 모든 권능의 이마를 치는 돌처럼 내던지셨습니다. 죄가 단지 상처를 입은 것이 아니라 예수 그리스도의 권능으로 죽은 것입니다.

다윗이 골리앗의 칼로 골리앗의 머리를 벤 것을 기억하시기 바랍니다. 아우구스티누스가 이 구절을 주석하면서 우리 구주 예수 그리스도의 승리가 다윗의 역사 가운데 여기에서 나타난다는 생각을 진술하는데 아주 온당한 말입니다. 예수께서는 "죽음을 통하여 죽음의 세력을 잡은 자 곧 마귀를 멸하셨습니다"(히 2:14). "저가 죽음으로써 죽음을 없애셨습니다." 골리앗의 칼로 그 거인의 머리를 베신 것입니다. 구주님의 죽음을 나타내게 되어 있는 십자가는 죄의 죽음을 의미하였습니다. 사탄의 승리로 생각되었던 예수님의 십자가에 못 박히심은 사탄에 대한 그리스도의 승리의 절정이었습니다. 자, 오늘 우리는 싸움에 이긴 우리 영웅의 손에 핏덩이가 뚝뚝 떨어지는 죄라는 괴물의 회색빛 머리가 들려 있는 것을 봅니다. 한때 죄의 폭정 아래 있었던 여러분, 그것을 보십시오. 저 무시무시하고 거대한 폭군의 끔찍한 얼굴을 보십시오. 여러분의 주님께서 여러분의 적을 죽였습니다. 여러분의 죄가 죽었습니다. 주께서 그 죄들을 멸하셨습니다. 주님께서 단독으로 여러분의 거대한 적을 죽였습니다. “사망이 쏘는 것은 죄요 죄의 권능은 율법이라 우리 주 예수 그리스도로 말미암아 우리에게 승리를 주시는 하나님께 감사하노라”(고전 15:56,57). 주님의 거룩한 이름에 감사와 찬미를 드립시다. 다윗이 골리앗을 죽였을 때 이스라엘의 처녀들이 그를 맞이하였습니다. 처녀들이 나와서 소고를 치고 즐겁게 춤을 추면서 “사울이 죽인 자는 천천이요 다윗은 만만이로다” 하고 화답하는 노래를 불렀습니다. 이렇게 그는 승리를 거두었습니다. 그 사이에 그 블레셋 사람이 죽는 것을 보고서 이스라엘 군대가 용기를 얻어 적에 돌진하였습니다. 블레셋 사람들이 놀라서 도망하였고, 그날에 모든 이스라엘 사람이 다윗의 승리를 통해 승자가 되었습니다. 그와 같이 우리도 이제 스스로를 승리자로 생각하도록 합시다.

우리 주님께서 승리를 거두셨습니다. 주님은 이제 자신의 영광에 이르셨습니다. 천사들이 길에서 주님을 만났고, 이렇게 말했습니다. “문들아 너희 머리를 들지어다 영원한 문들아 들릴지어다 영광의 왕이 들어가시리로다”(시 24:9). 그리고 주님과 함께 온 자들이 “영광의 왕이 누구시냐?”는 질문에 대답하였습니다. “강하고 능한 여호와시요 전쟁에 능한 여호와시로다. 만군의 여호와께서 곧 영광의 왕이시로다.” 오늘날 아무리 약한 신자라도 그리스도 안에서 승리를 거둡니다. 그동안 우리가 두들겨 맞았고 승리에 대한 소망을 품을 수 없었을지라도, 이제는 우리 주 예수 그리스도로 말미암아 우리가 적을 쫓습니다. 죄를 발로 밟습니다. 우리는 주님의 완전한 승리로 말미암아 힘을 얻고 더욱 얻어 나갑니다. 여기에 여러분이 생각할 여지가 많습니다. 여러분 스스로 이 점에 대해 숙고해 보시겠습니까? 여러분을 대신해서 내가 모든 것을 생각하지 않는 것이 낫습니다. 크게 확대해서 생각할 수 있는 유추를 찾을 수 있을 것입니다. 나는 여러분에게 일종의 목탄으로 그린 윤곽, 즉 거친 밑그림만을 보여주었을 뿐입니다. 한가할 때 여러분이 그것을 그려 보시기 바랍니다. 그러면 그것이 여러분에게 유익한 연구와 명상이라는 것을 알 수 있을 것입니다.

2. 이제 다윗이 그리스도를 믿는 모든 신자에게 본보기가 된다는 점을 아주 간략하게 생각해 봅시다.

형제자매 여러분, 무엇보다 우리가 하나님과 하나님의 교회를 위하여 무엇인가를 하려고 한다면 거룩한 기름 부음을 받아야 한다는 점을 생각하는 것이 마땅한 일입니다. 우리가 육신적인 열광에 사로잡혀 마음이 뜨거워져서 순전히 주제 넘는 생각으로 결국 철저한 실패로 끝나고 말 큰 일들을 시도하는 것은 참으로 헛된 일일 것입니다! 성령께서 우리에게 임하시지 않는 한, 우리에게는 내적인 힘이 없고 의지할 외적인 수단도 없습니다. 사랑하는 여러분, 주님을 모시고 오직 주님에게서만 힘을 구하십시오. 여러분에게 주입된 것은 여러분에게서 나올 수가 없습니다. 여러분은 받은 다음에 나누어 주어야 합니다. 주 예수께서 그 점을 어떻게 설명하시는지 기억하십시오. "내가 주는 물은 그 속에서 영생하도록 솟아나는 샘물이 되리라"(요 4:14). 또 다른 곳에서는 이렇게 말씀하십니다. "나를 믿는 자는 성경에 이름과 같이 그 배에서 생수의 강이 흘러나오리라"(7:38).

여러분이 다윗처럼 기름 부음을 받지 않는다면 다윗과 같은 일을 할 수가 없습니다. 여러분의 거룩한 선생께서 하늘의 기름 부음을 받기 위해 기다리셨다는 것을 생각한다면, 여러분이 기름 부음을 받지 않고서 무슨 일을 하리라고 생각할 수 없을 것입니다. 그처럼 어리석은 일을 하지 마십시오. 그리스도께서는 성령이 자기에게 임하시기 전까지 공적 사역을 시작하지 않으셨습니다. 사도들은 위로부터 능력을 받을 때까지 예루살렘에 머물며 복음을 전하러 나가지 않았습니다. 요점, 즉 선행 조건, 다시 말해 우리에게 필수 조건은 능력을 받는 것입니다. 아, 그 능력으로 설교를 할 수 있으며, 그 능력으로 기도를 할 수 있으면, 그 능력으로 방황하는 영혼들을 돌볼 수 있으면 좋겠습니다! 여러분의 주일학교 봉사, 여러분의 가정 사역, 그리스도를 위한 모든 형태의 사역은 바로 그 능력으로 행해져야 합니다. 여러분, 무릎을 꿇으십시오. 십자가로 가십시오. 주님의 발 앞에 엎드리십시오. 여러분이 주님의 일을 주님의 방식으로 행하여 주님께 찬송을 돌릴 수 있게 할 힘을 주님께서 주실 때까지 소망을 품고 믿음으로 조용히 앉아 계십시오.

다윗은 또한 우리가 능력을 부여받았다면 기회를 얻기 위해 특별히 애를 쓰지 않을지라도 기회가 우리에게 올 것이라는 사실을 보여주는 본보기로 우리 앞에 서 있습니다. 다윗이 차지하기에 적합한 그 자리를 하나님의 섭리에 의해 지체 높은 사람으로서 오르게 되었습니다. 그가 빵과 곡식과 치즈 꾸러미를 가지고 갈 때 자신이 머지않아 팔레스타인에서 다른 모든 사람들보다 유명하게 될 것이라고는 조금도 생각지 못했습니다. 그런데 그렇게 되었습니다. 사랑하는 여러분, 여러분의 자리를 서둘러 찾지 않도록 하십시오. 그 일을 할 수 있도록 준비하십시오. 그 자리가 여러분에게 올 것입니다. 목회를 위해 공부하고 있는 많은 젊은 형제들에게 이야기합니다. 어떤 특정한 일을 찾기보다는 어떤 일이든지 할 수 있도록 준비하십시오. 하나님은 여러분을 위한 특정 분야를 준비해 놓고 계십니다. 여러분은 그 자리를 만나게 될 것입니다. 틀림없습니다. 그러니 준비하고 있도록 하십시오. 여러분이 할 일을 위해 준비해야 합니다. 연장을 잘 연마해 놓고 있어야 하고 또 그 연장을 다룰 줄 알아야 합니다. 여러분이 취향에 맞는 자리를 찾기보다는 주님에게 적합한 그릇으로 쓰일 것으로 보이는 자리를 찾는다면 그 자리가, 곧 여러분에게 가장 적합한 자리가 여러분에게 올 것입니다. 다윗은 자기 때를 찾습니다. 그는 먼저 성령을 받았습니다. 이것이 중요한 일입니다. 그 다음에 그는 자신의 신임장을 요구하는 기회를 찾았습니다.

나는 다윗의 예를 볼 때 다음과 같은 점을 추측합니다. 즉, 우리가 하나님과 하나님의 교회를 위해 어떤 일을 하도록 부르심을 받는다고 느낄 때 우리가 존경하는 사람들이 우리가 그 일을 시작하기에 적합하다는 것에 우리와 의견을 같이할 때까지 기다릴 필요가 없다는 것입니다. 다윗이 이렇게 말했다고 생각해 봅시다. "엘리압, 아비나답, 삼마 형들이 내가 골리앗과 싸울 사람이라는 것을 완전히 인정할 때까지 기다리겠어." 그랬다면 그는 골리앗과 결코 싸우지 못했을 것입니다. 나이 많은 사람들의 판단을 크게 존중하는 것이 마땅합니다. 그러나 우리는 마음속에서 일어나는 성령의 움직임을 더 존중해야 합니다. 나는 오늘날 그리스도인들이 마음속의 충고에 더 관심을 기울였으면 좋겠습니다. 여러분이 마음속에 어떤 생각이 떠올랐거나 양심에 비난하는 것이 생겼다면, 다른 아무도 그 점을 인지하지 못하거나 여러분을 그렇게 하도록 권하지 않을지라도 거기에 순종하고 거기에 따라 행동하도록 하십시오. 하나님께서 여러분에게 하나님의 뜻을 보여주었을지라도, 위험할 때는 그런 예감을 숨기거나 그것을 실행하기를 피하라고 사람들은 말할 수 있습니다. 뭐라고요! 우리 마음속에 하나님에 대한 경외심이 있고 하나님께서 주신 사명을 받았는데, 우리가 멈춰 서서 망설이고 사람들의 종이 될 것입니까? 내가 이 강단에 올라와서 여러분에게 내가 무엇을 설교해야 할지 여러분의 허락을 구하거나 어떤 사람의 동의를 구하느니 차라리 죽고 말겠습니다. 하나님께서는 내게 말씀하실 것을 성령으로 말미암아 말씀하십니다. 그리고 나는 그것을 마치 하나님께 직접 듣는 것처럼 성령의 도우심을 받아 여러분에게 전할 것입니다. 이 혀를 놀리지 않고 잠잠하면 그것은 사람의 종이 될 것입니다. 다윗은 바로 그런 생각이 있었습니다. 그는 무슨 일인가를 해야 하겠다고 느꼈습니다. 그는 다른 사람들이 말하는 것을 들을 수도 있었지만 그들이 자신을 마음대로 할 수는 없었습니다. 그는 살아계신 하나님을 섬겼고, 사람들이 그에게 말했을 수도 있는 어떤 판단에도 기가 꺾이지 않고 자기에 맡겨진 일을 시작하였습니다. 하나님을 대변하는 사람은 정직하게 말하지 않을 수 없습니다. 다른 사람들이 비판하고 키질을 하여 알곡은 버리고 겨를 모은다면, 그대로 하도록 내버려 두십시오. 하나님을 대변하는 사람은 그런 일이 있을 것을 예상해야 합니다. 그러나 그 자신은 깨끗한 알곡이라고 믿는 것을 그대로 말해야 합니다. 사람은 하늘의 하나님께 정죄 받지 않으려면 사람을 두려워해서는 안 됩니다.

형제 여러분, 하나님께서 여러분에게 할 일을 주시면 가서 그 일을 시작하십시오. 내가 여러분을 신랄하게 비판한다면 어떻게 하시겠습니까? 나는 단지 한 사람에 불과합니다. 혹은 여러분이 그의 좋은 평가를 들으면 기뻐할 모든 사람들이 오히려 여러분의 생각에 대해 아주 의심쩍어 하고 신랄한 비판을 가한다면 어떻게 하시겠습니까? 그들도 사람에 불과합니다. 여러분은 오직 하나님께만 충성을 바치는 것이 마땅합니다. 여러분은 다윗이 그랬던 것처럼 불굴의 용기를 가지고 그러나 겸손한 태도로 주님께서 시키신 일을 시작하십시오. 일단 주님의 명령을 받은 후에 그 명령을 시행하지 않고, “친구 중 한 명을 만났는데, 내가 그 일을 하는 것은 너무 무모하게 보인다고 말을 해서 그 일을 하지 않는 게 좋겠어”라고 말하며 변명하는 사람이 있다면, 그는 악한 종입니다. 여러분은 여러분의 주님의 명령을 지키든지 아니면 넘어지고 말 것입니다. 여러분은 주님과 좋은 사이가 되도록 조심하십시오.

다윗에게서 여러분이 할 일을 하지 못하게 여러분을 거칠게 제쳐놓으려고 하는 사람들에 대해서 조용히 대답하는 점도 배우도록 합시다. 일반적으로 그런 경우에 아무 대꾸도 하지 않는 것이 낫습니다. 나는 다윗이 말보다 행동으로 보여주었다고 생각합니다. 그의 행동은 말보다 더 웅변적으로 이야기하였습니다. 다윗이 그 거인의 머리를 들고 싸움에서 돌아왔을 때, 엘리압이 그를 보았고, 아비나답과 삼마가 그를 맞으러 나왔을 것이라고 생각할 수 있습니다. 그의 형들이 그렇게 했다면, 필시 다윗은 그냥 그 전리품을 높이 들어 그 전리품의 무서운 얼굴이 자기를 대신해서 답을 하도록 했을 것입니다. 결국 그들은 다윗이 온 것은 교만이나 장난기가 발동해서 혹은 전투를 보려는 쓸데없는 호기심에서 온 것은 아니었다고 생각했을 것입니다. 그들은 다윗이 하나님의 일을 자기 방식대로 행하기 위해서 왔음을 알아차렸을 것입니다. 또 하나님께서 그를 도와 승리를 얻고 적을 패주시키며 이스라엘의 두려움을 없애셨음을, 그리고 자기들이 멸시했던 사람을 통해 하나님께서 자신의 이름을 영화롭게 하셨다는 것을 알게 되었을 것입니다.

또 경험으로부터 검증된 무기를 사용하기를 고집하는 신중함을 다윗에게서 배웁시다. 나는 다윗이 그 거인을 돌로 쳐 죽이는 일은 있을 수 없는 일이라고 하는 말을 종종 들어왔습니다. 나는 그들이 요점을 바로 말하지 못한 것이라고 생각합니다. 그런 경우에는 어떤 무기가 더 간편하고 적합할 수 있었겠습니까? 골리앗이 키가 컸다면, 물매가 돌을 그의 얼굴에 닿을 만큼 높게 날라다 줄 것입니다. 물매는 다윗이 사용할 수 있었던 최고의 무기였습니다. 동양의 목자들은, 만약 옛적의 목자들이 현대의 목자들과 같았다면, 돌을 물매로 던지는 일에 능숙하게 될 만큼 충분히 연습하였습니다. 그들은 많은 시간을 혼자 보내거나 다른 목자들과 물매질을 하며 시간을 보냈습니다. 일반적으로 물매는 아주 넓은 황무지에서 양들을 보호하는데 최상의 무기였습니다. 필시 다윗은 돌을 한 치의 오차도 없이 정확하게 맞추는 법을 배웠을 것입니다. 칼에 대해서 말하자면 그는 지금까지 살면서 한 번도 칼을 가진 적이 없을 것입니다. 왜냐하면 사울과 그의 아들 요나단이 가지고 있던 칼 외에는 사울과 요나단과 함께 있었던 사람들 가운데서 어느 누구도 칼이나 창을 갖고 있지 않았기 때문입니다. 우리는 13장에서도 그와 같은 사실을 읽습니다. 블레셋 사람들이 이스라엘 민족 전체에게 무기를 철저히 거두어가 버렸기 때문에 이스라엘 백성들은 그런 무기를 일체 갖지 못하였습니다. 그러므로 다윗은 칼이나 창 같은 무기를 사용하는데 익숙할 수 없었습니다. 갑옷에 대해서 말하자면, 성가시고 불편하고 부담스러운 장비였습니다. 나로서는 옛날에 기사들이 어떻게 그런 복장을 하고 무슨 일을 할 수 있었는지 놀라울 뿐입니다. 다윗이 그 갑옷을 벗어버린 것은 당연한 일입니다. 그는 자신의 목자의 복장이 가장 편하게 느껴졌습니다. 물론 우리는 적합하지 않은 도구들이 바람직하다고 말하지 않을 것입니다. 나는 비현실적이거나 터무니 없는 것은 전혀 가르치지 않습니다. 우리가 찾을 수 있는 것 가운데 가장 적합한 도구들을 사용하는 것이 마땅히 우리에게 어울리는 일입니다. 시냇가에서 주운 돌에 대해서 말하자면, 다윗은 그 돌들을 아무렇게나 집은 것이 아니었습니다. 그는 돌들을 꼼꼼히 살펴서 물매로 쓰기에 가장 적합한 돌, 다윗이 자기 목적에 가장 적합하다고 생각한 돌을 골랐습니다. 목표를 맞추지 못한다면 솜씨가 서툴다는 뜻이고, 목적을 이룬다면 그것은 하나님의 능력 주심에서 나온 일이 될 것입니다.

형제 여러분, 그리스도인 생활의 진정한 철학이 그런 것입니다. 여러분은 마치 여러분의 선한 행실로 구원받을 것처럼 열심히 선을 행해야 하고, 또 여러분이 한 일이 아무것도 없는 것처럼 그리스도의 공로를 의지해야 합니다. 하나님께 봉사하는 일에서도 그러해야 합니다. 마치 여러분이 받은 임무를 수행하는 것이 여러분에게 달려 있는 것처럼 하나님을 위해서 일해야 하지만, 결국 모든 문제는 처음부터 끝까지 하나님께 달려 있다는 것을 분명히 알고 또 그 점을 굳게 믿어야 합니다. 하나님께서 계시지 않는다면 여러분이 지금까지 계획하거나 수행했던 모든 일이 무익합니다. 그것은 어떤 사람이 "나는 내 낙타를 풀어주고 섭리를 의지했다"고 말했을 때 마호메트가 그에게 "그렇게 해서는 안 됩니다. 당신의 낙타를 묶어 두고 그 다음에 섭리를 의지하세요"라는 말로써 보여준 확실한 철학이었습니다.

여러분의 최선을 다하고 하나님을 의지하십시오. 하나님께서는 자신을 믿는 믿음이 게으름과 같은 뜻이라고 말씀하신 적이 없습니다. 그런데 그 문제에 관해서 말할 때, 그것이 전적으로 하나님의 일이고, 그 점만을 고려해야 한다면, 다윗이 물매를 들어야 할 필요가 없는 것입니다. 아니, 아예 다윗이 전혀 필요가 없습니다. 그는 돌아올 수 있고, 전쟁터 가운데서 드러누워 "하나님께서 당신의 일을 하실 거야. 하나님은 내가 필요가 없으셔" 하고 말할 수 있습니다. 그것은 운명론자가 말할 방식이지 하나님을 믿는 신자가 행동할 방식이 아닙니다. 하나님을 믿는 신자들은 "하나님께서 그렇게 하기를 원하시니 내가 그 일을 하겠어"라고 말하지 "하나님께서 그렇게 하기를 원하시니 내가 할 일은 아무것도 없어"라고 말하지 않습니다. 신자는 이렇게 말합니다. "하나님께서 나로 말미암아 일하시기 때문에 나는 나를 붙잡으신 하나님의 선한 손을 의지해서 일할 것이다.

하나님께서는 당신의 약한 종에게 힘을 불어넣고 계시고 나를 당신의 도구로 사용하고 계신다. 그래서 내가 하나님을 떠나서는 아무것에도 쓸모가 없어. 자, 나는 민첩하게 싸움에 뛰어들 것이다. 그리고 하나님께서 이 돌을 인도하여 하나님의 목적을 이루도록 하실 것을 믿기 때문에 내가 가진 최고의 기술로 물매를 사용하여 조용하고 침착하게 그리고 정확히 저 괴물의 이마를 겨냥할 것이다."

여러분이 하나님을 섬기기로 결심하였다면 하나님께 여러분의 최선을 드리십시오. 여러분의 신경이나 근육을 아끼지 말고, 여러분이 그 일에 바칠 수 있는 기술이나 총명을 조금도 아끼지 마십시오. "무엇을 하든지 괜찮을 거야. 하나님께서는 내 능력뿐 아니라 내 부족에도 복을 주실 수 있어"라고 말하지 마십시오. 물론 하나님은 그렇게 하실 수 있지만 그렇게 하시지 않을 것이 틀림없습니다. 여러분의 최선을 다하도록 조심하십시오. 다윗이 나이가 들고 경험이 더 원숙해지면 아무 희생이 따르지 않는 것을 하나님께 드리려고 하지 않았습니다. 하나님께 아무렇게나 봉사를 하고 나서 하나님이 그 일에 복을 주실 것이라고 착각하지 마십시오. 물론 하나님께서 그 일에 복을 베푸실 수 있습니다. 그러나 그것은 하나님께서 통상적으로 복을 베푸시는 방식이 아닙니다. 하나님께서는 종종 거친 도구들을 취하시지만 그것들을 자신의 용도에 맞게 변형시키고 연마하십니다. 하나님께서는 거친 사람들을 신약의 유능한 사역자들로 개조하실 수 있습니다. 그러나 하나님의 은혜를 받기만 하면 여러분의 주제 넘는 태도가 용서될 것이라고 생각하지 마십시오. 여러분이 검증한 도구들을 가지고 가십시오.

지금 일하고 있는 분들 가운데 누구든지 예수 그리스도의 복음을 전하려고 할 때, 무신론자들과 싸우기 위해 종종 사용되는 정교한 논리를 사용하려고 하지 마십시오. 여러분은 그런 논리를 잘 다루지 못할 것입니다. 그 논리들을 사용하다보면 틀림없이 곤란한 처지에 빠지게 될 것입니다. 여러분이 그동안 느꼈고, 생명의 말씀을 가지고 다루었던 것을 이웃 사람들과 동료들에게 말하십시오. 그들에게 성경에 기록된 것을 분명히 말하십시오. 성경의 본문들이 여러분의 물매에 적합한 매끄러운 돌들입니다. 그런 점들을 굳게 붙잡으십시오. 오늘날 사람들은 우리가 현대 철학자들이 고안해내는 이론들을 받아들여야 한다고 말합니다. 그 이론들을 조사하고 연구하며, 안식일에 그 이론들을 제시하고 다른 때에 거기에 답을 해야 한다고 말합니다. 무신론자의 비방을 논박하기 위해 역사적인 연구와 이론적인 통찰력을 사용해야 한다고 합니다. 아, 사울의 갑옷은 우리에게 맞지 않습니다! 좋아하는 사람은 그 갑옷을 입을 수 있습니다. 그러나 어쨌든 그리스도와 십자가에 못 박히신 분을 전하는 것, 곧 영원한 사랑과 그 사랑을 확증하는 피에 대한 오래되고 오래된 이야기를 밝히 말하는 것, 이것이야말로 적의 이마를 틀림없이 맞힐 돌과 물매를 사용하는 것입니다.

다음으로, 다윗이 그 일을 시작하고 나서는 마침내 일을 완성하기까지 그치지 않았다는 점을 살펴봅시다. 다윗은 그 거인을 땅에 납작 엎드리게 만들었습니다. 그러나 그의 머리를 베기까지는 만족하지 않았습니다. 나는 그리스도를 위해 일하는 사람들이 이 젊은 지원병처럼 철저히 일하면 좋겠습니다. 여러분이 아이에게 구원의 길을 가르쳤습니까? 그 아이가 교회의 회원으로 등록하기 전까지는 일을 멈추지 마십시오. 여러분이 어떤 회중에게 복음을 충실히 전했습니까? 그들이 믿음으로 확고하게 서는 것을 보기까지 계속해서 가르치고 조언하며 격려하십시오. 혹은 여러분이 이단을 논박하거나 어떤 악을 비난하였습니까? 그렇다면 그 악이 근절될 때까지 계속해서 공격하십시오. 그 거인을 죽일 뿐만 아니라 그의 목을 끊으십시오! 주님의 일을 불완전하게 끝내지 마십시오. 마귀의 간계는 무엇이든지 동정하여 남겨두는 일이 없도록 하십시오. 나쁜 습관들과 따라다니는 죄들을 결정적으로 타격을 주어 쓰러트리도록 해야 합니다. 그러나 그것으로 충분하다고 생각하지 말아야 합니다. 그 습관과 죄들에게 다시 힘을 회복하는 기회를 주어서는 안 됩니다. 겸손한 인내와 굳은 결심으로, 하나님을 의지하고 또 적을 미워하는 심정으로, 돌을 그 이마에 박을 뿐 아니라 죄에게서 머리를 확실히 베도록 하십시오. 그렇게 하는 가운데 여러분은 지금까지 기대하지 않았던 도움을 구할 수 있습니다.

여러분에게는 칼이 없습니다. 마치 다윗이 칼을 가지고 다닐 필요가 없었듯이 여러분도 거추장스럽게 칼을 지닐 필요가 없었습니다. 왜냐하면 골리앗이 칼을 가지고 다녔는데, 그 칼은 그 자신을 처형하는데 잘 쓰일 수 있기 때문이었습니다. 여러분이 하나님을 섬길 때는 언제나 실수하지 않도록 힘써야 합니다. 모든 실수는 그로 말미암아 자신을 해칠 칼이 된다는 점을 기억하시기 바랍니다. 진리의 대의를 지키는 가운데서 우리는 그 싸움이 길어질지라도 놀랄 필요가 없습니다. 그러나 우리는 적의 교만이 결국 그 자신을 해치게 되리라는 것을 언제나 기대할 수 있습니다. 그 싸움은 그 적에 의해서 단축될 것입니다. 무엇보다 침략자들이 자기들이 결성한 동맹국들을 의지하였을 때, 이스라엘이 그 날에 모압과 앗수르를 사람들이 자기들끼리 불화함으로써 승리를 거둔 일이 종종 일어났습니다. 하나님께서 그의 적들이 서로를 공격하여 싸움을 끝냄으로써 하나님의 종들을 편안하게 해 주도록 일을 계획하신 때가 참으로 많았습니다. 그 거인의 머리가 그 자신의 칼로 베어지는 것을 보십시오. 그것을 표시로 여러분의 눈앞에 걸어두십시오.

형제 여러분, 여러분이 어떤 유명한 문제들에서 확실히 그러듯이 우리가 소수일 수 있지만, 그것은 중요하지 않습니다. 여러분에게 중요한 문제는 여러분이 올바른 위치에 있느냐 하는 것입니다. 여러분이 올바른 위치에 있습니까? 올바른 위치에 있는 사람은 틀림없이 승리합니다! 여러분 편에 진리가 있습니까? 성경이 여러분 편에 있습니까? 그리스도께서 여러분 편에 있습니까? 어쩌면 여러분이 멸시 받는 사회에 속해 있을 수 있습니다. 여러분이 아주 소수자, 그리고 매우 가난한 사람들과 동료일 수 있습니다. 겁을 내지 마십시오. 기죽지 마십시오. 하나님께서 약속하신 힘 외에는 여러분이 적을 이기는데 쓸 수 있는 힘은 아무것도 없었습니다. 그런데 여러분은 지금 그 힘을 충분히 갖고 있습니다. 아마도 여러분은 전혀 생각하지도 않았을 도움과, 진리에 대한 도움이 적의 진영에 숨어 있습니다. 이 옛 뱀은 쏘아 죽음에 이르게 합니다. 악이 악에 탐닉하는 사람의 생명 유지에 필요한 것들을 다 태워버리듯이 오류도 결국은 그 자신을 파괴하고 맙니다. 오류가 세상을 짙은 그늘로 어둡게 했다는 바로 그 사실로 인해 진리가 더욱 밝게 빛나는 경우가 참으로 많습니다. 그러니 계속해서 나아가십시오! 용기를 가지고 침착하게 싸우십시오. 여러분 적의 아름다운 얼굴, 곧 당당한 풍채나 전투대형을 보고 기죽지 마십시오! 적의 허풍 치는 말을 듣고 낙심하지 마십시오. 만군의 하나님 여호와의 이름을 부르고, 하나님의 전투에서도 여러분이 그동안 시험하고 검증한 무기들을 사용하십시오. 하나님의 일을 끝까지 해내도록 조심하십시오. 여러분 믿음의 창시자요 완성자이신 예수님을 바라보고 그 일을 철저히 행하십시오. 사랑하는 여러분, 그렇게 하면 여러분은 더욱더 힘을 얻어 나가고 하나님께 영광을 돌릴 수 있을 것입니다.

우리 모두 주님 편에 있어서 그리스도의 군사가 되었으면 좋겠습니다. 여기 계신 분들 가운데 자기는 그리스도의 군사가 아니라고 이야기하는 사람이 있습니까? 여러분 가운데 죄가 여러분을 무겁게 누르고 있지만 여러분이 예수님과 교제하는 가운데 하나님과 화목하게 지내고 싶은 사람이 있습니까? 사랑하는 여러분, 예수께서는 자기에게 오는 자를 결코 내쫓지 않으셨습니다. 아무리 악한 사람일지라도 그리스도의 피가 그를 깨끗하게 씻지 못한 적이 없습니다! 예수님께 가십시오! 여러분이 주님께 가서 자신의 죄를 고백하고 주님의 자비를 구하는 것만큼 주님을 기쁘시게 하는 일은 없습니다. 예수께서 죄를 죽이시지만 죄인들은 동정하십니다. 주님은 언제든지 죄인을 용서하실 준비가 되어 있으십니다. 주님은 골리앗을 미워하십니다. 그러나 주님은 시온산에 앉아계시면서 자기에게 오는 지극히 불쌍한 자들을 기쁘게 맞이하십니다. 여러분이 이 세상의 누구보다 악한 죄인이라도, 주님께서는 끝까지 여러분을 구원하실 수 있습니다. 여러분에게 아무 소망과 확신이 없을지라도, 곧 여러분이 영원히 죽어야 한다는 선고가 내려졌다고 느낄지라도, 여러분의 두려움이 하나님의 행동 방침에 아무 방해거리가 되지 않습니다.

여러분이 스스로에 대해서 생각한 그런 신랄한 말을 하나님은 하신 적이 없습니다. 주님께서 하신 말씀을 들어보십시오. "악인은 그의 길을, 불의한 자는 그의 생각을 버리고 여호와께로 돌아오라 그리하면 그가 긍휼히 여기시리라 우리 하나님께로 돌아오라 그가 너그럽게 용서하시리라"(사 55:7). 아, 그리스도의 편에 있다는 것이 현재 여러분을 괴롭히는 고통이나 여러분의 얼굴을 붉히게 하는 부끄러움에도 불구하고 마음을 평온하게 하고 기쁨을 달아오르게 하는 것입니다! 아, 그러나 반대편에 있다는 것, 곧 예수님의 적이 된다는 것은 현재의 모든 기쁨을 사라지게 하고 모든 미래의 파멸을 예고하는 전조가 됩니다. 미래, 미래, 미래를 생각하십시오! 이것이 두려워할 최악의 일입니다. "그의 아들에게 입맞추라 그렇지 아니하면 진노하심으로 너희가 길에서 망하리니 그의 진노가 급하심이라 여호와께 피하는 모든 사람은 다 복이 있도다"(시 2:12). 주님께서 여러분 한 사람 한 사람이 이와 같이 때맞춘 지혜를 갖도록 해주시기를 바랍니다! 아멘.

제
11
장

박해받는 자들을 위한 말씀

"네 아버지께서 혹 엄하게 네게 대답하면 어떻게 하겠느냐?"(개역개정 "네 아버지께서 혹 엄하게 네게 대답하면 누가 그것을 내게 알리겠느냐?") — 삼상 20:10

요나단의 아버지가 요나단에게 엄하게 말하리라는 것이 가능성이 없는 일은 아니었습니다. 사울은 다윗에게 크게 노하였지만 사울의 장남 요나단은 그와 달리 다윗을 깊이 사랑했습니다. 요나단은 자기 아버지가 다윗처럼 훌륭한 사람을 정말로 해칠 뜻이 있다고 거의 생각할 수 없었습니다. 그래서 그는 다윗에게 그 생각을 말했고, 그러자 다윗이 최악의 상황에 대비하기 위해 요나단에게 "네 아버지께서 혹 엄하게 네게 대답하면 어떻게 하겠느냐?"는 질문을 한 것입니다. 그리고 결국 그렇게 되고 말았습니다. 사울은 자기 아들에게 심한 말로 대답하였고, 노발대발하는 가운데 심지어 단창을 던져 그를 죽이려고까지 하였습니다. 그러나 요나단은 다윗을 버리지 않고 끝까지 그에게 신실한 사랑을 보였고, 죽을 때까지 다윗의 변함없는 신실한 친구로 남았습니다. 그래서 요나단의 죽음에 대해 다윗은 몹시 슬퍼하였습니다. 자, 다윗이 요나단에게 한 이 질문이 내가 오늘 아침 그리스도를 믿는 모든 신자들, 특별히 최근에 이 위대한 다윗의 후손과의 언약에 들어온 젊은 사람들, 뜨거운 마음으로 그리스도를 위해 살기도 하고 죽기도 할 수 있다고 생각하는 사람들에게 던지고 싶은 것입니다. 나는 그 사람들에게 그들이 가장 친한 친구들로부터 반대를 받을 것을, 즉 필시 그들의 아버지나 형제, 남편 혹은 친척이 엄하게 대답하거나 혹은 그들의 어머니, 아내, 누이가 그들을 박해하는 사람이 될 것을 생각해 보라고 말하고 싶습니다. 그때는 어떻게 하겠습니까? 그들은 그런 상황을 만나면 어떻게 할 것입니까? 그들은 나쁜 평판을 들을지라도 주님을 따라갈 것입니까? "네 아버지께서 혹 엄하게 네게 대답하면 어떻게 하겠느냐?"

이것이 일어날 수 있는 가능성이 매우 높은 사실임을 기억하시기 바랍니다. 아주 순조로운 환경에 처해 있어서 천국으로 가는 순례 길에 모든 친구들이 동행하는 그리스도인들이 간혹 있습니다. 그들은 그런 신성한 여행에서 참으로 큰 진보를 보여야 마땅합니다! 그들은 아주 뛰어난 그리스도인이 되어야 마땅합니다! 그들은 온실 속에서 자라는 식물과 같습니다. 그래서 그들은 자라서 하나님의 은혜를 나타내는 지극히 사랑스러운 꽃들을 피워야 합니다. 그러나 그런 경우에 처해 있는 사람들은 그리 많지 않습니다. 그리스도인들의 대다수는 가족들에게 반대를 받거나 함께 일하거나 장사하는 사람들의 반대를 받습니다. 그럴 것 같지 않습니까? 처음부터 그렇지 않았습니까? 뱀의 후손과 여자의 후손 사이에 반목이 있지 않습니까? 아벨을 하나님께서 받아들이셨다고 해서 가인이 그를 죽이지 않았습니까? 아브라함의 가족 안에 육신을 따라 난 이스마엘이 성령을 따라난 이삭을 박해하는 일이 있지 않았습니까? 요셉이 형들에게 미움을 받지 않았습니까? 다윗이 사울에게 박해를 받고, 다니엘이 페르시아의 제후들에게 박해를 받고, 예레미야는 이스라엘 왕들에게 박해를 받지 않았습니까? 지금까지 그런 일들이 계속해서 있지 않았습니까? 주 예수 그리스도께서 친히 중상과 학대와 죽음을 당하지 않으셨습니까? 예수께서 자신이 반대를 받은 곳에서 우리가 호의를 기대해서는 안 된다고 말씀하시지 않았습니까?

예수께서는 "내가 세상에 화평을 주러 온 줄로 생각하지 말라 화평이 아니요 검을 주러 왔노라"(마 10:34)고 분명히 말씀하셨습니다. 또 주님은 복음을 전하면 그 결과, 당장에 아들이 아버지와, 아버지가 아들과 불화하고, 그래서 사람의 원수가 자기 집안 식구가 되는 일이 벌어질 것이라고 분명히 말씀하셨습니다. 주께서는 주님의 군대에 들어오기를 바라는 모든 신병에게 "그 비용을 계산해 보았느냐?" 하고 신중하게 질문하셨습니다. 주님께서 사람들에게 만일 그들이 주님을 따른다면 자기를 부인해야 하고 날마다 자기 십자가를 지며 그리스도 때문에 모든 사람에게 미움 받는 것을 기꺼이 감수해야 한다는 것을 기억하라고 말씀하실 때, 여러분이 주님께서 사람들을 대하심에 보여주신 그의 철저한 정직과 훌륭한 경고에 감탄하지 않았습니까? 주님은 우리에게 제자가 선생보다 나은 대접을 받을 것이라고 기대하지 말라고 경고하십니다. 이는 사람들이 그 집 주인을 바알세불이라고 불렀다면, 그의 식구들에 대해서 틀림없이 좋은 이름을 붙이지 않을 것이기 때문입니다. 우리 주님께서 우리에게 미리 주의시키셨기 때문에, 우리가 주님께서 예언하시는 시련들에 대해 준비하고 있고, 우리가 그리스도를 위하여 반대를 감수할 준비가 되어 있는지 자문해 보는 것이 좋습니다. 나는 어디서든지 자신이 신자라고 공언할 수 있다고 생각하는 여러분에게 이 질문을 던집니다. 필시 이 질문이 실제로 여러분의 가슴에 와 닿고, 여러분이 집을 짓기 시작할 때, 여러분이 그 공사를 마칠 수 있을지 계산해보는 것이 바람직하기 때문입니다.

이 자리에 계시는 하나님의 종들 가운데 자신들의 불경건한 친척과 동료들로부터 받는 끊임없는 걱정 때문에 생활이 고달픈 사람들이 많이 있습니다. 그들이 멀리 날아가서 쉬는 비둘기를 보며 한숨을 쉴 때가 많습니다. 나는 그들의 심정에 깊이 공감합니다. 내가 오늘 아침 "네 아버지께서 혹 엄하게 네게 대답하면 어떻게 하겠느냐?"는 이 본문을 가지고 말하는 것은 좀 더 젊은 사람들을 대비시키려는 의도에서뿐만 아니라 오랫동안 맹렬하고 혹독한 시련을 겪어 온 사람들을 또한 격려하고 위로하고자 하는 것입니다.

1. 첫 번째 요점은, 여러분의 친구들이 여러분에게 엄하게 말한다면 여러분이 무엇을 할 수 있는가, 혹은 어떻게 할 것 같은가 하는 것입니다.

여러분이 그리스도에 대한 사랑을 처음으로 확신하게 되면 여러분은 아버지에게 가서 여러분의 회심에 대해 이야기합니다. 그런데 만일 아버지께서 그 말을 듣고 비웃는다면 어떻게 하겠습니까? 여러분이 어머니에게 달려가서 여러분의 마음이 변화되었다는 사실을 알립니다. 만약 어머니가 그 말을 듣고 비웃는다면 어떻게 하겠습니까? 여러분이 어떤 친구에게 여러분 마음에 대해 조금 이야기합니다. 그런데 그 친구가 여러분을 외면하고 마음을 아프게 한다면 어떻게 하겠습니까? 나는 여러분이 그런 일을 하지 않기를 간절히 바라지만 여러분이 필시 하게 될 일을 말씀드리겠습니다. 여러분은 "머지않아" 기분이 상할 수가 있습니다. 내 말 뜻은 여러분이 그리스도의 십자가를 질 수 없기 때문에 그리스도를 완전히 떠날 수도 있다는 것입니다. 천국으로 가는 길이 평탄하면 천국에 갈 뜻이 충분히 있지만, 유순 씨(Mr. Pliable)처럼 진창길을 지나가야 한다는 것을 알고서 여러분이 천국으로 가는 길에서 돌이켜 다시 파멸의 도시로 향하게 될 수가 있습니다(『천로역정』에서). 지금까지 많은 사람이 그렇게 하였습니다. 돌밭에 뿌려진 씨에 대한 주님의 비유에서 우리는 확실히 추수할 수 있을 것으로 보이는 많은 싹이 해가 떠올라 뜨거운 열기를 비출 때 뿌리가 없기 때문에 죽는다는 것을 배웁니다. 관찰해 보면 이 말이 맞다는 것을 확실히 알 수 있습니다. 유리할 때만 신자라고 말하는 사람들이 대체로 매일 같이 박수갈채로 환영을 받을 수 있었다면, 그들은 그럭저럭 신앙을 지켰을 것입니다. 그런데 전혀 생각하지 못했던 퇴짜와 냉담한 태도를 당했기 때문에 신앙을 다 집어쳐 버리고 유행을 따르는 세상에 합류한 것입니다. 그런 사람에게는 세상의 아버지가 하늘의 아버지보다 더 소중합니다. 육신을 따른 형제가 역경을 위해 태어난 형제 된 주님보다 더 소중합니다. 믿음이 없는 남편이 영원한 신랑보다 더 귀중합니다. 이렇게 그들은 자기 주님을 떠나갑니다.

혹은 여러분이 기분이 상하지 않고 잠깐 동안 계속 신앙을 유지하지만 점차 물러나다가 마침내 완전히 무너지는 일이 생길 수가 있습니다. 우리 가운데는 그리스도를 위해 단칼에 목이 잘리는 것이 아니라 천천히 불에 타 죽는 일을 당할 수 있는 사람들이 많이 있습니다. 그것은 지극히 고통스러운 일일 것입니다! 불에 타 죽는 것이 하루 정도 지속되는 것이 아니라 몇 주간, 혹은 몇 달, 혹은 몇 년 지속된다면, 그때는 어떻게 하겠습니까? 아주 오랫동안 참은 뒤에도 무자비한 조롱이 여전히 계속된다면, 참기 어려운 말과 신랄한 말이 그치지 않는다면, 그때는 어떻게 하겠습니까? 은혜가 우리를 붙들어 주지 않는 한, 육신이 이 불편한 멍에를 벗기 위해 아우성칠 것이고, 이 거친 길의 혹독함을 피하여 세상으로 다시 돌아갈 수 있는 옆길을 찾을 것입니다. 은혜는 우리를 붙들고 끝까지 갈 것입니다. 그러나 기껏해야 본성은 아무리 굳은 결심을 할지라도 어느 정도 시험을 받기만 하면 결국 무너지고 말 것입니다. 이것이 우리가 할 수 있는 일입니다. 하나님께서 우리를 그처럼 비참한 행동 과정에서 보호해 주시기를 바랍니다. 우리가 믿음 없는 친구들에게서 받는 반대 때문에 무너진다면, 큰 죄에 떨어지게 될 것이기 때문입니다. 박해 때문에 신앙을 포기하는 것은 그리스도보다 우리 자신을 택하는 것이며, 그리스도의 영광보다는 우리의 편안함을 중요하게 여길 만큼 이기적으로 행동하는 것이고, 비록 우리가 그리스도께서 그 피로 우리를 구속하심을 인해서 다른 무엇보다 그리스도를 사랑한다고 말했을지라도 그리스도의 명예보다는 우리의 평안을 생각하는 처사입니다. 그렇게 하는 것은 결국 우리가 주님을 사랑하지 않고, 은혜에 감사할 줄 모르며 거짓되고 위선적이라는 것을 드러내는 일이 될 것입니다. 우리가 아무리 훌륭한 신앙 고백을 할지라도 박해를 받고 꽁무니를 뺀다면, 그것은 우리가 단지 상금만을 원할 뿐이고 반역자 유다처럼 결국 우리도 주님을 팔 것인데, 은 30냥이 아니라 조롱이나 악의를 피하기 위해 주님을 팔게 될 것입니다.

또한 우리가 하나님의 인정보다는 사람의 칭찬을 더 좋아한다는 것이 분명해질 것입니다. 곧 사라지게 되어 있는 사람의 미소를 하나님의 사랑보다 혹은 구속주의 시인보다 더 가치 있는 것으로 평가하는 것입니다. 잠깐 동안 베드로는 자기 주님께 대한 충성보다는 바보 같은 여종의 질문에 더 영향을 받았습니다. 그런데 일부러 그런 상황에 뛰어들어 죽을 인생을 더 생각하고, 유일하게 두려워할 분이신 창조주요 재판장이신 주님보다 벌레에 지나지 않는 사람의 아들을 더 생각한다는 것은 참으로 두려운 일입니다. 이것이 어리석은 짓이고 반역이며 무서운 죄가 아닙니까?

박해 때문에 주님을 버리는 것은 영원보다 현세를 중히 여기는 것이고, 이생의 쾌락을 천국과 바꾸는 것이며 얼마 동안 편안히 살기 위해 영생을 버리는 것이며, 어리석은 조롱이나 분별없는 말을 참기보다 영원한 비참에 뛰어드는 것입니다. 결국 그렇게 되는 것입니다. 많은 사람이 생명과 죽음을 목전에 두었습니다. 생명은 십자가로 덮여 있었고, 죽음은 일시적인 환락으로 금박이 칠해져 있었습니다. 그래서 사람들은 잠깐의 시련이 따르는 영생보다는 겉이 찬란하게 빛나는 영원한 죽음을 선택하였습니다. 하나님께서 우리가 그처럼 정신 나간 짓을 하지 않게 해 주시기를 바랍니다. 우리가 그런 짓을 한다면, 우리는 계시록에서 다음과 같이 말하는 자들 가운데 들어갈 것이기 때문입니다. "두려워하는 자들," 곧 겁 많은 자들이라고 해석할 수 있는 자들과 "믿지 아니하는 자들과 흉악한 자들과 살인자들과 음행하는 자들과 점술가들과 우상 숭배자들과 거짓말하는 모든 자들," 이들은 겁쟁이들과 같은 부류로 취급되는 자들인데, 이 모든 자들은 "불과 유황으로 타는 못에 던져지리니 이것이 둘째 사망이라"(21:8). 하나님의 무한한 자비가 바로 이 죽음에서 우리를 구원할 수 있습니다. 진정한 용사처럼 우리는 갑옷을 갖추어 입고 전투가 격렬할지라도 하나님의 은혜로 말미암아 깃발을 결코 버리지 않겠다고 결심할 수 있습니다. 우리는 그처럼 올바른 대의(大義), 그처럼 순전한 교훈을 버리는 치욕을 당하느니, 그처럼 은혜로운 구주, 곧 그처럼 고귀하고 우리의 지극한 충성을 받기에 합당하신 임금님을 버리는 불명예를 얻느니 차라리 죽음을 택합니다.

그러나 우리 자신만 홀로 있다면, 우리는 공개적인 배교만큼이나 악한 일에 떨어질 수가 있습니다. 아버지나 아내가 혹은 친구가 우리에게 엄하게 말할 때, 우리는 그리스도와 세상 사이에서 불쌍하게 타협하는 일을 할 수가 있습니다. 나는 여러분에게 다른 무엇보다 이 점에 주의하라고 진지하게 권합니다. 그것이 신중하고 타당한 일을 행하는 것처럼 보일 수 있습니다. "내가 사람들을 기쁘게 하고 또한 하나님을 기쁘시게 할 수 없는가? 그리스도와 조금 잘 지내고 세상과도 조금 잘 지낼 수는 없는가?" 여러분이 이렇게 한다면 반드시 실패할 것입니다. 게다가 여러분은 가장 힘든 길을 택한 것이 될 것입니다. 왜냐하면 사람이 하나님을 섬기되 철저하게 섬긴다면 그가 당하는 고난을 상쇄하는 위로거리를 많이 만날 것이기 때문입니다. 그런데 사람이 사탄을 철저히 섬기면 그는 죄에서 어떤 형편없는 위로를 받든지 간에 그런 위로거리를 만날 것입니다. 그런데 그가 그리스도와 사탄 사이에서 지낸다면, 그는 그 사이에서 양쪽으로부터 곤란한 일을 겪고 어느 쪽으로부터도 즐거움을 얻지 못할 것입니다. 배를 타고서 호된 시련을 겪는 것이 그리스도의 친구가 되고 또한 사탄의 친구가 되려고 하는 것만큼 나쁜 일은 아닙니다. 나는 스스로 신자라고 하는 여성들 가운데 처음에 단호한 태도를 보였어야 하는 데서 믿음 없는 남편에 지고 말았기 때문에 남은 생애를 한층 더 비참하게 보낸 사람이 많다고 생각합니다. 그런가 하면 남편이나 아들, 사업하는 사람들 가운데 많은 이들이 평화를 위해 사소한 문제에서 분명치 않은 태도를 보였고, 그러자 그 시간 이후로 상대가 그의 진실을 믿지 않았으며, 조금 틈을 보이자 세상이 전부를 내놓으라고 요구하는 바람에 그 이후로 모든 자유를 잃어버리고 말았다고 생각합니다. 여러분이 정직이나 참된 신앙에서 단 한 가지 점이라도 양보하면, 불신자들은 여러분이 그동안 내내 굳건한 신자의 태도를 보였을지라도 여러분에 대해서 자기들이 다 끝낸 것처럼 생각할 것입니다. 사람들은 출신이 좋은 그리스도인을 존중합니다. 그러나 혼혈아에 대해서 좋게 말하는 사람은 아무도 없습니다. 이것이든 저것이든 하나를 택하고, 뜨겁든지 아니면 차갑든지 하십시오. 그렇지 않으면 그리스도께서 여러분을 내칠 것이고, 세상도 여러분을 거절할 것입니다. 하고자 하는 것이 옳은 일이라면 하십시오. 그리스도를 섬기기로 결심했다면 그렇게 하십시오. 하나님을 노여우시게 하든지 기쁘시게 하든지 간에 하나님을 섬기도록 하십시오. 반면에 여러분이 사탄에게 봉사하고자 한다면, 어쨌든 주님 편에 있는 척하지 말고 솔직하게 행하십시오. "여호와가 만일 하나님이면 그를 따르고 바알이 만일 하나님이면 그를 따를지니라"(왕상 18:21)는 엘리야의 요구를 기억하시기 바랍니다. 타협하려고 하지 마십시오. 타협은 결국 비참한 몰락으로 끝이 날 것입니다. 마르쿠스 안토니우스(Mark Antony, 1세기 로마의 장군 · 정치가)는 사자 두 마리를 한데 엮어서 로마 거리를 몰고 갔지만, 아무리 마르쿠스 안토니우스 같은 사람이라고 할지라도 유다 지파의 사자와 지옥의 사자를 결코 한데 묶어서 몰고 갈 수 없을 것입니다. 이 둘은 결코 마음이 맞지 않습니다. 그러므로 여러분은 그런 부끄러운 타협을 행하지 않도록 조심하십시오. 타협은 겉에는 광택을 내지만 실상은 하나님께 대한 반역이고, 하나님의 주장들을 조롱하는 것이며, 하나님의 판단을 모욕하는 것에 지나지 않습니다. 하나님께서 은혜로 우리를 이런 데서 지켜 주시기를 구합니다. 우리 자신만 내버려두면 우리는 이 올가미에 떨어지고 말 것이기 때문입니다.

여러분이 또 할 수 있는 일을 말씀드리겠습니다. 성령께서 여러분을 인도하여 그같이 할 수 있게 해주시기를 기도합니다. 여러분은 이 분명한 태도를 겸손하지만 확고하게 취할 수 있습니다. "내 아버지께서 대답하신다면, 틀림없이 험하게 말할 것입니다. 그렇지만 내게는 하늘에 계신 아버지가 또 한 분 계시니, 그 아버지께 호소할 것입니다. 세상이 나를 정죄한다면, 나는 그 정죄를 만민의 대심판장이신 주님에게서 오는 은혜로운 석방의 판결에 대한 확증으로 받아들일 것입니다. 이 말씀이 기록된 것을 기억하기 때문입니다. '세상이 너희를 미워하면 너희보다 먼저 나를 미워한 줄을 알라 너희가 세상에 속하였으면 세상이 자기의 것을 사랑할 것이나 너희는 세상에 속한 자가 아니요 도리어 내가 너희를 세상에서 택하였기 때문에 세상이 너희를 미워하느니라'"(요 15:18,19). 우리는 예수 그리스도의 좋은 병사로 고난을 견디도록 합시다. 우리가 그리스도를 위하여 받는 능욕을 세상의 모든 보화보다 더 큰 부요로 간주할 수 있기를 바랍니다. 우리가 예수님을 부끄러워하기 때문에 겁쟁이가 우리를 부끄러워하게 되는 일이 없도록 합시다. 사랑하는 주님을 잠시라도 외면할 것을 생각하기보다는 차라리 기꺼이 구경거리가 되었으면 좋겠습니다. 우리가 불성실하지도 두려워하지도 않았으면 좋겠습니다. 모든 사람이 주님을 버릴지라도 우리는 흔들릴 수 없는 사랑의 확신으로 확고하고 침착하게 우리 주님께 굳게 매달립시다.

> "아, 사람들의 칭찬을 비웃을 줄 알기를,
> 아, 하나님과 함께라면 손해 볼 줄 알기를 배우면 좋겠네.
> 이는 예수께서 능욕을 겪으심으로 세상을 이기셨고,
> 이제 그대에게 그 길로 오라고 부르시기 때문이네."

2. 두 번째 요점은, 우리가 도움을 받아 시련을 견디게 된다면 시련이 우리에게 어떤 유익이 있겠는가 하는 것입니다.

"네 아버지께서 혹 엄하게 네게 대답하면 어떻게 하겠느냐?" 첫째로, 그러면 우리는 슬플 것입니다. 우리가 바른 일을 하고 있는데, 그 일에 우리를 마땅히 도와야 할 사람들에게 반대를 받는다는 것은 결코 즐거운 일이 아닙니다. 사랑하는 사람들과 반대로 간다는 것은 매우 고통스러운 일입니다. 그 다음에 그리스도인들을 미워하는 사람들은 그들 나름대로 욕하는 방식이 있어서 우리를 움츠리게 만듭니다. 그들은 우리의 약점들을 찾고, 우리의 약점으로 발견한 것들을 놀라울 정도로 능숙하게 이용합니다. 모든 악의의 거장에게 훈련받은 그들은 우리의 가장 여린 부분을 맹렬히 채찍질하는데 더디지 않습니다. 다른 것보다 더 우리를 화나게 만들 것이 있으면 그들은 틀림없이 그 사실을 말할 것이고, 우리가 그 말을 가장 견딜 수 없을 때 이야기할 것입니다. 그들이 매우 점잖은 사람일 수 있습니다. 그렇다면 여러분의 세련된 박해자들은 고통이 뼛속까지 파고들도록 채찍질하면서도 내내 미소를 띠는 아주 세련된 방식을 보입니다. 그들은 악의적인 일을 얼마나 교묘하게 말하는지 여러분이 그 사실에 대해 분개하지도, 그냥 참고 듣지도 못할 수 있습니다. 뱀의 후손들은 박해하는 기술을 아주 오랫동안 연구하였기 때문에 그 기술을 완벽하게 숙달하고 있고, 그리스도인을 학대하여 고통을 겪게 하는 방법을 알고 있습니다. 그러므로 여러분이 몹시 고통을 당할지라도 놀라지 마십시오. 마치 이상한 일을 당한 것처럼 놀라지 마십시오. 순교자들은 거짓으로 고통을 받은 것이 아닙니다. 그들이 손발이 묶여 누운 선반은 편한 침상이 아니었고, 그들이 갇힌 위험한 감옥은 편한 곳이 아니었습니다. 그들의 고통은 고뇌였고 그들의 순교는 고문이었습니다. 여러분이 거짓으로 슬픔을 느꼈다면 여러분의 기쁨도 거짓될 것입니다. 여러분이 진정으로 고난을 겪는다면 장차 여러분에게 임할 영광도 참될 것입니다.

젊은 친구들의 반대가 여러분의 진심을 시험할 것입니다. 여러분이 위선자라면 금세 반대에 굴복할 것입니다. "그 게임은 별로 보람이 없다"고 여러분은 말하고 일을 하지 않을 것입니다. 교회를 위해서는 아마도 그것이 복될 것입니다. 알곡은 겨에서 벗어나게 되기 때문에 그만큼 더 좋습니다. 박해의 바람에 여러분이 날려갈 수 있다면, 여러분은 겨입니다. 반대자들의 거친 말이 여러분의 믿음을 시험할 것입니다. 여러분은 자신이 예수님을 믿는다고 말합니다. 이제 우리는 여러분이 예수님을 믿는지 볼 것입니다. 여러분이 사람들로부터 받는 작은 시련을 견딜 수 없다면, 마귀와 그의 천사들로부터 오는 더 악한 시련들을 견딜 수 없을 것이 틀림없습니다. "만일 네가 보행자와 함께 달려도 피곤하면 어찌 능히 말과 경주하겠느냐 네가 평안한 땅에서는 무사하려니와 요단 강 물이 넘칠 때에는 어찌하겠느냐"(렘 12:5). 여러분이 삶의 시련들을 견딜 수 없다면 어떻게 죽음의 혹독한 시련을 견딜 수 있겠습니까?

박해는 예수님께 대한 여러분의 사랑을 시험할 것입니다. 여러분이 예수님을 사랑한다면 예수님과 함께 능욕 받는 자리에 즐거이 서 있을 것입니다. 적들이 던질 쓰레기를 갖고 있으면 여러분은 이렇게 말할 것입니다. "그 쓰레기를 주님께 던지지 말고 차라리 내게 던져라. 험한 말을 하려거든 주님께 하지 말고 내게 하라."

> "주님의 사랑스러운 이름을 위하여 내게
> 수치와 비난이 떨어진다면
> 나는 비난을 기쁘게 듣고 수치를 환영할 것이네.
> 주께서 나를 기억하실 것이니."

박해가 주님께 대한 여러분의 사랑을 시험할 것입니다. 그리고 박해는 여러분의 모든 미점들을 또한 시험할 것입니다. 이것이 여러분에게 유익합니다. 이런 미점들을 발휘하지 않는 한 힘을 더 얻지 못할 것입니다. 그 미덕들이 시험을 받지 않는다면, 대체 그것이 어떤 미덕들인지 누가 알겠습니까? 본국의 조용한 막사에 있는 용감한 병사도 분명 싸울 줄 알 것입니다. 그러나 그가 전투를 치르기 전까지는 그가 용감한 병사인지 어떻게 알겠습니까? 적의 진지 입구까지 돌진한 사람, 이마에 칼자국이 있고 자기 왕을 위하여 봉사하는 가운데 옆구리에 많은 상처를 입은 사람은 용감한 사람임에 분명합니다. 좋은 금은 반드시 불로 제련될 것입니다. 그런 반대들은 우리의 믿음과 사랑, 미점들이 시련을 견딤으로써 참된 것임을 드러내도록 하려는 목적으로 보내진 것입니다.

마땅히 우리의 친구가 되어야 하는 사람들의 엄한 말은 우리를 정신 차리도록 만들어 줄 것입니다. "주여, 나를 졸게 하는 마귀에게서 구원하여 줍소서" 하고 기도하던 사람이 어스킨(Erskine)이었던 것으로 생각됩니다. 정말로 그것은 간절히 구할 만한 가치가 있는 기도입니다. 모든 것이 순탄하게 돌아가고 우리를 조롱하는 사람이 아무도 없을 때, 우리는 방심하기가 아주 쉽습니다. 그러나 우리가 부당한 비난과 모욕으로 괴롭힘을 당할 때, 우리의 사랑에 대한 대가로 고작 분노나 불친절을 받을 때, 우리는 좀처럼 잠자리에 들지 못합니다. 그런 고난을 당하면 여러분은 무릎을 꿇지 않을 수 없게 됩니다. 아마도 여러분은 로스셔(Ross-shire)의 목회자들 가운데 한 사람인 프레이저(Mr Fraser) 목사에 대한 이야기를 읽었을 것입니다. 그는 차갑고 무정한 여인을 아내로 두었습니다. 그 여인은 그에게 아주 못되게 굴었습니다. 남편의 서재에 등불을 켜주거나 난방을 해주려고 하지 않았습니다. 그래서 그는 어둠 속에서 앞뒤로 왔다 갔다 하면서 손으로 벽을 짚는 바람에 정말로 그 회반죽 벽의 두 군데가 닳아서 구멍을 내었습니다. 거룩한 일들에 그와 의견이 다른 목회자들의 모임에서 목회자들 가운데 한 사람이 그가 "아내의 건강을 위해서"라는 축배의 말에 진심으로 동의할 것이라고 말해서 그를 놀려먹으려고 생각했습니다. 그런데 놀랍게도 그는 이렇게 말했습니다. "그동안 내 아내는 목사님들이 자기 아내에 대해 생각하는 것보다 더 내게 훌륭한 아내였습니다. 아내로 인해서 나는 하루에 일곱 번 무릎을 꿇게 되었는데, 아내가 없었다면 그렇게 하지 못했을 것입니다. 그래서 목사님들 가운데 어느 누가 자기 아내에 대해서 말할 수 있는 것보다 내게는 더 훌륭한 아내인 것입니다." 개인적으로 나는 그런 끔찍한 사람이 내게 항상 붙어 있지 않은 것을 훨씬 더 좋아합니다. 그러나 선한 의사이신 주님께서 내게 그런 혹독한 시련을 정하셨다면, 주님께서 그럴 만한 충분한 이유가 있으리라는 것을 의심하지 않습니다. 사람들이 갈대라고 부르는 것에서 지혜로운 사람은 약을 추출하고, 이렇게 혹독한 시련들에서 주님은 우리에게 주님과의 친교라는 더욱 고귀한 생활을 위한 신성한 강장제를 만들어 내십니다.

예수님의 적들로부터 오는 시련들은 우리의 믿음을 확증합니다. 시련을 받지 않은 사람들은 보통 빈약하고 불안한 믿음을 가지고 있습니다. 그러나 시련, 특별히 박해는 윙윙거리며 숲을 지나가는 거친 5월의 바람과 같습니다. 어린 떡갈나무들은 처음에는 거의 뿌리째 뽑힐 지경에 이르지만, 바람 덕분에 단단한 땅이 느슨해져서 떡갈나무들이 가는 뿌리를 더 많이 뻗게 되어 땅을 아주 굳세게 잡고 있으므로 태풍이 불어도 끄떡없게 됩니다. 처음에는 그 나무들을 흔드는 바람이 후에는 그 나무들을 더 굳세게 만듭니다. 시련을 받은 성도는 믿음이 담대하고 확고합니다. 그러므로 엄한 말을 즐겁게 받아들이고 엄한 말에서 좋은 결과를 기대합니다. 잉글랜드에서 일어나는 교회에 대한 작은 박해가 잉글랜드 교회에는 큰 일일 것입니다. 우리는 순탄한 시절을 만났는데, 이때는 하나님을 위한 열심을 보기 힘들고 진리를 위해 결단을 내리는 모습도 좀처럼 볼 수 없습니다. 교회는 세상과 타협하였고, 잠을 자며 사탄이 교회의 요람을 흔들고 있습니다. 많은 사람이 스스로 그리스도인이라고 말합니다. 그런데 이들은 세례만 받았을 뿐이지 세상 사람과 다를 바 없습니다. 많은 사람이 자기가 그리스도의 사역자라고 주장합니다. 그런데 그들은 단지 다른 사람들의 설교를 읽는 사람이고 양을 돌보지 않는 삯군일 뿐입니다. 박해가 교회의 타작마당을 깨끗이 한다면, 박해라는 키는 교회에 큰 유익을 줄 것입니다.

또한 엄한 말은 진정한 그리스도인들에게 이런 좋은 효과를 나타낼 것입니다. 즉, 그리스도인들이 엄한 말을 하는 사람들을 위해 기도하도록 만들 것입니다. 선한 사람이 불쾌한 조롱과 욕으로 자기를 화나게 만드는 것을 즐겨하는 욕 잘하는 친구에 대해 이야기하곤 하던 것이 생각납니다. "글쎄, 어쨌든 내가 그를 위해 기도하기를 잊어버릴 수도 있는 일입니다. 그런데 그는 기도하도록 만들어요. 그는 그냥 욕하지 않고 지나가는 법이 없기 때문이지요." 우리 친구들이 말솜씨가 좋고 그리스도에 대한 적의를 숨기고 있다면, 우리는 그들에 대해 잘못된 희망을 품을 수 있습니다. 그래서 그들을 위해 기도하지 않을 수 있습니다. 그러나 오래된 본성이 그들에게 있고 매우 사나운 것을 보게 될 때, 우리는 그들을 위해 기도하지 않을 수 없게 됩니다. 그러면 주님께서 우리 기도에 대한 보상으로 그들의 영혼을 주시지 않겠습니까?

반대에는 또 한 가지 좋은 효과가 있는 것이 확실합니다. 즉, 반대를 받는 사람들은 반대로 말미암아 정말로 구별된 길을 걸어가게 됩니다. 그들은 그리스도인이라고 알려지는데, 그들을 욕하는 사람들에 의해 그렇게 알려집니다. 젊은이 여러분, 나는 여러분이 큰 상점에 갈 때 사람들이 "자, 감리교인 같은 사람이 온다" 하고 소리쳐서 여러분을 그리스도인으로 선전하는 것이 나쁜 일이라고 생각하지 않습니다. 여러분을 그리스도인으로 알리는 것은 여러분에게 좋은 일입니다. 여러분이 마땅히 되어야 하는 그런 사람이라면, 여러분은 어떤 명칭을 듣든지 시험을 받게 되든지 어느 쪽이든 신경 쓰지 않을 것입니다. 그것은 시험이 일어날 때 여러분을 바르게 붙잡아 주는데 도움이 될 것입니다. 이것은 좀 더 강력한 시험들에서 종종 여러분을 구해 줄 것입니다. 사람들이 여러분이 그리스도인이라는 이유 때문에 여러분과 교제하는 것을 단념한다면, 그것이 좋지 않습니까? 그 때문에 여러분을 떠나는 사람들은 매우 유익한 손실입니다. 지금은 하나님과 함께 있는, 훌륭한 한 부인이 우리 교회에 가입하였을 때, 세례 받은 후에 어떻게 그녀의 많은 귀족 친구들이 더 이상 자기 집을 방문하지 않고 자기를 그들의 집에 초대하지도 않았는지를 내게 말하였습니다. 나는 그 말을 듣고 그녀에게 축하의 말을 하였습니다. 왜냐하면 그로 말미암아 이제 그녀가 자신의 친구를 선택하는 일이 한결 쉬워졌기 때문입니다. 그녀의 훌륭한 성품과 친절함 때문에 그녀는 이내 사귈 만한 사람들은 모두 다시 친구로 얻었고, 그 나머지 사람들은 떠나갔는데, 잘된 일이었습니다. 주님을 따른다고 해서 여러분을 피하는 사람들은 여러분 자신이 피하는 것이 마땅한 사람들입니다. 우리가 하나님을 사랑하지 않는 사람들을 사랑해서 얻을 것은 아무것도 없습니다.

가정에서 박해를 받는데서 얻는 좋은 한 가지 효과는, 그로 인해 여러분이 집 밖에서 좀 더 너그러워지게 된다는 것입니다. 형제 그리스도인이여, 여러분을 불행하게 만드는 사람들이 집에 있다면, 여러분이 지혜로운 사람이라면, 집 밖에서 다른 사람들에게 더 잘 인내할 수 있게 될 것입니다. 사람들은 왜 소크라테스가 그의 학생들에 대해 그처럼 인내를 잘하고 친절할 수 있는지 궁금해하였습니다. 그런데 소크라테스는 그것이 다른 사람들의 반대로 단련되었기 때문이라고, 집에서 잔소리가 심한 그의 아내 크산티페(Xanthippe)에게 훈련받았기 때문이라고 하였습니다. 여러분이 성도들이 공통적으로 겪는 일을 겪었다면 아마도 여러분을 조롱하는 사람들을 더 잘 참을 수 있고, 조롱받는 사람들에 대해서는 더 잘 동정할 수 있게 될 것입니다. 삼손이 말한 대로, 먹는 자에게서 먹는 것이 나오고 강한 자에게서 단 것이 나왔다는 말이 여러분에게도 적용됩니다. 이 사자가 여러분에게 으르렁거립니다. 그러나 여러분이 그 사자에게서 꿀을 얻고, 그래서 여호와의 이름을 찬미할 날이 올 것입니다.

3. 세 번째 요점은, 여러분이 시련을 받을 때 어떻게 해야 하느냐는 것입니다.

성령께서 여러분이 확고하게 행동할 뿐 아니라 분별 있게 행동하도록 해주시기를 바랍니다. 반대를 자초하지 마십시오. 그렇게 해서는 안 됩니다. 열광주의자들은 종교를 반대를 일으키는 것으로 만드는데 열중하고 있는 것처럼 보입니다. 우리가 죄 많은 세상에 대해 내미는 잔은 그 자체로 타락한 본성에게 충분히 불쾌한 것입니다. 따라서 종교를 찌푸린 얼굴을 가진 것으로 제시함으로써 더욱 불쾌한 것으로 만드는 것은 결코 지혜가 아닙니다. 여러분이 아이에게 약을 주려고 할 때, 아이에게 사탕도 보여주는 것은 잘하는 일입니다. 이렇게 해서 어쨌든 세상이 잘 받으려고 하지 않는 것을 여러분의 친절과 밝은 마음과 온유함으로 좀 더 잘 받을 수 있도록 만드십시오. 여러분이 모든 사람과 평화롭게 지내기를 바라고 여러분 자신의 위로가 아니라 다른 사람들의 위로를 찾으려는 마음을 보여주면서 사랑과 함께 종교를 제시한다면 사람들이 종교에 대해 좀 덜 불쾌하게 여길 것입니다.

그리고 여러분이 견뎌야 하는 것은 무엇이든지 지극히 온유한 태도로 참도록 하십시오. 한 농부가 있었는데, 그의 아내는 그가 자기와 다른 예배당에 참석하고 그리스도인들과 한패가 되어 지내는 것 때문에 남편에게 몹시 화가 나 있었습니다. 그녀는 자기가 그 일을 그리 오래 참지 않을 것이라고 종종 말했지만, 농부는 아주 끈기 있게 참으면서 아내의 말에 거칠게 대꾸하지 않았습니다. 어느 날 그녀는 추수하는 들판에서 남편을 불러내어 말했습니다. "자, 이제 때가 되었어요. 당신은 저 사람들을 포기하든지 아니면 나를 단념하세요." 그녀는 천을 한 조각 꺼내고서 "자, 당신은 이 천의 반을 가지세요. 나머지 반은 내가 가지겠어요. 나는 이제 떠날 거거든요" 하고 말했습니다. 농부가 말했습니다. "아니요, 여보. 당신이 이 모든 것을 다 가져요. 당신은 항상 아내로 부지런히 일했으니, 이 모든 것을 가져가요." 그러자 그의 아내는 그들의 살림살이의 일부를 가져가겠고 최종적인 이별을 위해 모든 것을 정리하겠다고 말했습니다. 그러나 또 농부가 말했습니다. "여기 있는 것을 다 가져가요. 당신이 떠나갈 생각이라면 당신이 가져가고 싶은 것은 다 가져가요. 나는 당신이 기분이 언짢아지는 것을 원치 않아요. 그리고 당신이 원하면 언제든지 다시 돌아와요. 나는 언제나 당신을 기쁘게 맞이할 거요." 그녀는 남편이 그런 식으로 말하는 것을 듣고서 그녀는 "당신은 나보고 나가라고 하는 거에요?" 하고 말했습니다. 그러자 남편이 말했습니다. "아니요. 나가고 싶어 하는 것은 당신이지 내가 원하는 바가 아니요. 나는 내 신앙을 포기할 수 없소. 그러나 내가 당신을 붙들어 두고 함께 행복하게 살기 위해서라면 다른 모든 것을 포기할 수 있고, 또 포기할 것이오." 이 말이 그녀에게 너무도 감동적으로 들렸습니다. 그래서 그녀는 더 이상 반대하지 않기로 마음먹었고, 얼마 있지 않아 남편과 함께 예배당에 갔고 그녀 자신이 신자가 되었습니다. 이것이 승리를 얻는 가장 확실한 길입니다. 양보해서는 안 될 것 외에는 모든 것을 양보하십시오. 절대 화를 내지 마십시오. 마음을 침착하게 하고, 욕은 한쪽 귀로 듣고 한쪽 귀로 흘려보내십시오.

가난하지만 경건한 한 부인이 있었습니다. 그 부인은 레스터(Leicester)의 로빈슨(Mr. Robinson) 목사의 설교를 듣곤 하였습니다. 그녀의 남편은 거칠고 사나운 사람이었는데, 하루는 몹시 화를 내며 그녀에게 말했습니다. "당신이 또 한 번 성 마리아 교회에 간다면, 당신의 두 다리를 잘라버리겠어." 그는 무서운 사람이었고 또 그만큼 폭력적인 사람이었습니다. 그러나 다음 예배 때가 되자 그의 아내는 전처럼 예배당에 갔습니다. 그녀는 집에 오면서 남편에게 추궁당할 것을 예상하면서 하나님의 보호에 자신을 맡겼습니다. 남편이 물었습니다. "어디 있었어?" "성 마리아 교회에 갔었어요" 하고 그녀가 말했습니다. 그 말을 듣자마자 그는 그녀의 얼굴을 사정없이 쳐 땅바닥에 쓰러트렸습니다. 그녀는 일어나서 부드러운 목소리로 말했습니다. "당신이 다른 쪽을 치더라도 나는 지금처럼 기꺼이 용서하겠어요." 그녀는 회심 전에는 성깔이 아주 불 같았습니다. 그래서 남편 못지않게 남편에게 화를 내곤 하였습니다. 그래서 그녀의 남편이 그녀의 온순한 모습에 깜짝 놀랐습니다. "이런 인내심을 어디서 배운 거요?" 하고 그가 물었습니다. "하나님의 은혜로 성 마리아 교회에서 배웠어요" 하고 그녀가 대답하였습니다. 그러자 그가 대답하였습니다. "그러면 당신이 교회에 가고 싶을 때는 언제든지 가도 좋아요." 이내 그도 예배당에 갔고, 싸움은 끝이 났습니다. 온유함만큼 좋은 것은 없습니다. 온유함이 지극히 강한 것을 이길 것입니다.

온유함으로 견디고 나서 악을 선으로 갚으십시오. 무자비한 말에 대해 좀 더 따뜻한 사랑을 보이고 더 친절을 베풀도록 하십시오. 그리스도인이 적과 싸우는 데 사용하는 가장 유명한 무기는 악을 선으로 이기는 것입니다. 악을 악으로 대하는 것은 짐승 같은 짓입니다. 그리스도인은 그렇게 하지 않을 것입니다. 악을 선으로 갚는 것이 그리스도인다운 태도이고, 따라서 우리는 그렇게 하기를 연습해야 합니다. 내가 전에 여러분에게 아주 행실이 나쁘고 방탕하며 타락한 세속적인 사람에 대한 이야기를 이야기했던 것으로 기억합니다. 그에게는 수년 동안 그의 조롱과 몰인정한 태도를 견디며 그를 위해 기도하는 아내가 있었습니다. 그런 노력에도 불구하고 그에게 아무런 변화가 일어나지 않았고 오히려 그는 죄를 짓는데 더욱더 담대해졌을 뿐입니다. 그런데 어느 날 밤 단짝인 친구들과 한창 술을 마시고 있다가 그가 자기 아내는 어린 양처럼 순종적이어서 자기가 시키는 일은 무엇이든지 할 것이라고 자랑하였습니다. 그가 말하였습니다. "자, 내 집사람은 진작에 잠자리에 들었을 거야. 하지만 내가 지금 너희 모두를 데리고 집에 가면 집 사람은 일어나서 아무 불평도 하지 않고 너희들을 대접할 거야." 그러자 친구들이 "그렇지 않을 걸" 하고 대답하였습니다. 그 문제는 결국 내기가 되었고, 그래서 친구들이 그 집으로 갔습니다. 밤이 아주 늦은 시간이었는데, 그의 아내는 금방 일어났고, 닭을 두 마리 준비해 둔 것이 있어서 다행이라고 하고, 조금만 기다려 준다면 곧 저녁을 차리겠다고 말하였습니다. 그의 친구들이 기다렸습니다. 그 늦은 시간에 오래지 않아 식탁이 차려졌고, 그녀는 마치 그것이 아주 보통 일인 것처럼 언제나와 같이 자기 자리에서 유쾌한 주부의 역할을 하였습니다. 친구 중 한 명이 감동을 받아 이렇게 소리쳤습니다. "부인, 우리가 이 늦은 시간에 이런 식으로 부인의 집에 밀고 들어온 것에 대해 사과하지 않을 수 없군요. 그런데 어떻게 부인은 그처럼 유쾌하게 우리를 받아들일 수 있는지 도대체 알 수가 없군요. 부인은 종교적인 사람이라 우리의 행동을 용납할 수 없을 텐데 말입니다." 그 부인이 대답하였습니다. "나하고 남편은 전에 믿지 않는 사람들이었습니다. 그러나 하나님의 은혜로 나는 이제 예수님을 믿는 신자가 되었습니다. 나는 남편을 위해 매일 기도해 왔고, 남편이 더 나은 마음을 가질 수 있도록 하기 위해 할 수 있는 모든 일을 다 했어요. 그런데 남편에게서 아무런 변화가 없군요. 나는 남편을 영원히 잃을까봐 무서워요. 그래서 나는 남편이 이 세상에 있는 동안 할 수 있는 대로 남편을 기쁘게 해주기로 마음먹었습니다." 친구들이 돌아가고 나서 남편이 그녀에게 물었습니다. "정말로 당신은 내가 영원히 불행해질 거라고 생각하는 거요?" 그녀가 대답하였습니다. "그럴까봐 무서워요. 하나님께서 당신이 회개하고 용서를 구할 수 있게 해주셨으면 좋겠어요." 그날 밤의 인내가 그녀의 소원을 이루어주었습니다. 그는 이내 아내와 함께 천국으로 가는 길에 들어섰습니다. 원칙의 문제에서는 양보하지 마십시오. 그러나 다른 모든 것에서는 그리스도를 위하여 기꺼이 비난을 받고 멸시를 받으며 조롱을 감수하도록 하십시오. 이 표로 승리하리라. 즉, 인내로 견디는 십자가로 말미암아 여러분은 승리한다는 것입니다. "이것은 어려운 일이라"고 사람들은 말합니다. 이 일이 어렵다는 것을 나도 압니다. 그러나 하나님의 은혜가 지극히 무거운 짐을 가볍게 만들고 의무를 기쁨으로 만듭니다.

나는 여기서 이렇게 온유하게 박해를 견디는 것 외에도 박해받는 그리스도인들이 생활을 아주 신중하게 해야 한다는 점을 말씀드립니다. 사람들이 우리를 매우 날카로운 눈으로 보고 있을 때 우리는 아주 신중해야 합니다. 사람들이 우리가 죄를 범하는 것으로 생각하는 것을 발견하면 즉시 우리에게 덤벼들려고 하기 때문입니다. 그것이 작은 잘못에 불과할지라도, 다른 사람에게서는 전혀 알아채지도 못했을 작은 잘못이라 할지라도 그들은 그것을 부풀리고 큰 소리로 떠들어댈 것입니다. 그들은 마치 우리가 아주 완벽하다고 주장하기라도 한 것처럼 "아, 당신들의 종교는 그런 것이구만" 하고 말합니다. 그러므로 조심하십시오. 신중하게 행동하십시오. 그들 손에 들어가지 않도록 하십시오. 오직 신앙적인 문제 외에는 그들이 여러분에 대해 아무것도 험담하지 못하도록 하십시오. 성실함, 진실됨, 거룩함만큼 적들을 당황스럽게 만드는 것은 없습니다. 그러면 그들은 어떻게 해서든지 여러분을 반대하고 싶지만 그럴 기회를 얻지 못할 것입니다. 여러분은 화를 참을 수 있도록 은혜 주시기를 매일 기도해야 합니다. 여러분이 그 일에 실패하면, 그들은 자기가 여러분을 이겼다고 자랑할 것입니다. 그리고 똑같은 방식으로 또 여러분을 공격할 것입니다. 인내할 수 있는 은혜를 구하십시오. 그리고 하나님께 말씀드리는 것을 제외하고는 할 수 있는 한 적게 말하십시오. 그들을 위해서 많이 기도하십시오. 하나님께서 지금도 기도를 들으시기 때문입니다. 그리고 믿는 부인이여, 당신이 믿지 않는 남편을 구원할 수 있을지 누가 알겠습니까? 오직 깨어서 계속해서 기도하십시오. 그러면 복이 올 것입니다.

4. 이 모든 일을 행하는 가운데 여러분은 어떤 위로를 기대할 수 있습니까?

여러분을 박해하는 사람이 하나님의 손 안에 있다는 이 사실에서 여러분은 위로를 얻을 수 있습니다. 그는 하나님께서 그에게 허락하시는 것 이상으로 무엇을 할 수 없습니다. 하나님께서 그가 여러분을 괴롭히도록 허락하시는 것이라면 여러분은 그의 괴롭힘을 즐거이 견딜 수 있을 것입니다. 다음으로, 여러분이 양심을 깨끗이 지킨다면 그것이 큰 기쁨이라는 사실을 기억하십시오. 양심은 종달새나 나이팅게일보다 더 아름답게 지저귀는 작은 새입니다. 마음속에 하나님을 향한 선한 양심의 대답이 있으면 밖에서 듣는 험한 말 때문에 괴로워할 필요가 없습니다. 여러분의 양심이 상처를 입으면 위로를 잃게 됩니다. 그러므로 악으로부터 양심을 보호하십시오. 그러면 여러분은 틀림없이 행복할 것입니다. 오래 인내하고 끝까지 버티면 여러분이 지금까지 살았던 지극히 위대한 영들과 사귀게 되리라는 것을 기억하십시오. 오늘날 여러분은 순교자가 되어 피로 물든 면류관을 쓸 수는 없습니다. 그러나 여러분은 적어도 고난받아야 되는 한에서는 고난을 받을 수 있습니다. 하나님의 은혜로 능력을 받으면 여러분도 순교자의 명예를 얻을 수 있을 것입니다. "기뻐하고 즐거워하라 하늘에서 너희의 상이 큼이라 너희 전에 있던 선지자들도 이같이 박해하였느니라"(마 5:12).

여러분이 비상한 고난을 겪고 있다면 예수님께서 여러분에게 배나 더 가까이 계시리라는 것을 또한 기억하시기 바랍니다. 이것이 우리에게 무엇보다 큰 위로의 사실입니다. 여러분이 겪는 모든 고난 속에서 그리스도도 또한 고난을 겪으시기 때문입니다. 여러분은 하나님의 규례들에서 만나는 하나님의 임재가 매우 기쁘다는 것을 발견할 것입니다. 하나님이 은밀한 교제 가운데 여러분에게 주시는 은밀한 물은 참으로 달고, 여러분이 은밀히 얻는 음식은 얼마나 맛이 있는지요! 옛날의 스코틀랜드 언약도들은 클래버하우스(Claverhouse)의 용기병(龍騎兵)들이 자기들을 쫓을 때 골짜기와 산에서 드렸던 것만큼 큰 기쁨으로 드린 예배는 없었다고 말했습니다. 생수는 사냥꾼에게 쫓기는 사슴들에게는 정말로 원기를 새롭게 하는 것입니다. 주님의 품은 주님 때문에 모든 사람들에게 배척당하는 사람들에게는 지극히 부드럽고 따뜻합니다. 주께서는 주님을 사랑하기 때문에 부끄러움을 당하는 사람들에게는 기이하게 자신의 얼굴을 나타내십니다.

여러분이 신자들 가운데 있는 경우보다 현재 있는 곳에서 선을 더 많이 행하고 있다는 기분 좋은 생각이 여러분에게 있습니다. 저기 바다 한가운데 에디스톤 록(Eddystone Rock)에 세워진 등대는 어떻게 폭풍우가 등대를 휩쓸고 가고, 파도가 뛰어올라 등대의 불길을 꺼트리려고 하는지 봅니다. 그러나 등대가 그것을 두고 불평하겠습니까? 그 등대는 대서양의 큰 파도에 부대끼면서도 그 자리에 그대로 서 있고, 폭풍우의 맹렬한 바람에 용감하게 맞서고 있기 때문에, 등대가 사람들의 구경거리로 하이드 파크에 세워진 경우보다 유익을 더 많이 끼치고 있는 것입니다. 박해받는 사람은 사람들에게 경고하고 깨우치며 따라서 고통받는 자리를 차지합니다. 그는 한 발 앞선 안내인 같습니다. 그에게는 위험한 곳이 명예로운 곳입니다. 다만 그가 견디고 삼가는 힘을 구하기만 하면, 마침내 영광을 얻을 것입니다. 길이 험하면 험할수록 그만큼 더 휴식이 달고, 고통이 크면 클수록 마침내 얻을 면류관도 그만큼 더 빛난다는 사실을 기억하시기 바랍니다. 예수님을 위하여 대부분을 견뎌야 하는 사람들은 대부분 주님에게서 "잘하였도다 착하고 충성된 종아 네가 적은 일에 충성하였으매 내가 많은 것을 네게 맡기리니 네 주인의 즐거움에 참여할지어다"(마 25:21)는 말을 들을 것입니다.

형제 여러분, 여러분이 험한 말을 조금 참아야 한다면, 주님의 고통받는 많은 백성들이 견뎌야 하는 것과 비교할 때 그것이 어떤 것이겠습니까? 이 점과 관계가 있는 작은 사건에 대해서 말씀드리겠습니다. 어제 집배원이 내게 호주에서 온 편지를 가져다주었습니다. 그 편지는 오랫동안 내게 온 어떤 것보다 소중한 것입니다. 그 편지를 읽고 나는 감동을 받았습니다. 얘기를 들어보시면 여러분도 이해가 될 것입니다. 그 편지는 한 교인이 설명하는 사람의 희망에 따라 쓰인 것입니다. 그 교인은 그 사람에 대해 다음과 같이 쓰고 있습니다.

"내가 그 작가를 안 지가 거의 8년이 됩니다. 그 시간 동안 그는 사지를 쓸 수 없어서 아주 무력하게 지내왔습니다. 그는 한쪽 다리를 절단하였고, 시력을 잃었고 손도 발도 움직일 수 없습니다. 그는 침대에 누이면 그대로 누워 있으면서 파리나 어떤 것이 그를 괴롭게 할지라도 그대로 참아야만 합니다. 그래서 나는 목사님이 그런 분들에게 위로를 주는 일이라면 얼마든지 기쁘게 행하실 것이라고 확신합니다. 그런데 그는 대부분의 시간을 기쁨 가운데 지냅니다. 그를 보러 오는 사람들을 가르치고 권하며, 그들에게 읽도록 보여주시는 하나님의 적절한 말씀을 가리키는 일을 그만큼 잘하는 사람은 거의 없는 것 같습니다."

자, 이 가엾은 사람, 1858년 이래로, 즉 16년이란 긴 세월 동안 무력하게 지내온 그 사람이 내게 이렇게 편지를 씁니다. "성령의 감동을 받아 목사님께 제가 목사님의 설교들을 읽고서 받은 은혜에 감사하기 위해 이렇게 몇 자 적어 보냅니다. 1850년, 그 해에 저는 진리의 지식을 접하고 예수님을 믿음으로 평안을 얻었습니다. 1858년에 나는 심각한 사고를 당하였고, 생활비를 벌 수 없었습니다. 그러나 주님을 믿었을 때 주께서 나를 바른 길로 인도하여 주셨습니다. 1886년에는 주님께서 나를 침상에만 매여 있도록 하시기를 기뻐하셨습니다. 나는 내가 주님의 사랑의 끈으로 묶여 있고, 주님께서 침상에만 매여 있는 오랜 시간 동안 나를 붙드시고 위로해 주셨으며, 하나님의 영광을 바라고 기뻐할 수 있도록 해 주셨다고 말할 수 있어서 주님의 거룩한 이름에 찬미를 드립니다. 그리고 목사님의 훌륭한 설교들을 읽는 것은 제가 수년 동안 누린 특권이었는데, 그 설교들은 제 영혼의 큰 위로와 기쁨의 원천이었고, 그로 인해 제가 하늘 높이 날아오르고 즐거운 교제를 누릴 수 있었습니다. 그래서 제가 혹시나 목사님이 큰 수고를 하는 가운데 이 편지로 말미암아 조금이라도 격려를 받을 수 있을까 해서 사랑의 강권함을 받아 목사님께 이 감사의 편지를 보내는 것입니다. 그리고 하나님을 사랑하는 자들에게는 이 모든 것이 합력하여 선을 이룬다는 것을 제가 알고 있듯이, 우리 하늘 아버지께서 적절하다고 여기신다면, 하나님의 신실하심에 대한 나의 이 증언에 복을 베푸셔서 목사님의 양 무리 가운데서 고통받는 분들을 위로하고 격려하는데 혹시 쓰실 수 있기를 바라서 보내는 것입니다."

고통을 받고 있는 사심 없는 이 사람이 나를 위로하기 위해 편지를 썼다는 것을 생각해 보십시오. 위로가 필요한 것은 그 자신이라고 사람들은 생각했을 것입니다. 그런데 주님께서 그를 얼마나 기쁘게 하셨던지 그는 위안을 구하지 않고, 편지에서 자신이 한 쪽 다리를 잃었다는 것이나 몸이 마비가 되었다는 것 혹은 시력을 잃었다는 얘기는 전혀 하지 않습니다. 그는 오직 자신의 기쁨과 평안에 대해서만 이야기합니다. 자, 그처럼 극단적인 상황에 있는 하나님의 자녀들이 그런 상황 가운데서도 하나님의 신실하심을 증언할 수 있다면, 여러분은 어떤 어리석은 사람이나 그 밖의 사람이 여러분을 조롱한다고 해서 도망갈 것입니까? 바보들이 여러분에게 손가락질한다고 해서 비겁하게 표준을 버리겠습니까? 만약 그렇게 한다면, 여러분이 참된 성도들과 같은 신앙을 가졌다고 할 수 있겠습니까? 여러분이 그 성도들과 같은 하나님의 은혜를 받았다고 말할 수 있겠습니까? 그렇지 않은 것이 분명합니다. 주님께서 무한한 자비로 여러분에게 확고한 회심을 주셔서 어떤 시련이 올지라도 여러분이 여전히 "나는 여호와로 말미암아 즐거워하며 나의 구원의 하나님으로 말미암아 기뻐하리로다"(합 3:18) 하고 노래할 수 있게 해 주시기를 바랍니다.

어떤 식으로든 하나님의 성도들을 박해한 분이 지금 이 설교를 듣고 있다면, 그분에게는 이렇게 말씀드리겠습니다. "여러분이 지금 누구를 공격하고 있는지 조심하십시오. 사람이 참는 일이 많이 있을 것입니다. 그러나 여러분이 그의 자녀들을 건드린다면, 그를 흥분하게 만들 것입니다. 그것은 모든 아버지들에게 민감한 부분이기 때문입니다." 하나님의 자녀들을 해치는 것만큼 하나님을 노여우시게 하는 것은 없습니다. 여러분이 누구를 공격하고 있는 것인지 생각하십시오. 여러분이 모르고, 즉 정말로 그들이 잘못되었다고 생각해서 그런 일을 했다면, 순전히 그들이 위선자라고 생각해서 그들을 조롱했다면, 하늘에서 소리를 내어 사울에게 "네가 어찌하여 나를 박해하느냐"고 말씀하신 주님께서 여러분이 사실은 바로 예수님을 해치고 있었던 것임을 알게 하여 주시기를 기도합니다. 여러분이 그 신실한 부인으로 하여금 흘리게 만들었던 그 눈물과 그 성실한 사람에게 가져다준 잠 못 이룬 밤들은 바로 그리스도에게 가한 것만큼이나 악한 짓입니다. 주님께서는 그것들에 대해 마지막에 여러분에게 셈을 치르게 하실 것입니다. 주 예수님께로 돌이키십시오. 성령께서 여러분이 이 악한 행실에 대해 회개하게 해주시기를 바랍니다. 예수님께서는 옛적에 바울에게 하셨듯이 여러분 같은 사람도 기꺼이 영접하고 복을 주시려고 하기 때문입니다. 주 예수님을 믿으십시오. 그러면 여러분도 구원을 받을 것입니다. 하나님께서 여러분 모두에게 복 주시기를 빕니다. 아멘.

제
12
장

그리스도인들을 죄에서 보호함

"다윗이 아비가일에게 이르되 오늘 너를 보내어 나를 영접하게 하신 이스라엘의 하나님 여호와를 찬송할지로다 또 네 지혜를 칭찬할지며 또 네게 복이 있을지로다 오늘 내가 피를 흘릴 것과 친히 복수하는 것을 네가 막았느니라."— 삼상 **25:32,33**

본문은 다윗이 구두쇠 나발을 만나러 오는 이야기에서 뽑은 구절들입니다. 나발은 크게 목축업을 하는 사람이었고, 다윗과 그의 부하 600명은 그에게 손해를 끼치지 않도록 특별히 조심하였으며, 사막의 방랑하는 무리들이 벌였을 수도 있는 도둑질에서 그의 양 떼를 보호하여 주었습니다. 그때 나발이 그의 양 떼의 털을 깎고 있었습니다. 다소 궁핍한 처지에 있었던 다윗은 동양의 관습에 따를 때 자신이 나발의 양 떼에게 준 도움에 대한 보답으로 나발에게 무엇인가를 구하는 것이 합당한 일이라고 생각하였습니다. 그래서 그는 젊은 부하 열 명을 보내어 나발에게 은혜를 구하게 하였습니다. 그러나 그들은 은혜를 받기보다는 모욕적인 언사를 듣고 자기들 주인에게로 돌아왔습니다. 그 즉시 다윗은 허리에 칼을 찼고 부하들 모두에게도 칼을 차도록 하고 이 구두쇠 나발의 집으로 가서, 즉시 그를 공격하여 그에게 속한 모든 것을 완전히 부수겠다고 공표하였습니다. 다윗은 옳은 일에든 그릇된 일에든 성미가 급했던 것으로 보입니다. 그는 하나님의 계명을 서둘러 순종하였고, 또한 자신의 충동을 따라 행하는 데도 그만큼 성급했던 것으로 보입니다. 다윗이 그의 확고한 결심을 실행하기 위해 서둘러

행군해 가고 있을 때, 하나님의 무한한 선하심이 보여주듯이 이 어리석은 사람 나발의 지혜로운 아내인 아비가일이 다윗을 만나 자기 남편은 벨리알의 사람인 것을 인정하였고, 자신은 다윗이 보낸 사자들을 보지 못한 점을 들어 호소하며, 자신이 가져온 음식을 받아주기를 구하고 다윗에게 원수 갚는 일을 하나님께 맡기도록 권하였습니다. 그렇게 함으로써 그가 왕이 되었을 때, 쓸데없이 피를 흘렸거나 자신이 직접 복수한 일로 마음에 크게 슬퍼할 일이 없도록 하였습니다. 다윗은 비록 잘못된 일을 행하려고 가고 있는 중이었지만 마음에 하나님의 은혜가 있어서 아비가일의 책망이 옳다는 것을 느꼈고, 칼을 도로 집어넣고 그녀에게 감사하였고 하나님께도 감사하였습니다. 이렇게 해서 그는 자칫하면 그의 인격에 큰 오점을 남겼을 수도 있고, 남은 생애 동안 그에게 늘 괴로움을 끼쳤을 큰 죄를 범하는 데서 보호를 받았습니다.

사랑하는 형제 여러분, 이 사실에서 우리는 아무리 훌륭한 사람이라도 갑작스럽게 시험을 당했을 때 실족하지 않기 위해서는 언제나 조심해야 한다는 점을 배우도록 합시다. 여러분이 어떤 시험들은 두려워할 이유가 없다고 생각할 수 있겠지만, 시험을 만나 어떻게 할지 여러분은 알지 못합니다. 결심의 벽이 어떤 한 방향에서 불어오는 바람에 대해서는 충분히 강할 수 있습니다. 그러나 바람이 다른 방향에서 불면 그 벽이 금세 무너질 수가 있습니다. 단지 여러분이 아직까지 시험을 겪지 않았고 조만간 시련을 겪지 않을 것이라는 이유 때문에 자신이 강하다고 생각할 수 있습니다. 그렇지만 한순간에, 즉 여러분이 거의 준비가 되어 있지 않을 때에 시험을 만나 무너질 수가 있습니다. 우리 주님께서 제자들에게 "깨어 있으라 내가 너희에게 하는 이 말은 모든 사람에게 하는 말이니라"(막 13:37)고 말씀하신 것을 기억하십시오. 이는 여러분이 생각지 못한 시간에 여러분에게 시험이 닥칠 수 있기 때문입니다. 여러분이 깨어 있지 않으면 여러분에게 화가 있을 것입니다. 그러므로 주님께 자신을 의탁하고 "시험에 들지 않게 깨어 기도하십시오"(마 26:41).

여기서 또한 우리는 위기의 때에 모든 은혜의 하나님께서 우리가 거의 빠질 지경에 처한 죄를 범하지 않도록 우리를 보호하기 위해 개입하기를 기뻐하신다는 것은 참으로 복된 일이라는 점을 볼 수 있습니다. 우리의 걸음이 정말로 거의 실족할 뻔했습니다. 바로 그때 아비가일이 다윗에게 왔듯이 하나님께서 천사 같은 메신저를 우리에게 보내셨습니다. 우리가 지난날의 생활을 돌아볼 때 삼가도록 하신 은혜에서 나타난 전능한 그 사랑에 대해 감사의 찬송을 드리도록 합시다. 하나님께서 오셔서 우리를 구출하지 않으셨다면, 그의 종들이 뻔뻔한 죄를 짓지 않도록 억제시키지 않으셨다면, 우리가 얼마나 많이 우리의 인격과 신앙 고백을 더럽히게 되었을지 알 수 없기 때문입니다.

성령께서 은혜롭게 나를 인도하심에 따라 여러분에게 이제 말씀드리려고 하는 주제는, 우리가 죄를 범하지 않도록 제지당하거나 죄를 범하는데서 보호를 받는 것의 큰 복입니다. 나는 먼저 그 복 자체에 대해서 이야기할 것입니다. 그 다음에 하나님께서 그 복을 주시기 위해 사용하시는 수단들에 대해서 잠깐 살펴보겠습니다. 그리고 그 다음, 세 번째로는 우리가 아비가일처럼 다른 사람들이 죄를 범하는 것을 막기 위해 다른 사람들을 설득하려고 노력한다면 받을 수 있는 큰 복에 대해서 살펴보겠습니다.

1. 첫째로, 죄를 범하는 데서 보호를 받는 큰 복에 대해서 생각해 봅시다.

죄를 용서받는다는 것은 말할 수 없이 큰 복입니다. 우리는 그 허물이 사함을 받고 그 죄가 가려지는 사람이 받는 많은 복을 다 헤아릴 수 없습니다. 다른 많은 사람들이 빠지는 큰 죄에서 보호를 받는 사람들, 하나님의 은혜로 보호를 받아 어린 나이에 회심을 하고 다른 사람들이 빠지는 더러운 죄악의 소굴에 뛰어들지 않은 사람들에게 하나님께서 은혜로 주시는 특별한 은총이 있음은 확실합니다. 이렇게 하나님의 은혜로 보호를 받은 사람들은 자기들이 마땅히 그래야 하는 대로 아무리 순결하게 살았을 수 있을지라도 회개케 하시는 은혜를 마땅히 찬송해야 합니다. 뿐만 아니라 그들은 다른 사람들처럼 자기들이 멸망하는 자의 길에서 방황하지 않도록 하나님의 억제하는 은혜에 대해서도 찬송해야 합니다.

죄를 짓는 데서 보호를 받는 것은 많은 악으로부터 보호를 받는 것입니다. 왜냐하면 첫째로, 죄는 양심을 완고하게 만드는 효과가 있기 때문입니다. 죄를 짓고서 마음이나 생각에 죄의 흔적을 남기지 않는 사람은 없습니다. 한 가지 사실은, 죄를 지은 사람은 다음에 죄 짓기가 더 쉽다는 것입니다. 죄를 지으면 한 가지 충동을 받은 것이고 습관이 시작된 것입니다. 그렇게 되면 그가 그 특정한 죄를 다시 짓게 되는 것은 거의 필연적인 일입니다. 일단 한 번 사탄을 섬긴 사람은 이후로 열 번은 더 사탄을 섬기게 될 것입니다. 그리고 한 번, 한 번이 되풀이 됨에 따라 그는 더 활발하게 그리고 더 기꺼이 사탄을 섬길 것입니다. 죄짓는 습관이 그에게 깊이 뿌리를 내리면 그는 거의 시험받을 필요가 없이 그 자신이 악을 탐욕스럽게 추구하게 될 것입니다. 그런가 하면 명백한 악행들을 범하지 않도록 보호를 받은 사람들이 있습니다. 그래서 이들은 복음을 들을 때 씨가 떨어져 열매를 풍성하게 맺는 좋은 땅처럼 복음을 받아들입니다. 또 죄악 때문에 많은 사람들이 밟아 단단하게 다져진 큰길과 같은 사람들이 있습니다. 그래서 좋은 씨가 거기에 떨어져도 그것이 땅 밑으로 들어가지 않았기 때문에 공중의 새들이 쉽게 발견하고 알곡을 물고 가버립니다. 여러분이 20년, 30년, 혹은 40년간 죄를 짓고 살면서 여느 다른 사람처럼 쉽게 회심할 수 있을 것처럼 생각하지 마십시오. 하나님께서는 원하신다면 여러분을 아침 첫 시간에 부르신 것처럼 쉽게 제십일 시에도 부르실 수 있다는 것을 압니다. 그러나 여러분에 관해서 생각할 때, 여러분이 마음을 완고하게 갖는다면, 여러분은 하나님께서 여러분에게 그렇게 하실 것으로 기대할 권리가 없고, 오히려 여러분이 갑자기 망하고 구제할 길이 없다고 생각해야 합니다. 따라서 이렇게 완고해지는 과정이 우리 마음에서 시작조차 되지 않도록 죄짓는 데서 보호를 받는 것은 하나님의 자비입니다.

그 다음에 소소한 죄를 짓는 사람은 그 죄를, 말하자면 더 악한 죄를 짓기 위한 디딤돌로 삼게 됩니다. 다윗은 지혜롭게 이런 기도를 드렸습니다. "자기 허물을 능히 깨달을 자 누구리요 나를 숨은 허물에서 벗어나게 하소서 또 주의 종에게 고의로 죄를 짓지 말게 하사 그 죄가 나를 주장하지 못하게 하소서 그리하면 내가 정직하여 큰 죄과에서 벗어나겠나이다"(시 19:12,13). 그는 자신이 고의로 짓는 죄를 삼가게 된다면 큰 죄를 짓는 데로 나가지 않게 될 것이고, 그렇게 생각하는 것이 옳다고 느낀 것 같습니다. 하나님의 인자와 애정 어린 자비로 말미암아 은혜로운 영향을 받으면서 자란 젊은이 여러분, 여러분은 자신이 죄를 지었다는 것을 알아야 하고, 여러분의 죄가 하나님의 은혜만이 고칠 수 있는 악을 여러분의 영혼에 끼쳤다는 것을 알아야 합니다. 그러나 여러분은 자신이 하나님의 은혜 때문에 술주정뱅이로 살거나 부정한 생활을 하지 않았다는 점에 대해 주님께 감사하는 것이 옳을 것입니다. 혹은 여러분이 어렸을 때 하나님의 제지를 받지 않았다면 아마도 그렇게 되었을 것인데, 하나님의 교회를 버리고 그래서 통상적으로 은혜를 받는 자리를 떠나게 되지 않은 것에 대해 하나님께 감사하는 것이 옳을 것입니다. 작은 시내가 아무런 방해를 받지 않고 흘러간다면 마침내 거품이 이는 급류가 되어 둑을 무너뜨리고 아주 광범위하게 손해를 끼치게 됩니다.

여러분 인생의 급류가 제지당하고, 그것이 작은 개울에 불과했을 때 인도를 받아, 죄의 급류가 여러분의 인격과 인생에 범람하지 않은 것에 대해 하나님께 감사하시기 바랍니다.

죄짓는 일을 제지당하는 것에 이런 복이 있습니다. 즉, 그로 말미암아 우리가 이후로 많은 슬픔을 겪게 되는 데서 구원을 받는 것입니다. 아비가일은 다윗에게, 그가 우발적으로 피 흘린 것을 생각하고 마음에 슬픔이나 고통을 겪는 일이 있어서는 안 된다고 하였습니다. 죄인이 회심할 때 비록 하나님께서 그를 용서하셨을지라도 그 자신은 용서할 수 없습니다. 하나님의 자녀 가운데서 비록 하나님께서 그의 죄를 지워 버리셨지만 그가 이 세상에 있는 한 그 죄를 기억에서 지울 수 있는 사람은 없습니다. 여러분은 다윗이 큰 죄를 범한 후에는 그 이전과는 사람이 달라진 것을 알 수 있습니다. 다윗은 여전히 하나님께 찬송을 부르지만, 그의 목소리에는 큰 죄를 짓기 전에는 없었던 쉰 목소리가 있었습니다. 전에는 그의 시들이 경쾌한 음악에 맞춰 춤을 추는 기쁘고 즐거운 시들이었는데, 이제는 그의 시에는 슬픔이 배어 있습니다. 나는 전에 어떤 이상한 설교자가 죄는 신자에게 아무 해를 끼치지 않는다고 말하는 것을 들었습니다. 이것은 사람의 입에서 나올 수 있는 어떤 것보다 끔찍한 교훈입니다. 그런데 그는 거기에 "죄가 그의 마음의 평안을 깨트리는 것을 제외하고"라는 말을 덧붙였습니다. 그런데 내가 생각할 때 그런 결과라는 것은 사실 다른 아무 해가 없을지라도 충분히 해를 받은 것이라고 봅니다. 존 번연은 "가슴속에 '마음의 평안'이라는 식물을 간직하고 있는 사람은 비록 누더기를 걸치고 노래를 부를지라도 행복한 사람이다"고 말합니다. 그러나 다윗처럼 양심의 가책을 받는 사람은 이 땅에서 그보다 더 힘든 곤경은 없습니다. 여러분 가운데 회심하지 않은 분들이 큰 죄를 짓는 데서 보호받기를 바랍니다. 그리고 우리 가운데 구원받은 사람들은 시험에 빠져 악을 행하는 데서 보호받기를 바랍니다. 그래서 우리가 고뇌 가운데 머리칼을 쥐어뜯으며 무덤에 가는 일이 없게 되기를 바랍니다.

더 나아가, 죄를 범하지 않도록 지키심을 받는 사람은 다른 사람들에게 자기 죄의 결과를 끼치는 일을 피하게 된 것을 인해서 하나님을 찬송해야 합니다. 다른 사람들을 지옥에 보내는 일에 도구 노릇을 한 사람들이 천국에 있으리라는 것을 아는 것은 두려운 일입니다. 나는 죄를 지은 사람들, 특히 아주 악하기 그지없는 죄를 지은 사람들이 그 자신은 회심하였지만 다른 죄인들이 복음에 귀를 기울이게 할 힘이 없다는 것을 깨달을 때 그 감정이 어떠할지를 이따금 생각합니다. 휫필드 목사는 이렇게 말합니다. 그는 하나님께서 은혜로우시다는 것을 맛보자마자 즉시 자신이 그동안 친하게 지냈던 모든 친구들이 카드 게임을 하거나 죄악적인 놀이에 몰두해 있는 것을 생각하였다고 합니다. 그는 자신이 친구들을 구주께 데려오기 위해 할 수 있는 일을 다하기 전까지는 결코 쉬지 않은 것에 대해 하나님께 감사한다고 말했습니다. 친구 여러분, 그대는 전에 불신자였지만 지금은 신자입니다. 여러분은 과거에 사용하던 말이 이제는 생각도 나지 않습니다. 여러분은 과거에 이야기하던 주장들에 대해 충분히 이의를 제기할 수 있습니다. 그러나 다른 사람들에게 여러분의 반박의 취지를 쉽게 이해시킬 수는 없습니다. 형제 여러분, 여러분은 한때 부정한 말을 예사로 사용하였습니다. 그러나 이제는 그런 말을 싫어합니다. 다른 사람에게서 그런 말을 들으면 책망합니다. 그러나 다른 사람들이 여러분에게서 배운 그 습관을 버리도록 만들지는 못합니다. 여러분은 자녀가 듣는 데서 여러분이 부르곤 하였던 노래에 대한 기억을 아이의 머릿속에서 지우지 못합니다. 여러분의 딸아이가 여러분에게서 들은 악한 말을 딸의 마음에서 지워 버릴 수가 없습니다. 하나님이 주권적인 은혜로 개입하여 그런 불행을 막아주시지 않는 한, 그 말은 딸아이의 마음을 계속해서 괴롭히고 지속적으로 해악을 끼칠 것이 틀림없습니다. 여러분이 시온의 벽을 허물거나 그 벽에 돌을 던지는 일을 돕기 전에 젊은 시절에 하나님과 함께 시작하는 것이 얼마나 큰 복인지 모릅니다! 나이 들어 구원을 받고, 헤아릴 수 없이 많은 죄악을 지워 버리는 승리의 은혜를 노래할 수 있다는 것은 말로 다할 수 없는 복입니다. 그러나 적어도 천국의 이쪽 편에서는 그처럼 늦게 회개한 사람에게는 그가 고칠 수 없는 악을 그처럼 많이 범했을 것이라는 점이 끊임없는 후회를 낳는 원인이 되는 것은 틀림없는 사실입니다.

그 외에도, 사랑하는 형제 여러분, 지금 이 설교를 듣고 있는 그리스도인에게는 죄 짓는 일에서 지키심을 받는 것이 언제나 복입니다. 이렇게 해서 그의 인격이 보호를 받기 때문입니다. 그리스도인이 유익한 영향력을 얼마나 많이 발휘할 수 있느냐 하는 것은 그의 인격에 달려 있습니다. 타락한 사람들이 돌아섰을 때 우리는 그들에 대해서 어느 정도 의심을 품지 않을 수 없습니다. 이들이 이후에 할 수 있는 한 최대로 조심스럽게 살지라도, 이들이 교회의 이름을 더럽힌 것만큼 교회를 명예롭게 하는 것은 아주 어려울 것입니다. 강줄기에 큰 폭포가 하나 있다면, 천 마일이나 되는 강줄기에 폭포가 하나뿐이라면 사람마다 그 폭포 소리를 듣고, 지도에도 표시가 됩니다. 그러나 어떤 강이 조용히 흐르면서 강 양쪽에 있는 풀밭을 기쁘게 하며 배들을 바다까지 인도한다면, 그 강은 큰 폭포가 있다면 만들어 낼 아주 시끄러운 소리를 일으키지 않을 것입니다. 마찬가지로 믿지 않는 세상이 신자의 거룩한 생활에 대해서 별로 말을 하지 않지만, 신자의 악한 행위에 대해서는 몇 배나 떠들어 댑니다. 세상 사람들이 신자의 그런 행실에 대해 얼마나 떠들어 대기를 좋아하는지요! 그들은 하나님 백성들의 죄에 대해서는 입에 맞는 음식처럼 얼마나 씹어 대기를 좋아하는지요! 여러분이 다시 타락한 것을 후회할 수 있고, 다시 돌아온 후에는 마땅히 그래야 하듯이 훨씬 더 신앙에 열심을 낼 수 있습니다. 그러나 사랑하는 형제 여러분, 일단 여러분이 교회의 명예를 더럽힌 후에는 그 오점을 씻어내기가 쉽지 않습니다. 우리가 천국에 들어갈 때까지 하나님의 사랑과 은혜로 지지를 받고 보호를 받아 처음의 신앙 고백을 계속해서 지킬 수 있게 되는 것이 말할 수 없이 나은 일입니다.

이 주제에 대해서 한 가지만 더 말하자면, 죄를 용서받고 은혜를 받을지라도 죄를 짓는 것이 죄를 짓지 않는 것보다 결코 낫지 않다는 것을 여러분이 확실히 알아야 한다는 것입니다. 집에 불이 났습니다. 소방차가 거의 즉시로 우르르 달려온다면, 급수가 충분하고 소방대원들이 열심히 활동해서 모든 사람의 목숨을 구하고 재산도 많이 보존되었다면 우리는 감사하게 생각합니다. 그렇지만 아예 처음부터 불이 나지 않았다면, 훨씬 더 큰 복이었을 것입니다. 가족이 큰 병에 걸렸습니다. 그런데 의사가 의술이 뛰어나고 간호사는 똑똑하고 신중해서 병이 호전을 보인다면, 그 사람은 목숨을 건지고, 건강을 되찾고 병에서 회복된 것에 감사합니다. 그러나 병에 걸리지 않았다면, 훨씬 더 좋았을 것입니다. 군인이 부상을 입었습니다. 그가 구급차에 실려서 병원으로 후송됩니다. 의사가 그의 몸에 박힌 탄환을 빼내고 상처를 봉합합니다. 그 사람은 결국 건강을 회복하여 부대로 돌아갑니다. 그러나 그가 입었던 상처는 무덤까지 가져갈 것입니다. 그가 아예 부상을 당하지 않았다면 그로서는 훨씬 더 나은 일이었을 것입니다. 죄가 만들어낸 상처도 그와 같습니다. 죄의 결과들을 아무리 잘 지운다고 해도 완전히 지울 수는 없습니다. 누구에게든지 죄를 짓는 것이 죄를 짓지 못하도록 보호를 받는 것보다 결코 나을 수 없습니다. 그렇지 않다면, 마치 죄가 하나님 말씀이 말씀하는 것과 다르게 저주거리가 아닌 것처럼 보일 것입니다. 죄가 마치 사소한 일에 지나지 않은 것처럼 보일 것이고, 골고다의 십자가가 전혀 필요 없는 것처럼 혹은 사람들을 죄와 그 두려운 결과에서 구원하기 위해 영원한 지혜와 사랑에서 나온 놀라운 계획이 전혀 필요 없는 것처럼 보일 것입니다. 형제 여러분, 하나님께 우리를 죄에서 지켜주시라고 외칩시다. "주께서 우리를 허망한 사상들에서 지켜주시고, 무엇보다 주님의 거룩한 이름을 더럽힐 행동들에서 일체 우리를 지켜 주소서!"라는 이 기도를 밤낮 드리도록 합시다. 우리가 죄가 어떤 것인지 알기 위해 지를 지을 필요는 없습니다. 악을 씻음받기 위해 악에 뛰어들 필요는 없습니다. 진흙구덩이에서 끌려나오기 위해 구덩이에 들어갈 필요는 없습니다. 우리의 가장 큰 바람은, 주권적인 은혜로 구원을 받고, 하나님의 자녀의 새로운 본성을 받기까지 큰 죄들에서 지키심을 받고, 그 후에는 우리 구주 하나님의 영광을 위하여 기꺼이 일할 수 있게 되는 것입니다.

2. 둘째로, 하나님께서 우리가 죄짓는 것을 막으시는 몇 가지 방법들에 대해서 말씀드리도록 하겠습니다.

물론 하나님께서는 우리 속에 있는 하나님의 은혜의 역사를 통하여 이 일을 아주 놀랍게 행하십니다. 성령의 내주하심만큼 죄를 짓지 않도록 우리를 잘 보호하시는 방법은 없습니다. 사람 마음에서 악한 영이 나가고 그 마음이 청소되고 아름답게 장식되었을지라도, 성령이 와서 거기에 거하시지 않는다면, 처음의 영보다 더 악한 다른 일곱 영들이 돌아와 마음을 차지하게 될 것입니다. 은혜의 불길이 마음속에서 타오르게 하는 것 외에는 죄의 불길을 끌 수 있는 방법은 없습니다. 우리는 불로써 불을 제압해야 합니다. 여러분의 마음을 하나님의 모든 충만하심으로 채우도록 하십시오. 그러면 이 세상 임금이 그대에게 올 때, 여러분을 이길 수 없게 될 것입니다. 하나님의 은혜야말로 죄를 이기는 큰 방어 수단입니다.

그런데 하나님께서는 사람들이 회심하기 전에라도 다른 사람들이 빠지는 큰 죄와 악에서 그들을 지키기 위해 다른 수단들을 사용하기도 하십니다. 이 수단들 가운데는 첫째로, 조기 교육이 있습니다. 다른 사람들은 영원히 후회하지 않을 수 없는 죄들을 다행히 경험하지 못한 사람들이 있습니다. 그들은 식물처럼 온실 안에서 보호를 받아온 것입니다. 그들은 이 악한 세상의 서리를 맞은 적이 없습니다. 이것이 여러분에게 해당되는 일이라면 크게 감사해야 합니다. 하지만 그것이 거듭남을 대신하는 것으로 생각해서는 안 됩니다. 여러분이 아주 호감이 가는 인물이고, 매우 뛰어난 인물이며, 지극히 열성적인 사람이며, 매우 존경할 만한 사람일지라도, 그지없이 타락한 사람이나 방탕하기 짝이 없는 사람, 지극히 세속적인 사람만큼이나 확실하게 거듭나야 한다는 사실을 기억하시기 바랍니다. 누구든지 천국에 들어가려면 거듭나는 것이 절대적으로 필요합니다. 무엇이든지 거기에 미치지 못하는 것에 만족해서는 안 됩니다. 그런데 여러분이 디모데처럼 어렸을 때부터 성경을 알았다면, 혹은 사무엘처럼 어린 나이부터 하나님의 전에서 양육을 받았다면, 감사하게 생각할 수 있습니다. 그렇게 함으로써 여러분이 다른 사람들이 빠진 많은 죄에서 보호를 받았기 때문입니다.

그리스도인의 교제 또한 우리가 죄를 짓지 않도록 돕는 일에 아주 크게 쓸모가 있습니다. 이 자리에 이제 막 런던에 온 젊은이가 있을 수 있습니다. 그가 작은 교회에서 예배에 참석했던 조용한 시골을 떠나 런던으로 온 것입니다. 그의 과거 생활의 모든 속박들을 벗어던지고, 런던이라는 이 큰 숲의 두꺼운 나무들 속으로 숨어서 지금까지 범하지 않도록 보호를 받았던 죄에 빠지려는 큰 시험이 그에게 닥칠 수 있습니다. 사랑하는 친구 여러분, 여러분이 영원한 파멸을 원한다면, 이것이 여러분의 치명적인 선택이 될 수 있습니다. 그러나 여러분이 그런 선택을 꿈에도 생각하고 싶지 않다면 여러분에게 강력하게 권고합니다. 엎드려서 여러분을 기다리는 사탄의 적극적인 종들에게 붙잡히기 전에 젊은 그리스도인들과 교제하기를 힘쓰십시오. 와서 우리 교회의 성경공부반이나 청년부에 참여하거나 다른 어디에서든지 그리스도인 친구들을 찾도록 하십시오. 그리스도인 친구들을 알고 사귐으로 여러분이 실제로 그리스도에게 가지 못할지라도, 적어도 여러분의 경건한 부모가 항상 여러분이 가기를 바라왔던 그 길에서 여러분이 아주 멀리 빗나가지 않게 될 수는 있습니다. 여러분 스스로 결정할 수 있으므로, 사탄을 위해서 결정하기보다는 여러분이 강한 책임 의식을 느껴서 성령의 능력으로 말미암아 주 예수 그리스도를 위하여 결정할 수 있게 해주시기를 하나님께 구합니다! 바로 오늘 밤, 이 도시에 처음 온 여러분이 구주님께 온다면, 그것은 여러분에게 말로 다할 수 없는 영원한 복이 될 것입니다! 주님께서 그렇게 해 주시기를 구합니다. 주님께 모든 찬송을 드립시다. 그러나 여러분이 지금 당장 마음을 바꾸지 않을지라도, 그리스도인과의 교제가 여러분이 외적인 죄를 짓지 않도록 막아주는데 매우 유익할 것입니다.

마음에 하나님의 은혜가 있는 형제자매 여러분, 여러분은 마음씨가 따뜻한 그리스도인들과의 교제가 여러분이 악을 행하는 것을 막아주는 최상의 방법들 중의 하나라는 것을 종종 발견하게 될 것입니다. 우리 교인들 가운데 어떤 분들이 시골에 가서 살았는데, 그곳에서 그들은 냉랭하고 무관심한 회중과 예배드릴 수 있을 뿐이었고, 목회자도 절반은 졸고 있다시피 하였습니다. 그들이 영적 생활에서 아주 심각하게 퇴보하는 것을 볼 수 있었습니다. 내가 후에 그 교인들을 만나서 그 점에 관해 이야기했을 때, 그들은 말하기를 그것은 마치 온실에서 얼음 굴로 들어간 것 같았다고 하였습니다. 이제 자기들은 예전에 느꼈던 것과 같은 열심을 느끼지 못한다고 고백하였습니다. 오, 그리스도인들이여, 여러분은 할 수 있는 대로 하나님 백성과 교제하기를 힘쓰십시오. 여러분 가운데 누구든지 다른 그리스도인과 교제할 수 있는 위치에 있는데, 다른 곳에 가면 돈을 열 배나 많이 벌 수 있는 기회가 있는데 거기에서는 그리스도인과의 교제를 포기해야 한다면, 다른 데로 가지 않도록 하십시오. 성도들과의 교제를 잃는 것이 그리스도인들에게는 언제나 큰 손실입니다. 세상적으로 아무리 성공한다고 할지라도 그것이 착실한 복음 설교와 사랑이 넘치는 사람들을 떠남으로써 받는 손해를 벌충하지 못할 것입니다. 하나님께서 천국 가는 길에서 여러분의 형제 신자를 활용하여 여러분을 돕고, 또 여러분이 죄짓는 것을 막는 일에도 종종 형제를 활용하는 것을 인해서 하나님께 감사드리십시오.

또한 주님께서는 우리를 악에서 지키기 위해 우리의 사회적 위치를 사용하기를 기뻐하시는 경우가 아주 많습니다. 내 말뜻은 이것입니다. 어떤 사람들은 가난한 위치를 벗어나려고 거듭거듭 시도했지만 항상 가난하게 살았습니다. 한두 번, 그들은 거의 성공할 뻔하였습니다. 그러나 그들이 야망이 부족해서도 아니고 근면하지 않아서도 아니라, 마치 하나님의 섭리가 그들과는 엇갈린 것처럼 그들은 언제나 다시 볼품없는 음식과 작은 집으로 돌아가지 않으면 안 되었습니다. 사랑하는 친구 여러분, 주님께서는 여러분이 부자가 되는 것을 감당할 수 없음을 아시는 것입니다. 하나님께서 여러분에게 지금 가지고 있는 것보다 더 많은 것을 허락하셨다면, 여러분이 교만해지고 세상적인 사람이 되어버렸을 지도 모릅니다. 부자가 되어 믿음을 잃기보다 가난한 가운데서 하나님 가까이 사는 것이 여러분에게 더 나았습니다. 나는 하나님의 백성들이 사업에서 겪는 불운들 가운데 많은 것이 죄짓는 것을 막는 예방책이라고 믿습니다. 주님께서는 하나님의 백성들이 사업을 시작하면서 마음에 하나님의 은혜가 없는 부자와 친하게 지내려고 하는 것을 보실 때, "내 종이 아주 위험한 땅에 가려고 하니 그를 잃어버리기 전에 내가 그를 막아야 하겠다"고 말씀하십니다. 그리고 곧 그렇게 하십니다. 그래서 그 사람의 재산은 날아가 버리고, 그렇게 해서 그 자신은 위험에서 구출되는 것입니다.

어떤 사람들은 신체적인 약함으로 인해서 죄짓는 데서 보호를 받습니다. 절름발이였던 사람이 이렇게 말했습니다. "내가 발을 절룩이지 않았다면 하나님의 계명들을 지키는 길에 들어서지 않았을 것이 틀림없습니다." 그런가 하면 어떤 사람은 이렇게 말했습니다. "내가 눈이 멀지 않았다면 결코 그리스도를 보지 못했을 것이라고 이따금 생각합니다." 순전히 자신들의 약함으로 인해 세상을 즐기지 못하게 되었기 때문에 그들은 더 고귀한 즐거움을 찾고, 영구한 영적 건강을 추구하게 되었던 것입니다. 천국에 들어가는 절름발이와 맹인들은 복된 사람들입니다. 두 눈을 가진 사람들은 지옥에 던져지는데 눈이 하나밖에 없지만 천국에 들어가는 사람은 복됩니다.

그런가 하면 심각한 병 때문에 죄짓는 데서 보호를 받은 사람들이 있는 것도 확실합니다. 이런 병들이 우연히 우리에게 오는 것이 아니라 하나님의 정하신 뜻에 의해서 온다고 믿습니다. 우리는 서로 이런 말을 합니다. "나는 어디서 그 병에 걸렸는지 알 수가 없어." 혹은 "어째서 그런 병이 내게 생겼는지 도무지 알 수가 없어." 아마도 여러분은 침상에 있었을 때가 다른 어디에서 있었을 때보다 더 많이 위험에서 벗어나 있었을 것입니다. 여러분이 침실에서 나왔었더라면, 감당하지 못했을 아주 심각한 시련을 당하는 처지에 떨어졌을지도 모릅니다. 나는 적어도 내 많은 병들 가운데 어떤 경우들에서는 그 병에 대한 이유를 아주 분명하게 알 수 있었다고 증언할 수 있습니다. 우리가 그 이유를 알 수 없는 때에라도 하나님은 그에 대한 이유를 알고 계십니다. 우리가 그 이유를 알 수 없다면, 그 이유는 훨씬 더 깊은 것일 수 있고, 그리스도인 생활의 핵심에 훨씬 더 가까이 있는 것일 수도 있습니다. 여러분의 병, 고통, 슬픔, 우울함, 그리고 온갖 시련들은 단지 여러분이 죄를 짓지 않도록 예방하기 위해서 여러분에게 보내진 경우가 많습니다. 이런 것들이 여러분을 속박합니다. 마치 차꼬를 찬 채로 풀밭에 있는 말처럼 말입니다. 친구가 말의 소유주에게 말했습니다. "자네가 저렇게 훌륭한 말을 괴롭히고 있는 것이 아닌가 모르겠네. 참으로 가엾어 보이네." 그 소유주가 대답하였습니다. "나는 저 말을 풀어주기보다는 차라리 차꼬로 묶어 두겠네. 저 말을 차꼬로 묶어 두지 않는다면 잃어버리고 말 걸세. 저 말은 울타리와 도랑을 뛰어넘는 습관이 있네. 그래서 차꼬로 묶어 두지 않으면 저 말을 지킬 수가 없네." 형제 여러분, 이와 같이 여러분에게는 차꼬가 있습니다. 이는 주님께서 여러분을 잃기보다는 차라리 차꼬로 여러분을 묶어 두고자 하시기 때문입니다. 주님께서는 여러분이 지옥에서 영원히 고통을 받도록 하시기보다는 여기서 고난을 겪도록 하고자 하시는 것입니다.

다시 한번 말하지만, 그동안 하나님의 백성들은 특별한 섭리로 말미암아 죄짓는 데서 보호를 받은 적이 아주 많았습니다. 아직 하나님의 백성이 되지 않은 사람들 가운데는 하나님 섭리의 아주 두드러진 개입으로 말미암아 어떤 특정한 죄들을 범하는데서 보호를 받은 사람들이 있습니다. 여러분 모두 아마 한 퀘이커교도의 이야기를 기억하실 것입니다. 그는 어느 날 밤 침대에서 일어나 말을 타고 이웃 마을로 가고 싶은 억누를 수 없는 충동을 느꼈습니다. 그가 이웃 마을에 도착했을 때, 그는 위층에 불이 켜진 집 앞에 멈춰 섰습니다. 그는 문을 두드리고, 두드리고 또 두드렸습니다. 마침내 한 사람이 문으로 나와서 밤 그 시간에 그에게 무엇을 원하느냐고 물었습니다. 그 퀘이커교도가 대답했습니다. "형제여, 어쩌면 당신은 내게 말해 줄 수 있을 것 같습니다. 주님께서 나를 당신에게 보내셨는데, 왜 그렇게 하셨는지 나는 모릅니다." 그러자 그 사람이 말했습니다. "위층으로 올라오시죠. 그러면 그 이유를 당신에게 말해 줄 수 있을 것 같군요." 그곳에서 그는 이제 막 자기 목숨을 끊는데 쓸 밧줄을 단단히 묶고 있었습니다. 그런데 하나님께서 마침 그 시간에 자기 종을 그에게 보내어 계획한 그 악을 막으신 것입니다. 그처럼 특이한 섭리가 모두에게 혹은 우리 가운데 어느 사람에게 일어나지 않을 수 있습니다. 우리에게는 그런 섭리가 필요 없기 때문입니다. 그러나 어떤 사람들에게는 그들이 하나님께 죄짓는 것을 막기 위해 그와 같은 섭리가 일어납니다. 우리에게는 두드러지게 보이지 않는 섭리들이 하나님의 백성을 섬기고, 그들의 발이 돌에 부딪치지 않도록 그 발을 떠받치며, 하나님의 종들이 곁길로 가 죄를 짓지 않도록 개입하는데, 그것이 하나님의 지혜와 선하심을 항상 찬미하는 거룩한 천사들에게는 놀랍게 보일 수도 있습니다. 눈들이 가득 달린 섭리의 바퀴는 계속해서 우리를 주시하는 눈들이 있고, 그 바퀴들은 우리를 대신해서 하나님의 영광을 위하여 항상 회전하고 있습니다.

목사를 통해서나 전도 책자 혹은 성경에서 읽은 어떤 본문을 통해서 혹은 친구에게서 들은 친절한 설명을 통해서 받은 양심의 메시지 때문에 죄짓는 데서 보호를 받은 사람도 틀림없이 많을 것입니다. 우리 교회 교인들 가운데는 하나님의 은혜로운 섭리로 길거리에서 들은 말씀 때문에 구원을 받은 분들이 있습니다. 그 가운데서 특별히 한 분은 막 극장에 들어가려고 하는데 자신을 다른 사람으로 착각한 어떤 사람이 그의 어깨를 두드리며 그런 곳에 들어가지 말고, 자기와 함께 목요 집회에 가서 하나님 말씀을 듣자는 부탁을 받은 것입니다. 그런 실수가 발생했다는 것이 특이한 일이었는데, 그 사람에게는 복된 실수였습니다. 그는 오늘 밤 자신이 하나님의 전에 있고, 하나님 백성들 가운데 한 사람으로 헤아림을 받는 것을 기뻐합니다.

3. 마지막 요점은, 그리스도인들이 죄짓는 것을 막는데 더 열심을 낸다면 매우 복된 일이 되리라는 것입니다.

이 문제가 구약에서는 다음과 같은 명령으로 아주 분명하게 진술되었습니다. "너는 네 형제를 마음으로 미워하지 말며 네 이웃을 반드시 견책하라 그러면 네가 그에 대하여 죄를 담당하지 아니하리라"(레 19:17). 그렇지만 기독교 시대에 우리가 죄를 막으려고 노력하는 일에 아주 소홀한 것이 아닌가 하는 생각이 듭니다. 우리 가운데 어떤 사람들은 체면을 너무 크게 생각할 수가 있습니다. 우리는 분명 매우 존경할 만한 사람들입니다. 다만 모든 사람이 그것을 아는 것이 아니고 마땅히 우리에게 보여야 한다고 생각하는 존경을 보이지 않을 수도 있습니다. 어쩌면 우리는 다른 사람들이 마땅히 해야 하는 대로 최선을 다하고 있지 않다고 의심하고, 그러면 당연히 그들의 대한 우리의 태도는 예전과 같지 않게 됩니다. 그렇게 되면 사람들은 우리를 어려워하기 시작합니다. 그렇게 해서 사탄이 기뻐할 이유가 있는데, 이는 그리스도인들이 서로 멀어지게 되었고, 아주 큰 죄가 이렇게 교회의 토양에 심겨진 쓴 뿌리에 의해서 일어나기 때문입니다.

자, 사랑하는 여러분, 누군가가 여러분에게 아주 무례하게 굴었다고 생각해 봅시다. 그러면 여러분은 "저 사람에게 복수하겠다"고 말하기보다는 자신에게 이렇게 말한다고 생각해 봅시다. "만일 저 사람이 정말로 내가 받을 만한 대로 나를 취급하려고 했다면, 하나님께서는 내가 그에게서 거의 아무런 존경을 받지 못할 것을 아신다. 저 사람이 이번에 나를 비방했다. 하지만 그가 내 잘못이 무엇인지 정말로 안다면 그는 나의 훨씬 더 약한 부분을 공격할 것이다." 남자 아이가 부당하게 징계를 받을 때 사람들은 때로 이렇게 말합니다. "저 아이가 이번에는 징계를 받을 만한 일을 하지 않았다고 하더라도, 아마도 그동안 마땅히 징계를 받았어야 하는데 받지 않았거나 아니면 앞으로 징계 받을 만한 일을 하게 될지 몰라." 이와 같이 부당한 책망이 온다면, 나는 다음에 필요한 경우를 대비하여 그 책망을 쌓아두겠습니다. 어떤 그리스도인은 때로 이렇게 말합니다. "벌레도 밟으면 꿈틀거릴 것이다." 그렇습니다. 나는 벌레가 꿈틀댈 것을 압니다. 하지만 나는 여러분이 벌레를 그리스도인에 대한 본보기로 생각하지 않기를 바랍니다. 여러분이 주 예수 그리스도를 본보기로 모시고 있을 때는 특별히 더 그렇습니다. 여러분이 벌레를 밟으면 쓸데없이 가한 고통 때문에 벌레가 꿈틀거릴 것입니다. 그러나 여러분이 그리스도인으로서 누군가에게 밟힌다면 여러분은 그를 용서하고 그에게 도움을 주려고 해야 할 것입니다. 사람들 사이에서 "캔터베리 주교를 화나게 만들어 보라. 그러면 그가 평생 여러분의 친구가 될 것이라"는 말이 회자된 적이 있었습니다. 타는 숯불을 적의 머리에 쌓아둠으로써 적을 죽이는 사람은 행복합니다. 형제 여러분, 여러분이 그렇게 할 수 있을 때는 언제든지 그렇게 하십시오. 그리고 여러분의 어리석은 체면을 살리기 위해 죄를 짓지 않도록 하십시오. 하나님의 전에서 문지기가 될 뿐 아니라 필요하다면 기꺼이 신발 흙털이개가 되도록 하십시오. 그렇게 할 때 여러분은 한층 더 명예를 얻을 것입니다. "무릇 자기를 낮추는 자는 높아지리라"(눅 14:11).

우리는 어떤 사람들이 마땅히 해서는 안 될 이야기를 하는 것을 들을 수 있는데, 그 이야기에 어떤 재치나 즐거운 요소가 있을 수 있습니다. 그렇다고 할지라도 우리는 그 대화를 듣고 웃어서는 안 됩니다. 우리가 그 이야기에 들어 있는 재치 때문에 웃을지라도 다른 사람들은 그 이야기에 섞여 있는 악한 것을 재미있어 한다고 생각할 수 있기 때문입니다. 그리스도인이라면 그런 경우에 단호한 태도로 아주 분명하게 말해야 합니다. "당신의 재미있는 이야기가 정당하고, 거기에 하나님을 모독하는 일이 전혀 없는 한, 나도 기꺼이 당신의 이야기를 즐길 것입니다. 나도 사람이고 성격이 쾌활하기 때문입니다. 그러나 당신의 이야기가 너무 지나치게 되면 나는 당신에게 항의를 하지 않을 수 없습니다. 침묵함으로써 그런 이야기에 동의한다는 뜻을 표시하고 싶지 않습니다."

형제 여러분, 여러분은 그렇게 해야 합니다. 그렇게 하는 것에 대해 여러분에게 감사할 사람들이 있는 것을 발견하게 될 것입니다. 여러분은 웨슬리 목사가 언젠가 한 사람이 하나님의 이름을 들어 욕하는 것을 막은 이야기를 들어본 적이 없습니까? 웨슬리 목사가 마차를 타고 가고 있었는데, 한 군인 장교가 함께 타고 가면서 계속해서 하나님의 이름을 들어 욕을 하였습니다. 마침내 웨슬리 목사가 아주 점잖게 그 사람에게 말했습니다. "선생님, 한 가지 꼭 부탁드리고 싶은 것이 있습니다." 그러자 그 장교가 물었습니다. "선생님, 그게 무슨 말이죠?" "선생께서 내가 이 여행을 하는 동안에 상스런 욕을 하더라도 그것에 대해서 별 말씀을 하시지 않았으면 좋겠습니다" 하고 웨슬리 목사가 말했습니다. 그러자 그 장교가 "무슨 말씀인지 알겠습니다. 호의에 감사드립니다" 하고 답하였습니다. 여러분이 그렇게 한다면 어쩌면 험악한 답변을 듣고, 욕하는 사람을 더 화나게 만들 수도 있습니다. 그럴지라도 여러분은 죄를 온유하면서도 애정을 가지고 책망함으로써 자신의 책무를 다한 것입니다.

어떤 사람이 이제 막 그릇된 일을 행하려고 하는 바로 그때 우리가 개입할 수 있다면, 아주 많은 경우에 사람들의 죄를 막을 수 있을 것입니다. 어쩌면 여러분은 여러분에게 그런 일을 하는 목사가 있어야 한다고 말할지 모릅니다. 그러나 그동안 내가 종종 말했듯이 우리 교회와 같은 곳에서는 여러분이 모두 목사가 되어야 합니다. 교인들이 4,200명이나 되는 교회에서 목사 두 명이 대체 무엇을 할 수 있겠습니까? 장로와 집사들이 다 동원된다고 해도 무슨 일을 할 수 있겠습니까? 교회의 유일한 소망은 하나님께서 여러분 모두를 돌보시고, 여러분 모두가 서로를 돌보는 것뿐입니다. 나이가 지긋한 여러분, 오랫동안 믿음을 지켜온 여러분, 다른 교인들에게 존경을 받는 여러분, 어쩌면 여러분은 교회에서 모순되는 점들이 생기는 것을 알 것입니다. 그럴지라도 가서 그 점들에 관해 이야기하지 마십시오. 특별히 교회 밖에 있는 사람들에게 말하지 마십시오. 그것은 "누워서 침 뱉는 것"과 같은 일입니다. 다른 사람들에게 이야기하지 말고, 문제를 일으키는 당사자에게 가서 말하십시오. 이렇게 하면 여러분이 한 영혼을 죽음에서 건지고 많은 사람들의 죄를 덮는 일을 할 수가 있습니다. 하나님께서 여러분에게 그런 일들을 바르게 처리할 수 있는 지혜와 미덕과 분별력과 애정을 주시기를 바랍니다!

그리스도인이라면 누구나 다윗을 악한 결심에서 돌이키도록 만드는 아비가일의 지혜로운 방법을 본받을 결심을 하도록 해야 합니다. 그리스도인 여성들이여, 여러분은 이 문제에서 뒤로 물러가지 말고, 여러분이 가지고 있는 매력적인 방법을 이 목적을 위해 사용하도록 하십시오. 나는 아비가일이 나발을 위해서 어떤 사람이 할 수 있었던 것보다 훨씬 더 호소력 있게 다윗에게 간청했을 것이라고 생각합니다. 왜냐하면 아비가일은 총명한 여자였고, 그녀의 밝은 얼굴이 성급하고 화가 나 있는 이 전사의 눈을 사로잡아, 그가 잠시 멈추고 그녀의 지혜로운 말에 귀를 기울이게 되었고, 그래서 그녀가 원한 바를 얻었기 때문입니다. 나는 여러분 모두가 다른 사람들을 죄짓도록 인도하거나 죄짓는 생활을 굳히도록 하는데 하나님께서 여러분에게 주신 모든 능력들을 사용할 것이 아니라 할 수 있는 한, 이제 막 죄악된 행동을 하려고 하는 사람이 죄짓지 못하게 막는데 사용할 수 있기를 바랍니다.

하나님께서 이 말씀에 복을 더하여 주시기를 바랍니다. 아멘.

제
13
장

전리품을 나누는 다윗의 법칙

"다윗이 전에 피곤하여 능히 자기를 따르지 못하므로 브솔 시내에 머물게 한 이백 명에게 오매 그들이 다윗과 그와 함께 한 백성을 영접하러 나오는지라 다윗이 그 백성에게 이르러 문안하매 다윗과 함께 갔던 자들 가운데 악한 자와 불량배들이 다 이르되 그들이 우리와 함께 가지 아니하였은즉 우리가 도로 찾은 물건은 무엇이든지 그들에게 주지 말고 각자의 처자만 데리고 떠나가게 하라 하는지라 다윗이 이르되 나의 형제들아 여호와께서 우리를 보호하시고 우리를 치러 온 그 군대를 우리 손에 넘기셨은즉 그가 우리에게 주신 것을 너희가 이같이 못하리라 이 일에 누가 너희에게 듣겠느냐 전장에 내려갔던 자의 분깃이나 소유물 곁에 머물렀던 자의 분깃이 동일할지니 같이 분배할 것이니라 하고 그 날부터 다윗이 이것으로 이스라엘의 율례와 규례를 삼았더니 오늘까지 이르니라."— 삼상 **30:21-25**

지도자와 함께 움직이는 집안은 그 지도자와 운명을 함께하지 않을 수 없습니다. 600명의 사람들이 유대에 있는 자기들의 거처를 떠났습니다. 그들은 사울의 폭정을 견딜 수가 없어서 다윗과 연합을 하였고 그를 자기들의 지도자로 삼았습니다. 그들 가운데는 아주 훌륭한 사람들이 있었고, 또 아주 형편없는 사람들도 있었습니다. 이 점에서 그들은 우리 회중과 비슷합니다. 그들 중에는 다윗이 찾아 나서려고 했을 뛰어난 사람들이 있었고, 또 차라리 없었더라면 기뻐했을 사람들도 있었습니다. 그들이 아무리 그런 사람들일지라도 그들은 지도자와 함께 일어서거나 넘어질 수밖에 없습니다. 다윗이 시글락 성을 하사받았다면, 그 사람들도 시글락 성에 집과 가정을 두었을 것입니다. 그런데 시글락이 불에 탔다면 그들의 집도 화를 면하지 못하였을 것입니다. 다윗이 연기 나는 잿더미에서 아내도 없이 무일푼의 사람으로 섰을 때, 그들도 같은 처지에 있었습니다. 이 규칙은 그리스도와 그의 대의를 붙잡고 나온 우리 모두에게 적용됩니다. 나는 우리가 오늘 이 규칙을 고수할 준비가 되어 있다고 생각합니다.

사람들이 그리스도의 복음을 조롱하고 비난한다면 우리가 그리스도를 위하여 기꺼이 조롱을 받고 비난을 받도록 합시다. 우리가 즐거이 그리스도와 함께 그의 수욕을 함께 받고, 피할 생각을 하지 맙시다. 여기에는 큰 특전이 따릅니다. 그리스도와 함께 수욕을 받는 자들은 그리스도의 영광도 함께 받을 것이기 때문입니다. 우리가 악한 세대 가운데서 그리스도와 함께 비난을 받으면 그리스도와 함께 보좌에 앉고 주께서 나타나시는 날 그의 영광도 함께 받을 것입니다. 형제 여러분, 나는 우리들 대부분이 그리스도와 함께 망하거나 살 수밖에 없게 되어 있다고 생각합니다. 살든지 죽든지, 그리스도께서 계시는 곳에 그의 종들인 우리도 있을 것입니다. 우리는 우리 주 예수 그리스도와 함께 가는 데서 오는 십자가든 면류관이든 모두 즐거이 받습니다. 우리는 그리스도의 영광에 참여하기 위하여 그리스도를 위해서 비난도 온전히 함께 받아야 합니다.

사람들에게 큰 재난이 발생하면, 그 결과 폭동이 일어나는 경우가 종종 발생합니다. 지도자의 실수가 아무리 작은 것이라 할지라도, 패배한 사람들은 패배의 책임을 지도자에게 돌립니다. 싸움에서 이기면, "병사들이 잘 싸운 덕분이다"고 말합니다. 병사들마다 자기가 칭찬받아야 한다고 주장합니다. 그러나 전투에서 지면, 지휘관을 추방하라고 말합니다! 그것은 전적으로 지휘관의 잘못이었습니다. 그가 좀 더 훌륭한 장군이었다면 그날 승리를 했을 것입니다. 이것이 사람들이 이야기하는 방식입니다. 그들의 이야기에서 공정함은 찾아볼 수 없습니다. 그래서 성읍은 불타고 아내와 아이들이 포로로 사로잡혀간, 이 큰 시글락의 재난에서 우리는 사람들이 다윗에게 돌을 던지려고 했다는 기사를 읽습니다. 왜 다윗을 돌로 치려고 하였습니까? 왜 다른 누구보다 다윗을 치려고 했는지, 차마 보기 어려운 광경입니다. 이는 다윗이 그 자리에 없었고, 그들 중 한 사람이 아니었기 때문입니다. 그들은 몹시 화가 났었기 때문에 누군가를 돌로 쳐 죽이면 마음이 좀 풀릴 것입니다. 그러니 다윗인들 치려고 하지 않았겠습니까? 형제 여러분, 사람들이 그리스도 때문에 박해를 받고 손해를 당하게 되면 시험하는 자가 와서 믿음을 포기하라고 속삭이는 일이 때때로 일어납니다. "네가 지금까지 그리스도인으로 지내면서 고생한 것밖에 뭐가 있어? 네가 그리스도의 이름을 지닌 이래로 지옥의 개들이 네 발꿈치를 더 물어뜯고 있는 것처럼 보여. 그러니 그 이름을 버리고, 신앙의 길을 떠나버려." 악한 속삭임입니다! 그리스도께 반란을 일으키라는 말입니까? 여러분이 감히 그렇게 할 생각입니까? 우리 가운데 어떤 분들은 그렇게 할 수 없습니다. 주님께서 우리에게 "너희도 가려느냐"고 물으시면 우리는 "주여 영생의 말씀이 주께 있사오니 우리가 누구에게로 가오리이까?"(요 6:67,68) 하고 대답할 수밖에 없기 때문입니다. 그리스도 외에는 따라갈 만한 지도자는 없습니다. 우리는 다윗의 후손이신 그리스도를 따라가야 합니다. 그리스도에 대한 반역은 생각할 수도 없는 일입니다.

> "홍수를 지나가든 불꽃을 지나가든, 예수께서 우리를 인도하신다면
> 어디로 가시든 우리는 따라갈 것이네."

어떤 개가 사람을 따라갈 때, 길이 꺾어지는 곳에 이르러서 어떤 일이 벌어지는가를 보면 그 사람이 그 개의 주인인지 아닌지를 알 수 있습니다. 그 개가 길이 바뀌는 곳마다 계속해서 그 사람 가까이에 붙어 있으면 그 개는 그의 소유인 것입니다. 때때로 여러분과 나는 길을 가다가 꺾어지는 곳에 이릅니다. 우리 가운데 많은 분들은 하나님의 은혜로 말미암아 길이 아주 험한 때에도 예수님을 따라감으로써 우리의 충성심을 보일 준비가 되어 있습니다. 주님의 눈과 우리 눈에 눈물이 맺힐지라도, 우리가 더 이상 울 힘이 없을 때까지 함께 울지라도, 많은 사람이 외면할 때 우리는 끝까지 그리스도를 따르고, 그리스도에게 생명의 말씀이, 세상에서 오직 그에게만 생명의 말씀이 있다고 증언할 것입니다. 하나님께서 우리에게 은혜를 베푸시어 죽기까지 충성하게 해 주시기를 구합니다!

우리가 이렇게 우리의 지도자를 따르고 그리스도의 수욕을 참으면 그 결과는 영광스러운 승리가 될 것입니다. 다윗이 2백 명의 부하들을 뒤에 남겨두고, 훨씬 줄어든 병력을 이끌고, 이미 떠나버렸고, 어디로 갔는지도 거의 알지 못

하며 다윗의 군대보다 열 배나 강해서 자기들을 추적하는 자들을 죽일 수도 있는 적을 따라 나서는 모습을 보는 것은 가엾은 일이었습니다. 뒤에 남겨진 사람들이 자기들의 지도자, 곧 자기들처럼 지치고 초췌하며 낙담한 사람이 무자비한 아말렉 사람들을 서둘러 뒤쫓아가는 것을 보는 것은 우울한 광경이었습니다. 다윗이 아주 당당하게 브솔 시냇가로 돌아왔을 때의 장면과는 얼마나 달랐습니까? 여러분은 그들이 즐겁게 부르는 노랫소리가 들리는 것 같지 않습니까? 선두에 선 부대가 엄청난 양의 가축과 양 떼를 몰고 가면서 "다윗의 전리품을 보라!" 하고 노래합니다. 그때 여러분은 무장한 군인들이 그들 가운데 있는 다윗과 함께 모두 전리품을 지고 오는 것을 보고, 그들이 또 한 가지 노래를 부르는 것을 듣습니다. 후위를 맡아보는 군인들이 아주 기뻐서 큰 소리로 "다윗이 모든 것을 되찾았다! 다윗이 모든 것을 되찾았다!" 하고 소리치는 것을 듣습니다. 브솔 시내에 머물러 있던, 기진맥진한 사람들이 노랫소리를 듣고, 처음에는 앞의 노래를 따라 부르다가 그 다음에는 뒤의 노래를 따라 부릅니다. "다윗의 전리품을 보라! 다윗이 모든 것을 되찾았다!"

그렇습니다. 우리는 전투의 결과에 대해 조금도 의심하지 않습니다. 그리스도께 충성하는 사람은 그리스도와 함께 영광을 얻을 것입니다. 그리스도께서 강한 자들과 함께 전리품을 나누리라는 것은 틀림없는 사실입니다. "그가 그의 손으로 여호와께서 기뻐하시는 뜻을 성취하리로다"(사 53:10).

우리가 지키는 이 오래된 진리는 결코 사라지지 않을 것입니다.

> "이 위대한 약속이
> 변치 않는 놋쇠에 새겨지듯이 새겨져서 빛나니
> 어둠의 권세가 영원한 그 약속을
> 결코 지우지 못하리라."

우리는 살아 있는 동안에 추방당한 이 진리가 즐거이 돌아오리라는 것을 확신합니다. 성도들에게 단번에 전해진 믿음이 잠시 동안 짓밟힐 수 있습니다. 우리 적들이여, 우리 보고 기뻐하지 마라. 비록 넘어질지라도 우리는 다시 일어날 것이다! 그러므로 우리는 끈기 있게 소망하고 조용히 기다리며 차분히 믿읍시다. 우리는 길을 가다가 브솔 시내에서 마시고 머리를 듭니다.

오늘 아침 나는 하나님의 군대 가운데 힘이 없고 지쳐 있는 사람들에게 하나님께서 주신 위로의 말씀을 전하려고 합니다. 거룩하신 보혜사께서 그 말씀을 쓰셔서 저들을 위로해 주시기를 구합니다!

1. 나는 먼저, 힘이 없는 자들이 우리 그리스도의 군대에서도 생긴다는 점부터 말씀드리도록 하겠습니다.

다윗의 군대에서 고르고 고른 사람들 가운데, 젊었을 때부터 전쟁터를 누볐던 영웅들 가운데도 손을 늘어뜨리고 무릎에 힘이 빠져서 굳세게 해줄 필요가 있는 사람들이 있었습니다. 많은 경우에 그리스도의 군대에도 그런 사람들이 있습니다. 우리들 가운데 진정한 믿음을 갖고 있고, 불타는 사랑이 있는 용사들이 있습니다. 그런데도 지금은 그들이 힘이 약해지고 몹시 풀이 죽어서 뒤에 남아 짐을 지키고 있지 않으면 안 됩니다.

어쩌면 이들 가운데는 너무 당혹스러워서 힘이 빠져 버린 사람들이 있었을 것입니다. 다윗이 블레셋 왕과의 일이 아주 잘못 꼬이는 바람에 아기스 왕과 함께 이스라엘과 싸우러 가지 않으면 안 된다고 생각한 적이 있습니다. 그때 아마도 다윗의 부하들은 속으로 이렇게 말했을 것입니다. '대체 이 일이 어떻게 될 것인가? 다윗이 정말로 우리를 이끌고 사울과 싸우러 나갈 것인가? 다윗이 굴속에서 사울을 죽일 수 있었을 때 죽이려고 하지 않고 자기는 하나님의 기름 부으신 자를 공격하지 않겠다고 밝혔다. 그런데 이제는 다윗이 우리를 데리고 가서 하나님의 기름 부으신 자를 칠 생각인가? 블레셋 사람들에게 그처럼 큰 원수였고, 블레셋의 용사를 죽였던 이 다윗이 이제는 블레셋 사람들을 위해서 싸울 것인가?'

그들은 자기들 지도자의 움직임에 어찌할 바를 몰랐습니다. 여러분이 나와 같이 생각할지 모르겠습니다만, 나는 사람이 아주 당혹스러운 일을 30분 동안 겪으면 한 달 동안 일한 것 이상으로 기운이 빠지는 것을 봅니다. 여러분이 어디로 가야 할지, 무엇을 해야 하는지 알 수 없을 때, 그것은 견디기 어려운 일입니다. 여러분이 하나님께 믿음을 지키려면 사람과의 신의를 깨트려야 하는 것처럼 보일 때, 적절치 않은 악한 어떤 계약을 이행하려면 여러분의 신앙 고백을 배반해야 할 때, 상황은 우리를 몹시 당혹스럽게 만듭니다. 여러분이 조심스럽게 행하지 않으면 쉽게 혼란에 빠질 수 있습니다. 그리스도인들이 직선을 따라 행하면 그것은 상대적으로 가기 쉽습니다. 똑바른 길을 따라 길을 찾는 것은 쉽기 때문입니다. 그러나 훌륭한 사람들이 새로운 지름길, 곧 풀밭을 가로지르는 샛길을 취할 때, 종종 그들은 지도에 나오지 않는 도랑에 빠지고, 전혀 생각하지 않은 덤불과 진창에 빠지게 됩니다. 그때가 바로 마음의 병이 갑작스럽게 생기는 시간입니다. 이 전사들이 몹시 당혹스러워한 것은 당연한 일이었습니다. 어쩌면 그들은 하나님께서 자기들을 치실까 두려웠고, 이제 그들의 대의가 수치스럽게 될까 걱정했을지 모릅니다. 그리고 그들이 시글락으로 돌아와서 성읍이 불탄 것을 보았을 때, 당혹감 때문에 그들의 슬픔이 더욱 커졌고, 기가 완전히 꺾이는 것을 느꼈습니다. 그들은 나약한 모습을 보이려고 하지 않았지만, 사실은 완전히 기력을 잃고 말았습니다. 이는 마음이 즉시 몸에 영향을 미칠 수 있고, 마음이 여러 가지 문제와 두려움으로 근심할 때는 몸이 딱할 정도로 쇠약해지기 때문입니다. 이런 이유 때문에 주님의 충성스러운 사람들 가운데 병드는 이들이 있고, 그래서 잠시 동안 참호 속에 그대로 있어야 하는 경우들이 있는 것입니다.

아마도 일반적으로 걷는 속도가 이들에게는 무척 힘들었을 것입니다. 그들은 아기스에서 시글락까지 삼일 동안 강행군을 하였습니다. 이들은 어느 누구 못지않게 하루 정도는 거뜬히 행군할 수 있었습니다. 그러나 그들은 배나 빠른 속도로 종일 행군할 수는 없었습니다. 그런 그리스도인들은 참으로 많습니다. 계속 보통의 압력을 받을 때는 잘 견디며 일상의 의무를 잘 이행하고 보통의 시험을 용감하게 이기지만 위기에 처해서는 힘들어 하는 사람들이 있습니다. 우리 가운데 그렇지 않은 사람이 있습니까? 우리에게 힘든 일이 겹쳐서 일어날 수 있고, 그러면 힘이 많지 않기 때문에 우리는 기운을 잃고 맙니다.

무엇보다 안 좋은 것은, 바로 그때 재난이 그들에게 닥쳤습니다. 그들의 아내가 사라진 것입니다. 물론 나중에 밝혀졌듯이 그들이 살해되지 않았고 달리 해를 입지는 않았습니다. 그러나 그들은 이것을 알 수 없었고, 그보다 더 나쁜 상황이 벌어지지 않았을까 두려워하였습니다. 사람이 자기 아내가 강도들의 손에 있고, 두 번 다시 아내를 볼 수 없을지 모르게 되었다는 것은 결코 작은 문제가 아닙니다. 또 아들딸들도 사라졌습니다. 아버지 무릎에 기어오르는 혀짤배기소리하는 아이들이 사라졌고, "어서 오세요" 하고 아버지를 맞으러 나오던 딸들도 사라졌습니다. 그들의 집은 아직도 불타고 있었고, 그들의 가산은 이미 다 타버렸습니다. 그들은 소리 높여 울었습니다. 그들 가운데 그처럼 슬프게 울고 나서 기운을 잃어버린 사람들이 있었다는 것이 놀라운 일입니까? 여러분이 오늘 아침에 집으로 돌아갔는데, 집이 불탔고 가족들은 사라졌는데 어디로 갔는지 모른다면, 여러분의 심경은 어떻겠습니까? 큰 곤경을 만나면 형편없이 기가 꺾이는 그리스도인들이 많다는 것을 압니다. 그래서는 안 되는데, 그렇게 되고 맙니다. 사람들에게 흔히 일어나는 그런 시험 외에는 우리가 시험당한 적이 없다는 점에 대해 하나님께 감사해야 합니다. 그런데도 그렇게 생각되지 않을 수가 있습니다. 우리는 마치 욥처럼 특별하게 시험받는다고 생각할 수가 있습니다. 사자(使者)가 잇따라 와서 우리에게 나쁜 소식들을 전하였고, 그러자 우리 마음이 마땅히 그래야 하는데도 불구하고 주님을 굳게 믿지 못합니다.

나는 바로 지금 슬픔을 당해 기운을 잃은 사람들에게 말합니다. 여러분이 그런 처지에 빠질 수 있지만, 그럴지라도 여러분은 참으로 어린 양을 따라갈 수 있습니다. 하나님께서는 여러분을 곤경에서 구원하겠다고 약속하셨으므로 자신의 약속을 반드시 지키실 것입니다. 하나님께서 여러분에게 아무 슬픔을 주지 않겠다고 약속하신 적은 없지만, 여러분을 모든 슬픔에서 구하겠다고 약속하셨다는 점을 기억하시기 바랍니다. 저기 하늘에 있는 성도들에게 물어보십시오! 그들에게 빛나는 무리들 가운데서 시련을 겪지 않고 거기에 온 사람은 앞으로 나오라고 말해 보십시오. 그 빛난 군대의 지도자들 가운데 한 사람이, 어린 양의 피로 옷을 빨아 희게 한 사람들 가운데서 여기 아래에 있는 동안에 고생이 무엇인지 알지 못했던 사람은 앞으로 나오라고 명령하면 어떻겠습니까? 흰옷을 입은 모든 군대 가운데서 움직이는 사람은 하나도 없습니다. 한 사람이라도 나오지 않겠습니까? 여기서 영원히 기다려도 아무 반응을 보지 못할 것이 틀림없습니다. 자, 한 사람이라도 그 대열에서 나오는 것을 보기보다는 "이는 큰 환난에서 나오는 자들이라"(계 7:14)는 소리를 듣습니다. 이들 모두 환난을 겪었을 뿐만 아니라 또한 큰 환난을 겪었습니다. 신약의 한 가지 약속이 우리 눈앞에서 이루어지고 있는 것이 분명합니다. "세상에서는 너희가 환난을 당할 것이라"(요 16:33). 다윗의 부하들에게 아주 급작스럽게 근심거리가 생겼을 때, 그들은 힘이 빠지는 것을 느꼈고, 브솔 시냇가에서 머물러 있어야 할 필요가 생겼습니다.

아마도 급류의 힘이 너무 강해서 그들로서는 감당할 수 없었을 것입니다. 앞에서 말했듯이, 필시 브솔 시내는 움푹 꺼진 곳이었을 것입니다. 그래서 보통 때는 아주 건조한 땅이었지만 큰 비가 내릴 때는 흙탕물이 급작스럽게 쏟아져 들어와 가득 차게 되는 곳으로, 강한 사람들만이 그 급류에 버틸 수 있었을 것입니다. 이 사람들이 마른 땅에서는 잘 지낼 수 있었겠지만, 급류가 너무 강해서 버틸 수 없었고, 따라서 그들은 급류에 쓸려 물에 빠져죽을까 염려했을 것입니다. 그래서 다윗은 그들에게 거기에 머물면서 물자를 지키도록 하였습니다.

주님의 종들 가운데는 귀찮은 일들은 하지 않는 사람들이 많이 있습니다. 그들은 좀 더 강한 그들의 동지들이 즐거이 떠맡는 일을 하지 않습니다. 그들이 어떤 일은 할 수 있지만 그 이상은 하지 못합니다. 그들도 어떤 정도의 시련은 견딜 수 있지만 그 이상은 감당하지 못합니다. 그들은 은혜 안에서 아직 온전히 자라지 않았기 때문에 힘이 약합니다. 그들의 마음이 하나님 보시기에 바르지만, 어떤 특별한 곤경을 극복할 만한 상태에 있지는 못합니다. 여러분은 그런 사람들을 지나치게 몰고 가서는 안 됩니다. 그들은 양 떼 중에서 약한 자들이기 때문입니다. 많은 사람은 너무 약해서 필요한 논쟁조차도 할 수가 없습니다. 나는 최근에서야 그런 사람이 아주 많다는 것을 알았습니다. 그 사실은 매우 중요합니다. 그들은 평화를 사랑합니다. 우리 가운데 어떤 사람들이 성도들에게 단번에 주신 믿음을 옹호하는 것은 꼭 필요한 일입니다. 그러나 그들은 그 요구에 부응하지 못합니다. 그들은 자기 동료들과 의견이 다른 것을 견딜 수 없어 합니다. 그들은 진리를 위해서 싸우기보다는 차라리 입을 다뭅니다. 마음은 진실하지만 복음을 변호할 수 없는 사람들이 있습니다. 그들도 당연히 투사가 되기를 바라지만 자신을 위해서 군대의 후미에 서려고 합니다.

그리고 어떤 이들은 지식에 있어서는 조금도 더 앞으로 나아가지 못합니다. 그들은 기본적인 사실들은 압니다. 그러나 그 이상은 아무것도 완벽하게 숙지할 수 없는 것처럼 생각합니다. 그들이 복음을 알고, 복음이 자기들을 구원할 것이라고 아는 것은 큰 복입니다. 그러나 영원한 언약이나 하나님의 주권, 하나님의 영원한 사랑과 구별하는 은혜와 같은 영광스럽고 신비한 사실들은 이해하지 못합니다. 이런 것들이 그들에게는 아직 헤엄쳐 건너갈 수 없는 브솔 시내입니다. 그들이 과감하게 그 안으로 뛰어들면 세상에 유익을 끼칠 것입니다. 그러나 그들은 시련을 받을 때 이 복된 강으로 들어가려고 하지 않습니다. 이런 사실들을 듣는 데서 그들은 교훈을 얻기보다는 오히려 피곤을 느끼게 됩니다. 그들은 하나님의 깊은 것들을 감당할 만한 힘이 마음에 없습니다. 나는 모든 그리스도인이 계시된 진리에서 알 수 있는 모든 것을 알고 싶어 하도록 만들고 싶습니다. 어떤 사람들은 은밀한 사실들은 우리가 알 수 있는 것이 아니라고 속삭입니다. 그 사실들이 비밀스러운 것이라면 여러분이 결코 알 수 없을 것이라고 굳게 믿을 수 있습니다. 그러나 계시된 것은 모두 여러분이 알아야 합니다. 왜냐하면 이런 사실들은 여러분과 여러분의 자녀들에게 주어진 것이기 때문입니다. 여러분이 성령께서 가르쳐 주시는 것은 알도록 주의하십시오. 괜히 주눅이 들어 하나님 말씀에 무지하게 되지 않도록 하십시오. 그렇게 되어 큰 손해를 입지 않도록 하십시오. 어린 아기들에게 적합한 음식이 당연히 젊은이들과 아버지들에게는 충분하지 못합니다. 우리는 단단한 음식을 먹어야 하고, 젖은 어린아이들에게 주어야 합니다.

그렇지만 이 기운을 잃고 있는 사람들은 다윗의 군대에 속한 사람들이었습니다. 그들의 이름은 강한 자들의 이름과 마찬가지로 그들의 군대 사령관의 군인 명단에 등록되어 있었습니다. 그들은 군기를 버리지 않았습니다. 그들은 전부대에서 가장 강심장을 가진 사람들과 마찬가지로 같은 군대 사령관을 모시고 있었습니다. 군인들 가운데서 사자 같이 담대한 사람들과 똑같이 진정으로 다윗을 "선생"이요 "주"로 부를 수 있었습니다. 그들도 같은 위험을 무릅쓰고 전투에 참가하였습니다. 선두에 있는 군인들이 타격을 받고 퇴각하였다면, 적이 물자를 지키고 있던 그들을 습격했을 것이기 때문입니다. 아말렉 사람들이 이 사백 명을 죽였다면, 남아 있던 이백 명들은 후다닥 해치웠을 것입니다. 그들도 다른 사람들의 일만큼이나 필요한 일을 하였던 것입니다. 그들이 싸울 필요는 없었을지라도 물자를 지키는 일을 해야 했습니다. 이것이 전투에 참가하고 있는 사람들의 마음을 편하게 해 주었습니다. 그들이 함께 행군하여 싸움에 나가지 못한 것이 그들에게는 큰 시험이었다고 말해야 한다고 생각합니다. 용감한 사람에게는, 부대가 자기 앞을 지나가는 것을 보고 동료들의 마지막 발소리를 듣는 것이 틀림없이 견디기 힘든 고통이었을 것입니다. 이런 말을 유쾌하게 할 수 있는 사람이 어디 있겠습니까? "나는 전투에서 빠졌다. 영광스러운 날이 오고 있는데, 나는 멀리 떨어져 있다. 죽을 때까지 나는 그 자리에 없었기 때문에 저주를 받은 것으로 생각하고, 그 영광스러운 날에 적과 싸우지 않았기 때문에 나의 사나이다움은 형편없는 것으로 생각할 것이다." 병원에 꼼짝못하고 붙잡혀 있어서 적에게 돌진하지 못하는 것이 용감한 사람들에게는 견디기 힘든 일입니다. 지친 군인들이라도 자기 대장이 볼 수 있는 위치인 부대의 선두에 설 수 있기를 바랍니다. 그는 적들을 쳐 넘어트리기를 간절히 바라고 동지들을 위해 전리품을 다시 찾아오기를 바랍니다.

이 점은 이만큼 말하도록 하겠습니다. 첫 번째 요점에 대해서는 이 점만 다시 한번 말씀드리겠습니다. 즉 기운을 잃는 사람들이 우리 주님의 군대에서도 발생한다는 것입니다.

2. 둘째로, 기운을 잃은 이 사람들이 자기들의 지도자가 돌아오는 것을 보고 기뻐합니다.

여러분도 알다시피, 다윗이 돌아왔을 때 그들이 나가서 다윗과 그와 함께 한 사람들을 맞이하였습니다. 내 자신이 이 심정을 아주 잘 압니다. 바로 그 때문에 내가 이 본문을 택하였습니다. 나는 병을 앓고 난 후에 나와서 공적으로 주님을 만나는 것이 아주 행복하다는 것을 느꼈습니다. 나는 주님께서 여기에 계실 것이라고 생각하였습니다. 그리고 실제로 주님께서 계십니다. 나는 여러분, 곧 내 동지들을 만나는 것이 또한 즐거웠습니다. 우리는 전쟁에도 불구하고 목숨을 보존했습니다. 잠시 동안 비켜나 있었지만, 우리는 다시 형제들 가운데 있습니다. 하나님 감사합니다! 여러분을 만나게 되어 정말로 기쁩니다. 나는 우리 교인들 가운데서 이 병으로 인해 아주 많은 사람을 잃은 것이 슬픕니다. 그렇지만 그리스도 안에서 형제가 된 사람들을 이렇게 많이 만나는 것은 더할 수 없이 큰 복입니다. 우리가 교인들과 서로 교제하고 우리 주님과 교제하는 때만큼 행복한 시간은 없습니다.

다윗이 집에 머물러 있던 사람들에게 인사하였습니다. 주님께서 오늘 아침 우리 각 사람에게 인사하시되, 특별히 그동안 물러나 있던 사람들에게 인사하실지 모릅니다! 우리 주님의 인사는 참으로 마음으로부터 우러나오는 놀라운 것입니다. 주님은 의미 없는 의례적인 인사를 하시지 않고 헛된 말도 하시지 않습니다. 주님의 입에서 나오는 말은 음절 하나하나가 축도입니다. 주님의 눈빛은 하나하나가 우리에게는 영감(靈感)입니다. 그리스도께서 친히 가까이 오시면, 그것은 언제나 우리에게 축제 같은 날입니다! 사람이 주님의 음성을 들으면, 그것은 우리 가운데 가장 힘없는 자에게도 축제의 날이고 휴일입니다. 그와 같이 브솔 시냇가에 남아 있던 자들이 나가서 다윗을 맞이하였고, 다윗도 나가서 그들을 맞이하였습니다. 거기에 큰 기쁨이 있었습니다. 그렇습니다. 나는 그 말을 고쳐서, 지금 우리 가운데 큰 기쁨이 있다고 말합니다. 하나님의 거룩한 이름에 영광을 돌립시다. 주님께서 여기에 계십니다! 우리는 주님을 보고 말할 수 없는 기쁨으로 기뻐합니다.

다윗의 호의는 진실한 만큼 또한 자유로운 것이었습니다. 뒤에 남았던 사람들은 어쩌면 자기들의 지도자가 "자, 이 게으른 친구들아, 우리가 너희를 위해서 무슨 일을 했는지 봐라!" 하고 말하지 않을까 은근히 걱정했을지 모릅니다. 아닙니다. 다윗은 그들에게 인사하였고, 그들을 꾸짖지 않았습니다. 어쩌면 그들은 '다윗이 우리가 어떻게 해서든지 전투에 참여하지 않았다고 신랄하게 비난할 것이라'고 생각했을지 모릅니다. 다윗은 비난의 말을 한 마디도 하지 않습니다. 다윗은 진심으로 그들을 동정하고 그래서 그들에게 인사하는 것이기 때문입니다. "형제들이여, 하나님께서 우리에게 은혜를 베푸셨도다. 모두, 만세!" 다윗은 그들도 함께 기뻐하기를 원하였고 지극히 높으신 하나님께 찬송 드리기를 바랐습니다. 그는 그들의 잔에 쓰디쓴 물을 섞으려고 하지 않습니다. 아, 이 즐거운 시간에 우리 주님에게서 기쁜 인사를 받으면 얼마나 좋겠습니까! 그리스도께서 사람들 속에 오시면, 그리스도의 임재가 거룩한 효과를 냅니다. 여러분은 청중이 설교자의 말을 들으면서 모두가 냉정하고 둔감하게 있는 것을 본 적이 있습니까? 그때 갑작스럽게 성령이 설교자에게 임했습니다. 그리고 집회 중에 그들 가운데 그리스도께서 뚜렷이 선포되었습니다. 그러자 모든 사람이 갑자기 벌떡 일어나 "할렐루야, 할렐루야!" 하고 소리치고 싶은 마음을 느꼈습니다. 그때 심장은 빠르게 고동치고 영혼은 높이 껑충껑충 뜁니다. 사람들이 예수님을 만나는 곳에서는 그리스도의 임재가 그곳을 기쁨으로 가득 채우기 때문입니다. 자, 지쳐 있는 분들이여, 그런 분이 여기 계시다면, 여러분은 이제 여러분의 지도자를 만나고, 여러분의 지도자께서 자신을 여러분에게 계시하시니 기뻐하기 바랍니다! 다른 사람에게 찬송시가 없을지라도 내게는 있습니다. 나는 그리스도를 찬송하지 않을 수 없고, 또 찬송할 것입니다. "그리스도시여, 주는 영광의 왕이십니다! 모든 천지가 주님을 경배합니다. 주께서 영원히 다스리실 것입니다."

3. 셋째로, 힘이 없는 자들은 그들의 지도자를 변호자로 모시고 있습니다.

상스러운 말을 하는 벨리알의 자식들, 이 악한 자들의 말을 들어봅시다. 이들이 하나님께서 괴롭게 하신 자들에게 어떻게 악담을 퍼붓는지 모릅니다! 그들이 다윗에게 와서 고함을 지르기 시작하였습니다. "싸움에 참여하지 않은 이 약골들, 이들에게 전리품을 나누게 해서는 안 됩니다. 그들은 자기들 처자나 데리고 꺼져야 합니다." 이들은 큰 소리로 가혹한 말을 하여 자기들보다 약한 사람들의 마음을 몹시 아프게 하였습니다. 누가 그들을 변호해주려고 하겠습니까? 그들의 지도자가 그들의 변호자가 되었습니다.

첫째로, 여러분은 다윗이 그들의 하나 됨을 들어 이야기하는 것을 보십니까? 다윗은 이새의 아들을 따르는 자들은 하나이므로, 분리할 수 없다고 말하였습니다. "나의 형제들아 여호와께서 우리를 보호하시고 그가 우리에게 주신 것을 너희가 이같이 못하리라." 다윗은 지금 이렇게 말하는 것입니다. "우리는 모두 하나다. 하나님께서 전리품을 너희에게만 주신 것이 아니라 우리 모두에게 주셨다. 우리는 모두 한 형제들 집단이다." 성도의 하나 됨은 연약한 자들에게는 위안이 되는 사실입니다. 형제 여러분, 우리 주 예수 그리스도께서는 주의 지친 자들에게 우리가 그리스도 안에서 모두 하나라는 사실을 생각하게 함으로써 기운을 북돋우고자 하십니다. 나는 여행으로 꾀죄죄한 먼지투성이의 발일 수 있고, 여러분은 귀한 보석을 쥐고 있는 손일 수 있습니다. 그럴지라도 우리는 여전히 한 몸입니다. 저기 있는 친구는 거룩한 사상이 들어 있는 이마이고, 또 저 친구는 설득하는 입술이며, 세 번째 사람은 조심스럽게 지켜보는 눈입니다. 각각 다르지만 그럴지라도 우리는 그리스도 안에서 한 몸입니다. 우리 가운데 어느 누구도 다른 그리스도인 동료 없이는 유익을 끼칠 수 없습니다. 각 사람은 모든 사람의 유익을 위해 봉사합니다. 우리는 그리스도 예수 안에서 하나입니다. 눈이 손에게 "내가 너를 쓸 데가 없다"(고전 12:21)고 말할 수 없습니다. 우리는 모두 그리스도 예수 안에서 하나입니다. 확실히 이 사상은, 약하다는 이유로 마치 자신이 몸 가운데 열등한 지체라고 느끼는 사람들에게는 위로를 줍니다. 여러분은 약할지라도 여러분의 주님 예수 그리스도의 신비한 몸의 살아 있는 지체입니다. 이 사실로 만족하시기 바랍니다. 한 생명은 우리의 생명이고, 한 사랑은 우리의 사랑이며, 한 천국은 우리의 한 분 구주님 안에서 우리의 것이 될 것입니다.

다윗이 다음과 같이 말한 것을 보면 그는 은혜를 들어 호소하였습니다. "나의 형제들아 여호와께서 우리에게 주신 것을 너희가 이같이 못하리라." 다윗은 "너희가 전투에서 이겨 정당하게 얻은 것"이라고 말하지 않고, "여호와께서 우리에게 주신 것"이라고 말했습니다. 모든 복을 선물로 간주하십시오. 그러면 여러분은 그 복에서 배제된 사람은 아무도 없다고 생각하고, 그 점은 여러분 자신에게도 해당된다고 생각하게 될 것입니다. 하나님의 선물은 영생입니다. 여러분이 그 선물을 받지 못해야 할 이유가 있습니까? 여러분 형제들 가운데 어느 누구에 대해서든지 그가 은혜 언약의 위로를 받을 수 없을 것이라고 생각하지 마십시오. 어느 누구에 대해서도 "그는 그런 기쁨을 알지 못할 거야"라고 생각해서는 안 됩니다. 영생은 전적으로 값없는 은혜입니다. 값없는 은혜가 베풀어진다면, 지극히 작은 자들도 가장 강한 자들만큼이나 그 은혜를 얻을 수 있습니다. 하나님의 복이 전적으로 값없는 은혜에 속한다면, 자신이 구원받았다는 것을 거의 확신하지 못하는, 고군분투하는 가엾은 형제여, 그대가 신자라면, 그대는 하나님의 은혜 언약의 모든 복이 당신의 것이라고 주장할 수 있습니다. 하나님께서는 그의 사랑의 양식을 나에게뿐 아니라 여러분에게도 값없이 주십니다. 그러므로 우리는 기뻐하고, 정죄의 율법을 따라 자신을 판단하지 않도록 합시다.

그 다음에 그는 그들이 필요한 존재임을 주장하였습니다. 다윗은 "이들은 소유물 곁에 머물렀다"고 말하였습니다. 자기 진영이 안전하게 지켜지고 있지 않는 상황에서 잘 싸울 수 있는 군대는 없습니다. 교회가 교인들이 기도하는 일단의 사람들로 인해서 안전하게 지켜지고 있다는 것을 아는 일은 중요합니다. 우리 가운데 어떤 이들이 학교에서 가르치거나 거리에서 복음을 전하고 있는 동안에, 우리의 몇몇 친구들이 우리를 위해 기도하고 있다는 것을 아는 것은 큰 위로가 됩니다. 내가 수많은 사람들의 기도 속에서 산다는 것이 내게는 무한한 위안이 됩니다. 복음을 전하는 사람과 기도하는 사람 가운데 누가 더 나은 봉사를 하는지 쉽게 말할 수 없습니다. 그러나 내가 알고 있는 한 가지 사실은, 설교를 듣지 못하더라도 기도하는 마음이 있으면 더 나은 봉사를 할 수 있다는 것입니다. 누워서만 지내는 자매들의 간구가 교회의 재산입니다. 사람들 가운데 지극히 흔해 보이는 그런 봉사가 종종 하나님께는 지극히 귀중한 것입니다. 그러므로 전투의 선봉에 설 수 없는 사람들에 대해서 그들에게 명예의 자리를 줄 수 없다고 생각해서는 안 됩니다. 그들이 더 나은 선을 행할 수 있기 때문입니다. "그들이 같이 분배할 것이니라"는 규칙을 기억하시기 바랍니다.

다윗이 자신의 주장에 한 가지 규칙을 더하는 것에 주목하시기 바랍니다. 나는 우리의 군대대장이신 주 예수님께서 규칙을 세우시는 것을 생각하는 것이 좋습니다. 주님은 누구를 위해서 법을 제정하십니까? 선두에 있는 삼인을 위해서 하십니까? 많은 사람들의 두령들을 위해서 하십니까? 아닙니다. 주님께서는 기력이 없기 때문에 집에 머물러 있지 않으면 안 되는 사람들을 위해서 규칙을 정하십니다. 주 예수님의 이름을 찬송합시다. 주님께서는 돌봐줄 사람이 아무도 없는 사람들의 권익에 항상 관심을 갖고 계십니다! 여러분이 자신의 복지에 관심을 가질 수 있다면 그 일을 챙길 수 있습니다. 그러나 여러분이 자신의 약한 것을 기쁘게 생각한다면, 그리스도 안에서 강해질 것입니다. 그리스도를 자신을 돌보는 분으로 모시고 있는 사람은 자기 스스로 돌보는 것보다 더 나은 형편에 있는 것입니다. 자신의 관심사를 그리스도께 맡길 수 있는 사람은 유능한 손에 그것을 맡긴 것입니다. 자기 스스로의 도움은 헛되지만, 예수님의 도움은 충족합니다.

내 말을 요약하자면 이것입니다. 나는 주님께서 병든 자들과 상처를 입은 자들이 마찬가지로 주님의 영광을 위하는 일에 관여하고 있다면 그들에게도 원기왕성하게 활동하는 자들과 마찬가지로 보상을 주실 것이라고 믿는다는 것입니다. 전혀 알려지지 않은 무명의 사람들이라도 그들이 똑같이 주의 일에 성실하다면, 주님께서는 명성과 존귀를 얻은 유명한 사람들과 똑같이 그들에게도 보상을 나누어 주실 것입니다. 주님께서 사도에게는 보상을 주시지만 그리스도를 위해 어린아이를 기르는 부인네에게는 상을 주시지 않을 것이라고 말하지 마십시오! 집안 식구들을 잘 다스려 그 종들이 하나님을 경외하도록 만드는 부인이, 주님께서 충성스러운 자들에게 "잘 하였도다"는 말씀을 하시는 날에 거기에서 제외될 것이라고 말하지 마십시오! 아무도 알아주지 않는 가사 일도 세상이 소리 높여 알리는 일만큼이나 확실히 존귀를 얻을 것입니다.

하나님의 백성들 가운데 어떤 이들은 문맹자들이고, 타고난 능력이 거의 없습니다. 그러나 그들이 마음을 다하여 있는 힘껏 주님을 섬긴다면, 박식하고 교양이 있는 사람들과 마찬가지로 자신의 몫을 받을 것입니다. 작은 일에 충성하는 사람은 충만한 은혜의 보상을 받을 것입니다. 사람은 섬긴 대로 보상을 받습니다. 우리에게 두 렙돈밖에 없을 수 있지만, 그것을 헌금으로 드린다면, 주님께서는 그 푼돈을 크게 보실 것입니다.

하나님의 사랑하시는 종들 가운데 어떤 이들은 항상 실패하는 것처럼 보입니다. 그들은, 마음이 거칠고 귀는 듣기에 둔한 사람들에게 보냄을 받은 것처럼 보입니다. 그럴지라도 그들이 하나님의 말씀을 정직하게 선포하였다면, 그들의 보상은 외형적인 성공에 따라서 주어지지 않고 그들의 충성에 따라서 주어질 것입니다.

성도들 가운데는 체질적으로 마음이 우울하고 슬픈 사람들이 있습니다. 그들은 물방울이 끊임없이 떨어지는 데서 가장 잘 자라는 사랑스러운 식물과 같습니다. 하나님께서는 밝은 태양 아래 자라는 장미뿐 아니라 그늘 아래서 자라는 아름다운 식물들도 거두어들이실 것입니다. 그늘에서 자라는 식물들도 불타는 듯한 해바라기들만큼이나 주님의 관심을 받을 것입니다. 그래서 지극히 슬픈 자들도 지극히 기쁜 자들과 함께 기뻐할 것입니다. 믿음이 작은 여러분, 의기소침한 여러분, 많이 두려워하는 여러분, 의지가 약한 여러분, 노래하기보다 한숨을 많이 쉬는 여러분, 할 수 없는 것이 아니라 하지 않으려고 하는 여러분, 거룩함에 대한 열망은 있지만 실제 생활의 싸움에서는 실패하는 여러분, 주님께서는 주님의 이름으로 대단한 일들을 할 수 있는 사람들에게 주는 것만큼이나 확실히 여러분에게도 주님의 사랑과 은혜, 은총을 주실 것입니다. 여러분 가운데는 하나님 나라에 대한 더 고귀한 기쁨과 더 깊은 통찰력에 대한 경험이 아주 부족한 사람들이 있습니다. 그것은 여러분이 너무 주저한다는 점에서 부분적으로 여러분에게 잘못이 있을 수 있습니다. 그렇지만 여러분이 주님께 진실하다면, 여러분의 약점들이 죄로 간주되지는 않을 것입니다. 여러분이 적극적으로 일해야 하는 현장에서 정당하게 물러나 있다면, "전장에 내려갔던 자의 분깃이나 소유물 곁에 머물렀던 자의 분깃이 동일할지니 같이 분배할 것이니라"는 이 규칙은 다른 사람들에게뿐 아니라 여러분에게도 영원히 효력이 있기 때문입니다.

4. 넷째로, 기력이 약한 자들은 예수께서 모든 면에서 자신들의 선한 주님이신 것을 발견합니다.

먼저 주님께서 우리를 자신의 구원의 군대에 불러들이셨을 때 선한 주님이시지 않았습니까? 다윗의 군대에 들어온 사람들이 얼마나 별난 군대였습니까! "환난 당한 모든 자와 빚진 모든 자와 마음이 원통한 자가 다 그에게로 모였고 그는 그들의 우두머리가 되었는데"(삼상 22:2). 다윗은 부랑아들의 두목이었습니다. 그러나 우리 주님께는 그보다 나은 추종자들이 있었던 것이 아닙니다. 그리스도께 왔을 때 나는 보잘것없는 비참한 사람이었습니다. 여러분이 어떤 사람인지 묘사하는데, 그 단어가 진실에 아주 가깝다는 것을 나는 의심하지 않습니다.

나는 죄에 사로잡혀 꼼짝못하고 기도할 힘이 전혀 없는 변변치 못한 인간이었습니다. 나는 아주 초라하기 짝이 없는 모습으로 예수님께 왔습니다. 예수님 외에는 아무도 나를 받아들여 주지 않았을 것입니다. 주님께서는 당연히 이렇게 말하셨을 수도 있습니다. "아니다. 나는 이렇게 떠도는 거지들을 이끌려고 세상에 오지 않았다." 그럼에도 불구하고 주님은 "내게 오는 자는 내가 결코 내쫓지 아니하리라"(요 6:37)는 약속에 따라 우리를 은혜로 받아주셨습니다. 우리를 받아주신 이래로, 주님께서 얼마나 큰 은혜로 우리를 참으셨는지요! 우리는 대단한 믿음의 일들을 해서 우쭐거리는 사람들 가운데 속하지 않고, 자신의 결점과 허물을 한탄하는 사람들입니다. 그러나 주님께서는 미리 아신 자기 사람들을 버리지 않으셨습니다. 그리스도의 군사로서 우리의 됨됨이를 회고할 때 우리는 스스로에 대해 부끄럽게 생각하고, 주님의 은혜에 놀랄 뿐입니다. 누군가가 우리에게 우리가 그처럼 형편없는 군사였다고 말했다면, 우리는 그들의 말을 믿지 않았을 것입니다. 그러나 우리는 변명하지 않습니다. 그처럼 많은 실패를 한 것에 대해서 우리는 크게 슬퍼합니다. 그럼에도 불구하고 은혜로우신 주님께서는 우리를 주님의 군대에서 내쫓지 않으셨습니다. 주님께서 오래 전에 우리에게 군대에서 나가라고 알리셨을 수도 있었습니다. 그러나 여전히 우리를 군대에 편입시키시고 붙드시며 우리에게 미소를 보내십니다. 우리가 얼마나 은혜로운 군대대장을 모시고 있는지요! 온유하심에 있어서 아무도 그를 따를 수 있는 사람이 없습니다. 주님께서는 여전히 우리를 인정하시고 "내가 정한 날에 그들을 나의 특별한 소유로 삼을 것이요"(말 3:17) 하고 선언하십니다.

형제 여러분, 우리 군대 대장의 이름을 찬양합시다. 그와 같은 분이 없습니다. 그때 이래로 우리는 곤경 가운데 지냈는데, 주님께서 우리와 함께 곤경을 치르셨습니다. 시글락이 불탄 것은 우리뿐 아니라 주님에게도 큰 고통이었습니다. 하나님 백성들의 모든 고통 가운데서 주님도 함께 고통을 당하셨습니다. 여러분은 그 점을 깨닫지 못하였습니까? 우리가 브솔 시냇가의 일처럼 큰 곤경을 만났을 때, 주님은 그의 명령을 친절하게 완화하셨고, 우리가 내놓을 수 없는 것을 요구하시지 않았습니다. 주님께서 여러분 가운데 어떤 분들은 목사나 교사로 세우시지 않았는데, 그것은 여러분이 그 짐을 감당할 수 없었을 것이기 때문입니다. 주님께서는 우리에 대해 지극히 지혜롭고 신중하게 처신하셨습니다. 주님께서는 우리의 걸음걸이에 맞추어 행군 거리를 정하시든지, 아니면 우리의 걸음걸이가 행군을 따라갈 수 있게 하셨습니다. 우리가 행한 일을 주님께서 얼마나 즐겁게 바라보셨던지요! 여러분은 주님께서 여러분의 일과 기도를 아주 기꺼이 받아들이신 것을 보고 의아하게 생각한 적이 없습니까? 여러분은 주님께서 여러분의 힘없는 간구에 응답하신 것을 보고서 놀랐습니다. 여러분은 예수님을 위해서 한 마디 하였는데, 하나님께서 그 말에 복을 베푸신 것을 보고서 "여기에는 틀림없이 실수가 있는 거야! 어떻게 힘없는 내 말이 그런 복을 받을 수 있겠어?" 하고 생각한 적이 없습니까? 사랑하는 여러분, 우리는 고귀한 왕을 따르고 있습니다. 예수님은 다른 모든 것에 대해서뿐 아니라 온유하심에 있어서도 천만인들 가운데 으뜸이십니다. 주님께서는 얼마나 온유하고 동정심이 많으신지요! 참으로 부드럽고 너그러우신 분이십니다! 주님은 우리가 주님을 안 이래로 한 번도 우리에게 신랄한 말을 하신 적이 없습니다. 주님은 결코 슬픔이 따르지 않는 부(富)이십니다. 그동안 주님께서 우리를 책망하셨지만, 주님의 책망은 결코 우리의 머리를 상하게 하지 않은 좋은 기름과 같았습니다. 우리가 주님을 떠났을 때, 주님은 돌이켜 우리를 보셨고, 그 눈길이 우리 마음을 몹시 아프게 하였습니다. 그러나 주님은 주님의 입에서 나오는 것으로 사랑의 날을 가진 검 외에는 어떤 것으로도 우리를 상하게 하시지 않으셨습니다. 다윗이 자기를 따라갈 수 없는 이백 명을 떠나갔던 것처럼 주님께서 우리를 떠나실 때는 언제든지 자비 가운데 돌아오시고 은총으로 우리를 맞이하십니다. 우리는 우리가 주님을 붙들지 않은 것에 놀라고, 결코 주님을 가시게 하려고 하지 않았다고 맹세합니다. 그러나 주님께서 그처럼 빠르게, 그처럼 진심으로, 마치 암사슴이나 수사슴이 가로막고 있는 산들을 뛰어넘어 오듯이 서둘러 산들을 뛰어넘어 오시는 것을 보고 훨씬 더 놀랍니다. 보십시오! 주님께서 우리에게 오셨습니다. 주님께서 우리에게 오셨고, 우리 마음이 주님의 오심을 보고 기뻐하게 만드십니다. 오늘 아침 우리가 이루 헤아릴 수 없는 주님의 사랑에서 나온 귀한 전리품을 함께 나눌 때 기뻐하도록 합시다. 우리 다 같이 기뻐합시다.

주님께서 택하실 한 가지 방도, 곧 우리로 한량없이 주님을 사랑하게 만들 방도가 있습니다. 얼마 후에 다윗은 유다를 다스리는 왕이 되기 위해 헤브론으로 올라갔습니다. 사무엘하 2장 3절을 읽겠습니다. "또 자기와 함께 한 추종자들과"(이들 가운데는 브솔 시내를 건널 수 없었던 약한 자들도 있었습니다). "또 자기와 함께 한 추종자들과 그들의 가족들을 다윗이 다 데리고 올라가서 헤브론

각 성읍에 살게 하니라." 그렇습니다. 주님께서는 나를, 나 같은 사람도 데리고 올라가실 것입니다! 주님께서는 여러분을, 곧 무리들 가운데 지극히 약하고 힘이 없는 사람들도 데리고 올라가실 것입니다. 예수께서 기름 부음 받은 왕으로서 통치하시는 헤브론이 있습니다. 주님께서는 우리 가운데 한 사람도 뒤에 남겨두고 가시지 않을 것입니다. 예수님의 형제들이 없는 예수님의 나라는 없고, 예수님의 제자들이 없는 예수님의 천국도 없습니다. 약하고 지친 가운데 주님과 함께 있었던 주님의 불쌍한 백성들이 영광 가운데서 주님과 함께 있을 것이며 또한 그들의 가족들도 함께 있을 것입니다. 이 특별한 복을 굳게 붙드십시오. 이 복을 굳게 붙드시기 바랍니다.

"그들의 가족들도"라는 말을 놓치지 마십시오. 나는 이 약속을 잘라냄으로써 우리 가족들에 대한 복을 종종 잃어버리지 않나 두렵습니다. 간수가 자신이 구원을 받기 위해서 어떻게 해야 하느냐고 물었을 때 그가 무슨 답변을 들었습니까? "주 예수 그리스도를 믿으라 그러면 네가 구원을 받을 것이다." 여러분은 이 답변을 수백 번도 더 듣지 않았습니까? 여러분은 나머지 부분도 들었습니까? 왜 설교자들과 성경을 인용하는 사람들이 복음의 약속들에서 귀퉁이를 잘라버리는지 모르겠습니다. 그 구절은 이렇게 되어 있습니다. "너와 네 집이 구원을 받으리라"(행 16:31). "네 집이." 은혜를 확대시키는 이 복을 굳게 붙드십시오. 왜 아내와 아이들을 빼트립니까? 여러분은 아말렉 사람들이 처자를 데려가도록 두실 것입니까? 가족들이 구원받지 않고서는 만족하지 않도록 하십시오. 오늘 아침 주님의 이 말씀을 들어 호소하도록 합시다. 오, 찬송 받으실 다윗이시여, 우리가 그동안 따르기를 원하였고, 오늘까지 우리를 그처럼 은혜롭게 도우신 주님이시여, 주께서 당신의 나라에 임하실 때 은혜로 우리를 기억하소서. 그리고 우리가 이 말을 듣게 하여 주옵소서. "다윗이 그리로 올라갈 때에 또 자기와 함께 한 추종자들과 그들의 가족들을(그들은 자기들 스스로 올라가지 않았습니다) 다윗이 다 데리고 올라가서 헤브론 각 성읍에 살게 하니라." "모든 사람을 그의 가족과 함께"(개역개정은 "그들의 가족들을"이라고만 번역하고 있음) 데리고 올라갔습니다. 여러분이 그 말을 찬찬히 살펴보기 바랍니다. 아버지들이여, 여러분은 자녀들이 구원받는 것을 보았습니까? 어머니들이여, 딸들을 다 데리고 예배당에 왔습니까? 그렇게 하기까지는 기도하기를 그치지 마십시오. 이것이 그 모든 일의 절정이기 때문입니다. "모든 사람을 그의 가족과 함께."

내가 마지막으로 이야기하려는 것은 이것입니다. 아직까지 내 주님의 군대에 편입하지 않은 여러분이 예수께서 얼마나 은혜로운 주님이신지 알고서 주님께 오기를 간절히 바랍니다! 젊은이들이여, 여러분이 우리 군대 대장을 볼 수 있다면, 여러분은 무릎을 꿇고서 주님께 주님을 따르는 군대에 자신을 편입시켜 주기를 간청할 것입니다. 예수님을 섬기는 것은 지극한 복입니다. 나는 신병들을 모집하는 하사관입니다. 나는 지금 정말로 신병 몇 명을 찾고 싶습니다. 사람은 반드시 누군가를 섬기게 되어 있습니다. 우리는 그 사실에 다른 어떤 선택권이 없습니다. 주인이 없는 사람들은 자기들 스스로의 종입니다. 확실히 여러분은 사탄을 섬기든지 아니면 주님을 섬길 것이고, 자아를 섬기든지 아니면 그리스도를 섬길 것입니다. 여러분은 죄, 자아, 사탄, 세상이 혹독한 주인이라는 것을 발견할 것입니다.

그러나 여러분이 그리스도의 옷을 입으면, 그리스도께서 마음이 온유하고 겸손하다는 것을 알고 영혼에 안식을 얻을 것입니다. 그리스도는 군대 대장들 가운데 가장 도량이 넓으신 분입니다. 지극히 훌륭한 군주들 가운데 주님과 같은 왕이 없었습니다. 주님은 언제나 전투가 가장 치열한 곳에 계십니다. 찬바람이 불 때는 주님께서 언제나 산에서 바람을 막고 서 계십니다. 십자가의 무거운 쪽은 언제나 주님의 어깨에 있습니다. 우리에게 짐을 지라고 명령하실 때는 주님께서도 그 짐을 지십니다. 은혜롭고, 넉넉하며, 친절하고 애정 깊은 것이 있다면, 예, 사랑이 차고 넘치는 것이 있다면, 여러분은 그것을 언제나 주님에게서 발견할 수 있습니다. 나는 40년이 넘게 주님을 섬겨왔습니다! 주님의 이름을 찬송합니다! 그런데 그동안 나는 주님에게서 사랑밖에 받은 것이 없습니다. 주님께서 기뻐하신다면, 여기 이 세상에서 또 한 번 40년을 이 귀한 봉사를 계속할 수 있다면 기쁘겠습니다. 주님을 섬기는 것은 생명이요 평안이요 기쁨입니다. 아, 여러분도 즉시 주님을 섬기기 시작할 수 있으면 좋겠습니다! 하나님께서 바로 오늘 여러분이 예수님의 군대에 입대할 수 있도록 도와주시기를 바랍니다. 아멘.

사무엘하

제
1
장

활 사용법

"다윗이 이 슬픈 노래로 사울과 그의 아들 요나단을 조상하고 명령하여 그것을 유다 족속에게 가르치라 하였으니 곧 활 사용법이라 야살의 책에 기록되었으되"(개역개정은 "활 노래라")
— 삼하 1:17,18

번역자들이 "사용법"(개역개정은 "노래"라는 말로 번역하였음 - 역주)이라는 말을 삽입한 것은 아주 잘한 일입니다. 이 구절이 의미하는 바가 바로 그것이기 때문입니다. 그러나 여러분이 그 단어를 빼고 구절을 읽어도 그 의미는 여전히 똑같습니다. "다윗이 명령하여 활을(개역개정은 '그것을'으로 번역하고 있음) 유다 족속에게 가르치라 하였으니." 말하자면 활을 사용하는 법을 가르치라고 한 것입니다.

현대에 들어와서 비평가들은 "활"이라는 표현이 의미하는 바는 다윗이 지은 노래라고 하였습니다. 그리고 자신들의 견해를 입증하기 위해 그들은 마호메트의 코란을 인용합니다. 코란에는 "암소"라는 장(章)이 있다는 것입니다. 그래서 마치 그처럼 뒤늦게 발생한 동양의 한 예가 적절한 것처럼 다윗이 자신의 노래를 "활"이라고 불렀다는 것입니다. 나는 성경에서 "활"이라는 말이 다윗의 애가에 적용될 수 있다는 그 진술을 정당화할 것은 아무것도 없다고 주장합니다. 시편들 가운데는 시에 표제가 붙어 있는 것들이 있는 것은 분명합니다. 그러나 시를 그 표제어로 인용하는 경우는 전혀 없습니다. 시를 인용할 때 그 숫자를 사용하지, 시의 이름을 들어 인용하지는 않습니다. 나는 이 구절을 학식 있는 우리 번역자들이 이해한 대로 받아들입니다. 즉, 다윗이 명령하여 활을 유다 족속에게 가르치라 하였다는 것입니다. 사람들이 이렇게 물을 수 있습니다. "그러면 그 전후 관계가 무엇인가? 사울과 요나단이 죽었는데 왜 다윗이 사람들에게 활 사용법을 가르쳐야 하는가? 구절에 탄식이 가득한 때에, 왜 전쟁 도구에 관한 군사적 명령이 여기에 삽입되는가?"

거기에 대해서 여러분도 아주 적절하다고 생각할 답변을 말하도록 하겠습니다. 요나단이라는 능숙한 궁술가와 다른 방백들이 블레셋 사람들의 활에 죽은 재난의 그날부터 다윗이 자기가 다스리는 지파에게 그 특별한 전쟁 무기의 사용법을 훈련하도록 하는 것이 그들을 가장 잘 기념하는 방식이었기 때문입니다. 이제 설명을 시작하겠습니다. 나는 본문에서 몇 가지 유익한 교훈을 끌어내고 싶습니다. 첫째는 이것입니다.

1. 활동은 슬픔을 잊는 귀중한 위안거리입니다.

백성들은 매우 슬펐습니다. 사울과 요나단, 곧 왕과 태자가 죽었기 때문입니다. 다윗은 백성들의 슬픔을 풀어줍니다. 즉, 다윗은 이스라엘의 딸들이 부를 수 있는 애처로운 노래를 백성들을 위해 짓습니다. 다윗은 또한 백성들이 괴로움을 잊도록 하기 위해 유다 족속에게 활 사용법을 가르치라는 명령을 내립니다. 슬플 때에는 활동(activity)이 효과적인 치료책이기 때문입니다. 전혀 활동하지 않는 것이 확실히 사람을 더 깊은 절망에 빠지도록 하는 경향이 있습니다. 여러분 중에 큰 슬픔에 처한 사람이 있습니까? 여러분이 더할 수 없이 큰 손실을 겪었습니까? 여러분은 자신의 고통에 대해 곰곰이 생각하고, 그 고통 때문에 더 이상 봉사하는 일에서 면제되어야 마땅하다고 생각하고 싶은 마음이 들지 않습니까? 여러분에게 닥친 큰 재난을 혼자서만 곰곰이 생각하여 하나님께 대해 분노만 키우는 일을 하지 마십시오. 그렇게 하는 것은 여러분에게 아무 유익을 주지 못합니다. 그보다는 다윗을 따라 하십시오. 다윗은 그의 자녀가 병들었을 때 금식하고 기도하였습니다. 그러나 그 아이가 죽었을 때는 집에 가서 음식을 먹었습니다. 이는 그가 말한 것과 같기 때문입니다. "내가 다시 돌아오게 할 수 있느냐 나는 그에게로 가려니와 그는 내게로 돌아오지 아니하리라"(삼하 12:23).

나는 여러분이 사탄의 시험에 빠져 매일의 활동을 그치지 않기를, 특별히 여러분이 그리스도를 위하여 시작한 거룩한 봉사를 그만두는 일을 하지 않기를 간절히 바랍니다. 여러분에게 슬픔을 주는 것이 사별이 아니라 여러분의 일에서 겪는 실망일 수 있습니다. 여러분이 그리스도께 인도할 것으로 생각했던 사람들을 인도하지 못했고, 회심하였다고 생각한 사람들이 뒤로 물러가 버렸습니다. 이제 사탄은 여러분에게 그런 일은 더 이상 하지 말라고, 다시는 그물을 던지지 말라고 시험합니다. 여러분이 밤새 수고하였지만 아무것도 얻은 것이 없으니 다시는 씨를 뿌리지 말라는 것입니다. 여러분이 씨를 길가에 뿌렸는데 새들이 씨를 먹어버렸다는 것입니다. 이것은 악한 자의 제안입니다. 그 제안을 따르면 여러분은 더 깊은 고통에 빠질 것입니다. 나는 여러분에 이렇게 말하고 싶습니다. 슬퍼하는 자여, 안락한 소파에서 일어나라! 오, 시온의 처녀 딸아, 그대는 티끌을 털어 버릴지어다!(사 52:2). 여러분이 더 어두운 고통에 빠지지 않도록, 여러분의 슬픔이 쓴 쑥과 쓸개즙이 되지 않도록 거름더미에 앉아서 슬퍼하지 말고, 힘을 내십시오.

나는 사람이 활동하지 않으면 철저한 절망에 빠지게 되지만 일을 하면 사람에게 끼어들기 쉬운 슬픈 관점에서 눈길을 돌리게 된다고 확신합니다. 할 일이 있는 것만큼 사람을 건강하게 만드는 것은 없습니다. 나는 한가한 사람들이 자녀를 잃었을 때 아주 비참하게 무너지는 경우들을 보았습니다. 반면에 일하는 사람들이 마음은 똑같이 상처받기 쉬웠지만 용감하게 슬픔을 이겨낸 경우들을 알고 있습니다. 나는 그 차이가 하나님 다음으로 이 사실에서 발생하는 것으로 보았습니다. 즉, 가난한 여인은 매일 생활비를 벌기 위해 나가야 하거나 무슨 일이 일어나든 가사에 열중하지 않으면 안 되고, 가난한 남자는 매일 주어진 일을 해야 합니다. 그렇지 않으면 가족이 궁핍해질 것이기 때문입니다. 이와 같이 일은 마음을 붙들어 슬픔에 사로잡히지 않게 해주는 복된 필요라는 것이 입증되었습니다.

여러분은 알렉산더 크루덴(Alexander Cruden: 1701-1770. 킹 제임스 성경의 성구사전을 만들었다)에 대해서 들었습니다. 아마도 여러분은 그가 사랑이 깨지는 아픔을 겪었고, 그를 거의 미칠 지경으로 몰고 간 시련들을 겪었다는 사실은 몰랐을 것입니다. 그러나 알렉산더 크루덴은 정신병자가 되지 않았습니다. 이는 그가 성경 성구사전을 만드는 방대한 작업에 매달렸기 때문입니다. 그의 이 성경 성구사전은 우리가 하나님 말씀을 연구하는데 아주 유용한 도구가 되었습니다. 이 일 때문에 그는 미치지 않을 수 있었습니다.

"마음의 병"에 대해 처방을 내려야 한다면, 나는 "선한 일을 시작하고 계속해서 그 일을 하라"고 말하겠습니다. 사랑하는 친구 여러분, 여러분이 곤경에 처해 있고 사탄이 여러분에게 혼자 있고 싶어 하고 주님의 일에 손을 떼고 싶게 만든다면, 해로운 그 제안을 거부하십시오. 여러분이 마음을 다해 주님의 일을 추구한다면 성령 하나님께서 여러분을 위로할 수 있을 것이며, 하나님 말씀의 귀한 약속들을 여러분 영혼에 적용시켜 주실 수 있을 것입니다. 하나님의 사업에 관심을 쏟으십시오. 그러면 하나님께서 여러분의 사업에 관심을 쏟으실 것입니다. 가엾은 죄인들에게 주님의 상처에 관해 이야기하십시오. 그러면 주님께서 여러분의 상처를 싸매실 것입니다. 주님의 고난을 생각하며 여러분의 고난을 잊으십시오. 지식이 없어 죽어가고 있는 사람들의 슬픔을 생각하며 여러분의 슬픔을 잊으십시오. 그러면 여러분은 즉각적으로 위로받을 수 있는 길을 발견하게 될 것입니다.

슬픔을 잊게 하는 귀중한 위안거리는 활동입니다. 내가 생각할 때 특별히 새로운 일과 관련된 활동입니다. 새로운 걱정거리 때문에 여러분이 새로운 봉사를 생각하게 된다면, 새로운 일이 여러분에게 크게 도움이 될 것입니다. 전부터 해 오던 일이 항시 마음의 괴로움을 제거해 주는 것은 아닙니다. 왜냐하면 사람들은 늘 해 오던 일은 기계적으로, 일상의 과정으로 하는 경향이 있기 때문입니다. 그러나 전혀 새로운 일은 시련을 쉽게 잊도록 하는데 도움이 될 것입니다. 아, 새로운 길을 가기 시작한다면 좋겠습니다! 예수님께 돌려드릴 새로운 영광을 생각해 내고, 하나님 나라를 위하여 새로운 사업을 구상하며 사람들을 그리스도의 복음으로 끌어들이는 새로운 일들을 고안하는 것, 이런 것이 우리의 슬픔을 잊게 하는데 도움을 줄 것입니다. 많은 사람들에게는 그리스도를 위하여 무슨 봉사를 한다는 것 자체가 아주 새로운 일이 될 것입니다. 이 사실을 말한다는 것이 사실 슬픈 일입니다. 어쨌든 이 사람들은 낙담해 있습니다. 그러나 누구든지 일하지 않으려면 먹지 말아야 하기 때문에 그리스도인이 주님을 섬기지 않으려면 그리스도의 훌륭한 백성들과 함께 대접을 받을 생각을 하지 않아야 한다고 봅니다. 아, 우리 가운데 많은 사람들이 가난한 사람들을 위하여, 무지한 사람들을 위하여 더 많은 일을 하지 않고 그리스도를 위하여 더 많은 일을 하지 않음으로 인해서 얼마나 많은 기쁨을 놓치는지 모릅니다!

시인 로저스((Samuel Rogers: 1763~1855, 영국 시인)는 베네치아에 사는 한 부자에 대해 이야기하며, 그 이야기를 시로 표현하기도 합니다. 그 부자는 걸핏하면 절망에 빠지는 사람으로 히포콘드리아 증세(hypochondria: 상상으로 앓는 육체적 질병)가 어찌나 심하던지 물에 빠져 죽으려고 운하로 내려가고 있었습니다. 가는 길에 그는 옷자락을 끌며 먹을 것을 구걸하는 불쌍한 어린애를 만났습니다. 그 부자가 아이를 보고 사기꾼이라고 부르자, 그 소년이 부자에게 자기와 함께 집으로 가서 누워서 굶어죽어 가고 있는 자기 아버지 어머니를 보자고 간청하였습니다. 부자가 아이의 집으로 들어가 보니 가족이 말 그대로 먹을 것이 없어서 죽어가고 있었습니다. 그는 아이의 식구들 모두에게 따뜻한 음식을 먹이기 위해 주머니에 가지고 있던 돈을 내놓았습니다. 그러고 나서는 어쨌든 자신이 살아갈 만한 가치 있는 일이 있다고 속으로 말했습니다. 그는 새로운 즐거움을 만났고, 그 즐거움이 그에게 살아갈 새로운 동기를 일으켜 주었습니다.

큰 괴로움을 겪고 있는 여러분에게 묻고 싶습니다. 주님께서 그 일로 말미암아 여러분이 새로 즐겁게 시작할 수 있는 길에 들어서게 하고, 여러분에게 하나님을 영화롭게 하고, 다른 사람들에게 선을 행하는 새로운 방법을 가르쳐 주실 수 있는 것이 아닌지 하고 말입니다. 여러분이 원한다면 나는 다윗의 애가처럼 슬픈 노래를 여러분에게 불러줄 것입니다. 그러나 그보다는 여러분에게 활 사용법을 가르쳐 주고 싶습니다. 내가 지극히 애처로운 슬픔의 시로 여러분을 위로하는 것보다는 여러분을 그리스도 군대의 군사로 모집하여 여러분에게 그리스도의 무기들을 사용하는 법을 가르치는 것이 여러분을 위로하는데 더 도움이 될 것이라고 믿습니다.

지금 여기서 내 설교를 듣는 분들 가운데 세상에서 큰 고통을 겪고 있으면서 영적인 사실들은 전혀 모르는 분이 계십니까? 하나님께서 방황하는 자기 백성들을 고난을 통해서 자기에게로 불러 모으시는 일이 종종 있다는 것이 사실이 아닙니까? 사랑하는 친구 여러분, 여러분이 위로를 얻는 방법은 다시 세상으로 들어가서 거기에서 또 쾌락을 찾는 것이 아닙니다. 하나님께서 여러분에게 복을 주시려 하면, 여러분이 옥수수 껍데기로 배를 채우고 싶어 할 정도로 굶주리게 하실 수도 있습니다. 여러분은 그동안 방탕하게 살아왔습니다. 그래서 이제는 언제든지 절망에 떨어질 수가 있습니다. 저 절망의 어두운 구석을 돌면 아버지 집에 이르는 길에 접어들 수가 있습니다. 여러분이 현재 이 세상에서 겪는 슬픔을 내쫓기 위해서는 죄에 대하여 영적으로 슬퍼할 필요가 있습니다. 여러분이 이 시간에 죄를 회개하고 예수님을 의지하는 것을 배우면, 여러분이 정신을 차리고 "내가 일어나 아버지께 가겠다"(눅 15:18)고 말할 것이고, 그러면 배고픔을 잊고 돼지 여물통도 잊게 될 것입니다. 어디에서 그렇게 될 것입니까? 여러분의 아버지 집에서 음악 소리를 듣고 춤추는 가운데서, 아버지가 "우리가 먹고 즐기자. 이 내 아들은 죽었다가 다시 살아났으며 내가 잃었다가 다시 얻었노라" 하고 말하는 것을 즐거이 듣는 가운데서 잊을 것입니다.

그렇습니다. 다윗의 생각이 옳았습니다. 백성들을 낙담에서 일으켜 세우는 방법은 백성들에게 활 사용법을 가르치는 것이었습니다. 백성들의 활이 그들의 슬픔을 없애줄 것입니다. 애통해하고 있는 여러분을 슬픔에서 끌어내는 방법은, 여러분에게 그리스도를 의지하도록 인도하고 그리스도의 발 앞에서 구원을 찾도록 만드는 거룩한 활동들을 가르치는 것입니다.

내가 생각할 때, 바로 이것이 본문이 아주 기분 좋게 가르쳐 주는 첫 번째 교훈입니다.

2. 두 번째 교훈은, 재난을 잘 이용하는 길은 재난에서 교훈을 배운다는 것입니다.

본문에 나오는 재난은 무엇이었습니까? 사울과 요나단이 궁술가들의 화살에 맞은 것입니다. 블레셋 사람들이 활을 잘 사용할 줄 알았던 것이 분명합니다. 사울의 군대에는 궁술가들이 부족하였고, 그래서 그들은 멀리서 블레셋 사람들을 칠 수 없었습니다. 이스라엘이 블레셋 군대와 접전을 벌일 수 있는 가까운 지역에 이르기 전에 블레셋 군대의 화살이 이스라엘 왕을 맞힌 것입니다. 이스라엘 군대가 활 사용하는 법을 알았다면, 그들이 이겼을지도 모릅니다. 그래서 다윗은 서둘러 유다 족속에게 활 사용법을 가르치려고 합니다.

사랑하는 친구 여러분, 나는 여러분이 많은 실패를 겪었다고 가정해 보겠습니다. 특별히 여러분만 당한 재난이 있다고 말하는 것입니다. 재난을 당했을 때 여러분은 어떻게 하시겠습니까? 앉아서 안달하고 걱정하며 절망 가운데 포기합니까? 그렇게 해서는 안 됩니다. 유다 사람들이 활 때문에 패배를 당한 것을 통해서 활 사용법을 배웠듯이, 여러분도 여러분에게 닥친 일로부터 지혜를 얻어야 하지 않겠습니까? 여러분은 적 앞에서 도망간 적이 있습니까? 그때 여러분의 약점이 어디에 있었는지 알아야 합니다. 찾아보고 알아보십시오. 그것이 여러분이 탐닉한 죄입니까? 그 약점이 여러분이 조심했어야 하는데 방심해 온 부분에 있는 것입니까? 그것이 기도의 약함입니까? 하나님 말씀을 소홀히 하는 것이 약점입니까? 하나님의 진리에 대한 무관심이 약점입니까? 마음의 냉랭함입니까? 아니면 무엇입니까? 여러분이 패배하였다면 거기에는 원인이 있습니다. 여러분이 낙담을 하고 기운을 잃었다면, 하나님께 "무슨 까닭으로 나와 더불어 변론하시는지 내게 알게 하옵소서"(욥 10:2)라고 말하십시오. 하나님께서 여러분과 논쟁하십니까? 여러분이 그 진상을 규명하고 쓴 쑥과 쓸개즙을 맺는 뿌리를 찾기까지 만족하지 마십시오. 이것이 지혜로운 방법입니까? 그 재난의 원인이 하나님께서 여러분과 함께 계시지 않는 것일 수 있지 않습니까? 여러분에게서 아무것도 잘 되는 것이 없다면 어떻게 하시겠습니까? 여러분이 일찍 일어나고 늦게 누우며 수고의 떡을 먹을지라도 하나님의 손이 여러분을 대적하므로 그 일이 허사가 된다면 어떻게 하시겠습니까? 하나님께서 여러분을 화살의 표적으로 세우시고, 진노 가운데 여러분에게 화살을 쏘고 계시기 때문에 한때 여러분에게 만족을 주었던 것들이 이제는 전혀 즐겁지 않게 된다면 어떻게 하시겠습니까? 그런 일이 있을 수 있습니다. 혹은 여러분이 이제까지 전혀 하나님의 자녀가 아닌 것처럼 하나님께서 여러분을 공 굴리듯이 이리저리 굴릴 수가 있습니다. 그래서 여러분이 겸손히 그리스도께 와서 부르짖고 주님의 손에서 자비를 구하기까지 결코 안식을 얻지 못할 수가 있습니다. 지금의 사태가 그런 것인지 알아보십시오. 재난에 대해 근심하는 것은 소용없는 일입니다. 그 원인을 찾도록 하십시오. 재난이 여러분에게 가르치려고 하는 교훈을 배우도록 애쓰십시오. 여러분에게 은밀한 죄가 있습니까?

아마도 패배를 살펴보면 여러분은 승리하는 법을 배울 수 있을 것입니다. 다윗은 자신들이 활 때문에 패배하였다면 활을 사용해서 이길 수도 있다고 판단하였습니다. 적에게서 배우는 것은 옳은 일입니다. 사탄에게서도 배울 것이 있습니다. 사탄이 열심히 일한다면 우리도 부지런히 일하도록 합시다. 사탄이 삼킬 자를 찾는다면, 우리는 구원할 자를 찾읍시다. 사탄이 우리의 약점들을 찾으려고 주의 깊게 지켜본다면, 우리는 어떻게 하면 하나님의 은혜를 받기를 바라는 사람들의 마음을 가장 잘 움직일 수 있는지 찾아봅시다. 많은 사람이 가난을 통해서 부자가 되었고, 병을 통해서 건강을 얻었으며, 죄를 깨달음으로써 거룩함에 이르렀습니다. 사람이 큰 타격을 받고 쓰러졌을 때, 그때 하나님께 부르짖자 하나님께서 그를 들어 올리셨습니다. "매가 예비되었나니 그것을 정하신 이가 누구인지 들으려"(미 6:9) 하지 않는 자에게는 화가 있을 것입니다.

나는 여러분이 모든 실패가 가르쳐 주려고 하는 교훈을 부지런히 배울 수 있기를 바랍니다. 교회와 그리스도인들에게 발생하는 불운이 각각에게 행동하라는 부르심, 곧 일반적인 어떤 행동을 시작하라는 부르심일 수 있지 않습니까? 사울에게는 상비군이 많지 않았고, 모든 국민을 전쟁에 대비하도록 훈련시키지 않았습니다. 그러나 다윗은 "내 모든 족속에게 활 사용법을 가르치겠다"고 말합니다. 교회가 활기가 없고 둔감하며 무디어지기 시작할 때마다, 많은 교회들이 그 방향으로 가고 있는데, 그리고 모든 사람이 잠자는 것처럼 보이고 목사의 설교는 일종의 잠재우는 약과 같고 예배는 잠에 푹 절어 있는 것처럼 보일 때마다 어떻게 해야 합니까? 그때는 유다 족속에게 활 쏘는 법을 가르치고, 거룩한 사업을 시작하도록 그들 모두를 부추길 시간입니다. 그들에게 이렇게 말하십시오. "여러분은 소수의 사람들이 그리스도의 일을 하도록 허락해서는 안 되고 모든 사람이 그 일을 하도록 해야 합니다. 여러분 모두는 활 사용법을 배워야 합니다." 교인들 모두가 선교사의 일을 한 것이 모라비안 교도들의 자랑거리였습니다. 교회마다 그런 사람이 자랑거리가 되어야 합니다. 교회에서 남녀노소, 모든 사람이 예수님을 위한 전투에 참가해야 합니다. 이것이 하나님의 은혜를 의지하여 시행하는 영적 쇠퇴에 대한 치료법입니다. 즉, 사람들에게 활 다루는 법을 가르치라는 것입니다.

우리는 패배로부터 교훈을 배웁시다. 우리를 낙담하도록 만든 죄로부터 전능하신 하나님께 우리를 붙들어 주시기를 구하는 법을 배웁시다. 우리가 이 시간 인생에서 큰 실패를 경험하고 있다면, 더 중요한 일을 배우도록 합시다. 즉 우리가 잘못을 범하도록 허용을 받았다면 주의하는 법을 배우도록 합시다. 뿌루퉁한 태도로 "내가 잘못을 저질렀습니다" 하고 말하지 마십시오. 그보다는 잘못한 것에 대해서 회개하고, 넘어진 후에는 그 전보다 더 굳세어져서 형제들을 강하게 하는 일을 한 베드로처럼 장차 여러분을 들어 올릴 수 있는 은혜를 하나님께 구하십시오. 이미 저지른 일은 되돌릴 수 없습니다. 그러나 우리는 그 일에서 하나님의 가르치심을 배워 그와 같은 잘못을 다시 저지르지 않을 수 있습니다. 하나님께서 이 일이 우리에게 이루어질 수 있게 해주시기를 구합니다. 그 일이 합당하다면, 나는 오늘 밤 여러분에게 한 영혼의 혹은 한 교회의 큰 실패를 슬퍼하는 애가를 불러줄 수 있을 것입니다. 그러나 나는 그렇게 하는 것이 여러분에게 활 사용법, 말하자면 여러분의 잘못을 바로잡고 여러분의 결점을 보완하는 법을 배우도록 분발시키는 것의 절반도 유익을 주지 못할 것이라고 믿습니다.

3. 세 번째 교훈은, 친구를 기념하는 고귀한 방법은 친구의 우수한 점을 본받는 것이라는 사실입니다.

이 교훈을 본문에서 어떻게 끌어낼 수 있습니까? 이렇게 생각해 보십시오. 요나단과 다윗이 함께 이야기할 때, 그들은 요나단이 화살을 몇 개 쏨으로써 만날 것을 확정하기로 하였습니다. 요나단이 활 사용하기를 아주 좋아하였던 사람이었던 것이 분명합니다. 주로 요나단의 아버지가 활을 군대에 도입한 사람이었지만 요나단이 활을 다루는데 아주 능숙하였던 것입니다. 그래서 다윗은 이렇게 말합니다. "요나단을 기념한다고 큰 기념석을 세우기보다는 나는 유다 족속에게 활 사용법을 가르치겠다." 자, 형제 여러분, 이런 방식으로 여러분의 아버지를 기념하기를 바랍니다. 여러분의 아버지가 하나님의 자녀라면, 그에게 어울리는 방식으로 기념하십시오. 여러분이 사랑하는 어머니를 계속해서 기념하고 싶다면, 어머니에게서 두드러지게 나타났던 미덕을 여러분 자신이 보이도록 하십시오. 여러분의 사랑하는 아이가 천국에 갔어도 결코 그 아이를 잊을 수가 없습니다. 그래서 딸아이의 모습이 벽난로 선반 위로 불쑥 나타납니다. 나는 죽을 때 예수님을 노래했던 그 귀여운 여자아이를 지금 말하는 것입니다. 여러분이 결코 잊지 않고 그 아이를 기억하고 싶다면, 그 아이의 주님을 사랑하고 어린 제인이 간 곳에 가도록 하시라는 것입니다. 본받는 것만큼 적절한 기념 방식은 없습니다. 떠나보낸 사랑하는 사람 속에 있었던 훌륭한 모든 점을 여러분이 나타내 보임으로써 여러분 자신이 기념석이 되도록 하십시오.

우리의 거룩한 주님과 관련해서 생각할 때 특별히 이 사실이 얼마나 더 적용되는지 모릅니다! 나는 저 로마 가톨릭교도가 길가에 계속해서 십자가들을 세워두는 것을 봅니다. 그런데 때로는 이 십자가들에 십자가에 못 박혀 죽어가는 사람의 끔찍한 형상들이 있고, 못과 창이 걸려 있는데, 나는 그것이 좋은 생각인지 모르겠습니다. 이것은 십자가에 못 박히신 구속주를 영원히 기념하고자 하는 자연스러운 욕구에서 생겨나는 것입니다. 그러나 사랑하는 형제 여러분,

여러분이 그리스도와 함께 십자가에 못 박히고, 그리스도 안에서 볼 수 있었던 신성한 자기 부인과 복된 사랑, 최상의 거룩함을 여러분 자신이 나타낸다면 그것이 훨씬 더 구속주를 잘 기념하는 일이 될 것입니다. 어떤 사람들은 예배당을 짓고 건축에 돈을 아낌없이 내놓을 것입니다. 나는 그분들을 비난할 생각이 없습니다. 왜냐하면 그분들의 아주 넉넉한 헌금에 향유 옥합을 깨트려 주님의 발에 부은 그 여인의 정신이 깃들어 있을 수 있기 때문입니다. 그렇지만 나는 하나님의 성령의 능력으로 자기 속에 그리스도를 닮은 인격을 기르는 것이야말로 사람이 내놓을 수 있는 최고의 건축물보다 그리스도를 더 잘 기념하는 것이라고 말씀드리겠습니다. 여러분이 최고의 조각가를 고용하고, 그가 정교한 손으로 실물과 흡사하게 대리석을 조각해 낸다면 어떻습니까? 그 기념물을 보면 사람들은 다른 어떤 것보다 주로 그 조각가를 기억하고 그 작품이 호화롭다는 생각을 하게 되지 않겠습니까? 반면에 여러분이 그리스도의 형상을 대리석으로 나타내는 것이 아니라 여러분 자신이, 곧 살아 있는 몸으로 나타낸다면, 사람들은 여러분을 보고서 여러분이 예수님과 함께 지냈다는 것을 알게 되고, 예수님을 배우게 될 것입니다. 그리고 이것이 주님을 계속해서 가장 잘 기념하게 만들 것입니다.

그리스도께서 우리의 환경에 처하였더라면 하셨을 일을 우리가 한다면, 우리는 부(富)로써 나타낼 수 있는 것보다 훨씬 더 낫게 그리스도를 기념하게 될 것입니다. 다윗이 유다 족속에게 활 사용법을 가르쳤을 때, 백성들은 활시위를 당길 때마다 요나단을 기억하였을 것입니다. 궁술가 부대가 거리를 지나 사적장(射的場)으로 갈 때마다 보는 사람들의 마음에 요나단이 떠올랐을 것입니다. 다윗은 백성들이 요나단을 계속 기억할 수 있게 하려는 목적으로 이러한 근위 궁술 부대를 창설하였습니다. 사랑하는 친구 여러분, 예수님께서 그러셨듯이 여러분이 공손하면서도 열정적으로 하나님께 봉사하러 나갈 때마다, 사람들이 예수님을 생각하고서 이렇게 말하도록 만드십시오. "이 세상에서 그리스도의 증인이 되어 그리스도의 이름이 땅에서 영원히 살아 있도록 하기 위해 하나님께서 이 사람들을 세우셨다. 예수님께서 친히 이 사람들에게 복을 베푸셨기 때문에 이 사람들은 하나님의 은총이다." 나는 이와 같이 여러분 모두에게 여러분 평생의 모든 날 동안에 힘써 하나님을 섬겨서 예수 그리스도의 이름이 이 민족과 온 세계에 항상 살아 있게 하도록 힘을 내라고 권하고 싶습니다.

끝으로, 나는 유다 족속에게 활 사용법을 가르치라는 이런 형태의 군사적 명령이 오늘 밤 사랑하는 여러분에게 우화적으로 적용될 수 있다는 점을 잠시 생각해 보겠습니다.

4. 영적으로 활 다루는 법을 배우는 것은 신자들에게 큰 유익이 있습니다.

첫째로, 기도라는 활이 있습니다. 이 활의 사용은 케케묵은 것이 아닙니다. 나는 우리 모두가 주님의 구원의 활을 쏘는 법을 지금보다 훨씬 더 잘 배우면 좋겠습니다. 옛적의 거룩한 사람들은 화살을 골라내곤 하였는데, 그들이 화살을 택했을 때는 그 화살을 사용할 줄 알았습니다. 그들은 화살을 활시위에 당겼습니다. 말하자면 그들은 하나님의 약속, 곧 그들의 소원에 응답하는 약속을 붙잡았습니다. 화살을 활시위에 당기고 하늘을 향해 똑바로 겨냥하고 화살 같은 간구가 날아가는 것을 지켜보았습니다. 그들은 자기가 무엇을 위해 기도하고 있는지, 그리고 어떤 이유로 기도의 응답을 기도하고 있는지 뿐 아니라 기도를 드리고 있는 대상이 누구인지도 알았습니다. 그래서 그들은 있는 힘껏 기도의 활을 당겼습니다. 하나님의 사람이 갈멜 산에 올라가 활을 당겼을 때, 그는 자신이 과녁을 맞추지 못할 것이라는 두려움이 전혀 없었습니다. 혹시라도 화살이 충분히 날아가지 못했다면 그는 두 번, 세 번, 네 번, 일곱 번, 마침내 화살이 과녁을 맞출 때까지 활을 당겼을 것입니다. 그는 자신의 기도의 화살이 천국에 들어갔다는 것을 알 때까지 망대에서 내려오려고 하지 않았습니다. 모든 환난의 때에 필요한 것은 유다의 자녀들이 기도라는 활을 사용할 줄 아는 것입니다.

아일랜드에서 일어난 두려운 암살 사건들을 들었을 때 우리들 대부분이 그 소식을 안식일에 접하였습니다. 그래서 하나님의 사람들은 자기들의 은신처로 가서 불쌍한 아일랜드를 위하여 기도의 화살을 하늘을 향해 마구 쏘아댔습니다. 그것이 할 수 있는 최선의 일이었습니다. 나는 경찰과 감옥보다 기도를 더 믿습니다. 국가적 위기 때마다 나라를 구하는 사람들은 기도의 사람들입니다. 아니, 현명한 정치인들이 아니라구요? 물론, 현명한 정치가들이 있습니다. 그러나 그들을 현명하게 만드시는 분이 누구입니까? 하나님은 모든 사람의 마음을 다스리는 능력이 있습니다. 그래서 이 강단에서 드리는 기도에 응답하여 하나님께서 영국 하원 의석에 앉아 있는 저 사람들의 마음을 찾아가실 수 있습니다. 수상에게 내려와 그의 생각을 지도할 외침이 서쪽 스코틀랜드 고지에 있는 허름한 움막에서 하나님께 올라갈 수가 있습니다. 메리 여왕이 스코틀랜드에 다시 천주교를 가져오고자 했을 때 무슨 말을 하곤 했는지 기억하시기 바랍니다. 그녀는 스코틀랜드의 영주들이 모을 수 있는 모든 군대보다 존 녹스의 기도가 더 무섭다고 하였습니다. 그녀가 그 점에서만큼은 옳게 생각하였습니다.

사람들이 기도를 간과한다면 그는 인간사에서 가장 중요한 요소를 빠트리고 보는 것입니다. 하나님의 이 신비한 지팡이는 지금도 우리들 가운데 모세 같은 많은 사람의 손에 들려 있습니다. 이것은 이스라엘에게 승리를 가져다주고 아말렉에게는 패배를 가져다주는 지팡이입니다. 교회의 힘은 강단의 웅변에 있지 않고 골방의 웅변에 있습니다. 세상에 가장 많은 도움을 줄 교회는 하나님과 가장 많은 시간을 보내는 교회입니다. 하나님의 다스림을 받아 사람들을 위해 일하는 사람은 하나님을 위해 사람들을 다스릴 수 있습니다. 자기 영혼을 하나님께 드리고, 그래서 하나님께서도 자신의 뜻을 이루는데 그의 인생을 사용하실 수 있는 사람은 위대한 사람입니다. 마음속에 성령께서 일으키신 하나님의 뜻을 가지고 있고 그 뜻을 뜨거운 기도로 성취할 수 있는 사람은 군주들과 권력자들은 모를지라도 일의 지배적인 위치에 그들보다 더 가까이 도달한 사람입니다. 나는 여러분에게 아일랜드의 재난에 관해, 사람들의 죄와 시대의 악들에 대해 슬픈 시를 이야기할 수 있었습니다. 그러나 나는 그보다 기도라는 활의 사용법을 여러분에게 가르치는 것이 훨씬 더 낫습니다. 왜냐하면 여러분이 주님께 여러분의 갈망을 보낼 수 있다면 많은 복이 충만히 이 나라에 내릴 것이고, 하나님의 원수들이 불안해하며, 평화롭고 행복한 날들이 시작될 것이기 때문입니다.

어쩌면 지금 여기 계신 분들 가운데 기도에 관해 아무것도 모르는 분들이 있을지 모릅니다. 아마도 여기에는 페컴 라이(Peckham Rye)에 대한 설교를 들은 형제가 있을 것입니다. 그 설교는 다소 거칠지 않았나 생각됩니다. 그 설교에서 설교자는 그의 회중들 모두에게 그들이 집에 가서 하나님께 무엇이든지 구한다면 하나님께서 그들에게 구한 것을 주실 것이라고 말했습니다. 나는 그처럼 거친 진술에 찬성할 수 없습니다. 그러나 어떤 사람은 설교자가 그렇게 말했으니 그것이 사실이라고 생각했습니다. 그리고 그동안 살면서 한 번도 기도를 한 적이 없었지만, 그는 어떤 사건에 대해 시험을 하였습니다. 그런데 그 사건이 자기가 바라던 대로 일어났습니다. 그러자 그는 떨기 시작하였습니다. 확실히 하나님이 계시다고 생각하였기 때문입니다.

자, 사랑하는 청중 여러분, 나는 여러분에게 여러분 모두가 무엇을 기도하든지 받을 것이라고 말하지 않습니다. 나는 믿음이 없는 여러분들에게 그렇게 말하지 않을 것입니다. 그러나 여러분이 자비와 구원과 영생을 구하고, 또 믿는 죄인들에게 약속된 것은 무엇이든지 구하면 여러분이 받을 것이라고 확실하게 말씀드립니다. 나는 여러분이 한 번 시험해 보면 좋겠습니다. 그러면 하나님께서 결코 약속을 어기시지 않는다는 것을 발견할 것이기 때문입니다. 여러분이 하나님께서 죄인에게 하신 약속을 읽는다면, 그 약속은 여러분을 위해서 하신 것입니다. 가서 기도하십시오. 그러면 하나님께서 들어주실 것입니다. 하나님께서는 틀림없이 자신의 약속을 지키실 것입니다. 하나님을 믿고 시험해 보십시오. 이와 같이 활 사용법을 배우십시오.

하나님께서 여러분에게 복 주시기를 바랍니다. 아멘.

제
2
장

요나단의 사랑과 예수님의 사랑

"그대가 나를 사랑함이 기이하여 여인의 사랑보다 더하였도다." — 삼하 1:26

다윗은 시인이었습니다. 자신이 가장 사랑하는 친구가 블레셋 사람들의 화살에 쓰러진 것을 알았을 때 그는 크게 울었고, 후에 "활 노래"라고 불린 아주 뛰어난 애가를 지어 마음을 달랬습니다. 다윗의 애가를 문학적 양식의 표준에 따라 판단할지라도 이 애가는 시들 가운데 첫 번째 위치에 놓아야 할 것입니다. 이와 같이 다윗은 친구에 대한 기억을 생생하게 유지하려고 하였습니다. 이 노래는 친구를 기념하기 위해 지은 것입니다. 요나단과 같은 친구들은 흔하지 않습니다. 우리에게 그런 친구들이 있을 때 우리는 그들을 잊어서는 안 됩니다.

오늘날은 우정이 속담대로 덧없는 것이라고들 말합니다. 친구는 제비와 같아서, 여름철에는 우리와 함께 있다가 축축한 가을이 접어들기 시작하면 떠난다는 것입니다. 사람에게 신실한 친구가 있을 때 그 사람은 친구를 곁에 꼭 붙들어 두도록 해야 합니다. 그를 잃어버리면, 다른 것으로 대신할 수 없는 것을 잃어버렸다는 것을 알아야 합니다. 비록 친구를 땅에 묻을지라도 그를 잊어서는 안 됩니다. 참된 우정이 있으면 사람들은 고인에 대한 기념물을 만들고 싶어 합니다. 우리는 고인이 된 사랑하는 사람들의 기념물을 간직하며, 함께 하였던 교제의 행복한 날들을 생각하기 좋아합니다. 그래서 그 소중한 이름이 사람들의 기억에서 사라지도록 하고 싶어 하지 않습니다.

나는 이 주제에 대해 생각하면서 자신에게 이렇게 말했습니다. "나는 오늘 밤 주 예수 그리스도께서 사랑하시는 사람들을 많이 볼 것이다. 사람들이 자신의 영혼을 사랑하듯이 예수님을 사랑하는 수많은 사람들을 대면하여 볼 것이다." 나는 이것이 지금의 내 행복이라고 믿습니다. 자, 사랑하는 친구 여러분, 그리스도를 사랑하는 우리는 그리스도를 항상 기억하도록 합시다. 여러분이 그리스도의 이름에 대해 말할 수 있다면, 잠잠히 있지 마십시오. 여러분이 많은 회중 가운데서 예수님께 경의를 표하기 위해 아름다운 곡조를 만들 수 있다면, 시인의 하프를 퉁겨서 주님의 아름다운 이름을 위하여 즐거운 소리를 발하여 많은 사람들이 들을 수 있도록 하십시오. 그러나 여러분의 악기가 그보다 힘이 없다면, 두세 사람이 들을 수 있도록 노래를 부르거나 연주하도록 하십시오. 여러분을 사랑하는 사람들이 여러분이 무엇보다 주님을 사랑하는 것을 알게 하십시오. 혹은 여러분의 목소리가 시원치 않다면, 펜을 사용해서 사람들이 예수님이 어떤 분이신지 알도록 하십시오. 이 시인과 함께 이렇게 말하십시오. "내 마음이 좋은 말로 왕을 위하여 지은 것을 말하리라"(시 45:1).

우리가 사람들 앞에서 그리스도의 이름을 보존하기 위해서는 무엇을 해야 하겠습니까? 우리는 창작의 재능을 발휘합시다. 그래서 그리스도의 생애와 사랑의 이야기를 알지 못하는 사람들에게 종종 바람과 파도를 이용하여 그 이야기를 전하도록 합시다. 나는 어떤 사람의 귀에 이렇게 속삭이고 싶습니다. "그대가 예수님을 사랑한다면, 어찌하여 성찬에 나오지 않습니까?" 주님을 계속해서 기념할 수 있는 방법 중 다른 어떤 것보다 나은 것이 있다면, 그것은 예수님께서 친히 "이를 행하여 나를 기념하라"(눅 22:19)고 하며 택하신 방법입니다. 그리스도를 사랑한다고 하면서 이 사랑의 잔치에 계속해서 참석하지 않은 여러분은 그 점에 대해 어떻게 변명하시겠습니까? "모여서 나를 기념하라"는 이것은 주님께서 죽으시면서 부탁하신 일들 가운데 하나입니다. 그런데 여러분이 그리스도를 사랑한다고 말하면서도, 또 여러분이 말하는 진리에 대해서는 내가 이의를 제기할 생각이 없지만, 여러분은 주님의 애정 어린 부탁에 순종하여 나와서 주님의 찢기신 몸과 흘리신 피를 기념하는 떡을 먹고 잔을 마시는 일을 전혀 하지 않았습니다. 다윗이여, 그대는 그렇게 해야 한다는 법이 없었을지라도 요나단에 대해 노래할 수 있었도다. 그러면 그대가 요나단을 사랑한 것보다 더 하나님의 그리스도를 사랑한다고 하면서도 그리스도께서 기념하라고 부탁하신 방식으로 그를 기념한 적이 없고, 성찬이라는 결코 잊어서는 안 되는 아름다운 기념식을 등 뒤로 던져버린 사람들에 대해서 무엇이라고 말하겠는가?

이 점을 설교의 머리말로 삼겠습니다. 우리가 다음 두 가지 사실에 대해 생각하는 동안 주님께서 우리 마음을 조율하여 주시기를 구합니다. 첫 번째 사실은 다윗에 대한 요나단의 사랑이라는 작은 예표입니다. 두 번째 사실은 사람들에 대한 그리스도의 사랑이라는 무한한 원형입니다. 우리 각 사람이 "내게 대한 그리스도의 사랑"을 말할 수 있다면, 곧 그리스도께서 나를 사랑하셨고 나를 위해 자신을 주셨다"고 말할 수 있다면, 아마도 오늘 밤은 지극히 즐거운 날이 될 것입니다. 이 표현은 "그대가 나를 사랑함이 기이하다"는 본문의 말과 조화를 이룰 것입니다.

1. 첫째로, 우리는 다윗에 대한 요나단의 사랑에 대해 조금 생각해 보겠습니다.

요나단의 사랑은 그 시작의 순수함을 볼 때 특이한 사랑이었습니다. 요나단은 다윗을 크게 탄복하는 데서 사랑하게 되었습니다. 요나단은 다윗이 골리앗의 머리를 손에 들고 돌아오는 것을 보았을 때, 병사가 병사를 사랑하듯, 용감한 사람이 또 다른 용감한 사람을 사랑하듯이 그를 사랑하였습니다. 요나단은 이 젊은이에게 올바른 성품이 있다는 것을 느꼈습니다. 비록 요나단이 왕자였고 법적인 왕위 상속자였음에도 불구하고, 우리는 "요나단이 자기가 입었던 겉옷을 벗어 다윗에게 주었고 자기의 군복과 칼과 활과 띠도 그리한"(삼상 18:4) 것을 봅니다. 요나단은 그처럼 자기 하나님을 굳게 신뢰하고, 생명의 위험을 무릅쓰며, 그처럼 승리를 거두고 당당하게 돌아오는 그런 영웅은 자신의 지극한 사랑을 받기에 합당하다고 느꼈습니다. 그 사랑은 자기 이익에서 시작하지 않았고 어떤 연고 관계에서 시작되지도 않았습니다. 그의 사랑은 요나단이 자신의 성격과 다윗의 성격 사이에서 본 유사점에서 시작되었습니다. 그것은 용감한 사람이 또 다른 용감한 사람을 사랑하는 것이었습니다.

요나단의 사랑은 또한 매우 강렬한 것이었음을 봅니다. "요나단이 그를 자기 생명 같이 사랑하니라"(삼상 18:1)고 하였습니다. 그는 어느 때든지 다윗의 생명을 보존하기 위해서라면 자기 생명을 희생하려고 하였을 것입니다. 사실 나는 요나단이 다윗의 목숨을 자기 목숨보다 훨씬 더 귀하게 생각하였고, 다윗을 보호할 수만 있다면 기꺼이 위험을 감수하려고 하였다는 것을 의심하지 않습니다. 요나단의 사랑은 매우 강렬한 사랑이었습니다. 우리가 그리스도인들 가운데서 이 같은 사랑을 더 많이 볼 수 있으면 좋겠습니다! 그리스도인들이 그리스도를 인하여 그리고 서로에게서 보는 하나님의 사랑 때문에 서로 사랑하되 뜨겁게 사랑하기를 바랍니다!

요나단의 사랑은 전혀 사심이 없는 것이었습니다. 앞에서 말했듯이 요나단은 법적인 왕위 상속자였지만 다윗은 사무엘에게 왕으로 기름 부음을 받은 사람이었습니다. 때문에 이 나라는 사울의 집에서 취하여 다윗의 집으로 넘어가게 되어 있었습니다. 이 젊은 왕자 요나단이 자기를 밀어내고 대신 왕위를 차지할 다윗에 대해 먼저 부러워하고 미움이 생겼을 수도 있습니다. 그렇다고 하더라도 그것은 아주 자연스러운 일입니다. 그런데 그렇게 하지 않고 요나단은 어느 날 다윗에게 다음과 같은 아주 감동적인 말을 하였습니다. "너는 이스라엘 왕이 되고 나는 네 다음이 될 것이라"(삼상 23:17). 요나단은 자신이 다윗의 친구와 조력자가 되고, 자신이 쓰는 것이 당연할 수도 있는 왕관을 다윗이 쓰는 것을 보는 데서 기쁨을 얻겠다는 뜻으로 말하였습니다. 그처럼 스스로 뒤로 물러날 수 있고, 다윗이 첫째가 된다면 그것이 바로 자기가 원하는 것이라고 생각할 수 있는 요나단은 행복한 사람입니다. 사람이 친구를 위해 옆으로 물러날 수 있는 사랑은 우리가 길거리에서 쉽게 발견할 수 있는 그런 흔한 것이 아닙니다.

요나단의 사랑은 모든 반대를 견디는 사랑이었습니다. 왜냐하면 요나단이 자기 아버지 사울이 악한 마음으로 다윗을 미워한다는 것을 곧 알게 되었기 때문입니다. 사울은 비록 자신은 왕위를 계속 지킬 만한 사람이 못된다고 할지라도 자신이 그토록 탐내었던 자리를 다른 누군가가 차지한다는 생각을 견딜 수 없었습니다. 그는 다윗이 죽는 것을 보기 원하였습니다. 그런데 요나단이 다윗의 편을 들었기 때문에 사울은 몹시 화를 내었고, 요나단의 운명을 견디기 힘들게 만들었습니다. 그러나 요나단은 친구를 버리지 않았고, 소문의 좋고 나쁨에 관계없이 다윗에 대한 신의를 끝까지 지켰습니다. 요나단은 아버지에게 충실하고 매우 순종적이었습니다. 그렇지만 또한 그는 친구 다윗을 단념하지도 않았고, 자신과 하나님의 택하신 종 사이에 존재하는 우정을 끝내기보다는 사울의 단창을 맞을 위험을 감수하려고 하였습니다.

그리고 이 사랑은 매우 적극적이었습니다. 여러분도 요나단이 다윗을 위해 자기 아버지에게 어떻게 탄원했는지 알 것입니다. 요나단은 들판으로 나가 다윗과 상의하였습니다. 그는 다윗을 보호하기 위해 계획을 짜고 방법을 강구하였습니다. 한 번은 요나단이 "수풀에 들어가서 다윗에게 이르러 그에게 하나님을 힘있게 의지하게 한"(삼상 23:16) 것을 우리는 봅니다. 그렇습니다. 요나단의 사랑은 단순한 소설 속의 이야기가 아니었습니다. 그의 사랑은 진짜이고 실제적이며 적극적이었습니다. 그것은 결코 약해지지 않는 사랑이었습니다. 길보아 산에서 블레셋 사람의 화살이 요나단의 심장을 관통했을 때 그것은 그 심장에 새겨진 다윗의 이름을 뚫은 것이었습니다.

> "요나단은 다윗을 오래도록 사랑했고 훌륭하게 사랑했으며
> 죽기까지 사랑하였습니다."

그래서 다윗은 진심으로 이렇게 말할 수 있었습니다. "그대가 나를 사랑함이 기이하여 여인의 사랑보다 더하였도다."

자, 사랑하는 친구 여러분, 여러분은 요나단과 다윗의 사랑 같은 이야기를 읽을 때, 그런 친구를 갖기보다는 요나단이 다윗에게 했던 것과 같이 그런 친구가 되겠다는 마음이 일어나야 한다고 생각하지 않습니까? 사람은 누구나 요나단과 같은 친구를 갖기를 이기적으로 바랄 수 있습니다. 그러나 자신이 요나단과 같은 역할을 해 줄 수 있는 다윗 같은 사람을 찾으려고 하는 사람은 바른 생각을 갖고 있는 것입니다. 살면서 진정한 우정을 누리는 것은 양쪽에 모두 큰 기쁨입니다. 어떤 사람들은 우정이 언제나 자기들에게 보화를 쌓아줄 것을 기대합니다. 그러나 참된 우정은 언제나 손이 두 개이고 발이 두 개이며 눈이 두 개입니다. 여러분이 항상 받기만 하고 주지 않으려고 하면 참된 우정을 얻을 수 없습니다. 다윗은 요나단이 자기를 사랑한 것만큼 요나단을 사랑했습니다. 우리에게 원수도 사랑하라고 가르치시는 복되신 성령께서 우리가 신성한 우정을 기르고, 그리스도 안에서 우리의 형제 된 사람들을 곤경에 처했을 때 기꺼이 도울 수 있게 해주시기를 바랍니다.

설교의 이 부분에 대해서는 더 이상 이야기하지 않겠습니다. 다만 다른 사람들에게 전혀 친구가 되지 못하는 사람들이 이 설교를 듣고 책망을 받을 수 있기를 바랍니다. 아, 나는 그런 사람을 참으로 많이 만났습니다! 그런 사람들은

여러분에게 호의를 받을 때는 아주 친절하지만 별로 대접을 받지 못할 때는 그렇게 친절하지 않습니다. 그들은 여러분이 성공의 담을 올라가는데 사용되는 사다리가 될 수 있는 동안에는 여러분을 크게 생각합니다. 그러나 성공의 담 꼭대기에 서게 되면 그들은 살면서 그 사다리를 본 적이 없었고, 여러분이 그 사다리를 치워 버렸는지도 모른다고 말하는 경우가 아주 많습니다. 우리는 세상 사람들 가운데서 그 같은 일이 일어나는 것을 계속해서 봅니다. 그리스도인들에게서는 그런 일이 없기를 바랍니다! 우리에게 적이라고 할 수 있는 사람이 있다면, 그런 사람에게조차 너그러워야 하는 만큼 우리는 친구인 사람에게는 누구나 진실하게 대하기를 바랍니다!

이제는 그보다 더 향기롭고 확실한 것에 대해서 이야기하도록 하겠습니다.

2. 나에 대한 그리스도의 사랑에 대해서 이야기하도록 하겠습니다.

여기서 1인칭 대명사를 사용한 것은 본문에 "그대가 나를 사랑함이 기이하다"고 되어 있기 때문입니다.

나는 여기 계신 많은 분들이 바로 이 대명사를 자신에게 사용할 수 있게 되기를 바랍니다. 나는 오늘 밤 설교하고 싶지 않습니다. 설교하기보다는 일종의 향도(嚮導)가 되어서 다른 사람들이 따라서 할 수 있도록 실습을 하고 싶습니다. 나는 많은 사람들이 느끼고 있다고 생각하며, 또 그들이 이 설교자보다 훨씬 더 느낄 수 있기 바라는 사랑에 대해서 이야기하려고 합니다. 그리스도를 더욱더 사랑하는 것이 우리 한 사람 한 사람의 큰 뜻이 되도록 합시다. 우리는 그리스도께서 오늘 밤 이 자리에 계신 것으로 생각합시다. 왜냐하면 그리스도께서는 "볼지어다 내가 세상 끝날까지 너희와 항상 함께 있으리라"고 하신 약속대로 여기 계시기 때문입니다. 그리스도께서 여기 계십니다. 눈을 감고 있을지라도 믿음은 그리스도를 알아보고, "그대가 나를 사랑함이 기이하다"고 외칩니다.

우리는 우리 구주께서 죽으시는 모습을 볼 때 이 사랑을 가장 크게 느낀다고 생각합니다. 십자가 밑에 앉아서 올려다보십시오. 가시관을 쓰신 그 거룩한 머리를 보십시오. 울어 충혈된 그 정결한 눈을 보십시오. 한때 펼쳐서 축복 기도를 하였던, 못 박힌 그 손을 보십시오. 자비의 심부름을 받아 서둘러 다녔던, 피 흘리는 발을 보십시오. 깊이 베인 상처가 얼마나 깊고, 갈라진 틈이 얼마나 넓은지, 물과 피가 얼마나 끊임없이 흘러내리는지, 벌어진 그 옆구리를 찬찬히 살펴보십시오! 이분이 우리를 하나님께로 데려가기 위해 의로운 자로서 불의한 자를 대신하여 고통 받으시며 이와 같이 조롱과 멸시 가운데 죽으신 생명과 영광의 주님이십니다. 여러분이 십자가에 못 박히신 그리스도를 마음으로 그려볼 수 있고, 또 그리스도께서 여러분을 위하여 죽으셨다고 믿을 수 있다면, 이와 같이 외치게 될 것입니다. "주님이 나를 사랑함이 기이하여 어머니나 아내의 사랑보다 더하였습니다. 그대가 나를 사랑함은 놀라워서 말로 다 표현할 수 없습니다. 하늘이 별로 가득하듯이, 혹은 숲이 잎들로 가득하듯이 기이함으로 가득하였습니다. 주님의 죽음에서 보듯이, 주님의 사랑은 놀라웠습니다."

여러분은 다윗이 적의 화살들에 맞은 요나단의 시신을 생각하면서 이 말을 하는 모습이 그려집니까? "그대가 나를 사랑함이 기이하였도다." 여러분이 오늘 밤 구주님의 시신이 향품에 싸여 아리마대 사람 요셉의 무덤에 누이는 것을 보고 있다고 생각할 때 그렇게 말하지 않겠습니까? 돌을 굴려 무덤의 입구를 막기 전에, 여러분은 그 상한 몸을 보고 "진실로 주님이 나를 사랑함이 기이하였도다" 하고 말하지 않겠습니까?

사랑하는 친구 여러분, 때로 우리는 사별한 사람들이 다시 돌아올 수 있다면 그들에 대한 우리의 사랑이 또 한번 최고조에 이를 것처럼 생각합니다. 여러분은 사랑하는 사람을 잃었습니다. 나는 여러분의 마음을 괴롭히고 싶은 생각은 없습니다. 아무튼 여러분 모두 지극히 사랑하는 사람들을 잃었습니다. 여러분이 그들을 무덤에 뉘었을 때 슬픔이 컸습니다. 그런데 여러분이 오늘 밤 집에 도착했을 때, 사랑하던 사람이 돌아와서 여러분 방에 앉아 있는 것을 발견한다면, 여러분의 사랑이 갑자기 폭발하여 미칠 듯한 기쁨에 이르고, 이전 어느 때보다 더 커질 것이라고 생각합니다. "내 남편이 돌아왔다고요? 내 아내가 살아왔다고요? 내 어머니, 내 아이가 다시 살아서 내게로 왔다고요?" 우리가 사별했던 식구들과 그처럼 다시 만날 수 있다면, 우리 영혼은 말할 수 없이 기쁜 사랑을 느낄 것입니다! 자, 우리를 위해 죽으신 그분이 다시 살아나셨다는 것을 기억하십시오.

"그가 살아계시도다. 구속자가 살아계시도다."

그가 여전히 마음속에 우리에 대한 사랑을 간직하고 살아계시며, 땅에 계시는 동안 부끄러움과 침 뱉음을 당하시면서 우리를 사랑하신 만큼 지금도 살아계셔서 영원한 영광 가운데서 우리를 사랑하십니다. 자, 오늘 밤 여러분이 그리스도께서 죽으신 것을 기억할 때는 사랑을 유보하겠지만, 그리스도께서 살아계시니 기뻐하십시오.

또한 우리는 다른 사람들이 사랑하는 친구들을 멸시하는 것을 볼 때 친구들에 대해 더할 수 없이 큰 사랑이 일어나는 것을 때때로 느끼게 된다고 생각합니다. 다윗이 요나단의 시신이 블레셋 사람들에게 굴욕을 당한 것을 알았을 때, 블레셋 사람들이 사울 왕과 그의 아들들의 시신을 가져다가 벧산 성벽에 달아두었다는 것을 알았을 때, 다윗은 몹시 괴로워하였고, 요나단에 대한 사랑이 다시금 갑자기 솟구쳐 탄식하고 울부짖으며 눈물을 흘렸습니다. 오늘 밤 나는 다른 사람들이 주님께 퍼붓는 모욕 때문에 한결 더 내 주님을 사랑한다고 말씀드리지 않을 수 없습니다. 최근에 주님의 속죄 제사를 부정하는 책을 보았을 때, 스스로 그리스도인이라고 하면서 그 거룩한 속죄를 가볍게 말하고 심지어 그 큰 희생 제사이신 거룩하신 분에 대해서까지 가볍게 말하는 사람들을 만날 때, 내 마음은 유다의 계승자들인 그 반역자들에 대해 먼저 분노로 불타오르고, 그 다음에는 속으로 이렇게 외칩니다. "구주님이시여, 사람들이 주님께 그 불명예를 인해서 제가 한결 더 주님을 사랑합니다. 사람들이 주님께 퍼붓는 수욕을 인해서 마치 주님께서 백 번이나 십자가에 못 박히시는 것처럼 제가 백배의 에너지와 집중된 사랑의 힘으로 주님을 섬길 것을 맹세합니다. 이는 주께서 나를 사랑함이 기이하였기 때문입니다."

어떤 사람들은 그리스도에 대해 가볍게 말할 수 있습니다. 아마도 그들은 그리스도께서 나에게 보이신 그런 사랑을 한 번도 경험하지 못하였을 것입니다. 어떤 사람들은 그리스도의 피를 멸시할 수 있습니다. 필시 그들은 내 죄와 같은 죄에서 씻음받은 적이 없을 것입니다. 어떤 사람들은 주님께 대한 믿음을 가볍게 생각합니다. 아마도 그들은 내가 경험한 주님과의 그런 교제를 전혀 알지 못할 것입니다. 하지만 나는 주님께 대해 이렇게 말하지 않을 수 없습니다. "주께서 나를 사랑함이 기이하였고, 기이하며, 항상 기이할 것이며, 하늘에서나 땅에서나 생각할 수 있는 모든 사랑보다 뛰어납니다."

이제 그 사랑의 이야기를 간단히 말하겠습니다. 그것은 긴 이야기입니다. 나에 대한 그리스도의 사랑에 대한 이야기입니다. 이 사랑의 기이함은 이 사랑의 대상, 곧 그 사랑이 나 같은 사람에게 베풀어진다는 사실에 얼마간 있습니다.

"주께서 나를 사랑함이." 사랑하는 형제자매 여러분, 여러분은 그 점을 오직 여러분 자신에 대해서 이야기해보지 않겠습니까? "그리스도께서 누구든지 사랑하신다는 것은 놀라운 일입니다. 그러나 그리스도께서 나를 사랑하신다는 것은 무엇보다 놀라운 일이 아닙니까? 내가 누구이며, 내 아버지 집이 무엇이기에 그리스도께서 나를 사랑하시는 것입니까?"

> "여러분 속에 존중할 만한 혹은 창조주께 기쁨을 드릴 수 있을 만한 것이 있었습니까?"

주께서 나를 사랑하심이! 여기에는 주님께서 우리를 버리시지 않음이 있었습니다. 사랑이 우리를 모른 체하고 지나쳤어야 마땅한 이유가 많이 있었습니다. 주님께서 나를 선택하시다니, 나에 대한 주님의 사랑은 기이하였습니다. 그리스도께서 나를 사랑하신다는 것만큼 놀라운 일은 없다는 것을 천국에서 말하십시오. 여러분이 천국에 이르면, 하나님의 보좌 앞에서 빛나는 모든 영들에게 이같이 말하십시오. 여러분은 이 말을 할 때 그리스도의 발 앞에서 경배하며 말할 것입니다. "사람들을 구원하시는 일에 있어서 나를 구원하시는 것만큼 놀라운 일은 없습니다. 주님, 주께서 나를 사랑하심이, 주께서 나를 사랑하심이 기이하였습니다."

그 다음에 "주께서 나를 사랑하심이"라는 말에서 그 첫 마디를 강조해 보십시오. 그러면 그 기이함의 또 다른 부분을 알게 됩니다. 즉, 그 기이함이 이 사랑을 주시는 분에게 있음을 알게 됩니다. 왜냐하면 사람이 나를 사랑하는 것은, 사람이 자기와 같은 부류를 사랑하는 것은 마땅한 일이기 때문입니다. 그러나 하나님이 나를 사랑하시는 것은, 곧 무한자께서, 상상할 수 없이 사랑스러우신 분이, 사랑스럽다는 개념이 인간의 생각을 초월하는 분이 나를 사랑하신다는 것, 이것은 정말로 기적입니다. 여러분은 광대함보다 크신 하나님이, 그 생명이 시간을 초월하는 분이, 무한하신 하나님이 여러분을 사랑하신다는 것이 상상이 갑니까? 하나님께서 여러분을 생각하고 동정하시며, 고려하신다는 것은 아주 좋습니다. 그러나 하나님이 여러분을 사랑하신다는 것, 하나님의 애정이 여러분에게 쏟아진다는 것, 하나님께서 여러분을 선택하신다는 것, 하나님께서 그분의 손바닥에 여러분을 새기셨다는 것, 하나님께서 천국에서 여러분 없이는 안식하시지 않는다는 것, 여러분을 천국에 데려오시기 전에는 천국이 완전하다고 생각지 않으신다는 것, 여러분이 신부가 되고 그리스도께서 여러분의 신랑이 되신다는 것, 그리스도와 여러분 사이에 영원한 사랑이 있다는 것, 아, 여러분이 이런 사실을 생각할 때, 기이함에 놀라 경배하는 심정으로 손을 들고서 "주께서 나를 사랑하심이 기이하였도다" 하고 말하지 않겠습니까?

자, 여러분이 할 수 있다면, 이 사랑이 시작된 때를 생각해 보십시오. 하나님께서 세상을 창조하시기 시작한 때가 있었습니다. 그러나 하나님은 영원부터 자기 백성을 사랑하셨습니다. 최초의 섬광이 태초의 어둠에 빛을 비추기 전에, 하나님께서는 자기 백성을 사랑하셨습니다. 인간의 몸에 처음으로 맥박이 뛰기 전에, 남자와 여자와 같은 존재가 있기 오래전에 하나님은 자기 백성을 사랑하셨습니다. 하나님은 예정과 예지의 거울 안에서 그들을 보고, 그때 그들을 사랑하셨습니다. 그때부터도 하나님의 즐거움이 사람들에게 있었습니다. 하나님의 사랑은 시작이 없었습니다. 그 사랑은 자존하시는 하나님처럼 그 자체로부터 시작되었고, 따라서 하나님께서 자기 백성을 사랑하시지 않은 때는 없었습니다. 그 기이한 은혜, 곧 작은 먼지 알갱이 같은 여러분이 영원부터 사랑을 받았고, 한 줌 재와 같은 내가 모든 세상이 창조되기 전에 사랑을 받았다는 기이한 은혜를 생각해 보십시오! 나팔소리와 같은 큰 목소리로 그 사실을 말하십시오. 하나님께서 그 사실을 이렇게 말씀하셨기 때문입니다. "내가 영원한 사랑으로 너를 사랑하기에 인자함으로 너를 이끌었다"(렘 31:3).

그렇다면 그리스도의 사랑은 그 시작에서부터 놀라운 것입니다. 그리스도의 사랑이 내게 작용하기 시작하였을 때, 그때도 그 사랑은 기이한 것이었습니다. 그때 내가 한 일은 그 사랑을 거절한 것이었기 때문입니다. 그리스도께서 사랑의 옷을 입고 내게 오셔서 내 마음이 영접하도록 자신을 제시하셨을 때 나는 주님을 받아들이지 않겠다고 말하였습니다. 내 마음을 소유하고 있었던 것은 방탕한 세상이었습니다. 온갖 죄의 모습으로 나타나는 마귀가 있었습니다. 마귀가 내 손을 붙잡고 있었고 나는 그의 것이었습니다. 여러분 가운데 그리스도께서 오랫동안 구애를 하셨지만 그리스도를 영접하려고 하지 않은 분들이 그와 같지 않았습니까? 그리스도께서 여러분에게 오셔서 때로는 위협하기도 하고 때로는 초대하시기도 하였습니다. 그리스도께서는 섭리를 통해, 설교를 통해, 책을 통해, 성령을 통해 여러분에게 오셨습니다. 여러분은 그리스도에게 등을 돌렸을지라도 그리스도께서는 한 번도 여러분에게 등을 돌리신 적이 없습니다. 그리스도께서는 “안 돼”라고 답을 하시지 않습니다.

“구원하기로 결심하시고, 하나님께서는 내 길을 지켜보셨네.
내가 사탄의 눈먼 종이 되어 죽음과 장난치고 있었을 때.”

예전에 밤늦게 술집에서 비틀거리며 나오던 사람을 생각해 보십시오. 그럼에도 불구하고 그가 지금은 하나님의 사랑을 받는 사람입니다. 교도소에서 머리를 짧게 깎은 도둑을 생각해 보십시오. 그럼에도 불구하고 그가 하나님의 사랑을 받았고, 오늘 밤 여기에서 예수님의 발 앞에 앉아 그 사랑을 기뻐하고 있습니다! 자기 백성에 대한 그리스도의 사랑에 관해서, 그리고 영혼을 사랑하시는 분께서 믿음이 없는 완고한 사람들로부터 받은 통탄할 만한 거절에 관해서 천국에서 놀라운 노래가 불릴 것입니다! “주께서 나를 사랑하심이 기이하였도다.”

그리스도께서 사랑 때문에 이 세상에 오셔서 우리의 본성을 취하셨을 때, 그것이 기이한 일이 아니었습니까? 그리스도는 하늘에서 보좌에 앉아 통치하셨습니다. 스랍과 그룹들이 기쁘게 그의 명령에 순종하였습니다. 그는 하나님이셨습니다. 그런데도 그분이 저 하늘 궁전에서 베들레헴 마구간에, 그것도 뿔 달린 소들이 먹는 구유에 내려오셨습니다. 바로 그분이 오셨습니다! 바로 그분이 오셨습니다! 그러나 시인 조지 허버트(George Herbert)가 상기시키듯이, 그분은 왕의 옷을 벗으시고, 푸른 망토를 하늘에 걸어두고, 그의 모든 반지는 별들에 걸어두고 오셨습니다. 신성에 인성을 결합하시고서 배내옷을 입고 어린 아기로 누우셨습니다. 이는 우리를 사랑하셨기 때문입니다. 진실로, 주님은 거룩한 아이이십니다. 나는 시므온처럼 주님을 안고 이같이 말하고 싶습니다. “주재여 이제는 말씀하신 대로 종을 평안히 놓아 주시는도다 내 눈이 주의 구원을 보았나이다”(눅 2:29,30). 주께서 나를 사랑하심이 기이하였습니다! 하늘의 규를 들고 계신 그리스도를 보고, 그 다음에는 우물곁에 앉아 부정한 여자와 이야기하는 모습을 보십시오. 우리가 주님을 볼 때 천사들이 수금으로 주님을 찬양하는 노래를 연주하는 것을 보고, 그 다음에는 예루살렘의 쓰레기 같은 모든 인간들이 주님을 비웃으며 십자가에서 내려오라고 말하는 것을 보십시오. 주님께서 몸을 낮추어 우리와 같이 되셨고, 훨씬 더 낮추어 심지어 죽기까지 하셨다면, 진실로 구원받은 우리 각 사람은 주님께 "주께서 나를 사랑함이 기이하였도다" 하고 말할 수 있기를 바랍니다.

그리스도의 사랑을 다른 어떤 것보다 기이하게 만드는 것이 한 가지 있습니다. 즉 그것은 주님께서 우리 사람의 본성을 취하셨을 뿐만 아니라 또한 우리의 죄를 담당하셨다는 것입니다. 자, 사람을 생각할 때 하나님을 신물 나게 만든 그 더러운 것을 긁어모아 봅시다. 나는 지금 죄와 우리 생활의 불결함을 말하는 것입니다. 자, 하나님께서는 그것을 한데 모아 더러운 무더기로 쌓으셨는데, 온 우주를 곪게 만들기에 충분할 만큼 큽니다. 하나님께서는 그 모든 것을 그리스도께 지우셨고, 우리의 죄를 지고 가시는 주님께서 그 모든 것이 자기 죄가 아니지만 마치 자신의 죄인 것처럼 친히 그것을 짊어지십니다. 주님께서는 그 모든 죄에 대해 괴로워하시고, 그것 때문에 공의의 판결을 받고, 그 모든 것을 다시는 나타나지 않을 망각의 심연 속으로 던져 버리십니다. 구주님이시여, 주께서 친히 몸으로 내 죄를 담당하여 나무에 달리셨습니까? 주께서 내가 받을 정죄를 대신 받으셨습니까? 그렇다면, 실로 주께서 나를 사랑함이 기이하였습니다.

나는 각 신자가 확실히 알도록 본문을 분해해서 전달하는 방법을 모릅니다. 나는 여기 계시는 분들 가운데 그리스도의 사랑을 정말로 잘 안 사람마다 자신을 낮추어 우리와 같은 사람이 되신 그리스도의 이 사랑을 개인적으로 생각하여 내 말을 이해하였으면 좋겠습니다. 그리스도의 이름을 사랑하는 우리가 곤경에 처했고, 그래서 주님께서 우리에게 아주 가까이 계셨던 때들이 있었습니다. 사람들이 우리에 대해 거짓으로 말하고 욕을 하였지만, 아, 주님께서는 우리에게 아주 기쁘게 미소를 지으신 때들이 있었습니다! 신체적인 고통 때문에 우리가 몹시 약해졌지만 주님께서 영원한 팔로 우리를 떠받치신 때들이 있었습니다. 사랑하는 여러분, 여러분이 아는 대로 말해 보십시오. 여러분은 어두운 시절, 힘든 시절, 지친 시절에 어떻게 주 예수님을 만났습니까? 여러분은 예수님이 비길 데 없는 여러분의 친구라는 것을 발견하지 않았습니까? 나는 예수님의 위로만한 위로가 없고, 예수님의 미소만한 미소가 없으며, 예수님의 구원하시는 손만한 도움의 손길이 없다고 증언할 수 있습니다. "주께서 나를 사랑하심이 기이하였도다." 때때로, 내가 하나님께서 내게 선을 행하신 이야기를 하였을 때 한 그리스도인 친구가 "그 모든 이야기를 기록해 두지 않았느냐"고 물어서 내가 "아니, 기록해 두지 않았다"고 답변했습니다. 그러자 그가 "죽기 전에 그 모든 것을 기록해 둘 생각이 있느냐"고 물어서, "아니, 내가 그것을 기록할지 모르겠다"고 대답했습니다. 아마도 여러분의 살아온 이야기는 여러분이 죽으면 함께 사라질 것입니다. 그러나 여러분의 생애에 그리스도의 아주 놀라운 사랑의 손길이 있었던 것은 사실이 아닙니까? 여러분의 생애에 여러분이 주님의 얼굴을 볼 수 있었던 보석과 같은 창과 문이 있었지 않습니까? 오늘 밤 여러분이 첫날부터 지금까지 걸어온 순례 여행길을 돌아볼 때 이렇게 말할 수 있지 않습니까? "주여, 주님은 항상 나와 함께 하셨습니다. 주께서 나를 사랑하심이 기이하여 내가 곤경에 처했을 때 몸을 낮추어 오셔서 나를 도우시는 우정을 보이셨습니다."

우리를 위해 사려 깊게 준비하고 위로하는 그리스도의 사랑에 대해서도 생각해 봅시다. 때로 여러분이 거의 미끄러질 뻔한 적들이 있는데, 그렇게 해서 단지 곤경에만 처한 것이 아니라 죄를 지을 뻔한 적들이 있습니다. 경솔함에 뒤따라서 불신앙이 슬그머니 들어와 여러분이 거의 회의론자가 된 슬픈 순간들이 있었습니다. 죄가 어느덧 여러분의 생각 속에 들어와, 죄를 지었다면 여러분을 파멸시켰을 일을 거의 할 뻔한 악한 순간들이 있었습니다. 여러분은 살면서 강한 타격을 받아 여러분을 떠받치시는 분이 계시지 않았더라면 넘어져서, 거의 의식하지도 못하는 사이에 죽었을 때들이 있지 않았습니까? 그러나, 아, 예수님께서 어떻게 여러분을 위험에서 지키고 돌보셨는지요! 어떤 어머니도 그리스도께서 여러분에게 하셨듯이 그런 관심을 가지고 자기 아이를 돌보지 못했습니다. 여러분이 때로 지난날을 회고하며 여러분이 자칫하면 빠질 뻔하였는데 보호를 받아 피한 구덩이를 생각할 때, 또 여러분이 수년 전에 여러분 옆에서 노래를 부르곤 했는데, 이제는 술주정뱅이나 세속적인 사람이 되어버린 옛 친구를 만나서 "왜 저 친구가 저렇게 되었는가? 나는 누구 때문에 그와 다르게 되었는가? 지금까지 나를 보호한 것이 하나님 은혜 외에 무엇이 있겠는가?" 하고 말하게 될 때, 여러분은 여러분에 대한 그리스도의 사랑이 기이하여 여인의 사랑보다 더하였다는 것을 알게 됩니다.

그러나 우리에 대한 그리스도의 사랑은 무엇보다 장래에 대한 그 계획에서 놀랍습니다. 여러분은 주님께서 머지않아 여러분을 위해 무슨 일을 하실지 알지 못하고, 상상할 수도 없습니다. 여러분은 지금 곤경에 처해 있지 않습니까? 그렇지만 아침에는 기쁨이 옵니다. 바로 지금은 여러분이 쓴 잔을 마셔야 하고, 하나님께서는 여러분이 좋아하지 않는 쓴 약을 주십니다. 주님 손에 있는 그 약을 받으십시오. 그 약은 여러분의 유익을 위하여 마련된 것입니다. 이것은 잠시 동안 뿐입니다. 그 다음에는 슬픔과 탄식이 영원히 물러갈 것입니다. 여기 계신 구속받은 분들 가운데 하나님께서 자기를 사랑하는 사람들을 위해 준비하신 것에 대해 조금이라도 알고 계시는 분이 있습니까? 여러분은 장차 온전하게 된 사람들 가운데 서고, 거룩한 사람들 가운데서 드나들 것입니다. 여러분은 어떤 근심도 여러분에게 미치지 못하고, 슬픔의 파도 소리조차 들리지 않는 곳에 있을 것입니다. 실수 없이, 위반하는 일이 없이, 태만함이 없이 하나님을 섬기는 것이 지극한 복이 될 곳에 있게 될 것입니다. 여러분은 아름다우신 왕의 얼굴을 볼 것입니다. 이따금 보는 것이 아니라 영원히 보고, 중간을 가로막는 구름이나 휘장이 없이 얼굴과 얼굴을 대하여 볼 것입니다. 여러분에게 그처럼 기이한 사랑을 베푸신 어린 양께 경배할 때 영화롭게 된 자들의 찬양대 속에서 여러분도 함께 찬양할 것입니다. 천국에서 여러분은 무슨 일을 할 것입니까? 아, 내가 그 점을 여러분에게 말해 줄 수 있으면 좋겠습니다. 그러나 그 일들이 영광스러울 뿐 아니라 또한 매우 즐거운 일일 것은 틀림없습니다!

나는 전에 때때로 장래의 내 운명이 어떠할 것이라고 생각하는 바를 말씀드린 적이 있습니다. 즉 그것은 이 땅에 서서 소수의 사람들에게 설교하는 것이 아닙니다. 별이 많은 행성의 궤도에 서서 전체 성운들을 향하여 동시에 그리스도를 전파하며, 아직까지 그리스도에 대해 들어보지 못한 무수한 존재들에게 그리스도의 아름다운 사랑에 대한 내 기억들을 큰 소리로 말할 것입니다. 왜냐하면 그들은 죄를 짓지 않았지만 예수께서 범죄한 사람들을 위해서 행하신 모든 소식을 기쁘게 들을 것이기 때문입니다. 여러분 각자는 여러분의 훈련된 정도에 따라서, 천사들과 정사들과 권세들에게 하나님의 각종 지혜를 알려줄 것입니다. 여러분 모두에게 할 일은 충분합니다. 하나님의 우주에는 구석구석을 다니며 구속하시는 사랑의 이야기를 큰 소리로 이야기할 사람이 몇 백만 명이고 계속해서 필요할 것이기 때문입니다. 우리는 지금 여기서 무한한 우주 공간에 그리고 하나님이 창조하셨지만 타락한 적이 없는, 헤아릴 수 없이 많은 무수한 지성적인 존재들에게 이 작은 행성에 대해서, 또 그 행성을 참으로 사랑하여 이 땅에 오시고 자기 백성들을 그들의 죄에서 구원하기 위해 죽으신 하나님에 대한 이야기를 알리는 영원한 사역을 위해 훈련받고 있다고 나는 믿습니다.

형제 여러분, 아주 가까이 온 영원을 맞이할 준비를 하십시오. 아주 잠시 잠깐 후에 여러분과 나는 영원에 들어갈 것입니다. 우리가 80세 혹은 90세 혹은 100세의 신화를 이룬다고 할지라도, 그것은 잠깐에 지나지 않습니다. 오늘날 우리가 그리스도의 사랑을 알고 오늘 그리스도를 신뢰한다면, 장차 우리는 이 어두운 바닷가를 떠나 무한한 영광이 영원히 찬란하게 빛나는 땅에 들어가 있을 것입니다. 우리는 계속해서 이 위대한 진리, 곧 "주께서 나를 사랑하심이 기이하였도다"는 진리를 영원히 더욱더 경험할 것입니다.

이제 각 사람은 이 질문에 답을 해 보시기 바랍니다. 여러분은 "주님께서 나를 사랑하셨고 나를 위해 자신을 주셨다"고 말할 수 있습니까? 그렇게 말하지 못한다면, 여러분은 불행한 사람입니다. 사람들이 놋 뱀을 보았듯이 여러분이 와서 예수 그리스도를 보기 전에는 하나님께서 여러분을 훨씬 더 불행하게 만드십니다. 놋 뱀을 봄으로써 사람들이 치료를 받았듯이 오늘 밤 여러분이 그렇게 예수 그리스도를 봄으로써 살게 되기를 바랍니다! 이 사실을 기억하십시오.

"십자가에 못 박히신 그분을 보는 데 생명이 있네.
바로 이 순간 여러분을 위한 생명이 있네.
죄인이여, 그분을 보고 구원을 받으라
십자가에 못 박히신 그분을 보라."

제
3
장

이제 그대로 하라

"너희가 여러 번 다윗을 너희의 임금으로 세우기를 구하였으니 이제 그대로 하라 여호와께서 이미 다윗에 대하여 말씀하시기를 내가 내 종 다윗의 손으로 내 백성 이스라엘을 구원하여 블레셋 사람의 손과 모든 대적의 손에서 벗어나게 하리라 하셨음이니라." — 삼하 3:17,18

여러분은 이 말이 나온 상황을 압니다. 하나님께서 사울을 버리셨는데, 이는 그가 신실하지 못했기 때문입니다. 하나님께서는 사무엘의 손으로 다윗에게 기름을 부어 그를 사울의 후계자로 임명하신 바가 있었습니다. 그렇지만 사울이 전쟁에서 죽었을 때, 이스라엘 사람들은 사울의 가족 중의 한 사람을 택하여 자신들의 왕으로 삼으려고 결심했던 것으로 보입니다. 그리고 아브넬의 지도하에 대다수의 지파들이 사울의 아들 이스보셋을 왕으로 세웠습니다. 그 다음에 사울의 집과 다윗 집 사이에 내전이 시작되었습니다. 그리고 다윗의 집은 점점 강하여 가고 사울의 집은 점점 약하여졌다는 진술을 봅니다. 시간이 지나가자, 자신의 뜻을 이루는데 도움이 되었기 때문에 사울 당의 수장이 되었던 이스라엘의 군대 장관이자 수상이었던 아브넬이 마음을 바꾸어 다윗이 온 나라의 임금이 되어야 한다고 결심하였습니다. 그렇게 결심을 하고 나서 그는 이스라엘 지파들을 설득하고 다윗을 변호하기 시작하였습니다. 본문은 아브넬이 이스라엘 지파들에게 그들이 택한 왕을 포기하고 하나님께서 임명한 왕, 곧 다윗에게 왕위를 주

자고 그들을 설득하는데 사용한 매우 강력한 논거 가운데 하나입니다. 그러나 나는 이 상황에 관해서는 거의 말을 할 필요가 없습니다. 왜냐하면 본문의 말을 또 다른 사람과 또 다른 왕에게 이제 막 적용하려고 하기 때문입니다. 나는 진심으로 여러분 가운데서 마음이 악한 욕망과 동기에 의해 지배되는 사람들, 곧 하나님이 임명하신 참된 왕에게 적대적인 이질적인 것들에 지배를 받는 사람들에게 다가가고 싶습니다. 그리고 여러분에게 오늘 아침 여러분이 과거에 때때로 예수님을 여러분을 다스리는 왕으로 세우려고 했다는 점을 상기시켜드리고 싶습니다. 어쩌면 여러분은 아직까지도 그리스도께서 여러분 마음에 오래 머물기를 바라고 있는지 모릅니다. 그래서 나는 여러분이 그 점에서 더 나아가 진심으로 그리스도의 통치에 복종하게 되기를 바랍니다. 지금은 여러분이 단순한 바람을 넘어서서 실제적인 어떤 것에 이르러야 할 때입니다. 나는 아브넬의 말로 여러분에게 "이제 그대로 하라"고 말하고 싶습니다. 그렇게 하기를 바랄 만한 가치가 있다면, 그 말은 그대로 이행할 만한 가치가 있는 것입니다. "이제 그대로 하라." 여러분이 그렇게 해야 할 최상의 이유들이 있습니다. 왜냐하면 예수님은 성령께서 기름을 부으신, 하나님이 임명하신 왕이시고, 하나님께서 오직 그를 통해서만 여러분을 영적 대적들에게서 구원하실 왕이시기 때문입니다.

1. 첫째로, 오늘 아침 내가 할 일은 아직 결단을 내리지 못한 분들에게 이전에 느꼈던 충동들을 상기시켜 주는 것입니다.

나는 개인적으로 여기 계신 분들 가운데 주저하는 분에게 말씀드리며 그분생의 기억들을 떠올리게 하고 싶습니다. 여러분은 그리스도인이 아닙니다. 그러나 그리스도인이 되기 직전까지 간 적이 많이 있었습니다. 왜냐하면 여러분은 예수님을 여러분의 왕으로 모시려고 어느 정도 생각하기까지 하였기 때문입니다.

물론 그런 충동의 성격과 빈도수는 개인에 따라 크게 차이가 있었습니다. 사람마다 하나님을 향하여 끌리고 기울어지는 정도가 달랐습니다. 나는 모든 것을 동시에 말할 수 없습니다. 그래서 구체적인 점들을 다루지 않으면 안 됩니다. 여러분들 가운데 많은 사람이 청년 시절부터 신앙인의 태도와 방식으로 훈련받아 왔습니다. 여러분은 어머니가 여러분을 달래며 잠재우려 할 때 부르는 것을 들은 첫 번째 노래는 예수님의 이름이 들어간 아름다운 노래였습니다. 아마도 여러분은 거룩한 어떤 힘이 여러분 마음에 작용하지 않은 때를 기억할 수 없을 것입니다. 그리고 맨 처음부터, 그러니까 어린아이 때부터 여러분이 밤에 드리는 하찮은 기도가 뜨거워지고, 여러분이 잘못했다는 슬픔으로 흐느껴 울며 잠들었을 때의, 그 거룩한 힘들이 여러분에게 끼친 영향을 기억합니다. 어린 여러분의 마음이 "온유하신 예수님"을 찾고 그의 사랑을 갈망한 때가 종종 있었습니다. 여러분이 최근에 예수님의 이야기를 들었을 때나 장차 올 죽음과 심판에 관한 설교를 열심히 들었을 때 여러분의 어린 뺨에 흘렀던 눈물을 지금도 보는 것 같다는 생각이 듭니다. 젊은 시절에 여러분이 그리스도의 사랑스러움과 아름다움, 신자의 행복이 여러분 앞에 진술되었을 때, 십자가로 마음이 끌리는 경우가 종종 있었습니다. 그것이 어린 시절에만 겪은 경험이 아니었습니다. 왜냐하면 여러분이 나이가 듦에 따라, 무한한 사랑이 여러분의 성장에 맞게 준비한 거룩한 힘들이 있었기 때문입니다. 여러분 가운데 어떤 분들은 끊임없이 여러분에게 교훈하고 경고하는 그리스도인들 밑에서 지냈습니다. 그래서 여러분이 틀림없이 기억하듯이, 때로 여러분이 하려고만 한다면, 옛적의 아그립바처럼 "거의 설득되어 그리스도인이 될 뻔" 하였습니다.

여러분은 약속하였고, 결심하였으며 심지어 기도하기 시작하였습니다. 그런데 슬프게도, 여러분의 결심은 아침 구름 같이, 아침 이슬같이 금방 사라져버렸습니다. 그렇지만 그때 그런 심정이 있었다는 것은 확실히 기억하지 않습니까? 그때 이래로 비록 여러분이 일에 빠져서 지냈지만, 구주 예수님께로 향하는 생각을 완전히 잊고 지내지는 않았습니다. 진실한 설교를 듣고서 무릎을 꿇고 기도하였으며, 고통을 만났을 때는 진지하게 생각해 본 때도 많았습니다. 다른 이들의 죽음을 보았을 때는 잠시 생각하며, 희망적인 결심을 하지 않을 수 없었습니다. 여러분이 꼼짝못하고 서서 "내가 계속 가야 할까 아니면 돌아서야 하는가" 하는 질문을 물었던 때가 많았던 것을 기억할 수 있습니까? 여러분은 속으로 거의 이렇게 말하지 않을 수 없었습니다. "사태를 바꾸겠어. 더 이상 내 선하신 하나님께 배은망덕한 자식이 되지 않을 거야. 일어나 내 아버지께 가겠어."

여러분 가운데는 계속해서 하나님께 반역하는 것이 틀림없이 너무도 힘들었을 사람들이 있습니다. 그러는 가운데서 양심을 억누르고 거의 질식시키지 않을 수 없었기 때문입니다. 여러분이 보지 못한다면, 그것은 여러분이 손가락으로 눈꺼풀을 꼭 막아 빛이 들어오지 않게 하였기 때문입니다. 여러분이 듣지 못하였다면, 그것은 여러분이 듣는 것이 둔해지기까지 듣지 않으려고 했기 때문입니다. 주님의 못 박힌 손이 여러분의 문을 두드리시는 소리는 해마다 거의 끊임없이 들렸고, 심지어 잠 못 이루는 밤에도 그 소리를 듣고 놀라기도 하였습니다. 주님께서 머리에 이슬을 맞고 머리카락이 밤이슬에 젖은 채 최근 수개월 동안 피곤하게 서서 여러분의 문을 두드리고 두드리며 두드리셨습니다. 주님께서는 무한한 사랑의 인내로 여전히 기다리시며 다시금 상처 입은 손을 들어 애정을 가지고 진심으로 문을 두드리십니다. 여러분은 게으름의 자리에서 털고 일어나 주님을 거의 여러분 마음에 모셔 들일 만큼 설득이 되었으나, 아직까지 그렇게 하지 않았습니다. 여러분은 과거에 이 다윗의 후손이 여러분의 왕이 되게 하려고 애썼는데, 슬프게도 아직까지 여러분은 그분을 왕위에 모시지 않았습니다.

여러분 가운데는 종교적 이점의 혜택을 별로 받지 못한 분들이 있습니다. 아마도 여러분 가운데는 불신 가정에서 나왔고, 하나님의 일들과는 전혀 상관없이 양육 받은 분들이 있습니다. 이런 일이 매일 더 자주 일어난다는 것을, 특별히 이 나라의 대도시들에서 더 자주 일어난다는 것을 슬프지만 말씀드리지 않을 수 없습니다. 오늘날 어린아이들은 과거처럼 안식일을 지키는 훈련을 받지 않습니다. 그리고 이 대도시들에서는 아예 하나님의 집 마당을 잘 밟지 않는 사람들이 많습니다. 나는 여기 계시는 분들 가운데 때때로 거룩한 충동과 올바른 양심의 가책, 순수한 바람 같은 것을 경험해 보지 않은 사람은 한 사람도 없을 것이라고 생각합니다. 양심이 여러분이 원하는 만큼 빛을 받지 못했을지라도 여러분에 대해 완전히 침묵하고만 있지는 않았습니다. 그동안 여러분은 회심하지 않은 상태가 불편하였고, 지금도 불편합니다. 그동안 여러분은 때로 생각하지 않을 수 없었고, 하나님 밖에, 그리스도 밖에 있는 사람이 생각하기 시작하면, 그의 생각들이 그를 괴롭게 할 수밖에 없고, 마음이 괴로우면, 그는 평안의 길을 찾기가 쉽습니다. 생각이 깊은 여러분은 때때로 그리스도인이 되고 싶다는 강한 열망을 가졌을 것이라고 확신합니다. 여러분은 사죄를 받고, 새롭게 함을 받으며 거룩해지기를 간절히 바랐습니다. 여러분은 천국의 확실한 소망을 얻기 위해서 여러분에게 있는 모든 것을 내놓으려고 하지 않았습니까? 여러분은 어쨌든 이따금씩 순수한 열망이 생겼다는 것을 압니다. 그래서 나는 어떻게 해서든지 여러분의 기억들을 되살려서 여러분이 과거에 때때로 예수님을 왕으로 삼으려고 했다는 것을 고백하게 만들었으면 좋겠습니다. 여러분이 정말로 이런 사실들을 기억한다면, 여러분이 그런 충동에 비례해서 책임도 커졌다는 것을 또한 생각하라고 말씀드립니다. 여러분이 옳은 길로 나가도록 감동을 받았을 때 양심을 억누르거나 자제하였을 때마다 여러분은 현재의 죄를 초래한 것일 뿐만 아니라 또한 여러분의 장래의 모든 생활을 더욱 비난받을 만하게 만든 것입니다. 악한 길에서 버티는 것이 어려우면 어려울수록 그 버티는 태도는 그만큼 더 죄악적인 것이 됩니다. 그래서 나는 이 자리에 참석하신 몇몇 분들에게 이렇게 고발하지 않을 수 없습니다. 그들이 그들의 조상들이 했듯이 성령을 거절하고, 자기 행위가 악하기 때문에 빛보다 어둠을 사랑하는 것을 볼 때 그들이 회개 없이, 믿음 없이 생활하는 모든 생활은 날마다 그들의 죄악을 더 심화시키는 날이라고 말하지 않을 수 없습니다. 배우기를 거부하는 사람만큼 무지에 대해 비난받을 만한 사람은 없습니다. 더 나은 충동을 물리치고 자신의 불법 행위를 만족시키기 위해 자신의 마음을 곡해하는 사람만큼 그 죄가 악한 사람은 없습니다.

이런 충동들이 어떤 때는 여러분에게 흔히 생기는 일이었습니다. 이런 일들이 이스라엘의 경우에 비슷하게 발견됩니다. 지파들은 때때로 다윗이 왕이 되기를 원하였습니다. 예를 들면, 사울이 지나치게 포악하게 굴 때 백성들은 좀 더 성격이 온건한 이새의 아들을 그리워하며 탄식하였습니다. 죄가 사람을 압박하기 시작할 때는 언제든지, 사람은 당분간은 죄의 포학으로부터 도망하고 싶은 마음을 갖습니다. 죄는 아주 엄한 주인입니다. 사람이 술 취함의 죄를 추구하도록 해 보십시오. "재앙이 뉘게 있느뇨? 붉은 눈이 뉘게 있느뇨?"(잠 23:29). 바로 술 취한 사람에게 있습니다. 사람이 육체의 정욕을 추구하도록 해 보십시오. 곧 그의 몸이 포악한 악들의 채찍질 때문에 욱신욱신 쑤시기 시작합니다. 죄의 삯의 담보는 지금도 사람이 받기에 두려운 것입니다. 여러분은 방탕한 사람이 결국 누더기를 걸친 거지 신세가 된 것을 본 적이 없습니까? 굶주린 배가 그를 비난할 때는, 그가 더 나은 일을 하겠다고 약속하며, 그의 선한 결심이 어느 정도 진실하다는 것이 여러분은 이상하게 생각됩니까? 이기심 자체가 사람들에게 그들의 몸과 영혼을 심하게 혹사시키고 있는 악한 방식들을 그치도록 요구합니다. 그처럼 크고 가까이에서 들리는 목소리를 잠시 듣는 것이 전혀 놀라운 일이 아닙니다. 여러분 가운데는 사태가 실제로 그렇게 되었던 때, 곧 여러분의 죄가 즐거움을 잃어버렸을 때, 공허한 기쁨의 거품들이 죄의 잔에서 사라져 버리고, 그 기쁨이 식상하고 맛이 없어졌을 때를 잘 아는 분들이 있습니다. 그때 여러분은 이 세상의 공허함을 보고 "정말 그리스도인이 되고 싶다"고 소리쳤습니다.

아마도 북쪽 이스라엘 사람들은 다윗의 사람들의 얼굴에 나타난 기쁨을 보았을 때 마음속으로 다윗이 왕이 되기를 원하였을 것입니다. 다윗의 기병대들은 종종 전리품을 나누었고, 그들은 언제나 자기들의 대장에 대해 좋게 말하였습니다. 다윗의 부하가 유다나 이스라엘 어디에서든 눈에 띌 때마다 사람들은 "저 용사들은 그처럼 훌륭한 지도자 밑에 있으니 큰 재산을 갖고 있는 셈이다"라고 말하며, 자기들도 그런 왕을 가졌으면 하고 바랐습니다. 여러분이 그리스도께서 지극히 친절한 목소리로 설교하는 것을 들으면, 그를 몹시 닮고 싶어 하기 시작할 것이라고 믿습니다. "그리스도가 그처럼 선한 분이신가? 그처럼 호감이 가는 분이신가? 아, 그를 알았으면 좋겠다!" 그리스도인들이 아주 행복해하는 모습을 볼 때, 특별히 그들이 고난 가운데 있으면서도 그처럼 유쾌하고, 온갖 시련을 겪는 가운데서도 그처럼 즐거워하는 것을 볼 때 여러분이 속으로 그들의 비결을 알고 그들처럼 평안을 누릴 수 있기를 바라는 소원을 품었던 것을 알고 있습니다. 그렇지 않았습니까? 어머니가 죽는 것을 보았을 때, 여러분은 어머니의 구주께서 어머니를 위로하셨듯이 여러분도 위로해 주시기를 바라지 않았습니까? 구주님을 사랑한 여러분의 사랑하는 어린 딸이 죽으면서 예수님을 노래하였을 때, 여러분은 즐거이 주님을 만날 수만 있다면 딸과 함께 죽을 수 있기를 바라다시피하지 않았습니까? 자, 여러분이 지난날 다윗이 여러분의 왕이 되기를 바라던 때들이 있었습니다. 할 수만 있으면 나는 그 모든 때들을 다 끄집어내고 싶습니다. 그 모든 때들이 동시에 다 살아나서 다시 찾아온다면, 하나님께서 그 때들에 복을 주시고, 성령으로 말미암아 하나로 합쳐진 그 충동이 훨씬 더 강해져서 여러분을 국경을 넘어 그리스도의 나라에 들어가게 하실 수도 있을 것입니다.

이스라엘 사람들은 자기들의 적이 점점 더 자기들의 영토를 빼앗아가며 곧 자기들을 정복할 것 같은 기세를 보이는 것을 보았을 때 다윗이 자기들의 왕이었으면 하고 바라던 때가 종종 있었습니다. 그들은 한숨을 쉬며 말했습니다. "아, 물맷돌을 쥔 다윗의 시대가 왔으면 좋겠다. 다윗은 여호와의 이름으로 저 오만한 블레셋 사람을 거꾸러뜨렸다. 아, 그가 다시 전선에 나왔으면 좋겠다! 사울은 산지에서 넘어졌고, 요나단은 높은 곳에서 죽임을 당했다. 그리고 하나님의 백성인 우리는 할례받지 못한 자들에게 짓밟힌다. 아, 이새의 아들이 다시 한 번 우리 군대를 이끌고 나가서 전쟁에서 이겼으면 좋겠다!"

여러분이 점점 커져가는 죄의 힘을 보았고, 죄가 여러분에게 가져올 파멸을 곰곰이 생각해 보았을 때 또한 구원자를 간절히 바라기도 하지 않았습니까? 죄가 장차 또 다른 세계에서 틀림없이 여러분에게 무엇을 가져다줄지, 그리고 심지어 지금도 죄가 어떻게 여러분을 속박하고 있는지를 깨달았을 때, 구주님을 바라지 않았습니까? 아, 하나님의 그리스도께서 오셔서 여러분의 죄를 때려눕히고 사탄을 거꾸러트리고 여러분을 자유롭게 해주시기를 바라지 않았습니까? 병 때문에 죽음이 가까이 오고 있다는 것을 알게 되었을 때, 심판과 장차 올 진노의 두려움을 인식하기 시작하게 되었을 때, 여러분은 틀림없이 그런 바람을 가졌을 것이라고 믿습니다. 여러분은 과거에 때때로 예수께서 여러분의 왕이 되시기를 바라는 생각을 하였습니다.

여러분이 이스라엘처럼 마침내 안식을 얻을 수 있도록 참된 왕을 모실 수 있기를 갈망한 적이 종종 있지 않았습니까? 그 내전은 틀림없이 이스라엘 민족에게 많은 비참함을 가져다주었을 것입니다. 그러므로 백성들은 다윗이 왕이 됨으로써 이 전쟁이 끝나기를 바랐습니다. 그와 같이 여러분의 마음이 평안하고 조용하기를 바라는데, 그것은 지금 여러분의 마음이 불안하기 때문입니다. 여러분은 여러분을 기분 좋게 하는 죄들을 좋아하지만, 그 죄들 가운데서 편치 않습니다. 죄라는 그 침대는 여러분이 몸을 뻗고 눕기에는 짧습니다. 그리고 여러분은 그 사실을 압니다! 여러분은 신자들이 소유하고 있는 견고한 평안, 확신, 만족을 여러분도 누렸으면 하고 바랍니다. 그러나 그리스도를 떠나서는 그런 것을 누릴 수 없다는 것을 여러분은 압니다. 이런 생각 때문에 때때로 여러분은 나름대로 그리스도에게 오려고 노력하였습니다. 물론 슬프게도 실제로 그리스도를 따르게 될 만큼 충분히 오랫동안 그런 노력을 하지는 못했습니다. 내가 여러분에게 이런 과거의 느낌들을 생각나게 하는 것은 옳은 일이라고 봅니다. 이런 느낌들이 되살아나서 여러분에게 실질적인 결과를 나타내었으면 참으로 좋겠습니다. 성령께서 이 느낌들을 과거보다 더 생생하게 살아나도록 해서 여러분이 즉시로 여러분의 왕에게로 열심히 나가서 인사할 수 있게 해주시기를 바랍니다.

이렇게 다윗을 왕으로 세우려는 움직임들이 때로 이스라엘 사람들에게 생생하고 강력하게 일어났습니다. 이와 같이 우유부단한 사람들에게 이따금 충동들이 아주 강력하게 일어나곤 합니다. 그들이 실제로 영생을 붙잡지 못했지만, 아직까지 그렇게 붙잡으려는 강렬한 바람을 갖고 있습니다. 그들은 공허한 바람을 넘어서서 예수님과 관계를 맺기를 진지하게 바라며 한탄합니다. 그렇지만 거기에서 멈추고서 더 이상 나아가지 않습니다. 싹이 자라 작은 열매를 맺지만 그 다음에는 나무에서 그대로 시들고 맙니다. 회심하지 않은 사람들이 계속해서 구원받지 못한 채로 지내는 것을 생각하고 두려움을 느껴서 무릎을 꿇고 기도하기 시작하는 것을 나는 보아왔습니다. 또 그들이 성경을 찾아서 읽기 시작하였고, 하나님의 집에 정기적으로 참석하여 아주 진지하게 설교를 들었으며, 심지어 많은 점에서 자신들의 태도를 고치기까지 한 것을 보았습니다. 그들이 기도회에 자주 참석하기 시작하였고, 그래서 한동안 마치 예수님께서 그들을 다스리시는 것처럼 보였습니다. 사실, 우리는 그들이 이미 하나님의 종들이 되었다고 생각하였습니다. 그런데 슬프게도 우리의 기대는 어긋나고 말았습니다. 그들은 되돌아갔고 더 이상 우리와 함께 가지 않았습니다. 잠에서 절반쯤 깬 사람들이 치워버리고 짓밟아 꺼트리는 충동들은 때로 이기기가 아주 어렵습니다. 여러분 가운데는 지금처럼 그대로 지내기 위해서 아주 필사적으로 노력하지 않으면 안 되었던 사람들이 있습니다. 그럴 때 여러분은 한동안 여러분을 굳게 붙잡았던 힘을 눌러버리기 위해 세상과 육신과 마귀의 도움을 필요로 했습니다. 어떤 사람들이 영생을 얻기 위해 노력하는 것보다 훨씬 더 강한 힘으로 정죄를 받기 위해 싸우는 사람들이 있습니다. 범죄자들이 계속해서 범죄자로 지내는 것이 힘들다는 것을 발견한다는 의미에서 범죄자의 길이 때로는 힘듭니다. 그들은 선한 사람들의 설득과 경고, 간절한 부탁 때문에 괴롭고, 또 그들의 양심이 어찌나 그들에게 경고를 해대던지 좀처럼 쉬지 못하고 혹은 아예 쉬지를 못합니다. 그런데 슬프게도 그들의 목은 쇠 힘줄처럼 완고하고, 악을 행하기로 마음먹고, 예수님을 그들의 왕으로 모시라는 내적인 부르심을 무시합니다. 그들은 지극히 애정 어린 설득에 귀를 막고 듣지 않으며 계속해서 과거처럼 지내려고 하지만, 두려운 죄책감만 커질 뿐입니다.

내가 지금까지 말한 그런 내용에 해당되는 여러분, 내 말을 들으십시오. 듣고 지혜를 얻으십시오. 여러분이 과거에 때때로 여러분의 왕이 될 다윗을 찾으려고 했지만, 그런 바람에서 아무것도 나온 것이 없습니다. 오늘까지지도 아무것도 나오지 않았습니다! 여러분은 기독교가 옳다는 것을 알았고, 이 신앙에 반대되는 주장을 하지 않았습니다. 여러분은 이 신앙의 모든 이유를 수용하였고, 지금까지는 여러분이 반대자들에게 이 진리를 변호할 생각까지 보였습니다. 하지만 그 모든 것이 무엇입니까? 어떤 사실이 옳다고 인정하는 것은 문제의 작은 부분에 불과합니다. 여러분이 실제로 무관심으로 그 사실을 부인한다면 말입니다. 그동안 여러분은 그리스도인이 되었으면 하고 바랐지만, 거기에서 더 이상 나아가지 않는다면 이것도 헛된 일입니다. "원한다고 다 얻을 수 있다면 거지라도 곧 부자가 될 수 있습니다." 그와 같이 원한다고 은혜를 얻을 수 있다면, 아무 관심이 없는 자라도 구원 얻을 수 있을 것입니다.

여러분이 단지 바라기만 하는 수준을 넘어갔다는 것을 여러분도 압니다. 즉 여러분은 아직까지 결단을 내리지 못하는 것을 유감으로 생각했고, 그토록 오랜 시간 그리스도를 거부해 온 것에 대해서 자신을 매우 부끄럽게 생각했습니다. 누군가가 여러분에게 여러분이 결단을 내리지 못할 것이라고 말했다면 여러분은 그 말을 믿지 않았을 것입니다. 10년 전에 누군가가 여러분에게 "앞으로 10년이 가도 여러분이 이 태버너클 교회에 계속 앉아 있으면서 여전히 과거처럼 결단을 내리지 못하고 있을 것이다"고 말했다면, 여러분은 화를 내며 "내가 개라도 된단 말이오? 나는 그처럼 어리석은 짓은 결코 하지 않을 것이오" 하고 대답했을 것입니다. 그런데 지금은 상태가 그보다 훨씬 더 좋지 않습니다. 이제는 여러분이 예전에 느꼈던 감정의 반도 느끼지 않기 때문입니다. 여러분은 수년 전에는 지금보다 감수성이 더 예민했습니다. 사람의 방식을 따라 말하자면, 여러분은 이제 구원받기가 훨씬 더 어려워진 것입니다.

여러분도 그렇다는 것을 압니다. 그렇지만 그때는 여러분이 어느 정도 기도도 했고, 진심으로 신앙을 추구하기도 했습니다. 그렇지만 그 모든 것이 어떻게 되었습니까? 거기에서 아무것도 나오지 않았습니다. 이스라엘 사람들이 다윗을 왕으로 삼는 일에 대해 이야기했을지도 모릅니다. 그러나 그렇게 말만 한다고 해서 다윗이 왕이 되지는 않을 것입니다. 그들이 함께 모여서 일이 그렇게 되었으면 좋겠다고 말할지 모릅니다. 그러나 그렇게 한다고 해서 다윗이 왕이 되지는 않을 것입니다. 다윗이 왕이 되어야 한다는 것은 사람들이 대체로 인정할 수 있을 것입니다. 심지어는 어느 날 다윗이 왕이 될 것이라고 간절히 기대할 수도 있습니다. 그러나 그렇게 기대한다고 해서 그 일이 이루어지지는 않을 것입니다. 좀 더 결정적인 어떤 일을 해야만 합니다. 내가 여러분들 가운데 어떤 사람들이 오랜 시간 이 전체 질문을 논증의 문제로 여겨 단념해버렸다고 말할 때 문제의 핵심을 건드리고 있는 것이 아닙니까? 그렇습니다. 여러분이 지금처럼 계속 지내는 것은 잘못이었다는 점을 마음으로 공손히 인정했습니다. 여러분은 감동을 받아 회개와 믿음으로 나아갈 강한 결심을 하였지만 여전히 항상 똑같고 1인치도 앞으로 더 나가지 않습니다. 지금도 여러분은 어둠 가운데 있고, 여전히 사탄의 지배 아래 있으며, 여전히 죄의 노예로 있습니다. 그리고 앞으로 10년을 더 있어도 그와 같을까 두렵습니다. 그리고 목숨이 다할 때까지 그와 같고, 영원히 그와 같을까 두렵습니다! 하나님께서 나의 이 말이 여러분 가운데 어느 누구에게도 예언이 되지 않게 하여 주시기를 바랍니다. 그보다 여러분이 바로 오늘 영원하신 성령의 감동을 받아 그의 은혜로 말미암아 확고한 행동을 취하게 하여 주시기를 바랍니다. "이제 그대로 하라."

2. 이제 두 번째로 살펴볼 것은, 확고한 행동을 취하라고 권한 점입니다.

"너희가 여러 번 다윗을 너희의 임금으로 세우기를 구하였으니 이제 그대로 하라." 이제 더 이상 서서 생각하고 질문하고 주저하며 가만히 있지 말고, 이제 그대로 행하십시오. 이 일이든지 아니면 저 일이든지 행하십시오. 하나님이 하나님이시면 그를 섬기십시오. 바알이 하나님이면, 혹은 마귀가 하나님이면 그를 섬기십시오. 언제까지든지 이런 불합리한 상태에 앉아 있지 마십시오. 즉, 어떤 일이 옳다고 믿으면서도 그 일을 방치해 두며, 여러분이 위험에 처해 있다는 것을 느끼면서도 안전하고 적합하다고 여기는 방법을 사용해 피하려고 하지 않는 부조리한 상태에 언제까지든지 그대로 있지 마십시오. 이제 여러분 자신과 여러분의 주님께 대해 정직한 태도를 취해야 합니다.

여러분에게 당면한 일에 주의하십시오. 그 일은 예수께서 여러분의 왕이 되셔야 한다는 것입니다. 다윗이 왕이 되는 것이 필요하였습니다. 그렇지 않으면 그가 이스라엘을 블레셋 사람들에게서 구원할 수 없습니다. 여러분의 경우에는 예수께서 왕이 되셔야 합니다. 그렇지 않으면 그리스도께서 여러분의 구주가 되실 수 없습니다. 수많은 사람들이 그리스도에 의해 구원받기를 기꺼이 원합니다. 그런데 예수님을 자신의 통치자로, 입법자요 주인이요 왕으로, 주님으로 영접해야 하는 바로 그 첫 단계에 이르러서 그들은 뒤로 물러나기 시작하고 영생을 거부합니다.

"하지만 그들은 압니다(안다고 하는 말에 불평해서는 안 됩니다).

예수께서 오실 때는 통치하기 위해 오신다는 것을,
통치하시되 조금도 치우침이 없이 통치하신다는 것을,
불순종하는 생각들은 반드시 근절시키신다는 것을 압니다."

여러분이 구원을 받느냐 아니면 망하느냐 하는 이 전체 문제는 이렇게 될 것입니다. 즉, 예수께서 여러분의 왕이 되시지 않는다면, 마귀가 계속해서 여러분 마음속에 왕위를 차지하고 있게 되고, 그러면 여러분은 죽은 영혼으로 지낼 것입니다. 그러나 여러분의 마음이 왕이신 예수님의 최고의 권위에 복종한다면, 구원의 일이 이미 시작된 것이고, 예수께서 여러분의 본성에서 여러분의 모든 적들을 깨끗이 제거하시어 여러분이 주님만이 홀로 거룩함과 평안 가운데서 통치하시는 제국이 되게 하실 것입니다. 예수님을 왕으로 모셔야 합니다! 여기에 대해 여러분은 무엇이라고 말하겠습니까? 여러분은 그 일에 대해 주저하겠습니까? 예수님은 여러분의 하나님과 주님이 되셔야 합니다. 예수님의 뜻이 여러분의 뜻이 되어야 하고, 예수님의 명령이 여러분에게 법이 되어야 하며, 예수님의 모범이 이제부터는 여러분 생활의 본보기가 되어야 합니다. 여러분은 반대하시겠습니까? 아니면 즉각 순종하시겠습니까?

다음으로, 그리스도를 여러분의 왕으로 세우려고 하려면 그것이 여러분 자신의 행동과 결정이 되어야 한다는 점에 주목하시기 바랍니다. 그래서 본문은 다윗 왕에 관하여 이렇게 말했습니다. "이제 그대로 하라." 이스라엘 백성이 다윗이 왕이 되기를 원하지 않는 한, 다윗은 이스라엘의 왕이 되지 못할 것입니다. 우리 주 예수 그리스도께서는 단 한 사람의 마음도 강제로 통치하는 군주가 아니십니다. 하나님의 약속은 이것입니다. "주의 권능의 날에 주의 백성이 즐거이 헌신하리라"(시 110:3). 사람들의 마음을 통치하는 그리스도의 나라는 폭력의 나라가 아니라 사랑의 나라입니다. 그래서 마음속에서 그리스도의 통치하는 권세에 대한 충분한 동의와 찬성이 있어야만 합니다. 그렇지 않은 곳에서는 그리스도께서 전혀 통치하시지 않습니다. 여러분은 이런 그리스도의 통치에 대해 예라고 말합니까 아니면 아니요라고 말합니까? 여러분은 하나님의 아들 예수 그리스도께서 이제부터 여러분 마음의 최고의 주로서 여러분의 본성 전체를 다스리고 통치하신다는 것을 기꺼이 원하십니까? 여러분 앞에 이 질문이 있습니다. 그 질문에 대해 단번에 답변하시기 바랍니다. 그동안 여러분은 "이제 그대로 하라"는 말대로 그리스도를 왕으로 모시려고 노력한 적이 때때로 있었습니다.

요점은 이것입니다. 즉, 예수께서 통치하시려면 옛 왕이 왕위에서 내려가야 한다는 것입니다. 이스보셋과 다윗을 동시에 왕위에 앉히려고 하는 것은 쓸데없는 일입니다. 죄를 섬기고 동시에 그리스도도 섬기는 것은 불가능한 일입니다. 자주 범하는 고질적인 죄를 버려야 합니다. 나는 자기들이 영혼에 관심이 많다고 말하는 사람들을 많이 알고 있습니다. 그런데 나는 그들이 이미 알고 있는 죄를 계속 범하면서 평안을 찾을 수 없다고 불평하기 때문에 그들의 진실성을 의심합니다. 그런 그들이 어떻게 평안을 얻을 수 있겠습니까? 여러분이 독한 술을 마시고 그래서 늘상 절반은 취해 있는 사람을 만나서 그가 그리스도 안에서 안식을 얻을 수 없다고 하는 말을 듣는다면, 여러분은 그 일이 이상하게 생각됩니까? 여러분은 그 사람을 위선자라고 생각하지 않습니까? 사람이 어떻게 날마다 술에 곤드레만드레 취해 지내면서 하나님의 자녀가 되기를 바랄 수가 있겠습니까? 술에 젖어 사는 그 혐오스러운 습관을 버리십시오. 여러분은 그리스도께서 술주정뱅이들을 구원하시고서 그들이 계속 그런 짓을 하도록 내버려 두신다고 생각하십니까? 구원받는 것에 대해서는 시끄럽게 떠들어대면서도 방에는 빈 술병이 굴러다니고 있다면, 그것은 거의 신성모독에 가까운 일입니다. 구주를 모시는 것에 대해 이야기하면서 계속해서 술 취해서 지낸다면, 나는 여러분이 아나니아와 삽비라처럼 죽지 않는 것이 이상하게 여겨집니다. 또 어떤 사람은 부정직한 방식으로 사업을 하면서도 자기가 하나님과 평화롭게 지내지 못하다고 투덜댑니다. 그의 말이 그 자신을 정죄하지 않습니까? 그가 어떻게 평화를 얻을 수 있겠습니까? 어떻게 그가 계속 죄를 범하면서도 죄로부터 구원받을 수 있겠습니까? 아, 여러분, 속지 마십시오. 여러분의 죄와 여러분을 분리하지 마십시오. 그렇지 않으면 예수님은 여러분과 아무 상관이 없을 것입니다. 여러분은 주님이 여러분에게 죄 가운데 살면서도 천국에 갈 수 있는 자유를 주심으로써 여러분의 악한 열정을 들어줄 것이라고 꿈꿀 만큼 주님을 형편없이 생각하는 것입니까? 부끄럼을 좀 아십시오! 그리스도께서 여러분의 욕망에 비위를 맞추고, 여러분이 사탄의 일을 하게 하면서도 경건한 자의 삯을 받도록 하기 위해 오셨단 말입니까? 아, 그렇지 않습니다! 참된 자들의 자리를 마련하기 위해 거짓된 자들을 깨끗이 쓸어버리는 일이 반드시 있을 것입니다. 우리는 다윗을 왕으로 세우려 한다면 마음속에 어떤 이스보셋도 두어서는 안 됩니다. 여러분이 완전에

도달할 수 없을지라도 여러분의 욕망들에서는 완전해야 합니다. 여러분은 단 하나의 죄라도, 그것이 아무리 즐거운 모양을 띠든지 고통스러운 모습으로 나타나든지 간에 그 죄를 마음에서 치워 버려야 합니다. 오른팔을 떼어버리고 가야 하고, 오른눈을 빼버리고 가야 합니다. 여러분이 죄 가운데 멸망하는 것보다는 불구와 맹인이 되어 생명에 들어가는 것이 낫습니다.

그러나 여기서 중요한 점은 그 일을 하라는 것입니다. 즉 실제로 그리고 당장 그리스도 예수님을 왕으로 모시라는 것입니다. 그리고 이 목적을 위해서 우리는 그리스도를 믿거나 신뢰해야 합니다. 가장 중요한 점은 이렇게 예수 그리스도를 신뢰하는 것입니다. 왜냐하면 거짓된 모든 방법을 버리는 회개가 거기에서 나오기 때문입니다. 사람이 그리스도를 온 영혼으로 정직하고 충분히 신뢰할 때, 그는 자신이 한때 좋아했던 죄를 그때부터 미워할 수 있고, 그래서 죄를 이기게 됩니다. 그는 예수님의 거룩한 통치에 순복하는 데서 기쁨을 발견합니다. 이는 그가 이미 예수님을 신뢰하였고, 자기가 구원받았다고 믿기 때문입니다. 그런데 슬프게도 여러분 가운데 많은 사람들이 믿지를 않습니다. 실로 여러분은 사람이 죽은 자들 가운데서 살아났음에도 불구하고 믿으려고 하지 않습니다. 내가 이 강단에 서서 얼마나 자주 그런 분들에게 이 문제에 관해 말했습니까! 얼마나 자주 여러분이 그 모든 것을 바라고 또 결심하였습니까! 우리는 이처럼 무익한 행동을 이미 충분히 해왔습니다. 오늘 아침 나는 여러분을 다그쳐 결단을 내리게 하고 싶어서 이렇게 말씀드리고 싶습니다. “이제는 그 일을 하라! 이제는 그 일을 하라!” 여러분은 그렇게 하기를 원한다고 답변합니다. 그러니 즉시 그 원대로 하십시오. “이제는 그 일을 하십시오!” 여러분은 “하지만” 하고 말합니다. 하지만이라고 말하지 말고 그 일을 하십시오! 여러분이 “하지만 목사님”이라고 말하는데, 나는 더 이상 “하지만 목사님”이라는 말을 하지 말라고 말씀드립니다. 그런 말을 하지 말고, 그 일을 하십시오. 지금 그 일을 하십시오. 오늘 아침 여러분을 바로 이 점까지 데려오셨고, 여러분에게 이 질문을 하도록 권하시는 찬송 받으실 영원한 성령께서 여러분을 도우려고 기다리십니다. 여러분이 온 마음으로 그렇게 하기를 원하면, 성령께서 여러분과 함께 하실 것이고, 여러분이 그 일을 할 것입니다. 그러면 그리스도께서 여러분의 마음속에서 왕위에 올라 거기에서 영원히 다스리실 것입니다.

나는 어쨌든 많은 사람들이 바로 지금 그렇게 할 뜻이 없을까 두렵습니다.

그들은 “안 해요”라고 말하지는 않으나 주저하는데, 사실 그것은 안 한다는 것과 거의 같은 일입니다. 오, 친구 여러분, 하나님께서 여러분의 주저하는 태도를 최종적인 거절로 여기실 날이 올 것입니다. 사람들이 의도적으로 “안 해요”라고 말하지는 않았지만 마음으로 복음을 받아들이지 않고 자기들이 장차 하나님에게 순종할 뜻이 있는 체하여 하나님을 희롱하기만 하였을 때, 하나님께서 마침내 그들의 지체함의 뜻을 최종적인 거부로 간주하시고, 이제부터는 그들을 내버려두시고, 그래서 그들이 죄 가운데서 멸망하는 일들이 종종 발생한다고 나는 믿습니다. 여러분에게 더 이상 미루지 말고 “지금 그 일을 하라”고 권합니다.

그 일은 빨리 할수록 그만큼 더 좋습니다. 그 행위를 결행할 때까지는 여러분이 망한 상태에 있다는 점을 기억하시기 바랍니다. 여러분이 그리스도를 왕으로 영접하기 전까지, 죄를 미워하고 예수님을 의지하기 전까지 여러분은 또 다른 왕 밑에 있는 것입니다. 여러분이 그것을 어떻게 생각하든지 간에 마귀가 여러분의 주인인 것입니다. 여러분이 마귀를 싫어한다고 말하지만, 그런 모든 점을 인하여 마귀가 여러분의 주인입니다. 그가 자기 뜻대로 여러분을 포로로 끌고 다니기 때문입니다. 예수께서 여러분 마음속에서 통치하실 때까지 여러분은 또한 지극히 위험한 상태에 있습니다. 곧 죽음과 영원한 형벌을 받을 위험에 처해 있습니다. 숨이 쉬어지지 않거나 심장이 잠시 동안이라도 뛰지 않는다면, 여러분은 지옥에 떨어지게 될 것입니다.

친구 여러분, 여러분은 지옥에 가게 될 것입니다. 과거에 때때로 예수님을 믿으려고 했던 여러분, 그런 선한 소원을 가졌던 여러분, 그리스도인 부모의 사랑받는 자녀들이었던 여러분, 하나님의 집에 나와 열심히 설교를 들었던 여러분, 설교 듣기를 좋아하지만 설교에 마음이 굳어졌을 수 있는 여러분, 바로 그런 여러분이 그런 모든 특권들을 마치 연자 맷돌처럼 여러분의 목에 메고 지옥으로 떨어지게 될 것입니다. “그런데 목사님, 저는 예수님을 왕으로 모실 생각을 하고 있습니다.” 그런 약속을 빙자하여 슬그머니 결단을 연기합니다. 내가 염려하는 것이 바로 그 점입니다. 생각하기보다는 행하십시오. “이제 그 일을 하라.” 진지하게 즉각적으로 그 일을 하라고 권합니다. 아마도 지금 그 일을 못한다면, 앞으로 결코 그 일을 하지 못할 것입니다. 여러분은 그토록 오랜 세월 동안 실제로 아무것도 행한 일이 없었습니다. 그렇게 많이 제안을 받았음에도 말입니다. 이것은 주로 여러분이 끊임없이 결단을 연기했기 때문입니다. 그동안 여러분의 모든 점잖은 결심에서 나온 것이 무엇입니까? 단순한 결심이 무슨 유익이 있습니까? 사람이 열심히 일하겠다고 결심하지만, 그가 게으름뱅이처럼 계속해서 침대에 누워만 있다면, 그가 훨씬 더 가난해지지 않겠습니까? 어떤 사람이 병이 들어서 약을 먹겠다고 결심하지만 약을 먹지 않은 채 놓아둡니다. 그러면 그가 먹겠다는 결심에서 이익을 얻겠습니까? 어떤 사람이 여행을 할 결심을 하지만 대중교통을 이용하는 수고를 하지 않거나 팔다리를 사용하지 않는다면, 결심한 데서 한 발자국이라도 앞으로 나갑니까? 그는 있었던 곳에 그대로 머물러 있지 않겠습니까? 이 모든 것이 여러분의 경우에 해당됩니다. 실상이 그렇다는 것을 여러분도 압니다.

그동안 내내 여러분은 예수님을 거절하고 있는 것입니다. 우리는 그와 같이 천한 연기로 인해 예수님께 끼친 모욕에 대해 충분히 생각하지 못합니다. 이스라엘이 다윗을 왕으로 받아들이지 않은 동안 내내, 다윗은 좋지 않은 대접을 받고 있었던 것입니다. 자기들을 위해서 블레셋 사람들과 싸운 다윗, 그의 용맹이 이스라엘의 오른팔이 되었던 그, 그의 부하들이 블레셋과 싸우는 민족의 검과 방패가 되었던 그가 정당한 왕위에 가까이 가지 못하고 있었습니다. 그의 공로를 잊어버렸고 그의 주장을 묵살하였습니다. 여러분, 예수님께 보좌를 내드리기를 거부하는 여러분은 예수님을 지금 나쁘게 대하고 있는 것입니다. 두 의견 사이에서 망설이고 있는 여러분은 예수님을 더러운 죄 및 천한 세상과 경쟁을 붙이고 있는 것입니다. 여러분에게 날마다 죄가 일어나고 있으며, 그 죄는 시간이 흘러가면서 더 짙고 어두워집니다. 여러분이 그동안 느꼈던 충동들을 생각해 보고, 그 충동들을 고려하면서 이 질문에 답해 보십시오.

그 충동들이 잘못된 것이었습니까? 어렸을 때 여러분이 그리스도를 따르고자 하는 아주 강한 욕구들을 느꼈을 때, 그것이 칭찬받을 만한 욕구가 아니었습니까? 그런데 왜 여러분은 그 욕구를 실행에 옮기지 않습니까? 만약 그런 욕구들을 억제하는 것이 잘못된 일이었다면, 왜 여러분은 계속해서 그렇게 지혜롭지 못한 행동을 하는 것입니까? 그런 욕구들이 지금 다시 일어나고 있는 데도 왜 그 욕구들을 진심으로 받아들이지 않습니까? 또한 여러분은 이런 거룩한 충동이 있었는데, 그 충동들이 사라져버렸다는 점을 기억하시기 바랍니다. 그 충동들이 지금도 여러분에게 계속 일어날 것이라고 기대할 어떤 이유가 있습니까? 그 충동들이 녹아 다시 엷은 공기로 사라지지 않겠습니까? 전능하신 성령 하나님께서 이 시간 여러분이 확고한 조처를 취하도록 인도하시지 않으면, 여러분은 다시 오늘 결심하고 또 결심하지만, 계속해서 같은 일을 되풀이할 뿐입니다. 내가 생각할 때 무엇보다 불쌍한 일은 사람이 자기가 잘못되었다는 것을 알 만큼 빛을 받았으면서도 그 악을 버릴 만한 은혜가 없는 것입니다. 사람이 옳은 길로 나가도록 재촉하는 충동을 느끼면서도 그를 완전히 꼼짝못하게 묶어놓는 저주받은 자유의지의 포로로 지내는 것을 보는 것은 끔찍한 일입니다. 슬프게도, 참으로 많은 사람들이 단 것 대신에 쓴 것을 내놓고, 쓴 것 대신에 단 것을 내놓습니다. 그래서 생명을 얻기 위해 그리스도께 오려고 하지 않습니다. 이것이 사람의 상태입니다. 여러분 가운데 이런 상태에 있는 사람들이 있습니다. 하나님께서 아무쪼록 여러분에게 자비를 베풀어 주시기를 바랍니다! 그러나 본문의 명령으로 다시 돌아가서 "이제 그 일을 하라"고 말하는 것이 내 할 일입니다.

아, 여러분, 나는 여러분이 얼마 전에 어떤 사람이 했던 것처럼 하기를 바랍니다. 얼마 전에 나는 설교를 하면서 이같이 말했습니다. 누구든지 진실한 마음으로 하나님께 가서 자기 죄를 고백하고 그리스도께서 자기를 구원하실 것을 그냥 믿었는데 그리스도께서 그를 구원하시지 않았다면 내게 메모를 써 보내어 알려주면 좋겠다고 한 것입니다. 왜냐하면 나는 그리스도께서 자기에게 오는 자는 누구든지 결코 내쫓지 않으실 것이라고 늘상 선언해 왔기 때문에 내가 잘못된 생각을 가지고 애써왔는가 알고 싶어서입니다. 이 설교를 들은 사람 가운데 한 사람이 집에 가서 침대 곁에서 무릎을 꿇고 온 마음으로 이렇게 말했습니다. "오, 하나님이여, 내가 당신 앞에 나의 죄악을 고백합니다. 나는 그리스도께서 나를 구원하시도록 이제 나를 그리스도께 맡깁니다. 하나님, 나를 버리지 마십시오. 내가 하나님의 아들을 믿기 때문입니다." 그는 즉시 평안을 얻었고, 계속해서 하나님의 사랑이 그의 영혼 속에 널리 퍼지는 것을 느꼈습니다. 그래서 그는 나에게 그 기쁜 소식을 알리는 것이 옳은 일이라고 생각하였습니다. 그의 말을 듣고 나는 크게 격려를 받았습니다. 그는 거절 받지 않고, 자비의 하나님께 환영을 받았으며, 그리스도 예수 안에서 즉각적으로 하나님께 받아들여졌다는 것을 알았습니다. 믿는 사람들 가운데 단 한 사람이라도 그리스도께 내던져짐을 받고 지옥에 간다면, 내가 그와 함께 영원히 꺼지지 않는 불 속에 나란히 누워 있겠다고 말한 것이 생각납니다.

나는 다시 한번 그 서약을 말씀드립니다. 만약에 여러분 가운데 누구든지 죄를 회개하고 오직 예수님만을 의지하였는데 망한다면, 나는 여러분과 함께 멸망하겠습니다. 나는 오늘 아침 하나님을 위한 보증인이 되겠습니다. 여러분 가운데 누구든지 하나님 앞에서 겸손하고, 여러분이 여러분의 왕이요 구주로 영접한 하나님의 아들을 신뢰하면, 주님께서 차라리 살지 않으실지언정 여러분을 거부하는 일은 하시지 않을 것입니다. 왜냐하면 "내게 오는 자는 내가 결코 내쫓지 아니하리라"(요 6:37)고 기록되어 있기 때문입니다. "이제 그 일을 하라." 십자가에 못 박히신 분을 보는 데 생명이 있습니다. 주님께서 여러분이 즉시 십자가에 못 박히신 분을 보도록 도와주시기를 바랍니다! "그러면 이제 그 일을 하라." 내일 믿겠다거나 내년에 혹은 심지어 30분 있다가 믿겠다고 생각하지 마십시오. 여러분의 죄 범한 영혼을 당장 그리스도께 던지십시오. 그러면 이제 그 일을 하십시오. 지금 성령께서 이 회중 가운데 충만해 있는 동안에 일찍이 십자가에 못 박히신 왕의 못 자국 난 손이 쥐고 있는 은빛 규(圭)에 복종하도록 하십시오. 그러면 여러분이 살 것입니다. 이제 그 일을 하십시오.

3. 끝으로, 나는 아주 강한 논거들을 가지고 설득하지 않을 수 없습니다.

시간이 부족하기 때문에 그 논거들을 빠르게 말하도록 하겠습니다. 여기에 그 논거들이 간결한 형태로 나옵니다. 사랑하는 친구 여러분, 여러분은 구원이 필요합니다. 죄가 여러분의 본성을 지배하였습니다. 그래서 거기에서 여러분을 풀어줄 강력한 팔이 필요합니다. 여러분을 위협하는 것은 죄만이 아니라 형벌도 있습니다. 여러분이 누구이든지 간에 여러분은 영원한 진노를 당할 위험에 처해 있을 수 있습니다. 그래서 여러분은 그 진노에서 구원받을 필요가 있습니다. 왕 예수님 외에는 아무도 여러분을 영원한 진노에서 구원할 수 없는 것은 분명한 사실입니다. 예수님을 왕으로 모시겠습니까? 여러분이 예수님을 왕으로 모시든지 모시지 않든지 간에 여러분은 반드시 왕을 섬길 수밖에 없습니다. 세상에 있는 사람은 누구나 어떤 종류의 주인을 두고 있습니다. 이런 원칙이나 저런 원칙이 그를 지배합니다. 사람이 섬길 수 있는 주인 가운데 가장 포악한 군주는 자기 자신입니다. 자아는 모든 독재자들 가운데서 가장 혹독하고 비열한 존재입니다. 여러분이 왕을 모실 수밖에 없다는 것을 알았는데, 성육신한 사랑이신 왕 예수님보다 더 나은 왕을 모실 수 있겠습니까? 그리스도의 성품을 생각해 보시고, 그리스도께서 사람들에게 보이신 그 사랑을 생각해 보십시오. 그리고 여러분이 그보다 나은 왕을 모실 수 있는지 말해 보십시오.

친구 여러분, 여러분은 이미 여러분의 오래된 왕을 충분히 섬겼지 않습니까? 여러분이 그동안 사탄을 섬겨서 무슨 유익을 얻었습니까? 죄가 그동안 여러분에게 어떤 이익을 가져다주었습니까? 여러분은 범죄의 길에서 마음의 어떤 고양이나 영혼의 기쁨을 발견한 적이 있습니까? 여러분이 육체의 뜻을 행한 것은 지나간 시간으로 충분할 것입니다. 이스보셋을 내려오게 하고 다윗이 여러분을 통치하도록 하십시오.

내가 지금 여러분에게 전하는 이 왕에 관한 요점은 이것입니다. 즉 하나님께서 그리스도를 왕으로 택하셨고, 그 사실을 영원한 칙령으로 선포하셨다는 것입니다. 하나님께서 "내가 나의 왕을 내 거룩한 산 시온에 세웠다"(시 2:6)고 말씀하셨습니다. 사람이 하나님께서 정하신 선택보다 더 나은 선택을 할 수 있겠습니까? 영원하신 성부 하나님께서 그의 독생자를 보시고 그를 만왕의 왕이요 만주의 주로 삼으셨습니다. 그러니 여러분은 "호산나 찬송하리로다 주의 이름으로 오시는 이여!"(마 21:9) 하고 말해야 하지 않겠습니까? 여호와께서 친히 왕으로 선포하시는 이분을 여러분의 왕으로 영접해야 하지 않겠습니까?

여러분은 본문의 약속에 주의하시기 바랍니다. 본문이 마음이 지혜로운 모든 사람에게 주 예수님을 추천하기 때문입니다. 하나님께서 여러분을 원수들에게서, 심지어 모든 원수들에게서 구원하실 때는 바로 그분을 통해서 구원하실 것이기 때문입니다. 블레셋의 거인들은 "내가 블레셋에게 이기리라" 하고 외치는 다윗을 두려워하였습니다. 여러분의 죄, 슬픔, 죽음, 마귀, 이 모든 것을 다윗의 후손이 여러분을 위해서 정복하십니다. 예수님을 왕으로 영접한다면 여러분은 적을 두려워할 필요가 없습니다. 주님께서 크신 능력으로 여러분을 보호하고 여러분의 적을 철저히 깨트리실 것입니다. 아, 여러분, 그 아들에게 입 맞추십시오. 경의의 입맞춤으로 평화의 왕을 영접하십시오. 마음의 사랑으로 그분께 영광을 돌려드리십시오. 그분의 사랑스러운 발 앞에 엎드리고, 그분께 기꺼이 최고의 충성을 드리도록 하십시오. 내가 여러분을 설득하고 있는 동안에 성령께서 여러분을 즐겁게 끌어당겨 주시기를 바랍니다. 여러분이 이제 이 다윗 집의 왕의 보좌에 가까이 나와서 영원히 그의 즐거운 신하가 되기를 바랍니다.

이제 잠시 사무엘하 5장으로 가서 우리 모두가 함께 그 장이 묘사하는 장면을 재현할 수 없는지 봅시다. 이 구절의 말씀이 현실이 될 수 있기를 바라고 또 기도합니다. "이스라엘 모든 지파가 헤브론에 이르러 다윗에게 나아와 이르되 보소서 우리는 왕의 한 골육이니이다 전에 곧 사울이 우리의 왕이 되었을 때에도 이스라엘을 거느려 출입하게 하신 분은 왕이시었고 여호와께서도 왕에게 말씀하시기를 네가 내 백성 이스라엘의 목자가 되며 네가 이스라엘의 주권자가 되리라 하셨나이다 하니라"(5:1,2). 이 예배당에 있는 많은 분들이 나와 함께 우리 주 예수님을 다시 한번 우리의 왕으로 영접할 것입니다. 그리고 여러분 가운데서 아직까지 그리스도를 영접하지 않은 분들이 우리와 함께 그분을 영접하는 분들이 있기를 바랍니다. 우리가 우리의 왕에게 인사하는 동안 이스라엘 지파의 다른 백성들이 처음으로 우리의 대열에 합류하는 것을 보면 기쁠 것입니다. 내가 지금 여기에 있는 하나님의 모든 백성들의 이름으로 다음과 같이 말하는 동안에 찬송받으실 성령께서 여러분이 그렇게 하도록 인도하여 주시기를 바랍니다.

"영광스러운 주 예수님이시여, 보소서 우리는 당신의 뼈와 당신의 살입니다. 우리는 주께서 스스로 낮추어 우리의 왕이 되셨음을 즐거이 인정합니다. 지난날, 곧 죄와 사탄이 우리를 다스렸을 때, 그때도 여전히 주님은 우리 영혼을 사랑하셨고, 우리를 구속하였으며, 우리를 위하여 전쟁을 하셨습니다. 우리가 죄 가운데 죽어 있었을 때에도 우리에 대해 품으신 그 큰 사랑을 인해서 주님을 찬미합니다. 하나님께서 주께 말씀하시기를 너는 내 백성을 먹이라고 하셨습니다. 주께서 이스라엘의 우두머리가 되실 것이니, 우리가 주님을 여호와의 기름 부으신 자로 기쁘게 영접합니다. 이스라엘의 목자이시여, 우리를 먹이소서. 만군의 군대 대장이시여, 우리를 인도하소서! 보소서, 우리가 주님의 군기 아래 입대하오니, 오늘 우리를 통치하는 군대 대장이 되소서. 우리는 주의 것이고, 오직 주의 것이기 때문입니다. 주님의 아버지 하나님 앞에서 우리는 우리 자신, 곧 우리의 영과 마음과 몸을 영원히 주의 것으로 드립니다. 그러므로 우리는 이제부터 우리의 것이 아니니, 이는 주께서 값을 치르고 우리를 사셨기 때문입니다."

우리 가운데 많은 사람들이 오래전에 이 모든 일을 하였습니다. 나는 전에 수백 번도 더 말한 선언을 지금 다시 한번 되풀이하고 있는 것뿐입니다. 불쌍한 여러분들 가운데 "그러면 이제 그 일을 하라"는 음성을 듣는 사람이 있으면 좋겠습니다. 여러분에게 그렇게 할 말을 주기 위해 우리 모두 이 구절을 노래합시다.

"끝났도다. 큰 거래가 끝났도다.
나는 주님의 것이고 주님은 내 것이네.
주께서 나를 이끄셨고 나는 따라갔네.
그 목소리가 하나님의 음성임을 기쁘게 인정하고서."

주님께서 여러분에게 복을 주시기를 빕니다. 아멘.

제
4
장

뽕나무 꼭대기에서 나는 소리

"뽕나무 꼭대기에서 걸음 걷는 소리가 들리거든 곧 공격하라 그 때에 여호와가 너보다 앞서 나아가서 블레셋 군대를 치리라 하신지라." — 삼하 **5:24**

다윗은 바로 이 골짜기에서 블레셋 사람들과 싸웠고 주목할 만한 승리를 거두었습니다. 그래서 그는 "여호와께서 물을 흩음 같이 내 앞에서 내 대적을 흩으셨다"(5:20)고 말하였습니다. 블레셋 사람들이 큰 군대를 이끌고 올라왔는데, 그들의 신들도 이끌고 함께 왔습니다. 이는 이스라엘이 여호와의 언약궤를 그들 진중에 가져왔을 때 승리를 아주 확신할 수 있었던 것처럼 그같이 한 것입니다. 그러나 하나님의 도우심으로 다윗은 블레셋 사람들을 쉽게 패주시켰고, 그들의 신상들을 불태우고 영광스러운 승리를 거두었습니다. 그러나 블레셋 사람들이 다윗을 치러 두 번째 올라왔을 때, 다윗이 여호와께 여쭙지 않고 그들을 치러 올라가는 일을 하지 않았다는 점을 눈여겨보시기 바랍니다. 일찍이 그는 승리를 거두었습니다. 그래서 그는 사실 우리 가운데 많은 사람들이 그렇게 하였듯이 또 그런 경우를 만나면 이렇게 말했을 수도 있었습니다. "내가 이번에도 승리를 거둘 것이다. 내가 전에 승리를 거두었으니 틀림없이 또 한 번 승리할 것이라고 장담할 수 있어. 그러니 가서 여호와의 도움을 구할 필요가 있을까?" 그러나 다윗은 그렇게 하지 않았습니다. 그는 여호와의 힘으로 한 번 승리를 얻었습니다. 그는 같은 승리를 보장받기 전에는 또 한 번 싸우러 올라가는 모험을 하려고 하지 않았습니다. 그는 하나님께 가서 "내가 블레셋 사람에게로 올라가리이까" 하고 여쭈어 거룩한 계시를 구했습니다. 그는 즉시 블레셋 사람들을 치러 나가지 말고 뽕나무 숲에서 그들을 기습하도록 진을 치라는 고지를 받았을 때 한 순간도 하나님의 명령에 이의를 달지 않았습니다. 그는 뽕나무 꼭대기에서 나는 소리를 들을 때까지는 싸우러 나가지 말고 기다리는 명령을 들었을 때, 아주 성급하게 돌진하여 싸우지 않고 뽕나무 꼭대기에서 잎들 사이로 세차게 부는 바람 때문에 뽕나무들이 노래를 시작할 때까지 기다렸습니다. 그는 하나님의 신호가 떨어질 때까지 기다렸습니다. 그는 이렇게 말하였습니다. "나는 하나님께서 그렇게 하라고 명령하시기 전에는 창이나 손을 들지 않겠다. 괜히 내 명령으로 전쟁을 시작해서 그동안 얻은 모든 것을 잃을 생각이 없다."

형제 여러분, 우리는 다윗에게서 하나님 없이 스스로 조처를 취하지 않는 법을 배우도록 합시다. 지난번에 여러분이 이사를 했거나 새로운 사업을 시작했을 때 혹은 생활의 환경을 바꾸었을 때, 여러분은 하나님의 도움을 구하여 그렇게 했고, 그렇게 하는 데서 복을 받았습니다. 여러분은 이 시간까지 성공한 사람이었습니다. 여러분은 언제나 하나님을 구했습니다. 그러나 그 섭리의 흐름이 반드시 계속 이어질 것이라고 생각하지 마십시오. 여러분이 내일은 하나님의 조언을 구하지 않고 발걸음을 내딛는 모험을 할 수가 있고, 그것이 여러분이 죽기 전에 딱 한 번 후회하게 될 일이 될 수도 있다는 것을 기억하시기 바랍니다. 여러분이 지금까지는 지혜롭게 처신해 왔습니다. 그것은 여러분이 지금까지 온 마음으로 하나님을 의지하고 자신의 지혜를 의지하지 않았기 때문일 수 있습니다. 여러분은 다윗처럼 "우리가 여호와께 여쭈자"고 말했고, 아합에게 말한 여호사밧처럼 "내가 여호와께 여쭙기 전에는 올라가지 않겠다"고 말했습니다. 여러분은 바알의 제사장들에게 물어서는 안 됩니다. 여러분은 "내가 여호와께 물을 만한 여호와의 선지자가 여기 없느냐?"(왕하 3:11) 하고 말했습니다. 자, 계속 그런 식으로 하시기 바랍니다. 제발 여호와의 구름 기둥보다 앞서 가지 마십시오. 하나님의 섭리가 늦어지면 그 섭리가 오기까지 기다리십시오. 결코 섭리보다 앞서 가지 마십시오. 하나님보다 앞서가는 자는 헛수고합니다. 섭리의 발자국을 보고 성경의 지도를 읽으며 그렇게 해서 "이것이 내가 걸어 가야 할 길이다"는 것을 찾는 사람은 복된 길을 걷습니다. 이 점이 여기 있는 어떤 사람에게 해당될 수도 있습니다.

이 자리에 일시적으로 파멸을 가져올 수 있는 조처를 일부러 이제 막 취하려고 하는 젊은이가 있을 수 있습니다. 그 젊은이에게 권합니다. 이미 그리스도인이 된 사람들에게 이야기하는 것인데, 주님을 사랑한다면 하나님의 지도를 확실히 받기 전에는 모험하지 말라고 그에게 권합니다. 자신이 단지 그 개인의 이익을 위해서만 그 일을 하려고 하는 것이 아니라 또한 그것이 하나님을 더 잘 섬기도록 그를 돕는 것이라는 굳은 확신을 갖기 전에는 모험하지 말라고 권합니다. 자기 걸음에 대해 하나님의 승인을 받았다고 확신할 수 없는 한, 그동안 많은 사람들이 저지른 실수 때문에, 그가 내 말을 듣지 않으면 스스로 초래할 해악 때문에 나는 그에게 멈추라고 권합니다. 그가 하나님께 구하여 "올라가서 그들을 치라"는 답변을 듣기 전에는 반 발자국도 걸음을 떼지 말라고 권합니다.

이렇게 해서 지금까지 본문을 소개했습니다. 이제는 본문을 전혀 다른 방식으로 이야기하도록 하겠습니다. 다윗은 뽕나무 꼭대기에서 바스락거리는 소리를 듣기 전까지는 싸우러 나가지 않았습니다. 어쩌면 그때 정적이 깔려 있었을지도 모릅니다. 다윗에게 내리신 하나님의 명령은 "너는 바람 때문에 뽕나무 꼭대기에서 바스락거리는 소리가 나기 시작하기 전까지는 싸움을 시작하지 말라"는 것이었습니다. 혹은 랍비들이 이야기하듯이, 그것이 사실이라면 정말로 기발한 생각인데, 천사들이 뽕나무 꼭대기를 걷는 발걸음 때문에 나무들에서 바스락거리는 소리가 나게 될 때까지는 싸우러 나가지 말라는 것이었습니다. 하나님의 그룹들이 그들과 함께 가려고 할 때, 곧 큰 군대 대장이신 하나님의 지휘를 받으며 구름 사이로 걸을 수 있고 대기 중으로 날아다닐 수 있으며, 뽕나무를 따라 걸으며 그래서 그 천사들의 걸음걸이 때문에 바스락거리는 소리가 들릴 때, 그것이 이스라엘이 나가서 싸워야 하는 신호였습니다.

그 말이 얼마나 사실일지 나는 알 수 없습니다. 내가 말하고자 하는 것은 이것뿐입니다. 우리에게 어떤 의무들을 지시하는 것이 분명한 신호들이 있다는 것입니다. 나는 이 구절을 이렇게 사용하겠습니다. 첫째로, 모든 사람에게 해당되지 않고 오직 어떤 사람들에게만 해당되는 특별한 의무들이 있다는 것입니다. 우리가 이 의무들을 이행해야 하는지를 알고 싶다면, 우리는 그 의무들에 대한 신호를 찾아야 하고, 다윗이 뽕나무 잎들 사이에서 바스락거리는 소리를 들었듯이 신호를 확인하기 전에는 우리가 이행하도록 부름받지도 않은 의무에 달려들어서는 안 됩니다. 그 다음 둘째로, 나는 그 구절을 이렇게 이야기하겠습니다. 우리 모두에게 공통적으로 주어진 의무들이 있습니다. 우리는 하나님의 성령께서 활동하고 계신다는 표시나 그 밖의 신호들을 볼 때, 이것은 우리가 그 어느 때보다 더 적극적으로 일해야 하는 때이고, 주님을 섬기는 일에 어느 때보다 더 열심을 내야 하는 때로 생각해야 한다는 것입니다.

1. 그러면 첫째로, 특별한 의무들에 대해서 생각해 봅시다.

나는 한 가지 의무에 대해서만 살펴볼 생각입니다. 목회 사역은 특별한 의무입니다. 어떤 사람들은 그렇게 생각할지 몰라도 나는 설교하는 것이 아무나 할 수 있는 일이라고 생각하지 않습니다. 나는 설교하는 사람들 가운데 아주 많은 사람들이 입을 다무는 것이 그들의 할 일이라고 생각합니다. 그들이 하나님께서 자기들을 보내실 때까지 기다렸다면 그들은 지금 집에 있었을 것이라고 생각합니다. 사람들을 교화하는데 적합하지 않은 사람인데도 아직까지 자기들이 강단에 설 수만 있다면 많은 사람들을 끌어 모을 수 있을 것이라고 생각하는 사람들이 있습니다. 그들은 설교를 세상에서 가장 쉬운 일로 생각합니다. 그런데 그들은 세 마디도 정확하게 이야기할 능력이 없고 하늘로부터 어떤 지시도 받지 못하며 따라서 강단에 서게 되어 있지 못한 사람인데, 단지 명예나 보수를 위해서 목회에 뛰어듭니다. 목회하는 사람들 가운데 빵을 얻기를 갈망하지만 전혀 성공을 거두지 못하는 사람들이 많이 있습니다. 나는 그들 가운데 어떤 분들에 대해서 생각할 때 그들이 할 수 있는 최선은 야채 가게를 여는 것이라고 봅니다. 그 사람들은 사업을 하고, 연구할 시간이 있을 때 때때로 설교하거나 아니면 아주 설교하는 일을 포기하고 그들에게 이야기해 줄 것이 있는 어떤 사람이 와서 교인들에게 설교하도록 한다면 그것이 하나님과 교회를 더 잘 섬기는 일이 될 것입니다. 참으로 슬픈 일이지만, 이야기할 것이 없는 설교자는 단지 아무 유익을 끼치지 못하는 것이 아니라 큰 해를 끼칠 것이기 때문입니다. 그의 설교를 듣는 사람들은 예배당 이름만 들어도 욕지기가 납니다. 그들은 예배당을 그저 생명이 없는 목석 같은 곳으로 봅니다. 즉, 그들은 한 시간 동안 꼼짝 않고 조용히 앉아서, 할 이야기가 아무것도 없기 때문에 의미 있는 얘기를 전혀 하지 못하는 사람의 말을 들어야 하는 곳으로 예배당을 생각하는 것입니다. 나는 여러분 모두에게 설교자가 되지 말라고 조언하는 것이 아닙니다. 하나님께서 과연 여러분을 설교자로 세우실 뜻이 있었다고 생각하지 않는 것입니다. 하나님께서 그의 모든 백성을 설교자로 세우기를 원하셨다면, 지혜로우신 하나님께서도 어떻게 그 모든 회중을 만나실 수 있었을지 궁금합니다. 모든 사람이 설교자여서 듣는 사람은 하나도 없기 때문입니다. 그렇지 않습니다. 나는 목회직이 우리가 어떤 특별한 존엄이나 특별한 권력을 갖지 않는 점에서는 제사장직분과 다르지만, 이 점에서는 제사장직과 같습니다. 즉, 그것은 아론처럼 목회로 소명을 받은 사람 외에는 아무도 스스로 목회직을 취할 수 없다는 점입니다. 사람은 하나님께서 자기에게 목회에 대한 특별한 소명을 주셨다는 것을 믿지 않는 한, 또 그가 적당한 때에 하나님의 사역자로서 자신의 목회를 증명하는 확실한 보증을 받지 않는 한, 회중에게 설교할 권한이 없습니다. 합당하게 임직한 목사는 주교나 장로들의 안수에 의해 세워지는 것이 아니라 바로 성령 하나님에 의해 세워지고, 그렇게 성령에 의해 임직됨으로 하나님의 능력을 전달받아 하나님 말씀을 전할 수 있게 되는 것입니다.

여기 계시는 분들 가운데 "내가 설교하도록 부름을 받은 것을 어떻게 알 수 있나요?"라고 말할 분들이 있을 수 있습니다. 형제 여러분, 여러분은 장차 그것을 알게 될 것입니다. 여러분이 언제 설교하기 위해 노력해야 하는지를 정말로 알고 싶다면, 여러분에게 다윗처럼 하라고 말씀드립니다. 다윗은 뽕나무 잎들 사이에서 나는 바스락거리는 소리에 주의하였습니다. 그래서 여러분에게 어떤 표시들에 주의하라고 말씀드립니다. 여러분이 설교할 수 있는 사람인지 알고 싶습니까? 여러분 자신에게 이렇게 물어보십시오. "나는 기도할 줄 아는가? 기도회에서 기도하도록 요청받았을 때 내가 말을 조리 있게 할 수 있었고, 하나님께서 이 문제에서 나를 도와주셨는가?" 여기까지는 아주 좋습니다. "자, 그러면 가서 시험해 봐야겠다. 실제로 거리에서 설교를 해야겠다." 그런데 아무도 내 말에 귀를 기울이지 않는다고 생각해 봅시다. 가서 집회 장소를 하나 빌리거나 예배당에 가는데, 아무도 들으러 오지 않는다고 생각해 봅시다. 뽕나무 꼭대기에서 들리는 소리가 전혀 없습니다. 그러면 거기에서 멈추는 것이 좋습니다.

어떤 본문을 가지고 식구들과 이웃 사람들에게 아주 짧게 설교를 한다고 생각해 봅시다. 설교한 후에, 오히려 그들이 훨씬 더 잘 설교할 수 있겠다는 느낌이 든다고 생각해 봅시다. 뽕나무 꼭대기에서 들리는 소리가 전혀 없는 것입니다. 그러면 설교하기를 포기하는 것이 좋습니다. 그리고 한동안 설교한 후에 그 설교를 듣고 그리스도께로 왔다는 사람이 아무도 없다면, 뽕나무 꼭대기에서 발소리가 들리지 않는 것입니다. 내가 할 수 있는 최선의 길은 다른 사람이 설교하도록 하는 것이라고 생각합니다. 내가 목회에 부르심을 받지 않았다면, 내가 파수꾼의 임무를 받지도 않고서 파수꾼의 자리를 차지한 것은 두려운 일이었을 것이기 때문입니다. 경찰직의 임무를 받지도 않은 채 스스로 경찰이라고 자임하고, 가서 다른 사람들을 체포하는 일을 하는 사람은 사기꾼이라는 이유로 그 자신이 체포될 위험이 있는 것이 분명합니다. 내가 목회에 대한 소명을 받지 않았고, 그에 대한 보증도 없었다면, 내가 하나님의 임명 없이 가지 않도록 그 일에 상관하지 않는 것이 나을 것입니다. 하나님께서 나를 보내신 적이 없이 일을 시작하는 것은 결코 내 뜻에 맞지 않을 것입니다. 하나님께서 나를 보내시지 않았다면, 나는 심부름을 완수하지 못하고 아무 유익도 끼치지 못할 것이기 때문입니다.

나는 지금 여러분이 훈련을 많이 받았거나 학식이 많은가를 묻는 것이 아닙니다. 그런 질문은 할 필요가 없습니다. 내 자신이 그런 것에 관심이 없기 때문입니다. 내가 묻는 질문들은 이런 것입니다. 여러분이 주일학교에서 설교해 본 적이 있습니까? 소수의 사람들이 모여 있을 때 그들에게 설교해 본 적이 있다면, 여러분은 설교 후에 사람들이 여러분의 말에 귀를 기울이려고 했다는 것을 느꼈습니까? 여러분의 설교를 듣고 그들이 복을 받았다고 믿게 하는 어떤 증거와 표시들이 있었습니까? 영적인 마음이 있는 하나님의 성도들 가운데 누구든지 여러분의 설교를 듣고 영혼의 양식을 먹었다고 말합니까? 죄인 가운데 누군가가 여러분의 설교를 듣고 죄를 확실히 깨닫게 되었다고 하는 말을 들었습니까? 여러분이 설교로 한 영혼이라도 회심하도록 했다고 믿을 만한 이유가 있습니까?

그렇지 않다면, 여러분이 유용한 조언을 들을 뜻이 있다면, 하나님의 성령께서 내게 여러분에게 주도록 하시는 조언은, 여러분이 설교하기를 포기하는 것이 좋겠다는 것이라고 믿습니다. 여러분은 매우 훌륭한 주일학교 교사가 될 것입니다. 여러분은 그 밖의 많은 방면에서 일을 아주 잘할 수 있을 것입니다. 하지만 여러분이 이런 사실들을 경험하지 않은 한, 이런 증거들이 없는 한, 여러분이 설교자로 부름을 받았다고 말할 수 있을지라도, 나는 그것을 믿지 않습니다. 여러분이 설교하도록 부름을 받았다면, 그에 대한 어떤 증거와 표시가 있었을 것입니다.

2년 전에 어떤 사람이 내게 쪽지를 써서 준 일이 생각납니다. 그 쪽지에서 그는 쪽지의 내용을 마음으로 들었다고 하며, 성령께서 내가 자기를 이 예배당에서 설교하도록 세우는 것을 자기에게 계시하셨다는 것입니다. 그래서 나는 바로 그에게 편지를 썼는데, 그것은 일방적인 계시이며, 하나님께서 내가 그를 여기서 설교하도록 세우게 되어 있다는 것을 내게 계시하시면 곧바로 그렇게 시행할 것이라고 말해주었습니다. 그러나 그때까지 나는 그 계시가 올바른 계시라고 생각하지 않았습니다. 그 점이 그에게는 계시되고 내게는 계시되지 않아야 할 이유가 있습니까? 나는 그의 이야기를 더 이상 듣지 않았고, 그 점이 내게 계시되지도 않았습니다. 그래서 나는 그가 여기에 나타날 것이라고 생각하지 않습니다. 내가 이 말을 하는 것은 여러분 가운데 아주 많은 사람에게는 이것이 전혀 관계가 없을지라도, 여기 있는 젊은이들 가운데 많은 사람이 설교를 하기 때문입니다. 나는 그들을 인해서 하나님께 감사하는데, 이는 그들 각 사람이 설교를 할 줄 알기 때문입니다. 그러나 나는 하나님께서 설교할 수 없는 사람들을 막아 주시면 감사하겠습니다. 이는 그들이 능력이 없고 하나님께서 그들을 보내시지도 않았는데 설교하려고 하면, 그들 스스로 웃음거리가 될 것입니다. 그들이 이미 아주 멀리 가지 않았기 때문에 여러분이 크게 놀라지 않겠지만, 그러나 그들이 계속해서 설교를 하려고 한다면, 복음 자체가 멸시받게 만들 것입니다.

성령으로부터 소명을 받지 않은 사람이 설교하겠다고 주장한다면, 말을 시작하는 순간 그는 목회에 발을 들여놓지 않았을 경우보다 하나님을 변호하겠다고 경솔하게 나섬으로써 십자가에 끼칠 불명예가 훨씬 더 클 것입니다. 자, 그 점에 조심하도록 하십시오. 나는 아무도 낙심시키고 싶은 생각이 없습니다. 나는 조금이라도 능력이 있고, 자기가 하나님께 부르심을 받았다고 믿는 젊은이에게는, 진정으로 복을 받은 젊은이에게는 누구나 이렇게 말하겠습니다. "내가 도울 수 있는 한 여러분을 돕겠습니다. 여러분이 내 도움이 필요하다면 끝까지 돕겠습니다. 나는 전능하신 하나님께 여러분에게 복을 주셔서 여러분을 더욱더 아주 유용한 사람으로 만들어 주시기를 기도합니다. 교회에는 많은 목사와 전도자들이 필요하기 때문입니다."

그러나 여러분의 설교를 듣고 회심한 사람이 없다면, 여러분이 설교할 만한 자질이 전혀 없다면, 나는 여러분을 위해서 하나님께서 여러분이 성공할 수 있게 해주시라고 마찬가지로 간절히 기도할 것입니다. 하나님께 여러분이 입을 다

묾으로써 성공할 수 있게 해달라고 기도할 것입니다. 나는 뽕나무 꼭대기에서 나는 소리를 들을 때까지 기다렸습니다. 그 소리를 듣지 못한다면 나는 부름을 받지 않았고 보냄을 받지 않은 것입니다. 다윗은 기다렸습니다. 그는 위로부터 오는 신호, 곧 전투하라는 신호이자 싸움을 시작하라는 신호를 들을 때까지 싸우러 나가려고 하지 않았습니다.

형제 여러분, 이제 나는 여러분 모두에게 더 실제적인 점을 다루려고 합니다. 여러분은 자신이 설교하도록 부름을 받았다고 주장하지 마십시오.

2. 모든 그리스도인들에게 속하는 일들 가운데, 특별한 때 특별히 실행하게 되어 있는 의무들이 있습니다.

첫째는, 기독교 교회 전체에 관한 것이 있습니다. 기독교 교회 전체는 그리스도의 나라가 임하고 그리스도의 뜻이 하늘에서 이루어진 것 같이 땅에서도 이루어지도록 하기 위해 언제나 성령의 기름 부으심이 자기 마음에 임하기를 구하며 열심히 기도해야 합니다. 그런데 하나님께서 시온에 은혜를 베푸시는 것처럼 보이는 때가 있습니다. 즉 교회 안에 큰 움직임들이 일어나는 때, 부흥운동들이 시작되는 때, 하나님께서 복 주시는 사람들이 세움을 받는 때들이 있습니다. 그것이 여러분에게는 틀림없이 "뽕나무 꼭대기에서 걸음 걷는 소리"로 들릴 것입니다. 그때 우리는 그동안 늘상 해왔던 것보다 배로 기도하고 보좌 앞에서 배나 열심을 내어 씨름해야 합니다. 나는 바로 이때가 여러분이 특별히 기도해야 할 시간이라고 생각합니다.

나는 잉글랜드 교회의 이 큰 운동, 곧 주일 저녁마다 많은 사람들이 엑서터 홀에서 설교를 듣는 이것을 "뽕나무 꼭대기에서 걸음 걷는 소리"와 같은 신호로 봅니다. 나는 하나님께서 이 일에 복을 베풀어주시기를 마음을 다해 기도합니다. 그리고 바로 지금 여러분에게 권고합니다. 올바른 방향에서 움직임이 일어나고 있으므로, 목사들 가운데서 예전보다 더 철저히 각성하는 사람들이 일어나고 있으므로, 설교가 더욱 존중받고 있으므로, 사람들 가운데 듣는 영이 부어지고 있으므로, 이제 여러분에게 배나 열심히 기도하라고 권합니다. 다윗이 명령받아 행하던 대로 하십시오. 일어나 분발하되, 시기심이나 싸우려는 마음으로 하지 마십시오. 싸우려는 마음으로 열심을 내지 마십시오. 그러면 영국 국교회가 비국교도들을 공격할까 걱정입니다.

형제 여러분, 그래서는 안 됩니다. 우리 각 사람은 마귀를 때려눕히기 위해 분발하도록 합시다. 우리 각 사람은 열심을 냅시다. 그리고 교회의 어느 한 부분에서 움직임이 일어나는 것을 볼 때는 신실한 사람들의 손을 잡고 하나님께 기도합시다. 그들이 믿음이 없는 사람들이라면 그들이 바르게 될 수 있도록 기도하고, 그들이 올바르게 행동하는 한에서 그들에게 복을 베풀어주시기를 기도합시다. 나는 그리스도의 교회가 지금까지 존속해 와서 영광스러운 시기를 맞이했다고 생각합니다. 정말로 우리가 지금까지 살아온 시대는 하나님 백성들 가운데 많은 사람들의 눈을 기쁘게 하는 시대라고 생각합니다. 나는 얼마 전까지만 해도 지금과는 전혀 다르게 교회의 예배하는 자들에 대해 우울한 생각을 갖고 있었기 때문에, 지금까지 살아서 행복한 시대를 맞이했다는 생각이 드는 것 같습니다.

그 거룩한 사람 휫필드조차도 그렇게 분발했지만 하나님께서 지금 주시기를 기뻐하신 것만큼의 종교적 부흥을 일으키지 못했습니다. 그는 설교를 통해서 많은 주교와 성직자들이 나와서 가난한 자들에게 설교하도록 일으키지 못했습니다. 하나님께서 최근에 와서야 멀리 있는 교회들과 가까이 있는 교회들을 깨우기를 기뻐하셨습니다. 나는 뽕나무 꼭대기에서 나는 소리를 듣습니다. 도처에서 은혜의 교리가 더욱 현저하게 전파되는 것을 들으며, 복음 설교가 더욱 뜨겁고 더욱 강력하며, 더욱 성령으로 충만하게 전해지는 것을 듣습니다. 우리 가운데서 부름을 받아 나간 사람들이 있습니다. 곧 하나님께서 하나님 말씀을 전하는 일에 복을 주신 사람들이 있습니다. 많은 곳에서 "뽕나무 꼭대기에서 걸음 걷는 소리"가 들립니다. 나는 특별히 바로 지금 영국 국교회에 대해서 이야기하는 것입니다.

자, 형제 여러분, 지금은 우리가 분발할 때입니다. 우리는 하나님께 더욱 간절히 부르짖읍시다. 우리 기도회가 뜨거운 기도의 심정을 품고 오는 사람들로 가득해지도록 합시다. 우리의 개인적인 제단이 더욱 끊임없이 타올라 기도의 연기가 하늘로 올라가게 합시다. 우리의 골방에서 끊임없이 열렬한 중보 기도가 드려지도록 합시다. 힘을 내십시오. "뽕나무 꼭대기에서 걸음 걷는 소리"가 들립니다.

이것은 교회 전체에 대한 이야기입니다. 그리고 이 진리는 어떤 특정한 회중에게도 효력이 있습니다. 어느 안식일에 목사가 큰 열정으로 설교하였습니다. 하나님께서 그에게 권능을 입혀주셨습니다. 그는 마치 광야의 세례자 요한처럼 "회개하라 천국이 가까이 왔느니라"(마 3:2)고 외치는 것 같았습니다. 그는 곧 죽을 사람처럼 있는 열심을 다해 전하였습니다. 그가 어찌나 힘있게 전하였던지 사람들이 떨었습니다. 떨림이 눈에 보이게 회중을 훑고 지나갔습니다. 사람들의 눈마다 꼼짝하지 않았고, 눈물이 모든 사람의 뺨을 적셨습니다. 사람들이 설교를 듣고 일어나 "여호와께서 과연 여기 계신다. 우리가 하나님의 임재를 느끼겠다"고 말했습니다. 그리스도인이 하나님의 집에서 나올 때 무슨 말을 해야 합니까? 그리스도인은 "오늘 뽕나무 꼭대기에서 걸음 걷는 소리를 들었어"라고 말해야 합니다.

나는 사람들이 열심을 내는 것을 보았습니다. 목사가 힘 있게 설교하고, 하나님께서 제단에서 가져온 핀 숯을 내 입에 대는 것을 보았습니다. 나는 사람들의 눈마다 눈물이 맺혀 있는 것을 보았습니다. 나는 무관심했던 많은 사람들의 깊고 골똘한 눈빛을 보았습니다. 젊은이들 가운데 감명을 받은 것처럼 보이는 사람들이 있었습니다. 그들의 얼굴 표정을 보면 그들 속에서 어떤 일이 일어나고 있는 것이 보였습니다. 자, 내가 해야 할 일이 무엇입니까? 내가 해야 할 첫 번째 일은 내가 분발하는 것입니다. 어떻게 분발할 수 있습니까? 오늘 집에 가서 하나님께서 이 목사에게 복을 주시고 교회를 배가시켜 주시기를 이전보다 더 열심히 힘써 기도할 것입니다. 그 다음에는 어떻게 합니까? 회중석에 앉은 젊은 여성 가운데 감명을 받은 것처럼 보이는 사람이 있었습니까? 오늘 저녁에 예배당에 가면 그 사람을 찾아보겠습니다. 나는 "뽕나무 꼭대기에서 걸음 걷는 소리"를 들었습니다. 그래서 나는 분발할 것입니다. 그 여성이 이 자리에 있는 것을 본다면, 그 여성에게 한 마디 하겠습니다. 게다가 내가 그와 같은 또 다른 설교를 듣고, 감명을 받은 것처럼 보이는 사람을 본다면, 나는 그들을 찾아보도록 하겠습니다. 한 개인에게서 듣는 두 마디가 목사에게서 듣는 오십 마디보다 나은 경우가 종종 있다는 것을 알기 때문입니다.

그래서 감명을 받은 젊은이를 보았다면, 나는 팔꿈치로 그를 찌르며 이렇게 말할 것입니다. "젊은이는 이 설교를 즐겁게 들은 것 같은데." "예, 저는 이 설교가 아주 좋습니다." "그러면 젊은이는 영적인 사실들을 좋아하는가?" 내가 그 젊은이를 회심시키는 도구가 될 수도 있습니다. 아무튼 나는 "뽕나무 꼭대기에서 걸음 걷는 소리"를 들었다는 이 즐거운 위안거리를 가지고 잠자리에 들 것입니다. 나는 그 소리를 듣자마자 내 하나님을 섬기고, 영혼들을 지옥에서 건지는 도구가 되기 위해 분발하였습니다. 그러나 형제 여러분, 슬프게도 우리가 심는 이 씨들 가운데 많은 것은 물이 부족해서 죽어버리는 것 같습니다. 인상적인 많은 설교가 힘을 많이 잃는 것처럼 보이는데, 이는 그 설교를 끝까지 따라가지 않기 때문입니다. 하나님의 뜻은 이행됩니다. 즉, 하나님의 말씀은 헛되이 하나님께로 돌아가지 않는다는 것을 나는 압니다. 그런데 우리는 때로 자신에게 이렇게 물어보는 것이 좋을 것이라고 생각합니다. 성령의 능력이 우리 가운데 있었을 때, 그것을 주님을 섬기는 일에 더욱 분발해야 하는 표시로 간주했어야 하는 때, 우리가 좋은 시기와 때를 이용해야 하는 일에 너무 꾸물거리고 태만히 하지 않았는가 하고 말입니다.

나는 일반적인 병에 걸렸을 때나 역병이나 콜레라가 덮친 때, 혹은 갑작스러운 죽음을 맞이한 때에 대해서도 같은 말을 할 수 있을 것입니다. 콜레라가 우리 거리를 무섭게 쓸고 지나가는 때가 있습니다. 사람들은 혹시 죽을까봐 모두 떨고 있습니다. 그것이 "뽕나무 꼭대기에서 걸음 걷는 소리"라는 점에 주목하십시오. 사람들이 어떤 일로든지 진지한 생각을 하게 되었을 때, 여러분과 나의 할 일은 기운을 내는 것입니다. 즉 하나님께서 이 땅을 지나가면서 먼저는 이 사람을 치고 다음에는 저 사람을 치시므로, 사람들이 결말이 어떻게 될지에 대해 촉각을 곤두세우고 있을 때, 무서운 화재가 발생했을 때, 거리에서 혹은 궁정이나 집에서 갑작스러운 죽음이 발생했을 때, 때를 잘 보아서 주님을 위해 그 시기를 이용하는 것이 그리스도인의 할 일입니다. 런던의 대(大) 역병 기간, 곧 삯군과 같은 교구 사제들이 교회를 버리고 도망갔던 대 역병 기간에 청교도들은 "자, 지금이 우리가 설교할 때다"고 말하였습니다. 이 끔찍한 시기 동안, 시신을 가득 실은 수레들이 풀이 무성하게 자란 거리를 지나가던 때 내내 이 용감한 청교도들이 강단을 차지하고서 하나님의 말씀을 담대하게 전했습니다.

형제 여러분, 바로 그것이 죄인들에게 장차 올 진노에 대해 이야기하기에 더할 수 없이 좋은 시기를 만날 때마다 우리가 해야 할 일입니다. 우리는 좋은 시기를 굳게 붙잡읍시다. 마치 상인이 시장의 모든 동향, 곧 경기의 상승과 하락에 주의하듯이 말입니다. 마치 농부가 씨를 뿌리거나 식물을 심거나 혹은 풀을 베기에 좋은 시기를 보듯이 말입니다. 우리는 선을 행하기에 가장 좋은 때를 눈여겨보도록 합시다. 우리는 게으름뱅이들이 자고 있는 동안에 땅을 깊게 갈아엎

읍시다. 가장 좋은 시기에 할 수 있는 대로 힘껏 일합시다. 해가 쨍쨍 비치는 동안에 건초 더미를 만들고, "뽕나무 꼭대기에서 걸음 걷는 소리"를 들을 때 우리 하나님을 섬기도록 합시다.

내가 앞에서 말씀드린 생각을 이제 다시 한번 다루는 것을 양해해 주시기 바랍니다. 여러분이 만나는 모든 개인에 관하여 그 점을 마음에 새겨두시기 바랍니다. 이웃에 술주정뱅이가 있다면, 여러분이 그에게 말 한 마디라도 건네는 일은 좀처럼 없습니다. 그의 아내가 아픕니다. 그녀가 병들어 죽어가고 있습니다. 가엾은 친구, 그가 이때는 정신이 말짱합니다. 그가 조금 감명을 받는 것처럼 보입니다. 그가 자기 아내에 대해서 걱정하고 자신에 대해서도 걱정합니다. 지금이 여러분의 때입니다. 이제 좋은 소식을 전할 때입니다. 지금이 여러분의 기회입니다. 아주 심한 욕을 해대는 사람이 있습니다. 그런데 그런 사람이 어떤 두려운 일을 당해서 스스로에 대해 조금 부끄러워하는 것 같고, 예전만큼 그렇게 하나님을 모독하는 욕을 하지 않습니다. 여러분은 고대 투석 전사들이 했던 것처럼 해야 합니다. 그들은 전사가 투구를 올리는 것을 본다면, 바로 그 순간 전사가 다시 투구를 내리기 전에 돌을 던지곤 했습니다. 그와 같이 어떤 사람이 조금 감명을 받은 것을 알고, 그가 양심의 가책을 받을 수 있는 처지에 있게 된다면, 하나님께서 여러분에게 기회를 주실 때 여러분이 할 수 있는 일을 하십시오. 여러분의 지인 가운데 한 사람이 여러분의 권유로 하나님의 집에 왔다면, 그에게 선을 행하고 싶지만 어떻게 해야 할지 모르겠다는 생각이 든다면, 그 작은 기회를 붙잡으십시오. 그때가 하나님께서 우리를 하나님의 자녀를 기르는 유모로 사용하시는 기회가 될 수 있습니다. 우리의 도움으로 이 작은 아이를 믿음으로 기르도록 하고, 새로 회심한 이 사람이 힘을 얻고 덕을 기르도록 우리를 사용하시는 것일 수 있습니다.

그런데 여러분에게 말씀드릴 것이 있습니다. 그것은 우리 그리스도인들 가운데 많은 사람들이 집으로 돌아가면서 하는 말 때문에 많은 해악을 끼친다는 것입니다. 일찍이 어떤 사람에게 이런 이야기를 들은 적이 있습니다. 청년 시절에 그가 한 목사에게서 설교를 듣고 마음에 깊은 감명을 받았습니다. 눈물이 뺨을 타고 흘러내렸고, 그는 속으로 '집에 가서 기도해야겠다'고 말했습니다. 집으로 돌아오는 길에 그는 교인 두 사람과 어울리게 되었습니다. 그 교인들 가운데 한 사람이 이렇게 말하기 시작했습니다. "오늘 설교 괜찮았어요?" 그러자 다른 교인이 말했습니다. "내 생각에는 목사님이 아주 중요한 점을 제대로 말하지 못한 것 같아요." 처음에 말을 시작한 교인이 또 말했습니다. "목사님이 방심했던 것 같아요." 한 사람이 목사의 설교의 한 부분을 끄집어내어 분해를 하면 다른 사람이 다른 부분을 끄집어내어 혹평을 했습니다. 그래서 그 젊은이는 그 교인들과 얼마 가지 않아서, 들었던 설교가 무엇인지 완전히 잊어버렸고, 그 설교를 통해서 받았다고 생각했던 모든 유익이 그 두 사람 때문에 완전히 날아가 버린 것 같았다고 말하였습니다. 그 두 사람은 자신이 조금이라도 희망을 가질까 봐 걱정이 되는 것처럼 보였는데, 그것은 그에게 기도하게 만들었을 그 설교를 그냥 갈기갈기 찢고 있었을 뿐이었기 때문이라고 하였습니다.

우리가 그런 일을 한 때가 얼마나 많았습니까! 사람들은 으레 "오늘 설교 어땠어요?" 하고 말합니다. 나는 그들에게 점잖게 말할 생각이 전혀 없습니다. 설교에 어떤 결점이 있을지라도, 설교에 결점이 있기가 매우 쉬운 일인데, 그럴지라도 설교에 대해서 이야기하지 않는 것이 낫습니다. 왜냐하면 그 설교에서 유익을 얻을 수 있는 사람들이 있기 때문입니다. 처음부터 끝까지 완전히 엉터리처럼 보이는 많은 설교도 구원의 방도가 될 수 있다는 것을 나는 굳게 믿습니다. 여러분과 내가 성경에 대한 지식이 더 많을 수 있고, 우리가 그보다 교육도 더 많이 받고 더 깨인 사람일 수 있습니다. 우리가 "아이고, 사람들이 저런 설교를 어떻게 들을 수 있는지 모르겠네"라고 말할 수 있습니다. 여러분은 사람들이 그런 설교를 들을 수 없을 것이라고 생각할지 모르지만, 사람들은 그 설교를 듣고 구원을 받습니다. 여러분이 관심을 가져야 할 것은 바로 그 점뿐입니다.

한 원시 감리교 목사의 설교를 듣고 때때로 여러분은 아주 당혹스러워했습니다. 그래서 여러분은 "착한 사람은 그의 말을 이해할지 모르겠지만 나는 도통 그의 설교를 이해할 수가 없어"라고 말했습니다. 그럼에도 불구하고 그는 모든 사람들이 주의를 집중하도록 만들었습니다. 여러분은 많은 사람들이 설교를 듣고 하나님께로 나오는 것을 보았습니다. 그러므로 그 설교에 관해서 아무 얘기도 해서는 안 됩니다. 여러분은 "글쎄, 그것이 나를 위한 설교는 아니었어"라고 말하지 않을 수 없을 것입니다. 상관없습니다. 그것은 다른 누군가에게는 유익을 주는 설교였습니다. 그 사람의 얘기를 다시 듣지 않고, 그 사람이 설교하는 대로 내버려두는 것이 여러분에게 최상의 길입니다. 그 사람이 누군가에게는 유익을 줄 것이라고 생각합니다.

나는 그냥 불쑥 끼워 넣듯이 이 말을 합니다. 여러분이 사람들의 주의를 사로잡았거나 다소 그들의 이목을 끌었다면, 사람들이 "다음에 또 와야겠어" 하고 말할 수 있게 만들었다면, 사람들을 멀어지게 할 수 있는 말은 일절 하지 마십시오. 여러분이 위로부터 이런 신호들을 들을 때는 여러분이 영혼들을 구원하는 도구 노릇을 할 수 있도록 분발하십시오.

형제 여러분, 나는 여러분의 자녀들에 관해서 분명히 말하지 않을 수 없습니다. 사랑하는 우리 자녀들의 인생에서 그들이 다른 때보다 더 감수성이 예민한 것처럼 보이는 때들이 있습니다. 여러분에게 그 기회를 결코 놓치지 말라고 말씀드립니다. 구원은 처음부터 끝까지 하나님께 속한 일입니다. 그렇지만 마치 여러분이 사람들을 구원할 수 있는 것처럼 모든 방도들을 다 사용하는 것이 여러분의 할 일입니다. 대체로 쾌활하고 거칠게 행동하는 여러분의 아들이 예배당을 나와 집으로 오는 길에 아이에게서 자주 보지 못하는 엄숙한 분위기를 느끼게 되는 때가 있습니다. 그런 때가 감지되면 아이에게 말을 건네십시오. 때로 여러분의 어린 딸들이 집에 오는데, 무엇인가 이해할 수 있는 말을 들었고, 딸의 생각에 충격을 준 것 같은 말을 들었습니다. 그럴 때 딸을 비웃지 말고, 그 작은 시작을 우습게 생각하지 마십시오. 그 일이 어떻게 될지 아무도 모르는 것입니다. 그것이 "뽕나무 꼭대기에서 걸음 걷는 소리"일지도 모릅니다. 열네 살이나 열다섯 살 먹은 여러분의 아들이 아주 깊은 관심이 생겨서 집에 돌아오는 일이 종종 있습니다. 그래서 때때로 여러분은 '글쎄, 우리 애가 다른 애들보다 설교를 더 귀담아 들었는지 모르겠지만 아이 속에서 선한 역사가 일어나고 있는 것이 분명해' 하고 생각했습니다.

그 어린 묘목을 거칠게 다루지 마십시오. 예를 들면, 아이가 어떤 작은 잘못이라도 하면 "네 속에 선한 것이 있는 줄 알았는데, 이제 보니 신앙심이라곤 하나도 없구나. 그렇지 않으면 네가 그런 일을 했을 리가 없다" 하고 말해서는 안 됩니다. 그렇게 하지 마십시오. 그것은 아이를 낙망시키는 말입니다. 여러분의 아이가 하나님의 자녀일지라도, 그 아이는 여느 다른 아이들과 마찬가지로 결점이 있습니다. 그러므로 아이에게 너무 가혹하거나 엄하게 대하지 않도록 하십시오. 여러분이 아이에게서 지극히 작은 것이라도 선한 점을 찾으면 "뽕나무 꼭대기에서 나는 소리"가 들리는구나 하고 말하십시오. 그것이 아주 희미하게 바스락거리는 소리일 수 있지만, 신경 쓰지 마십시오. 그것이 나의 기회입니다. 이제 내가 아이의 구원에 관해 더 열심을 낼 때이고, 할 수 있으면 하나님의 길을 아이에게 좀 더 충분하게 가르칠 때입니다.

나는 아이와 단 둘이서만 이야기를 해보도록 하겠습니다. 그 어린 묘목이 하나님께 속한 것이라면 틀림없이 자랄 것입니다. 그러나 나는 그 묘목을 기르는 도구 노릇을 하도록 주의해야 합니다. 아이를 옆으로 데리고 나와서 이렇게 물어봅시다. "얘야, 죄가 악하다는 것을 조금 알았니?" 아이가 그렇다고 말하면, 아이에게 약간의 희망이 있는 것을 봅니다. 아이의 믿음이 피상적인 것이라 할지라도 그것을 무시하지 맙시다. 나도 일찍이 내 안에서 하나님의 은혜가 피지 않고 잎사귀 형태로 있었다는 것을 기억하도록 합시다. 지금은 그 은혜가 이삭이 패었지만, 은혜가 아직 패지 않고 잎사귀 형태로 있지 않았다면 내 속의 은혜가 결코 피어나지 못했을 것입니다. 은혜의 잎사귀가 아직 이삭으로 패지 않았다고 해서 그 잎사귀를 무시해서는 안 됩니다. 어린 양은 양 구실을 못한다고 죽여서는 안 됩니다. 어린 양들을 모두 잡아 죽인다면, 다 자란 양들이 어디에서 나오겠습니까? 성도들 가운데 지극히 약한 자들을 멸시해서는 안 됩니다. 내가 약한 사람들을 언약에서 제외시키고, 그들은 하나님의 자녀가 아니라고 말한다면, 성숙한 성도들이 어디에서 나오겠습니까? 그렇게 해서는 안 됩니다. 나는 지극히 작은 표시라도 눈여겨볼 것입니다. 이스라엘의 하나님 여호와께로 향하는 선한 것을 조금이라도 보여주는 신호가 있는지 지켜볼 것입니다. 나는 이 신호들이 사라져버리는 연기처럼, 아침 구름과 이슬처럼 사람을 속이는 것이 아니고, 후에 완전해질 은혜가 시작되었음을 보여주는 지속적인 신호가 되기를 하나님께 기도하겠습니다.

끝으로, 그리스도인이여, 여러분 자신에 관하여 더 이상 미루지 않도록 하십시오. 여기에 큰 진리가 있습니다. "뽕나무 꼭대기에서 걸음 걷는 소리를 듣는" 때들이 있다는 것을 여러분은 압니다. 여러분은 기도에 특별한 능력을 얻습니다. 성령께서 여러분에게 기쁨과 즐거움을 주십니다. 성경이 여러분에게 열립니다. 약속들이 이루어집니다. 여러분이 하나님의 얼굴 빛 가운데서 행합니다. 특별히 아주 자유롭게 헌신할 수가 있습니다. 어쩌면 여러분이 이전보다 세상 일에 덜 관심을 갖게 되고 그리스도와의 교제를 더욱 친밀하게 느끼게 될 수도 있습니다. 지금이 그때입니다. 지금이 여러분이 "뽕나무 꼭대기에서 걸음 걷는 소리"를 듣는 때입니다. 지금이 여러분이 분발할 때입니다. 지금이 여전히 남아 있는 악한 습관들을 모두 버려야 할 때입니다. 지금이 성령 하나님께서 여러분과 함께 하시는 시기입니다. 돛을 펴십시오. 여러분이 때로 부르는 노래를 기억하십시오.

> "나는 돛을 펼 수 있을 뿐이네.
> 주 하나님께서 상서로운 바람을 일으키셔야만 하네."

돛을 확실히 펴도록 하십시오. 준비가 부족해서 이 바람을 놓치지 않도록 하십시오. 믿음이 더욱 굳세어질 때 더 열심히 의무를 행할 수 있도록 하나님께 도움을 구하십시오. 하나님의 보좌 앞에 좀 더 자유롭게 나아갈 수 있을 때 더욱 끊임없이 기도할 수 있도록, 그리스도와 좀 더 친밀하게 생활하는 동안에 여러분의 대화가 더욱 거룩해질 수 있도록 하나님께 도움을 구하십시오.

여기 계신 분들 가운데, 오늘 밤 혹은 오늘 아침이나 다른 어느 때든지 "아, 내가 구원받을 수 있으면 좋겠다"고 생각하게 된 분들에 관해서 말씀드립니다. 여러분이 그 점에 대해 조금이라도 생각이 있거나 진지한 마음이 생긴다면, 성령 하나님께서 여러분에게 생긴 그 인상을 "뽕나무 꼭대기에서 걸음 걷는 소리"로 간주할 수 있게 해주시기를 기도합니다. 여러분이 분발하여 더욱 열심히 하나님을 찾도록 해주시기를 기도합니다. 성령 하나님께서 여러분을 조금이라도 깨닫게 하셨다면, 성령께서 여러분에게 감명을 주셨다면, 여러분을 떨게 만드셨다면, 여러분이 집에 가서 기도하게 만드셨다면, 여러분 자신의 영혼에 관해 진지하게 생각하시기를 바랍니다. 하나님께서 여기까지 여러분을 일깨우셨다면, 그것을 하나님의 은혜의 표지로 여기고, "지금 아니면 영원히 못한다"고 말하십시오. 이 큰 파도가 여러분이 항구 앞에 있는 큰 장벽을 넘어가도록 도와줄 수 있을 것입니다. 이 파도는 밀물 때 올라타면 천국에까지 이르는 조수가 될 수 있습니다. 하나님께서 여러분을 도우셔서 밀물 때에 그 조수를 탈 수 있게 해주시면 좋겠습니다. 여러분이 죄의식과 근심들을 넘어서 복된 믿음의 항구에 안전하게 상륙할 수 있으면 좋겠습니다. 그리스도의 속죄와 영원한 사랑의 장벽으로 보호되는 항구에 말입니다. 하나님께서 여러분에게 복 주시기를 빕니다! 아멘.

제
5
장

골수와 기름진 것

"다윗 왕이 여호와 앞에 들어가 앉아서 이르되 주 여호와여 나는 누구이오며 내 집은 무엇이기에 나를 여기까지 이르게 하셨나이까 주 여호와여 주께서 이것을 오히려 적게 여기시고 또 종의 집에 있을 먼 장래의 일까지도 말씀하셨나이다 주 여호와여 이것이 사람의 법이니이다 주 여호와는 주의 종을 아시오니 다윗이 다시 주께 무슨 말씀을 하오리이까 주의 말씀으로 말미암아 주의 뜻대로 이 모든 큰 일을 행하사 주의 종에게 알게 하셨나이다 그런즉 주 여호와여 주는 위대하시니 이는 우리 귀로 들은 대로는 주와 같은 이가 없고 주 외에는 신이 없음이니이다." — 삼하 **7:18-22**

다윗은 하나님의 자비에 몹시 감격하였습니다. 나단의 메시지는 그가 감당하기에는 너무 벅찬 것이었습니다. 그는 말로 표현할 수 없는 감정을 느꼈습니다. 지혜로운 사람답게 그는 감사에 이끌려서 즉시 하나님 가까이 나아갈 수 있는 곳으로 갔습니다. 모든 사람이 그처럼 가서 여호와 앞에 앉지는 않았습니다. 그러나 다윗은 자신이 지극히 높으신 하나님께 가까이 가지 않을 수 없는 특별한 부르심을 받았다고 느꼈습니다. 거기에서 다윗은 약속이 성취된 것을 받으려고 기다리는 자세로, 바랄 수 있는 것을 다 가진 자처럼, 복의 무게에 눌려 찌부러질 것 같은 사람처럼 안식하는 자세로 앉았습니다. 그렇지만 이 시편 기자가 앉아있는 것은 또한 예배드리는 자세였습니다. 성경의 모든 구절들 가운데서 본문의 구절만큼 진정한 경배를 담고 있는 구절은 없을 것입니다. 다윗 왕이 여호와 앞에 앉았습니다. 그 자비는 전부 하나님에게서 왔습니다. 그러므로 그는 하나님께 모든 찬송을 드려야 마땅합니다. 그의 기대하는 바는 오직 하나님께로부터만 오기 때문에 그의 영혼은 여호와를 바랄 뿐이었습니다. 그는 자신이 거룩한 하나님 앞에 있다는 것을 알았습니다. 그렇게 하나님 앞에 앉았고, 언약의 복에 의해 자신이 하나님께 아주 가까이 불려왔다는 것을 느끼고, 그렇게 하나님께 가까이 있음을 인해서 몹시 기뻤습니다.

그리스도 안에서 형제자매 여러분, 하나님께서 우리에게 보이신 자비는 하나님께서 그의 종 다윗에게 베푸신 것만큼이나 큽니다. 성령님께서 우리 눈을 열어 그 자비를 보고 알게 하신다면, 우리는 오늘 아침 다윗이 했던 대로 하기를 간절히 바라게 될 것입니다. 우리는 담대히 하나님께 나아가 하나님과 지극히 친밀한 교제를 나누도록 합시다. 그렇습니다. 우리는 다윗이 갈 수 없었던 곳, 곧 휘장 안으로 들어갑시다. 그리스도께서 그의 찢긴 몸으로 길을 열어놓으신 곳에서 하나님을 기다리는 평안하고 행복한 마음으로 앉아, 하나님의 인자를 곰곰이 생각하면 일어날 수밖에 없는 모든 신성한 감정들을 마음껏 발휘하도록 합시다. 내가 이 주제를 선택한 것은 우리 가운데 최근에 구주를 만난 분들이 많이 있기 때문입니다. 그분들이 자기들에게 속해 있는 행복을 알고, 그리스도 예수 안에서 그들의 것인 즐거움과 보화들을 앎으로써 하나님의 이름에 마땅히 돌려야 하는 영광을 은혜의 하나님께 드릴 수 있도록 하는 것은 좋은 일입니다.

다윗은 나단의 말을 단지 이스라엘 집을 다스리는 자기 왕조와 통치권을 가리키는 것으로 이해하지 않았습니다. 그는 현세적인 것들을 넘어서 멀리 보았습니다. 그러므로 본문 말씀에는 가볍게 읽고 지나가는 사람의 눈에는 보이지 않을 영적인 깊이가 있습니다. 구약을 해석하기 위해서는 반드시 신약이 필요합니다. 베드로는 그의 유명한 설교에서 이 구절에 대해 해결의 열쇠를 제공합니다. 사도행전 2:29을 보십시오. 그러면 거기에서 여러분은 시편에 나오는 다윗의 중요한 발언들을 설명하면서, 다윗은 선지자였고, 하나님께서 자기와 맹세로 한 가지 약속을 하셨다는 것을 알았으며, 하나님께서 육체를 따라 다윗의 후손들 가운데서 그리스도를 일으켜 하나님의 보좌에 앉게 하실 것이라고 선언하였습니다.

다윗의 가슴을 가득 채운 기쁨은 영적인 것이었습니다. 이는 그가 예수께서 자기 종족 가운데서 나오실 것이며, 예수님으로 말미암아 영원한 나라가 설 것이며, 이방인들이 그리스도를 의지할 것을 알았기 때문입니다. 자, 그러면 우리도 그리스도 예수 안에서 천상에 속한 모든 영적인 복들을 받았으므로 마땅히 다윗처럼 느껴야 합니다. 그러므로 우리는 같은 기분을 느낄 수 있기를 바라는 마음으로 다윗의 표현들을 검토해 보도록 하겠습니다. 우리가 그렇게 할 수 있도록 만드실 오직 한 분 성령 하나님께서 이 시간에 우리의 묵상에 복을 주시기를 바랍니다.

1. 첫째로, 다윗의 말에 나타난 겸손함에 주의합시다.

"다윗 왕이 여호와 앞에 들어가 앉아서 이르되 주 여호와여 나는 누구이오며 내 집은 무엇이기에 나를 여기까지 이르게 하셨나이까?"

첫째로, 다윗은 자기 출신의 비천함을 인정하였습니다. "내 집이 무엇이나이까?" 그는 왕의 혈통에서 나지 않았습니다. 나단이 여호와의 이름으로 "내가 너를 목장 곧 양을 따르는 데에서 데려왔다"고 하였을 때 사실을 말한 것입니다. 그는 처음에 기름 부음을 받았을 때 비천한 목동에 불과하였고, 기름 부음 받은 후에도 계속해서 그 비천한 일을 하였습니다. 이 자리에서 일어나 그는 나라에서 추방당한 잡다한 용병들 부대의 지도자가 되었습니다. 그러나 하나님께서는 그를 낮은 신분에서 불러내어 택한 백성들을 다스리는 왕으로 세우기를 기뻐하셨습니다. 사랑하는 여러분, 우리의 출신이 무엇입니까? 우리 출신에서 하나님의 아들이 되는 높은 특권을 요구할 수 있을 만한 것이 무엇이 있습니까? 우리의 태생을 가장 오래된 그 근본까지 거슬러 올라가 봅시다. 거기에는 우리 가문의 문장이 붙은 방패를 더럽히고 있는 죄가 있습니다. 그 혈통 내내 거룩하신 임금님에게 크게 반역한 얼룩이 있습니다. 우리는 반역자들의 혈통에서 나왔고, 우리 자신의 출생은 죄로 훼손되었습니다. 우리 가문을 나타내는 문장(紋章)은 우리에게 화려함을 전혀 보여주지 못하고, 계보(系譜) 학자는 우리들 대부분에게 세습적인 자랑거리들을 전혀 들추어 내지 않습니다. 만약 그가 어떤 자랑거리들을 내놓은 것이 있다면, 그것들은 하나님 앞에서 언급할 가치가 없는 망상들이고 꾸며낸 것들입니다. "주 여호와여 나는 누구이오며 내 집은 무엇이나이까?"

다윗은 자신의 하찮음을 아주 강조하였습니다. 그는 말했습니다. "내가 누구입니까? 주께서 나를 왕으로 삼으시고 그리스도의 조상으로 삼으실 만한 무엇이 내게 있었습니까?" 여기에 있는 신자들 각 사람도 그와 같이 말해야 하지 않겠습니까? 내가 누구입니까? 내 안에 무엇이 있습니까? 하나님께서는 세상의 큰 자들과 강한 자들을 선택하셨을 수 있지만 그들을 지나치셨습니다. 하나님께서 학식 있고 유명한 자들을 택하셨을 수 있었지만, 그들 가운데 부르심을 받은 사람들은 많지 않습니다. 하나님은 이 세상의 가난한 자들을 택하셨고 멸시받는 것들을 택하셨습니다. 그렇습니다. 하나님께서는 천한 것들과 없는 것들을 택하셔서 있는 것들을 헛되게 만들어 하나님 앞에서 아무 육체도 자랑하지 못하게 하셨습니다. 머리에서부터 발끝까지 여러분 자신을 보십시오. 여러분이 마음을 샅샅이 뒤지고 성품을 철저히 조사해 보십시오. 여러분은 여호와께 높이 평가받을 만한 어떤 것을 볼 수 있습니까? 하나님께서 구속의 보혈로 여러분을 값 주고 살 만한 어떤 자질이 여러분에게 보입니까? 여러분이 하나님의 아들이 되고 영광의 상속자가 되어야 마땅한 어떤 이유들이 있습니까?

하나님께서 여러분을 택하신 데에는 이유들이 있었습니다. 하나님은 자기 뜻의 계획대로 행하시기 때문입니다. 그러나 그 이유들이 여러분에게 있지 않습니다. 그 이유들은 하나님의 마음속에 있습니다. 그러므로 여러분은 "내가 누구기에 주께서 나를 여기까지 이르게 하셨나이까?" 하고 외쳐야 합니다. 나는 다윗이 틀림없이 자신이 하나님의 이런 은혜를 받을 만한 가치가 있는가를 보고서, 여기서 내 표현을 고친다면, 다윗이 자신의 무가치함을 보고서 하나님이 자기를 선택하고 사울을 버리신 것을 기이하게 생각했을 것입니다. 그는 하나님의 마음을 본받는 사람이었습니다. 그러나 그의 행동은 대담하고 거친 군인의 행동이었습니다. 그래서 그는 자기 행동을 볼 때 많은 결함들이 있는 것을 보지 않을 수 없었을 것입니다. 그는 시편 25편에서 이렇게 기도하였습니다. "여호와여 내 젊은 시절의 죄와 허물을 기억하지 마시고 주의 인자하심을 따라 주께서 나를 기억하시되 주의 선하심으로 하옵소서"(25:7). 이런 죄들은 그의 인생사에 기록되지 않았지만, 그의 회개하는 기억 속에는 뚜렷이 기록되어 있습니다. 그래서 그는 자신에 대해 겸손한 태도로 "내가 누구입니까?" 하고 외쳤습니다. 망명생활을 하고 방랑하던 시기에 그가 기억하고 싶지 않은 행위가 틀림없이 있었을 것입니다. 예를 들면, 가드 왕 앞에서 미친 체한 일, 나발에 대해 몹시 분개한 일,

블레셋 사람들과 가까이 지낸 일 등이 있습니다. 이런 현저한 죄들 외에도, 그는 살아오면서 내내 자신의 결점과 허물들을 많이 볼 수 있었을 것입니다. 이런 것들 때문에 하나님의 은혜가 더욱 빛나게 되었고, 그가 마음으로부터 "주 여호와여 내가 누구오니이까" 하고 외치게 되었던 것입니다.

형제자매 여러분, 회심 전의 여러분의 생활을 돌아보십시오. 그 생활이 어떠했습니까? 그 생활을 눈물로 지워버립시다. 회심 이후 여러분의 생활을 생각해 보십시오. 여러분 혼자만 남고 하나님의 은혜가 한동안 물러갔을 때마다 언제나 넘어져 이런저런 형태의 통탄할 만한 어리석음을 범했던 것을 고백하십시오. 내가 누구입니까? 내가 무엇을 했습니까? 내가 어떤 사람이었습니까? 내가 어떻게 하나님의 자녀가 되고, 예수님의 피로 사신 바 되고 천국의 상속자가 될 수 있습니까? 우리는 이 모든 사실을 요약하여 이렇게 외칠 수 있습니다. "하나님이여, 어째서 나를?"

"어째서 나는 주의 음성을 듣게 되어
방이 있는 곳에 들어가고
반면에 많은 사람들은 비참한 선택을 하여서
주께 오기보다는 굶어죽는 일을 택하나이까?"

"주 여호와여, 내가 누구오니이까?"라는 이 표현에는 매우 흥미로운 것이 있습니다. 다윗이 자신이 아무것도 아니라는 생각이 "나"라는 말을 "주 여호와" 옆에 나란히 놓음으로써 뚜렷이 나타납니다. "무한하시고 위엄이 지극하신 여호와, 창조주이시요 보존자이시며 만물을 다스리시는 하나님이시여, 이새의 아들이요, 목동인 나 다윗, 내가 누구입니까? 어떻게 내가 주 앞에 설 수 있겠습니까? 내가 모든 것을 주님께 빚지고 있지 않습니까? 주님께서 내 코의 생기가 아니십니까? 나는 아무것도 아니요, 한낱 환상에 지나지 않고, 무(無)입니다. 그러나 주께서 나를 눈여겨보십니다. 주님께서 내게 주의 자비를 쏟아 부으십니다. 복락의 강수로 나를 쓸어 가십니다. 주 여호와여, 내가 누구이며 내 아버지의 집이 무엇입니까?" 이와 같이 여러분은 다윗이 사용한 자비라는 말의 의미에서 그의 겸손을 봅니다.

여기서 우리는 하나님의 자비만큼 사람을 겸손하게 만드는 것이 없다는 점에 주목합시다. 몰인정하고 인색한 말은 사람의 마음을 겸손하게 만들지 못하고 오히려 교만한 마음을 일으킵니다. 몰인정한 비판을 들으면 남자다운 사람은 속에서 강한 반발심이 일어나는 것을 느낍니다. 욥의 경우에서처럼, 곧은 자기주장이 앞으로 튀어나옵니다. 겸손과 책망은 사람을 겸손하게 만들기보다는 오히려 교만하게 만드는 경향이 있습니다. 사랑이야말로 사람의 마음을 녹이는 힘입니다. 복(福)의 짐만큼 사람을 눌러 겸손하게 만드는 것은 없습니다. 하나님께서 여러분의 죄를 지워버리고, 예수님을 인해서 하나님 보시기에 여러분을 의롭다고 간주하시며, 여러분에게 "내가 너를 영원한 사랑으로 사랑하였고, 그래서 인자로 너를 내게로 이끌었다"고 말씀하시는 것을 볼 때, 여러분이 자랑할 것이 어디에 있겠습니까? 자랑을 물리치게 됩니다. 사랑은 자랑을 내쫓고 다시 돌아오지 못하게 문을 잠급니다. 베드로는 언제든지 기회만 있으면 자기가 한 일을 떠벌리는 사람이었습니다. 그러나 그의 사랑하시는 주님 앞에서 자기 배가 많은 물고기를 인해서 빠질 지경인 것을 보고서 무릎을 꿇고 아주 겸손한 마음으로 "주여 나를 떠나소서 나는 죄인이로소이다"(눅 5:8) 하고 소리쳤습니다.

"주의 영광이 내 눈에 보이면 보일수록
그만큼 더 나는 겸손해질 것입니다."

하나님의 영광과 자비를 보게 되면 우리는 하나님께서 우리에게 한결같은 눈길을 보이시는 것에 대해 기이한 심정이 들고, 더불어 그런 은혜를 받을 만한 자격이 없음을 인하여 부끄러운 생각이 일어날 수밖에 없습니다. 그러니 하나님의 자녀들이여, 앉아서 하나님의 자비를 돌아보고 겸손하도록 하십시오. 과거를 즐거이 회고함으로써 마음이 우쭐해질까 두려워서 그렇게 하기를 거절하지 마십시오. 믿음을 한껏 확신하게 되면 사람들이 뻔뻔해진다는, 스스로 의롭다하는 사람들의 큰 거짓말에 찬성하지 마십시오. 믿음은 그런 일을 하지 않습니다. 믿음은 사람을 겸손하게 만들고, 자신의 무가치함을 느끼게 하며, 그래서 사람이 하나님 앞에서 더욱 조심스럽게 기도하며 행하게 됩니다. 바로 이 점에서 믿음은 사람을 강하게 만듭니다. 믿음은 우리의 기쁨을 강화하면서도 교만은 죽이고, 모든 것의 모든 것이 되시는 크신 하나님 앞에서 우리를 점점 줄여서 아무것도 아니게 만듭니다.

2. 둘째로, 기이하게 생각하며 감사하는 다윗의 태도를 살펴봅시다.

다윗은 먼저 하나님께서 자기를 위해서 행하신 일을 생각하고 기이하게 여겼습니다. "내 집은 무엇이기에 나를 여기까지 이르게 하셨나이까? 곧 주께서 나로 백향목 궁에 거하게 하시고 주를 위하여 집을 세울 것을 이야기할 수 있게 하시며, 나로 주의 택하신 왕이 되게 하시고 내 후손을 보좌에 앉게 하시며 나로 그리스도의 조상이 되게 하셨나이다!" 자, 형제자매 여러분, 여러분에게는 내가 여기서 설교하는 것이 필요 없습니다. 나는 그냥 앉아서 여러분이 하나님께서 여러분을 여기까지 이르게 하시는 가운데 행하신 것을 묵상하도록 내버려두고 싶습니다. 즉, 여러분을 파멸의 구덩이에서 건져내시고, 부패의 진흙창에서 건져 올리시며, 하나님의 진노에 대한 두려움이라는 끔찍한 감옥에서 끌어내시고, 어둠과 속박의 애굽에서 빛과 자유로 이끌어내신 일을 묵상하게 내버려두고 싶습니다.

여러분을 어둠에서 빛으로, 죽음에서 생명으로 이끌어낸 것은 참으로 대단한 일이었습니다. 이 점을 인하여서 하나님을 찬미하십시오. 하나님께서 효과적으로 여러분을 끌어당기시고, 여러분이 울며 노래하면서 하나님께 달려갔을 때 여러분을 부르신 것을 인해서 하나님을 찬송하십시오. 하나님께서 그리스도의 피로 씻어서 여러분이 깨끗해졌고, 또 깨끗해진 것을 여러분이 알았을 때, 사죄받음을 인하여 하나님을 찬양하십시오. 하나님께서 구주께서 만드신 옷을 여러분에게 입혀 주셨을 때, 여러분이 의롭다 함을 받음을 인하여 하나님을 찬양하십시오. 여러분이 세 세계로 태어났을 때, 여러분의 거듭남을 인하여 하나님을 찬양하십시오. 새로운 교제에 들어가게 되고, 거룩한 기쁨으로 충만해지며, 신성한 진리들로 교육받고 거룩한 의무들에 헌신하게 될 때, 여러분이 거룩한 용도를 위하여 구별됨을 인해서 하나님을 찬양하십시오. 여러분이 빛 가운데서 성도들의 기업에 참여하게 할 수 있게 만들어 준 성화를 인해서 하나님을 찬양하십시오. 여러분이 지금까지 죄로부터 보호받은 것을 인해서, 그리고 여러분이 아주 기쁘게 시작하였던 영원을 위한 교육을 인해서 하나님을 찬양하십시오. 하나님께서 광야에서 세상적으로나 영적으로나 식탁을 풍성하게 차리신 것을 인해서, 하나님께서 낮에 날아다니는 화살을 막고 밤에 행하는 역병을 막으신 그 보호를 인해서 하나님을 찬미하십시오. 하나님이여, 주께서 나를 여기까지 이르게 하셨으므로 내가 주를 찬미합니다. 때때로 하나님께서 나를 위해 행하신 일을 살펴볼 때, 밤에 사망의 음침한 골짜기를 지나간 천로역정의 크리스천과 같은 생각이 듭니다. 존 번연이 그 장면을 어떻게 그리고 있는지 생각해 보십시오. 이쪽에는 구덩이가 있고 저쪽에는 깊은 늪지가 있는 좁은 길이 나 있고, 사방에는 그의 목숨을 빼앗으려는 마귀들과 용들, 음부의 영들이 에워싸고 있습니다. 그의 칼은 소용이 없으므로 칼집에 넣어두었습니다. 그가 손에 쥔 무기는 오직 기도라는 무기밖에 없었습니다. 위급한 상황에 대처할 수 있는 무기는 기도뿐이라는 것을 그는 알았습니다. 그가 골짜기를 지나고 해가 그의 위에 떠올랐을 때, 그는 자기 눈을 믿을 수 없었습니다. 그가 골짜기를 지나온 것입니다. 정말로 이 시간에 수많은 시험이 따르는 인생을 돌아보고, 그런 시험에 넘어질 수 있는 우리 각 사람의 경향을 기억할 때, 우리는 천로역정의 크리스천처럼 이렇게 노래할 수 있습니다.

> "오 경이로운 세상이여(나는 이렇게밖에 말할 수 없도다),
> 나에게 닥친 온갖 고난에서
> 무사히 빠져나오게 되었나니!
> 나를 구원하신 그 손에 축복을 내려주소서!
> 내가 이 골짜기를 지날 때,
> 어둠 속의 위험과 마귀들, 지옥과 죄가 나를 둘러싸고
> 함정과 구덩이와 덫과 올가미가
> 내 길을 막고 있어 보잘것없고 어리석은 나
> 유혹에 빠지고 그물에 걸려들고 넘어졌을 텐데
> 나 살아 있으니, 예수님께 영광을 돌리세."

다윗이 기이하게 여긴 것은 거기에서 끝나지 않았습니다. 그는 계속해서 더 큰 기이한 일들을 또 이야기하였는데, 그것은 여호와께서 그에게 약속하신 복들이었습니다. 다윗은 하나님께서 이미 행하신 일에 대해서 뿐 아니라 계획하신 일을 인해서 하나님을 찬미하였습니다. 다윗은 이같이 말하였고 그 말에 주의합니다. "주 여호와여 주께서 이것을 오히려 적게 여기시고 또 종의 집에 있을 먼 장래의 일까지도 말씀하셨나이다." 참으로 놀라운 표현이 아닐 수 없습니다! "주께서 이것을 오히려 적게 여기시고." 이 말은 때로 하나님께서 우리에게 가져오

시는 모든 자비는 이전에 베풀어졌던 자비들을 가리기 위한 것이라는 말처럼 들립니다. 예를 들면, 하나님께서 죄인에게 사죄하심을 허락하십니다. 그러면 영혼은 죄가 깨끗이 씻기므로 완전히 만족하고, 더 이상 바라는 것이 없습니다. 그러나 곧 의롭다 하심과 같은 것이 있는 것을 배우게 됩니다. 그래서 사람이 하나님 앞에 의롭고 그리스도 안에서 완전하며 하나님의 용납하심을 받게 될 때, 영혼은 마치 사죄하심이 의롭다 하심에 비할 때 작은 일에 불과한 것처럼 새로운 기쁨을 경험하게 됩니다. 자, 그런데 우리 눈이 의롭다 하심의 아름다움에 완전히 취하기도 전에, 하나님의 이런 말씀을 또한 듣습니다. "내가 새 영을 너희 속에 두고 새 마음을 너희에게 주되 내가 나의 법을 너희 마음에 기록하리니 너희가 나를 떠나지 아니하리라"(겔 36:26,27; 렘 31:33). 그래서 우리 마음은 거룩하게 하심의 광채에 마음을 빼앗깁니다. 그러나 왕의 보화의 또 다른 부분이 밝혀지고, "너희는 내게 자녀가 되리라 전능하신 주의 말씀이니라"(고후 6:18)는 선언을 듣습니다. 이제 우리가 입양된 하나님의 자녀라는 것을 알기 전에는 우리가 이 복을 충분히 안 것이 아닙니다. 우리가 이 큰 특권을 충분히 알기 전에 많은 물소리와 같이 크게 울려 퍼지는 노래를 듣기 시작합니다. "그가 하나님을 위하여 우리를 왕과 제사장으로 삼으시므로 우리가 세세토록 왕 노릇 하리로다"(계 1:6; 22:5). 우리는 여기서 왕의 특전, 곧 하나님께서 우리에게 주신 제사장의 직위를 봅니다. 그렇습니다. 이런 자비들조차 충분히 알기도 전에 우리는 하늘의 기쁨들을 맛보도록 부름을 받는 것처럼 보입니다. 이 기쁨들에 비하면 다른 모든 것은 한층 작은 것처럼 보일 것입니다.

형제 여러분, 여러분의 하나님께서 여러분에게 먼 장래에 대해 말씀하셨다는 것을 오늘 기억하시기를 바랍니다. 하나님께서 "내가 결코 너희를 버리지 아니하고 너희를 떠나지 아니하리라"(히 13:5)고 말씀하셨습니다. 이것이 앞으로 올 먼 장래에 대해 하시는 말씀이 아닙니까? 하나님께서는 여러분에게 이렇게 말하라고 명하셨습니다. "내 평생에 선하심과 인자하심이 반드시 나를 따르리니 내가 여호와의 집에 영원히 살리로다." 하나님께서는 앞으로 여러분에게 필요할 모든 것을 주겠다고 약속하셨습니다. "내가 정직하게 행하는 자에게 좋은 것을 아끼지 아니하실 것이라"(시 84:11). 이 본문을 항상 기억하도록 주의하는 것이 좋습니다. "이는 내가 살아 있고 너희도 살아 있을"(요 14:19) 것이기 때문입니다. 그리고 "아버지여 내게 주신 자도 나 있는 곳에 나와 함께 있어 아버지께서 창세전부터 나를 사랑하시므로 내게 주신 나의 영광을 그들로 보게 하시기를 원하옵나이다"(요 17:24)라는 주님의 간구도 기억하는 것이 좋습니다. 이 말씀과 이밖에도 많은 은혜로운 말씀들이 모두 먼 장래에 대한 것입니다. 형제 여러분, 여러분이 얻은 것은 일시적인 복들이 아닙니다. 내일이면 사라질 혜택이 아니고, 나이가 들고 가을나무 잎들이 너풀거리며 땅에 떨어지면 썩는 선물을 받은 것이 아닙니다. 여러분이 얻은 자비는 여러분이 노쇠해져서 몸이 떨릴 때는 여러분을 떠나는 그런 자비가 아닙니다. 그보다는 오히려 여러분이 늙고 백발이 될지라도 하나님은 여러분을 버리시지 않을 것입니다. 여러분은 노년에도 여전히 열매를 맺어 하나님께서 정직하심을 나타낼 것입니다. "네가 물 가운데로 지날 때에 내가 너와 함께 할 것이라 강을 건널 때에 물이 너를 침몰하지 못할 것이라"(사 43:2). 그러므로 여러분은 담대하게 이렇게 말할 수 있습니다. "내가 사망의 음침한 골짜기로 다닐지라도 해를 두려워하지 않을 것은 주께서 나와 함께 하심이라." 여러분은 죽을지라도 다시 일어날 것입니다. 여러분은 육체로 하나님을 뵐 것이고, 하나님 앞에서 기뻐할 것입니다. 그렇습니다. 여러분이 주님의 형상으로 깰 때에 영원히 만족하게 될 것입니다. 여러분은 영원한 즐거움에 들어가서 주와 함께 영원히 거할 것입니다. 하나님께서는 장차 올 먼 장래에 대해서 말씀하셨습니다. 앉아서 놀라고, 영원히 놀라며 경배하십시오.

"이 언약은 영원한 산처럼
굳게 설 것이라.
장래까지 미치는 이 언약의 능력으로 말미암아
모든 복이 확실히 임할 것이라.
파멸이 온 자연을 뒤흔들 때에도
이 언약은 조금도 변치 않을 것이라."

다윗이 기이하게 여긴 또 한 가지 주제가 있었는데, 그것은 이 모든 것을 주시는 방법이었습니다. 선물 자체 만큼이나 선물을 주는 방법에 놀라운 점이 있는 경우가 많습니다. 어떤 사람들이 무뚝뚝하게 호의를 받아들이는 것보다 친절한 말로 호의를 거절하면서도 상대에게 더 큰 기쁨을 줄 수 있었던 사람들을 나는 보았습니다. 놀라운 자비임에도 불구하고 자비 자체보다 그 자비를 주는 방식이 더 놀라운 그런 자비를 여기서 봅니다. 다윗이 "주 여호와여 이것이 사람의 법이니이까?"(개역개정은 "이것이 사람의 법이니이다." - 역주) 하고 말하고 있기 때문입니다. 히브리 원어에서 그 단어는 "법"입니다. 이 경우에서 이 단어는 "방법"이라는 말로밖에 번역되지 않습니다. 우리가 좋아한다면 그 단어에 계속해서 "법"이라는 단어를 붙일 수 있을 것입니다. 흠정역 성경에 따를 때 우리는 이 구절을 제일 먼저 내놓을 것입니다. "이것이 사람의 법이니이까?" 사람이 이같이 행합니까? 사람이 지극히 비천한 자를 지극히 높은 자리에 올립니까? 사람이 허물을 용서하고 계속해서 용서합니까? 사람이 성나게 하는 일을 참고 오히려 사랑으로 대합니까? 사람이 그처럼 믿을 만한 존재입니까? 사람이 그처럼 관대합니까?

사람은 하나님과 같이 될 수 없습니다. 그러므로 주 하나님이여, 사람이 주님의 무한한 은혜에 부응할 수 없습니다. 이것은 사람의 방법을 따르는 것이 아니고 사람의 법을 따르는 것도 아닙니다. 아담의 법은 "네가 그 열매를 먹는 날에는 반드시 죽으리라"는 것이기 때문입니다. 죄에는 반드시 형벌이 바짝 뒤따릅니다. 값없는 은혜는 첫 사람의 법이 아니고, 또 다른 사람, 곧 둘째 아담의 법입니다. 그래서 어떤 사람들은 이 구절을 이렇게 번역합니다. "이것이 사람의 법입니다." 즉 참된 아담, 곧 사람이신 그리스도 예수의 법이라는 말입니다. 나는 그 번역을 옳다고 주장하지 않을 것입니다. 그러나 그 번역은 이제 우리 자신의 말로 이야기할 진리를 담고 있습니다. 그것은 사람의 법이 아닙니다. 그것은 은혜의 법이고, 무한한 자비의 법이며, 전혀 틀림이 없는 신실함의 법이고, 변치 않는 사랑의 법입니다. 사랑하는 여러분, 그 법이 여러분에게 계시되지 않았다면, 주님께서 실제로 여러분 앞에 일으키신 그처럼 충만한 은혜를 꿈에도 생각하지 못했을 것입니다. 이 은혜는 연애 이야기보다 놀라운 것입니다. 이 은혜가 여러분의 마음을 몹시 기쁘게 만드는 것은 당연한 일입니다. 그것은 지극히 놀라운 은혜이기 때문입니다.

조나단 에드워즈가 위대한 칼빈주의 이론을 변호할 때는 다소 이런 취지의 말을 사용하였습니다. "여러분은 은혜의 교리가 환상이라고 내게 말합니다. 그런데 정말로 그렇다면, 여러분은 나와 함께 그 점을 언제까지나 슬퍼하지 않을 수 없을 것입니다." 감히 말하건대, 은혜 언약이 없다면, 구속으로 말미암은 구원의 길이 없다면, 온 세상은 베옷을 입고 애통해해야 할 것입니다. 은혜의 교리는 지극히 매력적인 생각이며, 인류에게 지극히 뛰어난 복들을 가져다주기 때문입니다. 이것이 꿈을 꾸고 있는 것이라면, 하나님이여, 내가 영원히 꿈을 꾸고 있게 해주시기를 구합니다. 무한한 복 가운데 솟아올라 택하신 족속에까지 미치고, 다함이 없는 복락의 강수를 영원히 흘려보내는 영원한 사랑은 사람이 생각할 수 있는 모든 것을 뛰어넘는 것입니다. 시적 재능이 무수한 상상력을 동원하여 아무리 높이 날아도 그 생각에는 미치지 못하였습니다. 나는 내 하나님의 사랑의 언약에 더할 수 없이 만족합니다. 나는 달리 구할 것이 아무것도 없습니다. 이 언약을 생각하면 내 영과 마음이 흡족하기 이를 데 없어서 주님, 내 아버지 앞에 앉아서 이렇게 말할 것입니다. "주 하나님이여, 이것이 사람의 법입니까?" 하나님은 무한한 사랑으로 무한한 은혜를 베푸시는 분이십니다! 복음은 진리임에 틀림없습니다. 복음은 스스로 진리임을 증거합니다. 복음을 고안해 내었을 수 있는 사람이 없기 때문입니다. 하나님께서 자기 백성에게 보이시는 그처럼 장엄한 자비를 누가 상상이라도 할 수 있겠습니까?

3. 이제 분위기는 바꾸되 계속 같은 선율 안에서 사랑에 대한 다윗의 정서에 대해 이야기하도록 하겠습니다.

나는 여러분에게 말을 해야 한다는 사실이 거의 유감스럽게 생각됩니다. 나는 가만히 앉아서도, 여러분이 내가 느끼는 것을 느낄 수 있도록 할 수 있으면 좋겠습니다. 말을 하지 않고도 생각을 전달할 수 있는 감동적인 활동이 있을 수 있다면, 그것이 지금 이 순간 내 기분에 정확히 맞을 것입니다. 다윗은 자신의 사랑을 부족하게밖에 표현하지 못하였습니다. 이것은 참으로 귀한 말입니다. "다윗이 다시 주께 무슨 말씀을 하오리이까?" 그것은 이루 말할 수 없는 선물을 받음으로써 말을 못하는 사랑입니다. 다윗은 바울 사도가 "그런즉 이 일에 대하여 우리가 무슨 말 하리요?"(롬 8:31) 하고 말하였을 때와 정확히 똑같은 경우에 처하였던 것입니다. 사랑의 심정이 가득했기 때문에 그 질문에 대해 대답하지 않았습니다. 사랑하는 마음은 그 질문을 물은 후에 말없이 경배하며 조용히 앉아 있었습니다. 그런데 믿음이 밀어제치고 나가 이렇게 소리쳤습니다. "만일 하나님이 우리를 위하시면 누가 우리를 대적하리요?" 그러나 사랑은 많은 자비를 인해서 말을 잇지 못하고 조용히 있었습니다. 그래서 다윗은 "다윗이 다시 주께 무슨 말씀을 하오리이까?" 하고 말합니다. 확실히 어떤 웅변도, 하나님의 사랑에 부끄러워진 인간의 사랑의 침묵에 필적할 수 없습니다.

이 사랑의 어린아이 같음을 주목하십시오. "다윗이 다시 주께 무슨 말씀을 하오리이까?" 여러분의 어린 딸이 아프다면, 그 딸은 "엄마, 나를 간호해 줘"라고 말하지 않고 "엄마, 불쌍한 메리 좀 봐줘" 라고 말할 것입니다. 그리고 많이 아플 경우에는 "메리 머리가 아파요"라고 말할 것입니다. 여러분의 어린 아들 존은 여러분이 자기와 놀아주기를 원할 때는 "아빠, 존을 아빠 무릎에 앉혀줘요"라고 말하거나 "아빠, 존하고 산책 가요"라고 말할 것입니다. 이것이 아이들이 말하는 방식입니다. 이것은 다윗이 하나님께 어린아이처럼 말하는 것입니다. "다윗이 다시 주께 무슨 말씀을 하오리이까?" 그는 이렇게 말할 수도 있었습니다. "내가 더 이상 무슨 말을 하겠나이까?" 그러나 사랑하는 마음 때문에 단순하고 상냥하게 말하는 법을 배운 것입니다. 그리고 다윗은 이런 어투를 사용하기를 좋아했습니다.

그것은 하나님과의 교제를 갈망하고 또 그것을 즐기는 사랑이라는 것에 주목하기 바랍니다. 다윗은 말합니다. "다윗이 다시 주께 무슨 말씀을 하오리이까?" 다윗은 다른 사람들에게는 말할 줄 알지만 하나님께 말하는 법은 잘 모릅니다. 그래서 그는 이 말을 덧붙입니다. "주 여호와는 주의 종을 아시나이다." 이것은 다음과 같은 베드로와 말과 유사한 구절입니다. "주님 모든 것을 아시오매 내가 주님을 사랑하는 줄을 주님께서 아시나이다"(요 21:17). 이것은 마치 베드로가 자신의 마음을 말할 수 없을지라도 주님은 그 마음을 읽으실 수 있고, 그래서 그가 주님께서 자기 마음을 판단해 주시기를 간구하는 것과 같은 말이었습니다. 마음속에 있는 이런 생각들 때문에 다윗이 말을 하지 못하고 더듬거리는 것입니다. 말은 생각의 뒤를 따릅니다. 마음이 먼저 옵니다. 마음이 말을 놓아두고 날아갈 수 있기를 바랄 때가 종종 있습니다. 언어는 힘이 없는 날개에 불과합니다. 그래서 우리는 번개를 타고 날아가고 싶어 합니다.

> "타오르는 천상의 언어로 노래할 수 있는
> 아름다운 소네트를 가르쳐 주세요."

이것이 우리가 종종 부르짖어온 바입니다. 우리가 천국에 갈 때까지는 속마음을 완전하게 표현할 수 없다고 생각하는 것이 아주 옳을 것입니다. 존 버리지

(John Berridge: 18세기 영국 국교회 복음주의 설교자)가 뛰어난 찬송에서 그 사실을 어떻게 표현하고 있습니까? 갑작스럽게 그 찬송을 기억할 수 있을지 모르겠습니다. 한번 말해보겠습니다.

"주님의 모든 사랑과 사랑스러우심을
내 입술로 찬송하고 싶지만
나는 말이 부족하고 더듬거려
주님의 가치를 절반도 표현하지 못하네.

힘들게 시도하고 또 시도하지만
여전히 내 노력은 다 헛되네.
살아있는 혀는 기껏해야 벙어리에 불과하니
우리는 죽어야 그리스도를 말할 수 있겠네."

죽음은 틀림없이 더듬거리는 우리의 혀를 풀어 줄 것입니다. 그렇지 않으면 우리가 하나님의 사랑을 알고서 경건한 기쁨을 맛볼 때 느끼는 모든 것을 말할 수 없을 것입니다. 우리에게서 이 방해물을 제거해 보십시오. 그러면 우리는 뜨거운 찬송을 드리는 일에 천사들과 경쟁할 것이고, 천상의 하프들도 우리에게서 하나님을 찬미하는 법을 배울 것입니다. 그때까지 우리는 다윗처럼 이렇게 부르짖는 것으로 만족해야만 합니다. 우리가 다시 주께 무슨 말씀을 하겠습니까? 주 여호와는 주의 종을 아시나이다.

그런데 여러분은 그것이 또한 순종하는 사랑이라는 것을 아십니까? 그것은 단지 감정에 불과한 것이 아닙니다. 거기에는 실제적인 면이 있습니다. 이는 다윗이 "주 여호와는 주의 종을 아시나이다" 하고 말하며 자신이 이후부터는 반드시 하나님을 섬기겠다고 서약하기 때문입니다. 그는 주인의 종의 옷을 기쁘게 입고, 만왕의 왕의 궁전에서 종복처럼 앉아 자기에게 하실 말씀을 듣기 위해 기다립니다. 하녀들의 눈이 여주인을 바라보듯이, 그의 눈이 그의 하나님을 바라봅니다. 그래서 다윗은 이후부터 이같이 노래하곤 하였습니다. "여호와여 나는 진실로 주의 종이요 주의 여종의 아들 곧 주의 종이라 주께서 나의 결박을 푸셨나이다"(시 116:16). 다윗은 "하나님을 섬기는 것이 왕 노릇 하는 것이라"는 기독교 격언의 정신을 깨달은 것입니다. 그는 자기 왕의 발 앞에서 경의를 표하고 자기에게 인자와 애정 어린 자비를 베풀어 주신 하나님께 합당한 봉사로 자신과 자기에게 있는 모든 것을 드리기를 좋아하였습니다. 주님의 품에서 배운 사람만큼 언제든지 그리스도의 멍에를 멜 수 있는 사람은 없습니다. 우리가 하나님의 마음에 가까이 가면 갈수록 그만큼 더 하나님의 명령에 잘 순종하게 됩니다. 값없는 은혜야말로 우리가 더욱 힘 있게 순종하도록 자랄 수 있게 하는 최상의 분위기입니다. 우리가 영원한 사랑 덕분에 어떤 은혜를 입고 있는지를 자주 생각하면 할수록 그만큼 더 우리는 주님께 기꺼이 헌신을 맹세할 수 있게 될 것입니다.

다윗은 "주 여호와여"라는 말을 참으로 깊이 생각합니다. 그는 자기에게 은혜를 베푸시는 분이시요 주인이신 하나님의 이름 자체에서 더할 수 없이 큰 기쁨을 발견합니다. 성경 전체를 통해서 우리는 각각의 경우에 하나님을 부르는 호칭들에 주의할 필요가 있습니다. 다윗의 부요한 영혼과 다르게 우리는 생각이 아주 빈곤하여서 일반적으로 하나님에 대해 한 가지 이름밖에 사용할 줄을 모릅니다. 시편 전체를 통해서 여러분은 다윗이 아도나이, 엘, 엘로힘, 여호와, 그리고 하나님을 사랑하는 마음들이 영광스러운 만군의 여호와께 붙이곤 하였던 하나님의 이름들의 온갖 다양한 조합들에 적당하게 변화를 주는 것을 볼 것입니다. 그런데 다윗은 여기서 "주 여호와여"라고 부릅니다. 그는 하나님을 기뻐합니다. 그래서 하나님의 이름에서 음악을 발견합니다. 그는 하나님을 찬미하는 일에나 하나님의 호칭을 부르는 일에 풍부한데, 이는 그의 영혼이 품고 있는 애정이 풍부하기 때문입니다. 그의 사랑은 경건한 사랑이었고, 경배하는 사랑이며, 묵상하는 사랑이고, 지적인 사랑이고, 전심을 다하는 사랑이었습니다. 그 사랑하는 마음은 하나님의 무한한 자비를 묘사하지 못할 때 경배하는 태도로 나타납니다. 나는 이곳에 참석하신 신자는 모두가 오늘 아침 이 사랑으로 마음이 즐거워지기를 바랍니다. 나는 여러분이 집에 가서 오늘 오후에 한 시간 동안 항상 찬송받으실 하나님을 묵상했으면 좋겠습니다. 하나님이 여러분을 위해 그토록 많은 일을 행하셨으므로 여러분이 "다윗이 다시 주께 무슨 말씀을 하오리이까?" 하고 말하는 것이 당연한 일입니다.

내 시간이 쏜살같이 달려가고 있습니다. 하지만 또 다른 관점에 대해서 이야기할 시간은 가져야 하겠습니다. 다윗의 언어는 매우 풍부하여서 내가 정말로 그 말들을 하나씩 다루어 보면 마치 나도 이 시편 기자처럼 "골수와 기름진 것을 먹음과 같이 나의 영혼이 만족할 것이라"(시 63:5)고 말할 수 있을 것 같습니다. 우리는 여기서 골수와 기름진 것을 먹지 않습니까?

4. 다윗의 마음은 찬송으로 가득 찼습니다.

그 찬송은 첫째로 그 은혜의 값없음에 대한 것이었습니다. 이 은혜로 말미암아 그가 그처럼 복된 자리에 이른 것입니다. "주의 말씀으로 말미암아 주의 뜻대로 이 모든 큰 일을 행하셨나이다." 신자가, 왜 하나님께서 그리스도 예수 안에서 자기에게 은혜를 베푸셨는지 물을 때마다 그는 오직 이 한 가지 답변만 들을 수 있을 것입니다. 즉, 하나님께서 그 자신의 뜻대로 우리의 구원을 계획하셨고 정하셨다는 것입니다. 형제 여러분, 왜 주님께서 여러분을 사랑하셨습니까? 하나님께서 여러분을 사랑하고자 하셨기 때문이라는 것만이 내놓을 수 있는 유일한 답변입니다. 신명기 7장 7,8절에서 우리는 이 독립적인 사랑이 표현되는 것을 봅니다. 하나님께서 그 백성들을 사랑하신 것은 그들이 수가 많아서가 아니었습니다. 다만 하나님께서 그들을 사랑하셨기 때문입니다. 하나님의 사랑이 그 자체의 이유였습니다. 하나님은 "주의 뜻대로" 우리를 사랑하고자 하셨기 때문에 사랑하셨습니다. 모든 것이 하나님에게서 나오고, 우리 속에 있는 어떤 것도 그 모든 것을 생산하거나 불러일으킬 수 없다는 이것이 언제나 우리를 놀라게 하고 하나님을 사랑하게 만드는 사실들 중의 하나입니다. "나는 은혜 베풀 자에게 은혜를 베풀고 긍휼히 여길 자에게 긍휼을 베푸느니라"(출 33:19)는 말씀이 반역자의 머리에는 천둥소리처럼 울리지만 하나님의 자녀에게는 음악으로 가득한 소리입니다. 그래서 하나님의 자녀에게 하나님의 목소리는 위엄으로 가득 찬 소리입니다. 타락한 천사들을 지나치신 분이 그럼에도 불구하고 무가치한 사람들을 구원하기 위해 몸을 굽히셨고, 그렇게 하는 것을 하나님께서 선하게 보셨다는 것은 기사들 가운데 기사입니다.

다윗은 또한 하나님의 신실하심을 찬송하였습니다. 그는 "주의 말씀으로 말미암아"라고 말합니다. 그것이 하나님의 자녀가 모든 자비를 받는 근거가 아닙니까? 하나님께서는 그것을 약속하셨으니 자기의 말씀을 지키실 것입니다. 하나님께서는 지금까지 자신의 언약을 어기신 적이 없습니다.

"하나님께서 자신의 약속을 깨트리거나 잊는 것은
스스로 하나님이심을 포기하는 것과 같은 것입니다."

여호와께서는 진실하신 분임에 틀림없습니다. 하나님께서 우리 가운데 많은 사람들에게 얼마나 신실하신 하나님이셨습니까! 하나님의 약속이 지켜지지 않았다면 재난이 회복될 수 없는 상태에 이르렀을 때를 우리는 얼마든지 열거할 수 있습니다. 여호와 하나님께서 약속하신 모든 것 가운데 좋은 것은 하나도 이루지 못한 것이 없었습니다. 연세가 70세에 이른 여러분, 여러분들은 그렇게 말할 수 있을 것입니다. 우리가 하나님의 군대에서 청년에 불과하지만 그럼에도 불구하고 담대히 같은 사실을 고백합니다. 하나님은 모든 곤경에서 도우셨습니다. 하나님은 지금까지 우리를 구원하기 위해 오시거나 우리의 필요를 공급하시는 일에 늦으신 적이 없습니다. 하나님의 이름에 영광을 돌립시다. 우리는 앉아서 하나님의 신실하심을 찬미합시다.

여기서 우리는 또한 다윗이 하나님의 자비와 주 예수 그리스도 사이의 관계를 인식하는 것을 볼 수 있습니다. 내가 그 구절을 "주의 말씀으로 말미암아" 즉 영원한 로고스로 말미암아, 하나님이시며 하나님과 함께 계시는 말씀으로 말미암아, 다시 말해 그리스도로 말미암아 이 모든 자비가 우리에게 임했다고 읽는다면 어떻겠습니까? 모든 언약의 복에서 못에 찔린 손의 흔적을 보고, 우리를 위해 나무에 못 박힌 그 손에서 모든 은혜를 받으며, 또한 이 사실을 아는 것은 지극히 즐거운 일입니다.

"주께서 주시는 선물 가운데
주의 마음이 괴로워 신음하는 희생을 치르지 않은 선물은 없네."

이 점을 알 때 우리는 자연스럽게 자비의 값없음을 인해서, 자비의 신실함을 인해서, 그리고 모든 자비를 우리에게 전해주시는 중보자의 은혜를 인하여 하나님을 찬송하게 될 것입니다.

그 다음에 다윗의 마음은 이 언약의 복의 위대함에 쏠렸습니다. "주의 뜻대로 이 모든 큰 일을 행하사." 그 일들은 모두 위대하였습니다. 그 일들 가운데 작은 자비는 없었습니다. 큰 죄인인 우리들이 크신 하나님으로부터 받는 모든 자비는 상상할 수 없이 큽니다. 따라서 우리는 하나님께 지극히 감사를 드려야 마땅합니다. 위대한 구원과 위대한 약속과 위대한 위로들, 하나님 자녀의 위대한 기대들에 대해 깊이 생각하십시오. 여러분의 마음이 감사로 넓어질 때까지 깊이 생각하십시오.

하나님께서 스스로 몸을 낮추어 우리를 친근히 대하심을 인해 다윗은 다시 한 번 하나님을 찬송하였습니다. "주께서 주의 뜻대로 이 모든 큰 일을 행하사 주의 종에게 알게 하셨나이다." 이 일들을 선지자를 통해 다윗에게 계시하셨는데, 이것은 마치 예수께서 제자들과 친하게 지내시며 이같이 말씀하신 것과 같습니다. "이제 일이 일어나기 전에 너희에게 말한 것은 일이 일어날 때에 너희로 믿게 하려 함이라"(요 14:29). 그리고 또 예수께서는 이렇게 말씀하셨습니다. "그렇지 않으면 너희에게 일렀으리라"(14:2). 하나님의 자비들은 우리에게 하나님의 뜻을 가르쳐 주는 지시들입니다. 우리는 하나님께서 우리에게 자비를 베푸시고 그 자비를 알게 하시기까지는 자비를 알지 못합니다. 하나님의 자비들은 그 스스로가 하나님의 뜻을 해석해 줍니다. 암호로 쓰인 편지들처럼 하나님의 자비들은 그 자체에 실마리를 간직하고 있습니다. 예언이 성취될 때까지는 예언을 이해하지 못하듯이, 하나님의 자비도 받기 전에는 이해하지 못합니다. 경험이 선생 노릇을 합니다. 경험은 그리스도의 대학교에서 최고의 교수입니다. 여러분이 예수님을 시험하고 대해 보면, 예수님이 즐거운 분임을 알게 됩니다. 여러분이 약할 때 예수님의 능력을 시험해서 알아보면, 그 능력이 지극히 크다는 것을 알게 됩니다. 여러분이 깊은 고통과 큰 곤경 속에서 하나님의 신실하심을 알 때, 그의 신실하심을 깨닫게 됩니다. 큰 죄의식 가운데서 하나님의 자비를 맛볼 때, 여러분은 그 자비를 받고서 기쁨으로 울게 됩니다. 하나님만이 자기 종들에게 하나님의 선물들을 알 수 있게 하십니다. 하나님을 찬미합시다. 하나님만이 우리가 유익을 얻도록 가르치시고, 그의 사랑하시는 자녀들을 그 발 앞에 앉게 하실 수 있습니다. 하나님께서 "네 모든 자녀는 여호와의 교훈을 받을 것이라"(사 54:13)고 말씀하셨기 때문입니다. 이와 같은 학교는 없습니다. 나는 이 학교에서 영원히 학생으로 있을 수 있습니다. 이 학교에서 가장 낮은 사람으로 앉아 영원히 배우는 것에 만족할 것입니다. 자, 그 신성한 교훈을 마음에 새기십시오. 하나님의 이름을 사랑하는 여러분, 하나님을 찬송하고 찬미하십시오!

말할 내용이 부족해서가 아니라 시간이 부족해서 결론을 말하지 않을 수 없습니다.

5. 다윗의 마음은 결국 하나님께 대한 고상한 생각에 이르렀습니다.

본문이 이런 말씀으로 끝을 맺고 있는 것을 보면 그것을 알 수 있습니다. "그런즉 주 여호와여 주는 위대하시니 이는 우리 귀로 들은 대로는 주와 같은 이가 없고 주 외에는 신이 없음이니이다." 하나님은 위대하십니다. 하나님은 가장 선하신 분이시기 때문에 가장 위대하십니다. 옛날 로마 사람들은 가장 선한 것이 가장 위대한 것이라고 말하곤 하였습니다. 주 하나님은 선하시고, 따라서 위대하십니다. 우리가 하나님의 선하심을 느끼면 "그런즉 주 여호와여 주는 위대하시니이다" 하고 말하지 않을 수 없습니다. 절대적으로 위대하신 분이십니다. 그 다음에 상대적으로 위대하신 분입니다. "주와 같은 이가 없음이니이다." 무엇보다 가장 위대하신 분이십니다. 최고로 위대하신 분이십니다. "주 외에는 신이 없음이니이다."

나는 어떤 사람이 비평하는 한 설교자에 대해 들었습니다. 비평하는 사람의 말에 따르면, 그 설교자는 설교할 때마다 하나님을 위대하신 분으로 만든다는 것이었습니다. 우리는 언제든 그와 다른 방식으로 설교해서는 안 될 것입니다.

사랑하는 여러분, 여러분이 하나님께서 참으로 위대하신 분이라는 것을 언제나 느끼기를 바랍니다. 나는 여러분이 이 사실을 마음에 담고 가시기를 바랍니다. 하나님은 너무도 크신 분이어서 나는 감히 하나님을 노여우시게 할 수 없고, 너무 선하신 분이어서 내가 그분을 슬프시게 할 수 없으며, 참으로 선하신 분이어서 그분을 의심할 수 없습니다. 그 점을 마지막으로 생각해 봅시다. 하나님은 참으로 위대하신 분이어서 내가 하나님을 위해 할 수 있는 어떤 것도 위대할 수가 없습니다. 하나님은 참으로 위대하신 분이므로 너무 커서 내가 하나님께 드릴 수 없는 것이란 없습니다. 하나님은 참으로 위대하신 분이어서 내 자신을 드린다고 해도 그것은 하나님의 공덕에 비할 때 보잘것없는 것에 지나지 않습니다. 하나님은 참으로 위대하신 분이어서, 온 천지가 하나님을 찬송할지라도 그 찬송은 여전히 하나님의 영광에 미치지 못합니다. 하나님은 참으로 위대하고 선하신 분이어서 나는 온전히 하나님의 것이 되고, 전적으로 주님의 뜻에 따르고, 주님의 거역할 수 없는 뜻을 따라 생긴 흐름에서 한 분자가 되고 싶습니다.

나는 하나님께서 원하시는 그런 사람이 되고 싶고, 하나님께서 내게 시키시는 일을 하고 싶으며, 하나님께서 내게 바라시는 것을 드리고 싶고, 하나님께서 내가 견디기를 바라시는 것을 감당하고 싶습니다. 나는 하나님께 열중하고 싶습니다. 하나님과의 복된 연합에서 천국을 발견하고 싶습니다. 이 복된 연합은 어떤 자기주장도 혹은 하나님의 뜻에 반대되는 소원이나 생각을 떠올리는 것조차 영원히 막아줄 것입니다. 하나님은 위대하신 분입니다. 그러므로 나는 다른 사람들도 하나님을 알고 사랑하기를 바랍니다. 모든 곳에서 모든 사람의 마음이 냉랭합니다. 하나님께서 그 마음들을 이 불로 녹여주셨으면 좋겠습니다. 하나님께서 손을 대어 그 마음들이 항상 예배하는 자리로 들어갈 수 있게 해주시기를 바랍니다. 하나님께서 참으로 위대하시므로 나는 하나님의 큰 일들을 말할 것입니다. 나는 주님께서 통치하신다는 사실을 이방인들 가운데서 분명히 말할 것입니다. 하나님을 선포하는 은사를 받을 수 있다면 그 은사를 구할 것입니다. 내게 적은 능력밖에 없을지라도, 내게 은혜를 주셨으니 내게 있는 것을 가지고 능력을 최대한 발휘하여 이미 내 영혼을 압도한 하나님의 크심을 선포하고 싶습니다. 하나님께 존귀를 돌려드립시다. 하나님께서 행하신 모든 일을 인하여 하나님을 만왕의 왕이요 만주의 주로 높입시다. 여러분, 예루살렘의 딸들이여, 가서 여러분의 왕께 영광을 돌리십시오. 여러분의 일생을 통해서 구속주의 머리에 씌워드릴 화관을 준비하십시오. 시편의 말씀을 따라 사십시오. 여러분의 옷이 제사장의 의복이 되게 하십시오. 여러분의 모든 식사가 성례가 되게 하고, 여러분의 전 삶이 지극히 높으신 주께 드리는 영원한 할렐루야가 되게 하십시오. 자, 와서 엎드려 예배합시다. 우리의 창조주 하나님 앞에 무릎을 꿇고 주님의 이름에 합당한 영광을 주님께 돌립시다.

하나님을 찬송합시다. 하나님을 찬송합시다. 주의 종이 다시 주께 무슨 말을 할 수 있겠습니까? 하나님께 다윗의 목소리가 없고, 혹은 다윗의 하프나 다윗의 시적 열정 혹은 다윗의 영감이 없다고 하더라도, 심지어 다윗이 실패한 경우에라도, 그가 다시 주께 무슨 말을 할 수 있겠습니까? 주님, 주님은 모든 것을 아십니다. 주님은 내가 주님을 사랑하는 줄 아십니다. 여기에 있는 주님의 수많은 종들도 그같이 말할 수 있습니다. 여러분은 우리가 말하는 것을 받아들이십시오. 우리가 느끼지만 표현할 수 없는 것을 받아들이십시오. 주께서 주의 성도들에게 영원히 복을 베푸소서. 아멘.

제
6
장
—

참된 기도를 만나는 곳

—

"주의 종이 이 기도로 주께 간구할 마음이 생겼나이다."
— 삼하 7:27

다윗은 먼저 마음속에 하나님의 집을 세울 뜻을 품었습니다. 자신의 백향목 궁에 앉아서 그는 하나님의 언약궤를 더 이상 장막 아래 두지 않기로 결심하였습니다. 그러나 하나님께서는 다윗의 경건한 뜻을 받아들이셨고, 그런 뜻을 마음에 품은 것은 잘하는 일이라고 밝히셨지만 다윗이 하나님의 전을 건축하도록 계획하시지 않았습니다. 이 사실로부터 우리는 어떤 방식으로 하나님을 섬기고자 하는 우리의 뜻이 지극히 선하고 받아들일 수 있는 것일지라도 그 뜻을 이행하도록 허락받지 못할 수 있다는 것을 배울 수 있습니다. 우리에게는 선을 행할 뜻이 있지만 그 뜻을 이룰 능력은 없을 수 있습니다. 열망은 있지만 열망을 이룰 자질은 없을 수 있습니다. 우리는 옆으로 비켜서서 다른 사람이 우리가 하려고 마음먹었던 과업을 행하는 것을 보아야 할 수 있습니다. 그럼에도 불구하고 우리는 주님을 기쁘시게 할 수 있습니다. 주님은 크신 사랑으로 그 일을 행하려 하는 우리의 뜻을 받아주시는 분이십니다. 그런 경우에 다른 사람들이 주님을 영화롭게 하는 것을 보고, 열심 때문에 전선의 앞으로 달려 나갔지만 우리 군대 대장의 명령에 기꺼이 부대의 후미로 물러나는 것은 거룩한 자기 부인입니다. 하나님의 말씀이 정하심에 따라 하지 않는 것도 하는 것만큼 참된 봉사입니다.

다윗이 하나님의 전을 건축하지 못하게 된 이유가 여기에서는 기술되지 않습니다. 우리는 그 이유를 역대상 28:2,3에서 봅니다. "이에 다윗 왕이 일어서서 이르되 나의 형제들, 나의 백성들아 내 말을 들으라 나는 여호와의 언약궤 곧 우리 하나님의 발판을 봉안할 성전을 건축할 마음이 있어서 건축할 재료를 준비하였으나 하나님이 내게 이르시되 너는 전쟁을 많이 한 사람이라 피를 많이 흘렸으니 내 이름을 위하여 성전을 건축하지 못하리라 하셨느니라." 다윗이 치른 전쟁들은 반드시 필요하였고 정당한 것이었습니다. 그 전쟁들을 통해서 하나님의 백성들이 구원을 받았습니다. 그러나 항상 자비로우신 하나님께서는 전쟁을 기뻐하시지 않았고, 그래서 하나님의 전을 짓는데 피로 얼룩진 도구를 사용하고자 하시지 않았습니다. 평화의 대왕께서는 자신의 예배 처소를 짓는데 전사의 손을 쓰려고 하시지 않고, 그보다는 좀 더 조용한 일을 추구하는데 마음을 쓰는 사람을 하나님의 평화의 언약궤를 위한 안식처를 세울 사람으로 선택하셨습니다. 하나님은 흙손 대신에 칼을 사용하고 자 대신에 창을 사용하실 만큼 도구가 부족하신 분이 아닙니다. 더구나 그 칼과 창이 피조물들의 피로 얼룩져 있는 때에야 더욱이 말할 나위가 없습니다. 여러분은 집안일에서 그 일에 맞지 않는 그 도구들을 사용하지 않습니다. 그러므로 다윗이 블레셋 사람들을 치는데 사용된다면, 성전을 세우는 일에는 사용될 수 없습니다.

평화의 사람인 그의 아들 솔로몬이 그 거룩한 일을 행하도록 부름을 받습니다. 그동안 나는 우리 민족을 염려하여 때때로 떨었는데, 지금은 이 민족의 호전적인 성격 때문에 지금까지 우리 민족의 최고의 시기를 누려온 것에 대해 그 자격을 잃지나 않을까 하여 특별히 더 떱니다. 우리 민족이 싸울 기회를 붙잡겠다고 마음먹고서 제멋대로 피 흘리는 전쟁에 뛰어든다면, 우리 하나님께서 그 일이 하나님의 평화의 목적을 이루는데 부적합하다고 판단하시는 일이 발생할 수 있습니다. 가령 그 전쟁이 아주 정당하고 의롭다고 할지라도, 그 전쟁 때문에 우리 민족이 의의 전파자가 되고 십자가의 포고자가 되는 자격을 빼앗기지 않도록 정말로 마지못한 태도로 전쟁을 수행해야 할 것입니다. 우리 자신이 전쟁을 일으킨다면, 우리가 무슨 얼굴로 이교도들 가운데서 평화의 복음을 전할 수 있겠습니까? 주님께서 잉글랜드 사람들에게 "너희가 열방을 돌이키게 하지 못할 것이고 내 이름을 위하여 교회를 세우지도 못할 것이니 이는 너희가 전쟁을 좋아하고 쓸데없이 피를 흘렸기 때문이라"고 말씀하실지라도 전혀 놀랄 일이 아닐 것입니다. 하나님께서 이 나라가 열국들 가운데 진정으로 솔로몬과 같은 나라가 되어 온 세상을 두르고, 그 속에서 모든 언어와 민족이 하나님을 찬송하는 소리를 들을 하나님을 위한 전을 세울 수 있도록 하나님의 무한한 지혜를 따라 모든 일을 정해 주시기를 바랍니다. 힘쓰십시오. 사랑하시는 구주님의 종들이여, 다수의 일시적인 격노가 대량 학살이 없이 진정될 수 있다면, 평화를 장려하도록 노력하기 바랍니다. 개인적인 경우들을 생각해 봅시다. 여러분 가운데 누구든지 사업상이나 가정적으로 시련들을 겪게 될 수가 있습니다. 그 시련들에서 여러분에게 전혀 잘못이 없을 수도 있는데, 그런데도 시련이 끝나갈 무렵에 유용하고 높은 자리에 오를 수 있는 자격을 일시적으로라도 박탈당했다는 것을 알게 될 수가 있습니다. 이제부터 여러분은 한때 여러분의 마음에 간직하였던 높고 고귀한 목적들을 이룰 것이라는 소망을 가질 수가 없습니다. 하나님께서 이후에 여러분에게 이렇게 말씀하실 수도 있습니다. "너의 용도는 다른 곳에 있다. 나는 이 일에 너를 쓰지 않을 것이다. 그러나 나는 너의 뜻을 받아들인다. 네가 그 뜻을 품은 것은 잘한 일이었다." 하나님께서 그렇게 하시기를 기뻐하신다면 여러분은 불평해서는 안 됩니다. 그보다는 다윗처럼 그 일을 위해서 여러분이 할 수 있는 일을 다하도록 하십시오. 그래서 그 일을 수행할 사람이 필요한 재료들을 즉시 쓸 수 있도록 하기 바랍니다. 다윗은 그 비용을 감당할 수 있도록 많은 보화를 모았고, 성전 건축과 관련해서 다른 사람의 이름이 자기 이름보다 더 빛나게 될 것이었지만 그럼에도 불구하고 그 일을 열심히 하였습니다.

사랑하는 친구 여러분, 본문에는 다윗과 비슷한 처지에 놓일 수 있는 사람들을 위한 매우 기분 좋은 위로가 있습니다. 하나님의 사람이 마음속으로 바라던 어떤 형태의 봉사에 대해 자격을 잃게 될지라도, 그에게 기도하는 자격을 박탈할 수 있는 것은 아무것도 없습니다. 그가 마음속으로 기도할 뜻을 품고 있다면, 그리스도의 희생으로 말미암아 담대히 하나님께 가까이 갈 수 있습니다. 그는 우리 주께서 육체의 죽음으로 열어놓으신, 하나님께 나아가는 그 길을 여전히 사용할 수 있습니다. 그리고 은혜의 보좌 앞에서 소송에 승리할 수 있습니다. 다윗이 성전 건축하는 일을 마음에 품고 있었지만 그 일을 이룰 수 없었을지라도 기도할 뜻이 있을 때는 그 기도를 하나님께서 받으실 것이라는 확신으로 기도할 수 있었던 것은 잘하는 일이었습니다. 형제자매 여러분, 여러분이 마음에 품었던 일을 하는 것을 거절당할지라도, 하나님께 화내지 마십시오. 그러기보다는 기도로 마음을 하나님께 향하도록 하십시오. 여러분이 원하는 일을 하나님께

구하십시오. 주께서 여러분 마음의 소원을 들어주실 것입니다.

본문에서는 세 가지 생각이 제시됩니다. 첫째는, 마음속에 기도할 뜻이 있는 것은 좋은 일입니다. "하셨으므로 주의 종이 이 기도로 주께 간구할 마음이 생겼나이다." 둘째로, 어떻게 기도가 거기에 이르게 되었는지 알 수 있다는 것은 즐거운 일입니다. 나는 다윗의 기도의 시작과 진행을 조사해볼 것입니다. 셋째로, 마음속에 기도할 뜻이 있을 때는 기도를 사용하는 것이 매우 유익한 일입니다. 다윗은 마음속으로 품은 뜻을 엄숙하게 기도하였습니다.

1. 첫째로, 마음속에 기도할 뜻이 있는 것은 좋은 일입니다.

마음 외에 참된 기도를 발견할 수 있는 장소는 달리 없습니다. 입술로 드리는 기도, 무릎 꿇고 손을 들고 드리는 기도도 마음이 빠져 있으면 아무 가치가 없습니다. 단순한 형태와 일상적인 일로서 기도는 껍데기에 불과합니다. 알맹이는 마음의 활동입니다. 말은 조개껍질이고, 마음의 소원이야말로 속에 있는 진주입니다. 전례적인 기도이든지 즉흥적인 기도이든지 간에 마음이 없이 하나님께 드려지는 수많은 기도를 하나님께서 조금이라도 즐거이 내려다보실 것이라고 생각하지 마십시오. 그런 기도들은 하나님을 예배하기보다는 오히려 하나님을 지치게 만듭니다. 그런 기도들은 하나님을 경배하는 것이 아니라 하나님을 노여우시게 만드는 것입니다. 진리의 하나님께서는 진실하지 못한 기도를 결코 받아들이실 수 없습니다. 우리의 기도는 마음으로부터 나와야 합니다. 그렇지 않으면 기도가 하나님의 마음에 이르지 못할 것입니다. 그러나 모든 사람의 마음속에 기도가 있는 것은 아닙니다. 슬프게도 우리 가운데 기도하지 않는 사람들이 많습니다. 많은 사람들이 자기가 기도한다고 생각하지만 사실은 이 신성한 활동을 잘 모릅니다.

만일 한 천사가 갑자기 나타나서 여기 있는 모든 사람 가운데서 전혀 기도하지 않은 사람을 표시하겠다고 말한다면, 여러분 가운데 많은 사람들이 자기를 표시하지 않을까 겁먹고 크게 놀라지 않을까 생각합니다. 갑작스럽게 안색이 변하고, 기도하지 않는 사람마다 얼굴이 검게 변한다면, 우리가 아주 깜짝 놀라 바라볼 사람들이 얼마나 많을지 모르겠습니다! 여러분 가운데 아무도 가인이 받은 것과 같은 표시를 받지는 않을 것입니다. 그러나 여러분이 "나도 전혀 기도하지 않는 사람 가운데 하나라"고 고백하지 않을 수 없다면, 여러분 자신의 양심에 일종의 표시를 남기게 될 것입니다. 이성적인 존재라면 참으로 인정하지 않을 수 없는 사실입니다! 자기의 창조주에게 기도하지 않고 20여년을 살았다니요! 하늘이여 놀라고, 땅이여 놀라라! 어쩌면 여러분은 자신이 이 점에서 죄가 있다는 것을 부인할지 모릅니다. 여러분이 언제나 기도를 말하였고, 기도를 빼먹었다면 밤에 잠자리에 들지 않았을 것이기 때문입니다. 그렇다면 여러분이 어렸을 때부터 거룩한 말들을 반복하였을 수 있지만 마음으로 드리는 기도는 한 번도 드리지 않았을 수 있다는 점을 기억하시기 바랍니다. 성령께서 가르치시는 대로 기도하는 것은, 최고의 작가들이라면 사용하였을 수 있는 정선된 말들을 반복하는 것이나 생각 없이 닥치는 대로 떠오르는 말을 내뱉는 것과는 다릅니다. 그동안 우리는 마음으로 기도하였습니까? 기도가 없는 영혼은 그리스도가 없는 영혼이며, 그리스도가 없는 영혼은 망한 영혼이며, 따라서 얼마 있지 않아 영원히 버림을 받을 것입니다. 다음의 시는 어린아이들을 위해 지은 것입니다. 그러나 나는 여기서 그 시를 인용하지 않을 수 없는데, 그것은 그 시가 단순한 언어로 내 뜻을 잘 표현해 주기 때문입니다.

"내가 종종 기도문을 외우지만
내가 항상 기도하는가?
내 마음의 소원이
내가 하는 말과 함께 가는가?

내가 살아계신 하나님께
말뿐인 기도를 드리느니
차라리 무릎 꿇고
돌 우상들에게 절하는 것이 낫겠네.

마음이 없는 말은
하나님께서 결코 듣지 않으시고
진실 되지 않은 입술의 기도도
듣지 않으실 것이기 때문이네."

그 다음에, 기도의 영이 중생한 모든 사람의 마음에 언제나 있는 것이지만 언제나 똑같이 활동하는 것은 아니라는 사실을 살펴보도록 합시다. 모든 그리스도인이 "나는 하나님께 특별히 이것을 기도할 마음이 있다"고 말할 수 있게 되는 것이 하루 이틀 사이에 되는 일이 아닐 것입니다. 현재로서는 그것이 은혜에 대한 우리 기준을 넘어서는 것일 수 있습니다. 그러므로 그 복을 붙잡지 못할 수 있습니다. 어떤 점들에서 우리는 기도의 대가들이 아닙니다. 여러분이 어떤 일에 대해서든지 언제나 믿음의 기도를 드릴 수 있는 것은 아닙니다. 어떤 때에는 기도가 하나님의 분명한 선물인 경우가 종종 있습니다. 어떤 사람들이 여러분에게 기도를 부탁할 수가 있고, 때때로 여러분이 그들을 위해 매우 힘 있게 기도할 수가 있습니다. 그런데 어떤 때는 그런 기도의 능력이 없습니다. 여러분이 어떤 기도를 전혀 자유롭게 드리지 못하고, 반대로 그 문제에 망설이게 되는 것을 느낍니다. 그런 경우에는 기도를 밀고 나가기보다는 이런 내적 지시를 받고 따라가는 것이 좋을 것입니다.

우리가 기도하고 싶은 마음이 들 때가 있습니다. 그때는 확신을 가지고 열심히 기도합니다. 그때는 샘에서 물이 솟구치듯이 속에서 기도가 아주 자유롭게 흘러나옵니다. 그럴 때는 "정말 기도하고 싶어"라는 말을 할 필요가 없습니다. 우리는 그냥 기도를 하고, 기도하지 않을 수 없습니다. 마음이 온통 기도에 사로잡혀 있습니다. 길을 걸어가면서 큰 소리로 기도할 수는 없지만 마음은 심장이 뛰는 것처럼 빠르게 호소합니다. 우리는 집안일을 하면서도 여전히 폐가 끊임없이 호흡을 하듯이 계속해서 기도를 합니다. 잠자리에 들고, 마지막으로 생각하는 것이 기도입니다. 밤에 깰 때에도 우리 영혼은 하나님 앞에서 도고를 드립니다. 그와 같이 우리 영혼은 잠자는 중에도 계속해서 기도합니다. 우리 영혼이 언제나 그처럼 기도를 했으면 좋겠습니다. 그리스도인이 마음속으로 하나님께 아주 특별한 열정으로 기도한다면 그것은 매우 행복한 일입니다. 그때는 그리스도인이 자신에게 전혀 압박을 가하지 않고 기도를 의무로 생각하지도 않습니다. 기도는 반드시 필요한 즐거운 일이 되었고, 내적 생명의 거룩한 열정이 되었으며, 억눌러서는 안 되는 영혼의 거룩한 호흡이 되었습니다. 기도는 언제나 그와 같이 되어야 합니다. 그런데 슬프게도 우리 가운데 대부분이 기도의 문제에서 불안정한 많은 분위기에 휘둘린다는 사실을 한탄하지 않을 수 없습니다. 우리가 항상 성령으로 기도하는 법을 좀 더 온전하게 배웠으면 좋겠습니다.

마음속에 살아있는 기도가 있다는 것은 우리가 아주 간단하게 이야기할 마음에 관해 일곱 가지 사실을 나타냅니다.

첫째로, 마음에 기도가 있다는 것은 마음이 새롭게 되었음을 입증하는 것입니다. 참된 기도는 부패하고 돌같이 죽은 마음에는 거하지 않습니다. 여러분이 마음속에 하나님께 기도드리려는 심정이 있다면, 여러분은 거듭난 것이 확실합니다. "그가 기도하는 중이니라"(행 9:11)는 말은 신생을 보여주는 첫 번째 표지이자 가장 확실한 표지 중의 하나입니다. 맥박이 아주 희미하게라도 뛰면 그것은 물에 빠진 사람에게 아직까지 생명이 있다는 증거입니다. 기도가 약하고 희미하며 단편적일지라도, 기도하는 것이 있다면, 그 영혼은 하나님에 대하여 살아있는 것입니다. 여러분이 생각하기에 여러분의 기도가 너무 형편없고 띄엄띄엄 이어져서 도무지 받아들일 수 없을 만큼 무가치하게 보일지라도, 하나님께로 향하고자 하는 영혼의 그 소원은 영적 생명이 여러분 속에 있음을 보여주는 매우 희망적이고 교훈적인 표지입니다. 형제 여러분, 여러분이 기도할 수 있는 한, 소망을 가지십시오. 예수님의 이름으로 믿음 있게 기도하는 사람은 아무도 지옥에 버려질 수 없기 때문입니다. 예수님을 믿는 믿음 때문에 하나님께 부르짖는 법을 배운 사람은 예수님께서 "저주를 받은 자들아 나를 떠나라"(마 25:41)고 말씀하시는 소리를 결코 듣지 않을 것입니다. 이는 주께서 "누구든지 주의 이름을 부르는 자는 구원을 받으리라"(롬 10:13)고 말씀하셨기 때문입니다. 그러므로 여러분 속에 기도하는 마음이 있다면 기뻐하십시오. 그 사실은 이 문제의 뿌리가 여러분 속에 있음을 증명하기 때문입니다.

둘째로, 속에 기도하는 마음이 있다는 것은 하나님의 뜻을 수용하는 마음이 있음을 나타냅니다. 다윗은 하나님께 대해 뿌루퉁한 태도로 이렇게 말했을 수도 있었습니다. "내가 성전을 지을 수 없다면 아무것도 하지 않겠습니다. 나는 그 일을 하기로 마음먹었고, 그 일을 위해 이미 보화도 모아두었지 않습니까? 그 일은 칭찬할 만한 사업이고, 선지자의 재가도 이미 받은 것입니다. 나는 내 계획이 거절당하는 일에 전혀 익숙하지 않습니다." 신자라고 하는 사람들 가운데는 할 수 있다면 위대한 일을 하려고 하고, 빛나는 역할을 맡도록 허락받지 않으면 뿌루퉁하고 하나님께 화를 내는 사람들이 있습니다. 다윗은 자신의 제의가 옆으로 받아들여지지 않았을 때 속으로 불평하지 않고 기도하였습니다. 욥은 위선자에 관해 "그가 항상 하나님께 부르짖겠느냐"(27:10)고 묻습니다. 그는 오직 참되고 충성된 마음만이 상황이 자기에게 힘들게 돌아갈 때에도 계속해서 기도할 것이라는 뜻으로 그렇게 말한 것입니다. 형제 여러분, 이제 여러분의 즐거움이 사라졌는데도 여러분은 기도할 수 있습니까? 여러분의 재산이 줄었고 건강도 약해지고 있는데 기도할 수 있습니까? 기도할 수 있다면, 나는 그것을 여러분이 하나님께 복종하였고, 하나님의 은혜로 하나님과 화목하였기 때문에 하나님과 평화롭게 지낸다는 표시로 받아들일 것입니다. 불평을 그치고 기도에 전념한다는 것은 영혼이 새롭게 되고 하나님과 화목하게 되었다는 표시입니다.

셋째로, 기도는 또한 영적인 마음을 가졌다는 표시입니다. 다윗은 자신의 백향목 집에 앉아 있었습니다. 그 집은 호화롭고 위대한 예술품들이 조각되어 있었습니다. 그렇지만 그 집이 그의 마음을 하나님에게서 빼앗아가지 못했습니다. 신자라고 하는 사람들이 성공하면 교만해져서 하나님을 잊어버리는 일이 너무도 흔히 발생하였습니다. 그들이 가난할 때는 그리스도인 형제들과 교제하였습니다. 그들이 형제인 것을 알아보고서 기뻐했던 사람들입니다. 그런데 이제는 그들은 서민 주택 단지는 잊어버렸습니다. 더 이상 가난한 하나님의 사람들을 알지 못합니다. 그들은 작은 "사교 집단"을 만날 수 있고, 그들이 부르는 대로 하자면 자기들과 "비슷한 사람"들 가운데 활동할 수 있는 곳에서 안식일을 보냅니다. 그들은 한때 자기들이 경의를 표했던 거룩한 사람들보다 자신들이 훨씬 우수하다고 생각해서 그렇게 부르는 것입니다. 그런 사람들이 느부갓네살처럼 높은 지위에 오르고 강력한 힘을 얻게 되면, 자기 땅을 걷거나 아름답게 장식된 자기 방에 앉아서 "내가 세운 이 위대한 바벨론을 보라" 하고 말합니다. 낮은 신분에서 출세한 "자수성가한 사람"은 지상의 위대한 사람들처럼 명성을 갖게 됩니다. 이것이 대단한 일이 아닙니까? 이런 일들 때문에 신자들의 마음이 자기들에게 은택을 주신 하나님에게서 떠나는 일이 종종 발생하였습니다. 그러나 그 일이 다윗에게는 일어나지 않았습니다. 백향목 궁에서 다윗은 마음속에 기도하고자 하는 심정이 있었습니다. 그는 많이 가지면 가질수록 그만큼 더 하나님을 사랑하였습니다. 그는 많이 받으면 받을수록 받은 은혜를 인해서 하나님께 그만큼 더 갚으려고 하였습니다. 식물이 화분 전체에 뿌리를 뻗어 성장할 여지가 없게 되면 약해지게 됩니다. 사람들의 마음도 부에 마음을 완전히 뺏겨서 세속적이 되면 그와 같아집니다. 여행자가 진창길의 진흙에 발이 들러붙으면 움직이기가 힘들듯이, 어떤 사람들은 자신들의 부로 인해 방해를 받기 때문에 천국을 향하여 좀처럼 나아가지 못합니다. 부(富)가 있지만 부에 사로잡히지 않는 사람은 복이 있습니다. 즉, 부를 사용하되 잘못 사용하여 부를 우상화하지 않고 하나님의 말씀과 기도로 길들이는 사람은 복이 있습니다.

넷째로, 마음에 기도가 있다는 것은 또한 마음에 빛을 받았다는 증거입니다. 기도하지 않는 사람은 어둠 가운데 있는 것입니다. 그는 자신의 필요를 모릅니다. 그렇지 않다면 그는 기도하였을 것입니다. 그가 자신의 위험과 자신을 둘러싸고 있는 시험들, 자기 속에 있는 것을 알았다면 그는 끊임없이 기도할 것입니다. 기도하기를 그친 사람은 지혜를 잃어버린 사람임에 틀림없습니다. 성령께서 우리에게 가르치신 것이 있다면, 바로 이것, 곧 우리가 쉬지 말고 기도해야 한다는 것입니다. 다윗은 기도는 마땅히 하나님께 드려야 하는 것임을 알았기 때문에 빛을 받은 사람으로서 또한 기도한 것입니다. 하나님께서 그를 위해 많은 일을 행하셨으므로 그는 하나님을 예배하고 찬미하지 않을 수 없습니다. 그래서 그는 "그러므로 주의 종이 이 기도로 주께 간구할 마음이 생겼나이다"고 말합니다. 성령께 잘 배운 사람은 자신의 위치가 겸손히 의지하는 사람, 곧 하나님을 온 마음으로 경배해야 하는 사람의 자리라는 것을 압니다. 그래서 그는 매일 "하나님이여 내가 주께 서원함이 있사온즉 내가 찬송을 주께 드리리이다"(시 56:12, 개역개정 "내가 감사제를 주께 드리리이다.") 하고 노래합니다.

다섯째로, 끊임없이 기도가 솟아나오는 마음은 또한 활기가 넘치는 마음입니다. 우리가 모두 활기에 찬 마음을 갖는 것이 아니고 그런 마음을 가졌다고 해도 모두가 그 마음을 유지하는 것도 아닙니다. 왜냐하면 어떤 사람들은 그들의 마음이 기도에서 매우 약하게 움직이므로, 영적인 방식을 따라 말하자면 그들의 심장에 기름이 많이 끼어 퇴보하는 것처럼 보이기 때문입니다. 그들의 신앙은 혼수상태에 있고 생기가 없습니다. 우리도 모두 기도와 관련해서 자신이 냉랭한 상태에 있다는 것을 때때로 발견하지 않습니까? 여러분은 그냥 "나는 기도할 수 있다면 기도하겠습니다"하고 말하지 마십시오. 그래서는 안 됩니다. 여러분이 기도할 수 없다면 기도할 수 있을 때까지 기도하십시오. 흐르는 조수와 순조로운 바람을 따라 노를 저어 하류로 내려갈 수 있는 사람은 바람과 조수를 거슬러 노를 저으면서도 앞으로 나아갈 수 있는 사람에 비하면 노 젓는데 서투른 사람에 불과합니다. 우리는 그와 같이 불리한 환경에서도 기도하려고 노력해야 합니다. 그러나 사랑하는 여러분, 여러분이 기도할 수 있고, 기도하기를 멈출 수 없다면, 여러분의 마음이 마치 장미가 향기를 쏟아내거나 태양이 그 빛을 비추듯이 여러분의 마음이 기도를 쏟아낸다면 그것은 참으로 즐거운 일입니다. 나는 봄날에 언제나 생명과 활기가 가득 차서 이 가지에서 저 가지로 날아다니며 노래하는 새처럼 내 영혼이 하늘을 나는 것을 느끼기를 좋아합니다. 우리 영혼이 더 이상 두더지처럼 땅속을 더듬지 않고 독수리의 날개를 타고 날았으면 좋겠습니다. 즉시 그리고 끊임없이 열심히 기도하는 것, 이것이 건강이고 활기이며 즐거움입니다. 기도하면서 마음이 바람을 앞지르는 아미나답의 병거처럼 힘 있게 앞으로 나아감을 느끼는 것, 이것이야말로 더할 나위 없는 기쁨입니다.

사랑하는 여러분, 여섯째로, 마음에 기도가 있다는 것은 마음이 하나님과 교제를 나누고 있음을 입증하는 것입니다. 왜냐하면 기도는 사람 속에서 하나님의 숨결이 나왔던 곳으로 돌아가는 것에 불과하기 때문입니다. 기도는 하나님께서 사람 속에서 말씀하실 때 사용하시는 전화기입니다. 하나님의 하늘은 아주 멀리 있지만, 주님의 음성은 우리 영혼 속에서 들립니다. 기도는 축음기입니다. 하나님께서 우리 영혼에 말씀하시고, 그 다음에 주님께서 말씀하신 것을 우리 영혼이 다시 분명하게 말을 하기 때문입니다. 대화는 언제나 양자 간에 이루어지게 되어 있습니다. 하나님은 이 책에서 이렇게 말씀하십니다. 우리가 하나님께 기도와 찬송으로 답해야 한다고 말입니다. 형제 여러분, 여러분이 기도하지 않는다면, 여러분은 스스로 천국에 대해 문을 닫은 것이고, 여러분과 여러분의 주님 사이에 오는 것도 없고 가는 것도 없는 것입니다. 기도는 천상의 교제를 하나님께서 받으실 만하게 유지하고, 여러분의 영혼을 부유하게 만듭니다. 여러분은 기도할 만큼 큰 감명을 받았습니까? 그렇다면 하나님께서 여러분에게 매우 가까이 계시는 것입니다. 사랑하시는 주님께서 즐거운 열매를 먹으려고 자신의 정원에 들어오신 것입니다. 주님을 여러분의 사랑으로 대접하도록 하십시오. 마음속의 기도는 우리와 교제하고자 하시는 우리 영혼의 신랑이신 주님의 발자국 소리입니다. 여러분 영혼의 문을 활짝 열고, 주님께서 들어오시도록 하십시오. 그리고 "우리와 함께 거하소서"라고 말하며 주님을 꼭 붙드십시오.

마지막으로, 마음속에 기도가 있는 것을 발견할 때 우리는 마음을 하나님께서 받으셨고, 기도도 받으셨다는 것을 알 수 있습니다. 형제 여러분, 여러분에게 기도하고 싶은 마음이 거듭거듭 생길 때, 그것을 기도에 관한 좋은 조짐으로 생각하시기 바랍니다. 주님께서 여러분의 마음에 평소보다 더 자식이 생각나게 하시거나 어떤 친구의 이름이 끊임없이 떠오르게 하시면서 기도하고 싶은 마음을 부추기므로 여러분이 자주 그를 위해 기도하게 된다면, 그것을 하나님께서 여러분으로 하여금 그 방향으로 생각하게 하시려고 하며, 여러분을 위해 복을 쌓아 두시는 것임을 알려주는, 주님께로부터 오는 표지로 여기시기 바랍니다. 부흥이 필요한 것처럼 보이는 어떤 교회가 혹은 어떤 지역이 여러분 마음에 생각난다면, 그 사실에 주의하시기 바랍니다. 여러분의 마음이 어떤 특정한 지역이나 도시로 향하고 마음이 그쪽으로 쏠리며 그곳의 죄 때문에 슬퍼하고 눈물과 간청으로 기도하며 하나님께서 기억하시고 사죄하여 주시기를 탄원한다면, 이것이 주께서 그곳에 선을 행하시겠다는 예언이라는 것을 확신하고 배나 더 열심히 간구하시기 바랍니다. 강풍이 불 때 항해자는 바람을 맞기 위해 돛을 폅니다. 원하시는 곳에 바람을 불게 하시는 성령께서 여러분에게 임하여 여러분이 이 일이나 저 일을 하게 만드실 때는 돛을 한껏 펼치기 바랍니다. 기도하려는 경향은 다가오는 복에 대한 예보라고 생각하십시오. 다가오는 사건들이 여러분 앞에 그림자를 드리우듯이, 기도하고자 하는 마음은 하나님께서 여러분에게 보내려고 하시는 자비의 그림자입니다. 하나님께서 여러분에게 자비를 구하는 마음을 일으키시는 것은 하나님께서 친히 그 자비를 여러분에게 주시려고 하기 때문입니다.

우리가 마음속에 기도할 뜻이 있는 것은 좋은 일인데, 그것은 우리 마음이 많은 면에서 건강한 상태에 있음을 증명하기 때문입니다.

2. 둘째로, 어떻게 기도할 마음이 생겼는지 알 수 있다는 것은 즐거운 일입니다.

다윗은 "주의 종이 주께 간구할 마음이 생겼나이다"라고 말합니다. 자, 다윗이여, 어떻게 해서 기도할 마음이 생겼습니까? 다윗이 그에 대해 말하지 않았기 때문에 내가 답변하겠습니다. 사람의 마음에 일어나는 참된 기도는 모두 성령에 의해서 옵니다. 우리 속에 우수한 것이 있다면, 심지어 그것이 하나님께서 받으실 만하게 기도하고자 하는 소원이라 할지라도, 그것은 성령께서 일으키신 것입니다. 그러므로 성령님께 모든 찬송을 드려야 합니다. 그러나 그 절차, 곧 성령께서 우리에게 작용하시는 방식은 다소 이런 식입니다. 무엇보다 성령께서는 그 약속을 하나님의 말씀으로 제시하십니다. 다윗은 자신이 "주의 종이 이 기도로 주께 간구할 마음이 생겼나이다"라고 말하는 것은 하나님께서 이러이러한 약속들을 계시하셨기 때문이었다고 아주 분명하게 말합니다. 하나님께서 약속을 주십니다. 그 약속이 기도의 원인이 됩니다. 먼저 하나님의 자비들이 있습니다. 하나님께서 우리에게 그 자비들을 약속하시지 않았다면 우리는 기도할 생각을 전혀 갖지 않았을 것입니다. 하나님께서 우리에게 그 큰 일들을 약속하시지 않았다면 우리는 그런 일들을 구할 마음을 갖지 못하였을 것입니다. 그래서 하나님의 말씀은 그 소원을 품도록 말하고, 그 다음에는 우리에게 그 소원이 틀림없이 성취될 것을 소망하도록 격려합니다. 게다가 다윗에게 선지자가 와서 직접적으로 하나님의 약속을 말해주었을 때 그랬던 것처럼, 하나님의 약속이 아주 분명하게 사람의 가슴에 와 닿을 때, 그 약속은 사람의 영혼에 생기를 주고 마음으로 그 복을 깨닫게 만들며, 또한 그 소원을 더욱 강화하며 믿음으로 더욱 굳게 붙들게 만듭니다. 그 은혜가 우리에게 분명한 말로 제시되지 않았다면, 우리는 그 은혜가 실제로 주어진다고 생각지 못했을 것입니다. 형제 여러분, 이것이 기도가 우리 마음속에 일어나는 방식입니다. 하나님의 말씀이 기도를 말하고, 우리에게 힘써 기도하도록 격려하며, 그 다음에는 우리에게 깨닫는 힘을 주시므로 우리가 열심히 기도하고 힘껏 믿게 됩니다.

"그러므로"(개역개정은 "하셨으므로")라고 말할 때 다윗은 하나님의 말씀이 그에게 기도할 마음을 집어넣어 주셨을 뿐만 아니라 또한 그가 하나님의 말씀을 묵상함으로 인해 마음에 이 기도가 생기는 것을 발견하게 되었다는 뜻으로 말하는 것입니다. 하나님 앞에 앉아 조용히 생각하지 않았다면 그는 자기 마음속에 작용하는 성령의 역사를 눈치 채지 못하였을 것입니다. 그런데 이같이 내적 성찰로 인해 바른 기도가 빛을 보게 된 것입니다. 내가 이 장의 내용들을 아주 간단하게 요약하고, 그 내용들 각각이 다윗으로 하여금 기도하도록 부추겼다는 것을 설명하는 동안 여러분은 이 장을 철저히 조사해 보겠습니까? 다윗 왕이 하나님 앞에 앉아 자기의 마음을 말씀드렸을 때 그가 첫 번째로 한 말은 주님께서 과거에 자기에게 베푸신 선과 자신의 미천함에 대한 것이었습니다. "주 여호와여 나는 누구이오며 내 집은 무엇이기에 나를 여기까지 이르게 하셨나이까?" 형제 여러분, 우리가 누구기에 하나님께서 우리에게 그처럼 선을 행하셨단 말입니까? 우리에 대한 하나님의 은혜가 그동안 놀라웠기 때문에, 우리가 속으로 하나님께서 우리에게 더 복을 베풀어 주시기를 기도할 마음이 생기지 않습니까? 여러분은 우리가 방금 부른 찬송가의 가사로 주님께 이렇게 물을 수 있지 않습니까?

"과거에 그처럼 많은 자비를 베푸신 후에
주님께서 마지막에 나를 망하게 하실 수 있겠나이까?"

하나님께서 지금까지 우리를 마음에 두셨으므로 우리에게 복을 베푸실 것입니다. 지난날의 주님의 인자를 기억하고 우리가 지금과 미래에 은혜 베풀어 주시기를 위하여 기도합시다.

그 다음에 다윗은 이어서 이 약속의 위대함을 이야기하였습니다. "주 여호와여 주께서 이것을 오히려 적게 여기시고 또 종의 집에 있을 먼 장래의 일까지도 말씀하셨나이다." 우리는 또한 매우 크고 귀한 약속들을 받았습니다. 하나님께서 그처럼 많은 것을 약속하셨으니, 우리가 많이 기도하지 않겠습니까? 하나님께서 아주 넉넉하게 약속하시는데 우리는 구하는 일에 답답해서야 되겠습니까? 주님은 우리 앞에서 "너희가 기도할 때에 무엇이든지 믿고 구하는 것은 다 받으리라"(마 21:22)고 말씀하십니다. 그런데 우리가 빈약하고 쇠약한 기도에 만족하겠습니까? 거지들은 서둘러 나가 구걸할 필요가 좀처럼 없습니다. 그런데 그들에게 어떤 약속이 주어지면, 보통 그들은 그 약속을 최대한 가능한 것으로 해석하고, 그 약속을 이루어 달라고 맹렬히 주장합니다. 그들의 본을 따르는 것이 마땅하지 않겠습니까? 자, 형제 여러분, 이 약속의 위대함을 생각할 때 우리가 기도할 마음을 많이 갖게 된다는 이 논증은 영적 의식이 있는 사람들에게 설득력 있는 주장입니다.

그 다음에 다윗은 하나님의 놀라운 "방법"에 대해 이야기합니다. "주 여호와여 이것이 사람의 법이니이까?"(개역개정은 "이것이 사람의 법이니이다."). 다윗은 하나님께서 사람들 가운데 지극히 너그러운 사람이 다른 사람들을 위해서 행하는 것보다 훨씬 더 은혜롭게 행하신다는 것을 알았습니다. 그는 "하늘이 땅보다 높음 같이 하나님의 길은 우리의 길보다 높으며 하나님의 생각은 우리의 생각보다 높다"(사 55:9)는 것을 알았습니다. 그래서 그는 입을 크게 열고 기도하였습니다. 다윗이 그렇게 하는 것이 옳지 않았습니까? 형제 여러분, 만일 우리가 그의 모범을 따르지 않는다면 우리가 옳게 행동하는 것이겠습니까? 지혜로운 사람들은 우리에게 재난을 당했을 때 형제의 집에 찾아가지 말라고 조언합니다. 또 친구와 이웃에게 너무 많은 것을 요구하지 말라는 것도 그와 비슷한 지혜가 될 것입니다. 그러나 하늘에 계신 우리 친구에게는 그런 신중함을 보일 필요가 없습니다. 그 친구에게는 우리가 아무 때나 갈 수 있고, 우리가 아무리 큰 일이라도 부탁할 수 있습니다. 하나님께서는 사람들이 하듯이 하시지 않고 넉넉히 주시고 꾸짖지 않으므로, 하나님께서는 하늘의 보고를 여시고 무엇이든지 아낌없이 넉넉하게 부어주시기를 기뻐하시므로, 우리는 계속해서 주님을 모시도록 합시다. 말로 다할 수 없는 하나님의 사랑을 생각할 때 우리는 마땅히 기도에 풍성해야 합니다.

그 다음에 다윗은 이어서 하나님의 값없는 은혜에 대해 이야기합니다. 이 은혜가 기도하게 만드는 또 다른 논거였습니다. "주의 말씀으로 말미암아 주의 뜻대로 이 모든 큰 일을 행하사 주의 종에게 알게 하셨나이다." 하나님께서 그와 언약을 맺으셨는데, 다윗이 그처럼 큰 영예를 얻을 만한 공덕이 있어서가 아니라 순전히 하나님의 자비를 인해서였습니다. 다윗은 그 은혜의 값없음과 주권을 인정하여 마치 이렇게 이야기하는 것 같습니다. "설혹 그렇더라도, 아버지여, 그렇게 된 것은 그것을 주께서 선하게 보셨기 때문입니다. 주께서 나를 그렇게 사랑하셨다니, 내가 감히 주께 큰 일들을 구하겠나이다. 주께서 사람의 공로를 기대하시지 않고 사람의 받을 만한 가치도 기대하시지 않으신다고 하니, 내가 비록 아무 가치가 없는 자이지만 주의 이름의 영광을 찬송하기 위해 더욱 내게 복을 베풀어 주시기를 구하겠나이다." 형제 여러분, 하나님께서 은혜의 보좌에 앉아 계시니 힘 있게 기도하십시오. 구하는 자가 최상의 보물을 얻을 수 있게 되어 있다면, 누가 기도하기를 거부할 수 있겠습니까?

그 다음에 다윗은 더 나아가 하나님의 크심에 대해 언급합니다. "그런즉 주 여호와여 주는 위대하시니 이는 우리 귀로 들은 대로는 주와 같은 이가 없고 주 외에는 신이 없음이니이다." 확실히 우리는 위대하신 하나님께 위대한 기도를 드려야 합니다. 우리는 기도를 별로 하지 않거나 작은 것을 구함으로 하나님의 명예를 떨어트립니다. 내 영혼아, 네 소원을 크게 하라. 하나님의 은혜에 굶주리고 목말라 하며 갈망하라. 네가 무엇을 원하든지, 그것이 진정으로 유익을 위한 것이라면 얻을 것이다. 얻고자 하는 소원이 소원하는 바를 받을 수 있는 여러분의 역량을 가늠하는 시금석이 될 것입니다. 형제 여러분, 우리가 얻지 못하는 것은 구하지 않거나 잘못 구하기 때문입니다. 주 예수께서는 제자들에게 "지금까지는 너희가 내 이름으로 아무것도 구하지 아니하였다"(요 16:24)고 말씀하셨고, 어쩌면 지금 우리에게 바로 그 말씀을 하실지 모릅니다. 우리가 지금까지 구한 것은 고작해야 주님께서 주려고 준비하신 것에 비하면, 또 앞으로 주시려고 하는 것에 비하면 아무것도 구하지 않은 것이나 다름없기 때문입니다. 주님께서 일찍이 우리에게 솔로몬의 경우처럼 기도에서 넓은 마음과 같은 것을 가르치신 것을 생각할 때 그렇습니다. 솔로몬에 대해 우리는 "하나님이 솔로몬에게 넓은 마음을 주시되 바닷가의 모래 같이 하셨다"(왕상 4:29)는 말씀을 읽습니다. 우리는 하나님에 대한 편협한 생각과 기도에 있어서 한정된 소원을 갖는 데서 벗어날 필요가 있습니다. 그렇게 해서 우리가 영혼의 합당한 능력에 맞게 무한히 구하고, 그래서 은혜 위에 은혜를 받으며 하나님의 모든 충만하심으로 충만해질 수 있도록 해야 합니다.

다윗은 자기 백성에 대한 하나님의 사랑을 언급하고 묵상하면서 이렇게 말합니다. "땅의 어느 한 나라가 주의 백성 이스라엘과 같으리이까 하나님이 가서 구속하사 자기 백성으로 삼아 주의 명성을 내시며 그들을 위하여 큰 일을, 주의 땅을 위하여 두려운 일을 애굽과 많은 나라들과 그의 신들에게서 구속하신 백성 앞에서 행하셨사오며 주께서 주의 백성 이스라엘을 세우사 영원히 주의 백성으로 삼으셨사오니 여호와여 주께서 그들의 하나님이 되셨나이다." 자, 하나님께서 자기 백성을 그처럼 뜨겁게 사랑하시므로, 우리가 용기를 내어 우리 자신을 위해 큰 일들을 구하는 것이 마땅하고, 특별히 교회를 위하여 큰 일들을 구하는 것이 마땅합니다. 우리는 이제 하나님을 모르는 자들이 아닙니다. 하나님의 택하신 자들은 외인도 아니고 외국인도 아닙니다. 그들은 하나님께서 사랑하시는 하나님의 자녀들입니다. 우리가 악할지라도 자녀들에게 좋은 선물을 줄줄 안다면, 하물며 우리 하늘 아버지께서 자기에게 구하는 자들에게 얼마나 더 좋은 선물들을 주시겠습니까? 여러분이 시온을 위해서 기도할 때는, 시온의 큰 번영을 위해서 구하고 담대히 말하십시오. 여러분은 지금 하나님께서 복 주시기를 기뻐하시는 자들에게 복 주시기를 구하고 있고, 하나님에게 눈동자와 같은 교회를 위해 형통하기를 구하고 있기 때문입니다.

나는 어떻게 기도가 우리 마음에서 생기는지를 보는 즐거움에 관한 이 요점을 요약할 것인데, 기도가 진행해 가는 아름다운 노선을 간략하게 좇아서 하겠습니다. 우선 무엇보다, 복을 베풀 생각과 뜻이 하나님의 마음속에 일어납니다. 다윗은 그것이 사실이라는 것을 알았습니다. 왜냐하면 21절에서 그가 "주께서 주의 말씀으로 말미암아 주의 뜻대로 이 모든 큰 일을 행하셨다"고 말하기 때문입니다. 기도는 그 발단이 하나님의 마음으로부터 시작됩니다. 하나님의 마음이 영감에 의해 계시될 때 다음 단계가 이루어집니다. 하나님께서 나단을 다윗에게 보내어 다윗에 대한 하나님의 은혜로운 의도를 말하도록 하셨습니다. 여기서 우리는 하나님의 생각이 하나님의 숨은 목적에서 계시된 말씀으로 나타난 것을 봅니다. 이제 그 생각이 다윗의 마음에 스며들고, 다윗은 그 생각을 기도로 다시 하나님께 돌려보냅니다. 기도는 우리 주님처럼 하나님에게서 나와 하나님에게로 돌아갑니다. 이것이 모든 참된 기도의 유래이며 역사입니다.

이것은 여러분이 이른 아침에 평지에서 일어나 구름의 형태로 하늘로 올라가는 안개와 같고, 제단에서 올라가는 향과 같습니다. 안개가 어떻게 생긴 것입니까? 첫째로 수분이 하늘에 하나님의 은밀한 보고에 있었습니다. 그 다음에 그 수분이 빗방울로 떨어지되 헛되이 떨어지지 않고 땅을 적시는 날이 왔습니다. 후에 고마운 태양이 빛을 내리쬘 때 수분이 다시 증발하여 그것이 나왔던 곳으로 돌아갑니다. 구름은 하나님의 명령과 같습니다. 여호와께서 자신의 뜻을 감추어 두시는 그 은밀한 곳에 누가 들어갈 수 있겠습니까? 비는 하나님의 말씀과 같이 귀한 약속들을 물방울처럼 뿌려주는데, 그것은 하나님의 신비한 뜻의 결과입니다. 우리는 이 계시된 복들이 성경의 작은 웅덩이에 모여 있는 것을 봅니다.

다시 사무엘하서로 돌아가서 보거나 하나님께서 이야기하도록 도우시는 주님의 종들의 말에 귀를 기울여 봅시다. 그러면 여러분은 많은 빗소리를 들을 것입니다. 이 비가 사람의 영혼을 적십니다. 그리고 하나님의 따뜻한 사랑이 나와서 적셔진 마음을 비출 때, 그 사랑이 간절한 기도를 들어 올립니다. 기도는 결코 낭비되지 않습니다. 왜냐하면 저쪽 골짜기에서 일어나는 안개가 같은 장소로 다시 떨어지지는 않을 수 있지만, 어디엔가는 떨어지기 때문입니다. 그와 같이 참된 기도도 기도를 드린 사람의 마음으로 다시 돌아가지 않을지라도, 어떤 방식으로든 결실을 맺습니다. 정직하고 진심 어린 기도의 결과가 여러분이나 내 눈에 이것이나 저것으로 분명하게 보이지 않을 수 있지만, 그 결과는 언제나 선합니다. 간구는 결코 낭비되지 않습니다. 그 간구는 하나님의 저장고에 보존됩니다. 때가 되면, 그 영향력이 땅을 찾아와 "물이 가득한 하나님의 강"(시 65:9)으로 땅을 적십니다. 여러분이 길가에 핀 진기한 꽃을 보고서 그 꽃이 그 지역에 자생하는 잡초가 아니고 다른 나라에서 온 아주 처음 보는 종류일 때, 그것이 어떻게 거기에 생겨났는지 기이하게 생각됩니다. 하나님 말씀을 봄으로써 그것이 어떻게 하나님의 마음에서 나와 여러분 영혼의 정원에 꽃을 피우게 되는지 아는 것은 즐거운 일입니다.

3. 셋째로, 우리 마음속에 기도할 뜻이 있을 때는 기도를 사용하는 것이 매우 유익한 일입니다.

본문의 어법에 주의하시기 바랍니다. 다윗은 "주의 종이 이 기도로 주께 간구할 마음이 생겼나이다." 이 기도를 말한다고 하지 않고 이 기도로 간구할 마음이 생겼다고 합니다. 이 표현에는 중요한 뜻이 담겨 있습니다. 어떤 기도는 전혀 드려지지 않는 경우가 있는데, 그것은 마치 활시위를 결코 떠나지 않는 화살과 같습니다. 나는 그런 것을 거의 기도라고 부를 수 없습니다. 그런 기도는 형태와 내용과 말투는 기도로 보이지만, 그냥 말을 하는 것일 뿐, 기도로 드려지지 않는 것입니다. 기도를 드리는 것이 중요한 문제입니다. 사랑하는 여러분, 때때로 우리가 마음에 기도할 생각을 품고 있으면서도 우리 속에서 들리는 하나님의 목소리를 소홀히 할 수 있습니다. 그렇게 한다면 우리는 큰 손해를 보게 됩니다.

기도를 드린다는 것은 무슨 뜻입니까? 첫째로, 그것은 여러분이 열렬하게 하나님께 기도를 내놓는다는 의미입니다. 여러분이 기도의 내용을 꼭 이루려고 마음먹은 것처럼 온 영혼을 쏟아 부어 간구를 드리십시오. 눈물을 흘리고 울부짖으며 하나님께 간청하십시오. 여러분이 처음에 기도의 응답을 받지 못하면 끈덕지게 거듭거듭 하나님께 가십시오. 하나님께서 여러분의 마음에 기도를 쓰셨으므로 여러분에게 싫다는 소리를 하지 않으실 것으로 알고 굳은 결심으로 하나님께 가십시오. 여러분의 기도를 아주 뜨겁게 달구십시오. 옛날에 해군 전투에서 우리 군인들은 포신이 빨갛게 달구어지도록 포를 쏘았습니다. 그렇게 해 보십시오. 기도에서 열렬함과 끈덕짐만큼 강력한 것은 없기 때문입니다.

또한 영적으로 기도하십시오. 본문에서 다윗이 "내가 이 기도로 주께 간구할 마음이 생겼나이다" 하고 말하고 있기 때문입니다. 여러분 자신에게 기도하거나 여러분 방의 벽에 대고 기도하는 것은 아무 소용이 없습니다. 심지어 어떤 사람들은 주위에 있는 사람들에게 기도합니다. "지금까지 보스턴 청중에게 드려진 가장 세련된 기도들 가운데 하나"라는 평을 들은 기도를 한 그 설교자처럼 말입니다. 나는 많은 기도들이 하나님께 드리기보다는 청중에게 들으라고 드려지지 않았나 하는 생각이 듭니다. 이렇게 해서는 안 됩니다. 그리고 여러분 마음속에 기도가 떠오르면 그것에 관해서 이야기하거나 다른 사람에게 "나는 이러이러한 소원이 있어"라고 말하지 마십시오. 그렇게 하기보다는 하나님 앞에 가서 그 소원을 쏟아 놓으십시오. 하나님의 귀에다 소원을 말하고, 하나님께서 마치 여러분이 하나님을 뵐 수 있는 것처럼 분명히 그 자리에 계시다는 것을 아십시오. 그것이 여러분 마음속에 있는 기도를 합당하게 사용하는 방식이기 때문입니다.

구체적으로 기도하십시오. 본문은 그 점을 이렇게 말합니다. "내가 이 기도로 주께 간구할 마음이 생겼나이다." 여러분이 기도하는 것이 무엇인지 아십시오. 기도는 여러분이 주머니에 손을 넣어서 제일 먼저 손에 잡히는 것을 꺼내는 것이 아닙니다. 그렇게 해서는 안 됩니다. 분명한 소원과 구체적인 요청이 있어야 합니다. 여러분이 원하는 것에 대해 신중하게 생각하고 구하십시오. 여러분에게 꼭 필요하다고 생각하는 것을 구해야 합니다. 이 기도로 구하십시오. 다윗은 자기 집에 관한 약속을 받았습니다. 그래서 그는 하나님께서 복을 주어 세우시려고 하는 자기 집에 관해서 기도하였습니다. 우리가 기도라고 생각하는 것 가운데 많은 경우가 사실은 기도 놀이를 하는 것에 지나지 않습니다. 옛적에 잉글랜드 부대에서 긴 화살을 갖고 다닌 궁수들은 적을 만났을 때 겨냥을 확실히 하여 적을 몹시 힘들게 만들었습니다. 여러분의 어린 자녀에게 활과 화살을 주어 보십시오. 그러면 아이가 어떻게 합니까? 아이는 화살을 아무렇게나 쏘아 멀리 보냅니다. 아이는 활 쏘는 놀이를 하기 때문입니다. 많은 기도가 그런 유의 것입니다. 그런 기도에는 흰 과녁에 확실하게 겨냥을 하고 힘껏 활시위를 당기고, 화살이 날아가는 것을 염원을 가지고 지켜보는 것이 없습니다.

사랑하는 친구 여러분, 속에 기도하는 마음이 생길 때는 아주 **담대하게** 기도해야 합니다. 다윗은 "내가 간구할 마음이 생겼나이다" 하고 말합니다. 즉, 그에게 기도할 마음과 기도할 용기가 생겼다는 것입니다. 약속이 있었기 때문에 그가 그리스도께 담대히 나갈 마음이 생긴 것입니다. 하나님을 경배하지 못하고 믿음으로 담대하게 하나님께 나아가는 일을 훨씬 더 하지 못하는 사람들이 있습니다. 하나님을 위해 위대한 일을 행하는 사람들은 일반적으로 하나님께 대해 담대한 것으로 유명합니다. 루터를 보십시오. 이 영웅적인 인물에게는 대단한 경외심이 있었습니다. 그러나 그에게는 또한 마치 그가 하나님을 정말로 붙들고 있는 것같이 생각하는 어린아이처럼 아주 단순한 담대함이 있었습니다. 이것이 바로 그 식입니다. 오늘 오후에 방에 들어가서 그렇게 해 보십시오. 담대히 하나님께 나아가서, 하나님께 이 기도로 간구할 마음을 찾으십시오.

즉시 그렇게 하십시오. 다윗의 기도가 그랬듯이 여러분의 기도도 신속히 드려지도록 하십시오. 그는 약속을 받고 나서 한 주나 두 주를 기다리지 않았습니다. 그는 즉시 가서 하나님 앞에 앉아 하나님의 약속을 들어 "주께서 말씀하신 대로 행하소서"라고 말하며 기도하기 시작하였습니다. 그는 마음속에 기도할 심정이 있었고, 그 심정이 다시 사라지기 전에 그 마음을 하나님 앞에 가져갔습니다. 그는 자기 영혼을 유심히 살폈고, 영혼 속에 움직임이 있는 것을 보았을 때 마음속에서 기도가 일어나는 것을 알았습니다. 그는 "그 생각을 붙잡겠다"고 말하고, 그 기도의 심정을 꼭 붙들고 하나님 앞에 내놓았으며, 그렇게 해서 복을 얻었습니다.

사랑하는 친구 여러분, 이 문제에 있어서 마음에 감화를 느끼는 분들에게, 오늘 우리가 지금 큰 위험에 빠져 있는 나라들의 평화를 위해 특별히 기도하자고 제안합니다. 여러분은 교사로서 학교에서 이 문제를 만나고 교실에서 만날 것이며, 어떤 분들은 오늘 오후에 묵상하는 가운데 이 문제를 만날 것입니다. 그러나 여러분은 모두 함께 도고를 드림으로 다양한 방식으로 도울 수 있습니다. 지금 이 순간 이 기도를 하나님께 드리고자 하는 마음이 내 속에 강렬하게 있습니다. 여러분 모두 꼭 나와 함께 이 기도를 드렸으면 좋겠습니다. "선하신 주님, 우리 시대에 평화를 보내주옵소서." 정치인이 아니라 그리스도의 제자로서 우리는 임박해 있는 잔인한 전쟁을 막아달라고 우리 주님께 간절히 구해야 합니다. 전쟁을 일으키고 있는 모든 사람들에게 저주가 떨어질 것이고, 평화를 만드는 사람들은 복됩니다. 모든 그리스도인들이 마음을 합하여 하나님께 간구한다면, 그들이 모든 공식 회의와 의회나 여왕에 대한 모든 청원들이 성취할 것보다 훨씬 많은 일을 할 것이라고 나는 믿습니다. 하나님이여, 전쟁을 막아주소서. 주께 기도하나이다.

또 한 가지가 있습니다. 이번 주에 여러 단체들이 공적인 회합을 갖고 있습니다. 여러분에게 기도할 마음이 있다면, 하나님께 하나님의 교회와 그 선교 활동에 복을 베풀어 주시기를 기도하는데 조금 더 시간을 쓰라고 말씀드립니다. 또 여러 종교 단체들에서도 이번 주에 매우 중요한 모임이 개최될 것입니다. 회의론에 심각하게 병든 교단들이 있습니다. 그러나 많은 교단들에는 여전히 진리에 대한 건강한 사랑이 살아 있습니다. 그러므로 복음주의적인 교단들과 이성주의적인 교단들 사이에 갈등이 있을 것입니다. 이번 주에 그런 갈등을 목격하게 될 것입니다. 하나님께서 옳은 자들에게 승리를 주시고, 주저하는 형제들에게 힘을 북돋아주시며, 소심하여 오랫동안 행동을 하지 못한 사람들에게 결단을 내리게 해주시기를 기도하십시오. 정통 신앙을 고수하는 사람들이 하늘로부터 오는 능력과 인도를 받을 수 있게 해주시기를 기도하십시오. 나는 내 속에 그렇게 기도할 마음이 있는 것을 압니다. 다른 사람들도 나와 같은 생각을 가지고 있다면 기쁘겠습니다.

이 시간, 여러분이 마음속에 우리 교회의 사역을 위해 기도할 생각이 있는가 찾아보시기 바랍니다. 나는 여러분이 특별히 우리 교회의 성경 보급 사역에 관심을 갖기를 바랍니다. 우리 교회에서는 지금 거의 90명의 형제들이 이 마을 저 마을, 이 집 저 집으로 돌아다니며 성경책을 팔고, 이렇게 찾아가지 않으면 작은 마을에서 복음을 듣지 못하고 지냈을 사람들에게 하나님 말씀을 전하고 있습니다. 하나님께서 그들에게 복을 베풀어 주시기를 기도할 마음을 품으시기 바랍니다.

요컨대, 다른 무엇보다 여러분이 마음속에 절실히 구할 것이 있다면, 하나님께 이 기도를 구하기 위해 15분 동안은 아무것에도 방해받지 않는 공간을 확보하는 지혜를 발휘하시기 바랍니다. 골방에 들어가 이렇게 말하십시오. "제가 주님께 볼일이 있습니다. 그리스도와 이야기하라는 초청의 소리가 들립니다." 사랑하는 형제 여러분, 그런 때가 여러분에게 오면, 여러분 가운데 내 설교에 유익을 얻은 분들에게 그리스도께 나를 위해 기도해 달라고 아주 겸손하지만 깊은 애정을 가지고 요청합니다. 나는 하나님의 은혜와 도움이 많이 필요하기 때문입니다. 하나님께서 여러분의 간구를 들어 주시기를 바랍니다. 아멘.

제
7
장

출전 명령

"왕들이 출전할 때가 되매." — 삼하 11:1

옛날에 동방의 작은 나라들 사이에는 정례적으로 전쟁을 하는 시기가 있었던 것으로 보입니다. 아마도 그들은 말들에게 풀을 먹이로 제공할 수 있을 봄이나 어쩌면 군대가 무르익은 작물을 징발할 수 있는 가을에 진군하였을 것입니다. 이 작은 나라들의 군주는 강도떼들의 두령이나 다름없었고, 그들의 수입은 정당한 징세를 통해서보다는 약탈을 통해서 얻었습니다. 우리는 좀 더 행복한 시대에 살고 있는 것에 대해 하나님께 감사드려야 할 것입니다. 그때 나라들의 비참한 현실은 상상을 초월하는 것이었기 때문입니다. 지금도 전쟁은 삶을 황폐하게 하지만, 끊임없는 약탈이 자행되던 시대에 비하면 전쟁의 해악은 상대적으로 적습니다.

지금도 왕들이 출전하는 때가 있습니다. 왕들은 자기 백성들이 또 다른 무거운 세금을 묵인할 것으로 생각하거나 그들의 신용이 아주 좋아서 은행가들이 그들에게 돈을 미리 빌려줄 만한 때는 저주받은 그 거래를 할 것입니다. 슬프게도, 군주들의 야망을 채우기 위해서 많은 피가 뿌려졌습니다! 그럼에도 불구하고 왕들이 출전하는 때가 완전히 그들의 변덕스러운 생각에 좌지우지 되지 않는다는 것은 감사할 만한 일입니다. 지극히 높은 하늘에서 통치하시는 분이 계십니다. 그분은 지혜로 악에서 선이 나오도록 정하지 않고서는 이 재앙이 갑자기 사람들 가운데서 발생하도록 내버려 두시지 않습니다. 하나님께서는 전쟁의 개들을 가죽 끈으로 묶어두고, 지극히 뛰어난 지혜로 풀어주는 것이 좋다고 생각하실 때를 제외하고는 개들을 풀어주시지 않습니다.

그런데 나는 지금 왕들에 대해 이야기하려고 하는 것이 아닙니다. 왕들 가운데 주일에 이야기할 만큼 아주 선한 사람은 거의 없습니다. 그들 대부분은 아무 때라도 이야기할 만한 가치가 거의 없습니다. 나는 본문을 다른 좀 더 실제적인 용도로 사용하겠습니다. 우리 마음속에서 내적인 전쟁이 여느 때와 달리 아주 맹렬하게 일어나는 때가 있습니다. 어떤 때는 우리의 타락한 심정이 갑자기 아주 맹렬하게 뚫고 나옵니다. 잠깐 동안 그 심정이 우리와 정전 협정을 맺었거나 힘을 상실한 것처럼 보일지라도, 갑작스럽게 맹렬하고 끔찍한 기세로 일어나는 것을 봅니다. 우리가 내적 적들에게 포로가 되지 않도록 기도와 거룩한 경계로 치러야 하는 싸움은 힘들 것입니다. 우리는 견디기 어려운 이 시기에 은혜를 더 많이 받았을지 모릅니다. 나는 여러분들 대부분이 의심과 두려움의 문제와 씨름해야 하는 때가 있다는 것을 발견했을 것이라고 믿습니다. 여러분에게 갑자기 우울증이 찾아오는데, 왜 그러는지 이유를 거의 알지 못합니다. 우울증은 뚜렷한 이유가 없이 오고, 또 거의 예기치 않게 사라집니다. 존 번연이 낙담의 수렁에 대해서 어떤 때는 그 수렁이 진창을 아주 끔찍하게 쏟아낸다고 말하듯이, 의기소침과 믿음의 약함에 관해서 그와 같은 것을 발견합니다. 어떤 때는 이 폭군들이 우리 영혼 속에 큰 파괴를 일으킵니다.

사탄도 이와 같은 일을 합니다. 사탄이 언제나 시험하기만 하는 것은 아닙니다. 언제나 "마귀가 우는 사자 같이 두루 다니며 삼킬 자를 찾지"만 언제나 으르렁거리거나 항상 먹이에게 달려드는 것만은 아닙니다. 사탄은 기회만 있으면 죽이려고 하지만 언제나 공격할 기회만을 찾는 것은 아닙니다. 마귀는 불을 붙이기에 좋은 마른 검불처럼 우리 육체가 그의 시험에 넘어가기 좋은 상태에 있는 것을 찾는 때가 있고, 우리 영혼이 하나님에게서 멀리 떨어져 있고, 믿음이 약해지며 우리의 경건이 기울어지고 있어서 영혼의 막강한 이 원수가 우리를 포로로 사로잡고 믿음을 완전히 무너뜨리려고 장대한 니므롯처럼 출전할 때가 있습니다. 형제 여러분, 여러분은 이런 전쟁의 때를 압니다. 이런 전쟁들을 경험했기 때문입니다. 감사하게도 여러분이 지금 이런 전쟁을 겪고 있지 않다면 하나님께서 사랑으로 여러분에게 주시는 휴식을 받아들이십시오. 그러나 칼은 칼집에서 빼어 계속 들고 있으십시오. 전투는 어느 때라도 다시 시작될 수 있기 때문입니다. 여러분이 지금 현재 전투를 치르고 있다면, 두려워하지 말고 낙심하지도 마십시오. 천국에 이르기까지 싸워 나아가는 것이 모든 하나님의 백성들의 운명이었고, 여러분의 운명이기도 합니다. 여러분이 정복당할 것이라고 생각하지 마십시오. 오히려 이 선지자처럼 이렇게 외치십시오. "나의 대적이여 나로 말미암아 기뻐하지 말지어다 나는 엎드러질지라도 일어날 것이라"(미 7:8).

하지만 이런 사실들 가운데 어떤 것도 내가 오늘 아침에 이야기하려고 하는 주제는 아닙니다. 나는 본문을 그리스도인의 활동과 관련해서 사용하려고 생각했습니다. 그리스도인들은 모두가 하나님께 왕과 같은 존재들인데, 이 그리스도인들이 아주 특별한 의미에서 전쟁하러 나가야 하는 때가 있습니다. 그래서 나는 오늘 아침 이 목적에 맞게 본문을 사용하려고 합니다. 하나님께서 이제 내게 영혼을 감동시키는 말을 보내주시기를 구합니다.

1. 왕들이 출전할 때가 왔습니다.

특별히 그리스도인들이 활동해야 할 때가 바로 지금입니다. 어떤 의미에서, 아니, 가장 고귀한 의미에서 신자는 언제나 활동해야 합니다. 하나님의 종에게는 게으름을 피우는 날이나 헛되이 보내는 시간이 있어서는 안 되고, 심지어 열매 맺지 못하는 시간이 한순간이라도 있어서는 안 됩니다. 우리는 신생(新生)을 받자마자 그 영적 생명이 자기 피로 우리를 구속하신 우리 주 예수 그리스도를 위한 열심 가운데 자라도록 해야 합니다. 그리고 우리가 이 몸을 버릴 때까지는 봉사하기를 그쳐서는 안 되고, 우리 왕의 진영에서 휴가 갈 생각을 해서도 안 됩니다. 그렇지만 언제나 똑같은 강도로 활동할 수 있는 사람은 아무도 없습니다. 나는 하나님께서 누구든지 그렇게 일하도록 하셨다고 생각하지 않습니다. 휴식은 사람의 연약함 때문에 반드시 필요한 것입니다. 자연을 보십시오. 자연이 봄에 얼마나 활발하게 일합니까! 싹들이 어떻게 순식간에 푸르른 신록으로 바뀌는지 보십시오! 여름에는 만물이 얼마나 활발하게 움직이는지 보십시오! 그러나 자연은 가을이 숲의 잎들을 갈색으로 물들이면 그 활기에서 다소 긴장을 풀기 시작하고, 겨울 동안에는 초목이 잠을 자고, 수액은 나무 전체를 빠르게 순환하기보다는 중심으로 물러나 한동안 활동을 멈춥니다. 그렇지만 몇 달 동안의 겨울이 낭비되는 시간이라고 말하겠습니까? 그렇지 않습니다. 겨울을 몇 달 지내는 동안 식물 세계는 다시 봄과 여름과 가을을 맞이하기에 필요한 힘을 모으고 있는 것입니다. 때때로 그리스도인들에게도 그와 같은 시간이 필요합니다. 그리스도인들에게 겨울이 있습니다. 이때는 수액이 중심으로 물러갑니다. 이때는 영적 생명이 밖에 있는 어떤 것으로 향하기보다는 그 자신에게로 발휘됩니다. 이때는 그 사람의 관심이 다른 사람들의 영혼에 대해서보다는 자신이 구원을 받았는지, 자신의 영혼이 원기 왕성한 상태에 있는지에 쏠립니다. 자연의 하나님께서 그런 뜻을 정하셨다면, 일이 그렇게 될 수밖에 없습니다. 그 일은 개인들에게 적용되듯이 교회에도 적용됩니다. 어떤 교회도 언제나 지극히 뜨거운 열심을 계속 유지할 수 있다고 생각하지 않습니다. 그와 같이 설교마다 모두 대초원에 타오르는 불길처럼 회중을 사르게 되어 있지 않습니다. 나는 어떤 무리도 해마다 계속되는 부흥운동의 모든 기세를 감당할 수 있다고 생각하지 않습니다. 그 정신은 감당하려고 하는 자세가 아무리 충분하다 할지라도 몸이 쇠약해질 것이 틀림없기 때문입니다. 그러므로 계절들이 바뀌는 일이 있을 것입니다. 경험이 있고 관찰력이 예민한 그리스도인은 누구나 교회에 안식의 때가 있고, 이 안식의 때는 교회에서 새들의 노랫소리가 들렸고, 무화과나무가 푸른 열매를 내놓는 때와 뒤섞여 있는 것을 눈치 챘을 것입니다.

나는 우리가 바로 지금 특별한 노력을 기울이기에 적합한 때를 만났다고 믿습니다. 성공에 대한 기대가 아주 높은 때 그리스도인은 누구나 전투하러 나가야 합니다. 우리는 왕들이 그랬듯이 전쟁하기에 가장 적합한 때를 지혜롭게 골라야 합니다. 그리고 첫째로, 지금이 적합한 시기입니다. 종교적인 행사를 위해 백성들을 모을 수 있기 때문입니다. 여름철 몇 달 동안 내내 날씨가 세상에 대해서는 화창하지만 교회에 대해서는 대체로 어둡습니다. 지방 도시에서 농업에 종사하는 많은 사람들은 주중의 밤 집회에 나올 수 없습니다. 오랜 기간 더 오래 일해야 하는 동안에는 기도회나 성경 공부, 그와 같은 집회들이 대체로 시들해집니다. 나는 이런 집회들이 현재와 같이 그렇게 많이 시들해지는 것이 옳다고 말하는 것이 아닙니다. 그렇지만 여름철에 지방 도시와 마을에서는 종교적 행사에 대한 관심이 대체로 약해진다는 것은 어쨌든 사실입니다. 심지어 우리들 가운데서도 그것은 어느 정도 사실입니다. 이마에 땀을 흘려 생활비를 벌어야 하는 사람은 오랜 날 동안 일해야 합니다. 그래서 교회에 행복한 시절이 도달하는 것은 해가 저물기 시작하는 때뿐이고, 겨울철이 오는 때뿐입니다. 여름철이 우리에게는 겨울이었듯이 겨울철이 우리에게는 여름이 됩니다. 일 년 중 이때부터 교회는 몸을 떨치고 일어나 이렇게 말해야 합니다. "자, 우리의 추수 때가 왔다. 이제는 왕들이 출전할 시기이다. 하나님께서 이제 우리에게 기회를 주셨다. 우리가 이 기회를 이용해서 또 다른 추수기가 지나가기 전에, 또 한 번의 영적 여름철이 끝나기 전에 많은 사람이 구원받을 수 없는 자리에 있지 않도록 해야 한다."

사랑하는 친구 여러분, 지금은 거룩한 활동을 하기에 좋은 시간입니다. 거룩한 활동을 할 수 있는 시기라는 점 외에도, 사람들이 복음을 기꺼이 듣고자 하는 태도들이 있는 것이 확실하기 때문입니다. 우리가 이 예배당에 자주 드나드는 만큼 이 예배당은 예수 그리스도의 오래된 복음이 그 능력을 잃지 않았다는 분명한 증거를 보여줍니다. 나는 이 강단에 서는 설교자가 설교가 빈약하고 웅변술의 능력도 별로 없다는 비평을 들었고, 읽었으며, 나 역시 그 비평이 맞다고 생각합니다. 이 거대한 무리를 매년 모이게 만드는 능력은 수년 전에 그들을 붙잡았던 능력입니다. 곧 간절한 마음으로 평이하게 전한 단순한 복음입니다. 사람들은 복음에 물리지 않습니다. 런던의 시민들은 옛날부터 들어온 십자가에 대한 설교에 넌더리를 내지 않습니다. 여러분의 목회자들이 웅변술을 제쳐놓으려고 한다면, 그리고 죽으신 그리스도를 단순한 언어로 이야기하고, 사람들에게 구원의 길을 평이하게 이야기할 마음을 다시 갖는다면, 다른 예배당들도 이 예배당처럼 사람이 가득 차지 말아야 할 이유는 없습니다. 왜냐하면 사람들에게 생명의 양식에 대한 굶주림이 있기 때문입니다. 사람들이 단순하고 뜨거운 복음을 들을 수만 있다면, 그들은 그 복음을 들을 수 있는 곳으로 갈 것입니다. 일단 들으려고 하는 마음이 사람들에게 있을 때, 그리고 우리가 그 표지와 신호를 오늘 이 자리에서 본다면, 그리스도인은 누구나 속으로 이렇게 말해야 옳습니다. '사람들이 복음을 들으려는 마음이 있다면, 내가 복음을 말하고 싶어 하지 않아서 그들이 복음을 듣지 못하는 일은 없게 하겠다. 그들이 받을 준비가 되어 있다면, 나는 언제든지 복음을 뿌릴 것이다. 나는 복음을 듣기를 간절히 바라는 사람들에게 구원의 길을 증거하는 일을 그치지 않을 것이다.' 그러므로 고기가 그물 안으로 들어올 준비가 분명히 되어 있기 때문에 여러분은 밤낮으로 그물을 던지는 일에 꾸물거리지 않기를 바랍니다.

그 다음에, 왕들이 출전할 때는 언제나 왕의 군대가 전쟁하기에 적합한 때가 될 것입니다. 내 말뜻은 영적 일을 할 만한 때는 일꾼이 특별히 영적 일을 하기에 적합한 때라는 것입니다. 그때가 언제입니까? 그때는 일꾼이 영적 양식을 먹은 때가 되어야 하지 않겠습니까? 영적 양식을 통해 믿음이 자라고 사랑이 커진 때가 되어야 하지 않겠습니까? 어떤 그리스도인이든지 자신이 거룩하고 행복한 상태에 있다고 생각한다면, 자신의 영혼을 유익하게 하는 설교를 듣고 있다면, 그는 그때 무엇보다 이렇게 말해야 하지 않겠습니까? "무슨 목적으로 이 힘이 내게 있는가? 무슨 이유로 하나님께서 내게 이 영적 양식을 주어 힘을 유지시키시는가? 정말로 무엇 때문에 그렇게 하시는가? 내 자신을 위해 그 힘을 간직하거나 아니면 우쭐대며 써야 하는가? 아니, 그렇게 할 수는 없다. 이 힘을 주신 것은 내가 주님의 대의를 위해 그리고 멸망하는 사람들의 구원을 위해 그 힘을 쓰도록 하기 위한 것이 틀림없다." 형제 여러분, 오늘 여러분 가운데 많은 분들에게 이 말씀이 해당되지 않습니까? 여러분이 즐거이 복음을 듣지 않았습니까? 여러분이 복음 안에서 보장된 이익을 기뻐하지 않았습니까? 여러분은 지금 이 순간 거룩한 확신을 누리고 있지 않습니까? 예수님의 이름만 들어도 마음이 기쁘지 않습니까? 자, 전에는 그렇게 하지 않았다면, 이제 반드시 여러분이 만군의 여호와의 군대에서 한 자리를 차지하고 나가서 싸워야 합니다. 하나님의 군대는 예로부터 어린 사람들, 병든 사람들, 약하고 지친 사람들은 전투에서 면제시켜주곤 하였습니다. 그러나 이스라엘에서 용감한 사람들 그리고 강한 사람들은 면제시키려고 하지 않았습니다. 나도 하나님께서 특별히 은혜를 베푸신 형제자매들을 면제시킬 수 없습니다. 오히려 나는 시온에서 나팔을 불며 이렇게 말할 것입니다. "너희에게, 바로 너희에게 출전명령이 내려졌다. 깨어라, 일어나라. 기운을 차리고 왕들처럼 나가서 싸워라."

특별히 일을 해야 할 또 다른 시기는 명민한 그리스도인들이 성령께서 자기들을 불러 특별한 일을 수행하도록 하시는 움직임을 느낄 때일 것입니다. 하나님께서 다윗에게 "뽕나무 꼭대기에서 걸음 걷는 소리가 들리거든 곧 공격하라"(삼하 5:24)고 말씀하셨습니다. 그때 다윗은 힘을 내어 블레셋 사람들을 쳤습니다. 여러분 가운데 어떤 분들은 뽕나무 꼭대기에서 걸음 걷는 소리를 듣지 않습니까? 나는 그 소리를 들었다고 생각합니다. 최근에 지치고 고통스러운 가운데 있을 때 이렇게 속삭이는 것 같은 소리가 내 영혼에 들렸습니다. "하나님의 사람아, 깨어라! 힘을 내라. 네 동료들이 죽어가고 있다. 이 땅은 짙은 어둠이 덮여 있다. 일어나라. 네게 주신 빛을 비추어라. 네 마음속에 있는 불이 네게 명하는 대로 불타오르고 빛을 비추기를 그치지 마라!" 천사의 속삭이는 그런 소리가 여러분에게 들리지 않았습니까? 여기에 계시는 주일학교 선생님들이 자기 반에서 아직 회심하지 않은 학생들에 대한 생각으로 마음이 복잡했다면, 나는 그것을 신성한 징조로 여기고 환영할 것입니다. 이 자리에 있는 젊은이들이 세상적인 인연에서 벗어나 주님의 명예를 나타내는 일에 전념하겠다는 충동을 느꼈다면, 나는 그것을 신성한 징조로 환영할 것입니다. 우리 가운데서 죽어가는 허다한 무리들에 대해 거룩한 동정심을 느끼고, 지옥으로 내려가고 있는 많은 사람들을 진정으로 불쌍히 여기는 나이든 여자들과 처녀들, 아버지들과 젊은이들이 있다면, 나는 그것을 장차 임할 승리의 전조로 생각할 것입니다. 이 자리에 계신 사람들 가운데는 "그동안의 우리 마음 상태는 지금이 왕들이 출전할 때라는 전조를 보여주었다"고 증언하고 말할 수 있는 사람들이 있을 것이 분명합니다. 시온에게 은혜를 베풀 때, 곧 정한 때가 왔습니다. 시온은 깨어 일어나도록 해야 합니다. 하나님께서 시온의 앞에 가셔서 시온에 승리를 주실 것이기 때문입니다.

왕들이 출전할 때를 나타내는 또 다른 표지는 하나님께서 친히 일하시는 때임이 틀림없습니다. 우리는 하나님과 함께 일하는 일꾼들입니다. 우리가 하나님의 이름으로 손을 들어 죄를 칠 때, 전능하신 팔도 또한 죄를 치십니다. 우리가 특별히 힘을 내어 일할 시기에 대해 알려주는 어떤 것을 요구한다면, 그것은 성령께서 특별한 힘을 발휘하시는 때임이 확실할 것입니다. 지금 이 시간 이 예배당에는 성령께서 최근에 그 마음속에서 일을 해 오신 사람들이 있습니다. 우리가 회심하는 일이 없이 지낸 것은 아닙니다. 내가 바라는 만큼 많은 수가 회심한 것은 아니지만 회심한 사람들이 있습니다. 죄를 깨닫고 안식을 찾지만 전혀 얻을 수 없는 사람들이 있습니다. 그런가 하면 아주 최근에서야 우리 주님의 십자가 밑으로 와서 눈을 들어 주님의 귀한 피가 흐르는 것을 보고 그들의 구원을 오직 주님께만 둔 사람들도 있습니다. 하나님께서 지금 일하고 계시니, 우리도 일해야 하지 않겠습니까? 훌륭한 사람들이 우리와 함께 있다는 것은 우리에게 격려가 됩니다. 그러나 훌륭한 사람들의 하나님이 함께 계신다는 사실은 훨씬 더 우리의 힘을 북돋아 줄 것입니다. 마호메트는 그의 첫 번째 전투들 가운데 한 전투에서 병사들에게 자기는 천사들이 신실한 자들의 승리를 얻기 위해 싸우러 달려올 때 천사들의 말 울음소리를 들을 수 있다고 외침으로써 싸울 힘을 북돋았습니다. 나는 그렇게 말하지 않습니다. 그러나 불말과 불병거가 하나님의 신실한 종을 두르고 있으며, 믿음으로 분별하는 눈을 가진 사람들은 섭리의 하나님께서 하늘과 땅을 돌아다니며 하나님의 교회가 티끌 가운데서 일어나 아름다운 옷을 입고 주님의 이름으로 정복하기를 굳게 결심하기만 하면 하나님의 교회를 도우시려고 한다는 것을 볼 수 있는 것은 확실합니다. 그렇습니다. 나는 바로 진리, 곧 즐거우면서도 엄숙한 진리를 말씀드린다고 믿습니다. 왕들이 출전할 때가 되었다고 말씀드리는 것입니다. 나는 특별히 우리 교회를 위한 때가 왔다고 확신합니다. 우리 교회에 대해서 노력을 기울여야 하고 또 성공을 거둘 때가 충분히 임했다고 확신을 가지고 판단할 수 있습니다. 보편의 교회에 대해서 말하자면, 바로 이때만큼 교회가 신앙부흥을 추구하는데 전념하기에 좋은 때는 없는 것이 분명합니다. 지금은 정치적 동요가 없이 잠잠하고, 그 점에서 대단히 큰 진보가 이루어지되 잘 이루어져서 모든 큰 소동이 그쳤으며, 세계가 장차 올 더 나은 날을 열망하는 때입니다. 확실히 지금은 하나님의 모든 성도가 갈멜산 꼭대기에 올라가 엘리야처럼 무릎 사이에 머리를 묻고 간절히 부르짖고 나서 바다를 바라보되, 비록 사람 손바닥만 한 구름이지만 구름이 일어나는 것을 보고 간절한 기도의 응답으로 그 구름이 물을 쏟아내어 땅이 은혜의 소나기로 흠뻑 적셔지기를 기대해야 하는 때입니다.

2. 두 번째 요점은, 전쟁의 때가 왔으므로 이제 모든 군사는 출전해야 한다는 것입니다.

신앙을 고백한 그리스도인은 누구나, 신자는 누구나, 구원받은 죄인은 누구나 출전해야 합니다. 전쟁의 때가 왔다는 사실이 모든 사람에게 주님의 전쟁에 나가라고 요구한다는 것을 말씀드립니다. 나는 다음과 같은 고려 사항들을 가지고 이 요점을 강조합니다.

신자는 모두 그리스도에게 속해 있습니다. 여러분은 하나님의 소유이고 재산입니다. 여러분은 하나님의 종입니다. 여러분의 몸에는 그리스도의 낙인, 곧 주 그리스도의 표시가 찍혀 있습니다. 이는 "너희는 너희 자신의 것이 아니라 값으로 산 것이 되었기"(고전 6:19,20) 때문입니다. 여러분은 방금 이렇게 찬송했습니다.

"내가 주의 것이고 주는 내 것이기 때문이라."

이것이 여러분의 최고의 영광이고, 그것은 사실입니다. 사랑하는 여러분,

여러분이 그리스도께 속해 있다는 이 사실을 인해서 나는 여러분에게 뒤로 물러나지 말라고 이야기합니다. 여러분은 한 달란트밖에 가진 것이 없다고 대답합니다. 여러분이 한 달란트를 가졌든 열 달란트를 가졌든, 여러분은 그리스도께 속한 사람입니다. 여러분은 세상에서 아주 바쁘게 일한다고 말합니다. 그럴지라도 여러분은 그리스도께 속한 사람입니다. 나는 여러분에게 악한 세상에 몰두하지 말라고 권합니다. 여러분은 그리스도인으로서 봉사를 할 만한 도덕적 용기가 없다고 말합니다. 그러나 여러분은 그리스도께 속한 사람입니다. 여러분이 그리스도를 섬기지 못하도록 막는 것은 무엇이든지 죄가 될 것입니다. 그러므로 여러분은 죄와 싸워야 합니다. 하나님의 기름 부음 받은 자들이 싸우러 나가니, 여러분도 죄와 싸워야 하며, 나아가 대(大) 십자군에서 이런저런 도움을 제공하는 데까지 나아가야 합니다.

여러분은 모두가 그리스도께 속한 사람입니다. 여러분이 그리스도께 속해 있는 사실이 여러분에게 그리스도에 대한 참된 애정을 일으켰습니다. 여러분이 속으로 대답하는 즐거움을 맛보도록 이 질문을 하겠습니다. "요한의 아들 시몬아 네가 나를 사랑하느냐?" 여러분은 예수님을 믿는 신자이고, 예수님으로 말미암아 구원받았다고 고백하는데, 여러분은 예수님을 사랑합니까? 신자 여러분, 지금 그 질문에 대답해야 한다면, 틀림없이 여러분은 영광스러운 무리 가운데서 일어나 이렇게 말할 것입니다. "예수님을 사랑하느냐고요? 아, 정말이지 주님은 우리 마음을 아십니다. 주님은 모든 것을 아시는데, 우리가 주님을 사랑한다는 것을 아십니다." 그렇다면 여러분의 사랑을 증명해 보십시오. 주님께서는 주님에 대한 여러분의 사랑을 보일 수 있는 공정한 장(場)을 제공하십니다. 여러분은 여러분의 왕의 전쟁에 나가서 싸우고, 그의 이름의 향기를 널리 퍼트리는 것만큼 왕에 대한 여러분의 사랑을 잘 증명할 수 있는 길은 없습니다. 또한 하나님께서는 여러분 각 사람에게 봉사하도록 명하셨습니다. 여러분 모두가 설교하도록 정해지지 않았고, 모두가 어떤 한 종류의 일을 하도록 정해지지도 않았습니다. 손은 발의 의무를 행하도록 정해지지 않았고, 발은 눈의 봉사를 하도록 정해지지 않았습니다. 그러나 발은 눈만큼 필요한 지체이고, 눈 또한 손만큼 필요한 지체입니다. 자, 여러분의 봉사는 무엇입니까? 자, 여러분의 봉사하는 일이 무엇입니까? 여러분 외에는 아무도 그 일을 할 수 없다는 것을 아십시오. 그러므로 여러분이 그 일을 맡지 않으면 그 일은 미완성으로 남게 될 것입니다. 몸에서 어떤 한 지체가 기능을 그치면 몸이 불완전하게 되고 따라서 몸 전체가 고통을 받듯이, 우리 교회에서 하나님의 한 자녀가 자기에게 맡겨진 구체적인 의무를 그만 두면, 다른 누가 그 일을 할 수 없고, 따라서 교회는 손해를 입을 수밖에 없습니다. 모든 경우에 여러분의 특정 분야가 어떤 것이 될 수 있는지 지적하는 것은 내가 할 일이 아닙니다. 그것은 오직 여러분을 지금의 존재로 지으시고 또한 여러분의 위치와 봉사를 정해주신 하나님밖에 할 수 없는 일입니다. 다시 말하지만 여러분의 봉사는 여러분 외에는 아무도 그것을 맡거나 이행할 수가 없습니다. 그렇다면, 형제자매 여러분, 여러분은 자신이 어떤 사람이든지 간에 일어나서 스스로에게 "내가 할 일이 무엇인가"라고 물어보십시오. 그 다음에 여러분의 주님께 "주여, 주께서 내게 시키실 일이 무엇입니까?" 하고 물어보십시오.

그 다음에, 여러분 각 사람에게 약속된 힘이 있다는 사실을 상기시켜 드립니다. "네가 사는 날을 따라서 능력이 있으리로다"(신 33:25). 여러분이 약하다는 이유로 전투에 빠져서는 안 됩니다. 하나님께서 약한 자들에게 힘을 북돋아주시기 때문입니다. "소년이라도 피곤하며 곤비하며 장정이라도 넘어지며 쓰러지되 오직 여호와를 앙망하는 자는 새 힘을 얻으리라"(사 40:30,31). 여러분이 하나님을 섬길 수 있는 것은 여러분에게 있는 힘으로 하는 것이 아니라 여러분이 필요로 할 때 하나님께서 여러분에게 주실 힘으로 하는 것입니다. 자, 떡과 물고기를 집어 수천 명의 사람들을 먹이십시오. 여러분은 "이것으로는 충분치 않습니다" 하고 말하지 마십시오. 주님께서 떡과 물고기를 떼어 나누어 주는 동안에 그것들이 늘어나게 하실 것입니다. 그래서 떡과 물고기가 충분하고 남을 것입니다.

그러니 자신이 그리스도 안에 있다고 말하는 여러분, 모두 하나님을 사랑하십시오. 여러분 모두에게는 할 일이 있고, 하나님께서는 여러분 모두에게 필요한 은혜를 주실 것입니다. 그러므로 나는 여러분의 왕에 대한 여러분의 신의와 충성을 인하여 여러분에게 명령합니다. 여러분 모두 게으름의 티끌을 떨치고 나가 "여호와를 돕고 여호와를 도와 용사를 칠"(삿 5:23) 결심을 하라고 말씀드립니다.

형제 여러분, 우리 모두가 해야 할 아주 당면해 있는 일이 있다고 말씀드려야 할까요? 설교자에게는 언제나 할 일이 있을 것입니다. 하나님께서는 자신의 모든 종들에게 할 일을 충분히 맡기실 것입니다. 주일학교 선생님 여러분, 여러분의 소명을 굳게 붙잡으십시오. 그것은 고귀한 소명입니다. 여러분은 어린아이들을 그리스도를 위해 훈련하는 아주 고귀한 봉사의 지위를 취하도록 허락받았다는 점에서 큰 명예를 얻은 것입니다. 여러분이 이런 일들 가운데 어떤 것도 할 수 없고, 그리스도를 변호하는 말을 도무지 할 수 없다면, 그동안 여러분의 영혼에 유익이 되었던 경건 서적이나 전도 책자를 만나거나 설교를 들으면, 그것을 사람들에게 나누어 주십시오. 나는 코튼 매더Cotton Mather)의 책에서 유용한 계획들에 대한 글을 읽은 것이 생각납니다. 매더는 말하기를 때로 하나님께서 복을 주시면 얼마 되지 않는 돈으로 한 영혼이 회심하였다고 하였습니다. 얼라인(Alleyne)의 「회개하지 않은 자에게 보내는 경고」, 백스터(Baxter)의 「회심으로의 초대」(*Call to the Unconverted*), 도드리지(Doddridge)의 「소생과 성화」(*Rise and Progress*)와 같은 책들은 지나간 오랜 세월 동안 놀라운 일들을 일으켰습니다. 그리고 오늘날 여러분은 한두 푼만 내면 독자의 이목을 확실히 붙잡도록 잘 설명된 진리를 얻을 수 있습니다. 세실 씨(Mr. Cecil)는 어머니 때문에 하나님께 매우 감사하지 않을 수 없다고 하는데, 그것은 그의 어머니가 자기에게 좋은 책을 읽도록 강요해서가 아니라 세심하게 마음을 써서 자기가 집어 보기 쉬운 자리에 그런 책들을 놓아둔 것 때문이라고 합니다.

예수님을 사랑하는 여러분, 이 점에 주의하십시오. 진리를 모르는 사람에게는 그런 방식으로 진리를 제시하십시오. 그렇게 할 수 있는 기회를 결코 놓치지 마십시오. 할 수 있으면 개인을 상대로 직접 그리스도에 대해 이야기하십시오. 우물가에 앉아서 사마리아 여인과 이야기하셨던 여러분의 주님께서는 그것이 좋은 방법임을 웅변적으로 보여주셨습니다. 주님께서는 그 여인을 통해 모든 사마리아 사람에게 복음을 전파하셨습니다. 그와 같이 여러분은 한 개인을 통해서 마을 절반의 사람들에게 복음을 전할 수가 있습니다. 여기 계신 분들 가운데 한 사람도 게으름을 피우지 않으면 좋겠습니다! 이 외에 다른 아무것도 할 수 없을지라도 여러분은 기도할 수 있습니다. 하나님의 교회는 기도하는 사람들에게서 아주 놀라운 힘을 얻습니다! 누워서만 지내는 많은 성도들은 약한 가운데서도 하늘에 아주 가까이 있습니다. 그래서 그들은 간구를 통해서 하늘의 안내자처럼 행하고, 하나님으로부터 신성한 번개를 내려 믿지 않는 자들의 마음을 찢고 쪼개는 일을 할 것입니다.

아, 여러분이 다른 아무것도 할 수 없다면, 여러분의 도고를 통해서 우리를 도우십시오. 나는 우리 교회에 게으른 사람이 하나도 없을 것이라고 생각합니다. 그러나 만약에 그런 분들이 있다면 이제 게으름을 그치라고 그분들에게 말씀드립니다. 여러분은 게으른 그리스도인으로 있기보다는 지극히 비천한 봉사라도 맡아서 하는 것이 낫습니다. 나는 며칠 전에 빈 집들이 늘어서 있는 길을 지나갔습니다. 집들이 다 비어 있었습니다. 그래서 나는 집 주인이 세를 아주 조금만 받고 아주 가난한 사람들에게 집을 내주었다면, 집들을 비워두는 것보다 나았겠다는 생각을 하지 않을 수 없었습니다. 왜냐하면 남자 아이들마다 창문을 돌 던지는 기술을 익히는 과녁으로 사용하였고, 도둑들은 납으로 만든 제품이나 옮길 수 있는 금속들은 손에 닿는 대로 가져가버렸으며, 1층 집의 방들은 거의 모두 아이들과 개들의 놀이터가 된 것이 분명하고, 이 흉물스러운 잔해들 때문에 이웃 사람들이 좀처럼 회복할 수 없을 것 같은 오명을 뒤집어쓰고 있었기 때문입니다. 집들을 그처럼 폐허로 내버려두기보다는 차라리 아주 형편없는 세입자라도 둔 것이 더 나았습니다.

그리스도인들 가운데는 빈 채로 사람이 살지 않아 무익하며 퇴락하여 곧 무너질 것 같은 집들처럼 보기 흉한 상태로 지내는 것보다는 아주 비천한 일이라도 하는 것이 나은 사람들이 있습니다. 여러분이 게으름을 피우면 여러분 곁에 있는 사람들만큼이나 자기 자신을 괴롭힐 수밖에 없습니다. 나는 병든 사람들도, 슬퍼하는 사람들도 전투에 참가하라고 말하고 싶습니다. 고통의 골짜기에서 벗어나는 가장 손쉬운 방법 중 하나는 활동하는 것입니다. 그 사람들이 그런 이유 때문에 많은 것을 성취하지 못할지라도, 그 일 자체가 그들에게 도움이 될 것입니다. 사랑하는 남편을 잃은 부인이 "이제부터 나는 아무것도 하지 않고 떠나간 남편을 생각하고 슬퍼하기만 할 거야"라고 말하고, 사회에서 물러나고 생활의 모든 활동을 그치도록 해 보십시오. 그러면 슬픔이 암처럼 그녀를 먹어치우고, 그녀의 삶은 쓰디쓰게 될 것입니다. 그렇게 하기보다는 그 부인이 가족을 보고, 나와서 반드시 필요한 일상적인 일을 하도록 하십시오. 그러면 그녀의 마음이 위로를 얻을 것입니다.

나는 한 어머니의 이야기가 생각납니다. 그 어머니는 어린 아들이 방에서 놀고 있을 때 자신의 과부 신세를 한탄하며 아주 심하게 눈물을 흘리고 있었습니다. 그 어머니의 어린 아들은 엄마가 슬퍼하는 이유가 무엇인지 잘 알았던 것 같습니다. 그 아들이 어머니에게 가서 팔로 어머니의 목을 끌어안고 "엄마한테는 내가 있잖아" 하고 말했습니다. 여러분은 어떻게 아이의 말이 그 어머니의 마음을 위로하여 어머니가 "그래, 나는 네가 네 아버지의 하나님을 알고 네 아버지가 지금 안식하고 있는 천국에 이르도록 너를 훈련시킬 너에 대한 엄숙한 책임이 있어"라고 생각하게 만들었는지 알 수 없습니다. 어린 아들을 돌보지 않으면 안 되었던 의무가 그 어머니에게 눈물을 훔치도록 도움을 주었습니다. 그 의무가 없었더라면 아마도 그녀는 오랫동안 눈물을 흘렸을 것입니다.

우리 그리스도인들에게 있어서 주님을 위해 무엇인가를 하기 위해 힘을 내는 것만큼 병든 자들을 건강하게 만드는 것이 없고, 낙심한 자들에게 용기를 주는 것이 없으며, 약한 자들에게는 힘을 북돋우고, 심령이 가난한 자들에게는 영혼을 부요하게 하는 일이 없습니다. 여러분은 자신이 무엇을 할 수 있는지 모릅니다. 여러분에게는 영원하고 헤아릴 수 없이 큰 능력들이 있습니다. 여러분이 시도하기만 하면 하나님께서 여러분을 도우실 것입니다. 여러분이 적은 능력을 사용한다면 더 큰 능력을 갖게 될 것입니다. 한 달란트가 두 달란트가 되고, 두 달란트는 네 달란트가 되며, 네 달란트는 배로 늘어날 것입니다. "있는 자는 받아 넉넉하게 될 것이라"(마 13:12). 그러므로 사랑하는 양 무리 여러분, 여러분에게 말씀드립니다. 여러분 가운데 단 한 분도 이 시간에, 곧 왕마다 출전하는 이 때에 가만히 있지 마십시오.

3. 거룩한 전쟁에 참여하는 사랑하는 동지 여러분, 그리스도를 위하여 열심히 싸우도록 우리를 부추기는 위대한 동기들이 있습니다.

그 동기들에는 다섯 가지 요점이 있습니다. 첫 번째는 우리의 왕이십니다. 임마누엘, 곧 하나님이 우리와 함께 하심과 같은 그런 왕을 위해 싸우지 않을 사람이 누가 있겠습니까? 그의 받으신 상처를 인하여, 그의 가시 면류관을 인하여, 그의 피 흘리는 심장을 인하여, 영광의 보좌에서 드리는 그의 끊임없는 중보기도를 인하여, 우리는 이제 손을 들고 그 왕을 위하여 싸우기를 그치지 않겠다고 선언합시다. 옛적에 때로 왕이 모인 기사들에게 충성의 맹세를 요구하면 기사들이 칼을 빼서 공중에 흔들며 그의 왕위를 지키겠다고 엄숙한 맹세를 하였듯이, 이제 오늘날 우리 각 신자는 속으로 이렇게 말하도록 합시다. '내 주 그리스도와 같은 왕을 위하여 반드시 싸워야 하고, 또한 싸우겠다.'

그 다음에 우리가 진리의 깃발, 곧 속죄하는 보혈의 깃발 아래 모여 싸우는데, 그 깃발을 기억하십시오. 형제 여러분, 여러분의 아버지들이 그들의 피로 깃발이 범벅이 되었을지라도 아주 굳세게 깃발을 붙잡았다는 것을 말씀드립니다. 여러분의 아버지들 가운데 참으로 많은 사람들이 스미스필드의 화형 말뚝에서 자신을 태우는 연기 가운데서도 깃발을 놓지 않았던 것을 기억하시기 바랍니다! 용감한 선조들의 긴 가계(家系)를 통해서 그 진리의 깃발이 여러분에게까지 전해진 것입니다. 재세례파들과 언약도들, 청교도들, 세상이 감당하지 못한 사람들로부터 그 깃발이 여러분에게까지 전해져 깃발을 보호할 책임을 맡게 된 것입니다. 이 깃발이 어느 날 패배한 지옥의 군대들 위에 나부끼게 될 것이라는, 즉 그리스도께서 대적(大敵)이 가장 자랑하는 성채 안에 그 깃발을 꽂으실 것이라는 그 사실을 인해서 이제 하나님을 위해, 그 싸움을 위해, 하나님 말씀의 교훈을 위해, 영원히 거하는 불멸의 복음을 위해 다시 모이시기 바랍니다. 누가 겁을 먹고 이 전투에서 뒷걸음치겠습니까?

다음에는 또 다른 단어, 곧 여러분이 성령의 능력으로 죄의 노예 상태에서 구속하기를 바라는 포로들을 기억하시기 바랍니다. 1857년의 벵갈 원주민의 폭동을 진압하는데 참가한 우리 군인들이 칸푸르(Cawnpore)를 기억하고 그들의 형제들이 받았던 모든 잔인한 행위들을 기억하고 아주 사자처럼 담대하게 그 폭도들을 향하여 진군하였습니다! 그들은 지칠 줄 모르고 행군하였으며, 적이 눈앞에 나타났을 때는 아주 단호하게 싸웠습니다! 우리는 우리 형제를 노예로 삼고 우리 형제에게 해를 입힌 자들과 이런 식으로 싸워야 합니다. 하나님의 택하신 백성들 가운데 지금 사망과 지옥의 포로가 되어 있는 사람들이 허다히 많다는 것을 기억하시기 바랍니다. 그들 가운데는 하나님을 모독하는 말을 하는 자들이 있고, 술주정뱅이도 많고, 어떤 자들은 아주 무서운 악에 빠져 있으며, 또 어떤 이들은 아주 깜깜한 절망에 빠져 있습니다. 그들이 자유롭게 될 수 있는 것은 성령께서 복 주시는 여러분의 노력을 통해서만 이루어집니다. 그러므로 여러분에게 권합니다. 그들의 자유를 위해 싸우십시오. 다윗과 그의 부하들이 시글락에 와서 그들의 아내와 자녀들이 포로로 잡혀 간 것을 알았을 때, 그들은 참으로 신속하게 적을 추격하였고, 아내와 자녀들을 포로 상태에서 풀어주기 위해 아주 용감하게 약탈자들에게 덤벼들었습니다. 여러분의 자녀들이 지금도 사탄에게 사로잡혀 있을 수 있으며, 여러분의 남편이 아직도 포로로 있고, 여러분의 아내가 아직도 해방되지 못한 상태에 있으며, 여러분의 형제나 자매 혹은 이웃이 여전히 "악독이 가득하며 불의에 매인 바"(행 8:23) 되어 있을 수 있습니다.

여러분 자신이 자유를 사랑하고, 여러분의 친척과 동포를 사랑하므로, 십자가의 군병들이여, 그들이 성령의 능력으로 해방될 수 있도록 전쟁터로 오십시오.

다시금 기억하십시오. 이 단어, 적, 곧 사악하고 잔인한 이 적이라는 단어를 들을 때 우리는 잘 싸우겠다고 마음먹어야 합니다. 우리는 혈과 육과 싸우는 것이 아니라 영적인 악함과 싸우는 것입니다. 우리의 전투는 사람들과 치르는 것이 아니라 온갖 형태의 악과 싸우는 것입니다. 우리의 싸움은 에덴 동산을 황폐화시키고 우리 인류를 멸망시킨 그 뱀과 치르는 것입니다. 하나님이여, 우리를 싸우게 만들 수 있는 것이 있다면, 그것은 우리 인류를 살인한 자인 옛 뱀에 대한 적의일 것입니다.

우리를 싸우도록 격려하는 또 한 가지가 있는데, 그것은 우리의 상급입니다. "많은 사람을 옳은 데로 돌아오게 한 자는 별과 같이 영원토록 빛나리라"(단 12:3). 성령으로 말미암아 여러분의 기도와 눈물을 통하여 누군가가 구원을 받는다면, 여러분은 땅에서 천사가 누리는 것과 같은 기쁨을 맛볼 것이고, 하늘에서 주님께서 친히 여러분에게 시들지 않는 명예를 주실 것이며, 그때 "잘 하였도다 착하고 충성된 종아"(마 25:23) 하고 말할 것입니다. 그러면 이 다섯 가지 요점을 하나로 모아보겠습니다. 여러분을 인도하시는 그 왕을 인하여, 여러분 위에 나부끼는 깃발을 인하여, 구원받기를 기다리고 있는 포로 된 여러분의 형제들을 인하여, 우리가 복수하는 것이 마땅한 그 끔찍한 적을 인하여, 그 영광스러운 상급을 인하여, 모든 군사는 왕이 출전하는 이때에 허리에 검을 차도록 합시다.

4. 여러분에게 전투하는 이 군대에 가담하도록 격려하는 가장 중요한 사실들을 곧 말씀드리겠습니다.

그 사실들을 아래와 같이 말씀드리겠습니다. 하나님께서 지금도 이 땅에 그의 선택하신 백성을 두고 계신 것은 아주 분명한 사실입니다. 그렇다면 하나님 말씀을 전함으로써 이 선택된 백성들을 찾는 것은 소망스러운 일이 아닙니까? "이 성중에 내 백성이 많음이라"(행 18:10)는 말씀은 사도가 그 성에 있을 때 사도에게 큰 격려가 되었을 것이 틀림없습니다. 하나님께서는 런던에 아직도 그의 백성을 많이 두고 계십니다. 그리고 하나님께서 여기 모이는 이 회중들 가운데서도 그의 백성을 많이 두고 계신다고 나는 확신합니다. 농부가 당연히 큰 수확을 기대할 수 있는 좋은 땅을 보면 씨를 뿌리고 싶은 마음이 들 듯이, 바로 지금 예수 그리스도를 위하여 일하고 싶은 마음을 가져야 합니다.

하나님께서는 아직까지 진실한 일꾼을 실망시키신 적이 없다는 점을 또한 기억하시기 바랍니다. 많은 사람들이 낙심하였지만, 그들이 하나님께 진실하였다면 하나님께서 결국은 그들에게 상급을 주셨습니다. 우리가 실망하게 되는 일이란 있을 수 없습니다. 성경에 "바울은 심고 아볼로는 물을 주되 하나님께서는 자라나게 하시지 않는다"고 기록되지 않았고 "바울은 심고 아볼로는 물을 주되 하나님께서 자라나게 하신다"고 기록되었습니다. 하나님께서 자기 종들에게 성공을 주셔야 할 의무는 없습니다. 하나님은 주권자로서 그의 기뻐하시는 뜻대로 행하실 수 있습니다. 그러나 성경의 기록 전체를 통해서 보면 신실한 자들이 하나님께 버림받은 적이 없습니다.

또한 이 점을 기억할 필요가 있습니다. 비록 여러분의 노력을 통해서 한 영혼도 회심하는 것을 보지 못하였을지라도, 하나님께서는 여러분이 그리스도를 높이신 것으로 인해 영광을 받으실 것이라는 점입니다. 여러분이 그리스도에 대해서 이야기하고 다른 사람들의 유익을 위해 간절히 기도하고 눈물을 흘린 것을 인해서 하나님께서 영광을 받으실 것입니다. 여러분은 구원 얻는 자들에게서와 같이 멸망하는 자들에게서도 하나님께 대한 그리스도의 향기입니다. 여러분은 자신의 의무를 이행하였을 것이고, 그렇게 하는 가운데 지극히 높으신 하나님께서 여러분을 받으셨을 것입니다. 그러니 형제 여러분, 전투에 참가하십시오. 전투에 참가하십시오. 여러분은 실패할 수 없을 것이기 때문입니다. 그 약속들을 기억하십시오. 그 약속들을 염두에 두고, 그 약속들을 믿으며, 그 약속들에서 힘을 얻고 가십시오. "포기하지 아니하면 때가 이르매 거두리라"(갈 6:9). "하나님은 불의하지 아니하사 너희의 믿음의 역사와 사랑의 수고를 잊어버리지 아니하시느니라"(히 6:10; 살전 1:3). "이는 비와 눈이 하늘로부터 내려서 그리로 되돌아가지 아니하고 땅을 적셔서 소출이 나게 하며 싹이 나게 하여 파종하는 자에게는 종자를 주며 먹는 자에게는 양식을 줌과 같이 내 입에서 나가는 말도 이와 같이 헛되이 내게로 되돌아오지 아니하고 나의 기뻐하는 뜻을 이루며 내가 보낸 일에 형통함이니라"(사 55:10,11). "너는 네 떡을 물 위에 던져라 여러 날 후에 도로 찾으리라"(전 11:1). "너는 아침에 씨를 뿌리고 저녁에도 손을 놓지 말라 이것이 잘 될는지, 저것이 잘 될는지 알지 못함이니라"(11:6). 여러분은 새로 태어난 영혼의 영적 아버지가 되고 싶지 않습니까? 여러분은 불타오르는 데서 타다 남은 나무 동강을 끄집어내고, 펄펄 끓는 지옥에서 가라앉는 죄인을 구출하기를 기뻐하지 않겠습니까? 여러분이 원한다면 여러분에게 뜨겁게 기도하는 가운데 하나님을 깊이 의지하고 수단을 사용하라고 권합니다. 그 수단은 간단히 말해서 이것입니다. 즉 복음을 널리 이야기하고, 사람들에게 영생을 붙잡으라고 설득하는 것입니다. 영생은 하나님이 보내신 자 예수 그리스도를 믿는데 있습니다.

끝으로, 다른 어떤 것도 이 자리에 계신 내 형제들에게 봉사할 마음을 일으키지 못한다면, 나는 그분들에게 엄숙한 한 가지 사실을 상기시키고, 활동하지 않음의 중대한 위험을 알려드려서 그분들이 분발하고 활동하도록 만들고 싶습니다.

한가할 때 "그 해가 돌아와 왕들이 출전할 때가 되매"라는 본문의 전후관계를 읽어보시기 바랍니다. 다윗은 그의 신하 요압을 보내어 암몬 사람들과 싸우게 하였습니다. 졸렬한 왕입니다. 졸렬한 왕입니다! 그는 하나님의 싸움을 싸우도록 부름을 받았습니다. 그는 바로 그 목적을 위해서 왕으로 기름 부음을 받았습니다. 이스라엘의 두령이 되었습니다. 그런데 갑작스럽게 게으른 마음이 다윗을 사로잡았습니다. 우리 아이들이 부르는 노래가 다윗의 경우에 해당되었습니다.

> "사탄은 지금도 게으른 손이 행할
> 해악거리를 찾네."

적을 바라보고 있어야 할 눈이 밧세바를 보았습니다. 이스라엘의 적들을 향하여 굳세게 버티고 있었어야 할 마음이 음탕한 욕망으로 인해 나약해졌습니다. 다윗 왕이 넘어졌습니다. 그의 집안의 성벽에서 넘어진 것이 아니라 그의 높은 순결과 믿음으로부터 넘어졌습니다. 그는 다시는 그 순결과 믿음을 회복하지 못하였고, 이 일로 말미암아 그의 명성에 지극히 어두운 오점이 남게 되었습니다. 활동하지 않는 위험은 우리 모두에게 그와 같이 심각합니다. 그 위험이 반드시 그런 형태를 취하지 않을 수도 있습니다. 왜냐하면 사탄은 각 사람의 기질과 형편에 맞게 시험을 조정하는 법을 알기 때문입니다. 그리스도인은 누구나 온 마음으로 하나님을 섬기든지 아니면 죄에 빠지든지를 선택해야 하는 문제에 직면해 있다고 생각합니다. 우리는 앞으로 가든지 아니면 반드시 넘어지게 되어 있다고 믿습니다. 그리스도인 생활의 규칙은 이것입니다. 즉 우리가 주 우리 하나님께 열매를 맺지 않는다면 잎사귀마저도 잃고 겨울나무처럼 헐벗고 시든 채로 서 있게 된다는 것입니다.

형제 여러분, 하나님께서 여러분이 이 문제에서 잘못된 선택을 하지 않게 하여 주시고, 여러분이 과실을 범하게 될지라도, 그것이 여러분이 너무 느리게 움직여서 죄가 여러분을 쉽게 따라잡는 일이 결코 없도록 결심하게 하여 주시기를 바랍니다. 여러분이 빈둥거리며 지낸다면 반드시 악이 이런저런 형태로 여러분에게 닥친다는 것을 다시 한번 말씀드리고 싶습니다. 여러분이 하나님을 섬기지 않는다면, 확고하게 서지 못할 것입니다. 하나님의 영광을 위하는 열매를 맺지 못한다면 하나님의 복음에서 오는 위로를 기대할 수 없을 것입니다.

이 자리에 계신 신자라고 하는 모든 사람의 귀에 우렛소리처럼 들려주고 싶은 이 말은 참으로 두렵습니다. "여호와의 사자의 말씀에 메로스를 저주하라 너희가 거듭거듭 그 주민들을 저주할 것은 그들이 와서 여호와를 돕지 아니하며 여호와를 도와 용사를 치지 아니함이니라 하시도다"(삿 5:23). 내가 결론으로 드리는 우리 주님의 말씀을 기억하시기 바랍니다. "나와 함께 아니하는 자는 나를 반대하는 자요 나와 함께 모으지 아니하는 자는 헤치는 자니라"(마 12:30). 이제 여러분을 값 주고 사기 위하여 흘린 피를 인하여, 여러분을 소생시키시는 성령님을 인하여, 형제자매 여러분을 기다리고 있는 천국을 인하여 여러분에게 나와 함께 싸우러 나가자고 권합니다. 집사님들, 교회의 장로님들, 주일학교 선생님들, 여러분 모두 나와 함께 싸우러 나갑시다. 우리가 다음 몇 달 동안 주님께서 우리에게 이전에 받았던 것보다 더 큰 복을 주시지 않는가 봅시다. 나는 하나님께서 하늘의 창문을 활짝 열고 복을 부어주실 것이라고 믿습니다. 아멘.

제
8
장

사죄 받음의 안전장치

"다윗이 나단에게 이르되 내가 여호와께 죄를 범하였노라 하매 나단이 다윗에게 말하되 여호와께서도 당신의 죄를 사하셨나니 당신이 죽지 아니하려니와……." — 삼하 12:13,14

"그러하나"(개역개정은 이 단어를 따로 번역하지 않고 "아니하려니와"라는 말에 포함되어 표현되고 있다 - 역주). 다윗의 극악한 죄의 세세한 점을 자세히 조사할 필요는 없습니다. 그 죄에 대해 조금이라도 변명을 하려고 한다면 그 죄에 가담하는 것이 될 것입니다. 그것은 변명의 여지가 없는 죄였습니다. 다윗이 이 자리에 우리와 함께 있다면, 다윗이 자신을 비난하는 만큼 그를 심하게 정죄할 사람은 여기에 아무도 없을 것입니다. 다윗은 자신이 범한 큰 죄에 대해 누가 조금이라도 변명해 주려고 한다면 극도로 화를 낼 것입니다.

이 이야기를 읽다 보면, 우리는 다음의 사실에 놀라지 않을 수 없습니다. 즉 나단이 다윗에게 곧바로 죄를 지적하였을 때, 몇 달 동안 잠자고 있었던 군주의 양심에 죄를 들이대서 진정으로 죄책감을 깨닫게 되었을 때, 슬피 회개하는 이 사람에게 즉시 사죄가 주어졌던 것입니다. 다윗이 "내가 여호와께 죄를 범하였노라"고 말하자마자 하나님의 은혜로 그에게 죄를 깨닫게 만든 그 선지자가 "여호와께서도 당신의 죄를 사하셨나니 당신이 죽지 아니하리이다"라고 하여 그에게 사죄를 확신할 수 있도록 하였습니다. 진정으로

“하나님께는 놀라운 은혜가 있습니다.”

큰 죄를 용서해 주시는 것은 놀라운 일입니다. 그런데 큰 죄를 그처럼 빨리 용서해 주시는 것, 죄를 고백하자마자 즉시 용서해 주시는 것은 특별히 감사하고 찬송할 만한 일입니다. 그러나 큰 죄를 금방 처치해 버리시는 데서 나타나는 하나님의 풍성한 자비를 칭송하는 설교를 함으로써 사람들이 죄를 가볍게 생각하게 되지 않을까 하는 염려가 듭니다. 하나님의 은혜를 한껏 선언하는 것이 사람들로 하여금 죄에서 벗어나는 것을 아주 쉬운 일로 생각하고, 따라서 죄 자체를 실제보다 덜 치명적인 것으로 생각하게 만드는 경향이 있다는 점이 하나님의 은혜에 대한 전적인 선언을 반대하는 이유로 종종 제기되었습니다. 자, 나는 반법주의(反法主義)가 인간 마음에는 자연스러운 것이며, 또 과거에 하나님의 은혜를 핑계로 방종한 생활에 빠진 사람들이 있었듯이, 장래에는 심지어 하나님의 자비를 자신의 죄를 변호하는 논거로 삼을 사람들이 있으리라는 것을 부인하지 않겠습니다. 이와 같이 행하는 사람들은 바울이 “선을 이루기 위하여 악을 행하자”고 말하는 사람들에 관해서 말한 대로 “정죄 받는 것이 마땅한”(롬 3:8) 지극히 악한 죄인들입니다. 벌들이 꿀을 뽑아내는 꽃에서 거미는 독을 뽑아낸다는 말을 들었습니다. 그와 같이 새롭게 된 마음은 거룩해야 할 이유를 끌어내는 바로 그 진리로부터 거듭나지 않은 사람들은 죄에 대한 핑계를 끌어내었던 것이 분명합니다. 그들이 그렇게 한다면, 나는 그들이 “핑계하지 못할지니라”(1:20)고 말할 수밖에 없습니다. 실제로 어떤 사람들은 속죄의 교리를 자기 죄에 대한 핑계로 사용함으로써 예수 그리스도의 귀한 피가 그들에게는 사망으로부터 사망에 이르는 냄새(고후 2:16)로 작용하였습니다. 그들이 그렇게 될지라도, 확실히 그것은 진리의 잘못이 아니고 하나님의 무한한 지혜와 사려분별의 잘못이 아닙니다. 하나님께서는 주목할 만한 많은 방식으로 하나님의 값없는 자비 주위를 세심하게 안전장치로 둘러치셨기 때문입니다. 하나님은 지금도 계속해서 그의 인자를 베푸실 것입니다. 그렇지만 하나님께서는 사죄의 교리 둘레에 안전장치를 치셨습니다. 이제 이 안전장치들에 대해서 이야기하겠습니다.

첫째로, 다윗의 경우에 준비된 안전장치들에 대해서 이야기하겠습니다. 그 다음에 둘째로, 우리 경우에 제공되는 안전장치들에 대해서 이야기하겠습니다. 이렇게 하면 자연스럽게 세 번째로, 우리에 대한 하나님의 중요한 목적에 대해서, 그리고 그 목적과 관련해서 우리가 힘써서 노력해야 할 중요한 일이 무엇인가를 보게 될 것입니다.

1. 첫째로, 다윗의 경우에 설치된 안전장치들을 살펴봅시다.

이는 다윗이나 다른 누구라도 죄가 빨리 용서되었기 때문에 죄를 사소한 것으로 생각하지 않도록 하기 위해 설치된 것들입니다.

첫째로, 우리는 다윗이 죄를 용서받기 전에 자신의 죄를 있는 그대로 보게 되었다는 사실을 살펴봅시다. 나단은 다윗에게 가서 이렇게 말하지 않았습니다. "다윗이여, 당신은 본인이 생각하는 것보다 훨씬 더 큰 잘못을 저질렀습니다. 당신은 위신을 잃었습니다. 당신이 사랑하는 하나님께 불명예를 가져다드렸습니다. 하지만 당신은 용서를 받았습니다." 나단은 그렇게 하지 않고 한 가지 우화를 이야기했습니다. 그 우화는 다윗이라는 인물을 비열하고 천하기 짝이 없는 존재로 그 앞에 까발리는 것이었습니다. 부잣집에 온 여행자와 그 다음에 부자가 가서 여행자를 대접하기 위해 가난한 사람의 암양 새끼를 빼앗아 온 부자에 대한 묘사는 착상이 좋았습니다. 그 이야기는 다윗을 솜씨 좋게 사로잡아 자신을 보게 만드는 올가미였습니다. 물론 다윗은 그 순간에 그것이 바로 자기 모습이라는 것을 전혀 생각하지 못했습니다. 나단이 다윗에게 "당신이 그 사람이라"고 말했을 때, 그는 자신이 정죄를 받고 사형에 처해져야 마땅한 비열하기 짝이 없는 사람이라는 것을 느끼게 되었습니다. 그는 자신과 자신의 행동에 대해 분노가 일었습니다. 이렇게 하나님께서는 다윗이 자기 죄가 큰 것을 깨닫기 전까지는 사죄하심을 받지 않도록 주의하셨습니다. 그리고 이것은 장래 그가 그 같은 죄에 다시 떨어지지 않도록 지키는 강력한 억제책이 될 것입니다.

또한, 그는 자신을 정죄하게 되었습니다. 나단이 다윗에게 "당신이 죽지 아니하리라"고 말하기 전에, 다윗은 자신에 대해 이미 형을 선고하였습니다. 그가 자기가 정죄할 사람이 바로 자신인 것을 생각하지 못하고 우화에서 묘사된 사람에 대해 "여호와의 살아 계심을 두고 맹세하노니 이 일을 행한 그 사람은 마땅히 죽을 자라"고 말하였기 때문입니다. 그는 자신에 대해 형을 선고하였고, 그 후에 용서를 받았습니다. 자, 사랑하는 친구 여러분, 바로 이것이 하나님께서 죄인들을 용서하시기 전에 죄인에게 행하시는 일입니다. 먼저 하나님께서는 죄인들이 자신의 죄를 보도록 만드십니다. 우리 가운데는 그 끔찍한 광경이 밤낮 우리를 따라다니며 괴롭히던 때를 잘 기억하는 사람들이 있습니다. 우리는 자신이 죄를 지었다는 것을 오래전부터 알았습니다. 그러나 우리는 그 죄가 그처럼 기괴하고 끔찍한 것이라는 생각을 전혀 하지 않았기 때문에 그때는 죄를 그렇게 보지 못하였습니다. 우리는 바다 깊은 곳에서 사는 무시무시하고 소름끼치는 피조물인 이상한 괴물에 대해서 들은 바가 있습니다. 그러나 죄를 보았을 때, 우리는 아주 끔찍한 악몽에서 나왔던 것보다 더 무섭고 역겨운 점을 보았습니다. 그때 우리는 자신을 정죄하였습니다. 꿈속에서 내가 내 사형집행 영장에 서명을 한 때가 아주 생생하게 기억납니다. 그때 하나님께서 나를 쳐서 그 자리에서 죽이겠다고 위협하셨다면, 설령 하나님께서 나에게 하나님께 호소할 기회를 주셨다고 할지라도 하나님께서 나를 죽이지 않으셔야 할 이유를 댈 수 없었을 것입니다. 나는 내 영혼이 지옥에 던져지지 않은 것이 기이하다는 생각을 수없이 많이 했습니다. 밤에는 내가 아침이 밝기 전에 지옥에 가지 않을까 무서웠습니다. 낮에는 밤이 오기 전에 내가 지옥에 가지 않을까 두려워 떤 적이 많았습니다. 이렇게 내 자신을 정죄하였더니, 하나님께서 나를 용서하여 주셨습니다. 죄인은 누구든지 자신이 결코 용서받지 못할지라도 그것이 하나님의 공의라는 것을 진심으로 인정하기 전까지는 용서받지 못한다고 생각합니다. 사람은 자신이 죄인이고, 죄는 지극히 악하고 쓰디쓰며, 그 때문에 자신이 지옥에 던져지는 것이 마땅한 것임을 알아야 합니다. 사람이 그 생각에 이를 때, 그에게 용서가 임할 것입니다. 사랑하는 형제자매 여러분, 이것이 죄인에게는 참으로 복된 억제 장치라는 것이 보이지 않습니까? 자, 사람이 사죄하심을 받을 때, 그는 그 사죄하심이 무엇을 가리는지 알고, 그 사유하심으로 자신이 어떤 정죄에서 구원받는지를 알게 됩니다.

다윗의 경우에는 그 외에도 그가 하나님 말씀의 위엄을 느끼게 해준 안전장치가 또 있었습니다. 나단이 하나님의 대변인으로서 다윗에게 왔을 때, 그는 다윗에게 어린아이라도 흥미를 가지고 들었을 간단한 우화를 이야기하였습니다. 그러나 그 우화에는 대단한 능력이 있었습니다. 그 우화가 범죄한 군주의 마음의 비밀들을 들추어냈기 때문입니다. 그 우화는 다윗으로 하여금 자신이 천국의 밝고 투명한 빛 가운데 나타나는 것처럼 자신을 보게 만들었습니다. 그가 좀 더 호의적인 관점에서 자신을 묘사하였을 수 있는 그런 모습으로 볼 수 있게 하지 않았습니다. 이 단락 전체를 읽어 보고, 어떻게 나단이 그 진리가 골수에 사무치도록 다윗을 매질하게 만들었는지 보십시오. "이스라엘의 하나님 여호와께서 이와 같이 이르시기를 내가 너를 이스라엘 왕으로 기름 붓기 위하여 너를 사울의 손에서 구원하고 네 주인의 집을 네게 주고 네 주인의 아내들을 네 품에 두고 이스라엘과 유다 족속을 네게 맡겼느니라 만일 그것이 부족하였을 것 같으면 내가 네게 이것저것을 더 주었으리라 그러한데 어찌하여 네가 여호와의 말씀을 업신여기고 나 보기에 악을 행하였느냐 네가 칼로 헷 사람 우리아를 치되 암몬 자손의 칼로 죽이고 그의 아내를 빼앗아 네 아내로 삼았도다 이제 네가 나를 업신여기고 헷 사람 우리아의 아내를 빼앗아 네 아내로 삼았은즉 칼이 네 집에서 영원토록 떠나지 아니하리라." 나단은 다윗에게 인정을 베풀지 않습니다. 말 한 마디 한 마디가 비수처럼 다윗의 마음을 찌릅니다. 다윗은 하나님의 말씀이 그의 아주 은밀한 일들도 찾아낼 수 있으며, 그가 할 수 있는 대로 자신을 위장하지만 그로 하여금 자신의 본 모습을 보게 하실 수 있다는 것을 느낍니다. 그 다음에, 다윗이 자기 죄를 고백하자, 그처럼 엄하게만 말하던 선지자가 "여호와께서도 당신의 죄를 사하셨나니 당신이 죽지 아니하리이다" 하고 말했습니다. 이후부터는 이 말씀이 언제나 다윗에게 억제 장치가 되었을 것입니다. 자신이 죄를 범하면 하나님의 말씀이 다시금 자신을 찾아낼 것이라고, 처음에는 그 엄격함으로 인해 그를 쳐서 땅바닥에 주저앉도록 만들고 나서는 그 온유함으로 인해 그의 마음에 사랑을 일으킨 그 말씀이 그렇게 할 것이라고 생각했을 것이기 때문입니다.

네 번째 안전장치는 이것이었습니다. 즉 다윗은 자신의 죄가 다른 사람들에게 끼친 결과로 인해서 그 죄의 심각성을 알게 되었다는 것입니다. 나단이 다윗에게 말했습니다. "이 일로 말미암아 여호와의 원수가 크게 비방할 거리를 얻게 하였나이다." 다윗의 몇몇 시편을 읽어보면, 여호와의 원수들이 자기 죄 때문에 하나님을 모독하는 말을 한다는 것을 그가 알았다는 것을 알 수 있습니다. 여호와를 사랑하는 일행이 바로 그때 궁정에서 강한 세력을 형성하였습니다. 왕은 그 세력의 후원자이고 우두머리였습니다. 그러나 벨리알의 사람들이 있었습니다. 그들은 그 땅에서 믿음이 없는 무리들이었습니다. 그래서 그들이 왕이 이와 같이 스스로 고꾸라져 엎어진 것을 보았을 때, 장담하건대 그들은 거리 모퉁이에서마다 그 일을 두고 이야기했을 것입니다. 그것은 신실한 자들이 꺼내기에는 슬픈 이야깃거리였습니다. 하나님의 성도들은 함께 모였을 때 틀림없이 슬퍼했을 것입니다. 그들은 다윗 왕의 죄에 대해 아무 변명도 할 수 없었고, 진실하고 의로운 대의가 아주 치명적인 상처를 입었다고 분명히 느꼈을 것이기 때문입니다. 다윗은 그 모든 것을 깨닫게 되었습니다. 그리고 그것은 그가 또다시 그런 식으로 죄를 짓지 않도록 막아주는데 틀림없이 도움을 주었을 것입니다. 죄를 용서받았을 때 다윗이 첫 번째로 간절히 바란 것은 하나님께서 그의 죄악이 일으킨 해악을 제거해 주시는 것이었습니다. 그래서 다윗은 하나님께 이렇게 기도하였습니다. "주의 은택으로 시온에 선을 행하시고 예루살렘 성을 쌓으소서"(시 51:18).

이러한 안전장치들 외에도, 내가 본문에 포함시킨 "그러하나"라는 장치가 있습니다. 이 자리에 계신 분들 가운데 조심 없이 행하는 모든 그리스도인에게 이 "그러하나"라는 말에 매우 주의를 기울이라고 말씀드립니다. 내 눈길이 이 말씀에 머문 적이 얼마나 많은지 모릅니다. 이 말씀은 내 영혼을 채찍질하며 나를 하나님께로 데려갔습니다. 다윗은 용서를 받았습니다. 그러나 그날로부터 칼이 그의 집에서 결코 떠나지 않았습니다. 하나님께서는 다윗에게 비록 그가 용서를 받았지만 그의 죄의 결과들 가운데 어떤 점들은 그대로 남아 있다는 것과, 그것을 하나님께서 징계하시는 막대기로 다루신다는 것을 알도록 하셨습니다. 이때로부터 다윗의 생애에 얼마나 슬픈 변화가 일어났는지 모릅니다! 다말, 암몬, 압살롬이란 이름들을 생각해 보십시오. 다윗의 식구들이 얼마나 타락하게 되었는지 생각해 보십시오. 그 다음에, 사람들이 연이어 그에게 반역하였습니다. 그의 왕국 안팎에 있는 적들이 그를 넘어뜨리려고 애썼습니다. 그리고 그가 백성의 수를 세는 죄를 범한 후에는 하나님의 천사가 보냄을 받아 지독한 역병으로 이스라엘 민족을 쳤습니다. 다윗의 생애의 전반부는 음악과 춤으로 가득하였습니다. 그러나 생의 후반부에는 슬퍼하고 애곡하는 일이 훨씬 더 많았습니다. 크게 넘어진 후에, 그는 인생의 남은 모든 날을 아주 조심스럽게 가지 않을 수 없었고, 그의 임종시 증언은 믿음으로 충만하지만 "내 집이 하나님 앞에 이같지 아니하나"(삼하 23:5, 개역개정은 "내 집이 하나님 앞에 이같지 아니하냐")라는 뼈아픈 후회가 들어 있었습니다.

다윗은 하나님께 크게 은총을 받았고 많은 면에서 하나님의 마음에 합한 사람이었습니다. 그래서 그가 이 징계의 막대기가 없이 지낼 수 있었다면 하나님께서 그를 아끼셨을 것입니다. 그의 이 죄를 눈감아줄 수 있었다면, 그가 징계받는 일 없이 죄의 결과에서 구원받을 수 있었다면, 하나님께서 그를 그렇게 구원하셨을 것입니다. 그러나 그것은 불가능한 일이었습니다. 하나님께서는 그의 자녀들 가운데 어느 누구에게도 그런 일을 면제시켜 주시지 않습니다. 그리고 그것은 다윗에게도 예외가 아니었습니다. 많은 면에서 매우 탁월했던 그의 따뜻한 마음은 그 뜨거운 감정으로 인해 피조물의 사랑을 지나치게 갈망하는 경향이 있었습니다. 그래서 다윗은 매를 맞고 또 맞을 수밖에 없었습니다. 하나님께서 일부러 그를 괴롭히신 것이 아니었습니다. 그렇게 하는 것이 그에게 유익하였기 때문입니다. 하나님 자녀의 마음속에 있는 어리석음은 매가 아니면 어떤 것으로도 쫓아낼 수 없을 것입니다. 그는 큰 인물이었습니다. 하나님의 은혜를 아주 현저하게 받은 사람이었습니다. 그러나 또한 우리와 같은 열정을 지닌 사람이었습니다. 그가 그런 사람이었다는 것에 우리는 하나님께 감사해야 합니다. 왜냐하면 그의 경험이 다음의 사실로 인해서 우리에게 훨씬 더 교훈이 되기 때문입니다. 그 사실이란 그의 경험이 우리에게 하나님께서 우리가 아주 큰 죄라도 회개하면 우리를 용서하실 수 있고 또 하시려고 한다는 것을 가르치는 한편, 또한 죄는 악이고 쓰디쓴 것이라는 것과 그 죄책이 제거될 수 있지만 죄의 악한 결과들은 하나님께서 우리 눈에서 눈물을 씻어주실 때까지 우리를 따라다니며 우리에게 슬픔을 일으키는 원인이 될 수 있다는 것입니다.

2. 이제는 둘째로, 우리 경우에 제공되는 안전장치들에 대해서 말씀드리고 싶습니다.

나는 이 안전장치들이 모든 경우에 똑같다고 말할 수 없습니다. 하나님 자녀들의 경험이 사람마다 지극히 다양하기 때문입니다.

우리 중 어떤 사람들의 경우처럼, 하나님의 사죄하심이 왔을 때, 우리는 죄를 가볍게 생각할 수 없을 것입니다. 그것은 하나님의 자비를 얻기 전에 오랫동안 우리가 심한 죄책감 속에서 지냈기 때문입니다. 나는 지금 모든 그리스도인들이 다 그렇다고 말하는 것이 아닙니다. 우리 가운데는 몇 주 동안 혹은 몇 달 동안 혹은 몇 년 동안 자비의 문이 열리기까지 바깥 어두움 속에 지낸 사람들이 있습니다. 우리가 계속 바깥 어두움 속에 있게 만든 것은 그리스도를 믿지 못하는 우리의 불신앙 때문이라는 것을 나는 부인하지 않겠습니다. 그러나 또한 나는 하나님께서 불에 데인 아이가 불을 무서워하듯이 우리가 그 이후로 언제나 죄를 미워하게 만들기 위해 그의 지혜로운 섭리 가운데서 그런 상태를 허용하셨다고 생각합니다. 그처럼 무서운 화상을 내가 얼마나 입었는지 모릅니다! 불이 아주 심하게 태워서 화상들이 도무지 치료될 것 같지 않게 보였습니다. 나는 욥이 "내 마음이 차라리 숨이 막히는 것과 죽는 것을 택하리이다"(욥 7:15)고 말했는데, 그 심정을 이해할 수 있을 것 같았습니다. 나는 두 번 다시 하나님의 자비가 내게 올 수 없을 것처럼 생각되었기 때문입니다. 내가 그리스도를 만나는데 그처럼 오랜 시간이 걸린 것에 대해 하나님께 수도 없이 감사드렸습니다. 바로 그런 경험을 통해서 내가 비슷한 상태에 있는 다른 사람들에게 더 잘 말할 수 있는 조건을 갖추게 되었기 때문입니다. 존 번연은 깊은 죄의식 때문에 수년 동안 마음의 혼란으로 괴로움을 겪었습니다. 마침내 십자가를 보고서 큰 짐이 그의 등에서 굴러 떨어져 그리스도의 무덤에서 사라졌을 때, 그는 죄를 하찮은 것으로 생각지 않았습니다. 죄가 아주 오랫동안 그에게 그처럼 무서운 짐이었기에 그는 이후로 언제나 죄를 혐오하였고, 영원히 그를 죄의 세력에서 구원한 놀라운 사랑을 찬미하였습니다. 어떤 사람들에게는 남은 생애 동안 내내 죄의 결과로 작용하는 억제책이 있는데, 그것은 빛과 기쁨의 시간에 앞서 온 오랜 기간의 낙심과 절망입니다. 하나님께서는 우리를 아주 오랫동안 추운 곳에 내버려 두셨는데, 이는 우리가 이후로 언제나 그 추운 곳이 어떤 것인지 알고, 다시는 바깥 추운 곳으로 나가고 싶어 하지 않도록 하시기 위함이었습니다. 하나님께서 우리가 주린 배의 고통을 느끼도록 만드셨는데, 이는 우리가 다시는 먼 나라로 가서 돼지 여물통에서라도 먹을 것을 간절히 구하는 일을 하지 않도록 하시기 위함이었습니다. 우리가 과거에 먼 나라에서 그런 경험을 하였기 때문에 우리의 목을 끌어안는 아버지의 팔이 우리에게 훨씬 더 소중하였고, 우리가 간신히 빠져나온 그 부끄럽고 슬픈 상태로 다시 돌아가고 싶은 마음이 그만큼 더 적어지게 된 것입니다.

다시 말하지만 이것은 어떤 사람들에게만 해당되는 일입니다. 이것이 반드시 모든 사람에게 해당되는 일이 아니고, 하나님의 종들 가운데 그런 혹독한 경험을 한 소수의 사람들에게만 해당되는 것입니다. 그렇지만 이렇게는 말할 수 있다고 생각합니다. 하나님의 자비를 받는 사람은 모두가 이 안전장치를 갖고 있다고, 즉 기간이 좀 더 길든지 짧든지 간에 그들이 죄로 인한 죽음과 같은 무감각을 느끼게 되었다는 것입니다. 그 기간이 불과 몇 분간밖에 지속되지 않을 수 있습니다. 그러나 하나님의 자비가 마음에 도달하기 전에, 보통 영혼이 절망이라는 차가운 공포로 충격을 받는 일이 있고, 영혼의 골수 속으로 모든 육체의 확신을 베어버리는 하나님의 두 날 가진 검이 파고드는 일이 있습니다. 갑작스럽게 완전한 구원의 생명과 빛 가운데로 들어온 사람들의 경우에는 그들이 죄를 공포 가운데 본 것은 순간적인 것에 지나지 않습니다. 그들은 절벽에 가까이 가서 보고서 마치 자신이 떨어져 죽는 것처럼 느낍니다. 바로 그 순간 하나님께서 손을 뻗어 그를 구원하십니다. 사형선고는 반드시 모든 사람에게 내려집니다. 모든 사람이 죄를 범하였기 때문입니다. 우리 자신이 사형선고를 받고 사는데, 이는 자신을 의지하지 말고 오직 죽은 자를 다시 살리시는 하나님만 의지하게 하시려는 것입니다(고후 1:9). 비록 잠깐 동안이라도 지옥의 벌린 입을 힐끗 보기만 한다면, 그것은 하나님의 보복의 도끼가 내려쳐지고, 우리의 목은 단두대 위에 놓여 있는 광경일 것인데, 그렇게 얼핏 한 번 보기만 해도 우리가 죄를 사랑하는 마음을 영원히 떼어버리는 과정을 순간적으로라도 경험하게 되고, 죄를 사랑하는 것은 치명적이고 저주스러운 일이라는 것을 알고 우리를 거기에서 구원해 주시기를 하나님께 부르짖게 만들기에 충분합니다. 나는 이 죄의식이 하나님께서 사죄받은 각 사람이 자기에게 베푸신 하나님의 풍성한 자비를 핑계로 방종할 수 있는 이론을 끌어내지 않도록 막기 위해 제공하시는 안전장치의 일부라고 생각합니다.

그런데 그보다 나은 안전장치가 있습니다. 예수 그리스도께서 우리의 희생제물이요 구주시라는 사실이 우리가 다시 죄를 짓지 않도록 막아주는 안전장치임에 틀림없습니다. 여러분은 자기 나라에서 어떤 죄를 지은 사람은 누구든지 두 눈을 뽑아내게 할 것이라는 법을 정한 왕에 대한 이야기를 들었을지 모르겠습니다. 그 법이 시행된 이래로 그 법을 어긴 첫 번째 범죄자가 그 앞에 불려오는 일이 발생했는데, 그는 왕의 친아들이었습니다. 그 아들은 자신의 죄를 뼈저리게 느꼈습니다. 그의 아버지가 재판장이었습니다. 그는 아들에게 그의 두 눈을 뽑아버리라는 판결을 선고하는 것 외에 할 일이 아무것도 없었습니다. 그러나 그가 입법자로서는 아주 엄한 사람이었지만, 아버지의 애정 어린 마음이 또한 지극히 컸기 때문에 그는 관리에게 명하기를 아들의 눈에서 하나를 뽑고 그 다음에 자기 눈에서 하나를 뽑으라고 하였습니다. 아버지의 빈 눈구멍을 볼 때 아들은 언제나 자신이 범한 죄가 생각났고, 그가 다시는 그 죄를 범하지 않도록 효과적으로 막아주었을 것이라고 생각합니다. 신자 여러분, 여러분의 구주님이신 예수 그리스도를 보고 말하십시오. "주님, 당신 손에 있는 이 상처는 무엇입니까? 당신 발에 있는 이 못 자국은 무엇이고, 당신 옆구리에 난, 심장까지 뚫린 이 깊은 상처는 무엇입니까?" 그러면 주께서는 말씀하실 것입니다. "이것들은 네 죄 때문에 생긴 상처이다. 이는 내가 너의 범죄함을 인하여 상처를 입었고, 너의 불의를 인하여 상하였으며, 너의 평안을 위하여 내가 징계를 받았고 내가 채찍질을 당함으로 네가 나음을 얻었기 때문이다."

형제 여러분, 다음에 여러분이 죄를 범하도록 시험을 받을 때는 예수님의 선명한 상처들을 생각하고서 스스로 이렇게 말할 수 있도록 하십시오. "내가 다시 주님께 죄를 범하여 주님을 다시 십자가에 못 박고, 주님께서 공공연히 부끄러움을 당하도록 할 수 없다." 여러분은 또한 이렇게 말할 수 있습니다. "죄가 나를 죽이지 않은 것은 사실이다. 그러나 죄는 내 대속자를 죽였다. 죄가 나를 지옥에 던지지 않은 것은 사실이다. 그렇지만 죄는 내 구속자에게 지옥을 가져다 퍼부었다. 하나님의 진노가 나를 비켜간 것은 사실이다. 그러나 그 진노가 나의 사랑하는 주님, 무한한 자비로 나를 위해 그 모든 것을 견디신 내 마음의 신랑되신 분에게 쏟아졌다." 이 사실을 기억하는 것이 여러분에게 죄를 자제하도록 지켜주는 지극히 복된 안전장치가 될 것입니다. 용서하심이 여러분에게는 값없이 주어지지만, 주님께는 그의 모든 것을 희생하도록 합니다. 여러분의 용서하심을 위하여 주님께서 치르는 모든 희생 때문에 여러분은 다시는 죄를 지어서는 안 되겠다고 느낍니다.

죄를 용서하시는 데서 하나님의 은혜가 크게 나타나지만, 하나님께서는 사죄와 함께 마찬가지로 큰 다른 자비들, 곧 회개와 마음이 새롭게 됨도 우리에게 주신다는 점도 기억하시기 바랍니다. 사죄하심이 오는 곳마다, 그와 함께 죄에서 돌이키고 죄에서 떠나며 죄를 새롭게 보고 다르게 평가하는 일도 옵니다. 그리고 예전에는 자기가 좋아하는 것을 구하였던 마음이 이제는 하나님께서 기뻐하시는 것을 추구하며, 이전에는 육체의 즐거움을 좋아하였던 사람이 이제는 변화되어 사죄받은 순간부터 하늘의 기쁨을 갈망합니다. 나는 이 점을 이야기할 때는 "믿고 살라"는 교리가 중생의 교리와 함께 제시되지 않으면 매우 위험한 교훈이 될 것이라는 점을 일부러 말합니다. 하나님께서 사죄받는 죄인의 본성을 변화시키시지 않으면 그에게 값없이 사죄하심을 주는 것은 위험한 일이 될 것입니다. 그러나 이 두 가지 교리가 함께 갈 때는 두 교리 가운데 이 교리나 저 교리 자체로부터 나올 수도 있는 어떤 악이든지 없애버립니다. 이 두 교리를 정당한 관계 속에서 전할 때는 그 교리들에서 모두 선한 것이 나오고 악한 것은 전혀 나올 수 없습니다. "믿고 살라"는 말씀은 맞는 얘기입니다. 그러나 "너희는 거듭나야 한다"는 것도 마찬가지로 맞는 얘기입니다. "주 예수 그리스도를 믿으라 그리하면 네가 구원을 얻으리라"는 말씀은 사도의 교훈입니다. 그러나 "그러므로 너희가 회개하고 돌이켜 너희 죄 없이 함을 받으라"(행 3:19)는 이 말씀도 옳습니다. 사죄하심에는 마음의 변화가 따릅니다. 마음의 변화가 일어나는 곳에서는 어디든지 새로워진 마음속에서 하나님께 깊이 감사하는 의식이 일어납니다. 새로워진 마음은 이렇게 말합니다. "내가 얼마나 큰 은혜를 입었는지! 내게 하나님의 은혜가 얼마나 은혜롭게 나타났는지! 하나님께서 참으로 큰 죄를 용서해 주셨다! 하나님께서 크나큰 허물을 없애주셨다! 이제 나는 하나님을 사랑할 수밖에 없다. 그리고 지금보다 훨씬 더 하나님을 사랑하면 좋겠다!" 이 감사하는 마음 자체가 죄로 향하게 하는 모든 충동에서 마음을 제어하는 아주 강력한 수단이 되고, 마음을 계속해서 의로 향하도록 이끄는 강력한 동기도 됩니다. 이는 "그리스도의 사랑이 우리를 강권하시기"(고후 5:14) 때문입니다. 그리스도의 사랑이 정말로 우리를 강권합니다. 나는 지금 어떤 사람들이 이 본문을 잘못 인용해서 말하듯이 그리스도의 사랑이 우리를 강권해야 한다고 말하는 것이 아닙니다. 그리스도의 사랑의 강권하는 능력이 계속해서 우리를 주님을 향하여 앞으로 그리고 위로 이끕니다.

이 사실들이 합쳐지면 마음이 새로워진 사람이 지극히 복되신 성령의 능력으로 말미암아 거룩한 주의와 큰 경계심을 품게 됩니다. 나는 신자라고 하는 모든 사람들에게서 이런 정신을 충분히 볼 수 있으면 좋겠습니다. 그러나 형제 여러분, 슬프게도 보지 못합니다! 죄는, 작은 죄가 있을 수 있다면, 지극히 작은 죄도 큰 악입니다. 따라서 우리는 하나님의 의에서 조금이라도 벗어나는 일이 있어서는 안 되겠다고 간절히 그리고 엄숙하게 바라야 합니다. 여러분 가운데 누구든지 집에 뱀이 있는데, 그 뱀이 굴에서 나와 여러분의 집 어딘가에, 여러분의 침실 가까이에 혹은 찬장이나 책장에 숨어 있다는 말을 들었다면, 틀림없이 여러분은 오늘 밤 집에 도착하면 현관 계단과 현관을 아주 세심하게 살펴서 독사 새끼가 거기에 있는지 볼 것입니다. 뱀이 신발 흙 털이개 밑에 숨어 있을 것을 대비하여 흙 털이개를 뒤집어 볼 것입니다. 여러분은 치명적인 이 뱀들을 모조리 잡아 죽이기 위해 집 천장부터 바닥까지 온 집 안을 철저히 뒤지기 전에는 만족하지 못할 것입니다. 형제 여러분, 바로 이것이 여러분이 자기 자신에 대해서 해야 할 일입니다. 여러분 속에 뱀들이 있기 때문입니다. 여러분 본성 곳곳에서 독이 있는 이 피조물들이 부화하였고, 이 피조물들은 상상을 초월할 정도로 엄청나게 번식하였습니다. 온갖 형태의 죄가 여러분 속에 숨어 있습니다. 하나님의 은혜가 여러분이 계속해서 주의하도록 하고 언제나 깨어있도록 하시지 않는다면, 여러분은 죄의 치명적인 세력을 고통스럽게 맛볼 수가 있습니다.

나는 여러분이 자주 주의를 기울였어야 하는 사실이 있다고 생각하는데, 그것은 이것입니다. 즉 여러분이 바로 이 죄를 의식하든지 않든지 간에 곧 그 죄의 결과들을 알게 되지 않을 수 없다는 것입니다. 여러분이 어떤 죄든지 범하게 되면 하나님과의 교제의 즐거움을 어느 정도는 반드시 잃게 되어 있습니다. 나는 하늘에 구름이 끼었는지 알기 위해 창밖을 내다볼 필요가 없습니다. 밖을 내다보지 않고도 구름이 끼었다는 것을 말할 수가 있습니다. 내가 무언가를 읽고 있는 동안에 방안의 빛이 점점 더 어두워지기 때문입니다. 이와 같이 내가 죄에 빠졌다는 것을 알지 못할 수가 있지만, 하나님의 임재의 빛이 흐려진다는 사실 자체가 내가 죄에 빠졌다는 것을 가리켜 주는 표시기가 됩니다. 어쩌면 여러분은 오늘 사업이 잘 되었고, 만나는 친구들은 모두 아주 친절하고 유쾌하였으며, 이 날에 여러분을 괴롭게 하는 일은 아무것도 일어나지 않았을지 모릅니다. 그런데 집에 왔을 때, 마음이 무겁고 시무룩한 기분이 들면 여러분은 스스로에게 "왜 이러지?" 하고 묻습니다. 그것은 단지 하나님께서 여러분으로 하여금 피조물의 즐거움이 창조주의 임재의 부족을 메울 수 없다는 것을 알게 하기 위해 일으키신 것일 뿐입니다. 하나님께서 여러분에게 세상의 좋은 모든 것을 주시고 하나님의 임재는 거두어 가신다면, 여러분 속에 죄가 있는데 회개하지 않는다면 그렇게 하실 것인데, 그렇다면 하나님의 임재의 상실은 온 세상을 잃는 것이나 심지어 바로 천국을 잃는 것보다도 더 큰 손실이 될 것입니다.

여러분에게 하나님과 동행하는 습관이 있다면, 여러분 가운데 많은 분들이 그렇게 할 것이라고 믿는데, 그렇다면 여러분은 지극히 작은 죄의 오점도 눈치챌 것입니다. 여러분은 아주 하얗게 보이는 손수건을 본 적이 있을 것입니다. 그런데 눈이 내리는 날 손수건에 눈을 받아보면, 눈의 흰 색과 대비되어 손수건이 더럽게 보이는 것을 경험하였을 것입니다. 그와 같이 여러분이 하나님 가까이에서 산다면, 여러분이 마땅히 해야 할 일에 대해 아주 높은 기준을 갖게 되어 이

전과는 다르게 여러분 속에 있는 죄를 훨씬 더 잘 보게 될 것입니다. 여러분이 하나님 가까이에 산다는 사실로 인해 여러분이 주제넘게 행동하거나 죄를 가볍게 생각하는 일은 결코 없을 것입니다. 그보다는 여러분이 하찮은 일들이라 부르곤 하였던 것을 끔찍한 것들로 여기고, 스스로에게 이렇게 말하게 될 것입니다. "하나님을 얼굴로 대하여 말하던 내가 이웃에게 그처럼 어리석은 말을 하다니, 아무에게도 덕을 세우는데 도움이 되지 못하는 그런 말을 하다니, 참 큰 죄였다. 기도에서 하나님께 힘을 발휘하였던 내가 보잘것없는 어리석은 계집 종 때문에 화를 내다니, 내가 마땅히 이길 수 있었어야 하고 조금만 생각했더라면 극복할 수 있었을 하찮은 시험에 넘어가 자신을 완전히 잊어버리고 말았다니, 참 큰 죄였다!"

하나님께서 어떤 사람을 공적으로 명예롭게 하시되 개인적으로는 옆으로 불러서 심하게 책망하신다면, 그것은 그렇게 하지 않으면 그 사람이 우쭐하고 교만해질 것이므로 하나님께서 그렇게 되도록 내버려 두지 않기 위해 하시는 일이라는 것을 여러분은 확실히 알 수 있을 것입니다. 하나님께서는 자기 자녀가 거드럭대는 마음으로 자기를 섬기게 두지 않고 그를 높은 첨탑에서 끌어내려 으깨어지도록 하시는 것은 그에게서 모든 교만을 제거하시기 위함입니다.

3. 아주 간단하게 언급할 수밖에 없는 마지막 요점은 이것입니다.

이 모든 것은 하나님의 크신 목적과 마땅히 우리가 품어야 할 목적을 보여줍니다.

하나님의 목적은 단지 우리의 죄를 용서하시고 우리를 죄의 형벌에서 구해주시는 것이 아니라 우리에게서 죄를 끄집어내고 완전히 제거하시려는 것입니다. 하나님께서 다윗을 용서하시고 그에게 징계의 막대기를 사용하시지 않을 수도 있었습니다. 그 아이가 죽지 않고 자라서 다윗에게 위로와 기쁨이 되었을 수도 있습니다. 압살롬이 그처럼 성가신 존재가 되지 않고 아버지의 가장 훌륭한 조력자가 되었을 수도 있습니다. 하나님께서 문제를 그런 식으로 조정하셨을 수도 있지만 그렇게 하는 것을 적합하다고 생각하시지 않았습니다. 하나님께서는 마치 이렇게 말씀하시는 것 같습니다. "사랑하는 아들 다윗아, 내가 너를 참으로 사랑한다. 그래서 너를 완전히 용서하지만 네가 다시는 그 죄에 빠지지 않도록 효과적으로 막아줄 조처를 네게 취할 것이다. 네가 이와 같은 시험을 다시 받게 될 때 그 죄로 향하는 네 성향이 아주 결정적으로 억제되도록 너에게 조처를 취할 것이다." 그가 밧세바에게 죄를 범하기 오래 전에, 다윗이 특별히 시험에 빠지기 쉬운 경향이 있음을 보여주는 다양한 표시들이 있었습니다. 다만 이때 죄가 언제나 그 속에 있었던 악을 밖으로 표출하였던 것일 뿐입니다. 이제 하나님께서는 다윗에게 그 치명적인 암이 그의 속에 있는 것을 알게 하셨으므로 그 암을 그에게서 제거하기 위해 칼을 사용하기 시작하십니다. 여러분이 하나님의 자녀라면 하나님께서 여러분에게 하실 일은 여러분 속에 있는 죄를 제거하는 것입니다. 하나님께서 여러분의 본성을 지금과는 전혀 다르게 변화시킬 때까지 단지 피와 우슬초로만 하는 것이 아니라 불로써 여러분을 정결하게 하십니다.

여러분의 목적은 하나님의 목적과 일치해야 합니다. 즉 여러분의 목적은 죄를 완전히 제거하기를 추구하는 것이 되어야 합니다. 여러분은 먼저 여러분의 죄가 정말 어떤 것인지를 깨달아야 합니다. 오늘 여러분은 사람들이 보는 한에서 지금까지 흠 없는 생활을 하였을 수 있습니다. 그러나 여러분의 생각은 어떻습니까? 여러분은 다윗과 같이 간음하는 죄를 짓지 않았습니다. 그러나 마음속으로는 얼마나 많이 간음을 저질렀습니까? 여러분은 실제로 살인을 저지르지는 않았습니다. 절대로 살인하는 일을 해서는 안 됩니다! 그러나 여러분 속에서 악한 열정이 일어났을 때, 하나님 보시기에 얼마나 많이 살인죄를 저질렀습니까! 우리가 하나님의 뜻에 맞게 도덕적인 행위를 시행하기만 한다면 우리가 다 괜찮다고 생각해서는 안 됩니다. 우리는 또한 속을 보아야 합니다. 악한 생각도 모두가 죄입니다. 카메라에 비친 물체는 비록 예민한 감광판에 아주 순간적으로 노출되었을지라도 그 인상이 남는다고 사진작가는 말합니다. 형제 여러분, 상상으로라도 죄가 여러분 마음에 떠오를 때마다, 그것이 여러분에게 매력적이든 아니든 주의하시기 바랍니다. 나는 여러분이 이런 말을 하다가 급히 멈출 것이라고 생각합니다. "하나님, 어떻게 내가 그런 일을 아무렇지도 않게 생각할 수 있지요?" 여러분은 그 죄를 범하려고 하지 않았다고 느낍니다. 그 죄를 범하느니 차라리 죽겠다고 생각합니다. 그렇지만 여러분은 그 죄를 생각하기만 하였을지라도 그에 대해 마땅히 해야 하는 대로 불쾌하게 생각하지 않습니다. 어쩌면 여러분은 이 악을 행할 수 있기를 거의 바라는지도 모릅니다. 그렇다면 여러분의 본성이 여전히 어떤 식으로 기울어져 있는지 알 수 있습니다. 심하게 타락한 옛 본성은 악취를 풍깁니다. 그래서 옛 본성이 여러분의 코에 심한 악취를 풍길 때, 그것이 여러분에게 약이 될 것입니다. 그 악취를 맡으면 여러분이 옛 본성을 자랑할 마음이 싹 사라지고, 여러분의 생명을 찾을 수 있는 유일한 분인 사랑하는 구주님을 붙잡게 만들 것이기 때문입니다.

형제자매 여러분, 모든 영적인 일에서 여러분의 마음이 정말로 그 일에 얼마나 깊숙이 개입해 있는지 살펴보십시오. 여러분이 "지난 목요일 밤에 태버너클 예배당에 갔다"고 말할 수 있다고 해서 그것으로 만족해서는 안 됩니다. 거기에서 정말로 여러분은 영과 진리로 예배하였습니까? 예배 시간에 낭독되고 전파된 하나님 말씀을 듣고 유익을 얻었습니까? 여러분이 "나는 오늘 아침에 성경 한 장을 읽고 하나님께 기도드렸다"고 말할 수 있다고 해서 그것으로 만족해서는 안 됩니다. 그렇게 할 때 거기에 여러분의 마음이 담겨 있지 않았다면 이 모든 것이 무슨 유익이 있겠습니까? "너희는 옷을 찢지 말고 마음을 찢으라"(욜 2:13)는 것이 때로 여러분이 들어야 할 메시지입니다. 우리가 보아야 할 것은 우리 영혼이 얼마나 하나님께 가까이 있고, 우리가 죄를 얼마만큼 이길 수 있는가 하는 것입니다. 그것이 십자가에 달리신 주님을 인해서 우리 죄를 용서받는 문제라면, 감사하게도 우리는 그 문제를 해결받았습니다. 그리스도 안에서 완전히 그 문제를 해결받았습니다. 하나님 보시기에 우리의 의롭다 함의 문제라면, 그리스도의 의가 전가된 한에서, 그리스도에게 속한 다른 모든 것이 우리의 것이듯이 그리스도의 의 또한 우리의 것입니다.

그러나 마음을 정결하게 씻는 문제에 있어서, 은밀한 모든 곳을 깨끗이 청소하고, 숨어 있는 모든 죄를 내쫓고, 하나님의 뜻에 어긋나는 모든 상상과 소원과 요구를 제거하는 것, 이것을 위해서 우리는 예수 그리스도를 믿는 믿음으로 말미암아, 그리고 성령의 능력으로 싸워야 하고, 싸워서 완전한 승리를 얻어야 합니다. 우리는 지금도 바울처럼 계속해서 이렇게 부르짖어야 합니다. "오호라 나는 곤고한 사람이로다 이 사망의 몸에서 누가 나를 건져내랴"(롬 7:24). 그러나 또한 우리는 그와 함께 이렇게 말할 수 있습니다. "우리 주 예수 그리스도로 말미암아 우리에게 승리를 주시는 하나님께 감사하노라"(고전 15:57).

우리는 편하게 앉아서 전쟁이 끝났고 우리의 모든 영적인 적들은 죽었다고 생각해서는 안 됩니다. 우리는 계속해서 끝까지 앞으로 가야 합니다. 어쩌면 우리는 존 녹스와 그밖의 많은 사람들이 경험하였듯이 바로 마지막에 가서조차도 맹렬한 시험들과 혹독한 싸움을 싸워야 할 수도 있습니다. 그러나 우리는 하나님의 이름으로 그 시험들을 물리칠 것입니다. 어떠한 경우에도 우리는 죄에 져서는 안 됩니다. 우리는 죄가 우리를 주장하지 못하도록 해야 합니다. 우리는 끝까지 죄와 싸워야 하고, 또 싸울 것입니다. 우리의 죄를 용서하신 주님께서 또한 우리를 거룩하게 하실 것이기 때문입니다. 죄로 말미암아 죽은 데서 우리를 구원하신 주님은 또한 죄라는 염병에서 구원하실 것이고, 우리를 하나님 앞에 "티나 주름 잡힌 것이나 이런 것들이 없는 영광스러운 교회로"(엡 5:27) 세우실 것입니다.

형제자매 여러분, 여러분이 예수 그리스도를 믿었다면 이미 여러분의 것이 된 완전한 사죄의 기쁨을 나는 잠시 동안이라도 여러분에게서 빼앗지 않을 것입니다. 많았던 여러분의 죄는 모두 용서받았습니다. 그 점을 명심하시기 바랍니다. 근심하는 불쌍한 죄인이여, 마치 여러분이 예수 그리스도로 말미암아 즉각적인 용서를 얻을 수 없는 것처럼 괴로워하지 마십시오. 여러분은 용서 받을 수 있습니다. 여러분이 예수님을 믿는다면 예수님으로 인해서 여러분의 죄가 사해집니다. 그러나 여러분이 바른 마음 상태 가운데 있다면 여러분이 용서를 받았지만 여전히 죄 가운데 살기를 바라지 않을 것이라고 확신합니다. 주님께서 여러분에게 모든 죄를 용서해 주셨을지라도, 여러분의 본성을 변화시키고 여러분을 죄의 세력에서 구원해 주시지 않았다면 여러분은 만족할 수 없을 것입니다. 이 두 가지 사실을 예수 그리스도 안에서 얻게 되어 있습니다. 우리는 굳게 믿읍시다. 이 두 가지 사실을 이루기 위해 우리는 열심히 기도하고 또 싸웁시다. 하나님께서 우리 모두에게 그 두 가지 은혜를 내려주시기를 구합니다! 아멘.

제
9
장

내쫓긴 자들을 돌아오게 하는 방책

"하나님은 생명을 빼앗지 아니하시고 방책을 베푸사 내쫓긴 자가 하나님께 버린 자가 되지 아니하게 하시나이다." — 삼하 14:14

다윗의 아들 압살롬을 되부르는 일에 대해 다윗과 이야기한 드고아의 그 여인은 아주 영리하게 주장을 폈습니다. 우화 이야기로 왕을 교묘하게 올가미에 걸려들게 한 후에, 설득력 있는 말로 왕에게 간청하였습니다. 그 설득의 목적이 행정장관이라면 누구나 일을 할 때 기준으로 삼아야 할 공평한 정의에는 맞지 않지만, 그 설득의 영리함에는 탄복하지 않을 수 없습니다. 사실 그 여인은 이렇게 호소한 것입니다. "압살롬이 그의 형제 암논을 죽인 것은 사실입니다. 그럼에도 불구하고 그의 목숨을 살려주시고 그가 유배 생활에서 돌아오도록 허락하여 주십시오. 이미 저지른 일은 원래대로 돌이킬 수가 없습니다. 죽는 것은 모든 사람의 공통된 운명입니다. 어떻게 해서든지 우리는 모두가 땅에 엎질러져 다시 주워 담을 수 없는 물과 같이 될 수밖에 없습니다. 압살롬을 죽인다고 해서 죽은 자가 다시 살아날 수는 없습니다. 그러니 압살롬을 불쌍히 여겨주시고, 왕의 후계자에게 사형을 시행하여 이스라엘의 희망의 숯불을 끄지 말아주십시오. 왕께서 죄인들을 봐 주어서는 안 되는 것이 사실이고 하나님께서도 그렇게 하시지 않습니다. 그러나 그럼에도 불구하고 무한한 자비로 하나님께서는 도피성으로 피한 살인자가 자기 집으로 돌아갈 수 있는 길을 정하기를 기뻐하셨습니다."

대제사장이 죽으면 도피성으로 마련된 성읍들에서 피신하였던 살인자들이 대제사장의 죽음으로 말미암아 그 희생자에 대해 복수를 할 수 있는 친척들의 손에 처형되는 것이 면제되어 집으로 돌아가 그들의 땅을 다시 전부 차지할 수 있었고, 다른 이스라엘 사람들과 함께 하나님을 예배할 수 있도록 허락받았다는 사실을 다윗은 아주 잘 알고 있었습니다. 그래서 그 여인은 말합니다. "하나님께서는 내쫓긴 자가 언제까지나 하나님께 버린 자가 되지 않도록 하는 방책을 베푸셨습니다. 왕께서도 그와 같이 행하시옵소서. 비록 압살롬이 잠시 도망을 하여 유배 생활을 해왔으나, 왕의 아들에게 동정을 베푸셔서 그가 돌아오게 하시옵소서." 그 여인의 주장에 대해서는 이만큼만 생각하기로 하겠습니다. 그녀는 자신의 목적을 이루었습니다. 우리는 이후로 그녀의 이야기를 더 이상 듣지 못합니다. 그리고 그녀와 그녀의 영리함에 대해서는 더 이상 생각할 필요도 없습니다.

지난 주일 아침에 나는 여러분에게 하나님의 무한하신 위엄에 대해서, 하나님의 주권과 하나님께서 죽을 인생의 손에 저지를 받지 않고 자신의 뜻을 행하시는 방식에 대해 말씀을 전했습니다. 자, 하나님의 크심과 하나님의 자비는 떨어져 있지 않습니다. 이 두 가지 사실은 하나님의 본성에 있는 대로 언제나 우리 생각에 뒤섞여 있을 수밖에 없습니다. 하나님은 크신 분이시지만 몸을 굽혀 그의 피조물들을 생각하시고, 하나님은 주권자이시지만 그의 이름은 사랑이십니다. 하나님은 사람을 대단치 않게 생각하십니다. 사람이 하나님께는 아무것도 아니기 때문입니다. 사람이 무엇이기에 하나님께서 그를 생각하시고 사람의 아들이 무엇이기에 하나님께서 그를 만나십니까? 사람은 하나님에 비할 때 하찮기 짝이 없어서 온 나라들이라도 하나님께는 없는 것과 같습니다. 그렇습니다. 아무것도 아니고 헛것입니다.

그런데 하나님께서 그처럼 크신 분이지만 하나님으로부터 내쫓긴 범죄한 사람들을 다시 하나님께로 돌아올 수 있도록 지혜를 발휘하여 방책을 세우십니다. 내가 오늘 아침 은혜를 받아서 말하려고 하는 것은 바로 이 방책들, 곧 하나님의 내쫓긴 자들을 돌아오게 하기 위한 이 복된 깊은 생각과 현명한 재주에 대해서입니다. 첫째로, 나는 여러분에게 우리의 최초의 사회적 추방에 대해서, 그리고 하나님께서는 우리를 그 자리에서 구원하기 위해 어떻게 방책을 세우시는가에 대해 이야기할 것입니다. 둘째로, 하나님의 백성들 가운데 어떤 사람들이 겪은 부차적인 추방에 대해서, 그리고 하나님께서 그런 사람들을 어떻게 그런 자리에서 돌아오게 하는 방책을 세우시는가에 대해 이야기할 것입니다. 끝으로, 이 주제에서 이끌어 낼 수 있는 실제적인 교훈을 다룰 것입니다.

1. 첫째로, 하나님께서 반역한 인류의 일원으로서 우리 모두에게 선포된 중대하고 보편적인 추방이 있었습니다.

우리는 모두 하나님의 법을 일부러 어겼고, 하늘의 왕을 악하게 배반하였습니다. 그러므로 우리는 본래 신분에서 내쫓긴 자들입니다. 하나님의 사랑과 은총에서 추방되어, 하나님의 진노의 선고가 실행되고, "저주를 받은 자들아 나를 떠나라"(마 25:41)는 말이 번개불꽃처럼 번쩍이며 우리 영혼에 들릴 날을 기다리는 자들입니다. 항상 찬송받으실 하나님께서 우리를 이 유배 상태에서 구원할 수 있는 방책을 마련하셨습니다. 그리고 그 방책은 드고아의 이 여인이 언급한 것과 아주 비슷합니다. 하나님께서는 예수 그리스도를 우리에게 도피성과 대제사장이 되도록 따로 세우셨습니다. 살인자에게 일어났던 일이 정확히 우리에게 일어나도록 하신 것입니다. 무엇보다 그 살인자는 사람을 우연히 죽이자마자 죽은 자의 가까운 친족이 그를 따라와 죽음에 대한 복수를 할 것을 알고, 말하자면 정신없이 달려 가장 가까이에 있는 도피성으로 도망을 갔습니다. 그리고 그가 일단 도피성의 문에 도달하면 안전하였습니다.

사랑하는 형제자매 여러분, 바로 그와 같이 주 예수 그리스도께서 지난날에 우리에게 도피성이셨습니다. 그래서 우리가 그에게로 도망하였던 것입니다. 여러분은 도피성 문을 지나면서 하나님께서 성벽과 보루로 정하시는 구원 안에서 안전을 느꼈던 그 순간을 기억하지 않습니까? 보복으로부터 안전하다고 느끼는 것은 행복한 일이었습니다. 이렇게 느낄 수 있다는 것은 기쁜 일이었습니다. "죄가 나를 쫓아올 수는 있지만 나를 죽이지는 못한다. 나와 형벌 사이에 예수님의 피가 있다. 나는 이제 나의 대속자로 말미암아 장차 임할 진노로부터 안전하다." 이렇게 우리가 구주 안에서 대속으로 말미암아 보호를 받아 안전하다는 것을 깨닫기 시작한 날은 행복합니다. 처음에는 이것이 전부라고 우리는 생각했습니다. 그리고 그것이 전부라고 해도 만족하였습니다. 그러나 잠시 후에 더 깊은 진리를 우리가 알게 되기 시작하였고, 그 진리의 예표가 더 온전히 성취되었습니다. 살인자는 도피성 안에 머물러 있어야 했습니다. 그는 도피성 경계 안에서 일종의 가석방 상태에 있는 죄수였습니다. 만일 그가 어떤 목적으로든지 어떤 핑계로든지 그 성의 경계를 넘어간다면, 그는 자기 책임 하에 그렇게 한 것이고, 그래서 자기가 죽인 사람의 친족에게 자칫하면 죽임을 당할 수도 있었습니다. 법은 그가 법이 정한 보호 구역 안에 있는 동안만 그를 보호하였습니다. 이 추방이 오랫동안 계속될 수 있고, 살인자는 고향 마을과 자기 가족에게 속한 기업의 땅에서 멀리 떨어진 곳에서 죽을 수도 있었습니다. 그러나 대제사장이 죽는 일이 발생하면, 그와 도피성 안에 피신해 있던 다른 모든 사람들이 더 이상 도피성에 머물 필요가 없었습니다. 그들은 더 이상 모든 보복에서 시달리지 않게 되었습니다. 살해당할 위험이 없이 자기 집으로 돌아올 수 있었습니다. 그들의 자유는 완전한 것이었습니다.

이와 같이 나는 우리 가운데 많은 분들이 우리가 예수님의 피로 말미암아 안전할 뿐만 아니라 훨씬 더 중요한 사실은 우리가 죄의 용서를 받았다는 것임을 이미 배웠을 것이라고 믿습니다. 우리는 지금 형벌을 임시 면한 사람의 상태가 아닙니다. 우리는 석방이 되어 더 이상 고소를 받을 수 없는 사람으로 자유롭게 걸어 다니는 것입니다. 우리는 이제 유죄판결을 전혀 두려워하지 않습니다. 우리의 대제사장께서 죽으셨기 때문입니다. 처음에 우리는 안전하다고 느꼈습니다. 그러나 그 느낌이 여러 가지 조건과 제한들로 방해를 받았습니다. 그러나 이제 우리는 "그리스도 예수 안에 있는 자에게는 결코 정죄함이 없다"(롬 8:1)는 것을 압니다. 우리는 하나님의 재판석 앞에서 거칠 것이 없고, 하나님의 공의가 활활 타오르는 거룩한 불길 속에서 나타날 때 크고 흰 보좌 앞에서 두려움 없이 설 것이라고 확신합니다. 우리는 항상 찬송받으실 우리의 대제사장인 그리스도의 죽음으로 말미암아 율법의 속박에서 해방되었습니다.

그 살인자가 집에 갔는데, 그가 없는 동안에 누군가가 그의 땅을 차지하였으면 그를 내보냈습니다. 포도나무와 무화과나무가 그동안 손질이 되지 않은 채 있었으면, 그는 그 나무들을 손질을 해서 열매를 맺을 수 있는 상태로 만들었습니다. 밭에 잡초가 무성하게 자랐으면 그는 밭을 다시 갈기 시작했습니다. 거룩한 절기 때가 오면, 전에 유배 생활을 했던 그는 많은 무리와 함께 올라가서 피의 보복자에게 공격 받을 것을 두려워하지 않고 거룩한 절기를 지킬 수 있었습니다. 그는 더 이상 피 흘린 죄책을 짊어지지 않았습니다. 대제사장의 죽음이 의식(儀式)적으로 그를 깨끗하게 만들었고 그가 예배자의 무리에 들어가게 만들었습니다. 여기에 신자의 기쁨이 있습니다. 그가 죄 때문에 상실한 모든 것이 그리스도의 죽음으로 말미암아 그에게 회복되었습니다. 이 세상이 그의 것이고 장차 올 세상도 그의 것이 되었습니다. 그는 한때 상실했던 이생의 복된 것들을 더 이상 저속하거나 부정하다고 생각하지 않고 주님의 영광을 위해 사용합니다. 이제 그는 성도의 지극히 즐거운 것들을 알게 됩니다. 이제 그가 성도들의 거룩한 노래를 부르고, 우리가 서 있는 이 은혜에 성도들이 담대하게 들어가는 것을 알게 된 것입니다. 그는 대제사장이신 예수님의 죽음으로 말미암아 하나님의 이스라엘의 모든 권리와 특권들을 다시 얻게 되었다는 것을 기뻐합니다. 이것이 얼마나 놀라운 복인지 모릅니다! 하나님께서 그의 유배자들을 완전히 회복시키기 위해 세우신 방책은 참으로 놀라운 것입니다! 이것이 우리 하나님께 어울리는 방법입니다. 예수님께서 우리를 대신하여 죽으셨고, 우리를 위하여 사형을 받으셨습니다. 우리의 믿음이 주님의 대속의 희생을 우리의 것으로 만듭니다. 그때 우리는 더 이상 두려워할 이유가 없으며 모든 공포로부터 벗어나 복된 자유 가운데 행하며, 우리의 특권들을 알고 그 특권들을 사용하게 됩니다. 예수께서 빼앗지 않고 사람들이 스스로 잃은 것을 회복시켜 주셨습니다.

> "그리스도 안에서 아담의 후손들은
> 그들의 조상이 잃었던 것보다 더 많은 복들을 자랑합니다."

이와 같이 하나님께서는 그의 내쫓긴 자들이 하나님에게서 추방당하지 않도록 하는 지극히 효과적인 방책을 정하셨습니다.

이것이 내쫓긴 사람이 다시 하나님과 교제를 나눌 수 있도록 회복하는 중요한 방책이긴 하지만, 그럼에도 불구하고, 하나님께서 우리가 기꺼이 그 방책을 이용하도록 하는 방책을 더 내시지 않는다면 우리 본성의 타락으로 말미암아 그 방책은 우리에게 전혀 유익이 되지 못할 것입니다. 자비의 식탁을 차릴 뿐만 아니라 또한 우리를 그 식탁에 참여하도록 강권할 필요가 있었습니다. 예수님으로 말미암은 구원을 들을 때, 우리의 본성은 즉시 예수님을 거부합니다. 우리는 대속의 희생이라는 기이한 이야기에 귀를 기울입니다. 그러나 유대인들처럼 표적을 요구하거나 헬라인들처럼 마음에 드는 지혜를 추구합니다. 예수님께서 자기 백성에게 오시지만 자기 백성이 주님을 영접하지 않습니다. 그래서 하나님께서는 예수님의 희생을 우리가 영접하게 만들고 우리의 확신이 되게 할 또 다른 방책을 세우십니다. 성령께서 우리 안에 구원을 일으키시는 특별한 임무를 맡으신 것입니다. 성령께서는 의지를 복종시키시고 마음을 변화시키십니다. 성령께서는 죄인들을 예수님께 인도하시며 정결케 하는 피로 그들의 양심을 씻으십니다. 성령께서 반항하는 마음이 누그러질 때까지 신비한 영향력으로 끌어당기십니다. 우리가 스스로 도피성으로 달려가려고 하지 않으면 사자들을 보내어 우리를 초청하고 설득하며 강제로라도 성 안으로 들여보냅니다. 하나님은 자신의 사랑이 실패로 끝나지 않도록 하십니다. 어떻게 해서든지 사람을 구원하려고 하십니다. 하나님께서는 죄인을 변화시킬 방책을 세우십니다. 이제 우리 각 사람은 잠시 자기 경우를 생각해 봅시다. 이 자리에 계신 신자 각 사람이 하나님께서 자신을 예수님께로 데려오기 위해 궁리하신 특별한 방식을 기억하는 것은 은혜로운 일이 될 것입니다. 이제 여러분의 생애 기록들을 넘기며, 여러분의 영적 생일을 기록하고 있는 페이지를 읽어보고, 여러분 각 사람의 회심에서 하나님의 손길을 추적해 보십시오. 나는 하나님께서 은혜로 사용하시는 더 탁월한 방책들 한두 가지를 언급함으로써 여러분을 도울 수 있을 것입니다.

대부분의 경우에 방황하는 자들을 원래의 자리로 돌아오게 만드는 것은 복음 설교입니다. 하나님의 말씀을 전파하는 것은 인류 가운데서 사람을 구원하시는 하나님의 중요한 수단입니다. 그처럼 단순하지만 하나님의 은혜로 말미암아 지극히 효과적인 방책을 세우시는 하나님은 참으로 은혜로우신 분이십니다! 하나님께서는 그의 말씀이 헛되이 자기에게 돌아오지 않도록 하기 위해 자기의 종들과 아주 놀랍게 협력하시지 않습니까? 하나님의 택하심을 받았지만 내쫓긴 자들 가운데 많은 사람들이 아주 멀리서 유배 생활을 하기 때문에 그들은 와서 은혜의 메시지를 듣지 못할 것입니다. 그러므로 하나님께서는 진리가 선포되는 곳에 그들을 데려올 방책을 세우십니다.

적지 않은 사람들이 교육과 관습의 영향력으로부터 진리를 듣게 됩니다. 그리고 이들 가운데서 많은 사람들이 효과적으로 부름을 받습니다. 그런가 하면 그보다 은총을 적게 받은 것처럼 보이는 사람들은 마찬가지로 효과적인 방법들에 의해 불려옵니다. 어떤 사람들은 친구의 권유로 옵니다. 이렇게 해서 그들은 자기를 초대한 사람에게 예의를 차리느라고 복음을 듣습니다. 그런데 많은 경우에 은혜로운 주님께서는 빈약한 동기로 복음을 들을 수 있는 자리에 온 사람들을 하나님의 말씀으로 구원하셨습니다. 그런가 하면 어떤 사람들은 마찬가지로 별 가치가 없는 동기로 자극을 받습니다. 사람들이 어떤 설교자에 대해 이야기를 많이 할 수 있습니다. 그 설교자는 괴짜라는 평판을 들을 수 있고 혹은 광신적이라고 매도될 수도 있습니다. 어쨌든 그는 유명합니다. 그래서 많은 사람들이 호기심에서 그의 설교를 들으러 갑니다. 이것은 사람들에게 추천할 만한 방식은 아닙니다. 그러나 하나님께서는 삭개오의 경우처럼 종종 그런 일을 뒤집어 효력 있게 사용하십니다. 그래서 사람들이 예수님에게 부름을 받고, 예수께서 그들의 집에 거하십니다. 호기심은 하나님께서 사람들이 하나님의 복음을 듣도록 불러오기 위해 세우시는 방책들 가운데 한 가지입니다. 그렇게 해서 하나님은 자신의 내쫓긴 백성들을 되돌리시고, 하나님에게서 추방되지 않도록 하십니다.

이런 것들보다 훨씬 못한 동기들에서 복음을 들은 사람들의 경우도 있었습니다. 그들은 심지어 하나님께 불경스런 동기에 자극을 받아서 오게 되었습니다. 말하기 이상하지만, 그럼에도 불구하고 모든 것을 정복하시는 하나님의 은혜가 이런 동기마저도 하나님의 내쫓긴 자들을 돌아오게 하시는 방식으로 만들었습니다. 유명한 복음 전파자인 소프 씨(Mr. Thorpe)의 잊지 못할 경우가 이 자리에서 생각이 납니다. 그는 회심하기 전에 무신론 단체의 회원이었습니다. 당시에는 불신앙이 지금보다 훨씬 더 거칠었습니다. 그래서 이 무신론 단체는 "지옥 불 클럽"이라는 이름을 사용했습니다. 그들은 재미 삼아 종교적 예배를 모방하고, 인기 있는 목사들의 흉내 내는 일을 하였습니다. 젊은 소프는 휫필드 목사의 설교를 들으러 갔는데, 이는 그가 불경스러운 자기 동료들 앞에서 그의 흉내를 내기 위해서였습니다. 그는 아주 주의 깊게 그의 설교를 들었고, 그래서 그의 어조와 그의 거동을 따라할 수 있었고 그의 교리도 어느 정도 따라서 말할 수 있게 되었습니다. 그의 단체가 소프가 그 위대한 설교자를 우스꽝스럽게 흉내 내는 것을 보기 위해 모였을 때, 그는 휫필드 목사의 방식을 따라서 즉흥적으로 설교할 본문을 찾기 위해 성경을 펼쳤습니다. 그의 눈길에 들어온 것은 이 구절이었습니다. "너희도 만일 회개하지 아니하면 다 이와 같이 망하리라"(눅 13:3). 그 본문에 대해 이야기하면서 그는 자신도 모르게 조롱하려는 생각은 깨끗이 잊고서 진심으로 이야기하게 되어 그 자신이 회심하는 계기가 되었습니다. 수년 후에 그는 곧잘 이렇게 말하곤 하였습니다. "내가 하나님의 도움을 받아 설교한 적이 있다면, 내가 장난으로 시작하였지만 결국에는 진심으로 설교하였던 바로 그 날이었습니다." 그는 마치 강에서 장난하려고 하였지만 강의 흐름에 쓸려가 버린 사람처럼 자신의 의도와는 다르게 진리의 힘에 쓸려가 버렸습니다.

나는 수많은 예들을 볼 때 사람이 하나님의 말씀을 듣고 있는 동안은 소망의 길에 있다고 생각합니다. 누가 알 수 있겠습니까? 조롱하는 자에게도 진리의 화살이 꽂힐 수가 있습니다. 진리의 화살들이 날아가는 곳에서는 아무리 무관심한 사람이라도 그 화살에 상처를 입을 수 있습니다. 자신의 종들을 자기 뜻대로 사용하시는 하나님께서는 듣는 자가 전혀 다른 동기로 들을지라도 그의 말씀으로써 자기의 내쫓긴 자들을 집으로 불러오실 수 있습니다. 심지어 목회자의 실패마저도 하나님이 정하신 구원의 계획의 일부가 될 수 있습니다. 때때로 우리 목회자들은 설교를 끝내고 나서 설교를 형편없이 전했다고 느낍니다. 그러나 우리는 자신의 일을 제대로 판단하지 못합니다. 우리가 열심히 최선을 다했을지라도, 하나님께서는 우리가 흡족하게 말씀을 전하지 못했다는 생각을 갖도록 할 수가 있습니다. 그러나 바로 그 이유 때문에 진리가 훨씬 더 능력 있게 작용했을 수도 있습니다. 우리가 사람의 방식에서 아주 실패하였을 때, 하나님의 방식에서는 아주 효과 있게 쓰일 수도 있습니다. 아무렇게나 화살을 쏜 그 궁수는 아합의 갑옷의 깃 사이를 맞출 것이라고 거의 생각하지 않았지만, 그의 화살은 정확히 그곳을 맞추었습니다.

미국에서 덕망 높은 테넌트 목사(Mr. Tennant)는 아주 신중하게 설교를 준비하였습니다. 저명한 무신론자가 그 예배에 참석할 지도 모른다는 것을 알았기 때문입니다. 그는 확실한 주장을 펴면 그 청중을 설득할 수 있을 것으로 기대하였습니다. 그러나 그는 아주 열심을 내어 자신의 이론의 연결고리를 철저히 따라가는데 너무 몰두하는 바람에 말을 더듬거리게 되었습니다. 전반적으로 그는 웅변에 뛰어난 사람이었지만, 말이 막히게 되자 서둘러 설교를 끝냈습니다. 그러나 이것이 그의 무신론자 친구를 회심시키는 방책이 되었습니다. 왜냐하면 그 친구는 이전에 테넌트 목사의 설교를 많이 들었고 그래서 그가 아주 훌륭하게 말하는 사람인 것을 알았는데, 이제 그가 애처롭게 말을 더듬는 것을 가엾게 생각하면서 속으로 이렇게 말했기 때문입니다. "성령의 도우심이라는 것이 있는게 분명하구나. 테넌트 목사가 다른 때는 도움을 받았는데 이번에는 받지 못한 것을 보면 말이다." 이렇게 진리의 어렴풋한 빛도 그가 다른 진리들을 볼 수 있게 만들기에 충분하였습니다. 그는 하나님께로 돌이키게 되었습니다.

하나님의 내쫓긴 자들을 돌아오게 할 수 있는 하나님의 방책이 된다면, 머뭇거리거나 말을 더듬는 일, 혹은 실패도 아주 복된 것이 됩니다. 나는 침묵이 주님의 뜻을 더 잘 이룰 수 있다면, 말을 못하고, 유창한 설교라는 즐거운 사치를 잃어버려도 좋습니다. 나는 내 연약함이 분명히 나타날 때 성령께서 가장 효과적으로 일하시는 때가 많다고 확신합니다. 그것이 사실이라면 우리는 자신의 약함을 자랑하는 것이 마땅합니다. 하나님께서는 그런 기이한 일을 우리에게 하나님의 사자로 보내기를 기뻐하십니다. 그래서 우리를 방책으로 사용하여 죄 때문에 하나님 앞에서 쫓겨난 자들을 되돌리십니다.

그러나 사랑하는 여러분, 목소리로 복음을 전하는 것 외에도, 인쇄된 하나님 말씀도 눈을 통해서 복음을 전하는 설교자입니다. 많은 경우에 성경은 거룩한 그 저자께서 영혼을 회심시키는 일에 사용하시는 유일한 수단이었습니다. 성경에서 영혼을 회심시키는 것으로 유명한 본문들이 많이 있습니다. 하나님께서는 성경의 본문을 통하여 일하시며 무지한 자들에게 빛을 비쳐 주십니다. 하나님께서 어떻게 그의 말씀을 가지고 일하시는지, 믿음 없는 자들이 구원에 이르게 하는 하나님의 능력이 되는 바로 그 구절을 보도록 인도하신 일이 참으로 많았다는 것을 생각하십시오! 하나님의 손이 또 다른 페이지를 넘기고 눈이 또 다른 구절에서 빛을 내도록 하시지 않았겠습니까? 주님께서는 그때 복이 있는 곳에 그의 눈길을 고정시키셨습니다. 성경 말씀이 독자에게 일부러 자기를 위해 쓰인 것처럼 보인 때들이 얼마나 많았습니까! 생각의 전환과 표현 형태가 복을 전달하는 통로가 되었습니다. 나는 단순히 어떤 단어들의 시제(時制)와 수, 위치까지도 사람들의 영혼을 소성케 하고 위안을 주는 수단들이 된 경우들을 많이 보고 있는 한에는 완전 영감설을 믿지 않을 수 없습니다. 나는 성경 말씀 자체에서 내쫓긴 자들을 집으로 데려오는 방책들을 봅니다. 그 본문을 받아들일 수 있도록 마음이 준비되어야 한다는 것도 마찬가지로 주목할 만한 사실입니다. 선택한 본문의 특정한 가르침을 마음이 받아들일 수 있도록 준비시키기 위해서는 섭리의 활동과 더 영적인 영향력이 작용하였음에 틀림없기 때문입니다. 정교한 장치가 작용하고 있는 것이 분명히 보입니다. 바퀴 안에서 바퀴가 돌아가고, 원인이 또 다른 원인을 일으키며, 사건이 사건을 만들고, 생각이 또 다른 생각을 낳습니다. 모든 것에서 나는 하나님께서 추방된 자들을 그들의 잃어버린 기업으로 돌아오게 하기 위해 교묘하게 정하신 방법들을 봅니다.

어떤 사람들은 하나님의 진리가 경건한 사람들이 다시 써서 또 다른 형태로 전달될 때 마음이 가장 잘 움직입니다. 예수님을 믿되 예수님의 말씀으로보다는 주님의 제자들의 말에 의해 믿는 사람들이 있습니다. "내가 비옵는 것은 이 사람들만 위함이 아니요 또 그들의 말로 말미암아 나를 믿는 사람들도 위함이니"(요 17:20). 종교 서적과 전도 책자들의 가치는 계산할 수 없습니다. 어떤 사람들의 표현 방식은 다른 어떤 수단으로도 마음을 움직일 수 없는 사람들을 예상하고 주님께서 변형시키신 것이 분명합니다. 백스터가 실패하는 곳에서 번연이 사람들에게 복을 줄 수 있습니다. 도드리지(Doddridge)가 성공을 거두지 못하는 곳에서 엔젤 제임스(Angel James)는 사람들의 주의를 끌 수 있습니다. 존 뉴턴(John Newton)이 무시당하는 곳에서 쿠퍼(Cowper)는 사람들의 마음을 끌 수 있습니다. 심지어는 본문에서 이끌어낸 사상들이 마음에 감명을 주고 생각을 붙들고 있는 곳에서 본문은 사람을 놓칠 수가 있습니다. 작가의 경험과 그의 사고방식이 독자에게 뚜렷하게 적용되는 경우가 종종 있는데, 그 점에서도 하나님의 방책을 볼 수 있습니다.

하나님께서 그의 내쫓긴 자들을 자기에게로 데려오시는 것은 성경의 직접적인 가르침을 통해서 뿐만이 아니라 또한 하나님께서는 진실한 그리스도인들이 무심결에 한 말을 통해서 아주 많은 사람들을 부르셨는데, 그 말이 그들에게서는 무심결에 나온 것이지만 그 모든 것이 영원한 목적에서 정해진 것이었습니다. 나는 우리가 회심하지 않은 친구들에게 그들의 평안을 위하는 일들에 관해 이야기하는 습관을 더 들였으면 좋겠습니다. 우리가 때를 얻든지 못 얻든지 간에 즉시 복음을 전하면 회심하였다는 소식을 듣고 기뻐할 일들이 많을 것입니다. 물가에 씨를 뿌리면, 우리의 추수가 훨씬 더 풍성해질 것입니다. 하나님께서는 종종 우리가 어떤 환경들을 이용하여 하나님의 영광을 나타내도록 하려고 그 환경들에 던져 넣으십니다. 그러나 우리가 언제나 하나님의 목적을 깨닫는 것은 아닙니다. 우리가 역에 너무 늦게 도착하여 기차를 놓치는 일, 우리가 기선(汽船)에 승선하여 어떤 사교 단체에 들어가게 되는 일, 길에서 낯선 사람을 만나는 일이나 길을 잘못 드는 일, 매일 일어나는 이와 같은 일들은 우리가 하나님을 위하여 해야 하는 어떤 일을 하나님이 섭리 가운데서 가리켜 주는 표시에 불과할 수가 있습니다.

한 목사가 어느 날 죽어가는 사람을 심방해 달라는 청을 받았습니다. 그가 죽어 가는 사람 곁에 도착했을 때, 그 사람이 이렇게 말하는 것을 듣고 기뻐하였습니다. "목사님, 제가 천국에 가기 전에 목사님께 말씀드리고 싶은 생각이 들었습니다. 은혜로 말미암아 내게 선한 소망이 있는 것에 하나님께 감사드립니다. 이는 내가 그리스도 예수님을 의지하기 때문입니다. 목사님 덕분에 제가 회심하게 되었음을 말씀드리고 싶습니다." 목사가 말했습니다. "어떻게 그렇게 되었지요? 나는 형제를 본 적이 없는데 형제가 우리 교회에 참석했습니까?" "아닙니다, 목사님. 나는 다른 곳에서 목사님의 설교를 들었습니다. 어느 날 밤 나는 어떤 마을 길거리에서 목사님을 만났습니다. 나는 목사님께 내가 어떤 주택단지로 가려는데 바른 길로 가고 있는지 물었고, 목사님께서는 내가 그 길에서 멀어지는 쪽으로 가고 있으니, 다음 갈림길에서 방향을 바꾸도록 하라고 말해 주었습니다." 그러고 나서 목사님은 "형제가 천국에 가는 바른 길을 찾는데도 그만큼 열심을 보였으면 좋겠다!"고 말씀하셨습니다. "목사님, 나는 그날 저녁까지 하나님의 진리에 대해서 생각해 본 적이 없었습니다." 자, 그것이 우리 가운데 누구든지 그런 상황에서는 말했을 수 있고 마땅히 말했어야 하는 일입니다. 그런데 우리는 그렇게 말했습니까? 오늘, 뿌리지 않은 씨앗을 깊은 후회의 눈물에 푹 담그도록 하십시오.

옛날 스코틀랜드 종교개혁 단원들은 어느 날 밤 황무지에서 길을 잃은 거스리 씨(Mr. Guthrie)의 이야기를 즐거이 이야기하곤 하였습니다. 그의 친구들은 계속 앞으로 갔고, 그는 친구들을 놓쳤습니다. 마침내 그가 길을 찾고 친구들을 다시 만났을 때 그는 그것이 복된 섭리에서 나온 일이었음을 친구들에게 설명하였습니다. 그는 말했습니다. "나는 황무지를 헤매고 다니다가 병들어 죽어가고 있는 여인이 있는 작은 움막에 이르게 되었어. 사제가 그 여인에게 막 병자 성사(病者聖事)를 집행하고 있었어. 사제가 나오고서 내가 들어갔지. 그녀는 마음이 괴로운 가운데 있었고, 내가 복음을 전하자 예수님을 믿었어. 나는 그 여자가 본성의 상태에 있는 것을 알고 은혜의 상태에 있는 것을 보기까지 복음을 전했어. 내가 떠나올 때는 그녀를 영광의 상태에 두고 왔어."

그렇습니다. 하나님께서는 영혼들이 자기 길을 찾도록 하기 위해 우리가 길을 잃게 만드시기도 합니다. 하나님께서는 우리가 하나님의 내쫓긴 자들을 찾을 수 있는 위치에 우리를 집어넣기도 하십니다. 하나님께서는 그들이 하나님의 성실한 백성들과 만나도록 하시되 그들을 구원하는 결과에 이르도록 하는 방식으로 만나게 하십니다. 우리는 경계를 늦추지 않도록 합시다. 자신의 기회를 예의 주시하는 사람은 자기에게 기회가 충분히 주어진다는 것을 알게 될 것입니다. 하나님께서 우리를 위해 방책을 내십니다. 우리는 섭리의 길을 따라가기만 하면 됩니다.

설교를 좀 서둘러 해야 하겠습니다. 많은 사람들이 병 때문에 회개하고 믿음을 갖게 됩니다. 그들이 건강할 때는 들떠서 지냈습니다. 그러나 병실이 그들에게 생각할 시간과 이유를 제공해 주었습니다. 상실, 실망, 가난과 소위 온갖 종류의 불행들이 바로 이 목적을 위해 작용하였습니다. 다른 사람들의 죽음 역시 이들에게 얼마나 큰 부르심이었고, 이들이 얼마나 자주 그 소리를 들었습니까! 이 큰 도시에서 어린 아기들의 죽음은 천국의 가장 중요한 선교 활동들 가운데 하나입니다. 태어나자마자 죽은 많은 아기들은 그냥 생명이 낭비된 것입니까? 아니, 그렇지 않습니다. 어머니들은 그들의 죽은 아기들로 인해 하늘의 손짓을 보게 되고, 아버지들은 비록 복음에 완전히 무관심했을지라도 장차 올 세상에 대해 진지하게 생각하게 됩니다. 하늘에서 우리의 크신 아버지의 얼굴을 뵙는 너희 어린 천사들이여, 그대들이 하나님을 기쁘시게 하는 하나님의 종들을 섬기는 일이 얼마나 많은지! 이런 의미에서 하나님께서는 어린 아기들과 젖먹이들의 입이 힘을 발휘하게 하셨습니다. 사고, 폭풍, 화재, 난파, 기근, 전쟁, 열병, 역병, 지진, 이 외에 또 무엇을 말해야 할지 모르겠는데, 아무튼 이 모든 것들이 죄인들에게 경보를 발하고 그들을 하나님께로 몰아갔습니다. 전능하신 분께서는 도처에서 자기의 종들을 부리십니다. 은혜에 방책이 부족한 일은 없습니다. 주님은 지혜가 놀라우시고 수단이 풍부하십니다. 들판의 돌들과 하늘의 별들이 다 같이 주님께 결탁되어 있습니다. 복음의 병기고에는 적절한 무기들이 떨어지는 법이 없고, 하늘의 대포는 어떤 곳이든지 공격하며, 포탄이 부족한 일이 없습니다.

이 외에도, 우리는 오늘날 이 행복한 시대에 어린 시절에 경건한 교육을 받고도 내쫓긴 자들을 데리고 오는 중요한 활동이 계속되고 있다는 것을 기억해야 합니다. 주일학교에서 그리고 경건한 부모가 다스리는 가정에서 작용하는 신성한 영향력은 아무리 높게 평가해도 지나침이 없었습니다. 거룩한 가정의 가르침을 사람들은 결코 잊을 수 없습니다. 다소 잊을 수는 있으나 완전히 잊어버릴 수는 없을 것입니다. 씨가 오랫동안 먼지 속에 묻혀 있을 수 있습니다. 그러나 다른 환경을 만나면 숨어 있는 생명이 싹을 틔우는 날이 올 것입니다. 어떤 사람이 어렸을 때 배운, 잘 알고 있는 오래된 찬송가 가사가 80세가 된 그를 구주님께로 인도할 수가 있습니다. 물 위에 던진 떡과 같이, 거룩한 본문이 오랜 세월이 지난 후에 가서야 다시금 사람의 마음에 떠오를 것입니다. 나는 성령님을 믿고, 또 성령께서 하나님의 진리를 간수하신다는 것을 믿습니다. 성령께서는 하나님의 말씀이 실패하도록 내버려 두시지 않습니다. 성령님의 거룩한 영향력은 눈과 비처럼 헛되이 하늘로 돌아가지 않고, 땅에 물을 대어 땅이 싹을 돋고 꽃을 피우도록 하실 것입니다. 젊은이에게 계속해서 거룩하고 경건한 교훈을 가르치는 것이 우리의 의무입니다. 하나님께서는 우리의 노력에 대한 보답으로 하나님의 내쫓긴 자들을 하나님께로 돌아오게 하실 것입니다.

기독교적 영향력을 끼치는 것도 마찬가지입니다. 거룩한 생활은 공기에 은혜의 향기를 풍깁니다. 종이든지 주인이든지 부자이든지 가난한 사람이든지 자기 영역에서 하나님을 섬기는 사람들은 주변에 거룩한 활력을 퍼트리고 있는 것입니다. 우리는 화학자에게서 오존이라고 하는 요소를 듣는데, 이 오존은 어떤 물질에 의해 방출되는데, 더러움을 아주 깨끗이 제거하는 특성을 지니고 있습니다. 은혜가 충만한 신자들은 생활에서 거룩한 오존을 방출한다고 말할 수 있습니다. 우리가 말할 때뿐만 아니라 생활할 때도 우리의 대화가 바르게 이루어진다면, 우리의 영향력은 건강한 것입니다. 우리의 기도는 헤아릴 수 없이 많은 복을 가져오고, 우리의 거룩한 생활은 그 복들을 다른 사람들에게 전달하는 경로가 됩니다.

그러나 이것이 전부가 아닙니다. 하나님께서는 그의 내쫓긴 자들을 집으로 데려오시는데 선한 일들을 사용하실 뿐만 아니라 또한 악한 일들도 사용하십니다. 사탄이 때로는 자기 화살에 맞은 경우들이 있습니다. 골리앗은 자기 칼로 죽임을 당했습니다. 나는 복음의 호소에 냉담하다가 마침내 큰 죄에 빠진, 스스로 의롭다고 생각하는 사람들을 보았습니다. 그때 그들은 자신들에 대해서 아주 놀라고, 자기 마음속에서 발견한 타락을 보고 떨었으며, 전에는 자기가 범할 수 있을 것이라고 생각지 않았던 죄를 보고서 구주님께로 가게 되었습니다. 이와 같이 죄는 하나님의 은혜로 말미암아 자신의 지배력을 훼손할 수가 있습니다. 이것은 오류에 대해서도 그와 같이 말할 수 있습니다. 오류가 불합리한 일을 행하고 있는 자신의 모습을 발견할 때 그것은 큰 일입니다. 나는 이제 로마 가톨릭 교회를 볼 때 하나님께 크게 감사드립니다. 나는 교황 무오류설의 교리가 하나님 아래에서 하나님의 내쫓긴 자들 가운데 더러가 진리를 예수님 안에서 있는 그대로 볼 수 있도록 하는 수단이 될 것이라고 생각합니다. 아주 진실하지만 경솔하게 믿는 많은 사람들은 자신의 치명적인 오류를 하나님의 진리라고 생각하고서 오랫동안 멀리 가면서도 자기들이 어디 있는지 거의 모를 수가 있습니다. 맹인이나 다름없는 교황이 너무 지나치게 나가서 그와 같이 터무니없는 주장을 하자 그의 추종자들 가운데 더 이상 그를 따라갈 수 없는 사람들이 일어났습니다. 그 새 교리는 너무나 뻔한 거짓말이고, 거기에서 무저갱의 냄새가 강하게 납니다. 많은 사람들이 그 교리에서 물러서기 시작할 것이라고 생각합니다. 나는 아주 최근에서야 그 교리에 영향을 받은 한 사람과 이야기를 나눈 바가 있습니다. 그 교리를 알게 되기 전까지 그는 로마 가톨릭 교회의 모든 교리를 철저히 믿는 신자였습니다. 그런데 이제 그는 자신이 허를 찔린 것을 봅니다. 나는 조만간에 그에게 예수 그리스도를 믿는 신자로 세례를 줄 것으로 기대합니다. 그런 일이 없었더라면 그는 사제가 되어 거짓을 전파하였을 것이지만, 이제는 그가 예수 그리스도의 복음을 전하게 될 것이라고 믿습니다.

어떤 일이 일어날지 우리는 알지 못합니다. 마음의 세계에서는 지극히 놀라운 혁명들이 일어납니다. 표적의 하나님께서는 기이한 큰 일들을 그치지 않으셨습니다. 일하고 기다리는 것이 우리의 몫입니다. 그러면 우리는 틀림없이 하나님의 구원을 볼 것입니다. 하나님께서 전쟁터에 계실 때, 하나님의 전혀 틀림이 없는 전략 때문에 모든 것이 악의 세력들에게 맞서게 됩니다. 하나님께서는 우리는 아직 모르는 하나님의 포병 부대들의 위치를 나타내실 수 있을 뿐만 아니라 적들의 총을 빼앗아 적에게 겨눌 수도 있으십니다. 진리가 패배한 것처럼 보일 때, 실상은 진리가 승리에 가장 가까이에 있는 것입니다. 하나님은 잘못 생각하시는 법이 없습니다. 만군의 하나님은 어려운 일이라는 것을 전혀 모르십니다. 하나님께서는 그의 내쫓긴 자들을 자기에게 돌아오도록 하시는 방책들을 세우셨습니다. 그리고 그 방책들을 신자들이 하나님의 명예와 영광을 위하여 사용할 수 있도록 하십니다. 사람들은 하나님의 사랑의 목적을 성취한 하나님의 지혜를 영원한 노래로 찬양할 것입니다.

2. 둘째로, 우리의 부차적인 추방들에 대해 아주 간단히 살펴보겠습니다.

슬프게도, 하나님의 백성들이 때때로 죄에 빠집니다. 하나님의 백성들이 조심성이 없어지고, 그들의 가장 좋은 친구에게서 멀리 떨어져서 갑니다. 그때 죄가 그들을 이깁니다. 그러나 하나님께서는 그들을 방황하는 데서 돌아오게 하는 방책들을 준비하셨습니다. "그가 내 영혼을 소생시키시고." 성령께서는 슬퍼하시지만 다시 일어나서 그의 종들에게 죄를 다시 깨닫게 하시고, 그들이 울며 주님께 탄원하도록 인도하실 것입니다. 성령께서 그의 백성들의 포로 된 상태를 다시 돌리시고, 그들의 타락을 고치실 것입니다. "타락한 에브라임이여, 돌아오라"는 말이 들릴 것입니다. 그러면 방황하는 자는 "주의 구원의 즐거움을 내게 회복시켜 주소서"(시 51:12) 하고 말할 것입니다.

잠시 다윗에 대해 생각해 봅시다. 그는 슬프게도 곁길로 갔고, 그래서 하나님 앞에서 쫓겨나 하나님의 은총을 전혀 느끼지 못하였습니다. 나단이 그에게 말한 것보다 더 적합한 우화는 없었을 것입니다. "당신이 그 사람이라"는 말은 그 우화를 다윗에게 적용하는 아주 바른 말이었습니다. 다윗 왕은 자기 집에 징벌이 임할 것을 알았을 때 하나님 앞에서 몹시 슬퍼하였습니다. 통탄할 만한 죄를 지었을지라도, 그는 회개의 눈물을 흘리며 하나님께로 돌이키도록 인도를 받았습니다. 이스라엘 하나님 여호와께서는 사람을 격리시키는 것을 미워한다고 말씀하시며, 그러므로 그의 내쫓긴 자들을 자기 앞에서 물리치지 않을 방책들을 꾸미십니다.

삼손의 예를 생각해 봅시다. 그의 타락은 참으로 불행한 것이었습니다! 그가 힘을 잃고 슬프게 사로잡히는 것 외에는 어떤 것도 부끄러운 정욕으로부터 그를 구할 수 없었을 것입니다. 그의 눈을 뽑는 것, 그가 맷돌을 돌리게 하는 것, 차꼬, 감옥은 모두가 하나님께서 그의 내쫓긴 자를 돌아오게 하시기 위한 방책의 한 부분입니다. 부끄러움과 비참한 처지에 처하는 가운데서 그는 비록 눈은 멀었지만 자신의 죄를 볼 여지가 생겼고, 비참한 가운데서 죄의 쓰디쓴 맛을 느끼고 하나님께로 돌아가게 되었습니다.

또 다른 예로, 좀 더 충분한 경우인 베드로의 예를 생각해 봅시다. 베드로는 주님을 부인했습니다. 바로 그때 수탉이 울었다는 것은 주목할 만한 일이 아니었습니까? 그것은 천상의 계획의 한 부분이었습니다. 하나님께서는 지극히 하찮은 일들을 사용하시며, 그런 일들로써 하나님의 계획을 이루십니다. 주님께서 사용하시고자 하면, 수탉의 홰치는 소리로도 배교자의 마음을 깨트릴 수 있으십니다. 수탉이 한 번 울고, 두 번째, 세 번째 울었을 때, 구주께서 돌이켜 베드로를 보셨습니다. 사랑과 책망이 뒤섞인, 찬송받으실 주님의 얼굴 표정이 베드로에게 아주 심하게 양심의 가책을 일으켰습니다. 그래서 베드로는 나가 비통하게 울었습니다. 베드로가 위로받을 준비가 되었을 때, 주님께서는 그를 격려하시기 위해 부드러운 마음의 소유자를 보내셨습니다. 사랑이 충만한 요한을 보내셨습니다. 우리는 요한이 친구로서 베드로와 함께 있는 것을 봅니다. 이 방황하는 사람을 바로잡아주는데 이 친구 관계가 얼마나 큰 도움을 주었는지 누가 압니까? 게다가 주님께서는 부활 때 여자들에게 말씀하시면서 "가서 나의 제자들과 베드로에게 이르라"(막 16:7)고 하셨습니다. 특별히 베드로를 언급한 그 말씀이 하늘의 치유를 마무리짓는 것이었습니다. 이 모든 것은 베드로를 회복시키고, 죄에서 돌이켜 다시금 그의 찬송받으실 주님의 즐거운 종이 되도록 하는 계획의 한 부분들이었습니다. 우리는 죄에 가까이 가지 않도록 합시다. 그러나 우리가 죄에 빠졌을지라도 절망하지 맙시다. 왜냐하면 주님께서 자기의 내쫓긴 자들을 물리치지 않을 방책들을 세우셨기 때문입니다.

또 다른 종류의 추방이 있는데, 그것은 첫째로 죄에 의해서 일어난다고 하기보다는 의기소침에 의해 일어납니다. 하나님께서 사랑하시지만, 청명한 날을 누리지 못하는 때가 종종 있는 진실한 영혼들이 있습니다. 그들은 소망과 즐거움에 대해서는 아주 깜깜한 상태에 있습니다. 그들 가운데는 몇 달 동안 하나님의 얼굴빛을 잃고 지낸 사람들도 있을 것입니다. 불평하는 순간에 그들은 이렇게 말하고 싶은 생각이 들 것입니다. "보십시오. 이 오랜 세월 동안 저는 주님을 섬기고 있습니다. 그런데 주님께서는 제가 친구들과 즐겁게 지내는데 쓸 염소 새끼 한 마리 주시지 않았습니다." 하지만 그들에게는 얼마나 놀라운 약속들이 있습니까! 하나님의 재능은 폭풍우에 시달리고 풀이 죽은 불쌍한 자기 백성들의 상태에 맞게 약속의 말씀을 표현하시는 데서 현저하게 나타났습니다.

> "피난처를 찾아 예수께로 피한 여러분에게
> 주께서 말씀하신 것 이상으로 무슨 말씀을 더 하실 수 있겠습니까?"

우리의 천부께서는 자기의 고통받는 백성들에게 그와 비슷한 경험을 하였고, 그래서 그들을 동정할 수 있는 사람들을 통해 격려의 말씀을 아주 은혜롭게 전하십니다. 하나님께서 좋게 보신다면, 하나님은 기질이 정반대인 사람들을 활용하여 위로를 일으키십니다. 즉, 예수님에 대해 즐겁게 이야기하는 이들의 방식을 통해 수심에 잠긴 사람들에게 낙망한 심정에서 나오라고 꾸짖는 것입니다. 절망 거인(Giant Despair)이 하나님의 자녀를 지하 감옥에 집어넣고, 문을 할 수 있는 대로 굳게 잠그고, 창문에 못질을 하여 박고 그 앞에 쇠 빗장을 걸어둘 수가 있습니다. 그러나 주님께서는 결국 그 감옥에서 자기 자녀를 데리고 나오는 방법을 알고 계십니다. 절망 거인이 이렇게 말할 수 있습니다. "나는 그들을 해치울 것이다. 내 성채 안마당에는 내가 죽인 자들의 뼈가 있다. 이들의 뼈도 갖게 될 것이다. 나는 그들을 설득해서 칼이나 밧줄을 사용해 스스로 목숨을 끊도록 만들 것이다." 그러나 절망 거인은 하나님께서 그리스도인의 가슴 속에 "약속"이라는 열쇠를 숨겨놓으셨다는 것을 알지 못합니다. 마침내 그 열쇠가 문을 열 것이고, 그러면 죄수들이 새 사냥꾼의 올무에서 벗어나는 새처럼 의심하는 성(城)으로부터 도망하여 나올 것입니다. 낙담한 어떤 사람들의 역사를 우리가 알 수 있다면, 그들의 역사를 보고 깜짝 놀랄 것이라고 생각합니다.

나는 참으로 진실한 사람들인 많은 청교도 신학자들이 허니우드 부인(Mrs. Honeywood)에 대해 이야기한 거의 기적과 같은 이야기를 의심할 수 없었습니다. 수년 동안 절망의 시간을 보낸 후에, 허니우드 부인은 베니스 유리 거울을 들고서 바닥에 내동댕이치면서 소리쳤습니다. "이 거울은 나를 위로하는데 아무 쓸모가 없어. 이 거울이 깨지고 말 것처럼 나는 확실히 저주를 받았으니까 말이야." 그런데 아주 놀랍게도 그 거울은 깨지지 않았습니다. 수년 동안 아무것도 그녀를 위로해 주지 못했지만, 이렇게 말할 수 있을지 모르겠지만 그녀는 그것을 보고 어리둥절한 가운데 희망을 품게 되었습니다.

낙담한 사람들이 하나님께서 어떻게 마침내 자기에게 나타나셨는지에 대해서 이야기할 수도 있는 그런 이야기들입니다! 우리는 주님의 옛적 기사들을 기억함으로써 격려를 받도록 합시다. 주님은 지금도 동일한 분이시기 때문입니다. 연기 나는 천이 언젠가는 확 타올라 즐거운 불길을 일으킬 것입니다. 셋째 날에 주님께서 여러분을 일으킬 것이고, 여러분은 주님 앞에서 살 것입니다. 이스라엘을 애굽에서 나오게 하실 것입니다. 여호와께서 손을 높이 들고 팔을 뻗어서 그의 고통받는 자들을 인도하실 것입니다. 그저 여러분은 올려다보고 조용히 기다리며, 골고다에서 피 흘리시는 구주님을 돌아보십시오. 그러면 여러분은 머지않아 어둠 가운데서 빛이 일어나는 것을 발견할 것입니다. 하나님께서는 자기 백성 중 아무리 작은 자라도 절망 가운데서 망하도록 내버려 두시지 않을 것입니다. 주님의 지혜가 부족하지 않고 주님의 사랑도 부족하지 않습니다. 하나님께서 놋 문을 깨트리시며, 쇠 빗장을 산산이 부수실 것입니다. 그래서 그의 택하신 자들이 노예의 집에서 나오게 하실 것입니다.

이렇게 해서 나는 지금까지 최선을 다해 크신 하나님 우리 구주님의 풍성한 선하심을 설명하였습니다.

3. 이제는 이 모든 사실로부터 이끌어낼 수 있는 실제적인 교훈에 대해 생각해 보도록 하겠습니다.

하나님께서 이렇게 그의 내쫓긴 자들을 돌아오게 하신다면, 우리도 우리의 내쫓긴 자들을 돌아오도록 합시다.

이 원칙의 첫 번째 적용은 이것입니다. 어쩌면 여기 계신 많은 분들 가운데는, 자기 아이나 형제에 넌더리를 내며 더 이상 상종하지 않을 수밖에 없었던 아버지나 어머니 혹은 친척이 있을지 모릅니다. 몹시 불쾌한 일들이 마침내 여러분 마음속에 화를 일으켰고, 그 화는 여러분이 생각하는 대로 아주 정당한 것입니다. 나는 그 점을 논하지 않겠습니다. 그보다는 이렇게 말하겠습니다. 즉, 하나님께서는 그의 내쫓긴 자들을 돌아오게 하는 방책들을 세우셨습니다. 여러분은 여러분의 내쫓긴 자들을 돌아오게 하는 방책을 세울 수 있지 않습니까? 그 젊은이를 다시 한번 시험해 볼 수 있지 않습니까? 그 딸이 또 한 번 기회를 가질 수 있지 않습니까? 여러분은 여러분의 형제에게 다시는 집을 찾아오지 말라고 말하였습니까? 내일 편지를 보내어 그에게 다시 한 번 와서 여러분을 보라고 초청을 하도록 하십시오. 여러분이 다른 사람들을 용서하지 않을지라도 하나님께서는 여러분을 용서하실 것이라고 생각합니까? 여러분에게 단돈 100페니 빚진 사람의 멱살을 잡을지라도 여러분이 1만 달란트 빚지고 있는 사람은 여러분에게 빚을 면제해 줄 것이라고 생각합니까? 여러분에게 무엇인가 잘못을 한 모든 사람을 온전히 용서함을 인하여 오늘을 축하할 수 있으면 좋겠습니다!

"글쎄, 사람들이 내게 부탁하면 그렇게 하겠어"라고 말하지 마십시오. 그것은 하나님께서 일하시는 방식이 아닙니다. 하나님께서는 그 문제에서 먼저 나서서 방책을 세우십니다. 시도하십시오. 생각하십시오. 방책을 궁리하십시오. "주님께서는 내가 몸을 굽히기를 원하십니까?" 친구 여러분, 때로 자신을 낮추는 것이 하나님 앞에서 우리 자신을 훨씬 높이는 것입니다. 일어서기 위해 엎드리고, 정복하기 위해 몸을 구부리는 일이 있습니다. 싸움을 먼저 끝내는 사람이 싸우는 두 당사자 가운데 훌륭한 사람입니다. 분노를 품고, 복수심에 불타거나 원한을 품는 것은 무엇보다 나쁩니다. 더 이상 이야기하지 않겠습니다. 다만 여러분이 위에서 말한 그런 위치에 있다면, 하나님께서 여러분이 그 점을 실행에 옮기도록 해 주시기를 바랄 뿐입니다.

끝으로, 이 교훈을 이렇게 적용하도록 합시다. 그리스도인은 누구나 주변에 있는 내쫓긴 자들을 예수님께로 돌아오게 하기 위한 방책들을 세우도록 합시다. 그리스도의 교회로서 우리는 이웃에 살고 있는 하나님의 내쫓긴 자들을 찾아내는 일에 계속해서 열심을 내야 합니다. 이번 주에 나는 리버풀에서 회중에게 타락한 여인들에 대해 설교하면서 마음에 큰 즐거움을 느꼈습니다. 말을 하면서 내 말이 받을 준비가 된 땅에 떨어진다는 것을 느꼈기 때문입니다. 실제로 그랬을 것이라고 생각합니다. 사랑하는 그리스도인 여러분, 만일 여러분이 세상에서 버림받은 사람을 안다면, 그 사람들을 데리고 오는 일에 열심을 내시기 바랍니다. 사회가 그 사람들에게 "우리는 당신들을 모른다. 당신들은 나병환자와 같으니 우리에게서 떨어져라"고 말한다면, 그들을 얻으려고 노력하십시오. 누구보다 먼저 그들을 얻으려고 힘쓰십시오. 가장 많이 아픈 자들에게 의사가 가장 먼저 필요한 법입니다. 여러분이 그 일을 할 수 있다고 느낀다면, 아주 열심히 그 일에 몰두하기를 바랍니다. 이 도시와 이 나라의 큰 마을들에는 죄뿐 아니라 무지한 일도 아주 많습니다. 아주 무식하고 타락한 사람들 가운데 일하는 것이 힘들다는 것을 압니다. 그러나 우리가 먼저 찾아가야 하는 사람들은 바로 이 사람들입니다.

젊은이 여러분, 여러분의 빈민 학교들을 계속 유지하도록 하십시오. 그런 일에 대한 소명이 있는 여러분들은 이 거룩한 봉사를 계속하시기 바랍니다. 여러분은 많은 어려움을 만나고 분명한 성공은 별로 거두지 못할 것입니다. 상관없습니다. 여러분은 내쫓긴 이런 사람들을 돌아오게 만드는 방책을 세우도록 하십시오. 여러분의 일을 힘차게 밀고 나가십시오. 하나님께서 여러분에게 복 주실 것입니다. 여러분들 가운데 어떤 분들은 집에서 청년들을 위한 성경공부 반이나 어린이들을 위한 성경공부 반을 운영함으로써 더 많은 일을 할 수도 있지 않겠습니까? 우리가 그런 목적을 위해 쓸 방을 언제나 충분히 갖고 있는 것은 아닙니다. 그리고 그런 방들을 다 갖추는 것은 많은 비용이 듭니다. 여러분 가운데 안식일에 거실을 그런 식으로 사용해서 아무 비용도 들이지 않고 많은 유익을 끼칠 수 있는 사람들이 많지 않습니까? 그렇게 하는 것이 여러분이 하나님의 내쫓긴 자들을 돌아오게 하는 여러분의 방책이 될 수 있습니다.

혹은 여러분에게 좀 더 큰 방이 있으면 주중 기도회를 갖거나 구역 예배를 가질 수도 있을 것입니다. 교회나 예배당에는 전혀 오려고 하지 않으면서도 초대를 받으면 개인 집에는 들어가려고 하는 사람들도 많이 있습니다. 이 큰 도시에서는 우리가 아무리 많이 예배를 드려도 지나치는 일은 없습니다. 작은 마을에서는 그렇게 할 수 없을 것입니다. 그러나 여기에서 우리는 그렇게 할 필요가 절실합니다. 이곳에서는 사람들이 말 그대로 죄와 무지로 지치고 있기 때문입니다. 하나님의 내쫓긴 자들을 돌아오게 할 방책들을 세우십시오. 여러분의 능력에 적합한 일을 생각하고, 거기에 힘을 쓰십시오.

이 계획이 부적당합니까? 그러면 다른 방법을 시도해 보십시오. 여러분이 전도 책자를 나누어 줄 수 없습니까? 여러분의 동료와 친구들에게 그들의 영혼에 관한 편지를 쓸 수 없었습니까? 그런 편지들이 복된 편지가 된 경우가 얼마나 많았습니까! 지혜롭게 쓰고 많이 기도하고서 쓴 경건한 편지만큼 영혼을 구원하는데 적합한 방도는 없다고 생각합니다. 계획을 세워보십시오. 하나님께서는 여러분을 구원할 방책을 세우셨습니다. 그러므로 여러분은 하나님의 생각을 따라 다른 사람들을 구원할 방책을 세우기 시작하십시오. 과학과 예술계에는 상상력이 풍부한 발명가들이 많이 있습니다. 그렇다면 우리가 거룩한 상식이 부족해서 실패하겠습니까? 영혼을 구원하기 위한 계획에 모든 재능을 발휘할 계획자들이 나왔으면 좋겠습니다. 여러분 가운데 선을 행하는 사람들이 아주 많은 것에 하나님께 감사드립니다. 그러나 나는 여러분 모두가 그같이 선을 행했으면 좋겠습니다. 이 자리에 계시는 분은 누구나 이렇게 생각했으면 좋겠습니다. "낮이 지속되는 동안 주님을 위해 일해야 해. 밤이 오고 있어." 이만큼 이야기하도록 하겠습니다.

여기에 일하는 것을 면제받을 수 없고 또 면제받기를 원치 않는 한 사람이 있다면, 그것은 바로 이 설교자입니다. 나는 주님께 너무도 많은 은혜를 입고 있습니다. 나는 용서받아야 할 죄가 참으로 많았는데, 그 죄를 용서받았습니다. 주님에게서 참으로 많은 자비를 받았습니다. 그래서 나는 살아 있는 한, 다른 사람들을 내 귀한 구주님께 데려오기 위한 방책들을 세울 수 있기를 구하고 싶습니다. 자, 주님께서 여러분에게 그처럼 놀라운 사랑을 보이시지 않았다면, 여러분은 구실을 댈 수 있을 것입니다. 그러나 나는 여러분 가운데 많은 분들이 이렇게 소리칠 것을 압니다. "이 설교자가 자기는 많은 은혜를 입고 있다고 말하는데, 우리도 그만큼 많은 은혜를 받고 있다. 우리도 마찬가지로 하나님의 무한한 자비에 빚을 지고 있다." 그렇다면 나는 여러분을 위해 십자가에 못 박히신 분의 이름으로, 그분의 귀한 피와 상처를 인하여, 그분의 영원하신 사랑을 인하여, 장차 그분이 오셔서 여러분을 자기에게로 영접하실 것을 인하여 여러분에게 명합니다. "견실하며 흔들리지 말고 항상 주의 일에 더욱 힘쓰는 자들이 되라 이는 너희 수고가 주 안에서 헛되지 않은 줄 앎이라"(고전 15:58).

제
10
장

불붙은 보리밭

"압살롬이 요압을 왕께 보내려 하여 압살롬이 요압에게 사람을 보내 부르되 그에게 오지 아니하고 또 다시 그에게 보내되 오지 아니하는지라 압살롬이 자기의 종들에게 이르되 보라 요압의 밭이 내 밭 근처에 있고 거기 보리가 있으니 가서 불을 지르라 하니라 압살롬의 종들이 그 밭에 불을 질렀더니 요압이 일어나 압살롬의 집으로 가서 그에게 이르되 어찌하여 네 종들이 내 밭에 불을 질렀느냐 하니." — 삼하 14:29-31

여러분은 이 역사적인 이야기를 아실 것입니다. 압살롬은 다윗의 분노가 두려워서 예루살렘에서 도망하였습니다. 그는 얼마 후에 돌아오도록 허락을 받았지만, 왕의 앞에 나아가도록 허락을 받지는 못했습니다. 이전의 명예와 은총의 자리로 다시 돌아가기를 간절히 바라서 그는 요압에게 중재자 노릇을 해달라고 요청할 심산으로 자기에게 와 달라고 간청하였습니다. 요압은 이 젊은 왕자에 대한 호감을 많이 잃었기 때문에 그에게 가지 않았습니다. 여러 번 사람을 보내 요압에게 오기를 청했지만, 그는 압살롬의 소원을 들어주지 않았습니다. 그러자 압살롬은 악하기 짝이 없지만 요압을 자기에게로 불러들이는데 효과적인 계획을 생각해냈습니다. 압살롬이 종들에게 요압의 보리 밭에 불을 지르라고 명령하였습니다. 일이 이렇게 되자 요압이 대단히 화가 나서 압살롬에게 와 물었습니다. "어찌하여 네 종들이 내 밭에 불을 질렀느냐?" 바로 이것이 압살롬이 바라던 것이었습니다. 그는 요압을 만나기를 바랐지만, 요압과의 면담을 성사시킬 수 있는 방법에 대해서는 신중하지 못했습니다. 아무튼 보리밭에 불을 지름으로써 요압을 자기 앞으로 오게 하였고, 압살롬의 목적은 이루어졌습니다.

그 행위에서 죄를 뺀다면, 우리는 여기서 은혜로우신 하나님께서 지극히 지혜롭고 선한 목적을 가지고 종종 행하시는 것이 묘사되는 것을 봅니다. 종종 하나님께서는 우리를 부르러 사람을 보내시는데, 하나님의 이익을 위해서가 아니라 우리 자신의 이익을 위해서 보내십니다. 하나님은 우리를 자기에게 가까이 오게 해서 그의 손에서 복을 받게 하려고 하시는데, 우리는 어리석고 무정하고 악해서 하나님께 가까이 가려고 하지 않습니다. 하나님은 우리가 다른 어떤 수단으로는 하나님께 오려고 하지 않는다는 것을 아시고 호된 시련을 보내십니다. 그래서 하나님께서 우리의 보리밭에 불을 지르십니다. 보리밭이 우리 것이라기보다는 하나님의 것임을 생각할 때, 하나님은 그렇게 하실 권리가 있습니다. 압살롬의 경우에 그것은 잘못된 일이었습니다. 하나님의 경우에, 하나님은 자신의 뜻대로 행하려고 하시므로, 그렇게 하실 권리가 있습니다.

하나님께서 우리의 가장 기뻐하는 것을 가져가 버리십니다. 그것은 우리가 그동안 마음으로 애지중지 해왔던 것이므로 하나님께 이렇게 묻습니다. "무엇 때문에 주께서 나와 다투나이까? 왜 이렇게 나를 주의 막대기로 치시나이까? 내가 무엇을 했기에 주께서 내게 노를 발하시나이까?" 이렇게 해서 우리는 하나님 앞으로 불려가고, 주님께서 우리에게서 거두어 가신 일시적인 자비보다 무한히 더 가치가 있는 복들을 받습니다. 그러면 여러분은 내가 오늘 아침 이 본문을 어떤 의도로 사용할 줄을 알 것입니다. 이처럼 큰 교회의 목사인 나는 끊임없이 인간이 겪는 온갖 슬픔을 만나게 됩니다. 많은 경우에 그것은 가난입니다. 그런데 게으름이나 악습 때문에 일어나지 않은 가난도 있습니다. 그런가 하면 몹시 사람을 괴롭게 하는 아주 비참한 가난도 있습니다. 생활의 전투에서 잘 싸웠고, 오랫동안 열심히 분투노력하였지만 나이가 들어서는 "네가 떡을 받을 것이며 물을 확실히 얻을 것이라"는 약속을 의지하는 것 외에는 떡이 어디에서 올지 거의 알지 못하는 사람에게 가난이 찾아오기 때문입니다.

때때로 사자(使者)가 욥에게 온 것처럼 빠르게 여러분 가운데 이런저런 사람에 관한 슬픈 소식을 가지고 내게 옵니다. 어떤 사람은 와서 이렇게 말합니다. "목사님, 저를 위해서 기도해 주십시오. 하나님께서는 제 아내를 뇌졸중으로 쳐서 데려가시기를 기뻐하셨습니다. 이제 아내는 차가운 무덤 속에 누워 있습니다." 또 다른 사람이 와서 외칩니다. "목사님, 제 아내가 중한 병이 들었습니다. 의사는 거의 소망이 없다고 했습니다. 아내가 떠나는 시간에 힘을 얻을 수 있도록 아내를 위해서 기도해 주십시오. 그리고 제가 주님의 막대기를 달게 받을 수 있도록 저를 위해서 기도해 주십시오." 그 다음에 또 다른 사람이 옵니다. "제 아들이 괴로워하고 있습니다. 아들이 이제 고통스러운 수술을 받게 되어 있습니다. 아들이 의사의 수술을 받고 죽지 않고 그 수술을 견딜 수 있도록 기도해 주십시오." 내가 이와 같은 말로 슬픔을 호소한 사람들을 위로하고 나면, 또 다른 사자(使者)들이 문 앞에서 기다리고 있습니다. 이런 엄한 시련을 겪지 않고 오래 지낸 가족들은 참으로 드뭅니다. 오랫동안 시련을 면하고 지내는 사람은 거의 없습니다. 슬픔은 왕궁의 문이든지 움막의 문이든지 공평하게 그 문을 두드립니다. 왜 이 모든 일이 일어나는 것입니까? 우리는 "주께서 인생으로 고생하게 하시며 근심하게 하심은 본심이 아니시로다"(애 3:33)는 것을 압니다. 어떻게 하나님께서 얼굴을 찌푸린 종들을 그토록 많이 고용하시고, 검은 막대기를 든 안내인을 그처럼 자주 보내실 수 있습니까? 어찌 그렇게 하실 수 있습니까? 내가 아주 타당한 이 질문에 적절히 답할 수 있을지 모르겠습니다. 간수가 바울과 실라의 매맞은 자리를 씻겨주었을 때 그들에게 베풀었던 것만큼 내가 고통 받는 자들에게 유익을 줄 수 있을지 모르겠습니다.

나는 본문을 무엇보다 신자와 관련해서 사용하고, 그 다음에 회심하지 않은 사람들과 관련해서 사용할 것입니다. 주께서 위로부터 오는 도움을 주시기를 구합니다!

1. 형제 여러분, 우리는 무엇보다 본문을 그리스도 안에 있는 신자들과 관련해서 사용하도록 합시다.

예수 그리스도 안에서 사랑하는 형제자매가 된 여러분, 우리는 시련을 피할 것이라고 기대할 수 없습니다. 다른 사람들의 보리밭은 불이 나지 않을지라도, 우리의 보리밭은 불이 날 것입니다. 아버지 하나님께서 다른 아무데서도 막대기를 사용하시지 않을지라도, 하나님께서 자신의 참 자녀들은 틀림없이 고통을 겪게 하실 것입니다. 그것은 바울 사도가 말한 것과 같고, 우리의 찬송가 작가가 운율을 붙여 노래한 것과 같습니다.

"사생자는 세상의 헛된 즐거움에 빠져 있으면서도
매를 피할 수 있으나
하나님의 참된 자녀는 결코 피할 수 없고
피할 수 있을지라도 피하려 하지 않을 것이라."

여러분의 구주께서는 여러분에게 갑절의 유산을 남겨주셨습니다. "세상에서는 너희가 환난을 당하나 내 안에서 평안을 얻으리라." 여러분은 평안을 누립니다. 여러분은 시련을 면할 것이라고 기대해서는 안 됩니다. 밀은 모두 타작을 해야 합니다. 하나님의 타작마당에서는 다른 어떤 것과 마찬가지로 경박한 사람의 무게도 드러나게 되어 있습니다. 금은 불로 제련되어야 합니다. 하나님께서는 실로 시온에 불을 두시고 예루살렘에 용광로를 갖추어 두십니다.

사랑하는 여러분, 여러분에게는 모든 고난 가운데서도 매우 특별한 네 가지 위안거리가 있습니다. 첫째로, 여러분의 십자가에는 저주가 없다는 이 즐거운 생각이 여러분에게 있습니다. 그리스도께서 우리를 위해 저주를 받으셨습니다. 그래서 우리는 그리스도의 십자가를 저주 받은 나무라고 부릅니다. 그러나 진실로 예수께서 십자가에 달리신 이래로, 그 십자가는 지극히 복된 것이 되었습니다. 이제 나는 고통의 십자가에 대해 이렇게 말할 수 있습니다. "이 나무에 달린 자마다 복이 있도다." 이 십자가가 매우 무거울 수 있습니다. 특별히 십자가가 푸른 나무인 경우에는 그렇습니다. 우리 어깨는 그 십자가를 지는데 익숙하지 않습니다. 그러나 비록 그 십자가에 슬픔이 1톤만큼 있을 수 있지만, 거기에 저주는 단 1그램도 없다는 것을 기억하시기 바랍니다. 하나님께서는 자기 자녀들을 보복하는 공의라는 의미에서 형벌하시는 법이 없습니다. 하나님은 아버지가 자식을 징계하듯이 징계하십니다. 그러나 재판관이 범죄자를 처벌하듯이 자신의 구속받은 자들을 형벌하시지 않습니다. 그리스도께서 그들을 대신하여 형벌을 받으셨기 때문에 구속받은 영혼들에게 형벌을 요구하는 것은 부당한 일이었습니다. 하나님께서 한 범죄에 대해 어찌 두 번 벌을 주시겠습니까? 그리스도께서 내 죄를 지고 나의 대속물로 서셨다면, 나에게 쏟을 하나님의 진노는 없는 것입니다. 내 잔이 쓰디쓸 수 있지만, 거기에 전능하신 이의 진노의 쓴 물은 단 한 방울도 있을 수 없습니다. 내가 매를 맞아 욱신욱신 쑤실 수 있지만, 죄인을 잡아들이는 관리의 매를 맞지는 않고 부모의 지혜의 매를 맞을 것입니다. 그리스도인이여, 이 사실을 생각할 때 여러분은 참으로 즐거워할 것이 틀림없습니다! 여러분이 죄의 가책을 받고 있던 때가 있었습니다. 여러분이 하나님의 진노에 대한 의식에서 벗어날 수 있다면, 지하 감옥에서 화형 기둥에 묶여서도 아주 기꺼이 죽을 것이라고 생각하던 때가 있었습니다. 하나님의 진노는 영혼에 상처를 주는 벼락입니다. 여러분이 그 무서운 위험에서 구원받았으니, 하나님께서 섭리 가운데 보내시는 몇 번의 소나기와 강풍에 당황해서는 안 됩니다. 사랑의 하나님께서 우리에게 슬픔을 보내십니다. 하나님은 우리를 사랑으로 달래실 때만큼이나 징계하실 때에도 선하신 분이십니다. 하나님께서 우리를 괴롭히시는 섭리 가운데서도 우리에게 넉넉히 자비를 베푸시는 행동에서와 마찬가지로 진노가 전혀 없습니다. 불신앙의 눈에는 하나님이 불친절하게 보일 수 있습니다. 그러나 믿음은 언제나 하나님의 마음에서 사랑을 볼 수 있습니다. 시내산이 천둥치기를 그친 것은 참으로 큰 자비입니다! 하나님이여, 모세를 영원히 진정시키는 한, 예수님께서 하려고 하시는 바를 말씀하시도록 하십시오. 하나님이여, 주께서 내 구주의 탄원을 들으셨고 우리 영혼을 의롭다 하셨으니, 주께서 원하시면 저를 치소서.

둘째로, 여러분에게는 또 다른 위안거리가 있으니, 그것은 여러분의 고난은 모두가 하나님의 지혜와 사랑에 의해 여러분에게 할당된다는 것입니다. 여러분이 당할 고난의 횟수에 대해서 말하자면, 하나님께서 횟수를 열 번으로 정하시면, 고난이 결코 열한 번 올 수 없습니다. 고난의 무게에 대해서는, 산을 큰 저울에 달고 작은 산을 천칭에 다시는 하나님께서는 여러분의 고난을 측량하실 때 조심하십니다. 그래서 여러분은 하나님께서 무한한 지혜로 적당하다고 보시는 것보다 조금 더 무거운 고난을 받지 않을 것입니다. 마귀가 풀려서 여러분을 공격하는 것처럼 보일 수 있습니다. 그러나 마귀는 언제나 쇠사슬에 묶인 원수라는 것을 잊지 마십시오. 모든 고난에는 한계가 있습니다. 따라서 고난이 한계를 넘어서 빗나갈 수 없습니다. 느부갓네살이 용광로를 평소보다 일곱 배 더 뜨겁게 할 수 있으나 하나님의 온도계는 열의 온도를 정확히 잴 수 있습니다. 그래서 느부갓네살 같은 사람 천 명이 일어나 광분하여 숨을 헐떡이며 맹세한다고 할지라도 불길이 그 온도의 한계를 넘어서 사납게 날뛸 수 없습니다. 여러분이 겪어야 하는 모든 것을 하나님께서 지혜로 정하시고 사랑으로 다스리시는 일로 생각하십시오. 그러면 여러분의 모든 시련이 여러분에게 하나님의 인자와 지혜를 계시해

준다는 것을 알게 되어 그 모든 시련을 기뻐하게 될 것입니다.

여러분에게 세 번째 위안거리가 있는데, 그것은 여러분이 십자가 밑에서 특별한 위로를 많이 받는다는 것입니다. 하나님께서 건강한 사람들에게는 결코 주시지 않고 병든 성도들에게만 주시는 강심제들이 있습니다. 광부들이 굴속에서 다이아몬드를 발견할 수 있다는 것을 안다면, 굴이 어둡다고 해서 광부들의 발걸음을 제지하지 못합니다. 고난이 여러분에게 참으로 큰 부요를 가져다준다는 것을 알 때 여러분은 고난을 두려워할 필요가 없습니다. 밤이 오지 않으면 나이팅게일의 노랫소리를 들을 수 없습니다. 환난 가운데서만 우리에게 들려주는 약속들이 있습니다. 하나님 나라의 오래된 좋은 포도주를 저장하는 곳은 고난이라는 지하실입니다. 다른 모든 사람들이 여러분에게 등을 돌리는 때만큼 여러분이 그리스도의 얼굴을 잘 볼 수 있는 때는 없을 것입니다. 여러분이 인간의 지혜가 아무 소용이 없을 만큼 큰 혼란에 빠졌을 때, 그때 여러분은 하나님의 지혜를 아주 분명하게 보게 될 것입니다. 그리스도께서 자기 백성들이 고난의 감옥에 있을 때 얼마나 자주 그들에게 사랑의 면회를 가시는지요! 그때 그리스도께서는 그들에게 당신의 마음을 드러내시며 어머니가 자녀에게 하듯이 그들을 위로하십니다. 예수님을 침대로 삼는 사람들은 단잠을 잡니다. 고통받는 성도들은 대체로 가장 무성하게 자라는 성도들입니다. 그들은 예수님의 특별한 관심의 대상이기 때문에 그렇게 되는 것이 당연한 일입니다. 여러분이 입에서 진주와 같은 말을 내뱉는 사람을 찾고 싶다면, 깊은 물에 들어갔다가 온 사람을 찾아보도록 하십시오. 우리는 그리스도의 학교에서 고난이라는 훈육 선생의 지도 아래 매를 맞아가며 억지로 배우지 않는 한 좀처럼 많은 것을 배울 수 없습니다. 하나님의 포도나무는 포도원에서 다른 어떤 도구보다도 전지하는 가위의 덕을 많이 봅니다. 불필요한 가지들은 포도나무를 망치는 통탄할 만한 것들입니다. 그러나 우리가 십자가를 지고 다니는 동안에도 십자가는 우리에게 위로를 줍니다. 그것은 온통 장미로 장식이 되어 있고 달콤한 냄새가 나는 몰약이 떨어지는 귀하고 귀한 십자가입니다. 러더퍼드(Rutherford) 목사는 자신이 그리스도와 그리스도의 십자가 가운데 어느 것을 더 사랑하는지 때때로 잘 알 수 없는 것 같았습니다. 그러나 이 훌륭한 사람인 러더퍼드 목사는 오직 그리스도 때문에 십자가를 사랑하였을 뿐입니다. 겸손한 영혼들은 자신이 그리스도를 위하여 고난받기에 합당하게 여겨지는 것을 큰 명예로 생각합니다. 죽을 인생이 볼 수 있게 하늘이 열리는 일이 있다면, 그 광경은 밧모 섬에서 궁핍과 고난 가운데 거하는 사람들에게 허락될 것입니다. 혹독한 시련의 기쁨은 용광로의 불길만큼이 아주 뜨겁게 타오릅니다. 주님께서 그의 백성들과 함께 하실 때는 역경의 용도가 즐겁고, 역경에 따르는 것들도 즐겁습니다.

"어둠 속에서는 강렬한 번개가 번쩍이면
그만큼 더 밝게 빛나고
가시덤불 가운데서는 아름다운 꽃들이
더욱 아름답고 명랑하게 보입니다.

그와 같이 지극히 어두운 시대에
내 신실한 주님께서 나타나실 때에는
기운을 북돋우고 기쁘게 하시기 위해
지극히 풍성한 위안을 가지고 오시네."

그러나 본문을 통해서 내가 보게 되는 요점은 이것입니다. 지금까지 내가 말한 모든 것은, 사실 그 요점에서 다소 벗어나 있습니다. 여러분에게는 이러한 위안의 사실이 있습니다. 즉, 여러분의 시련은 여러분을 하나님께 더욱더 가까이 가게 만듦으로써 여러분에게 지속적인 유익을 끼친다는 것입니다. 이 요점을 본문의 이야기를 가지고 예를 들어 설명하도록 하겠습니다. 그리스도 예수 안에서 사랑하는 친구 된 여러분, 우리 하늘 아버지께서 종종 사람을 보내어 우리를 부르시는데, 우리는 가려고 하지 않습니다. 하나님께서는 우리에게 사람을 보내어 우리가 하나님께 대해 좀 더 단순한 믿음을 발휘하도록 하십니다. 우리는 믿었습니다. 그리고 믿음으로 말미암아 사망에서 생명으로 옮겼습니다. 그러나 우리의 믿음이 비틀거리는 때가 있습니다. 우리는 아브라함이 하나님을 믿는 확신에는 아직 이르지 못했습니다. 우리는 세상의 염려를 하나님께 맡기지 못합니다. 마르다처럼 일을 많이 하느라 스스로 고생합니다. 우리에게 작은 약속들을 붙잡을 만한 믿음은 있습니다. 그러나 많은 경우에 우리는 하나님께서 우리의 입을 가득 채울 약속들을 가지고 계심에도 불구하고 입을 크게 벌리기를 두려워합니다. 그러므로 하나님께서 사람들을 우리에게 보내십니다. 주님께서는 이렇게 말씀하십니다. "얘야, 오너라. 와서 나를 믿어라. 휘장이 찢어졌으니 내 앞으로 들어 오너라. 담대히 은혜의 보좌 앞에 가까이 나오너라. 나는 충분히 신뢰할 만하니, 네 염려를 내게 던져버려라. 너는 햇빛 속으로 들어와서 네 권리를 분명하게 읽어라. 염려의 먼지를 떨어내버리고, 믿음의 아름다운 옷을 입도록 해라." 그러나 슬프게도, 격려가 되는 이 은혜를 복되게 사용하라고 사랑의 어조로 권하는 말을 들으면서도 우리는 하나님께 가려고 하지 않습니다.

또 어떤 때는 주님께서 자신과 좀 더 친밀한 교제를 나누라고 우리를 부르십니다. 우리는 그동안 내내 하나님의 전의 계단에 앉아 있었습니다. 그래서 주님은 우리에게 연회 장소로 들어와 주님과 함께 저녁을 먹으라고 명령하십니다. 그런데 우리는 그 영광을 거절합니다. 주님께서 우리에게 안에 있는 방으로 들어가도록 허락하셨습니다. 그러나 우리에게 아직 열리지 않은 비밀한 방들이 있습니다. 주님께서 우리에게 그 방으로 들어오라고 초대하시는데, 우리는 망설이고 있습니다. 예수님은 자기 백성들과 친밀한 교제를 나누기를 간절히 바라십니다. 바로 이것이 주님께 "자기 영혼의 수고한 것을 보고 만족하게 여기는"(사 53:11) 것을 드리는 일입니다. 그리스도와 함께 있는 것이 그리스도인에게 기쁨인 것은 틀림없는 사실입니다. 그러나 자기 백성과 함께 있는 것이 예수님께도 기쁨입니다. "그의 기쁨은 사람의 아들들과 함께 하는 것이었느니라"(잠 8:31, 개역개정은 "인자들을 기뻐하였느니라")고 기록되었기 때문입니다. 사람들은 그리스도께서 우리에게 손짓을 하며 "가까이 와서 나와 교제하자"고 말씀하시기만 하면 우리는 마치 발에 날개라도 단 것처럼 주님께로 날아가겠다고 생각할 것입니다. 그런데 우리는 그렇게 하기보다는 하찮은 것들을 꼭 붙잡고 있습니다. 우리는 할 일이 너무 많고, 성가신 걱정거리도 너무 많습니다. 그래서 우리는 사랑하는 주님께서 자기에게 오라고 부르시는 음성이 들림에도 불구하고 주님께 가는 것을 잊어버립니다.

종종 그 부르심은 더욱 뜨겁게 기도하라는 부르심입니다. 여러분은 어떤 때 개인적으로 기도하고 싶은 간절한 열망을 속으로 느끼지 않습니까? 그동안 여러분은 하나님께 가까이 가서 여러분의 필요를 말씀드릴 수 있을 때까지는 마음이 편해질 수 없을 것처럼 느꼈습니다. 그런데 어쩌면 여러분은 그 면에서 성령을 소멸하였고, 여전히 계속해서 하나님께 가까이 가고 있지 않을지 모릅니다. 날마다 주님께서는 자기 백성들에게 명하시기를, 자기에게 와서 원하는 바를 구하라고 하십니다. 그러면 그대로 이루어질 것입니다. 주님은 시은좌에 앉아계시는 넉넉하신 하나님이십니다. 주님은 자기 백성들에게 그들이 마음으로 가장 크게 바라시는 것을 주기를 기뻐하십니다. 그런데 부끄럽게도 우리는 이 기도의 권능을 사용하지 않고 삽니다. 그래서 우리는 은혜의 샘, 곧 하나님께 들으심을 얻는 기도에서 나오는 풍성한 복을 놓칩니다. 형제 여러분, 이 자리에 있는 우리들 대부분은 정말로 죄인들입니다. 주님께서 우리에게 기도하라고 말씀하시는데, 우리는 주님께 가려고 하지 않습니다.

또한 주님은 종종 더 높은 경건의 상태로 올라오라고 우리를 부르십니다. 그동안 나는 이 강단에서 여러분이 더 고귀한 것들을 얻도록 분발시키려고 노력하였고, 여러분이 더 이상 하찮은 것들에 만족하지 않고 좀 더 장엄하고 천상적인 것들을 얻도록 앞으로 나아가라고 권하였습니다. 사랑하는 여러분, 그동안 내가 여러분에게 이렇게 외치고 명하지 않았습니까?

> "이미 밟고 올라온 계단을 잊어버리고
> 계속해서 앞으로 나아가십시오."

그리스도인들 가운데는 일반 그리스도인들이 세속적인 수준을 넘어서는 것만큼 보통 그리스도인들의 수준을 넘어서 많은 은혜를 받은 그리스도인들이 있다고 확신합니다. 보통 사람들은 결코 보지 못하였고 하물며 올라가는 것은 더더군다나 생각도 하지 못한 고지들이 있습니다. 하나님의 성도들이 거하는 보금자리는 별들 사이에 있습니다. 그런데 우리 가운데 먼지 속에 뒹구는 벌레처럼 기어 다니는 것으로 만족하는 사람들이 얼마나 많습니까! 우리가 구름을 가르고 맑고 푸른 하늘로 들어가 그리스도와 교제를 나누는 은혜를 받았으면 좋겠습니다! 우리는 마땅히 해야 할 대로 하나님을 섬기지 못합니다. 우리는 용해된 금속처럼 모든 반대를 불태우고 길을 내어 가야 할 때 얼음처럼 차갑습니다. 우리는 여호와의 동산처럼 한창 꽃을 피워야 할 때 잉태하지 못하는 사라처럼 지냅니다. 하나님께서 큰 돈을 받으셔야 마땅한 때에, 아니 하나님의 교회와 진리를 섬기는 일에 돈처럼 쓰일 우리 심장의 피를 받아 마땅한 때에 우리는 하나님께 푼돈을 드립니다. 우리는 다정한 주 예수님을 형편없이 사랑할 뿐이어서, 그의 종이 되기에 적합하지 않고 하물며 그의 신부가 되기에는 더더군다나 적합하지 않은 자들입니다. 나는 주님께서 우리를 부엌데기로 삼으려고 부엌에 놓아두셨을지라도 우리가 그 봉사에 부적합하지 않을까 염려가 됩니다. 그러나 주님께서는 우리를 지극히 높여 그의 뼈 중의 뼈가 되고 그의 살 중의 살이 되게 하셨으며, 영광스러운 혼인 언약으로 자신과 혼인하도록 만드셨습니다. 형제 여러분, 많은 경우에 하나님께서는 우리를 더 높은 경건에 이르도록 부르시지만 우리는 가려고 하지 않습니다.

왜 우리는 주님께서 그처럼 자주 사람을 보내어 우리를 부르도록 내버려두고 주님께 가지 않는 것입니까? 여러분은 여러분의 잘못을 마음으로 겸손히 고백하고 그 이유를 말씀드리도록 하십시오. 형제 여러분, 우리는 자신이 그처럼 악하게 굴었다고는 한 번도 생각하지 않았습니다. 만일 어떤 천사가 우리에게 우리가 그리스도에 대해 그처럼 무관심했다고 말했다면, 우리는 하사엘이 엘리사에게 하였듯이 "당신의 개 같은 종이 무엇이기에 이런 큰일을 행하오리이까?"(왕하 8:13) 하고 말했을 것입니다. 우리 가운데 누구든지 그대로 적은 우리 개인의 역사를 볼 수 있었다면, 틀림없이 이렇게 말했을 것입니다. "아니, 그럴 리가 없어요. 그리스도께서 나를 용서하신다면, 나는 반드시 예수님을 사랑할 겁니다. 주님께서 나를 그의 형제로 삼기를 기뻐하신다면, 나는 틀림없이 주님을 섬길 겁니다. 내가 그처럼 빛나는 자비를 받는다면, 나는 틀림없이 주님의 넉넉한 은혜에 상응하는 특별한 일을 할 것입니다." 그런데 지금까지 우리는 감사할 줄 몰랐고, 믿지 않았으며 심지어 그의 부르심을 들으려 하지 않거나 그의 뜻에 따라 오려고 하지도 않았습니다. 주께서 말씀하셨습니다. "너희는 내 얼굴을 구하라"(시 27:8). 그런데 우리는 마음으로 "주여, 내가 주의 얼굴을 구하겠나이다" 하고 말하지 않았습니다. 이 모든 것 때문에, 우리가 하나님의 온유한 부르심을 들으려고 하지 않기 때문에, 요압이 젊은 왕자를 찾아가려고 하지 않았기 때문에 그의 보리밭에 불이 난 것처럼 고난이 오는 것입니다. 고난은 온갖 모양으로 옵니다. 고난이 우리가 하나님의 부르심에 순종하도록 만드는 목적을 이루기만 한다면 어떤 형태로 오든지 그것은 중요하지 않습니다.

어떤 그리스도인들은 병에 걸리는 형식으로 시련을 받습니다. 그들은 일생 병든 몸을 끌고 다닙니다. 그렇지 않으면 그들은 갑작스럽게 병들어 몸져눕게 됩니다. 그래서 고통과 피로 가운데 밤낮으로 이리저리 뒹굽니다. 이것이 하나님의 처방 약입니다. 따라서 하나님의 자녀들이 이 약을 먹을 때는 하나님께서 자기들을 죽이기 위해 이 약을 보냈다고 생각하지 말고 자기들을 치료하기 위해 보내신 것이라고 생각해야 합니다. 의사가 주는 약 가운데 많은 것은 한동안 사람을 불쾌하게 만듭니다. 그래서 환자는 그 약을 복용하지 않았을 때보다 더 상태가 악화됩니다. 그러나 그가 현명한 의사라면, 이것이 그 약의 결과라는 것을 압니다. 그래서 그는 환자의 고통을 보고도 전혀 놀라지 않고, 이 모든 것이 좋게 작용하고 있고, 말하자면 근본적인 병을 몰아낼 것이라고 기대합니다. 주님께서 우리에게 혹독한 병을 보내실 때, 한동안은 그 병 때문에 영적인 상태가 전보다 더 허약해집니다. 이는 많은 경우에 병으로 인해 조급함과 하나님께 불평하는 심정이 생기기 때문입니다. 그러나 때가 되면 우리의 교만한 심령이 꺾이고 하나님께 자비를 구하게 될 것입니다. 쇠줄이 녹을 벗겨내듯이, 흔히 병이 우리 마음의 무감각을 제거합니다. 다이아몬드에 커팅을 많이 하면, 그로 인해 다이아몬드의 가치가 커집니다. 하나님의 징계를 받는 신자도 그와 같습니다. 나는 많은 목사들이 아프고 난 후에 설교를 가장 잘하게 된다고 말하는 것을 들었습니다. 교인들이 자기들 목사의 설교에 풍미와 영양이 가득한 것을 발견하고서 목사가 겪은 그 모든 고통을 유감스럽게 생각하지 않을 정도라는 것입니다. 형제 여러분, 여러분이 병에 걸리지 않고는 하나님께 오려고 하지 않는다면, 하나님께서는 여러분을 실어서 당신에게로 데려오기 위해 여러분에게 병상을 보내실 것입니다. 여러분이 달려서 오려고 하지 않으면 하나님께서는 여러분이 절뚝거리며 오게 만드실 것입니다. 여러분이 눈이 밝고 얼굴에 건강색이 완연할 때 오려고 하지 않으면, 하나님께서는 여러분의 눈이 흐리고 침침해지고 여러분의 안색이 노랗고 칙칙할 때 오게 만드실 것입니다. 여러분은 반드시 올 것입니다. 만일 다른 어떤 수단으로도 오지 않으면, 병이 여러분이 타고 올 검은 전차가 될 것입니다.

또한 손실이 하나님께서 그의 방황하는 양들을 집으로 데려오는데 사용하시는 수단이 되는 경우가 종종 있습니다. 손실이 사나운 개처럼 방황하는 자들을 괴롭혀 목자에게로 돌아가게 만듭니다. 사자에게 먹을 것을 너무 잘 주면, 사자를 길들일 방법이 없습니다. 사자들은 그 막강한 힘을 빼야 하고, 배를 조금 굶려야 합니다. 그래야 사자들이 조련사의 말에 고분고분 따를 것입니다. 나는 그리스도인이 굶주림과 고된 노동 때문에 주님의 뜻에 순종하게 되는 경우를 많이 보아왔습니다. 많은 신자들이 재산이 늘고 부자가 되면, 머리를 꼿꼿이 들고 다니며 아주 교만하게 말을 합니다. 그들은 다윗처럼 이렇게 자랑합니다. "내 산이 굳게 서고 영영히 요동치 아니하리로다." 그리스도인이 부자가 되고, 좋은 평판을 얻고 건강하며 가족이 행복하면, 그가 어느 틈엔가 그의 식탁에 육신 안일씨(Mr. Carnal Security)가 참석하도록 허용하는 경우가 참으로 많습니다. 그가 진정 하나님의 자녀라면, 그에게는 매가 준비되어 있을 것입니다. 잠깐만 기다려 보면, 여러분은 그의 재산이 꿈처럼 서서히 사라져버리는 것을 볼 수 있을지도 모릅니다. 그의 재산의 일부가 떠나갑니다. 그의 논밭이 아주 금세 임자가 바뀝니다. 그의 사업의 일부분이 사라집니다. 그래서 그쪽에서는 다시는 그에게 수익이 발생하지 않을 것입니다. 저쪽에서는 빚이 있고, 이쪽에는 부도난 어음이 있습니다. 그의 손실이 얼마나 빨리 닥치고, 어디에서 끝이 날지 모릅니다. 이런 재정적인 문제들이 잇따라 발생하면, 그는 그 문제들로 인해 괴로워하며 하나님께로 향하기 시작합니다. 사람을 구원의 바위로 쓸고 가는 파도는 복됩니다! 끈이 우리를 예수님께로 끌어당긴다면, 비록 육신을 끊어낼지라도, 그것은 복된 끈입니다. 사업의 실패가 우리 영혼을 부요하게 하는데 쓰이는 경우가 많습니다. 여러분이 손에 선물을 가득 들었을 때 하나님께 오려고 하지 않으면, 빈손으로 오게 될 것입니다. 하나님께서 여러분이 사람들 가운데서 하나님을 영화롭게 하도록 만드는 다른 수단을 발견하지 못하신다면, 여러분이 부의 정점에서 하나님을 명예롭게 하지 않는다면, 여러분을 가난의 골짜기로 내려가게 만드실 것입니다.

사별 또한 하나님께서 쓰시는 수단입니다. 형제 여러분, 우리가 이 막대기로 맞을 때 그 상처가 얼마나 깊은지 모릅니다! 우리는 주님께서 사별이라는 이 수단을 어떻게 거룩하게 사용하여 자기 백성들을 가까이로 데려오시는지 압니다. 그리스도께서 친히 우리처럼 한 번 사별을 겪으셨다는 것을 생각할 때 참으로 기쁩니다. 로마 역사가 타키투스(Tacitus)는 말하기를, 호박 반지가 로마인들 사이에서는 황제가 끼기 전까지는 전혀 가치 없는 것으로 생각되었다가, 황제가 낀 후로는 호박 반지의 가치가 곧바로 급등하였다고 합니다. 사별이 매우 슬픈 일로 간주될 수 있을 것입니다. 그러나 예수님께서 친구 나사로의 죽음에 대해 슬퍼하신 것을 생각할 때, 이제부터 사별은 귀한 보석이고, 하나님께로부터 받은 특별한 은총입니다. 그리스도께서 이 반지를 끼셨습니다. 그렇다면 내가 이 반지를 끼기를 부끄러워해서는 안 됩니다. 많은 어머니들이 어린 아기의 죽음을 경험한 것이 계기가 되어 더욱 거룩한 생활에 이르렀습니다. 많은 남편들이 아내의 죽음을 겪으면서 그리스도께 마음을 더 많이 바치게 되었습니다. 떠난 영혼들이 천사처럼 우리에게 천국으로 오라고 손짓을 하지 않습니까? 그들은 말합니다. "자, 들어와. 이 땅은 그대의 안식처가 아니야. 나도 한때는 같은 나무 위에 둥지를 틀고, 같은 가지 위에서 노래를 부를 수 있었어. 그러나 이제는 그대에게서 떠났고, 지금은 천국에서 쉬고 있어. 이리 와. 한때 내 짝이었던 그대여, 이리로 와. 그대가 지금 둥지를 틀고 있는 나무들은 모두 도끼에 찍히게 되어 있으니까. 그러니 이제 와서, 나와 함께 지내자!" 그렇습니다. 우리는 이 관점에서 새로 만든 무덤들을 보고, 떠난 자들을 매장할 때 주님께 장례식용 삽으로 우리 마음에 구덩이를 파서 우리 죄를 묻어달라고 기도해야 합니다.

여러분의 가족에게, 자녀에게 생긴 시련들은 또 다른 형태의 불난 보리밭입니다. 형제 여러분, 내가 생각할 때 살아있는 나무로 만든 십자가가 죽은 나무로 만든 십자가보다 지고 가기가 훨씬 더 무겁습니다. 여러분 가운데는 자녀를 잃지 않은 분들이 있는 것을 압니다. 나는 그분들이 차라리 자녀들을 잃었으면 좋았겠다는 생각이 듭니다. 왜냐하면 그 자녀들이 살아서 그들에게 내내 슬픔과 고통거리가 되었기 때문입니다. 젊은이여, 그대가 살아서 그대의 부친을 망신시키는 것보다 그대의 어머니가 그대가 태어날 때 죽는 것을 보는 것이 낫습니다. 그대여, 그대가 살아서 그대의 어머니의 하나님을 모독하고, 어머니의 보배인 성경을 비웃는 것보다는 차라리 장례 행렬이 고불고불한 거리를 지나 그대의 시신을 무덤에 내려놓는 것이 그대에게 낫습니다. 그대는 차라리 태어나지 않은 것이 그대에게 낫고, 그대의 부모님에게도 낫습니다. 아, 그러나 사랑하는 친구 여러분, 이런 일마저도 우리를 그리스도께 더 가까이 이끌기 위한 것입니다. 우리는 자녀를 우리의 우상으로 만들어서는 안 됩니다. 하나님께서 우리에게 자녀들도 우리처럼 본질상 진노의 자녀임을 아주 명확하게 보여주실 때는 감히 그렇게 할 생각을 가질 수 없습니다. 감사하지 않는 자녀는 독사의 이보다 더 날카롭습니다. 그러나 독사의 독이라도 하나님의 손에서는 약으로 변합니다. 하나님의 새들은 종종 자기 둥지에 있는 풀 속에 엎드리려고 하였습니다. 그러나 하나님께서는 둥지를 가시로 가득 채우십니다. 그러면 새들은 날아오르고, 하늘로 날아오를 때 종달새처럼 노래합니다. 여러분은 이런 가족의 시련들을 하나님께서 보내시는 초대로 간주해야 합니다. 즉 여러분이 하나님의 얼굴을 찾도록 만드는 즐거운 강요로 보아야 합니다.

많은 사람들은 또 다른 방식으로 고통을 당합니다. 이것도 아마 다른 어떤 것에 못지않게 괴로운 것인데, 즉 영혼의 심한 우울증에 의한 것입니다. 이 사람들은 언제나 우울하지만 그 이유를 알지 못합니다. 밤에 그들을 위해 뜨는 별은 없습니다. 낮에도 해가 그들에게 아무 빛을 주지 않습니다. 우울함이 그들의 천성인양 그들의 인격에 깊이 배어 있습니다. 그러나 이런 것조차도 그들을 계속해서 하나님 가까이 붙들어 두도록 하는 수단인 경우가 종종 있습니다. 여러분도 알다시피, 잉글랜드 식물들 가운데는 나무 아래 아주 습한 곳에서 잘 자라는 식물들이 있습니다. 그래서 만일 해가 그 식물들에 빛을 비추면 그들은 죽을 것입니다. 아마 어떤 사람들의 마음도 바로 그런 상태에 있는지 모릅니다. 단 것을 너무 많이 먹으면 아이들이 병이 납니다. 그런 때는 쓴 맛이 좋은 강장제입니다. 예민한 피부의 얼굴은 햇빛을 너무 강렬하게 받지 않도록 하기 위해 면사포를 쓸 필요가 있습니다. 이렇게 슬퍼하는 사람들에게는 슬픔의 면사포가 필요할 수 있습니다. 그들이 이같이 심한 우울증으로 고통을 받았지만, 그로 인해 그들이 계속해서 하나님 가까이 있게 되기 때문에 좋은 것입니다.

그런가 하면 다른 고통이 있는데, 그것은 하나님께서 그 얼굴을 숨기시는 것입니다. 이것이 참으로 견디기 어려운 일이지만 또한 참으로 유익을 주는 일입니다. 우리가 계속해서 하나님 가까이에 있으려고 하지 않으면, 하나님께서는 틀림없이 그 얼굴을 숨기실 것입니다. 여러분은 어머니가 이제 막 걷는 것을 배운 어린아이를 데리고 밖에 나오는 모습을 보았을 것입니다. 엄마가 길을 지나가면 이 어린아이는 때로 오른쪽으로 달려갔다가 왼쪽으로 달려갔다가 합니다. 그러면 엄마가 잠시 몸을 숨깁니다. 그러면 아이가 주위를 둘러보며 엄마를 찾다가 울기 시작하면, 그때 엄마가 나타납니다. 그러면 무슨 효과가 있습니까? 아이는 더 이상 엄마 곁을 벗어나려고 하지 않습니다. 그렇게 하면 그 후로 확실히 아이는 엄마 손을 계속 붙잡고 있게 됩니다. 그와 같이 우리가 하나님을 떠나서 방황하면 하나님께서 그 얼굴을 숨기십니다. 그러면 우리는 하나님께 대한 사랑이 있기 때문에 하나님을 찾아 울기 시작합니다. 그래서 하나님께서 얼굴을 다시 한번 보여주실 때, 우리는 훨씬 더 애정을 가지고 하나님께 매달리게 됩니다. 이렇게 하나님은 우리의 고난이 우리에게 복이 되게 하시기를 기뻐하십니다.

자, 그리스도인이여, 이 모든 것을 어떻게 생각하십니까? 그냥 이것만을 시행해 보는 것은 어떻습니까? 여러분이 지금 어떤 심한 어려움을 겪고 있습니까? 그렇다면 나는 여러분이 요압이 압살롬에게 가서 말하였듯이 하나님께 가서 이렇게 말하기를 바랍니다. "어찌하여 네 종들이 내 밭에 불을 질렀느냐?" "무슨 까닭으로 나와 더불어 변론하시는지 내게 알게 하옵소서"(욥 10:2). "하나님이여 나를 살피사 내 마음을 아시며 나를 시험하사 내 뜻을 아옵소서 내게 무슨 악한 행위가 있나 보시고 나를 영원한 길로 인도하소서"(시 139:23,24). 이것을 겸손해지고 마음을 살피는 특별한 기회로 삼으시기 바랍니다. 우리를 에워싸고 있는 죄는 모두 몰아냅시다. 하나님께서 조용히 지나가실 때 여러분은 하나님을 찾으십시오. 매를 맞고 있을 때는 지나간 죄를 온전히 고백하고 장래에 죄의 세력에서 건져주시기를 구하는 것은 여러분의 몫입니다.

형제 여러분, 오늘 여러분에게 시련이 없습니까? 그렇다면 하나님께서 고난을 보내시게 만들 수 있는 것이 없는지 살펴보고, 이제 성령님을 힘입어 육신과 영의 모든 더러움에서 자신을 깨끗이 하기 시작하십시오. 예방이 치료보다 낫습니다. 때때로 적절한 시기에 마음을 살핌으로써 우리가 마음의 고통을 많이 면할 수가 있습니다. 그러니 그렇게 하도록 합시다. 혹은 고통을 받았다가 이제는 그 고통이 끝났습니까? 그렇다면 다윗처럼 이렇게 말하도록 합시다. "고난당하기 전에는 내가 그릇 행하였더니 이제는 주의 말씀을 지키나이다"(119:67). 주님께서 행하신 모든 일을 인하여 하나님을 찬미하며 이렇게 말합시다. "고난당한 것이 내게 유익이라"(119:71). 하나님께서 아주 아프게 매를 때리시는 가운데서 우리에게 보이기를 기뻐하신 그 모든 인자를 인해서 다 같이 찬송을 드립시다. 나는 지금까지 본문에 나오는 작은 그림을 이해할 수 있도록 그리스도인에게 충분히 말을 했다고 생각합니다. 사랑하는 친구 여러분, 하나님께서 여러분의 보리밭에 불을 지르셨으니, 이제 하나님께 가십시오. 여러분이 하나님께 가까이 가면 갈수록 그만큼 더 하나님을 굳게 붙잡을 수 있고, 그것은 일생 동안 여러분의 영혼의 건강과 위로에 그만큼 더 좋습니다. 끝으로, 여러분과 나는 우리에게 고통을 주시는 하나님을 이렇게 찬송합시다.

"내가 만나는 모든 일은
천상의 기쁨에 이르는 길에서 내게 도움이 되는 것을 아네.

그 길에서 지금 내게 시련이 따를지라도
시련이 더 이상 나를 괴롭히지 못하네.

거기에 영광의 중한 것이 있으니
내가 그 길을 잊지 않고
오히려 기뻐서 큰 소리로 외치네.
그 길이 나를 복되신 구주님의 보좌로 인도하였으니."

2. 이 설교의 두 번째 부분은 죄인에게 하시는 간단한 말씀입니다.

하나님께서는 간단한 이 몇 마디를 강력하게 만드십니다. 하나님께서는 또한 여러분을 부르기 위해 사람을 보내셨습니다. 회심하지 않은 이여, 하나님께서는 지금까지 자주 사람을 보내어 그대를 불렀습니다. 여러분이 아주 어렸을 때 여러분의 어머니의 기도는 여러분이 구주님의 사랑을 깨닫기를 바라는 것이었고, 여러분의 경건한 아버지의 처음 교훈들이 그물의 그물눈만큼이나 많았는데, 그 많은 교훈들에 여러분이 걸려들기를 여러분의 아버지는 바랐습니다. 그러나 여러분은 이 모든 것들을 찢어버리고 나갔고 어린 시절의 인상과 약속들을 떠나서 죄를 지으며 살았습니다. 그 이래로 여러분은 설교를 듣는 가운데 자주 하나님의 부르심을 받았습니다. 내 설교가 모두 다 빗나가지는 않고 때로는 불타는 탄환이 곧장 여러분의 양심에 박혔고, 그래서 여러분은 떨었을 것입니다. 그러나 슬프게도, 그 떨림도 여러분의 오래된 죄들 앞에서 금세 꺾이고 말았습니다. 지금까지 여러분은 부르심을 받았으나 그 부름을 거절하였습니다. 여러분에게 자비의 손이 뻗쳐졌으나 여러분은 그 손을 무시하였습니다.

여러분은 또한 성경에서, 신앙서적에서, 그리스도인 친구들에게서도 여러 번 부름을 받았습니다. 거룩한 열심은 완전히 죽지 않았습니다. 그 열심은 여러분이 자신의 복지에 마음을 쓸 때 나타납니다. 젊은 청년이여, 여러분의 가게 동료가 때로 여러분에게 말했습니다. 젊은 처녀여, 여러분의 친구가 여러분을 위하여 울었습니다. 이 자리에 참석하신 분들 가운데 우리 교회의 성경공부반들에서 지극히 애정 어린 목소리로 부르는 것을 들은 분들이 있습니다. 주일학교에나 교리문답반에나 모두 자기들에게 맡겨진 사람들의 영혼에 깊은 사랑을 가진 분들이 있습니다. 그들 영혼에 대해 부드러운 마음과 우는 심정을 가진 분들입니다. 그분들은 지금까지 여러분이 그리스도께 오도록 하기 위해 여러분을 위해 울었습니다. 그러나 지금까지 사용된 모든 수단들이 이 시간까지 아무 효과가 없었습니다. 여러분은 여러분을 지으신 하나님께 대해 외인이고, 구주 그리스도에게 원수입니다.

자, 이 점잖은 수단들이 소용이 없다면, 하나님께서는 다른 수단들을 사용하실 것입니다. 어쩌면 하나님께서 그 수단들을 이미 시험해 보셨을지 모릅니다. 아직 사용하시지 않았다면, 하나님께서 거룩한 뜻 가운데 여러분의 영원한 구원을 작정하신다면, 여러분이 살아있는 사람인 것이 확실한 것만큼 하나님께서는 틀림없이 여러분에게 더 강력한 방법을 사용하실 것입니다. 하나님께서는 말씀의 권능을 먼저 사용하기를 좋아하시지만 말이 효과를 발휘하지 않는다면, 여러분에게 강타를 날리실 것입니다. 회심하지 않아 구원받지 못한 청중 여러분, 여러분도 그동안 여러 번 시련을 겪었습니다. 그리스도인들뿐 아니라 여러분도 웁니다. 여러분이 죄 때문에 울지 않을 수 있지만, 죄가 여러분을 울게 만들 것입니다. 여러분이 회개하는 것이 슬프기 때문에 회개를 싫어할 수 있습니다. 그러나 여러분은 회개는 피할지라도 슬픔은 피할 수 없습니다.

여러분은 그동안 병을 앓은 적이 있습니다. 여러분은 조용한 밤에 시계가 째깍거리며 여러분의 마지막 몇 분을 알리며 여러분의 죽음을 예고하는 것처럼 생각되었던 때를 기억하지 않습니까? 여러분은 좌우로 뒤치락거리며 장소만 옮길 뿐 고통이 지속되던, 그 진저리나는 날들을 기억하십니까? 여러분은 지금까지 살면서 깨트린 서원들과 영원하신 하나님께 거짓말을 한 여러분의 약속들을 기억하십니까? 목숨을 살려주신다면, 안식일이 여러분에게 기쁨이 될 것이라고 말했습니다. 하나님의 집과 하나님의 백성들이 여러분에게 소중하고, 여러분이 하나님의 얼굴을 구할 것이라고 말하지 않았습니까? 그러나 여러분은 그렇게 하지 않았고, 언약을 깨트렸으며, 하나님께 한 약속들을 멸시하였습니다. 그렇지 않다면, 여러분이 사업에 실패한 것은 무엇입니까? 여러분은 인생을 희망을 안고 잘 시작하였지만, 지금까지 성공을 거둔 것은 아무것도 없습니다. 나는 그 점을 유감스럽게 생각하지 않습니다. 왜냐하면 푸른 월계수처럼 번성하는 것이 악인들이고, "그들은 죽을 때에도 고통이 없고 그 힘이 강건하며 사람들이 당하는 고난이 그들에게는 없고 사람들이 당하는 재앙도 그들에게는 없다"(시 73:4,5)는 말씀이 기록된 것은 하나님께 버림받은 사람들에 대한 것이라는 것을 알기 때문입니다. 나는 여러분이 재앙을 만났다는 것을 기쁘게 생각합니다. 나는 여러분이 마차를 타고 지옥에 가느니 차라리 채찍을 맞으며 천국에 가기를 바랍니다. 틀림없이 많은 사람들은 아각처럼 의기양양하게 가서 도끼로 산산이 찍힘을 당하고, 반면에 어떤 이들은 슬퍼하면서 가 영원한 영광에 이릅니다.

그동안 여러분은 많은 손실을 겪었습니다. 이런 손실들은 여러분에게 하늘 아래 살 만한 가치가 있는 것은 아무것도 없다는 것을 말해 주고, 여러분으로 하여금 세상의 젖을 떼고 여러분이 세상의 부가 줄 수 있는 것보다 더 본질적인 것을 찾도록 만들기 위해 하나님이 보내신 거친 사자(使者)들이 아니고 무엇이겠습니까? 여러분은 친구들도 잃었습니다. 내 말을 들으면 이제 막 잔디를 입힌 그들의 무덤이 생각나십니까? 여러분의 많은 눈물에도 불구하고 여러분의 품에서 떠난 사랑스럽기 그지없던 여러분의 자녀들이 생각나십니까? 예수님 안에서 잠들어 계시는 부모님이나 일찍이 폐병으로 시들어 버린 백합 같은 아름다운 여동생을 생각해 보라고 말씀드릴까요? 이런 것들을 다시 생각해 보라고 말씀드릴까요? 나는 여러분의 상처들이 다시 피를 흘리게 만들고 싶지는 않습니다. 그러나 내가 여러분에게 그 상처들의 엄숙한 목소리에 귀를 기울이라고 하는 것은 여러분의 유익을 위해서입니다. 그 상처들이 여러분에게 "네 하나님께로 가라! 하나님과 화목하라!"고 말하기 때문입니다. 나는 성령님께서 여러분을 데려오기 위해 이런 시련들을 사용하시지 않는 한 여러분이 예수께로 올 것이라고는 결코 생각하지 않습니다.

나는 한 드라크마를 잃은 여인이 집 안을 쓸기 전까지는 자기 돈을 찾지 못했다는 것을 압니다. 방탕한 아들은 자신이 굶주리고 돼지들이 먹는 찌끼들로라도 배를 채우기를 간절히 바라기 전까지는 결코 돌아오지 않았습니다. 나는 이런 고난들이 여러분에게 복이 될 수 있기를 희망할 뿐입니다. 이 외에도 여러분은 그동안 우울증을 겪기도 했습니다. 내가 잘못 알고 있지 않다면, 제 설교를 듣고 있는 분들 가운데 지금도 그런 우울증을 앓고 있는 분들이 있습니다. 여러분은 그것이 어떤 상태인지 모릅니다. 우울증에 걸리면 아무것도 여러분에게 즐겁지 않습니다. 여러분이 지난밤에 극장에 갔습니다. 안 갔더라면 좋았겠다고 생각합니다. 영화가 아무 즐거움을 주지 못했습니다. 그렇지만 여러분이 전에는 다른 사람들처럼 극장에서는 즐겁게 지냈습니다. 여러분이 친구들을 만나러 갑니다. 친구들은 하루를 즐겁게 놀았다고 하는데, 그 하루가 여러분에게는 아주 고통스럽게 시간을 낭비한 것이 되었습니다. 여러분은 생활의 흥미를 잃어버렸습니다. 여러분이 그 일로 말미암아 더 나은 생활을 찾고 장차 올 세상을 믿게 된다면 그 일에 대해 유감스럽게 생각하지 않습니다. 형제 여러분, 다시 한번 말씀드리지만, 이것이 여러분의 보리밭에 불이 난 것입니다. 하나님께서 그동안 여러분을 부르러 사람을 보내셨지만 여러분은 오려고 하지 않았습니다. 그래서 이제 하나님께서 여러분이 쉽게 거부하지 못하는 사자들을 보내신 것입니다. 하나님께서는 여러분의 영이 들으려고 하지 않을지라도 여러분의 육신에게 말할 더 엄격하고 거친 말(言)을 주어 이 사자들을 보내신 것입니다.

자, 그러면 어떻게 됩니까? 하나님께서 이 사자들을 보내고 계신다면 여러분은 그들의 말에 귀를 기울일 것입니까? 친구 여러분, 하나님께서 이들을 보내셨다면 여러분은 그들의 말을 들었습니까? 여러분들 가운데는 내가 거의 단념한 분들이 있습니다. 하나님은 여러분을 구원하실 수 있습니다. 그러나 나는 하나님께서 그 일을 어떻게 하실지 모릅니다. 하나님 말씀이 효과 있게 사용될 것 같지 않아 보이는 것은 확실합니다. 그동안 여러분은 부름을 받았고 간청을 받았습니다. 우리는 아침 일찍부터 밤늦게까지 여러분에게 권하였습니다. 우리는 지금까지 애정을 가지고 여러분을 설득하기를 간절히 바랐지만 아무 소용이 없습니다. 하나님께서는 그동안 나를 화강암에 대고 계속해서 두들겨 오셨지만 내가 굴복하지 않은 것을 아십니다. 내가 돌로 부싯돌을 쳤지만 부싯돌이 깨지지 않았습니다. 여러분 가운데 어떤 분들은 쟁기의 날을 부러뜨리기만 할 뿐입니다. 여러분은 아주 단단한 바위 같아서 여러분을 갈아 젖힐 수 없을 것처럼 보입니다. 고난에 대해서 말하자면, 나는 그 고난이 여러분에게 조금이라도 유익을 줄 것인지 알지 못합니다. 왜냐하면 여러분이 다시 맞으면 더욱더 반항할 것이기 때문입니다. 머리 전체가 이미 병들었고 마음이 전부 약합니다. 여러분은 머리 끝부터 발바닥까지 맞아서 상처와 멍든 데와 헌데밖에 없습니다. 여러분은 가난합니다. 아마 여러분이 술 취해서 지냈기 때문에 그렇게 되었을 것입니다. 여러분은 아내를 잃었습니다. 어쩌면 여러분의 학대가 아내를 죽도록 만들었는지 모릅니다. 여러분은 자녀들을 잃었습니다. 여러분은 친구도 없는 무일푼의 무력한 거지로 남았습니다. 그런데도 여러분은 하나님께로 돌이키려고 하지 않습니다! 그러면 이제 여러분에게 어떻게 해야 하겠습니까? "에브라임이여 내가 너를 어떻게 해야 하겠느냐? 내가 너를 포기하겠느냐? 내가 어찌 너를 버리겠느냐 내가 어찌 너를 아드마 같이 놓겠느냐 어찌 너를 스보임 같이 두겠느냐?"(호 11:8 참조). 자비의 마음이 여전히 그대를 그리워합니다. 그대여 돌아오라! 하나님께서 그대가 돌아오도록 도우시니, 그대여, 바로 지금 돌아오라!

그런가 하면 여러분 가운데 과거에 이 모든 일을 겪지 않았지만 지금 그 가운데 일부를 겪고 계시는 분들이 있습니다. 나는 하나님의 자비하심과 우리 주 예수 그리스도의 피를 인하여 여러분에게 말씀하시는 하나님을 멸시하지 말라고 권합니다. 하나님께서는 언제까지나 계속해서 그의 사자들을 보내시지는 않습니다. 하나님께서 한동안 여러분에 대해 애를 쓰신 후에는 여러분을 저주의 자리에 놓아두실 것입니다. 하나님의 참으심이 영원히 지속되지는 않습니다. 자비를 베푸시는 것도 때가 있습니다. 자, 왕이 오늘 위로의 흰 깃발을 들어 올리며 여러분에게 자기에게 오라고 초대하십니다. 내일은 하나님께서 경고의 붉은 깃발을 드실지 모릅니다. 그것이 소용이 없으면, 곧 붉은 깃발이 여러분을 돌아서게 만들지 않으면, 하나님께서는 처형의 검은 깃발을 들어 올리실 것입니다. 그러면 그때는 아무 소망이 없을 것입니다. 조심하십시오! 아직 검은 깃발이 들리지는 않았습니다. 지금은 시련과 고난 속에서 붉은 깃발이 서 있습니다. 이 시련과 고난들은 여러분에게 은혜를 받을 수 있도록 마음을 활짝 열라고 말하는 하나님의 경고들인 것입니다. 그러나 붉은 깃발이 효과를 내지 못하면, 반드시 검은 깃발이 올 것입니다. 어쩌면 검은 깃발이 이미 왔는지도 모릅니다! 하나님께서 여러분이 상한 심령으로 하나님께 부르짖도록 도우시기를 바랍니다. 그래서 촛불을 불어서 끄기 전에, 해가 지고 복된 부활로 인해 해가 다시 떠오를 소망도 없이 죽은 자들의 밤이 오기 전에 여러분을 구원해 주시기를 구하기 바랍니다.

이 모든 것의 취지는 무엇입니까? 내 설교의 취지는 이것입니다. 만일 지금 내 설교의 말 한 마디가 오늘 아침 여러분이 그리스도께로 오게 만들 수 있다면, 나는 그것이 성령 하나님이 그의 불가항력적인 능력으로 그렇게 하도록 강권하시지 않는 한 이루어질 수 없는 일이라는 것을 압니다. 그러나 성령 하나님께서 내 말에 복을 베풀어 주신다면, 나는 큰 전리품을 얻는 사람으로서 기뻐할 것입니다. 무엇 때문에 여러분은 하나님께 끝까지 저항하십니까? 하나님께서 여러분에게 영원한 구원을 주려고 작정하신다면 여러분의 저항은 헛될 것입니다. 수년 뒤에는 여러분이 그처럼 오랫동안 하나님께 저항한 것을 생각할 때 자신에 대해 몹시 화를 내게 될 것입니다! 무엇 때문에 여러분은 저항하십니까? 하나님의 공성(攻城) 망치는 너무도 강력하여서 여러분의 편견의 성벽은 그것을 감당할 수 없습니다. 하나님께서 머지않아 그 성벽을 모조리 무너뜨리실 것입니다. 어찌하여 여러분은 여러분의 하나님께 대항하십니까? 여러분을 사랑하시는 분, 영원한 사랑으로 여러분을 사랑하셨고 그리스도의 피로 구속하신 하나님께 어찌하여 대항하십니까? 어찌하여 여러분은, 주의 사로잡힌 자들을 사로잡고 여러분을 당신의 기뻐하시는 자녀로 삼으시려고 하는 하나님께 끝까지 저항하십니까? 어떤 사람은 이렇게 말합니다. "아, 내가 그와 같이 놀라운 자비가 있다는 것을 생각했다면 나는 굴복하였을 것입니다." 여러분이 주 예수 그리스도를 믿는다면, 이것이 그런 자비가 바로 여러분을 위해 정해진 것이라는 증거가 될 것입니다.

하나님의 성령께서 죄인인 그대가 지금 있는 그대로 와서 그리스도를 믿을 수 있게 해주시기를 바랍니다. 그대가 그렇게 와서 믿는다면, 그대의 이름이 어린양의 생명책에 기록되어 있음이 확실합니다. 그대가 하나님의 택하심을 받은 자이고 하나님께서 귀하게 여기는 자이며, 그대의 머리는 영원히 번쩍이는 불멸의 면류관을 쓰게 될 것임이 확실합니다. 여러분이 그리스도를 믿었으면 좋겠습니다! 예수님을 믿는 믿음이 이 현세에서 일으키는 기쁨과 평안은 참으로 큰 가치가 있습니다. 그리고 그 믿음은 예수님을 믿는 자들에게 장차 올 세상에서 영광, 지극히 큰 영광을 가져다줄 것입니다! 오늘 아침 하나님께서 여러분이 예수님의 완성하신 사역을 의지하도록 해 주시기를 바랍니다. 그리스도의 피는 여러분의 죄를 깨끗이 씻을 수 있습니다. 그리스도의 의는 여러분의 허물을 덮을 수 있습니다. 그리스도의 아름다움은 여러분을 아름답게 꾸밀 수 있습니다. 그리스도의 기도는 여러분을 보존할 수 있습니다. 그리스도의 강림은 여러분을 영화롭게 할 것입니다. 그리스도의 천국은 여러분을 복되게 만들 것입니다. 그리스도를 믿으십시오! 하나님께서 여러분이 그리스도를 믿도록 도우시기를 바랍니다. 하나님께 지금과 영원히 모든 찬송을 드립시다. 아멘. 아멘.

제
11
장

사랑하는 아들에 대한 근심 어린 질문

"왕이 이르되 젊은 압살롬은 잘 있느냐 하니라." — 삼하 18:29

이것은 많은 사람들이 죽임을 당하였고, 압살롬이 이끈 군대들이 이만 명이나 죽은 큰 전투를 치른 후에 다윗이 한 말이었습니다. 이들은 칼에 의해 죽었을 뿐만 아니라 또한 빽빽한 상수리나무들과 찔레나무가 얽혀 있는 숲속에서 죽었는데, 이 숲에는 무서운 절벽과 큰 굴이 숨어 있었는데, 큰 패배가 일어났을 때 반역자들이 심한 공포 가운데서 이곳으로 뛰어들어 죽은 것입니다. 반역자의 아버지의 근심 어린 질문은 악하지만 여전히 사랑하는 아들인 사람에 관한 것이었습니다. "젊은 압살롬은 잘 있느냐?" 다윗이 "우리가 어떻게 승리하였느냐"고 물은 것 같지는 않습니다. 그보다는 "젊은 압살롬은 잘 있느냐"고 물었습니다. "내 군대의 대장인 요압이 살아 있느냐? 그에게 거의 모든 것이 달려있느니라"고 묻지 않고 "젊은 압살롬은 잘 있느냐"고 물었습니다. "우리의 고귀한 병력들 가운데 얼마나 많은 사람이 전투에서 죽었느냐"고 묻지 않고 "젊은 압살롬은 잘 있느냐"고 물었습니다. 여기서 다윗은 왕으로서보다는 아버지로서의 모습을 더 많이 보였다고, 지혜보다는 애정을 더 많이 보였다고 사람들은 말했습니다. 그것이 이 노인의 맹목적인 사랑에 대한 올바른 비판인 것은 분명합니다. 확실히 다윗은 이 경우에 지나친 애정으로 인해 약한 모습을 보였습니다. 그러나 형제 여러분, 우리는 다윗의 감정을 잘 이해하기보다는 그런 상황 하에 있는 아버지를 비난하기가 훨씬 쉽습니다. 한 마디 덧붙이자면, 우리가 한 번도 경험해 보지 못한 일에 대해서 비판하기보다는 할 수 있는 대로 동정하는 것이 더 지혜로운 일이라고 말할 수 있을 것입니다. 어쩌면 우리가 바로 그 위치에 놓였다면, 다윗과 다르게 생각하기가 불가능하다는 것을 발견할 것입니다. 바로 지금 이 순간에, 분명히 다른 중요한 일들이 많이 있지만 지금 유일하게 생각하는 것이 "그 젊은이가 잘 있는가? 내 아들이 안전한가? 내 아버지가 잘 계시는가? 내 아내가 안전한가" 하는 것밖에 없는 사람들이 참으로 많을 것입니다. 배가 수백 명의 승객을 태우고서 강에 가라앉고 말았습니다. 승객의 친구들이 울면서 이리저리, 이곳저곳으로 다니는데, 희망을 품고 있지만 또한 사랑하는 이의 시신을 확인하게 될까 두려워하며, 사고가 난 시간 이래로 아직까지 소식을 듣지 못한 사람을 찾기를 간절히 바라고, 이 차가운 강물에서 끌어낸 시신들 가운데서 사랑하는 사람을 발견하게 될까봐 내내 떨면서 다닙니다.

오늘 밤 많은 사람들의 마음에 맨 먼저 떠오른 생각은 이 한 가지 밖에 없습니다. "내 사랑하는 사람이 안전한가?" 이렇게 생각한다고 해서 여러분은 그들을 비난하십니까? 그들은 하고 있는 사업도 소홀히 하고 매일 하는 일들도 손 놓고 있습니다. 그렇다고 여러분은 그들을 비난하십니까? 중요한 수만 가지 일들은 잊어버리고 오직 이 한 가지 질문에만 관심을 갖습니다. 그렇다고 여러분이 그들을 비난할 수 있습니까? 그럴 수 없는 것이 분명합니다. 그것은 자연스러운 일입니다. 따라서 그것은 옳은 일이라고 생각합니다. 확실히 이후에 다윗이 하나님께 대해 어느 정도 성급함과 반항을 하는 모습을 보였고, 따라서 전적으로 칭찬만 받을 만한 사람은 아니지만, 속에 아버지의 마음을 가진 사람이라면 나이 든 부모를 비난하기보다는 옳다고 이야기하지 않을 사람이 있겠습니까? 노인이 자기 아들에 관해 "젊은 압살롬은 잘 있느냐?" 하고 묻고, 그 아들이 잘 있지 못한 것을 알고서 "내 아들 압살롬아 내 아들 내 아들 압살롬아 차라리 내가 너를 대신하여 죽었더면, 압살롬 내 아들아 내 아들아" 하고 소리칠 때, 나는 요압처럼 그에게 가서, 아무리 다윗이 그런 말을 들을 만하다고 할지라도 그를 아주 심하게 비난하지 않을 것입니다. 그보다는 그와 비슷한 걱정을 품고 있는 사람들을 동정하여 그 곁에 앉아 함께 울며, 그들의 슬픔에서 어떤 점을 배울 수 있는지 볼 것입니다. 우리가 그런 방면으로는 걱정할 거리가 없다면, 우리는 정말로 쓸모 있고 하나님의 영광에 이바지할 수 있는 다른 방면에 관심을 쏟도록 합시다.

오늘 밤, 나는 첫째로, 이 근심 어린 질문을 잠깐 생각해 보고, 그 다음에는, 이 질문을 할 시기에 관해 생각해 보며, 그 다음 세 번째로는, 그 질문에 내놓을 수 있는 답변들을 말해보도록 하겠습니다.

1. 첫째로, 이 근심 어린 질문에 대해 생각해 봅시다.

"젊은 압살롬은 잘 있느냐?" 첫 번째로 이야기할 것은, 이것이 아버지가 자기 아들에 관해 물은 질문이라는 것입니다. "그가 잘 있느냐?" 부모들의 걱정거리는 매우 큽니다. 그런데 젊은이들은 부모들의 걱정을 충분히 생각하지 않습니다. 그렇지 않다면 그들이 좀 더 감사한 마음을 가질 것이고, 그렇게 자주 분별없는 행동으로 부모의 걱정거리를 키우는 일을 하지 않을 것입니다. 나는 아들딸들이 부모에게 일부러 슬픔을 끼칠 마음은 없지만 그럼에도 불구하고 부모의 인생을 온통 큰 슬픔으로 가득 채우는 일들이 많다고 확신합니다. 자녀들이 이렇게 하는 것을 언제나 천진난만한 일로 생각할 수 없습니다. 젊은 사람들이 여자 친구에 대한 자신들의 행동의 결과를 분명히 예견할 수 있는 많은 경우에 부정(不貞)한 잘못을 저지르는 일들이 있습니다. 특별히 자유라고 부르는 방종 가운데서 그들을 받아 준 처녀의 여린 심정을 짓밟고, 흔히 양쪽 부모들에게 잠을 못 이루게 하고 감당하기 어려운 근심을 불러일으키는 젊은이들이 있습니다. 이것은 하나님의 법정에서 책임을 져야 하는 죄입니다. 하나님은 본분을 다하는 자녀들에게는 특별한 약속을 주셨고, 반역하는 자녀들에게는 특별한 저주를 마련해 두십니다. 부모는 모두가 걱정거리들을 가질 수밖에 없습니다. 엄마의 품에 안기는 아기마다 모두 근심과 수고, 슬픔과 걱정도 함께 가져옵니다. 부모로서 기쁨이 있습니다. 그러나 좀 더 큰 배들에는 아무 해를 입히지 못하는 수많은 파도에도 쉽게 침몰될 수 있는 작은 배를 운행하는 것과 같은, 아이들의 어린 시절 동안에는 내내 엄청난 걱정거리도 함께 떠안을 수밖에 없습니다. 방금 불을 붙인 촛불은 꺼지기가 아주 쉬워서 어머니들이 세심하게 돌보고 지키는데, 이것은 흔히 부모의 생명을 짜내는 일입니다. 그런데 우리 자녀들은 어린 아기일 때는 별로 근심을 주지 않습니다. 아이들이 학교에 갔을 때나, 아이들을 잠자리에 누이고 모든 것이 안전하다고 느낄 수 있을 때는 별로 근심을 주지 않습니다. 무거운 근심은 그 후에 옵니다. 후에, 아이들이 우리의 통제를 뿌리치고 나갔을 때, 우리의 도움을 뿌리치고 혼자 뛰어나갈 때, 우리의 가정을 떠나 있을 때, 아이들이 우리의 책망을 듣지 않고 예전과 다르게 우리의 권위의 힘을 느끼지 않고, 우리의 사랑도 거의 느끼지 않을 때, 근심이 옵니다. 많은 부모들에게 혹독한 시련의 시기가 시작되는 것이 이때이고, 그래서 틀림없이 많은 노인들은 "내가 자식을 양육하였거늘 그들이 나를 거역하였도다"(사 1:2)고 소리치며 슬프게 무덤에 내려가게 될 것입니다. 많은 아버지 어머니가 살해당하여 죽는데, 칼에 찔리거나 독을 마셔서 죽는 것이 아니라 그 자식들의 무정한 말과 잔인한 행동들 때문에 죽습니다. 많고 많은 무덤들이 아들과 딸들의 눈물로 적셔지는 것이 당연할 것입니다. 이는 그들이 배은망덕한 행위로 그 무덤들이 때이르게 세워지게 되었기 때문입니다. 부모님을 여전히 곁에 모시고 있는 사람들은 모두 자신이 부모님께 얼마나 큰 은혜를 입고 있는지를 생각합시다. 우리가 비록 부모님께 다 보답할 수 없을지라도, 어쨌든 감사하는 마음을 보여주는 행동으로써 그만한 위로를 드리는 것을 기쁨으로 여기도록 합시다. 부모님들이 우리를 아주 기뻐함으로 지난 세월 동안 우리에 대해 걱정하였던 일들이 후회스럽지 않고, 오히려 자신들이 이런 아들딸들을 세상에 낳은 것을 기뻐하도록 해드립시다. 우리를 염려하여 걱정스럽게 "잘 있느냐"고 말씀하시는 부모님이 계신다면, 하나님께 감사합시다. 그 은혜를 멸시함으로써 하나님의 자비를 경시하는 일을 결코 하지 않도록 합시다.

둘째로, 이것은 아버지 집을 떠난 아들에 관해 물은 질문이었습니다. "젊은 압살롬은 잘 있느냐?" 앞에서 말하였듯이, 우리는 아이들이 집에 있을 때와 아이들을 탁아소에 맡겼을 때에 아이들에 대해 염려하기보다는 그 후에, 아이들이 우리의 손발에서 벗어나 있을 때 염려하게 됩니다. 아이들이 그들 스스로 애정을 쏟는 대상을 두었고, 전적으로 자기 혼자 생활을 시작하였을 때입니다. 자녀들이 같은 마을에 있다면, 우리는 그들이 잘 지내는지 마음을 쓸 것입니다. 그러나 그들이 다른 나라에 가 있다면, 우리는 훨씬 더 근심 걱정을 많이 할 것입니다. 아마도 여러분들 가운데는 자녀들이 여러분에게서 아주 멀리 떨어져 지내는 분들이 있을 것입니다. 그렇다면 틀림없이 여러분은 밤이 되면 "우리 애가 잘 먹고 지내는지? 아무 일 없는지?" 하는 생각부터 하는 경우가 흔할 것입니다. 아들이 타국으로 이민을 갔든지, 선원으로 바다에 나가 있든지, 멀리 지방에 가서 돈벌이를 하고 있든지, 멀리 떨어져 있으면, 여러분은 아들이 잘 지내고 있는지 궁금해합니다. 자식이 뭍에 있는 것을 알면, 아들이 안식일마다 꼬박꼬박 하나님의 전에 나가는지 알고 싶어 할 것입니다. 아들이 저녁 시간을 어디에서 보내는지 궁금합니다. 자식이 어떤 동무들과 사귀게 되었는지, 어떤 가게 주인과 함께 살며, 그 주인의 가정이 어떤지 몹시 궁금해합니다. 그런 근심 어린 생각이 종종 여러분의 마음에 깊은 고랑을 만드는 것이 확실합니다. 오늘 밤 이 자리에는 이 큰 도시, 런던에 와서 사는 젊은이들이 있습니다. 나는 그 젊은이들에게 집에 계시는 부모님에 대해 애정 어린 생각을 떠올려 보라고 말하고 싶습니다. 어머니와 아버지가 바로 이 시간 어떻게 그 자식들을 생각하고 자식들을 위해 기도하고 계실지를 생각해 보십시오. 부모님들은 아마도 자기 자식이 지금 어디에 와 있는지 알면 기뻐할 것입니다. 그러나 때로 자식이 저녁 시간을 잘못된 곳에서 보내며, 안식일 중 몇 시간을 그런 곳에서 지내기 시작했다는 것을 알면 슬퍼할 것입니다. 자식이 다른 사람들이 자고 있는 방에서 무릎을 꿇고 기도하기 싫어서 집에서 기른 좋은 습관들을 잊어버리기 시작하고 있다는 것을 알면 슬퍼할 것입니다. 어머니가 아들의 이름을 써 준 성경책을 매일 일정한 분량을 읽기로 약속하였지만 읽지 않고, 성격이 매우 의심스러운 책이 성경의 자리를 차지한 것을 알면 몹시 슬퍼할 것입니다. 우리 가운데 좀 더 나이 든 청년들이 있는데, 여러분은 집을 떠나 지낸 경험이 어떤 것인지 압니다. 나는 여러분이 집을 떠났을 때 부모님의 기도와 눈물이 자신의 뒤를 따랐고, 부모님들이 살면서 자신들을 위한 그들의 기도가 풍성하게 응답받은 것에 기뻐하였다는 것을 알 것이라고 생각합니다. 여러분의 경우도 그와 같이 되기를 바랍니다. 그렇게 되지 않는다면, 여러분은 상태가 더욱더 나빠져서 결국 죄 가운데 멸망하고 말 것이기 때문입니다. 그렇지만 젊은이가 어머니의 많은 기도에도 불구하고 장애물 경마에 나가 지옥에 떨어지기란 아주 어려운 일입니다. 아버지와 어머니가 여러분의 구원을 위해 간구하고 있을 때, 스스로를 파멸시키기 위해서는 많은 힘이 필요합니다. 그런데 그런 일을 하는 사람들이 있습니다. 그들이 파멸과 멸망의 자리에 들어가게 되면, 틀림없이 그들에게는 빈민굴에서 자라고 길거리에서 훈련을 받고, 부모의 기도를 받는 사람이 된다는 것이 무엇인지 결코 알지 못하는 사람들보다 무거운 표준이 적용될 것입니다. 주 예수님이시여, 주님은 과부의 죽은 아들을 일으키신 분이시니, 허물과 죄로 죽었고, 지금도 악과 부패의 무덤 속에 매장되기 위해 실려 가고 있는 아들들을 구원하여 주소서.

"젊은 압살롬은 잘 있느냐"는 질문은 아들딸들이 집을 떠나 있을 때 그리스도인 부모들이 그들에 관해 품고 있는 염려를 금방 생각나게 할 수 있습니다.

그런데 이 질문에는 애처로운 점이 있습니다. 이것은 아버지가 반역한 아들에 대해 묻는 질문입니다. 압살롬은 젊은 사람인데, 왜 다윗이 그 젊은이에 대해 염려해야 합니까? 그가 다윗에게 무력으로 대항하지 않았습니까? 그가 자기 아버지의 피를 보기를 갈망하지 않았습니까? 그는 자기 아버지를 죽이기를 몹시 바라는 큰 군대의 우두머리가 아니었습니까? 그렇게 해서 그는 이미 찬탈한 것이나 다름없는 아버지의 왕관을 쓰려고 하지 않았습니까? 다윗이 이렇게 말했을지도 모른다고 생각할 수 있지 않습니까? "젊은 압살롬이 죽었느냐? 그가 방해가 안 되는 곳으로 갔다면, 내 왕국에 평안이 오고 소란스러운 내 인생에 안식이 찾아들 것이다." 그러나 그렇지 않습니다. 그는 아버지입니다. 그는 자식을 사랑하지 않을 수 없습니다. 지금 말하는 사람은 아버지이고, 아버지의 사랑은 아들의 적의에도 불구하고 여전히 발휘됩니다. 아버지는 아들이 자기 심장의 피를 구하는 때에라도 계속 살아서 사랑할 수 있습니다. 아버지의 사랑이나 어머니의 사랑은 얼마나 고귀한 열정인지 모릅니다! 그것은 하나님의 사랑을 축소한 모습입니다. 우리는 부모님의 사랑을 참으로 공손히 대해야 합니다! 하나님께서는 참으로 놀랍게도 경건한 백성들에게 자기 자녀들을 향한 애정의 신성한 본능, 곧 하나님께서 지극히 고귀한 목적을 이루도록 거룩히 구별하시는 본능을 부여하기를 기뻐하셨습니다. 우리 자녀들이 지극히 악한 죄에 뛰어들 수 있지만, 그럴지라도 그들은 여전히 우리의 자녀입니다. 그들이 우리 하나님을 비웃을 수 있고, 악한 행실로 우리 마음을 산산이 찢을 수 있습니다. 우리는 자녀들에게서 위안을 얻을 수 없지만, 그렇다고 해서 그들이 우리의 자녀가 아니라고 부인할 수 없고 우리 마음에서 그들의 모습을 지워버릴 수도 없습니다. 우리는 여전히 자녀들을 뜨겁게 기억하고, 우리의 이 심장이 속에서 뛰는 한 그들을 기억할 것입니다. 때때로 나는 그리스도인이라고 하면서 이렇게 말하는 사람들을 만났습니다. "저 계집애가 두 번 다시 내 집에 발을 들여놓게 하지 않겠다." 나는 그들이 기독교 신앙을 가졌다고 믿지 않습니다. 나는 자기 자녀들과 화해하지 못하는 아버지들을 만날 때마다 그들이 하나님과 화해하지 못한 상태에 있다고 확신합니다. 마음이 새롭게 된 후에는 우리 속에 자녀에 대해 적의의 감정을 품는 일이란 있을 수가 없습니다. 왜냐하면 하나님께서 우리를 용서하시고 하나님의 가족 안으로 받아들이셨다면, 자식들 가운데 우리를 가장 화나게 만든 자녀라도 용서할 수 있는 것이 확실하기 때문입니다. 자녀들이 우리의 혈육일 때 우리는 그들을 배로 용서하지 않으면 안 됩니다. 자녀를 포기하는 것은 자연의 법칙에 어긋나는 일이고, 자연법칙에 어긋나는 것은 은혜로운 일일 수 없습니다. 세리와 죄인들도 자기 자녀를 용서한다면, 하물며 우리는 얼마나 더 용서해야 하겠습니까. 우리 자녀들이 전례가 없는 극악한 죄를 저지를지라도, 하나님의 자비가 영원히 지속되듯이 그리스도인 부모의 사랑도 지속되어야 합니다. 다윗이 "젊은 압살롬은 잘 있느냐?" 하고 말한다면, 우리 가운데 아무도 압살롬의 반만큼이라도 나쁘게 행동한 아들을 둔 사람은 없을 것이므로, 우리는 우리를 슬프게 한 자녀들을 용서하고 그들에게 애정 어린 관심을 보여야 할 것입니다.

이 시간, 집에 계신 부모님께 큰 슬픔을 드렸던 젊은이가 여기 있다면, 누가 되었든지 그에게 말하고 싶습니다. 여러분은 이 문제를 가볍게 생각합니까? 여러분에게는 부모님의 걱정거리들이 어리석은 일로 보입니까? 여러분의 인생 행로가 여러분에게는 오락일 수 있을지라도 집에 계시는 부모님들에게는 죽음과 같다는 것을 여러분은 생각하시기 바랍니다. 여러분은 어머니에 대한 애정을 다 지워버릴 수 있을지 몰라도, 어머니의 마음은 여전히 여러분에 대한 사랑으로 넘쳐흐릅니다. 여러분은 어머니의 눈에 눈물을 흘리게 만들고서 그것을 농담으로 여길 수 있습니다. 그러나 그 눈물은 진실하고, 그 마음의 깊은 고통을 드러내는 것입니다. 여러분은 그처럼 친절한 사랑을 비웃을 수 있습니까? 내가 아는 젊은이들 가운데는 부모님의 경건을 조롱할 만큼 형편없이 타락한 사람들이 있습니다. 그것은 끔찍한 일이고, 그런 죄를 짓는 자녀들에게는 화가 있을 것입니다. 그렇지만 많은 그리스도인 부모들은 이런 몰인정한 자녀의 태도에 대해서 다만 더 기도하고 더 큰 애정을 보이며, 여전히 하나님 앞에 자녀의 사정을 가지고 가서 하나님의 자비를 인해서 하나님께서 자녀들에게 자비를 베풀어 주시기를 간구할 뿐입니다. 죄를 짓고 있는 젊은이여, 여러분 속에 인간적인 것이 남아 있으므로, 여러분 속에 있는 좀 더 애정 어린 본성에 호소합니다. 여러분이 그처럼 놀라운 사랑을 계속해서 거스르지 않기를 바라고, 그처럼 오래 인내하는 용서를 제멋대로 계속 짓밟지 않기를 바랍니다. 압살롬은, 만약 자기 아버지가 "젊은 압살롬은 잘 있느냐?" 하고 물었다는 이야기를 들을 수 있었을지라도 틀림없이 여전히 아버지에게 반역하였을 만큼 악한 자식입니다. 여기에 있는 젊은이들은 아무도 그렇지 않으리라 생각합니다. 아니, 아무리 제멋대로인 자녀들이라도 부모 마음속에 있는 깊고 진실한 사랑을 알게 되면, 그들은 서둘러 부모와 화해하고, 자신들이 그동안 끼친 악을 원상태로 돌리는 일에 여생을 보낼 것입니다.

본문의 질문은, 아들이 안전하지 않다면, 죽었을, 즉 틀림없이 말할 수 없이 비참한 처지에 떨어졌을 아들에 관해 묻는 부모의 질문입니다. 다윗은 훨씬 더 깊고 간절한 마음으로 "젊은 압살롬은 잘 있느냐?" 하고 물었습니다. 압살롬이 잘 있지 않다면, 불길한 처지에 떨어져 있는 것이라고 느꼈기 때문입니다. 그가 아버지를 반역한 가운데 현행범으로 죽었으니, 그의 범죄한 영혼이 틀림없이 어둠 속으로 내려갔을 것인데, 어떤 어둠 속으로 내려갔겠습니까? 사랑하는 여러분, 그것은 세상을 떠난 사람에 대해 묻는 참으로 심각한 질문입니다. 그는 어디에 있습니까? 그의 영혼은 안전합니까? 나는 어떤 사람이 갑작스러운 죽음을 당할 때, 그들이 하나님의 백성이기를 기도하고, 죄인들은 그리스도를 발견할 때까지는 죽음을 피할 수 있기를 기도합니다. 나는 탄갱(炭坑) 맨 밑바닥에서 또 한 사람과 단 둘이만 남은 상황에서 막 승강기 칸에 타려고 하였던 그 그리스도인에게 감탄하지 않을 수 없습니다. 승강기에는 딱 한 사람만 탈 자리가 있었습니다. 더 이상 태울 수 있는 공간이 없었기 때문이었습니다. 그는 자기 자리를 차지하였지만, 다른 광부에게 그 자리를 내놓으면서 이렇게 말했습니다. "내 영혼은 구원받았소. 나는 그리스도를 믿는 신자요. 당신은 그리스도인이 아니오. 만약 당신이 죽으면 당신은 망하게 돼요. 그러니 얼른 승강기에 올라타시오." 이렇게 그는 회심하지 않은 그의 동료가 죽음을 피할 수 있도록 하고, 그를 대신하여 생명의 위험을 무릅썼습니다. 우리가 그리스도 안에 있다면, 언제든지 구원받지 않은 사람을 대신하여 죽는 것이 그리스도인다운 태도일 것입니다. 그럴 때 우리는 "차라리 내가 너를 대신하여 죽었더면" 하고 부르짖었던 다윗의 소원을 실행해야 옳습니다. 은혜로 말미암아 좋은 소망이 있는 곳에서는 죽음의 쓴 맛이 사라집니다. 아무 소망이 없고, 그리스도가 없으며 천국도 없는 사람들이 죽는 것, 그것이 정말로 죽음입니다.

나는 여러분 가운데 누구든지 아들딸들이 갑작스럽게 데려감을 당했는데, 그들이 전혀 준비되지 않았다는 것을 알 때 그들에 관해 여러분이 "내 아이들이 잘 있는가?" 하고 아주 심각하게 물으리라는 것을 얼마든지 생각할 수 있습니다. 사람들이 죽을 때 회심하지 않았다면, 그들은 두 번 죽을 것이고, 두 번째 죽음이야말로 가장 두려워해야 할 것입니다. 청중 여러분, 여러분 가운데는 지금 그런 위험에 처해 있는 분들이 있지 않습니까? 사랑하는 친구 여러분, 지금 이 시간에 죽음의 광풍이 이 예배당을 덮쳐서 여러분의 골수가 싸늘하게 식게 되면 여러분은 어디에 있을 것입니까? 지금 은밀한 화살이 어떤 한 사람의 가슴에서 과녁을 찾아야 한다면, 그 화살이 여러분을 향하게 정해졌다면, 여러분은 어디에 있을 것입니까? 여러분은 스스로에게 그 질문을 물어보십시오. 여러분이 그리스도에 대한 소망을 갖고 있지 않다면, 하나님께서 여러분이 예수님의 보혈로 말미암는 죄사함을 구하고 찾을 수 있도록 도와주십니다.

그러나 다시 한번 말하지만, 이것은 한 아버지가 이것을 물은 그 시간에 이미 죽어버린 아들에 관해 물은 질문이었습니다. 그날 압살롬의 안전을 묻기에는 때가 늦었습니다. 반역한 아들에 관해서는 상황이 모두 끝이 났기 때문이었습니다. 요압의 작은 창 세 개가 압살롬의 심장을 관통하였습니다. 상수리나무에 걸린 머리채 때문에 그의 시신이 땅과 하늘 사이에서 흔들거렸습니다. 그는 이미 자신의 죄악으로 인해 정당하게 처형을 당했습니다. 그렇지만 그의 아버지는 "젊은 압살롬은 잘 있느냐?" 하고 물은 것입니다. 우리 자녀들이 죽었을 때 그들의 안부를 묻는 것은 너무 때가 늦은 일입니다. 내가 생각할 때, 틀림없이 다윗의 심장은 자신이 자녀들을 방치했다는 생각으로 많은 고통에 시달렸을 것입니다. 왜냐하면 그의 일생을 보면, 그가 완전히 엘리처럼 한 것은 아니라 할지라도 가정을 다스리는 문제에서 너무 태만히 하였다고 걱정할 만한 암시들이 있기 때문입니다. 우리는 그가 자식들 가운데 한 아들에 대해서 어떤 것도 거절하지 않았다고 하는 글을 봅니다. 나는 어떤 사람이 자기 아들들 가운데 하나에게 그와 같이 대할 수 있는 좋은 아버지가 있을 것이라고 거의 생각할 수 없습니다. 일부다처제의 풍습은 올바른 가정 훈육에 매우 해롭습니다. 다윗이 그 점에서 크게 잘못을 범하였습니다. 그 외에도 그는 공무에 쏟는 시간이 너무 많았고, 그래서 그의 아들들에게 너무나 큰 자유를 허락해 주고 말았습니다. 그래서 이제 그가 "젊은 압살롬은 잘 있느냐?"고 묻고 있지만 소용없는 질문입니다. 그 질문은 너무 늦은 것입니다. 여러분의 아들이 자라서 난봉꾼과 술주정뱅이가 되었다면, 이제 와서 머리칼을 쥐어뜯으며 괴로워하는 것은 소용없는 일입니다. 아들이 아직 어릴 때 가르치고, 자녀가 아직 어린아이일 때 기도와 눈물로 아이를 그리스도께 데려가도록 하십시오. 어머니 여러분, 여러분이 딸에게 시험거리가 가득한 사회에 들어가도록 허락했다면, 딸의 부끄러운 일 때문에 여러분이 머리칼을 뜯는 것은 별로 쓸모가 없을 것입니다. 자녀들이 어릴 동안에 우리가 아이들을 위해 할 수 있는 일을 하도록 합시다. 용해된 뜨거운 금속 원료가 부드럽고 유연하게 흐를 때, 그것이 바른 모양을 갖추도록 노력합시다. 왜냐하면 용해된 금속 원료가 일단 식어지면, 그것을 두드릴지라도 소용이 없을 것이기 때문입니다. 두드린다고 해서 우리가 원하는 모양을 갖추지 못할 것입니다. 우리 가운데 어린 자녀를 둔 분들은 아이들을 그들이 마땅히 가야 할 길로 기르는 은혜를 얻기를 바랍니다. 그러면 자녀들이 나이가 들어서도 그 길을 떠나지 않을 것이기 때문입니다. 여러분이 나무는 구부릴 수 없지만, 어린 가지는 구부려서 여러분이 원하는 모양을 만들 수 있습니다. 자녀를 주의하여 보고, 아직 여러분에게 기회가 있으면 재빨리 기회를 붙잡으십시오. 여러분의 자녀들이 이미 죄에 빠졌거나 심지어 지옥에 떨어지고 난 뒤에 여러분이 헛되이 애를 태우며 "아, 슬프다" 하고 외치지 않도록 말입니다. 나는 그리스도께로 인도하였던 배움이 없는 불쌍한 한 부인의 고통을 결코 잊지 못할 것입니다. 그 부인이 전에는 그리스도 안에서 기뻐하였는데, 그 다음에 보니까 크게 슬퍼하며 정신적으로 무엇엔가 속박되어 있었습니다. 내가 부인에게 "어찌 된 일입니까?" 하고 물었더니, 부인이 대답했습니다. "내 아이들, 내 아이들 때문이에요! 아이들이 다 자랐는데, 모두가 신앙이 없어요. 남편은 죽었고, 아이들이 대여섯 살 때 과부가 되었어요. 나는 아이들에게 먹을 것과 입을 것을 주려고 밤낮으로 열심히 일했어요. 목사님도 내가 그렇게 했다는 것을 아실 거에요. 나는 아이들을 내가 할 수 있는 한 잘 키웠어요. 그런데, 슬프게도 아이들의 영혼에 관해서는 한 번도 생각해 본 적이 없어요. 어떻게 내가 그렇게 할 수 있었지요? 내 자신에 관해서는 생각하지 않았지만, 이제 나는 구원을 받았어요. 하지만 아이들은 모두 세상적이고 분별이 없어요. 그 해악을 돌이킬 수가 없어요." 그 부인은 자녀들에 대한 사랑의 감정이 북받쳐서 자녀들 한 사람 한 사람을 찾아가서 그들의 영원한 상태에 대해 이야기하기로 결심했다고 말했습니다. 부인은 맨 먼저 장남을 찾아갔습니다. 장남은 가정이 있었고, 자녀들도 있었습니다. 부인이 장남에게 자신의 회심에 관해서 이야기하고, 자신의 구원과 주님을 기뻐함에 관해 이야기하기 시작하자, 장남이 그녀를 아주 심하게 비웃어 그녀의 마음이 크게 상하였습니다. 나는 할 수 있는 대로 부인을 격려하고 위로하였습니다. 나는 젊은 사람들, 곧 자녀들이 아직 어린 젊은 그리스도인들에게 절대로 그 기회를 그냥 보내지 말라고 말합니다. 여러분이 결국에 가서는 "압살롬아 내 아들 내 아들 압살롬아! 차라리 내가 너를 대신하여 죽었더면, 압살롬 내 아들아! 너는 네 죄에 빠졌지만, 그것은 네 부모의 손에서 받아야 할 네 피일 수가 있구나" 하고 소리칠 수밖에 없게 되는 일이 없도록 말입니다. 하나님께서 현명한 부모들이 이 근심 어린 질문을 때에 맞춰 묻고, 칼이 치듯이 그 대답이 부모를 칠 때까지 그 질문을 미루지 않게 해 주시기를 바랍니다. 그동안 여러분에게는 이 문제가 있었습니다.

2. 이제 우리는 그 질문을 하는 것이 아주 자연스러울 때 물어야 합니다.

"젊은 압살롬은 잘 있느냐?" 물론 이 질문은 현재와 같은 때, 곧 이 인간 세상과 관련해서 물을 수 있는 것입니다. 무시무시한 재난이 단숨에 수백 명의 목숨을 앗아갔을 때, 사람마다 그런 질문을 하게 됩니다. 지난 수요일 밤에 그 무서운 사망자 명단을 훑어보며 밤새도록 서서 집에 오지 않은 사람을 기다린 가족이 참으로 많았을 것입니다. 아들이나 아버지 혹은 딸이나 어머니가 돌아오기를 기다리면서 참으로 두려운 밤을 보냈을 것입니다! 저의 집 가까이에 있는 가족의 경우에, 하녀가 어린 아기와 함께 집에 남았고, 나머지 식구들은 하루를 즐겁고 건강하게 보내기 위해 외출하였습니다. 그런데 그 식구들 가운데 아무도 집에 오지 않았습니다! 그 하녀와 임무를 교대하고 아기를 품에 안아주기 위해 온 사람은 아무도 없었습니다! 여러분은 그 하녀가 어린 아기를 떠맡은 채 주인과 여주인을 찾고, 집으로 돌아오지 않은 나머지 식구들을 찾기 위해 얼마나 걱정했을지 충분히 상상할 수 있을 것입니다. 한 어머니는 이제 갓난아기를 곁에 두고 있었고, 남편과 아이들은 외출하였는데 돌아오지 않은 경우도 있습니다. 우리는 그런 슬픔을 당하지 않기를 바랍니다! 그때는 공포에 질린 어조로 이 질문을 할 것입니다. "젊은 압살롬은 잘 있느냐?"

질병의 때에도 그런 질문이 나옵니다. 나는 24년 전 쯤의 일이 뚜렷이 생각납니다. 내가 처음으로 런던에 왔는데, 그때는 낮뿐만 아니라 밤에도 콜레라가 창궐하고 있는 집들을 찾아다니는 것이 고역스러운 일이었습니다. 파크 스트리트(Park Street)에 있는 사랑하는 친구들을 만날 때마다 거의 한결같이 "아무개 씨가 죽었습니다. 아무개 여사가 죽었습니다." 하는 슬픈 소식을 하도 많이 들어서 그 고통 때문에 내 자신이 병이 날 지경이었습니다. 그래서 사람마다 조금이라도 멀리 떨어져 있는 친척들에 대해서는 "그 사람이 아직도 살아 있는가? 잘 있는가" 하고 묻는 것이 지극히 자연스러운 일이었습니다.

장차 언젠가 재난의 그림자가 여러분의 길에 덮쳐서, 사랑하는 사람들을 잃지 않을까 하는 두려움에 사로잡히게 된다면, 여러분이 그리스도인이라면, 그런 때에 믿음을 발휘하여 하나님을 굳게 붙잡으십시오. 너무 걱정하는 바람에 분명한 판단력을 잃게 되면, 그런 비상사태에 대처하는데 적합하지 못하다는 것을 기억하십시오. 여러분이 마음의 평정을 계속 유지할 때 도움을 줄 수 있을 것입니다. 그러나 마음의 중심을 잃고 근심의 급류에 떠내려가게 되면, 여러분은 아무 쓸모가 없고 어떻게 할 줄을 모르게 될 것입니다. 인내하며 마음이 흔들리지 않도록 붙드십시오. 결국 세상은 하나님의 손 안에 있습니다. 젊은 압살롬은 하늘의 정하심이 없이는 죽지 않을 것입니다. 여러분의 자녀들은 지극히 높으신 분의 돌보심에서 벗어나 있는 것이 아닙니다. 여러분의 자녀들이 여러분에게 아무리 귀하다 할지라도, 그들이 처한 위험이 아무리 클지라도, 다스리고 통치하시는 분이 계십니다. 조급해하며 불평하는 것보다 조용히 기도하는 것이 하나님께 더 효과가 있습니다. 여러분의 사랑하는 사람들이 죽었다면, 여러분이 불신앙적인 태도를 보인다고 해서 그들을 되살릴 수는 없습니다. 그들이 여전히 살아 있다면, 그렇게 할 이유가 없는 때에 낙심하고 의심하는 것은 유감스러운 일일 것입니다. "여러분의 힘은 조용히 앉아 있는 것입니다." 여러분이 그리스도인이라는 점을 기억하십시오. 그리스도인은 의지할 하나님이 없는 사람들보다 더욱 침착해야 합니다. 믿음의 거룩한 침착함이야말로 세상 사람들로 하여금 믿음에 호감을 보이게 만드는 것들 가운데 하나입니다. 다른 사람들은 제정신을 잃고 있을 때 그리스도인들이 침착한 것을 보면, 사람들은 "이들은 도대체 어떤 사람들인가?" 하고 생각하고, 무의식중에 스스로 "이것은 하나님의 능력이다"고 말하게 될 것입니다. 그와 같이 여러분이 이 고통스러운 질문을 하게 될 때, 여전히 하나님께 대한 믿음을 가지고 묻도록 하십시오.

그러나 사랑하는 친구 여러분, 때로 우리는 친구들과 자녀들에게 그들의 영원한 생명과 관련해서 이 질문을 묻지 않을 수가 없습니다. 목사가 그 질문에 대해서 생각할 때, 그것은 참으로 고통스러운 일입니다. 대부분의 경우에 그 질문에 답을 하기가 어렵습니다. 일반적으로 목사는 판단을 해야 할 그 당사자에 대해 거의 알지 못합니다. 어쩌면 목사는 한두 번 그를 심방했을지 모릅니다. 그 사람은 희망을 주는 한두 마디 말에 격려를 받았을지 모릅니다. 그렇지만 임종의 자리에서 우리가 무엇을 판단할 수 있겠습니까? 죽어가는 사람을 속이고 또 다른 사람들을 속이기는 아주 쉬운 일입니다. 그보다는 판단과 결정을 하나님의 손에 맡기는 것이 낫습니다. 그 사람의 생애를 모두 알고, 그 사람이 병석에 있는 동안 내내 그 방에 있어서 더 많은 사실을 알고 있는 사람들은 그 문제를 어떻게 판단해야 합니까? 병들어 눕기 전에 신앙생활을 하지 않은 경우, 회심이 아주 최근에서야 이루어져서 그 표시와 흔적이 약한 경우에, 우리는 희망적으로 생각을 하지만 정직하게 판단해야 한다고 말씀드립니다. 여러분이 희망적으로 생각할 수는 있지만, 그럼에도 불구하고 아주 정직하게 판단해야 합니다. 그동안 나는 어떤 사람들이 아들이나 딸 혹은 어떤 친구가 평생 불신자로 살았고, 살아서 활동할 때 은혜를 받았다는 표시를 조금도 보이지 않았고 다만 임종의 자리에서 신앙적인 표현을 한두 마디 했다고 해서 그를 믿음의 본보기인양 내세우는 어리석음을 보았는데, 무엇보다 그런 어리석음을 피해야 합니다. 그렇게 할 마음이 있다면 희망적인 얘기를 하십시오. 그러나 여러분이 하는 말에 대해 아주 조심하십시오. 임종의 자리에서 내뱉은 한두 마디가 마치 불신앙으로 보낸 일생의 무게보다 더 무거운 것처럼 자랑하는 것은 지각없는 일입니다. 그렇게 하는 것은 남은 가족들에게 지극히 해로운 일입니다.

그렇게 하면 남은 식구들이 자기 좋을 대로 살아도 죽을 때는 성도로 여김을 받을 수 있다고 생각하도록 만들기 쉽습니다. 그와 반대로 한 아버지는 그의 믿지 않은 아들이 죽었을 때 그의 아들과 딸들에게 이렇게 말했습니다. "얘들아, 나도 죽은 이 아이에 대해 조금이라도 희망을 품고 싶지만, 이 아이는 평생 그리스도인다운 모습은 전혀 보이지 않았기 때문에 나는 이 아이가 영원히 망하지 않았을까 두렵다. 나는 너희에게 이 애가 죽은 것처럼 죽지 않기 위해서는 그 애가 산 것처럼 살지 말라고 진심으로 권한다." 내가 그 사람처럼 할 수 있을지 모르겠지만, 정말로 그분을 존경하지 않을 수 없습니다. 믿지 않고 죽은 아들을 그처럼 대한 데는 정직함이 있었습니다. 감탄하지 않을 수 없는 정직함이 있습니다. 여러분이 "젊은 압살롬은 잘 있느냐?"는 질문에 판단하고 대답을 해야 한다면, 너무 희망적인 말을 해서 여러분 자신과 다른 사람들을 속이지 않도록 하십시오. 그 사람의 일생을 여러분이 전부 보지 않은 이상, 여러분이 결국 지극히 조금밖에 알 수 없는 문제에 대해 스스로 나서서 엄밀한 판단을 하지 않도록 하십시오. 그 문제에서 여러분은 어느 정도 확신을 가지고 판단할 수도 있습니다.

"그들의 열매로 그들을 알지니라"(마 7:16)고 기록되어 있기 때문입니다.

"젊은 압살롬은 잘 있느냐?"는 질문은 젊은 사람들이든 나이든 사람들이든, 그들이 아직 살아 있어서 우리가 그들의 영적 상태에 관해 걱정할 때 그들에 관해 물을 수 있는 좀 더 실제적인 질문입니다. 말하자면, 그 질문은 정말로 장래에 대해서, 곧 이 세상과 오는 세상에 대해서 안전한가 하는 것입니다. 나는 그를 상담실에서 보았고, 그가 자신의 걱정거리를 털어놓는 것을 들었고, 그의 눈물도 보았습니다. 그렇다고 해서 그가 안전한 것입니까? 그가 거기에서 멈춘다면 그는 안전하지 않습니다. 나는 그 이후로 그를 하나님의 집에서 계속 보았고, 아주 열심히 설교를 듣는 것도 보았습니다. 그는 한 마디도 놓치지 않으려고 몸을 앞으로 숙이고 듣습니다. 진심으로 듣고 있는 것이 분명합니다. 그러면 그가 안전한 것입니까? 그가 거기에서 멈추면 안전하지 않습니다. 그는 믿음을 찾는 사람입니다. 그 점은 의심할 여지가 없습니다. 그는 이제 성경을 읽기 시작하였고, 기도로 하나님께 가까이 가려고 노력합니다. 그러면 그는 안전합니까? 아닙니다. 거기에서 멈추면 안전하지 않습니다. 그는 예수 그리스도를 믿는 믿음에 이르러야 하고, 구속의 피로 이루신 그 큰 속죄를 정말로 의지해야 합니다. 그렇지 않으면 그는 안전하지 않습니다. 주일학교 교사인 여러분이 자녀들에 관해 물어야 할 질문은, 그들이 안전한가 하는 것입니다. 아이들이 어둠에서 빛으로 돌아서는 점에 이르렀습니까? 사탄의 권세에서 그리스도의 권세로 돌아섰습니까? "젊은 압살롬이 안전한가?" "그가 구원받았는가?" 그것이 중요한 점입니다.

구원받기를 바라는 사람을 교회의 회원으로 받아들이는 교단이 있는 것으로 알고 있습니다. 나는 그 교단의 그런 계획을 판단하지는 않겠지만 그 계획을 따를 생각은 없습니다. 구원받기를 바란다는 것은 매우 단순한 문제이고, 별 의미가 없습니다. 중요한 점은 구원받는 것입니다. 그것이 문제입니다. 우리는 그 문제에 대해 염려해야 합니다. 우리가 걱정하는 것은 그가, 곧 "젊은 압살롬이 희망적인가"가 아니고 "각성하였는가 혹은 죄를 깨달았는가"도 아니고 "안전한가?" 하는 것입니다. 그가 주님 안에서 영원한 구원을 받아 안전한가? 여러분 모두는 그 질문을 들으시고 거기에 대해 여러분 자신이 대답하도록 하십시오.

3. 세 번째 요점은, "젊은 압살롬이 잘 있느냐"는 이 질문에 대해 우리가 내놓아야 하는 답변입니다.

이 질문은 런던으로 올라온 시골 청년들에 관해 그 친구들이 종종 물은 것입니다. "내 친구 해리는 잘 있는가? 내 친구 존은 잘 있는가?" 때로 이런 답변이 들립니다. "아니, 잘 있지 못해요. 잘 있지 못합니다. 이런 말을 하게 되어서 미안한데, 그는 지금 큰 위험 가운데 있어요." 그가 안전하지 않다는 것을 언제 알게 되는지 말씀드리겠습니다.

그는 압살롬처럼 잘 있지 못합니다. 그는 자기 아버지와 불화하고 있습니다. 아, 그런데 그는 예배당에 갈 수도 있고, 기도한다고 말하며, 심지어 자기는 그리스도인이라고 말할 수도 있습니다. 그러나 부모님과 반목하고 있다면 그는 안전하지 않습니다. 그것은 조금도 도움이 되지 않을 것입니다. 성경은 이렇게 말합니다. "보는 바 그 형제를 사랑하지 아니하는 자는 보지 못하는 바 하나님을 사랑할 수 없느니라"(요일 4:20). 우리가 이 말씀에서 형제 대신에 아버지를 넣어서 읽으면 그 말씀은 매우 설득력이 있습니다. 사람이 땅에 있는 친부모님을 사랑하지 못한다면, 하늘에 계신 아버지 하나님을 어떻게 사랑할 수 있습니까? 아닙니다. 그렇지 않습니다. 그는 안전하지 않습니다.

"젊은 압살롬은 안전합니까?" 그렇지 않습니다. 나는 최근에 그가 나쁜 친구와 어울리는 것을 보았습니다. 그는 행실이 나쁜 젊은이들과 사귀었습니다. 노래와 대화에 별로 품위가 없는 곳에서 저녁 시간을 보내기를 더 좋아합니다. 그러면 안 됩니다. 젊은 압살롬은 그곳에서 안전하지 못합니다. 그 자신은 매우 도덕적일 수 있지만, 그런 집단에 들어가면 순수함을 오래 유지할 수 없을 것입니다. 여러분이 석탄 가운데 앉아 있으면 석탄을 때지 않을지라도 검은 얼룩이 묻을 것입니다. 여러분이 나쁜 친구들을 사귀면, 비록 그들처럼 반드시 법을 어기게 되지는 않을지라도 여러분의 평판에 손상을 입을 것입니다. 그러면 안 됩니다. 젊은 압살롬은 안전하지 않습니다.

그가 사치스러운 습관에 빠지게 되었기 때문에 그는 안전하지 않습니다. "압살롬이 자기를 위하여 병거와 말들을 준비하고 호위병 오십 명을 그 앞에 세우니라"(삼하 15:1)고 성경은 말합니다. 이런 사치는 악한 마음을 보여주는 표시였습니다. 쓸데없는 사치품에 돈을 물 쓰듯이 쓰는 젊은이는 안전하지 않습니다. 런던의 젊은이들 가운데는 박봉이면서도 어떻게 해서든 멋있는 사람인양 꾸미려는 사람들이 있습니다. 나는 그런 생활 이면에 무엇인가 잘못된 것이 있지 않을까 염려됩니다. 그들의 정직하고 훌륭한 아버지들은 자식들이 한껏 잘 차려

입은 모습을 보게 된다면 그들의 고통을 알지 못할 것이 확실합니다. 젊은이들이 자신의 위치와 수입을 벗어나서 외양을 멋지게 꾸미는 것을 좋아할 때, 그것은 나쁜 표시입니다. 당연히, 사람은 누구나 생활에서 자신의 수입과 위치에 맞게 지출을 고려해야 합니다. 허영심이 강한 외관이라는 것이 악한 일이긴 하지만, 나는 지금 사회적 신분이 높고 재산이 많은 사람들의 생활 방식을 두고 이야기하고 있는 것이 아닙니다. 그런데 젊은이들 가운데는 10대를 벗어나지 못했거나 도제 기간이 아직 끝나지 않았고, 용돈이 몇 푼밖에 되지 않는데도 온갖 사치를 즐기는 젊은이들이 있습니다. 그런 젊은이들을 볼 때, 나는 "젊은 압살롬"이 안전하지 못하다는 것을 확실히 압니다.

또 한 가지가 있습니다. 여러분도 알 수 있겠지만, 그의 외모를 본다면 젊은 압살롬은 안전하지 않습니다. 우리는 성경에서 이 같은 글을 읽습니다. "온 이스라엘 가운데에서 압살롬 같이 아름다움으로 크게 칭찬 받는 자가 없었으니 그는 발바닥부터 정수리까지 흠이 없음이라 그의 머리털이 무거우므로 연말마다 깎았으며 그의 머리털을 깎을 때에 그것을 달아본즉 그의 머리털이 왕의 저울로 이백 세겔이었더라"(삼하 14:25,26). 젊은이들이 자기 신체에 관심을 갖고 머리와 얼굴, 옷으로 우쭐댈 때, 나는 그들이 안전하지 않다는 것을 확실히 압니다. 교만은 언제나 위험하기 때문입니다. 젊은 사람들은 자신의 위치에 맞게 옷을 입도록 하십시오. 우리는 젊은이들이 그렇게 옷을 입는다고 나무라지 않습니다. 제이 목사(Mr. Jay)가 "숙녀 여러분, 여러분이 수입이 얼마인지 1원 단위까지 다 알려주면, 여러분이 장식품에 돈을 얼마나 들여야 하는지 얘기해 주겠습니다" 하고 말한 것이 생각납니다. 나도 과감하게 그런 얘기를 해볼 수도 있겠다는 생각이 듭니다. 그러나 나는 젊은이들이 자신의 아름다움을 가지고 으스대고 옷을 좋아하기 시작하면, 그들이 다양한 시험으로부터 오는 큰 위험에 처해 있다는 점을 특별히 이야기하겠습니다. 그들의 뇌와 마음속 어딘가에 그들의 선한 결심과 아름다운 성품을 먹어 없애는 자벌레가 있습니다. 그러면 안 됩니다. 자신의 아름다움을 자랑하는 젊은이는 안전하지 않습니다.

우리는 젊은 압살롬이 악하게 굴기 시작했을 때 그가 안전하지 않다는 것을 확실히 압니다. 여러분은 압살롬이 한 일을 기억합니다. 그 일들을 자세히 언급할 필요는 없을 것입니다. 자, 젊은이들 가운데는 나쁜 사람으로 간주되지는 않지만, 개인적인 생활에서는 타락한 행동을 한 사람이 많습니다. 그래서 모든 은밀한 일들이 드러나면, 그는 부끄러워서 지금 자기를 받아들여주고 있는 사교 집단의 훌륭한 사람들 사이에 거의 앉아 있을 수 없을 것입니다. 그렇습니다. 그는 안전하지 않습니다.

"젊은 압살롬은 안전한가?" 다윗이여, 그렇지 않습니다. 그는 안전하지 않습니다. 우리가 마지막으로 그를 보았을 때, 그는 전투 중에 있었고, 그 주위에 있는 사람들이 모두 죽어가고 있었기 때문입니다. 그러므로 그는 안전하지 못합니다. 다른 사람들은 다 넘어지는 곳에서 어떻게 그가 안전할 수 있겠습니까? 그렇습니다. 나는 그 젊은이가 어느 날 밤 늦은 시간에 지하에 있는 유흥장(遊興場)에서 나오는 것을 보았습니다. "안 돼. 젊은 압살롬이 안전하지 않다"고 나는 생각했습니다. 그곳에서 많은 사람이 죽기 때문입니다. 나는 그가 경마에 손을 댔다는 이야기를 들었습니다. 그래서 "젊은 압살롬이 안전하지 않다"고 생각했습니다. 많은 무리가 그곳에서 망했기 때문입니다. 나는 어느 날 저녁 그가 행실이 좋지 않은 친구들 사이에 있는 것을 보았습니다. 그래서 "그러면 안 돼. 젊은 압살롬이 안전하지 않아. 그가 귀한 생명을 노리는 자들에게 둘러싸여 있기 때문이야"라고 말했습니다. 다른 사람들이 넘어지는 곳에 있는 것이 우리에게 안전하지 않습니다. 그들이 그곳에서 망한다면, 우리라고 망하지 말라는 법이 있습니까? 그 젊은이는 이것을 알지 못했습니다. 그러면서도 내가 그의 위험을 지적하자 그는 발끈하고 대답하였습니다. 그는 자신을 지키는 방법을 알고 있다고 말했습니다. 자신이 유흥장에 간다고 해서 곧 타락할 것이라고 생각하지 말라는 것이었습니다. 그는 말했습니다. "물론 조심하지 못하는 젊은 친구들이 있지만, 나는 얼마든지 내 자신을 보살필 수 있어요. 원하면 언제든지 멈출 수 있어요. 나는 유쾌하게 생활할 뿐이지 불량한 사람이 아니에요. 자유롭게 생활하는 것이지 타락한 것이 아니에요." 그럴 수 있습니다. 그러나 나는 "젊은 압살롬은 안전하지 않다"고 썼습니다. 그는 자신이 생각하는 것의 절반만큼도 안전하지 않고, 훨씬 더 위험합니다. 그는 자신을 대단하게 생각하고, 다른 사람들이 망하는 곳에서 자신은 얼마든지 이길 수 있다고 장담하기 때문입니다. 아닙니다. 젊은 압살롬은 안전하지 않습니다.

자, 다음의 질문에 대답할 젊은이가 오늘 밤 이 자리에 있습니다. 그는 아주 멋진 젊은이입니다. 우리 가운데 그를 아는 사람은 모두 그를 사랑하고, 그가 우리 가운데 있는 것을 알고 대단히 기뻐합니다. 그는 열심히 듣는 사람이고 복음의 말씀을 사랑하는 사람입니다. 그러나 그는 분명한 태도를 취하지 않습니다. 그는 하나님의 백성들과 함께 그리스도를 자신의 주로 고백하는 자리에 선 적이 없습니다. "네가 적은 말로 나를 권하여 그리스도인이 되게 하려 하는도다"(행 26:28)는 말을 그는 종종 하였습니다. 그러나 그는 아직까지 그리스도인이 되지 않았습니다. 이 젊은이가 안전합니까? 그렇지 않습니다. 그는 전망이 매우 밝은 젊은이입니다! 나는 할 수 있다면 그가 안전한 곳으로 들어가게 되기를 기도할 것입니다. 그러나 그는 아직 안전하지 않습니다. 프린세스 앨리스 호(Princess Alice)의 난파에서 거의 구조될 뻔한 사람들이 물에 빠져 죽었습니다. 그와 같이 죄에서 거의 구원받은 사람들이 여전히 어찌할 바를 모르고 있습니다. 여러분이 거의 산 것 같다면, 여러분은 현재 죽어 있는 것입니다. 여러분이 거의 용서받은 것 같다면 아직 정죄 아래 있는 것입니다. 여러분이 거의 중생한 것 같다면 아직 거듭나지 않은 것입니다. 여러분이 거의 그리스도인이 되었다면, 아직 하나님이 없고 소망도 없는 상태에 있는 것입니다. 여러분이 거의 구원받은 채 죽는다면, 여러분은 완전히 망하게 될 것입니다.

사랑하는 젊은이 여러분, 내가 이렇게 대답할 수 있으면 좋겠습니다. "그래요, 젊은 압살롬은 안전해요. 그는 결정적인 걸음을 내디뎠고, 자신을 예수님의 손에 맡겼어요. 그러니 예수께서 그를 마지막까지 지키실 겁니다." 성령께서 여러분을 그 자리로 인도하시기를 바랍니다.

즐거운 일이 한 가지 남았습니다. 나는 이제 그 질문에 대해 기쁘게 "예"라고 대답하겠습니다. 예, 압살롬은 안전합니다.

왜 안전합니까? 첫째로, 그가 그리스도를 믿는 신자이기 때문입니다. 그는 예수님을 의지하였습니다. 자신이 스스로를 구원할 수 없다는 것을 알고, 그리스도께서 자기를 구원하시도록 그리스도께 왔습니다. 자신을 그리스도의 손에 완전히 맡겨서 영원히 그의 것이 되도록 하였습니다.

이 젊은이는 구원을 받았습니다. 그는 복음을 사랑하기 때문입니다. 복음 외에 아무것도 들으러 가지 않을 것입니다. 그는 복음 진리를 굳게 붙잡고 하나님 말씀이라는 순전한 젖을 압니다. 그를 거짓 교리로 속이고 비꾸러지게 할 수 없습니다. 그는 거짓 교리를 싫어하기 때문입니다. 그는 여기저기를 어슬렁거리며 이것저것을 들으려고 하지 않습니다. 자기 영혼을 구원한 것이 무엇인지 압니다. 그래서 건전한 말씀을 굳게 붙듭니다. 이 젊은이는 안전합니다.

나는 그가 안전하다는 것을 압니다. 그가 매우 겸손하기 때문입니다. 그는 아직 완전하지 않습니다. 자기가 완전하다고 말하지 않고 자신이 달성한 것을 자랑하지도 않습니다. 그는 팀의 선두에 서려고 하지 않고, 자신이 유용하게 쓰일 수 있는 곳은 어디든지 그곳에 있으려고 합니다. 종종 그는 자신이 도대체 그리스도인이 되었다는 사실에 놀라고, 그 모든 것을 하나님의 은혜에 돌립니다. 겸손한 젊은이입니다. 그러므로 그는 아주 안전합니다. 주님께서 그런 젊은이를 보존하시기 때문입니다.

또한 그는 자신에 대해 매우 조심합니다. 잘못된 길로 가게 될까봐 때때로 한 걸음을 내딛기를 두려워합니다. 그는 올바른 방향을 알기 위해서 언제나 무릎을 꿇고 구합니다. 바른 인도를 받기 위해 하나님을 기다리고, 하나님 말씀과 성령의 지시가 없이는 어떤 일도 감히 하려고 하지 않습니다. 그는 기도하는 사람입니다. 그러므로 그는 안전합니다. 시은좌 앞에 앉아 있는 사람을 누가 해칠 수 있겠습니까? 그는 또한 매일의 생활에서 매우 신중한 사람입니다. 하나님의 뜻에 순종하려고 애쓰고, 거룩하게 살려고 노력합니다. 거룩하게 사는 것이 안전한 것입니다.

세상 사람들은 그를 보고 위선자라고 말합니다. 이렇게 그들은 그에게 낙인을 찍고, 그를 멸시받는 구속자를 따르는 사람으로 구분지었습니다. 그는 진실한 사람입니다. 그렇지 않으면 세상 사람들이 그를 핍박하지 않을 것입니다. 하나님의 백성들은 그를 사랑하고, 그도 하나님의 백성들을 사랑하고, 그들 가운데 거하며 하나님의 집에 대해서 이렇게 말합니다.

> "여기에 나의 가장 친한 친구들이 있고, 내 친척들이 거하네.
> 여기에서 내 구주 하나님께서 다스리시네."

그의 아버지와 그의 모든 친구들에게 "그 젊은이는 안전하다"고 말하십시오. 그는 그리스도 안에 있고, 그리스도의 교회 안에 있습니다. 그는 하나님을 섬기려고 하고 있고, 주님을 위해 일하기 시작하였습니다. 그는 사람들을 그리스도께로 인도하려고 하고 있습니다. 성령께서 그의 안에서, 그리고 그로 말미암아 하나님의 영광을 위하여 일하고 계십니다. 그렇습니다. 그는 아주 안전합니다. 이는 그가 "예수님의 팔에 안전하게" 있기 때문입니다.

제
12
장
—

비 내린 후의 광선

—

"비 내린 후의 광선으로 땅에서 움이 돋는 새 풀 같으니라." — 삼하 23:4

어떤 계절에 비 내린 후에 광선이 비치게 된다면, 그것은 땅에 참으로 큰 복이 됩니다! 어떤 환경에서는 햇빛만큼 이제 곧 거두게 되어 있는 농작물을 아껴주는 것이 없습니다. 필요할 때 햇빛이 없는 경우에, 농사에 큰 손해가 날 것이고, 사실 우리 모두에게도 큰 손실이 있을 것입니다. 우리는 이 자연 세계에 비 온 뒤에 햇빛을 보내실 수 있는 유일한 분이신 주님께 기도하기를 소홀히 해서는 안 됩니다.

그러나 본문에는 이보다 더 고귀한 의미가 있습니다. 이 말은 다윗이 진실하고 현명한 적임의 통치자임을 설명하는 가운데 나옵니다. 통치자라고 해서 모두가 다 통치에 적합한 것은 아니었습니다. 사실 다윗 시대에, 그리고 오늘날 대부분의 동양 나라에서 왕, 술탄, 황제, 샤(Shah: 이란의 왕 칭호), 이들 모두는 자신을 위해 통치합니다. 그들의 유일한 큰 관심사는 할 수 있는 대로 백성들에게서 모든 세금을 강탈하고, 백성들에게는 할 수 있는 대로 적게 돌려주는 것입니다. 양털을 깎는 것이 동양의 목자들에게는 큰 관심사입니다. 양을 먹이는 일은 별로 신경 쓰지 않는 것처럼 보입니다. 그러나 다윗은 통치자들이 지혜롭고 정당하고 올바른 곳에서는 그 나라가 번성하였다고 말합니다. 선한 통치자는, 특별히 통치자가 손에 모든 것을 쥔 동양에서 왕위에 오를 때 그는 "구름 없는 아침"(삼하 23:4) 같았습니다. 그래서 왕 주위에 있는 백성들은 소나기가 마구 퍼부은 뒤에 해가 밝은 광선을 비추고 대지를 따뜻하게 하여 신록이 파릇파릇하게 돋아나게 하는 때의 풀처럼 자랐습니다.

사랑하는 친구 여러분, 우리가 독재적인 통치가 어떤 것인지 모른다는 사실에 감사해야 할 것입니다. 어쩌다가 독재적인 통치가 좋을 수도 있지만, 사실 그 통치는 견딜 수 없이 나쁘기 때문입니다. 다른 나라들은 자기들이 원하는 주인들을 두도록 내버려두고, 우리는 자유롭게 지내도록 합시다. 그리고 우리의 지배자들이 현재와 같이 지내는 것은 우리에게 미소를 짓는 하나님의 은혜로운 섭리 덕분입니다.

나는 다윗이 선한 왕의 통치를 시작할 수 있게 만드는 섭리의 아름다운 미소를 전후 문맥에서 끄집어내어 다른 목적으로 살펴보도록 하겠습니다. 그러고 나서 전후 문맥에서 그 미소를 살펴보고, 다윗이 사용한 것처럼 좀 더 고귀한 의미에서만 그 미소를 사용하도록 하겠습니다. 다윗이 그리는 아름다운 그림은 결합에 의해서, 즉 먼저는 비 그리고 그 다음에는 비온 뒤의 광선, 곧 햇빛에 의해서 생겨납니다. 영성이 가장 잘 형성될 수 있는 조건은 그와 마찬가지로 두 가지 원인에 의해서 생겨납니다. 영성은 비와 햇빛의 결합의 결과로 나옵니다. 우리는 햇빛이 없이 비만 내리는 상황에서는 최고의 영적 상태에 결코 이르지 못할 것입니다. 우리가 햇빛을 좋아할 수 있지만, 내내 햇빛만 쪼이고 비가 내리지 않아서는 결코 열매를 충만히 맺을 수 없을 것입니다. 하나님께서는 한쪽을 주시고 나서 다른 한쪽을 주십니다. 구름과 폭풍우의 어두운 날을 주시고 나서 햇빛과 고요하고 밝은 날을 주십니다. 이 두 영향력이 자연 세계에서 그러듯이 영혼 속에서 함께 작용할 때, 지극히 풍부한 비옥함을 일으키고, 마음과 생활에 최상의 상태를 가져다줍니다.

나는 본문을 네 가지 방식으로 사용하려고 합니다. 첫째, 나는 "비 내린 후의 광선"이 어떻게 회심자의 마음에서 나타나는지 보여드리겠습니다. 둘째로, 이 "비 내린 후의 광선"이 어떻게 신자의 영혼 속에 종종 최상의 상태를 일으키는지 설명하도록 하겠습니다. 셋째로, 나는 본문의 말씀이 말씀의 사역에서 매우 행복한 짝이 된다는 점을 설명하도록 하겠습니다. 끝으로, 오는 시대에서 "비 내린 후의 광선"에 관해 말씀드리도록 하겠습니다.

1. 나는 "비 내린 후의 광선"이 어떻게 회심자의 마음에서 나타나는지부터 설명하도록 하겠습니다.

어떤 사람이 진심으로 회심하였을 때, 여러분은 그 사실이 어떻게 나타나는지 아십니까? 모든 회심이 다 똑같은 모습을 띠는 것은 아닙니다. 회심들 사이에는 매우 큰 차이가 있습니다. 어떤 경우에는 회심이 아주 불분명합니다. 회심 전에 오랫동안의 준비 과정이 있습니다. 그래서 그 사람이 언제 하나님께로 돌아왔는지 정확히 알지 못합니다. 여러분이 내일 아침에 일어나서 일기예보를 보지 못한다면, 동쪽 하늘을 보고 연필을 가지고 해가 정확히 언제 뜨는지 기록하도록 해 보십시오. 아마도 여러분이 그 일을 정확하게 하지 못할 가능성이 아주 높을 것입니다. 아주 쾌청한 날 아침에는 여러분이 해의 테두리가 잠깐 수평선 위에 나타났다고 말할지 모릅니다. 그러나 요즘은 아침에 쾌청한 날씨를 별로 보지 못합니다. 우리는 아주 최근에 해를 보지 못하였습니다. 아마도 여러분은 연필로 기록하기 전에 이미 해가 떠 있는 것을 발견할 것입니다. 해가 언제 올라오는지 알기도 전에 해가 떠 있는 것을 알게 될 것입니다. 하나님의 은혜가 작용하는 일에도 그와 같은 경우가 종종 있습니다.

어떤 사람들은 하나님의 빛을 받았습니다. 그러나 그들은 그 빛이 언제 제일 처음 자기에게 왔는지 말할 수 없습니다. 여러분 가운데서 아무도 회심이 일어난 시간을 알지 못한다고 해서 자신이 회심하지 않았다고 생각하지 않기 바랍니다. 그렇지 않으면, 마치 내가 어떤 노부인과 이런 식의 대화를 하였다면 생각할 수 있는 것처럼 여러분은 어리석은 사람이 될 것입니다. 내가 어떤 노부인에게 물었습니다. "연세가 어떻게 되세요?" "글쎄, 팔십 쯤 될 거에요." "그러면 생일이 언제 지났어요? 생일이 언제인지 기억하세요?" "아니요, 목사님, 기억 못해요." 이 말을 듣고 내가 그 노부인에게 그녀가 자기 생일을 알지 못하니까 부인이 살아 있는 것이 아니라고 말을 했다고 합시다. 내가 얼마나 어리석은 사람이 되겠습니까. 만일 여러분이 자신에게 "영혼아, 너는 언제 거듭났는지 알지 못하니까 너는 거듭난 것이 아니다"고 말한다면, 여러분 역시 아주 어리석은 사람일 것입니다. 여러분이 "한 가지 아는 것은 내가 맹인으로 있다가 지금 보는 그것이니이다"(요 9:25)라고 말할 수 있다면, 비록 여러분이 그 위대한 기적이 언제 일어났는지 말할 수 없을지라도 만족하고 감사하십시오. 회심이 모두에게 다 똑같은 방식으로 일어나는 것은 아닙니다.

그렇지만 대체로, 은혜의 역사(役事)는 마음속에서 어두운 시기와 함께 시작됩니다. 구름이 모여듭니다. 주변이 온통 축축합니다. 영혼은 의심, 두려움, 불안에 잔뜩 절어있는 것처럼 보입니다. 무엇인가 오고 있는데, 그것이 무엇인지 알지 못합니다. 영혼은 그것이 아주 큰 죄여서, 하나님께서 무슨 형벌을 내리시든지 마땅히 받을 만한 것이라고 느낍니다. 여러분 가운데 어떤 분들은 바로 지금 그 단계를 경험하고 있을지 모릅니다. 여러분은 더욱 슬퍼지고, 매일 더 슬퍼지는데, 왜 그러는지 이유를 전혀 알지 못합니다. 여러분이 전에는 극장에 가면 즐거웠습니다. 그런데 여러분이 며칠 전에 극장에 갔는데, 너무도 따분하게 느껴졌습니다. 한때는 아주 즐겁게 어울렸던 유쾌한 친구들이 싫어지게 되었습니다. 여러분이 아주 침울한 것 같은데, 즐겁게 떠드는 일에 끼어들 수가 없었습니다. 집에 가는 것이 오히려 기뻤습니다. 무엇인가가 여러분을 괴롭힙니다. 여러분은 무엇 때문인지 모르지만 괴롭습니다. 그렇습니다. 구름이 여러분 머리 위에 몰려들고 있습니다. 바로 이것이 하나님께서 구원하고 복 주시려는 영혼 속에서 일반적으로 은혜가 역사하기 시작하는 방식입니다.

다음으로, 구름이 몰려든 후에 비가 내립니다. 내적인 우울을 겪은 바로 뒤에 성령의 실질적인 활동이 일어나는 경우가 많이 있습니다. 이제 여러분은 정말로 죄를 회개하기 시작합니다. 이제 여러분은 과거를 후회스럽게 생각합니다. 한숨을 쉬며 그리스도께 울며 애원하기 시작합니다. 여러분은 그리스도를 알기를 바라고, 그리스도를 사랑하기를 바랍니다. 눈물을 흘리기 시작합니다. 혹은 실제로 눈물을 흘리지 않을지라도 속으로는 울고 있으며, 여러분의 영혼은 깊은 통회와 죄에 대한 미움, 하나님의 진노에 대한 두려움, 장차 올 진노에 대한 공포, 영생을 붙잡고 싶은 소원으로 축축해지고 있습니다. 이제 비가, 복된 비가 내렸고, 여러분의 마음을 부드럽게 하였습니다. 해가 태우듯이 뜨거운 열기로 내리쬐고 있는 여름철에 온 들판에 물을 뿌리면, 그것은 사실 별로 소용이 없을 것입니다. 내 아일랜드인 한 친구가 언젠가 말하기를, 해가 비치고 있을 때는 비가 내리지 않았지만, 비가 내릴 때는 언제든지 햇빛을 막기 위해 구름이 있는 것을 주의 깊게 보았다고 하였습니다. 내 친구가 한 말에 중요한 진리가 있습니다. 모든 주위 환경이 비를 받기에 적당할 때 비는 땅에 배나 귀하게 됩니다. 대기가 온통 축축해집니다. 반면에 모든 것이 건조하고 따뜻할 때 비가 내릴 수 있다면, 비로 말미암아 해악이 발생할 수 있습니다. 자, 하나님의 성령께서 오셔서 사람

속에 그와 같은 분위기, 곧 거룩한 유연함, 즉 경건한 슬픔을 일으키고자 하실 때, 그는 구름과 함께 천상의 비를 가져오십니다.

비가 내린 후에 무엇이 옵니까? 그 다음에 햇빛, 즉 "비 내린 후의 광선"이 옵니다. 나는 지금 사람이 하나님께로 돌이키는 회심에 대해 설명하고 있는데, 한 가지 방식으로만 이야기하지 않습니다. 이미 말했듯이, 경험들이 각기 다르기 때문입니다. 그러나 일반적으로 사람의 마음을 부드럽게 하고 흠뻑 적시게 하는 성령의 영향력이 사람에게 임하고 나서, 구름이 가고, 비가 그치면 광선이 나타납니다. 해가 환하게 빛납니다. 사람은 자신이 죄인이지만 그리스도께서 자기를 구원하러 오셨다는 것을 깨닫습니다. 그는 자신이 온통 검은 것을 보지만 그리스도께서 자신을 눈보다 희게 만드실 수 있다고 믿습니다. 자신의 반역을 슬퍼하고, 하나님과 화목한 자녀가 되어 거룩한 가족에 들어가게 된 것을 기뻐합니다. 이제 그를 보십시오. 그의 얼굴이 온통 환하게 빛납니다. 그는 춤이라도 추고 싶어 하는 것처럼 보입니다. 참으로 행복하게 느낍니다. 그의 죄는 씻음을 받았고, 그는 예수님을 믿었으며, 그리스도의 다 이루신 사역을 의지하였습니다. 그는 이제 5월의 새처럼 즐겁습니다. 즐거이 이렇게 소리칩니다. "항상 노래하고 싶어." 이렇게 말할 수 있는 것은 그가 지금 비 내린 후의 광선을 즐기고 있기 때문입니다. 나는 오늘 밤 여기 있는 분들 가운데 지금 우기(雨期)를 지나고 있는 분에게 격려의 말을 하고 싶습니다. 분명히 말하건대, 그 기간이 언제까지나 지속되지 않을 것입니다. 여러분은 조만간 이렇게 말할 것입니다. "자, 겨울이 지나갔다. 비가 그쳤고, 꽃들이 대지에 나타난다. 새들이 노래하는 때가 왔다." 여러분이 일단 그리스도께 온다면 그 때가 더욱더 빨리 여러분에게 올 것입니다. 여러분을 위해 십자가에 달리신 분을 보십시오. 그러면 여러분은 구원을 받습니다. 하나님께서 여러분이 지금 바로 그렇게 해주시기를 구합니다!

자, 그러면 이 후에는 어떤 일이 일어납니까? 우리는 비 내린 후의 광선까지 보았습니다. 이 뒤에는 어떤 일이 옵니까? 모든 것이 자라납니다. 안개가 있고 열이 있으면 풀은 반드시 자랍니다. 그리스도가 필요한 것을 느낀 영혼이 마침내 그리스도 얼굴의 빛을 보면, 자라기 시작합니다. 나는 갓 태어나 아주 파릇파릇한 믿음을 보이는 젊은 회심자들을 보기를 좋아합니다. 그들은 다른 사람들이 쓰는 어조를 흉내 내지 않습니다. 나는 그들의 열심 있는 모습이 보기 좋습니다. 그들은 우리 가운데 나이 든 사람들처럼 아주 생각이 깊지는 않습니다. 여러분은 그 젊은이들이 이 일을 하고 저 일을 하며, 그 밖의 선한 일을 하는 것을 봅니다. 그래서 생각이 깊은 사람들은 그들에게 너무 많은 것을 하려고 하지 말라고 이야기합니다. 사랑하는 젊은 친구 여러분, 그들의 말에 귀를 기울이지 마십시오! 나이 든 성도들 가운데는 갓 믿은 신자가 그리스도를 위해 더 많은 일을 하려고 하는 것을 막으려 함으로써 마귀의 대변인 노릇을 한 사람이 많이 있습니다. 내가 주님을 위해 일하기 시작하였을 때, 특별히 설교하기 시작하였을 때 친절한 친구들이 많이 있었습니다. 이 친절한 친구들은 내게 담요를 이루 말할 수 없이 많이 주었는데, 그것들은 아주 축축하게 젖은 담요였습니다. 그들은 내가 주님을 봉사하는 일에 너무 열심을 낼까봐 염려했습니다. 그래서 언제든지 젖은 담요로 내 열정을 꺼트리려고 하였습니다. 정말로 나는 때로 사탄이 갓 회심한 사람들의 열심을 억누르려고 할 때, 나쁜 사람들보다는 좋은 사람들 가운데서 아주 효과적인 종들을 많이 찾아낸다고 생각합니다. 형제 여러분, 초신자들은 자라야 합니다. 그들은 아무리 빨리 자라도 상관없습니다. 초신자들은 하나님을 열심히 섬기도록 하십시오. 그들이 하나님을 위해 아무리 많은 일을 할지라도 지나치지 않습니다. 그들은 뜨거운 열심으로 불타올라야 합니다. 세상에는 그들의 열심을 식게 만들려는 것이 많이 있습니다. 하나님께서 우리 젊은 친구들이 열심을 식게 만드는 영향력을 이길 수 있게 해주시고, 그들의 구주님을 섬기는 일에 실제적인 힘과 영적인 힘이 충만할 수 있게 해주시기를 바랍니다!

그 다음에, 그것이 회심한 사람의 진보를 가져오는 통상적인 방법입니다. 즉 구름, 비, 광선이 있은 다음에 성장이 오는 것입니다. 나는 이 과정이 많은 사람들 속에서 실행되는 것을 볼 수 있기를 기도합니다.

나는 본문을 다른 방식으로 사용해 보겠습니다.

2. 둘째로, 이 "비 내린 후의 광선"은 종종 신자의 영혼에 최선의 상태를 만들어 냅니다.

여러분은 이 상태를 시련 뒤에 구원이 뒤따르는 데서 나타나는 것을 볼 것입니다. 시련을 받은 친구 여러분, 여러분은 심한 고통 후에, 곧 하나님께서 여러분을 위해 나타나서 그 고통에서 구원해내셨을 때 훨씬 더 하나님을 가깝게 느꼈습니까? 나는 내 생각만을 이야기할 수밖에 없습니다. 하지만 이 점을 이야기하지 않을 수 없습니다. 즉, 언제나 나는 형통할 때보다는 차라리 큰 슬픔과 시련을 겪을 때 주님의 가까이 계심을 훨씬 더 느꼈다는 것입니다. 시련의 때에 나는 사랑하는 주님의 품에 기대어 흐느끼며 잠들었고, 잠에서 깨어 내가 무력하여 할 수 없었던 일을 주께서 나를 대신하여 행하셨고, 나를 적들에게서 풀어주시며 주님의 이름을 기뻐하도록 만드셨다는 것을 발견하였을 때, 그때 주님을 보았습니다. 주님께서 내 영혼을 죽음에서 건지시고 내 눈을 눈물에서, 내 발을 넘어짐에서 구하셨을 때, 그때 주님을 알았습니다. 자, 주님을 사랑하는 여러분, 여러분은 장차 시련을 겪을 것을 예상할 수 있습니다. 또한 시련으로부터 구원을 받을 것도 예상할 수 있습니다. 왜냐하면 여러분이 성장할 수 있는 최상의 상태가 그 두 가지로부터 오기 때문입니다. 비가 오고, 그 다음에 비 내린 후의 광선이 옵니다. 시련이 오고 그 뒤에 구원이 옵니다.

다음으로, 이 경험은 자신이 수치를 당하고 이어서 주님을 기뻐하게 되는 데서 맛봅니다. 사람이 자신을 알게 되는 것은 매우 유익한 일입니다. 사람이 자신을 알게 되면 자랑할 까닭이 전혀 없을 것입니다. 우리 본성에는 우리가 앉아서 "내 안에는 내가 친히 이룬 선한 것이 있다"고 말할 수 있는 구석이 하나도 없습니다. 우리 속에 선한 것이 있다면, 그것은 오직 하나님의 선물일 뿐입니다. 종종 주님은 우리의 교만을 꺾고서 우리의 본성적인 마음을 보게 만드십니다. 우리를 안내하여 이 방 저 방으로 데려가 우리의 더럽고 비천함을 보도록 만드십니다. 나는 이 자리에 계시는 분들 가운데 아무도 자신이 본래 얼마나 악한 사람인지 제대로 알지 못한다고 생각합니다. 우리가 그 상태를 완전히 알 수 있다면, 아마도 우리 이성이 휘청거릴 것입니다. 마음의 모든 타락상을 완전히 안다면, 우리는 두 번 다시 소망을 가질 수 없을 것입니다. 자, 사람이 자신이 참으로 악하다는 것을 알게 만드는 비를 흠뻑 맞고, 그 다음에는 그와 더불어 그리스도의 위대하심과 복되심을 생각하고, 자신이 그리스도와 관계가 있음을 생각하는 것, 죄를 보고 그 다음에는 죄를 위한 큰 희생 제사를 보는 것, 우리의 죽음을 보고 그 다음에 그리스도께서 우리의 생명이 되심을 아는 것, 바로 이것이 우리 가운데 누구든지 처해 있어야 하는 최상의 상태입니다. 나는 또한 여러분이 하나님에게서 멀리 떨어져 있음과 여러분의 본성적인 부패 때문에 슬퍼하지 않는 한, 여러분이 하나님을 자랑하도록 하고 싶지 않습니다. 여러분이 바르게 그리스도를 기뻐할 수 있다고 생각하지 않습니다. 우리에게 이 두 가지를 경험하도록 하는 것은 우리의 유익을 위한 것입니다. 우리가 언제나 이 햇빛을 누릴 수 있게 허락을 받는다면 자칫 주제넘게 될 수도 있습니다. 어쩌면 우리는 조심할 이유가 없고, 믿음의 방패를 들고 다녀야 할 까닭이 없으며, 성령의 검을 사용할 이유가 없다고 생각할 수도 있습니다. 이 악에서 우리를 보존하기 위하여 종종 우리의 교만한 콧대가 꺾이게 되는 것입니다. 우리가 그리스도 예수 안에 있는 하나님의 부요를 훨씬 더 소중히 여길 수 있도록 궁핍에 처하게 되는 것입니다. 자신의 수치를 깊이 인식하는 것과 귀하신 그리스도를 아주 소중히 여기는 이 두 가지 일을 하십시오. 그러면 여러분은 하나님의 자녀가 자랄 수 있는 상태에 있게 됩니다.

다음으로, 나는 비와 햇빛이 즐겁게 결합되는 또 다른 방식, 곧 예민함과 확신이 결합되는 경우가 있다고 생각합니다. 나는 존 번연이 그의 『천로역정』에서 말하는, 누구보다도 죄에 예민한 사람을 만나기를 좋아합니다. 그는 사자를 두려워하지 않았습니다. 그러나 죄는 끔찍이도 무서워하였습니다. 그는 허영의 시장을 두려워하지 않았습니다. 그에게는 아무 매력이 없었기 때문입니다. 그러나 천국에 자신이 들어가게 될지에 대해서는 다소 의심을 하였습니다. 나는 『천로역정』에 나오는 두려움 씨(Mr. Fearing)처럼 죄에 대해서 아주 예민한 하나님의 자녀를 보는 것이 좋습니다. 나는 잘못할까봐 두려워서 감히 한 발을 내딛지 못하는 사람들을 압니다. 나는 병적이라고 할 만한 이런 예민한 태도는 좋아하지 않습니다. 그런 태도는 쓸데없는 고통을 일으키기 때문입니다. 그러나 거룩한 예민함이 햇빛과 결합될 때, 곧 사람으로 하여금 "내가 믿는 자를 내가 알고 내가 하나님의 자녀인 것을 알며, 아무도 하나님의 손에서 나를 빼앗을 자가 없다는 것을 안다"고 말할 수 있게 만드는 충만한 확신이라는 햇빛과 결합될 때, 그것은 하나님 자녀의 매우 아름다운 특징입니다.

> "영화롭게 된 영들은 천국에서
> 더 복되고, 그보다 훨씬 더 안전합니다."

예민함과 확신, 이 두 가지가 함께 작용하면 영적으로 매우 비옥한 상태를 가져올 것입니다. 어떤 사람들의 충만한 확신을 본다는 것은 무서운 일입니다! 나는 술집에서 어떤 사람이 맥주를 몇 잔이나 마셨는지 모르겠지만 술을 마시면서 "나는 원하는 것을 가질 수 있어. 하나님의 자녀이니까" 하고 말하는 것을 들었습니다. 끔찍한 벌을 받을 사람입니다! 그대가 말하는 것처럼 하나님을 모독하는 악한 말이 있을 수 있겠습니까? 진정한 하나님의 자녀는 스스로에 대해 이렇게 말합니다. "나는 안전선을 넘지 않고서 얼마나 멀리까지 갈 수 있는지 물어보지 않는다. 다만 나를 시험과 죄에서 지켜주시기를 구할 뿐이다. 비록 내가 할 수 있는 일들이 있을지라도 그 일들 때문에 내가 시험을 만나거나 다른 사람들이 시험을 만나게 될 수 있다면, 그 일에 전혀 상관하지 않겠다." 마음이 예민한 사람, 마음이 예민하면서도 충만한 확신을 가진 사람이 있습니까? 그가 바로 거룩함에 이르는 열매를 맺고 최종적으로 영생에 이를 사람입니다.

그 다음에, 또 본문은 경험과 지식이 어우러지는 것을 보여줍니다. 웨스트민스터 신앙고백서를 읽어보십시오. 어떻게 해서든지 그 고백서에서 은혜의 교리들을 분명하게 알도록 하십시오. 그러면 여러분은 그 교리들을 다른 사람에게 설명할 수 있고, 여러분이 스스로 그 교리들을 굳게 붙잡는 이유를 알 수 있게 될 것입니다. 그러나 여러분이 그 교리들을 마음으로 경험하지 못하면, 생활에서 그 교리들의 힘을 알지 못하면, 사실 여러분은 그 교리들에 대해 아무것도 모르는 것임을 기억하시기 바랍니다. 성령께서 물을 공급하여 축축하게 하시는 사역이 없으면, 메마른 교리는 여러분의 영원한 파멸을 부추기는 연료가 될 수 있을 뿐입니다. 사람이 신앙을 머릿속의 다락방에 머물게 하고 마음의 거실로 가져 내려오지 않을 때, 그 사람의 신앙은 헛것입니다. 복음이 정말로 우리에게 도움이 되려면 우리 자신이 복음의 능력을 경험해야만 합니다.

> "참된 신앙은 단순한 관념 이상의 것이니
> 반드시 어떤 것을 알고 느껴야 하네."

그리스도에 관해 이야기하는 것은 아주 좋은 일입니다. 그런데 여러분은 그리스도를 여러분의 구주로 믿으십니까? 신생(新生)에 관해 이야기하는 것은 아주 쉬운 일일 수 있습니다. 문제는 여러분이 신생을 경험했느냐는 것입니다. 여러분이 이 두 가지를 합칠 때, 곧 먼저는 은혜로운 경험이라는 비와 성경에 대한 지식이라는 햇빛을 결합할 때, 여러분은 하나님께 열매를 맺을 것입니다. 나는 신자의 영혼에서 볼 수 있는, 비 내린 후의 광선이라는 매우 흥미로운 이 요점에 대해 더 이상 길게 생각하지 않겠습니다.

3. 셋째로, 나는 본문이 하나님 말씀의 사역에서 매우 행복한 결합을 이룬다고 생각합니다.

요즘은 사람들이 설교자가 영리하기만 하면 그가 누구이든지 그의 말에 귀를 기울이리라는 것을 여러분은 압니다. 나는 아주 나이 든 분을 설교자로 모시고 있는 교회들을 보고 놀랄 때가 종종 있습니다. 그 설교자들은 언제나 교인들에게 매우 건전한 교리를 설교하였습니다. 나는 그런 분들이 섬기는 교회는 정통 신앙의 요새였다고 생각했습니다. 그러나 그 나이 든 목사가 죽자, 교인들은 자기들이 알지 못하는 것을 전하는 어떤 사람을 고릅니다. 그런데 그가 솜씨 좋게 설교를 하기 때문에 교인들이 그를 설교자로 세우는데, 그것이 그들에게는 영원히 수치가 되고 하나님의 교회에는 큰 해가 됩니다.

좋은 설교란 어떤 것입니까? 나는 나이 든 왕 조지 3세가 말년에 가지고 있었던 견해가 아주 마음에 듭니다. 이 노인은 진리를 알았고 사랑하였습니다. 뛰어난 궁정 목사의 설교를 듣곤 하였을 때, 종종 그는 예배당을 나가면서 "이 설교는 도움이 되질 않아. 영혼이 먹고 살아갈 만한 것이 아무것도 없어"라고 말하곤 하였습니다. 늙은 조지 왕은 머리가 별로 좋지 않았지만, 자기가 알고 있는 모든 것은 굳게 붙들었습니다. 또 다른 때는 예배당을 나가면서 "이 설교는 도움이 돼. 쓸모 있어. 영혼이 이 설교를 먹고 살 수 있겠어"라고 말하곤 하였습니다. 바로 그것이 그가 설교를 판단하는 방식이었습니다. "영혼이 그 설교를 먹고 살 수 있는가?"를 생각하는 것이었습니다. 영혼이 그 설교를 먹고 살 수 없으면, 그 설교는 조지 3세에게 적합하지 않았습니다. 그 설교가 이 시험, 곧 영혼이 그 설교를 먹고 살 수 있는가라는 이 시험에 합격하지 않는 한, 우리에게도 적합하지 않을 것이라고 생각합니다. 여러분이 아주 환상적인 저녁 식사 서비스를 받을 수 있고, 은쟁반에 고급 식탁보가 놓인 자리에 앉을 수 있습니다. 그러나 식탁에 마른 빼밖에 없다면, 나는 여러분에게 저녁을 먹으러 거기에 가라고 추천하지 않을 것입니다. 우리가 몸과 영혼을 건강하게 유지하려면 몸과 영혼에 유익이 되는 먹을거리가 필요합니다.

열매 있는 목회를 하고자 하는 사람은 비 내린 후의 광선이 있어야 합니다. 내가 이렇게 말하는 것은 첫째로 율법을 말하고, 그 다음에 복음을 말해야 한다는 뜻입니다. 우리는 죄를 지어서는 안 된다고 분명하게 설교해야 합니다. 우리의 설교에 비가 있어야 합니다. 구름과 어둠, 죄인의 양심을 무겁게 누르는 하나님의 공의를 말해야 합니다. 그 다음에 십자가에 못 박히신 그리스도, 완전한 속죄, 단순한 믿음이 옵니다. 믿는 죄인에게 위로가 되는 광선이 오는 것입니다. 그러나 그러기 전에 먼저 비가 와야 합니다. 즐거운 것과 사랑만을 설교하고, 사람들에게 죄의 결과에 대해 경고하는 일은 전혀 하지 않는 사람은 사랑이 아주 많은 것처럼 생각될 수 있습니다. 그러나 사실 그는 사람들의 영혼에 매우 불성실한 사람입니다. 나는 여기 계시는 부녀들 가운데 바늘 없이 바느질할 수 있는 사람은 아무도 없다고 생각합니다. 그러나 여러분의 목적은 그냥 바늘을 옷감에 끼워 넣기만을 바라는 것은 아니지 않습니까? 여러분은 바늘에 무명실이나 명주실을 꿰기 바랍니다. 여러분이 명주실만 가지고 바느질을 할 수 있는지 한 번 시험해 보십시오. 바느질을 할 수 없습니다. 여러분은 먼저 바늘이 있어야 하지 않습니까? 그리고 하나님을 위해 무슨 일이든지 하려고 하는 사람은 분명 사람의 죄를 다루기 때문에 뾰족한 바늘이 있어야 합니다. 그 다음에는 그리스도의 복음이라는 명주실을 가져와야 합니다. 먼저는 비가 와야 하고, 그 다음에 광선이 와야 합니다.

친구 여러분, 여러분을 대할 때, 우리가 여러분에게서 보고 싶어 하는 것은 첫째가 회개요 그 다음이 열심이라는 사실을 말하지 않을 수 없습니다. 즉, 먼저 비가 오고, 그 다음에 광선이 와야 한다는 것입니다. 나는 내 설교를 듣고 죄의식이 없이, 마음이 부드럽게 되는 일이 없이, 하나님의 진노에 대한 아무런 두려움이 없이 갑작스럽게 그리스도인이 되는 것처럼 보이는 사람들이 생겨난다면 언제나 유감스럽게 생각할 것입니다. 왜냐하면 비가 전혀 내리지 않고 햇빛만 비치면 땅이 타고 메마르게 되어 하나님께 참된 열매를 내놓지 못하기 때문입니다. 사랑하는 친구 여러분, 설교를 그렇게 해서는 안 됩니다. 이 점을 나는 내 자신뿐 아니라 동료 그리스도인들에게 말합니다. 여러분이 주일학교에서 설교할 수 있고, 길거리에서 혹은 심방을 가서 설교할 수도 있습니다. 그러나 참된 설교에는 햇빛뿐 아니라 비도 있어야 하는 것입니다.

여러분의 봉사가 성공하여 하나님께 영광을 돌리게 되려면, 봉사에서 먼저 기도가 있고, 그 다음에 축복이 있어야 합니다. 여러분은 기도와 함께 나아가야 합니다. 여러분은 울면서 나가 귀한 씨를 뿌려야 합니다. 그러면 후에 햇빛이 비칠 것입니다. 여러분이 돌아올 때 기뻐하며 단을 가지고 올 것입니다. 여러분이 성령을 의지하여 일을 하면 하나님께서 그 일에 복을 베푸시고 잘 되게 하실 것입니다. 그러나 하나님을 섬기려는 여러분의 노력에 하나님의 축복이 임하기를 기대한다면, 먼저 깊은 염려를 하고, 하나님 앞에서 큰 열망과 괴로움을 겪어야 합니다.

내가 생각할 때, 본문의 말씀은 먼저 마음을 부드럽게 하는 은혜가 오고, 그 다음에 햇빛이 비치는 일이 오는 것을 또한 의미합니다. 나는 주님께서 주님의 모든 교회에 심한 소나기를 내려주시면 좋겠습니다. 내 말뜻은 교회를 부드럽게 하는 방법을 통해서 교회가 사랑하는 마음을 갖고 영혼들을 걱정하게 되기를 바란다는 것입니다. 그러면 어떤 일이 일어날 것 같습니까? 주님께서 곧 교회에 햇빛을 비추실 것입니다. 그러면 우리는 들판에 솟아나는 풀잎들처럼 회심하는 사람들이 무수하게 일어나는 것을 볼 것입니다. 신성한 이슬이여 내려라! 지금 이 회중 위에 내려라. 이번 주 내내 이 교회 위에 내려라! 그 다음에는 의의 태양이여, 따뜻하고 힘있게 빛을 비추라. 그러면 이내 우리가 풍성한 수확을 보게 되어 하나님을 찬송하고 영광을 돌리게 될 것입니다! 나는 이것이 "비 내린 후의 광선"이라는 표현이 하나님 말씀의 사역에 적용되는 의미라고 생각합니다.

4. 이제는 장차 오는 시대에 있을 비 내린 후의 광선에 관해 이야기할 때가 되었습니다.

나는 선지자가 아니고 선지자의 후손도 아닙니다. 때때로 나는 이 도시의 벽들에 아주 놀라운 일이 이러이러한 해에 일어날 것이라고 암시하는 벽보들이 붙어 있는 것을 봅니다. 형제 여러분, 사실 그러한 일이 일어날 수 있고, 일어나지 않을 수도 있습니다. 나는 어떤 형제가 어떤 해 4월 1일에 어떤 일이 일어날 것인지에 대해 아주 확신을 갖고 있는 것을 볼 때마다 그 형제가 대체 그 주제에 관해 조금이라도 알고 있는지 의심하지 않을 수 없습니다. 나는 오늘날 거룩한 하나님 말씀을 떠나서 예언을 한다고 하는 사람들이 모두 노우드(Norwood)의 집시만큼이나 존경을 받는지 의심이 갑니다.

첫째로, 어둠의 시기를 예상해야 합니다. 런던이라는 이 도시에서 평화를 정착시키는 것에 관한 회의가 개최되었습니다. 나는 그 회의의 중대한 목적에 진심으로 공감합니다. 지구 끝까지 전쟁이 종식되었으면 좋겠습니다! 전쟁은 모든 악행들의 총합입니다. 전쟁을 지지해야 할 것은 아무것도 없습니다. 사람들이 서로를 대규모로 죽이는 것은 소름끼치는 일입니다. 여러분과 나는 그리스도의 복음을 전파하는 것을 떠나서는 어떤 것으로도 전쟁을 끝낼 길은 없을 것입니다. 그 임금이 오실 때, 곧 예수께서 오실 때, 그리스도께서 의로 통치하실 때, 전쟁이 끝날 것입니다. 그러나 그때까지는 전쟁과 전쟁의 소문들이 있을 것입니다. 그리고 전쟁의 소문들을 들을 때, 마치 모든 것이 다 망할 것처럼 불안해하지 마십시오. 비가 내린 후에 햇빛이 비칠 것입니다. 그렇습니다. 그것이 피의 통치가 될 수 있겠지만, 그 후에 우리의 화평이신 분, 고통이 없는 영원한 나라를 세우실 그분이 환하게 빛을 비추실 것입니다. 종교적인 문제에서 세상이 점점 더 나아질 것이라고 기대하지 마십시오. 세상이 이미 많이 개선되었다는 믿음은 사실의 기반이 매우 취약하다고 생각합니다. 우리는 위선이라는 옷 뒤에 죄를 숨기는 기술을 익혔지만, 어쨌든 우리의 상태는 더 나아지지 않았습니다. 사람들이 죄의 모양은 바꾸었지만, 죄는 여전히 그대로 있습니다. 자, 교회들이 언제나 건전하고, 종교가 언제까지나 확산될 것이라고 생각하지 마십시오. 여러분이 볼 수 있고, 누군가도 볼 것입니다. 그리스도께서 오시기 전에 배교하는 일과 믿음에서 떠나는 일이 있는 것을 말입니다. "많은 사람의 사랑이 식어지리라"(마 24:12). 여러분이 믿음이 있는가 찾아보아도 좀처럼 믿음을 볼 수 없는 일이 일어날 것입니다. 왜냐하면 예수께서 "인자가 올 때에 세상에서 믿음을 보겠느냐"(눅 18:8)고 말씀하셨기 때문입니다. 좀처럼 믿음을 찾아보기가 어려울 것입니다. 믿음이 아주 보기 드문 것이 될 것입니다. 비록 모든 사람이 그리스도를 떠나는 것처럼 보일지라도 낙심하지 마십시오. "비 내린 후의 광선"이 있을 것이기 때문입니다.

어둠의 시대가 올 것이 예상되지만, 빛의 시대가 뒤따라 올 것입니다. 그리스도께서 자기 백성들 가운데서 통치하실 날이 올 것입니다. 불경건한 자들이 어두운 곳에 숨고, 온유한 자들이 땅을 다스리며, 그날 아침에 하나님의 자녀들이 사람들 가운데 지극히 고귀한 자들로 인정받을 날이 올 것입니다. 머지않아 의가 지배할 "천 년"(이 천 년이라는 기간이 무엇을 의미하든지 간에)이 올 것입니다. 그때는 온 땅이 하나님의 영광으로 충만하고, 천국에 이르는 문이 될 것입니다. 이 영광스러운 진리를 인하여 위로를 받으시기 바랍니다.

사랑하는 친구 여러분, 여러분에 관해서 이야기하자면, 주님께서 이내 그 성전에 오시지 않는 한, 여러분은 나이가 들 것이고, 나이가 들면 비 온 뒤에 구름이 다시 몰려 올 수도 있습니다. 여러분은 병약한 시기에 이르게 될 것입니다.

그때는 비 오고, 비 오고, 비 오며, 계속 비가 올 것인데, 어쩌면 비 오다가 잠깐 햇빛이 비칠 지도 모릅니다. 하지만 여러분이 죽기 전에 비 내린 후의 광선을 보게 될 것을 기대하십시오. 쁄라(사 62:4)의 땅이라 불리는 곳이 있습니다. 그 땅은 요단강 경계에 있습니다. 그 앞에 작은 시내가 있는 그 땅은 또한 하늘의 가나안 경계에 있습니다. 그 땅은 빛과 꽃이 가득합니다. 바람이 바른 방향에서 불어오면 여러분이 그 땅에서 천상의 음악을 들을 수 있고, 그 땅의 언덕에서는 하늘의 도성을 볼 수 있다는 말을 들었습니다.

나는 노인들 몇 분이 이미 쁄라의 땅에 도착한 것을 알고 있습니다. 그분들의 마지막 날에 그분들과 이야기를 나누는 것이 내게는 큰 기쁨이었습니다. 그분들은 비 내린 후의 광선을 보았습니다. 그들이 내게 비에 관해 모든 얘기를 하였습니다. 죽은 자녀들에 관해, 오래 전에 매장한 아내에 관해, 그분들이 겪은 가난에 관해, 그분들이 겪은 핍박, 등등에 대해 들었습니다. 그 모든 것이 비입니다. 그러나 그분들이 비 내린 후의 광선에 관해 모든 것을 다 이야기하지는 못했습니다. 그러나 그분들은 마치 천국에 있는 것 마냥 행복한 것을 느꼈다고 말했습니다. 그분들은 머물러 있어야 할지 아니면 떠나야 할지, 어떤 것을 원해야 할지 몰랐습니다.

나는 요 며칠 전에 91세가 되신 노인을 보았습니다. 뼈만 앙상하게 보였지만, 그분이 하나님의 신실하심에 대해서, 복음의 교훈들에 대해서 말씀하시는 것을 듣는 것은 멋진 일이었습니다. 그분은 중요한 점들에 대해서는 예전과 다름없이 명쾌하게 말씀하셨습니다. 어쩌면 훨씬 더 확고하게 말씀하시는 것 같았습니다. 그분의 말을 듣는 것은 큰 기쁨이었습니다. 머지않아 우리 모두가 모든 것이 밝고 행복한 쁄라의 땅에 이르게 되기를 기도합니다. 그곳에서 우리는 우리의 왕이 보내신 집배원이 와서 우리에게 주님을 기쁘게 뵙기 위해 시내를 건너야 한다고 말할 때까지 지낼 수 있습니다.

일단 우리가 본향에 도착하여 그리스도의 얼굴을 뵐 때, 그리스도처럼 죽은 자들 가운데서 일어나 육신을 입고서 온전하게 서서 우리 하나님을 뵐 때는, 비 내린 후의 광선이 얼마나 찬란하겠습니까! 비가 그치고 사라진 후에 주님과 함께 영원히 거하는 그 영광과 복이 얼마나 찬란하겠습니까! 비를 맞고 지나가십시오. 여러분이 영광에 이르는 길을 가면서 흠뻑 젖는 일들을 두려워하지 마십시오. 오래된 좋은 길을 따라 할 수 있는 대로 속히 본향으로 가십시오. 비가 내린 후에 햇빛이 비치기 때문입니다. 여러분 각 사람은 이 즐거운 안식일 저녁 시간부터 이 말을 여러분의 표어로 삼으십시오. "비 내린 후의 광선이 있으리라." 하나님께서 여러분 모두에게 복을 베푸시기를 바랍니다! 아멘.

제
13
장

다윗의 숭고한 위로

"내 집이 하나님 앞에 이같지 아니하냐 하나님이 나와 더불어 영원한 언약을 세우사 만사에 구비하고 견고하게 하셨으니 나의 모든 구원과 나의 모든 소원을 어찌 이루지 아니하시랴." — 삼하 23:5

금은 정금이 아니면 불을 견딜 수 없습니다. 그와 같이 어떤 사람의 신앙이 허세부리는 거짓일 뿐이었다면, 그 신앙은 죽음의 거친 위협 앞에서는 엎어져 산산조각이 날 가능성이 높습니다. 위선자들 가운데는 엄숙한 마지막 순간에서도 뻔뻔스럽게 그 모습을 밀고 가는 자들도 있었지만, 이런 사람들은 언제나 극히 소수일 수밖에 없습니다. 어쨌든 다윗은 죽음의 순간에 위선적인 태도를 취하려고 하는 사람이 아니었습니다. 여러분은 하나님을 믿는 그의 믿음이 참으로 진실하고 깊고 철저하였으리라는 것을 알 수 있습니다. 왜냐하면 그의 임종의 자리는 결코 부러운 것이 아니었기 때문입니다. 임종의 자리에서 그가 머리를 누인 배개는 날카로운 가시로 가득하였습니다. 그의 생애는 하나님께 받은 은혜가 많기도 하였지만 또한 죄악적인 것들도 많았습니다. 어떤 면에서 우리는 그가 죽는 것을 원치 않을 수도 있지만 그는 죽어가고 있었습니다. 그러나 우리가 생활의 외적 환경이나 죽음이 어떠하든지 간에 우리의 믿음이 승리할 수 있기를 바라는 것이 당연하듯이 다윗의 믿음은 승리하였습니다. 우리는 더 이상 서론을 이야기하지 말고 바로 가서 본문을 생각하고, 그 다음에 시인인 왕의 애가를 주의해서 볼 것입니다. 그리고 그 다음에는 복된 보상, 곧 주님의 영광스러운 위로에 대해 생각해 보도록 하겠습니다. 그러면 먼저 깊이 생각해 보도록 하겠습니다. 성령께서 이 생각이 우리 모든 사람에게 크게 유익이 되도록 하여 주시기를 바랍니다.

1. 다윗의 애가.

그는 자신의 집이 "하나님 앞에 이같지 아니하다"(개역개정은 "하나님 앞에 이같지 아니하냐")고 선언합니다. 그의 집의 수와 힘이 그가 원하였을 만큼 성장하지는 않았습니다. 형제 여러분, 사람이 자라면 문제가 되지 않는 걱정거리들이 있습니다. 그리스도인으로서 우리의 초신자 생활과 관련된 유치한 시련들이 있습니다. 그 시련들은 우리가 별로 노력을 기울이지 않아도 거기에서 벗어나게 되고 때가 되면 사라집니다. 감사하게도 우리는 어린 시절과 젊은 시절에 겪는 특별한 위험들을 후에는 다시 겪지 않아도 될 것입니다. 나이가 좀 더 들었을 때 우리는 이런 일들을 잊어버립니다. 그런가 하면 사람들이 나이가 들수록 쌓이는 근심들이 있습니다. 예를 들면, 본문에서 암시되는 그런 특정한 근심이 있습니다. 어린아이들이 있는 가족과 관련된 염려와 골칫거리들이 많은 것은 확실합니다. 그러나 부모라면 누구나 다 어린 자녀들과 관련된 문제들은 다 자란 자녀들이 그들에게 일으키는 비통과 번민에 비하면 아무것도 아니라는 것을 압니다.

우리는 자녀들이 커서 아버지의 이름에 먹칠을 하고 아버지의 하나님을 모독하게 두는 것보다 차라리 아이들이 어렸을 때 하나씩 하나씩 장례를 치르는 것이 더 나을 수도 있습니다. 어머니도 밤마다 아이들의 병상을 지켜보고 또 아이들을 위해서는 마치 불구덩이 속에서 일한 것처럼 지칠지라도 당연히 만족하게 여길 것입니다. 우리는 자녀들의 사소한 실수들, 토라짐, 어리석은 일들을 참을 수 있고, 아주 어렸을 때의 죄들도 참을 수 있을 것입니다. 그러나 괴로운 일은 아이들이 우리 품을 떠날 때 우리의 가르침도 떠나는 것입니다. 아이들이 우리의 훈육을 벗어날 때 그들이 더 이상 그 훈육을 따르지 않고 죄에 빠져서, 아주 슬프게도 그들의 핏속에 하나님의 은혜가 흐르지 않고 본성적인 타락이 자리잡고 있음이 확실하게 보이는 것은 괴로운 일입니다. 바로 이러한 형태의 시련은 우리가 나이가 들수록 불어납니다. 여기 계시는 분들 가운데는 아직까지 이 시점에 이르지 않은 분들도 있습니다. 하나님께서 우리가 그런 시련을 겪지 않을 수 있게 해 주시기를 바랍니다. 그러나 이 자리에는 머리칼이 온통 하얗게 센 지금, 이 시련을 매일의 십자가처럼 지고 다니는 분들이 있는데, 젊은 시절의 모든 고난을 돌아볼 때 그때의 시련은 아무것도 아니라고 말합니다. 지금 그들의 집에는 하나님께 합당하지 않은 일이 있고 그의 자녀들이 불순종하는 일이 있습니다. 그리고 아들과 딸들이 자기 자녀를 기르는데, 주님의 교양과 훈계로 가르치지 않는 일이 있고, 이것들은 사람들이 인생의 싸움이 거의 끝났다고 생각했을 때, 영원한 아침의 여명이 시작되기 전, 인생의 황혼에 잠시 휴식을 취할 것으로 자연스럽게 기대할 때 오는 시련입니다. 이 시련은 우리의 안식에 밀고 들어와 찌르는 마지막 가시처럼 보입니다. 어떤 사람들에게 이 시련은 다윗의 경우에서처럼 그들의 심장을 관통하여 마지막 고동과 맥박을 멈추게 만든 가시였습니다. 어쩌면 오늘 밤 내 설교를 듣는 분들 가운데 그런 분이 있을지 모르겠습니다. 어쨌든 지금 내 설교를 듣는 분들 가운데 아주 많은 사람이 이 시련을 이겨내기 위해 기도할 필요가 있는 분들입니다. 그것은 아주 무서운 일입니다! 그 시련을 견딘다는 것이 끔찍하다는 것을 예상할 수는 있지만, 무지막지하게 고통스러운 쇠손에 심장이 쥐어 짜이는 경험을 해 본 사람이 아니면 그 고통이 어떠한지 아무도 알 수 없는 끔찍한 일입니다.

> "배은망덕한 자녀는
> 독사의 이빨보다 더 날카롭네."

다윗에게는 압살롬과 암논이 있었고, 또 다말이 있었는데, 다말에 대해서는 이야기를 하지 않을수록 좋습니다. 그리고 임종을 맞이하는 방 밖에는 아버지의 마지막 유언을 뒤집어엎으려는 아도니야가 있었습니다. 그리고 솔로몬이 어떤 면에서 훨씬 나았지만, 그 당시에는 모든 사람의 기대를 충족시키는 사람은 아니었습니다.

사실, 전체적으로 볼 때 그들은 나쁜 조합(組合)이었습니다. 그들이 나쁜 조합이 될 수밖에 없는 것이 당연한 일이 아니었습니까? 다윗 자신이 그 일에 책임을 져야 할 부분이 아주 많았습니다. 일부다처제는 도저히 좋게 작용할 수 없기 때문입니다. 야곱의 근심거리가 바로 그 일부다처제로부터 일어났고, 다윗의 근심도 거기에서 시작된 것이 분명합니다. 그의 자녀들 중 더러가 아버지의 본을 따라서 죄를 지을 수 있다는 이 사실이 다윗에게는 틀림없이 큰 고통이 되었을 것입니다. 다윗의 생애에는 본받아야 할 덕들이 많이 있었지만, 그의 자녀들은 그 덕들을 보는 것이 자신들의 변덕스러운 마음에 맞지 않을 때는 손으로 눈을 가리고 보지 않았습니다. 그러나 부모에게 잘못이 있다면, 그것을 찾아내고, 그 타락, 곧 부모가 슬피 울고 회개하여 용서받은 부모의 그 실수를 부모의 성품 가운데 가장 현저한 것으로 여기고 그것만을 본받는데 자녀만큼 빠른 사람은 없습니다.

자, 형제자매 여러분, 그런 때 우리는 그처럼 우리 가까이에서 일어나는 근심거리로 괴로움을 겪습니다. 집안의 문제는 언제나 다른 어느 누구보다 우리에게 영향을 끼치게 되어 있기 때문입니다. 가정에서 우리는 첫째로 가족이 건강하면 위안을 얻습니다. 또한 지극히 즐거운 기쁨도 지극히 깊은 고통도 가정에서 맛보게 되어 있습니다. 이런 고통을 당하고, 그 전체 문제에 대해 우리 자신이 다소 간에 책임이 있고, 그 일을 하나님의 섭리로 돌릴 수 없으며 우리 자신이 어느 정도 그에 대한 책임을 져야 한다는 것을 아는 쓴 맛을 느낄 때, 우리가 그 모든 고통과 슬픔에도 불구하고 지극히 괴로운 가운데서도 "그럼에도 하나님이 나와 더불어 영원한 언약을 세우사 만사에 구비하고 견고하게 하셨으니 나의 모든 구원과 나의 모든 소원을 어찌 이루지 아니하시랴"(개역개정은 맨 앞의 "그럼에도"라는 단어가 생략되어 있다. - 역주)고 말할 수 있다면, 그것은 영광스러운 믿음일 것입니다. 정말로, 본문을 그냥 읽는 것과 본문의 내용을 느끼는 것은 다른 문제입니다. 이런 환경에서 우리가 주님을 기뻐하는 것을 생각하는 것과 하나님의 파도와 큰 놀이 우리를 덮치고 있는데, 그럴지라도 즐거운 믿음으로 파도 위로 고개를 들고 우리 하나님을 지극히 용감하게 신뢰하고서 노래를 부르며 깊은 곳으로 내려가는 것은 전혀 다른 문제입니다.

자, 다윗의 경우가 많은 경우들 가운데 한 예에 불과하므로 가정을 떠나서 우리가 겪을 수 있고, 우리 영혼에 대한 하나님의 언약의 신실함을 믿고 의지하는 것만이 우리의 버팀줄이 되는 다른 형태의 통렬한 슬픔들이 여전히 있을 수 있다는 것을 설명하도록 하겠습니다.

우리 가운데 어떤 분들에게는 그 시련이 어쩌면 교회로부터 올 수도 있을 것입니다. 신실한 목회자는 교회에 봉사하는 것을 자기 가족을 섬기는 것으로 생각합니다. 성실한 집사, 참된 소명을 받은 장로도 교회를 자기 가족으로 생각합니다. 성경공부 반과 주일학교 반을 인도하는 헌신적이고 뛰어난 교사들은 거룩한 사람의 믿음과 사랑을 가지고 자기들의 책임 하에 있는 아이들을 그리스도인의 생활과 행실로 훈련하고 양육할 신성한 위탁물로 여길 것입니다. 우리 가운데 그 사실을 이미 알고 있는 분들은 교회 혹은 성경공부 반이나 주일학교 반 혹은 우리가 봉사하는 부서가 우리가 하나님께 바라는 것과 같지 않을 때, 그것은 우리 영혼 깊숙이 파고드는 슬픔이라고 말할 수 있을 것입니다. 우리 주변에는 다시 타락하는 사람들이 있고, 또 우리가 종종 들은 대로 공공연히 죄를 짓고, 무엇보다도 자신들을 회심시키는데 도구 노릇을 한 사람에게, 즉 정말로 자기들보다 더 빛을 받았고, 하나님께서 주시는 어떤 것을 배웠다고 생각하기 때문에 그에게 나쁘거나 고약한 말은 할 수 없을 그 사람에게 고약하게 구는 사람들이 있습니다.

이런 일들이 큰 교회에서는 아주 빈번하게 일어나고 작은 교회에서 일어날 때는 사람들에게 큰 고통을 주는데, 이런 일들이 일어날 때마다, 그들은 목사를 내팽개치고 주일학교 교사를 내팽개치며, 누가 되었든지 교회의 성실한 일꾼을 완전히 내팽개쳐서, 그가 많은 눈물을 흘리며 비통한 심정으로 이렇게 부르짖게 만듭니다. “주께서 우리 교회를 자라지 못하게 하십니다. 나는 우리 교회가 주님처럼 되기를 바라는데, 주께서는 우리 교회를 나의 원대로 만드시지 않습니다. 주님께서는 내가 거두기를 간절히 바라는 곡식단을 주시지 않고, 그리스도께 데려가기를 간절히 바라는 영혼들을 구원하시지도 않습니다.” 그것은 크고 깊은 슬픔입니다.

그러나 그런 때 우리가 다시 이렇게 말할 수 있다면 그것은 큰 복입니다. “그럼에도 하나님이 나와 더불어 영원한 언약을 세우셨나이다.” 우리가 성공하고 있을 때 우리를 아주 잠잠하게 만드는 것이 바로 그 귀한 진리라는 것을 여러분은 압니다. 왜냐하면 주 예수님께서 그의 사도들이 크게 기뻐하며 돌아와서 “주여, 귀신들도 우리에게 항복하더이다”(눅 10:17)고 말하였을 때 “그럴지라도 그 일을 기뻐하지 말고, 그것으로 너희 기쁨의 대들보로 삼지 말고 너희 이름이 하늘에 기록된 것으로 기뻐하라”(10:20)고 말씀하셨기 때문입니다. 자, 일이 우리가 바라는 대로 되지 않고 오히려 그와 정반대의 현실을 경험하지 않을 수 없을 때, 나는 우리 주님께서 “그럴지라도 이로 인하여 상심하지 말고, 너희 이름이 하늘에 기록된 것을, 곧 너희에 대한 나의 언약이 영원한 것을 기뻐하라”고 말씀하시는 것을 들을 수 있다고 생각합니다.

사랑하는 여러분, 여러분은 내가 지금까지 말한 두 가지 슬픔 가운데 어느 것도 경험하지 않을 수 있습니다. 그러나 여러분이 하나님의 자녀라면, 여러분은 세 번째의 경우, 즉 여러분 영혼의 내적 상태를 잘 알 것입니다.

어떤 특별한 의미에서, 우리 영혼의 내적 상태는 우리 각 사람의 분명한 가족입니다. 이러한 힘들과 열정, 상상, 정서, 생각, 욕구들, 이런 것들이 말하자면 여러분 집의 자녀들입니다. 나는 우리들 대부분이 "내 집이 하나님 앞에 이같지 아니하나" 하고 말하지 않을 수 없게 될까봐 염려스럽습니다. 나는 요 며칠 전에 그의 거룩함, 탁월함, 유용함을 인해서 매우 높이 평가하고 존경하는 형제가 쓴 책을 읽었습니다. 그런데 그 형제가 자신이 주 예수 그리스도께 완전한 충성과 완전한 사랑을 바치며 살고 있고, 지난 20년 동안 죄를 짓지 않고 계속해서 그렇게 살았다고 이야기하는 것을 발견하고, 나는 그가 내가 사용하는 것과는 전혀 다른 방식으로 언어를 사용하든지, 아니면 그와 내가 전혀 다른 마음을 가진 것이 틀림없다고 말하지 않을 수 없습니다. 왜냐하면 나는 그가 말한 것을 내 자신에게서는 찾지 못하기 때문입니다. 정말로 나는 그동안 내 주님을 섬기려고 성실하게 노력해왔고, 내 봉사를 보증하는 표시들을 많이 받았다고 생각합니다. 그러나 내 봉사에 만족할 만큼 주님을 섬긴 적은 없습니다. 나는 내가 드린 기도나 전한 설교에 만족을 느낄 수 없었습니다. 나는 만족을 느끼게 된다면 필시 교만하게 될 것이라는 생각을 언제나 마음에 새겼습니다. 내가 만족을 느낀다면 틀림없이 잘못된 길로 갈 것이고, 그래서 나는 내 안에 있는 어떤 것에도 만족을 느끼지 않으려고 애썼고, 내 마음의 가나안에서 몰아내어야 할 적들이 여전히 있고, 정복해야 할 부패가 여전히 있다고 계속 생각하려고 노력했습니다.

하나님의 은혜라고 생각하는 것을 인해서는 하나님께 영광을 돌리지만 내 자신의 것에 대해서는 슬퍼하고 애통해하면서 그렇게 생각하려고 노력했습니다. 그렇게 슬퍼하고 애통해할 것이 아주 많습니다. 슬퍼할 것이 이전보다 지금 더 많다면, 그것이 본래 더 많은 것이 아니라 내가 은혜 안에서 자랄수록 그것을 더 분명하게 보게 되는 것임을 발견합니다. 문이 닫혀 있을 때보다 문의 작은 틈 사이로 햇빛이 비쳤을 때 방에 먼지가 더 많은 것이 아닙니다. 방에서 햇빛이 비치는 곳이 다른 곳보다 먼지가 더 많은 것이 아닙니다. 그렇지만 비스듬히 내리 비치는 광선을 보면 먼지가 얼마나 많은지 모릅니다! 방의 그 부분이 먼지가 더 많은 것이 아니라 다른 곳보다 그 부분에 빛이 더 많은 것입니다. 바로 그와 같이 영혼에 빛이 더 많이 비치게 되면, 악한 일들, 곧 영혼 속에 아직까지 숨어 있고, 주님께서 우리를 본향에 데려가실 때까지 영혼에 있을까봐 두려운 영적으로 추한 것들이 더욱더 드러나게 되는 것입니다. 너무도 많은 사람들이 자기들이 이 세상에서는 절대로 완전해질 수 없다는 것을 알고 마치 "우리 주 곧 구주 예수 그리스도의 은혜와 그를 아는 지식에서"(벧후 3:18) 자라려는 마음이 전혀 없는 것처럼 앉아서 매우 부족한 상태에 있는 것에 아주 만족해하는 것은 유감스러운 일입니다. 그런 사람들에게는 성경에서 가르치는 완전의 교리에 대한 설교를 듣는 것이 많이 유익할 것입니다. 그 설교를 듣고 그들이 화를 내지 않는다면, 그 설교가 그들에게 유익을 줄 것입니다. 왜냐하면 그 설교로 인해 그들이 지금까지 생각했던 것과 다르게 이 세상에서 얻어야 할 더 나은 것이 있음을 알게 되고, 그래서 그들의 열정에 불이 붙게 될 것이기 때문입니다.

우리가 지극히 신중하고 조심스럽게 행동하는 때에도 많은 시험이 우리를 갑작스럽게 덮칩니다. 틀림없이 사람들에게는 완전히 방심하며 지내는 순간들이 있기 때문입니다. "오호라 나는 곤고한 사람이로다 이 사망의 몸에서 누가 나를 건져내랴"(롬 7:24)는 말은 그 문장의 나머지 부분인 "우리 주 예수 그리스도로 말미암아 하나님께 감사하리로다"는 말과 마찬가지로 그리스도인의 외침인 것이 확실합니다. 그렇지만 그것은 완전히 성화된 사람이 아니라 진정으로 성화된 영혼의 슬픔입니다. 자기 속에 죄가 거하고 있다는 것을 아는 것은 지극히 괴로운 슬픔입니다. 그것은 그의 십자가이고 짐입니다. 그러므로 그 짐이 무겁기 짝이 없을 때, 믿음으로 이렇게 말할 수 있는 것은 은혜로운 일입니다. "비록 내 마음이 하나님께 대하여 내가 원하는 바와 같지 않고, 내가 바라는 만큼 하나님 가까이에서 살지 못하며, 내가 원하는 대로 하나님을 섬기지 못할지라도, 그럼에도 불구하고 나는 은혜로 구원받은 죄인이며, 하나님께서는 나와, 무가치한 나와 더불어 영원한 언약을 세우사 만사에 구비하고 견고하게 하셨다."

본문의 위로가 아름다운 것은 그 위로가 아주 어두운 상황을 배경으로 대담하고 현저하게 주어진다는 점에 있습니다. 다윗의 경우에, 지독히 괴로운 슬픔이 지극히 즐거운 기쁨과 결합됩니다. 내가 지금 여기서 말씀드리고자 하는 것은 이것입니다. 그것이 가정의 근심거리이든, 교회의 문제이든 혹은 개인적인 경험으로부터 오는 영적인 근심이든 간에, 한창 어두운 가운데서 빛을 보고 바다를 지나가는 길을 찾으며 광야를 통과하는 길을 발견하고서 이렇게 노래할 수 있는 것은 믿음의 일이고 자랑이며 영광인 것입니다. "비록 이것이 내가 원했던 것이 아니고 저것도 아니고 또 다른 것도 아니며 수천 가지가 아닐지라도, 하나님이 나와 더불어 영원한 언약을 세우사 만사에 구비하고 견고하게 하셨다."

나는 이 구절 후반부, 곧 집이 성장하지 못한 것에 관해서는 길게 이야기하지 않겠습니다. 다윗은 자기 가족이 백성들의 평가에서 자라고, 힘에서나 그 수에서 성장하는 것을 보지 못했습니다. 우리 가족이 경건한 가운데 자라고 더욱 더 거룩해지는 것을 보지 못하는 것은 아주 슬픈 일입니다. 우리 교회가 꾸준히 발전하는 것을 보지 못하는 것은 큰 슬픔이고, 무엇보다 우리 자신의 마음이 사랑과 다른 은혜들 안에서 자라고, 그래서 복된 성품의 충분한 성숙을 향해 계속 나아가는 것을 보지 못하는 것은 큰 근심거리입니다.

다윗의 애가에 대해서는 이만큼 이야기했으니, 이제는 즐거운 구원에 대해서 이야기하도록 하겠습니다.

2. 다윗의 영광스러운 위로.

앞에서 말했듯이 나는 분명하고 실제적인 한두 가지 생각을 여러분에게 제시하고 성령께서 거룩한 능력으로 그 생각들을 써 주시기를 기도할 뿐입니다. 다윗이 발견한 영광스러운 위로는 하나님께서 그와 맺으신 언약에 있었습니다. 다윗에게 그것은 자신과 그의 후손에게 왕권을 약속하는 언약이었습니다. 그러나 나는 다윗이 그 은혜 언약을 더 멀리까지 보았다고 믿습니다. 어쨌든 복음 시대를 사는 우리도 그렇게 멀리까지 보아야 합니다. 왜냐하면 비록 우리가 이 땅에서 왕위를 차지하지 않을지라도 우리는 그리스도의 언약 하에서 하나님께 왕 같은 제사장이기 때문입니다.

자, 우리가 혼자 앉아서 모든 슬픔에 대해 독백을 한다고 생각해 봅시다. 마음에 무거운 짐이 있습니다. 그때 이 생각이 마음을 스치고 지나갑니다. "그럴지라도." 즉 내게는 "비록 ~하지만"이라는 근심을 이기게 하는 "그럴지라도"라는 위로가 있습니다. 앞으로의 전망들을 훼손하는 "비록 ~하지만"이라는 무거운 짐이 있습니다. 그러나 그 전망들을 밝게 해주는 "그럴지라도"라는 매우 즐겁고 고무적인 언약의 내용이 있습니다. "그럴지라도 하나님이 나와 더불어 영원한 언약을 세우사."

하나님께서 우리와 맺으신 이 언약이 순전히 은혜 언약임을 주의하시기 바랍니다. 자신이 받은 행위 언약을 생각하는 것이 아담에게는 별로 위로가 되지 않을 것입니다. 지금 우리가 행위 언약을 생각하는 것은 전혀 위안이 되지 않을 것입니다. 왜냐하면 우리는 행위 언약을 어겼고, 그래서 그 언약의 조항에서 우리에게 남은 것이라곤 언약의 저주밖에 없기 때문입니다. 그러나 우리는 이 행위 언약이 우리에 관한 한 예수 그리스도께서 완전히 이루셨고, 그래서 그 언약에서 성취해야 할 것은 하나님 측의 역할밖에 없다는 것을 알고서 기뻐합니다. 그리스도께서 그 언약에서 우리 쪽의 책임을 떠맡으셨고, 그 영혼이 떠나실 때 "다 이루었다"고 선언하셨습니다. 은혜 언약에서 사람 쪽의 임무는 완수되었습니다. 그러므로 그 언약은 이제 하나님 쪽에서 자기의 택한 백성들에 대해 순전히 무조건적으로 약속하시는 언약으로 존재하는 것입니다. 바로 이것이 기쁜 사상입니다. 이런 조건들에서 이것이 은혜 언약입니다. "내가 원하여 그들에게 줄 것이다. 내가 그들에게 새 마음을 주고 올바른 영을 주어 그들이 내 길로 행할 것이다. 내가 그들을 깨끗이 씻고 정결하게 하면 그들이 깨끗하게 될 것이다." 이 언약은 "만약에" 혹은 "그러나" 혹은 "아마도"라는 단서 조항이 없는 언약입니다. 그 언약의 요소들이 순전히 은혜이고, 그 안에 공로는 눈곱만큼도 없기 때문입니다.

자, 그리스도를 믿는 신자여, 여러분은 그런 언약 아래 있습니다. 즉 여러분에게 모든 것이 약속뿐이고, 위협하는 것은 아무것도 없는 언약 아래 있는 것입니다. 그러므로 이 언약을 생각할 때 여러분이 기뻐하고 위로를 받아야 마땅하지 않겠습니까? 그러면 이 알기 어려운 고통들은 무엇입니까? 옛적에 어떤 사람이 말했듯이 여러분도 이렇게 말할 수 있습니다. "주여, 주께서 원하시면 나를 치소서. 그래도 두려워하지 않는 것은 나는 주께 용서를 받았기 때문입니다. 이제 주께서 내게 원하시는 대로 행하소서. 그래도 괜찮은 것은 나는 주의 자녀이기 때문입니다."

"죄를 용서받는다면, 나는 안전하네.
죽음에 쏘는 것이 없으니."

삶에도 쏘는 것이 없습니다. 최악의 것이 지나갔고, 죄가 제거되었으며 내가 구원받았기 때문입니다. 주님, 모든 것을 주의 손에 맡깁니다. 주님께서 제공하시는 모든 것을 어떤 조건도 붙이지 않고 기쁘게 받거나 그렇게 하도록 노력할 것입니다. 나를 위협하는 것들이 모두 사라졌고, 내게 남아 있는 것은 나의 유업이 될, 무한한 자비로 가득 찬 약속들 밖에 없습니다.

그 다음 생각은 이 언약을 나와 맺으셨다는 것입니다. 사랑하는 여러분, 나는 이 사실을 내가 원하는 만큼 충분히 전할 수가 없습니다. 다만 성령께서 "그럴지라도 하나님이 나와 더불어 영원한 언약을 세우셨다"는 이 사상의 효력과 기쁨을 여러분에게 분명하게 전할 수 있게 해주시기를 기도할 뿐입니다. 그 교리들 자체는 매우 즐거운 것입니다. 그러나 진정으로 기쁨을 주는 것은 개인적으로 그 교리들에 관심을 갖고 깨닫는 것입니다. 예, 그렇습니다. 그 언약은 베들레헴의 샘물입니다. 그런데 그 샘물은 "성문 안에" 있습니다. 나와 더불어 맺은 언약입니다. 그것은 샘에서 내 입술에 떨어지는 물입니다. 내가 그 물을 마시면 완전히 새 힘을 얻게 되는 물입니다. 수많은 사람들이 구원을 얻도록, 그리고 우리의 공통적인 인간성 때문에 우리가 그 점을 기뻐하도록 그들과 언약이 맺어졌다는 것을 듣는 것은 기쁜 일일 것입니다. 수많은 사람들과 언약이 맺어졌다는 사실에 우리가 크게 기뻐하는 것이 당연할 수도 있습니다. 그러나 어쨌든 무엇보다 우리가 개인적으로 그리스도를 믿는 믿음, 곧 주님이 보증하시는 언약에 우리의 기업이 있음을 기뻐하는 것은 이기적인 태도가 아니라 하나님께서 친히 우리 안에 심어주신 자기 보존의 법칙으로서 칭찬할 만한 것일 뿐입니다.

"그럴지라도 하나님이 나와 더불어 영원한 언약을 세우사." 여러분은 때때로 내가 하나님의 자비를 생각하면서 사랑하시는 주님 안에서 나의 양자됨과 하나님의 용납하심을 굳게 붙잡으려고 할 때, 내 자신이 소리치고 또 어떤 때는 웃는다는 것을 압니다. "진노의 상속자"가 천국의 상속자가 되고, 하나님의 원수가 하나님으로부터 무한한 사랑과 말할 수 없는 무조건적인 약속을 받은 하나님의 사랑하시는 아들이 된다는 것은 참으로 기이한 일입니다. 확실히 이 사실을 생각할 때 우리 마음이 전투가 끝이 나고 승리를 쟁취한 전사의 마음처럼 뛰는 것이 당연합니다. 그러므로 그리스도인의 삶은 참으로 기쁜 것임에 틀림없습니다! 하나님께서 우리와, 곧 무가치하고 죄 많지만 용서하시고 받아들이신 사람들과 친히 "언약을 세우사 만사에 구비하고 견고하게 하셨다"는 것을 생각할 때 우리 영적 생활에 신성한 흥분, 곧 거룩한 흥이 마땅히 있어야 합니다.

이 자리에 이제 막 일터에서 온 매우 불쌍한 사람이 있습니다. 그는 심지어 집에 가서 얼굴을 씻을 시간도 없었습니다. 그는 매우 가난합니다. 그의 방을 보면 가구라곤 거의 없으며, 그가 버는 삯은 몇 푼 되지 않습니다. 그는 오랫동안 가난하게 살아왔습니다. 어쩌면 여러분은 그가 있는지조차도 몰랐을 것입니다. 그는 단조롭고 힘 드는 일을 하는 사람이고, 무거운 짐을 드는 사람이며, 신문 배달원입니다. 곧 무시받는 "하층 계급"의 한 사람입니다. 그런데 하나님께서 그와 영원한 언약을 맺으셨습니다! 이 언약에 대한 두 당사자 사이에 참으로 큰 대비가 있습니다! 신성이 지극히 찬란한, 무한하고 영원하신 하나님이 계십니다. 그 하나님께서 가난하고 고생하는, 멸시받는 불쌍한 이 사람과 언약을 맺으셨습니다. 자, 여러분이 그 점을 생각하게 된다면, 영적인 빈곤에 있어서는 길거리 청소부나 백만장자 사이에 아무 차이가 없다는 것을 알 것입니다. 그 두 사람은 주위 환경과 상황에서 별 차이가 없는, 연약한 죽을 인생일 뿐입니다. 그들이 마지막 안식처에 갈 때, 그들이 어머니 대지의 무릎에서 잠들 때에는 그들 사이에 아무 차이가 없습니다. 그렇지만 그 둘 가운데 어느 하나나 둘 모두와 하나님께서 영원한 언약을 맺으려고 하십니다. 여러분과 나처럼 무가치한 자들과 말입니다! 사랑하는 그리스도인 형제자매 여러분, 이 사실에는 아름다운 언약이 있습니다. "나와 더불어"라는 말이 그것입니다. 자, 여러분이 믿음으로 다시금 구주님의 머리를 만지고 그리스도를 다시 바라보며, 여러분을 위해 흘리시는 구주님의 피를 보며 그 피에 다시 여러분을 씻고 여러분이 깨끗해졌음을 알고 나서 "그럴지라도 하나님이 나와 더불어 영원한 언약을 세우사 만사에 구비하고 견고하게 하셨다"고 말할 수 있기를 바랍니다.

이 언약을 맺으신 분을 생각하면 우리의 기쁨이 더 커질 수 있습니다. 이 언약이 나와 맺어졌지만, 이 언약이 지켜졌을 수도 있고 지켜지지 않았을 수도 있습니다. 왜냐하면 지극히 확실한 조약들도 깨졌고, 사람들은 차꼬에 매였을지라도 어떻게 해서든지 차꼬를 풀어버리는 일들이 있었기 때문입니다. "단단히 묶어라, 단단히 묶어라"고 말을 하지만, 사람들은 수많은 올가미를 빠져나갔습니다. 그래서 사람들은 엄숙한 서약과 의무들을 사용하여 그를 묶었을 때조차도 신뢰할 수 없는 존재들이었습니다. 그러나 하나님은 진실하십니다. 참으로 진실하시므로 우리는 하나님의 말씀을 즉각 받아들일 수 있습니다. 그런데 하나님께서는 우리의 불신앙을 아셨음에도 불구하고 우리에게 "하나님이 거짓말을 하실 수 없는 두 가지 변하지 못할 사실"을 주시기를 기뻐하셨습니다. 그리고 그 "두 가지 변하지 못할 사실로 말미암아 앞에 있는 소망을 얻으려고 피난처를 찾은 우리에게 큰 안위를 받게 하려"(히 6:18) 하셨습니다. 하나님께서 이 일을 하셨습니다. 하나님께서는 세상의 모든 죄에도 불구하고 땅을 홍수로 두 번 멸하시지 않으신 분이고, 산들을 제자리에 세우고, 작은 산들을 제자리에 안치시키신 분이십니다. 그 하나님께서 산들이 떠나며 언덕들은 옮겨질지라도 나의 자비는 네게서 떠나지 아니하며 나의 화평의 언약은 흔들리지 아니하리라(사 54:10)고 말씀하셨습니다. 그의 진리만큼 능력이 있으시고, 그의 권능과 신실하심을 사랑으로 감싸고 계신 분이 이 언약을 말씀하셨습니다. 변화라는 것을 일체 알지 못하는 하나님께서 이 언약을 말씀하셨습니다. 크신 여호와 하나님께서 우리와 은혜 언약을 맺으셨습니다.

그 다음에 "영원한 언약"이라는 감동적인 진리가 나옵니다. 우리는 무엇보다 이 언약을 잊어서는 안 됩니다. 그리스도인들에게 언제나 기쁨이 되는 큰 주제는 바로 자비의 지속 기간입니다. 나는 은혜 언약이 일시적이라고 믿는 형제들이 어디에서 위로를 얻는지 모르겠습니다. 나는 그들과 논쟁하고 싶은 마음이 없습니다. 그 형제들이 그 이론을 좋아하고 거기에서 위로를 얻을 수 있다면, 그것이 나로서는 경작하고 싶은 생각이 전혀 없는 땅이고, 내 농지에 보태고 싶은 마음이 전혀 없을지라도, 누군가가 그 땅을 경작한다면 거기에 상관하고 싶지 않기 때문입니다. 아합이 나봇의 포도원을 탐냈던 것처럼 나는 그 땅을 탐낼 마음이 전혀 없습니다. 내가 볼 때, 그 신학 이론은 거룩한 일들을 농락하는 것 같고, 하나님보다 사람을 더 강하게 만드는 것 같습니다. 그래서 나는 그 이론을 받아들일 생각이 없습니다. 나는 그들보다 더 큰 죄인이고, 은혜가 더 필요한 사람이라고 생각합니다. 그래서 나는 자신을 지키기 위해 내 힘을 의지하기보다는 다시 주님의 권능만을 의지할 뿐입니다. 하나님께서 나와 더불어 언약을 맺으셨다면 하나님께서 단지 오늘이나 내일, 혹은 다음 주나 다음 일 년 동안만 언약을 맺으신 것이 아니라 영원히 맺으신 것이라는 이 사실에 내 위로와 기쁨이 있습니다. 우리 머리는 희어질지라도 하나님의 언약은 여전히 젊을 것이고, 우리 맥박이 느려지고, 우리 이마에 죽음의 땀이 맺힐 때에도 그 언약은 우리가 처음 주님을 알았던 젊은 시절과 마찬가지로 생명으로 충만할 것입니다. 그것은 "영원한 언약"입니다.

나와 더불어 맺고 있다는 점에서 영원한 언약입니다. 처음에는 이 사람과 맺고 다음에는 저 사람과 맺으면서 사람을 바꿔가면서 지속되는 영원한 언약이 아닙니다. "하나님이 나와 더불어 영원히 언약을 세우신" 것입니다. 그리스도인이여, 기뻐하십시오! 성도의 안전에 관한 이 교리를 기뻐하기를 두려워하지 마십시오. 어떤 사람들은 자신을 파멸시키는데 이 교리를 사용하였을지라도, 여러분은 이 교리를 의지하십시오. 그들의 결국은 그 진리를 곡해하여 자기 죄를 가리는 외투로 삼았기 때문에 비참한 것이 될 것입니다. 그러나 하나님의 자녀들은 자기들이 가장 행복할 때 가장 적극적으로 일할 수 있고, 자기들이 가장 안전할 때 가장 감사할 수 있으며, 가장 감사할 때 가장 용감하며 가장 희생적으로 일할 수 있다는 것을 언제나 발견하였습니다. 여러분이 그리스도 안에서 안전하다고 아는 것을 두려워하지 마십시오. 여러분이 자신의 영원한 안전에 대해 근심하게 된다면, 여러분이 진심을 다해 하나님의 대의를 이룰 수 없게 될 것입니다. 그러나 여러분이 구원받았고, 그 사실을 확실히 안다면, 여러분의 배가 결코 암초에 걸리지 않으리라는 것을 안다면, 여러분이 법률적인 동기에서가 아니라 감사라는 신성한 압박에 의하여, 즉 영원한 사랑에 대한 감사로 인해 여러분의 전 존재, 곧 몸과 마음과 영혼을 아낌없이 하나님께 드릴 수 있다면, 여러분은 성령 하나님께서 훌륭하고 튼튼한 그리스도인으로 만드실 수 있는 사람입니다.

그러나 여러분이 언제까지나 허우적거리며 애쓴다면, 즉 이번에는 믿었다가 그 다음에는 의심하며, 여러분의 안전이 여러분이 행할 수 있는 어떤 것에 의존해 있고, 모든 문제가 뒤집어질 수 있다고 생각한다면, 여러분은 자신의 구원에서 결코 기쁨을 얻을 수 없고, 언제까지나 확실한 것을 찾는 사람이 될 것입니다. 그러나 여러분의 구원이 단번에 이루어졌다는 사실을 붙잡으십시오. 그러면 여러분은 이렇게 말할 수 있습니다. 아니, 이렇게 노래할 수 있을 것입니다. "내가 이제 하나님의 이름을 지녔으므로, 내 모든 영과 내 모든 시간, 재능, 재산, 곧 나를 사랑하셨고 나에게 자신을 주신 하나님의 제단에 모든 것을 드리겠나이다."

"내 하나님께 사랑을 받았으니
나도 하나님을 뜨겁게 사랑하리라.
창세전에 하나님께 택함을 받았으니

나도 하나님을 택하리라."

이제는 이 영원한 언약이 구비되고 견고하게 되었다는 점을 아주 간단히 살펴보겠습니다. 이 사실 또한 우리에게 거룩한 생각과 신성한 기쁨을 채워줄 것입니다. 이 언약은 아주 잘 구비되어 있어서 하나님의 공의는 침해되지 않고 하나님의 자비는 확대됩니다. 즉, 이 언약은 아주 잘 구비되어 있어서 영혼의 안전이 확보되고, 영혼이 죄에서 구원을 받습니다. 이 언약은 아주 잘 구비되어 있어서 거룩함이 하늘에서 죄 범한 자들을 쫓아내지만, 죄인들이 이 언약의 귀한 피에 씻음을 받아 용납됩니다. "만사에 구비되어." 즉, 모든 크고 작은 일들에 구비되었다는 말입니다. 모든 바퀴와 바퀴의 모든 톱니가 이 거룩한 기술자의 마음속에 있고, 각각 적합한 제 위치에 배치되어 거룩한 결과를 이루어냈습니다. 과거와 현재, 미래에 관해서 구비되었고, 자연과 섭리에 관하여 구비되었으며, 몸과 영혼에 관하여 구비되었고, 하나님의 보좌 앞에서 나의 거룩한 인류의 완전함에 관하여 구비되었습니다.

그 언약은 만사에 구비되었으므로 확실합니다. 그 언약이 잘 구비되지 않았더라면 확실하지 않았을 것입니다. 그러나 그 언약이 가장 참된 법에 따라 잘 구비되고 확정되었으므로, 그 언약의 어떤 부분들이 분리되거나 그 지체들이 뒤죽박죽될 것에 대한 두려움이 없습니다. 그것은 스스로 분열하는 집이 되지 않을 것입니다. 여러분이 어떤 집에 질서가 없다는 것을 알면, 그 집에 대해서 아무것도 신뢰할 수가 없습니다. 의지가 서로 충돌하면, 거기에는 온통 불화가 판을 칩니다. 은혜 언약에는 그런 것이 없습니다. 서로 충돌하는 요소는 아무것도 없습니다. 모든 요소들은 한 가지에 속해 있습니다. 여기서 자랑은 일체 배제됩니다. 인간의 공로는 내팽개쳐집니다. 이 언약은 처음과 마지막이 모두 은혜입니다. 그 기초가 은혜이고, 그 꼭대기에 대해서도 "은혜, 은혜"라고 외칠 것입니다. 무한한 지혜가 이 언약을 계획하였습니다. 따라서 인간의 오류와 실수가 섞인 생각들은 여기에서 다 배제되었습니다. "만사에 구비하고 견고하게 하셨으니."

그러므로 우리도 이 진리를 의지하고, 다윗처럼 "이것이 내 모든 구원이요 내 모든 소원이라"(개역개정은 "나의 모든 구원과 나의 모든 소원을 어찌 이루지 아니하시랴") 하고 외칩시다. 진실로 하나님께서 나로 더불어 그와 같은 언약을 맺으셨다면, 나는 구원을 받은 것입니다. 나는 하나님께서 그 백성을 위한 언약으로 세우셨다고, 즉 그 백성에게 지도자와 사령관으로 세우셨다고 말씀하신 그리스도를 의지합니다. 사랑하는 친구 여러분, 여러분은 모두 오직 그리스도만을 의지하고 계십니까? 그리스도께서 여러분의 모든 구원이십니까? 그리스도께서 여러분의 모든 소원이십니까? 나는 이 질문이 그리스도만을 구원으로 삼고 있는지 살펴봄으로써 그렇게 생각하지 않는 사람들로부터 시온의 참된 자녀들을 찾아낼 수 있는 방법들 가운데 하나라고 생각합니다. 그리스도 외에 다른 어떤 것을 마음에 숨겨두는 사람들이 있습니다. 사랑하는 여러분, 그렇게 해서는 안 됩니다. 여러분과 내가 정말로 구원을 받았다면 은혜 언약에서 계시된 그리스도만이 우리의 모든 구원이 되어야 합니다. 그리스도께서 우리에게 하나님에게서 나온 지혜와 의로움과 거룩함과 구속함이 되어야 합니다. 그리스도께서 모든 것이 되십니다. 그것은 참으로 복된 진리입니다! 이 진리는 사람들을 속이는 사제들의 모든 활동을 세상에서 깨끗이 쫓아냅니다! 마치 영혼을 구원하는 체하는 모든 의식들이 참으로 터무니없고 하나님을 모독하는 것임을 밝히 드러냅니다! 이 진리는 우리를 구주님께로 데려와, 오직 그분께 데려와 "이것이 내 모든 구원이요"라고 외치게 만듭니다. 즉, 그리스도께서 나를 위해 행하신 것, 하나님께서 그리스도께서 나를 위해 은혜 언약을 성취하시는 가운데 행하신 것의 결과로 내게 주겠다고 약속하신 것, 바로 이것이 내 모든 구원입니다.

자, 한 번도 그리스도께 온 적이 없는 죄인이여, 여러분이 정말로 구원을 받는다면 이것이 여러분의 모든 구원이 된다는 것을 생각하십시오. 여러분은 어떤 좋은 느낌이 들어야 한다고 생각했습니다. 그렇게 생각할 필요가 없습니다. 여러분이 좋은 느낌을 얻기 위해 그리스도께 올 수도 있습니다. "아, 하지만 나는 회개해야 해" 하고 여러분은 말합니다. 그리스도께서는 여러분에게 회개를 주시기 위해 높이 되셨습니다. 여러분에게 회개할 마음을 주시는 것은 그리스도께서 하실 일입니다. 여러분에게 있는 어떤 것도 가져오지 말고, 현재 여러분의 모습 그대로 그리스도께 와서, 전적으로 그리스도를 신뢰하십시오. 그러면 여러분은 하나님의 선택하시는 사랑의 참된 표지를 속에 갖게 됩니다. 여러분이 전적으로 예수님을 의지한다면, 여러분은 영광스러운 과거나 영광스러운 미래의 문제로 골치 썩이지 말고, 지금 기뻐하십시오. 그리스도를 굳게 붙잡는 것은 영원한 사랑을 붙잡는 것입니다. 또한 세상이 파도 속으로 사라지는 순간의 거품처럼 녹아져서 영원히 사라질 때에도 여러분에게 지속될 안식처를 얻는 것입니다.

본문의 말씀은 "내 모든 소원"이라는 말로 끝을 맺습니다. "나는 내가 참으로 바라는 이 한 가지 외에는 의지할 다른 어떤 것을 원하지 않습니다. 이것 말고는 기쁨을 줄 다른 어떤 원천은 없습니다." 다윗이 그렇게 말하는 것처럼 보입니다. 그러나 그리스도인들 가운데는 어떤 분들은 "이것이 내 모든 소원이라"고 말하지 못합니다. 여러분의 소원은 돈을 아주 많이 버는 것입니다. 여러분의 소원은 옷을 아주 잘 입어서 사람들이 여러분을 취향이 멋지고 세련된 사람이라고 생각해주는 것입니다. 혹은 여러분의 소원은 신분이 높아지는 것이거나 하나님의 생각에서 아주 멀리 떨어진 어떤 존재가 되는 것입니다. 여러분이 미소를 짓는데, 사실은 전혀 미소를 지을 일이 아닌 것에 미소를 짓습니다. 우리가 그리스도인답게 행하기를 바라는 많은 사람들이 하나님을 큰 기쁨으로 삼지 않고, 그들의 소원을 하나님 안에 두지 않는 것은 참으로 유감스러운 일입니다. 이것은 참으로 슬픈 일입니다. 만약에 이 자리에 남편과 함께 있는 것보다는 다른 어떤 사람과 함께 있는 것을 가장 큰 즐거움으로 아는 아내가 있다면, 그 사실이 그녀에게는 지극히 큰 수치가 될 것입니다. 그리스도인이 즐거움을 얻기 위해서는 그리스도와 교제하는 형제들의 범위를 벗어나야 할 때, 그것은 그리스도인에게 매우 치욕스러운 일입니다. 나는 그런 그리스도인들에 대한 이야기를 들었습니다. 그들은 이렇게 말합니다. "아, 그런데 우리는 의무적으로 신중하게 행동하려고 합니다. 그렇지만 그렇게 해서는 우리가 즐겁게 시간을 보낼 수 없지 않습니까?"

그런데 어디에서, 어디에서, 어디에서 시간을 보내려고 합니까? 여러분은 그곳을 말하고 싶어 하지 않을 것이니까, 그 문제는 그냥 지나가겠습니다. 하지만 그리스도이시라면 가시지 않을 곳에, 아니 그리스도께서는 그들을 보내려고 하시지 않고, 그들로서는 그리스도께서 그곳에 와서 자기들을 발견하는 것을 좋아하지 않는 곳에서 가장 즐겁게 시간을 보내는 사람들이 있습니다. 그것이 사실이라면, 여러분이 과연 그리스도께 속한 사람인지 스스로 물어보십시오. 왜냐하면 우리가 그리스도인이라면 우리가 그리스도를 가장 잘 따를 때, 곧 그리스도 보시기에 그리스도의 뜻을 가장 성실하게 행하며 우리 자신을 가장 잘 부인하고, 육신에서 나오는 우리의 뜻과 소원을 부인함으로 그리스도의 뜻이 우리 죽을 몸에서 왕 노릇하여 그리스도의 영광을 나타내도록 할 때 가장 큰 기쁨을 발견하기 때문입니다. "이것이 내 모든 구원이요 내 모든 소원이라." 다른 사람들은 자기들 원하는 대로 세상을 방랑하도록 내버려 두십시오. 그러나 그리스도인이라면 집에 있는 것을 만족히 여깁니다. 그는 우리 찬송가대로 이렇게 말할 수 있습니다.

> "나는 즐거움을 얻기 위해 밖에 나갈 필요가 없네.
> 나는 집에서 평안을 얻네.
> 나의 한숨은 변하여 노래가 되었고
> 내 마음은 방황하기를 그쳤네.
>
> 위로부터 비둘기 같은 복되신 성령께서 내려와
> 내 마음에 들어오셔서
> 내 영혼에 안식을 주는
> 영원한 사랑을 증거하시네."

여러분이 이렇게 말할 수 있기를 바랍니다. 아멘.

— 끝 —